施明德回憶錄Ⅲ 一九八〇

軍法大審

本書獻給

我的革命夥伴

一九七〇泰源革命烈士

江炳興 陳良 鄭金河 謝東榮 詹天增

致 最敬禮

作者識

在這本書裡，常常會出現同樣的語音、字句，在鼓勵自己、鞭策自己，警惕自己，安慰自己，這些重複，是在死神面前的呢喃。

是事實，是不得不的記述，否則，就是我撰述不真，但願讀者領會；這是你們沒有經歷過的人生。

這是你們沒有走過的死亡之路的變境。

第一章　祕密偵訊

目　次

第三章　審判

目次

第四章　辯論庭

目　次

第五章　最後陳述

目次

附錄

第一章

祕密偵訊

號外

押解我的車隊從漢口街許晴富先生家宅駛入台北景美老社區，慶祝「施明德落網了」，「施明德捉到了」的紅色號外已沿路張貼，和通緝我的布告上下並列，電線桿上、牆壁上一眼望去都是，鞭炮聲沒有斷過。

這附近是老社區，台灣人比外省人多，捉到我的消息，顯然不分省籍都很興奮。我不意外。二十幾天來，我已經被全國媒體徹底醜化成恐怖邪惡的人民公敵了。只是動作這麼快速，從捉到我到現在僅僅兩三個小時，就做出普天同慶的壯觀，一定是里長、鄰長自動自發配合做出來的反應。雖然，里長、鄰長都是國民黨的統治細胞，但是這種慶祝在押解途中，就讓我親自目睹如此盛況，也是人生難得的經歷。

被夾在兩個特務中間，雙手已被反銬，左右胳膊都被兩隻粗壯的手臂挽住，但是前方的視野是遼闊的。這時，學校也中止上課，讓師生跑到操場大吼大叫的慶祝，興高采烈地跳躍，抒解一個月來的驚魂壓力。一九五三年三月五日，蘇聯大獨裁者史達林死訊被證實，學校臨時廣播，讓師生跑出教室大肆吼叫一般。當時，我才是五年級的小學生，我也莫名其妙的跟著大家一起歡天喜地的真心慶祝，還印象非常深刻，終生無法忘記。那是反共抗俄的年代，老獨裁者蔣介石對敵人史達林之死，營造出這種氣象是可以理解的。老獨裁者死了，新獨裁者蔣經國一樣利用媒體的力量參與統治國家，而且在台灣境內無遠弗屆，沁入脊髓。美麗島工作群已被塑造成叛亂集團，破壞反共復國大業的敵人，社會對我的被捕如此歡天喜地，當然很正常。只是會聯想到年幼的往事，我自己都覺得莫名其妙而印象深刻，嘴角自己不自覺的就微笑了起來。右側的特務用一種狐疑的眼神瞪了我一下，彷彿在說，你這個不知死活的傢伙。他們一定不理解為什麼我還笑得出來？

沒有錯，我此刻的心情真的比逃亡的每一天、每一刻都寧靜、平靜、自在。沒有被如此緊急通緝經驗的人，絕對不能體會被捕後的平靜。車外這種慶祝場面一點都沒有激起我的不悅或感慨。這個欽犯早已領悟世間冷暖現實。拿破崙遠征義大利凱旋歸國，人民夾道歡呼，他也曾告訴自己：「有一天要把我押往斷頭臺，這些人一樣也會夾道歡呼」。我已比當年年輕的拿破崙更具生命經驗了。我的眼睛不屑再看車外的歡慶景象，十五年的坐牢禪定，我已比高僧更高僧了，更能夠立即入定，又隨時還魂了。相對於我的自在，車內的四個特務卻緊張無比，他們彼此不交談，一臉嚴肅。除了副駕駛座上顯然是組長之類的領導會偶而接一下對講機，回話一切正常外，車內寂靜無聲。突然一個微小的屁聲，讓我聞到了臭味，我只感到挾著住手臂的特務微微因閉氣，把我的手臂挾動。緊接著又來一個更大的屁聲，車內散放更濃的臭味，他們依舊不動。五個大男人擠在車上，味道原來就有些汙穢了，臭屁讓氣味更難聞，我也只盡量閉住氣。我左右兩側的特務連搖下車窗都不敢，大概怕我趁縫又遁走了。最後還是領導對司機說，「窗鎖打開，讓我搖一下車窗。」我才笑出聲來……。那領導斜過頭來用眼角盯我一下，趕緊把窗又關起來。

他們仍然一臉肅容，彷彿任何表情的改變都會讓他們分神，失職。

押解我的車隊終於穿過台北秀朗橋進入新店，除了號外鞭炮聲沿途不絕於耳之外，熟悉的環境立刻引我回到過去。在如此激情的時刻，神遊是最美的享受。我和 **Linda** 結婚後就在這附近巷子裡租間房子同住。此時，強烈浮上大腦的竟然是：我們家養的黃色米克斯「美眉」的倩影。我們好愛她，每天我回家她一定會跳上沙發找我撒嬌。

她的警覺性非常強，只要有外人接近圍牆外，她就會狂吠，而且會有衝出去的動作。後來，我猜想一定又有特務逗留在屋外監視。果然，每次開門出去，真的就是有兩、三名不明人士在我家的門外，或站或踱步。我的家就座落在死巷的最後一間，沒有道理有人晃蕩到這裡。每次，我走出大門外掃視他們，那些不明人士就會走開。「美眉」就很得意的停止吠叫，還會用身體磨蹭我的小腿……。

有一天，我和 **Linda** 回家，打開大門就看到美眉倒斃在院子的水泥地上，我的立刻反應是：「可惡！這些國民黨特務連狗都謀殺！」

此時，我的雙手被反銬在背後，夾在兩個彪形大漢之中，但我的思緒是自由的，我完全不去想接下去會發生什麼？那一切我在過去二十幾天的逃亡之中早已想的清清楚楚了。此

▲在新店大豐路家中。
1978年6月　艾琳達攝

刻，我的思緒都是倒帶的，想到美眉被謀殺，想到距離我家不到三百公尺就是警備總部景美軍法處看守所。這個新蓋的軍法處我還沒有在那裡囚禁過，我最近靠近它，就是半年前「余登發父子叛亂案」，我們在軍法處大門外舉行小型的示威，抗議國民黨利用一個算命的「人造匪諜」吳泰安，死咬余老縣長勾結中共陰謀造反。結果，這個可笑又可憐，被特務耍得團團轉的人造匪諜吳泰安，半年前就是從這裡被拉出去槍斃了，直到最後一刻他都以為那子彈是假的。可是，是真的，槍斃的血淋淋的，有相片為證。

這個荒謬的事只在我腦中一閃即過，卻沒有出現一絲感傷或憤怒。也許這是吳泰安一再在法庭指稱：

「我說，我是真正的匪諜！我就是匪諜！我確實奉中共華國鋒之令指派余登發擔任革命後的台灣南區司令官！」

他一口咬定余登發老縣長，讓我們深深痛恨。但是吳泰安被利用後，蔣經國還是真的把他給殺了！

假匪諜，真死囚。

一直以來，我想到「吳泰安之死」，竟然都如此冷漠。如果仔細想想，不止蔣經國邪惡，我們這些自命為人權工作者也相當無情，我們竟然讓憤怒矇蔽了對吳泰安之死，應有的人道及人權反應……。

對吳泰安之死的聯想和反省只是一閃之間。這時，讓我停頓的是我的戰友，可敬的台灣烈士：江炳興、鄭金河、詹天增、陳良和謝東榮，他們也是從這個景美軍法處看守所被押出去槍決的。想到這些烈士，雖然會令我熱淚盈眶，心中卻立即燃起熊熊烈火，引領我奮戰犧牲的膽識，繼續為未竟的共同理想努力。

這時，人很自然地竟會回憶起自己最特殊的人生片段。那是已成事實的過去，有親切感，有撫慰力，還能填補當下不知所措的空白……。

我第一次被捕時，是一九六二年六月十六日。那時我還不滿二十二歲，在戰地小金門當少尉砲兵觀測官。

從被捕，刑求到軍法處之前，我都不相信我會被判死刑。我認為自己還停留在思想階段，我完全不知道蔣介石政權的法律會如此殘暴。我一直認為自己只會被交付感化幾年，頂多判個五年、十年徒刑。但是，為了終結台灣的殖民地命運，為了信仰，為了理想，付出十年牢獄的代價，值得！

到了台北市青島東路三號軍法處，才知道我可能會被起訴《懲治叛亂條例》第二條第一項：唯一死刑並沒收財產。

在那段日子，我淬鍊心志，學會如何和獨裁者鬥爭，更體會做為一個反抗者越怕死、越會死的歷史教訓。

我察覺外來統治者如蔣介石父子般的獨裁者，不管外型如何偽裝仁慈，殘暴本質如何，他們也不可能像阿基里斯那麼無敵。即使強如阿基里斯也不可能有刀槍不入般完美的強壯。他仍有致命的腱，反抗戰士和獨裁者對決，只有伺機對準對手的「阿基里斯腱」猛烈攻擊……。那段心路歷程我已寫在《死囚》一書之中。

我第二次撲向斷頭臺，是一九七〇年。

那時，我們囚禁在台東泰源政治犯監獄。每天就是研究國際公法、外交學、國際現勢、政治學、哲學，還博覽群書，相互激勵革命意志外，更覺悟到監獄不是反抗者的最後歸宿，也不是休息站。反抗者要不就是步上斷頭臺，要不就是打倒獨裁者。我們在尋找革命的契機，外人會認為我們是一群憨囝，但，我們有一小群囚人就是寄人生於這種「希望」之中。

兩者不能並存。生存於大變局時代的我們，寧願為台灣而死，也不願去當蔣介石反攻大陸的砲灰。監獄裡的這些台灣青年有別於獄外的台灣人，我們自信自己才像個人。

第一次，我是在有志卻無知之中，步上死刑之路。第二次則是抱著求死之心，決志要踏上必死的革命之途。這時，我不只是一個被殖民統治者要結束殖民地命運外，還加上了目睹蔣介石的殘忍屠殺異己的罪行，兩者更堅定了推翻蔣家獨裁政權的決心。外人如何看待「泰源革命事件」，是凡人的看法，頂多我們只能悲嘆台灣人的無情。懦夫般的台灣子民，永遠不相信會有洋溢死志的反抗烈士，願意為台灣人民，為台灣的自由，為反殘酷統治而奉獻生命的。革命沒有「有把握」這個字眼，革命永遠是以卵擊石，為義而死的決志才是推動歷史滾輪之手。烈士是人類，是台灣人中的絕對異類。不懂禮敬烈士的族群，一定是被統治的族群，沒有自己的國的族群，他們只崇拜外來統治者的神。每一次想到日本神社、台北忠烈祠，我都有難抑的悲愴。為台灣慟。

那天，一九七〇年二月八日，革命事敗，那五位兄弟逃亡時，我立刻把「宣言」撕碎沖入抽水馬桶，毀滅一切痕跡。他們和我之間也事先誓言：「失敗，我們承擔後果，你必須奮鬥下去！」這是革命志士之間的死誓。

所以，當特務兩度到監獄偵訊我時，我矢口否認我事先知情，更堅決否認我參加此事。此時不是逞匹夫之勇的時候。蔣介石的監獄已教會我們如何進行監獄鬥爭和法庭鬥爭。如果我承認事先「知情」，結果就會延伸成「共謀」，然後變成「共同正犯」的結果。

「矢口否認」，是反抗者的第一條鬥爭手則。

鄭金河、江炳興、謝東榮、詹天增、陳良，終於在一九七〇年五月三十日凌晨從這個景美軍法處被拖出去槍決，在天未亮的四點四十分被蔣家執行死刑。外來獨裁統治者對台灣人的反抗，痛恨之深連槍決時間、子彈射中烈士的時間，都刻意安排選在四點四十分，即「死！死！」執行槍決，可見獨裁者的殺氣。[1]

那一年，蔣介石因為蔣經國於同年四月二十四日在美國被暗殺不成後，他們父子要所有追求自由、追求獨立的台灣反抗者，記住：

1 紅批：「如此重大叛亂案，豈可以集中綠島管理了事，應將此六犯皆判刑槍決，而賴張李等三犯，以警衛部隊士兵，而竟預聞逆謀不報，其罪難宥，應照法重處，勿誤。中正中華民國五十九年四月二十七日」見附錄。

你們再反抗，下場就是：死！死！

此刻，我的押解車走到警備總司令部軍法處看守所附近，我心中對他們說：

兄弟！我沒有違背當年的共同死誓！這兩年我真的又大大地幹了一場了！

我相信台灣歷史會從此大大改變！

我很快就會來跟你們會合！

讓我們在天堂快快樂樂地乾杯啦！

祕密警察的招待所

一九八〇年元月八日，台北是個豔陽天。雖是冬天，押車內卻沒有一絲寒意，只充斥汙濁之氣。我的雙手被反銬背後，兩側兩個特務用手肘勾緊我的雙肘，緊貼著我身體，我的座位在正副駕駛之間的後座，因此我可以看得見車子正前方的行進方向和景色。車子的晃動偶而會牽動我的身體搖晃，每一次晃動，特務扣住我手肘的手就會緊縮，他們的大腿和腳膝蓋也會更用力把我夾壓，深怕我又掙脫般……。車內除了副駕駛座的特務偶而會回應或報告他們的指揮官外，一路車子內是寂靜，沒有人聲的。敵人與敵人間的態勢，絕對清楚。

車隊離開景美、新店市區轉進山區，我只大略知道是往安坑山區方向前進。蔣家統治時代，祕密警察的巢穴多到數不清。這些，他們都叫它做「招待所」。有的招待所門禁森嚴，高牆聳立，令人感覺陰森、肅殺。有的只是在鬧區中一間大鐵門深鎖的住屋，你天天從那裡經過卻不見得知道那是祕密警察的洞窟。獨裁者的祕密警察，包括線民，比穿警察制服的正式警察可能還多。獨裁政權就是靠這些祕密警察在控制的。

我終於看到車隊緩了下來，前方一扇又大又高的鐵門開啟，有高高的圍牆，我不知這是什麼地方。十五年囚禁，我了解這是一個大型的招待所或總部，地處深僻山區，與人隔絕。這種環境，你在裡面怎麼吼叫、哀鳴，外面路人都聽不到。

我的座車，是，我的座車，也依序駛入，我知道目的地到了。右側特務先下車，手仍沒有完全鬆離，深怕我會飛天似的。

「下來。」

坐牢久了，我也自然養成一種外在的習慣，沒有獄卒下令，就不動作，以免給自己不必要的不快。

我向右挪移，左側的特務仍用手肘緊緊的勾住我被銬住的左手肘。挪，挪，挪到車門邊才跨出腳緩緩步下車。

我很清楚我現在是誰！

一個孤獨的戰士，非常、非常知名的戰士！每一步都在都被注視，都在寫歷史。

我把頭抬得正正的帶著傲氣，嘴角流露笑意，不誇張，也不含蓄，是一個勇者必須有的表情，我不左顧右盼，以免被誤會有什麼好奇心。任何好奇心的洩露，都會引起特務的窺視慾。

我用眼睛的餘光可以看到很多很多特務都站在他們的辦公室外，看著我這個名滿天下的「江洋大盜」。我完全不看他們的臉部只隨著兩側勾住我的特務，挺直的走。我目不斜視，以免被認為輕挑，我甚至不知道這棟建築物是平房或是幾層樓。如果，有一天讓我舊地重遊，我也一定認不出這裡是哪裡。

戰士必須專注！我提醒自己。

沒走幾步，我就被押進一間相當大的長方形房間，屋頂大約四公尺左右，不算太低，寬大概有八公尺左右，長約十幾公尺，中間有兩張長形桌子併合，沒有抽屜，桌面也沒有多少雜物，應該是刻意清理過準備招待我這個貴客的。牆壁上沒有什麼懸掛物，只有兩張蔣介石和蔣經國的相片在長型牆壁的兩端相望。除此之外，就是一面長方型的大鏡面，幾乎占了牆壁的二分之一。

我被引導到桌旁有靠背的椅子邊，面對著大鏡面。

「請坐。」特務第一次用「請」字，但是命令式的口氣，偽裝的禮貌。

這時的我，果然很狼狽。戴著安全帽，穿著略略小號不合身的老人裝，臉上還貼著亂七八糟的紗布膠帶。我從鏡面可以看到自己，連我都對自己露出可笑的笑容。

特務終於把我的背銬解開，摘掉我被戴上去的安全帽。我順手把亂亂的頭髮稍稍撥梳。注意儀容是我從小就養成的習慣，從小媽媽就常常要我們兄弟要穿戴整齊，不要像監囚（台語）那麼邋遢。這時我才意識到眼前那片不成比例的大鏡面，它一定是片單面鏡。特務或他們的長官們現在一定正從鏡子的另一面在看著我，這種警覺性在坐牢十五年中早就養成。我用眼睛略略掃了全房，我知道一定有錄影機和錄音機，只是不知道它們暗藏在哪裡，我不想找，也自知躲不掉……。

我知道，我是個徹底的透明人，特務也必定會攝取我全部的身影，用來保存證據也好，用來醜化我，用來做宣傳也好。在任人宰割下，分分秒秒我都必須保住一個反抗者的尊嚴！要笑、要哭、要逞強，要示怯都要是有目的的。

「這裡有水，有茶，你想喝什麼可以自己倒，」一個特務說：「從現在開始，你只能待在這個房間內，坐在這個位子上，要上洗手間必須先報告我們，我們會帶你去。」特務指一指我背後的左後方。把我安排在距門口最近的位置，是不合理的。唯一的理由是這樣我才會面對那片大鏡子，方便他們從另一面窺視。

從我被押進來，一直有人進進出出，摸摸東，看看西，個個表情都很喜悅，我當然知道他們都是想進來看看這個「台灣最轟動的男人」，好下班後回家亂蓋。捉到我，是調查局一大功榮，讓調查局從上到下走路都有風。台灣的八大情治單位在過去二十幾天中都卯足全力要捉我，誰搶得此功蔣經國必然有重賞。去年十二月十三日是警備總部負責來抓我、陳菊、呂秀蓮和樓下的林義雄。結果竟讓我極端神奇地突圍成功，現在卻是調查局捉到我。調查局上上下下當然爽斃了！從蔣介石父子敗退台灣，中統（調查局）和軍統（警備總部）就一直在明爭暗鬥、搶功抓人，還互相抓對方的人，入對方於罪，好取得主子蔣介石父子的歡心和信任。蔣家父子也刻意讓雙方或多方的特務相互明爭暗鬥。因為這樣不只會激勵他們為搶功而賣力，而且還會讓不同系統的特務相互監視，才不會像南韓總統朴正熙被他親信的中央情報部部長金載圭在宴會中槍殺成功。蔣氏父子從不信任任何人的疑心病，都達到極度病態的程度。連自認與小蔣有濃厚「革命感情」的中國時報董事長兼國民黨中常委余紀忠，小蔣都派特務嚴密監視、監聽到連余紀忠住家廢紙簍的廢紙，特務都得派人偷回去拼湊起來判讀[2]。任何自認效忠、崇拜蔣氏父子的人，看到這種真相，難道不會膽戰心驚？

我靜靜地坐在原位，不理不睬也不看這些調查人員進進出出。動物能引人觀賞，正代表著他的紅

2 根據新公布的國家檔案。

透程度。這種應該緊張的時刻，我內心反而很頑皮。這種情境下，囚人如果太嚴肅，表現反而會失常和欠缺周圓。其實，我更知道不只有這些可以進來的小調查員，我正面鏡子後面一定有更大咖的官和大特務在窺視我。這種自覺，讓我表演起來更帶勁。

有一段時間了，終於有穿軍服的兩名年輕軍官由調查局的特務帶進來。他們就坐在我正對面。我看了那個坐在我正對面的軍官胸前還掛著名牌：「林輝煌」，年紀輕輕的少尉軍法官，自稱是檢察官。

「你就是施明德？」他問。

「是，」我說。

「出生年月日、籍貫、職業？」他在做人別詢問。另一名軍官做筆記，顯然是書記官。

我看到收押涉嫌罪名是「叛亂罪」。

最後，那名軍官問：

「你有什麼話要說？」

「你憑什麼定我的罪名是叛亂？」我質問那名軍官。

「不是我定你罪名的，你自己一定也知道通緝令上的罪名就是涉嫌叛亂。每天電視上，報紙上，廣播電台都是這樣說的。」

我不再理會他們。那名檢察官要我簽了名，另一份給調查局特務：「收押」。

他們完成法定程序，就起身走人，沒有任何廢話。

緊接著完成收押程序，就有三名穿醫師袍的男女進來。

「施先生，這三位是我們調查局的特約醫院的醫生、護士，」有個特務介紹；「他們想要檢查你的傷口？」

檢查就檢查，虎落平陽。

醫生把我的膠帶、紗布揭開，用消毒棉擦拭傷口，特務照相機不停地拍。

「縫合得很不錯，」那醫生沒有對我說，彷彿怕被我感染病毒或怕被牽連成協助這個大欽犯似的，他轉頭對陪伴在側的特務說：「但是，還是定時吃三天消炎藥比較好。」醫生一邊說，一邊替我用新紗布包紮好。我抬頭看看鏡中的自己，包紮的是比張溫鷹一個人動手要整齊很多。

「是，」特務說：「我們會按時拿給施先生吃。」

他們一直在拍照是以防我誣控他們刑求致傷，當然，更可能依此捉拿動手術的人，還有醜化的意圖……。對特務的每一個動作，我都不動聲色地在內心分析著。面對敵人，特務就是敵人的打手，而且是第一線最心狠手辣的殺手，你必須步步提防，你絕不可以幻想他們會對你心存任何善念。

這時，他們才把從漢口街捉到我時，強行取下的全口假牙交還我戴上。那是特務怕我吞假牙自殺。

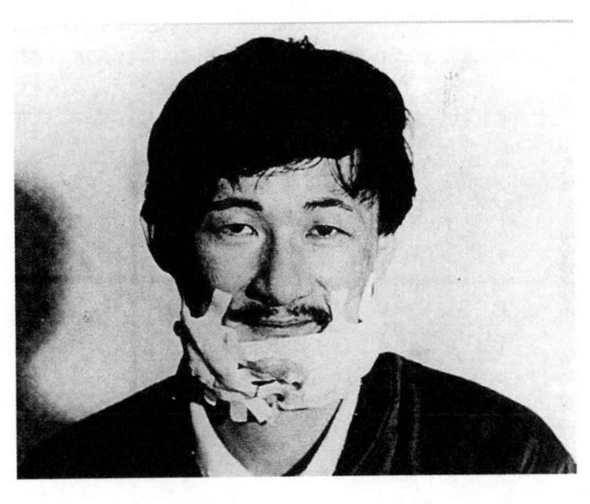

醫生走了，立刻有人送進來四個便當。兩個特務坐在我對面，一個把便當打開問：「施先生，看你喜歡吃哪一個，你先選。」另外站著的三個特務也許已吃過，也許稍後才會吃。

大概，他們怕我會懷疑他們下藥什麼的，才會叫我先選。

我隨意挑了一個，他們三個人陪我一起吃便當。在這裡二十多天，每天都有人陪我吃便當，還有早餐的豆漿、燒餅、小籠包。

四個人開始是默默地吃，我早已決定不主動開口，被捕後沉默是金，不管你想解釋或想掩飾，話多必失，破綻逃不過特務的解析，不要自認聰明過人。

「施先生，你的換洗衣物是不是請你指派個人，我們連絡他去整理拿來？」坐在中間那個特務說。

「艾琳達已回國了，我不知道你們又抓了誰？」我說。特務要我點名找誰拿衣物，也可能想釣出他們還沒有抓的人。

「你在逃多時，天天看報，看電視，聽廣播，你當然知道我們抓了誰？」特務微笑著。

「你們抓的人，一定比報紙上公布的人還多很多，我不可能全知道誰已被捉，誰還自由。」

「你隨便指一個沒有關連，可以進入你家的人。」他說。

這時，我想到昨夜吳文牧師有到蔡有全、林弘宣的住處和高金郎、徐春泰等人會面。最後，吳文還把徐春泰、高金郎帶到我躲藏處的樓下，按他們的約定跺地兩下，告訴高金郎和徐春泰，我就是躲在這樓的樓上。

「找蔡有全或林弘宣去拿吧！」我是故意要探探他們是否還自由，如果他們還自由，就證明他們也是和徐春泰、高金郎一夥，是共謀領獎金的人。

特務頓了一下，「他們跟你什麼關係，可以進入你家？」

「蔡有全是我部門的經理，林弘宣是我派去高雄服務處的總幹事，他們都常去我家。」我說。

「還有沒有別人？」對方說。

我猜想，他們兩人也已被捕了，告密者一定就是徐春泰和高金郎了。此時此刻分清敵我是很重要的。

「那，我找我的祕書張美貞，可以吧？」我想探探她是否也被捕了？她是「美麗島事件」當夜在二樓全程跟美國「台灣之音」張楊宜宜電話聯繫，讓美麗島事件留下第一手歷史資料的人。

「好，找她去拿，」特務對他右手邊的人交代，立刻又問我：「她的電話呢？」

我告訴他，美貞的電話。

我確認美貞還沒有被抓。我在逃亡時間，我身邊的工作夥伴，像蔡有全、林弘宣沒有早早逮捕，是被故意留下來的餌，特務知道留下這些親近我的人，守株待兔，也許就會釣到我這條大魚。逮到我了，蔡有全、林弘宣這些餌就可以烹了。

整個便當我全吃得光光，從被捕到現在，我都沒有吃東西，吃飽了可作戰了。

「要不要去洗手間？」特務看我放下筷子，也喝了水，就問我。

特務帶我走出房門，天已經有了夕陽的彩光，我的餘光看到左前方有樓梯是朝下旋轉的，好像是地下室的牢房。洗手間在右側，我想應該藉上大號獨自澄清一下自己，我告訴特務。他說：

「門不能全關。」

到了銅牆鐵壁之處，難道還怕我插翅？不，也許他們怕我自殺嫁禍他們。我這個欽囚，好珍貴啊。

坐在馬桶上，我讓自己全放鬆，從特務衝進房門，先是一隻手槍，接著是數支手槍瞄準我，我一刻都不休止地被團團圍住，自己內心也一直在應戰中，現在馬桶提供了一個休憩處。反正，一切都在逃亡時間就思量好了，現在就是讓自己精準地按原計劃執行就好了。

我猜想，我的戰友很可能也早已囚禁於此。我不要試圖聯絡他們，這是不可能的，也危險的。特務比我精明多了，不會給空隙的。你認為的空隙，可能就是一個陷阱，讓你落入而被逮到證據。坐牢十五年了，我已習慣做個孤獨的戰士。何況，這個時刻獨自作戰對我是絕對有利的，我不必受戰友的影響，我單獨一個人就可以按計劃與決志去作戰、執行下去。多少年來，尤其從「台東泰源事件」之後，我就替自己立下為人的準則：對長官盡忠；對同志盡義；對部屬盡愛。我看過太多這樣的案件——一堆人被捕後，咬來咬去，推來推去，最後反而把大家纏在一起，變成死結。泰源事件的烈士就是各自承擔了他們的責任，才使該事件付出最小的代價。那是一個了不起的歷史範例，我希望台灣歷史會記下他們志節。現在，我就必須一步步都如此效法！我提醒自己。

很少人有機會體驗到馬桶竟然可以讓一個國內外矚目的欽犯從中獲得平靜。被捕後，我一直處在內心亢奮中，過程中的回憶也是一種亢奮的現象，平靜的只是外表的膚色與表情而已。

接下來就是肉搏戰了。其實，就是一隻待宰的羔羊。待宰，也得擺出優雅的姿勢。我準備好了。

我被帶回原來的房間，房內已是一整排特務，我坐回原位，面對大鏡面，我的左右也坐了特務，後面也站著兩名。桌子的另一排坐了六個特務，我的左右前方各有一個站著的特務，拿著當年還很少見的錄影器材。陣仗真的夠大。我立刻回想起一九六二年六月十六日被捕的情景……。

那年，我從小金門被帶到大金門的「第三招待所」。他們偵訊時給我的座椅是個小木頭板凳，矮矮的，主審官坐在我的正前方，坐的是有扶手、有靠背的、又大又高的氣派座椅。他的兩側也各坐了兩名有扶手的座椅，只是略小號的。我的後面也站了兩名。他們都穿軍服，但官階都卸下。但是從領章的痕跡，我可以判定主審特務是個上校。因為太陽曬久了，三朵梅花會在領子上留下痕跡。

那個上校劈頭就說：「我就是共匪和你們這些叛徒所說的老國特！」（意指國民黨特務）。

這是對囚人第一時間的震懾排場，要徹底擊碎囚

人的信心和尊嚴，以便他們予取予求。現在，調查局的這個排場比當年還大很多，因為我也不再是當年那個無名小子了。

「我們這個小組是負責偵訊你的人，我姓李，叫我李組長或李主任都可以。」他說。

此時我心裡想，「我才不相信你姓什麼，特務常常有好多個名字和頭銜，做壞事的總是隱名埋姓，就像放蕩淫亂的化裝派對，必須戴上面具才能盡情放浪形骸。」

我沒有出聲，沒有回應。

那個人看我沒有回應，就自己發表顯然準備好的說詞：

「施先生，」他們盡量對我客客氣氣，特務說是先禮後兵。「今天，抓到你對我們調查局當然是一件大喜事，但是對高雄暴力事件的結束，對國家的安定不見得有利。

「黃信介委員等人的偵訊幾乎都已經結束了，他們都很配合，長官也抱著哀矜勿喜的態度準備讓黃委員等人在農曆年前舉行一個公開的記者會，向國人集體道歉，也不必公開審判，驚動國內外。你知道，我們的敵人就是共匪，不共戴天，但，美國朋友也不是什麼好東西，像這個暴力事件，美國竟然說我們是反民主的鎮壓事件。你看，經國先生多民主啊，讓你們這樣從北到南亂搞了一年多。即使這樣，經國先生還是堅持你們只要悔罪，公開道歉，向國人保證你們出去後不會再搞反政府的叛亂行動就結束了。我們的偵辦內容就是朝這個大方向在做，也接近尾聲了。

「今天，你被抓到了，情勢有轉變，本來可以收尾，就看你的表現了。你的角色你自己知道，比黃信介委員嚴重多少倍，黃信介委員自己也說，他只是個人頭，都是施明德他們幾個人在亂搞……。

「沒有捉到你，他們都好處理，他們都有人替他們求情。你在國內沒有一個人替你說話，你們黨外太多人公開指責你、怪你，連黃天福代表，黃委員的弟弟，都指名罵是你害了他哥哥和黨外的人之一。這次把你們抓了，台灣多平靜。黨外都乖乖的，有誰敢再出來遊行抗議？現在還敢吼吼叫叫的，只剩曾心儀、袁嬿嬿那幾個外省二代的臭婆娘，起不了作用啦……。

「從你中午被抓到現在，各報都發號外，各電視台幾乎全是你的新聞，所有台籍政治菁英，從林洋港、李登輝、蔡鴻文、邱創煥、王玉雲、蘇南成都發表談話，學界、商界、影劇界的名人都發言了，都表示必須嚴懲施明德這個暴徒，安定社會。你該知道自己是萬夫所指。如果你現在出現在街上，立刻會被亂棒毒打，甚至撕得寸骨不存……。」

他說得這麼詳細這麼露骨，是事實，我早已是千夫所指，萬人皆曰可殺的不赦之徒了，他最重要的企圖就是想擊碎我的信心，讓我產生畏懼，進而屈服順從取供。這群外來統治者對反抗者絕對仇視，對臣服的台灣人則充滿鄙視。當他一一唱名說出台灣人的名字時，都露出輕蔑的神情。這是台灣人的悲哀。反抗被殺，順服被鄙夷。

他的肅殺毫不保留，他的外省二代的口音流露著優越感。

「這次對付你們這些美麗島暴亂份子，經國先生親自指示我們必須全力以赴。處理好你們，台灣就會再有三十年的安定。我們都看到二二八之後，你們台灣人全部乖乖的，誰敢再反抗？政府遷台之後，會搗亂的全是共匪份子、匪諜。

「處理好你們這批人，台灣就會再有三十年的安定！」

他再次強調，表情充滿信心，每一個在場的特務都露出使命感的嚴肅，彷彿他們是在替天行道。壞人做壞事都會有他們的合理化思想，那些屠殺猶太人的納粹劊子手，自己也都這樣合理化自己了。

我仔細聽他的獨白，不屑回應亦不想深思他的真實語意。

「但是，經國先生絕對不會像陳儀那個王八蛋那樣，採取那麼粗魯的鎮壓手段。我們會讓你們和海內外都心服口服，我們現在正朝這個方向在進行。」

一副外來統治族群的優越架勢。

他宣示完立場之後，繼續說：「你覺得把國家交給你們台灣人，你們有能力治理嗎？」他揶揄羞侮的不是我一個人也不是美麗島份子，而是所有台灣人。「你看現在的黨外人士都像什麼樣子？抓進來的不用講，沒有被抓到的黨外份子，現在都是什麼表現？個個畏畏縮縮，演講台上的氣勢全沒有了。他們盡力撇清和美麗島的關係，還都把責任全推到你身上，你百口莫辯了。」

我知道自己在台灣是爹不疼，娘不疼的異類，但對這類挑撥離間的話，不止不會影響我的決志，卻讓我聽到弦外之音：我那些沒有被偵訊經驗的長官和同志可能承受不了壓力和欺騙已做了某些「不利於己」的供述了。雖然，這是我意料中之事，沒有被捕過，被偵訊過的任何人，都沒有權力質疑被捕的人怎麼「不夠勇敢？」「怎麼不夠堅定？」「怎麼會求饒？」。

「李主任」的獨白實在太長了，中間還夾雜的震懾目的而停頓，在場的小嘍嘍們時而用怒眼瞪我，時而嘴角露出鄙夷的表情，時而譏笑。當李主任說：

「太多年了，台灣沒有像今天這樣普天歡慶了，鞭炮聲響徹雲天，人人從心底笑出來！你的同志們都沒有問題，政治問題政治解決。只有你，要死要活，全看你自己的表現了。」

他很露骨地說。這是偵訊術，讓你看到死神又微露一線生機，好讓你在人性弱點中像吳泰安那個人造匪諜，既出賣了靈魂也斷送了生命。

在逃亡的二十八天中，我知道整個事件明明是朝著公開審判在走的，這些特務卻仍以老套「政治問題，政治解決」來欺騙信介仙、姚嘉文等人；現在又想拿這套騙我?!特務根本不知道我是專心期待公開審判的。只有公開審判，我才能一展視死如歸的膽識和辯詞，才有機會在世人面前擊倒蔣家政權，鼓舞台灣人勇敢起來反抗外來政權，替台灣爭自由，爭獨立。

我必須在眾目睽睽之下，替台灣人立下反抗者的榜樣！

特務這些冗言，使我更清楚當下的處境，我不想刺破他的謊言，只聽不說。但是，這個「李主任」的話實在太長了，我面前的特務一個個走了。不，沒有人敢主動離去，這是他們安排好的一場震撼戲，果然他就說：

「好了，現在，我們就開始進入主題，讓這位先生負責。」

李主任自己也起身，交給一個微胖，年齡大概三十幾，也是帶外省二代口音的特務接班，他自稱是在台中長大的。他竟然先跟我聊台中的情形，聊台中小吃，哪家太陽餅才是正統，哪家肉圓最好吃，聊他小時候的柳川、綠川……。因為他知道我在台灣時報台中分社當過記者。不管他自稱什麼姓名，自始至終，他都參與偵訊，我自己給他取個外號「台中仔」。

告密者是誰

「台中仔」用相當長的時間聊台中，像是想緩和一下剛剛的氣氛，又像在套關係想減少我的防衛心。他旁邊那個特務，像紀錄又不像，因為他很少動筆只是目不轉睛地看著我，兩側的錄影者也撤掉了一個。我身後的兩個特務仍時時戒慎，彷佛一有暗示就會對我動粗似的。但是，我知道正面大鏡子的另一面仍有人在。我一生二十五年半囚禁中最大的羞侮，就是我完全沒有隱私，包括我自慰都必須在他們的監視或錄影下。完全的暴露就是完全的凌辱。

自由人永遠不能體會囚人的深層悲哀。

台中仔聊完台中的話題後，他突然問我：

「你知道是誰去告密，會領到五百萬獎金的人嗎？」他有些炫耀地說：「你知道我們花了多少錢買你這位先生嗎？五百萬！不是報紙上說的兩百五十萬！為了抓到你，很多企業家都私下提供獎金懸賞。買一個你，好貴好貴，比羅馬時代買那個著名的角鬥士斯巴達庫司還貴上百倍千倍。」他故意使用古羅馬的歷史人物來炫耀自己的常識廣博。特務常常如此，暗示著：我是博學的，你不要想騙我。

我以為接下去他會主動說出真相。我等著，沒有回應。

「我不能主動告訴你是誰？」他說：「你這麼聰明應該猜得出來是誰？你猜錯了，我會告訴你不是。猜對了，我不說話。」

今天中午是吳文牧師帶特務去抓我的，但他絕對不是告密者。他要告密領那筆可以在台北市仁愛路買十戶高級公寓的巨額獎金，他早就去告密了，不必等過了二十幾天才告密。但我還是故意說：

「吳文牧師。」

「他昨天晚上離開你躲藏的地方，在樓下當場就被我們逮捕了。他知道你們的暗號，我們才要他帶路的。」他平靜地敍述。

「徐春泰和高金郎。」我說。

台中仔沒有直接回答，卻以一種很不屑的表情和口氣說：

「你們那些的難友，沒有幾個是好東西。」台中仔哼了一聲，然後說：「拐走你老婆、霸佔你財產的蔡寬裕是你的難友，現在又是你的難友……。你知道嗎？你在逃亡的時候，你的叛亂犯難友們可忙得很。到處打聽你的下落，一面跟我們保持聯絡。有的還主張必須把你幹掉，以免你被捕後受不了刑求，會供出泰源事件的內幕。你的小嘍嘍楊碧川就是主張幹掉你的人之一……。」

他沒有把話說完也沒有說清楚，就伸手去拿桌上的資料袋。

徐春泰是泰國華僑，本來是國民黨在泰國養的小線民，後來又和中共搭上線變成兩面間諜，替雙方暗中買賣情報被捕，判了十年有期徒刑。高金郎是當海軍士兵時和幾個台灣兵計劃劫持艦艇，投奔中共領鉅額獎金的。被捕後，高金郎判了十五年有期徒刑。這兩個人，都是因為貪圖金錢而變成「政治犯」的。

本性難移。

就是這兩個告密者，害了一大串保護我的義人被捕受苦……。

台中仔把資料袋抽出來，他用一種很詭異的表情，不像尊重也不是輕蔑，眼球流露驚奇，嘴角卻下抿，壯壯的身軀已有中年人的肥胖。他又開口：

「你逃亡期間，我們的情治單位，對你、對你們家族，從祖宗十八代開始，摸得清清楚楚，為了抓你，不得不全面徹查你的全部家族，所有關係人全搜集齊全。我們已有你幾代以來最完整的資料。」

非不得已，只聽就好。這是被偵訊者的守則之一。

美麗島雜誌社所策動之高雄暴力事件現場照片

編號：〇三三
時間：一二・一〇
地點：高雄市新興警察分局
說明：施明德、姚嘉文與市警局督察長黃其崑談判。

廿

美麗島雜誌社所策動之高雄暴力事件現場照片

施明德
何文振
姚嘉文
徐春泰

編號：〇三四
時間：一二・一〇
地點：高雄市新興警察分局
說明：同前。

台中仔在展示他們的用心和能耐，他很自在地掀了幾頁資料、似看未看，表示他是涉入有關我的資料研究者之一，才能翻翻卻沒有細讀就能流利道語：

「你父親竟然是清末時代的人。你祖父我們分析是荷蘭時代就歸化的熟番的後代，才懂得經商購買大片土地。這部分太遠了，太冗長了，不談。

「你祖父要你爸爸學醫，那時學醫當然是學漢醫。你爸爸在南台灣很出名，人叫闊嘴師、闊嘴仙。他雖然是全科漢醫，卻對接骨、脫臼本領特強，他還被日本政府聘為漢醫檢驗委員。

「你父親很奇怪，日本佔領時他才九歲，日本統治五十年中竟然都不講日語。國民政府來，也不學國語。」

台中仔在展示他對我有多瞭解，暗示我不要想糊弄他。

「你父親有錢、有土地，也有不少老婆。你的姊姊、姊夫每一個都是你爸爸的學生，也都當接骨師營生。

「你大姊夫鄭刖，死於二二八，你父親因為醫治了彭孟緝將軍的司機，二二八大屠殺後，那個司機救了你爸爸……。」

他頓了一下，好像在說，多麼德政。

「你爸爸另一個女學徒，也掛牌在台南當接骨師，她替你爸爸生了一兒一女叫施水環、施至成。他們兩兄妹涉及共諜在民國四十五年被槍斃了。」

施水環、施至成的名字是我第一次聽到，也是第一次聽到他們是我的同父異母的兄姊！這令我太震撼了，但現在不是追根究底的時候。我知道父親的第五個女兒，也就是我的么姊，年齡跟我媽媽一樣大，所以父親如果另有一個細姨也生下兒女，我也不會太驚訝。當然，我不可能在這種情境下跟特務查證真偽。

這個時候，我想到第一次被捕，同案的宋景松先生是以懲治叛亂條例第二條第三項的「預備以非法之方法顛覆政府」判十年以上有期徒刑起訴，在全案三十幾個人中排名在十名之後，不算嚴重。但判決時把他改為第二條第一項「唯一死刑」判處死刑並沒收其財產，理由是：宋景松在十六、七歲時，他的台南大內鄉的貧窮村莊有個中國共產黨人李媽兜潛返家中，然後被捕，全村的村民都被迫簽下「知情不報」的切結書，少年宋景松也簽了。法官就是根據十幾年前的這份切結書把他改為第二條第一項，認定他是不知悛悔的親共份子判處死刑。現在特務是不是也想把施水環、施至成扯上和我的兄姊關係，然後替我戴上一頂「紅帽子」？我警覺到了，如果被扯上和中共有關，連辯駁都難。所以，我心中不管如何驚訝，如何好奇，我都不能在這個問題上跟他糾纏。我外表顯示出平淡，彷彿聽不懂他在說什麼似的。果然，特務在停頓一會兒之後，就說：

「然後，你們三兄弟施明正、施明雄，還有你，施明德，都叛亂，都坐牢……。」

我心中想說：「這就是我們施家的光榮，一門英烈！一門反抗者！」

趁台中仔喝口茶，我說，我想上廁所，內心受到衝擊，找個藉口沉澱是必要的……。

等我回房，台中仔自覺已向我展示了他們的神通廣大，無所不知之後，他語氣平和的說：

「施先生，第一個問題，就是請你坦白的交代你當天是如何從家裡逃脫的。坦白說，警備總部和我們單位一再到你住宅現場探究，每一層樓房都搜查過，我們甚至找人去探測你有沒有溺死在化糞池裡。我們連化糞池都找了，就是找不到你，所以才確認你真的跑掉了。

「而且，那天警總官員逮捕你們時，還曾隔著門跟你對話，陳菊跟呂秀蓮也供稱是你敲她們的門告訴他們要捉人啦。

「你到底怎麼跑掉的？」台中仔一直說著，表情彷彿要聽到第一手資料似的。另一個特務也聚神地等待答案。

沒有錯，我在特務層層包圍下脫逃成功確實是神蹟般。如果，我沒有脫逃成功，這個案子蔣家就會速戰速決，把人槍斃了，外界根本連救援的時間都沒有。這個案件也不會像滾雪球般越滾越大，引起國際救援行動。對我的全面通緝，獎金一再追加，從報紙上可以計算的數字是五十萬一路追加到兩百五十萬，再到特務現在說的五百萬元！但是不管兩百五十萬或五百萬，都是天文數字般。愛國獎券的頭獎才二十萬，仁愛路一戶豪華公寓才五十萬……。

我的脫逃成功，不但是我個人一生的轉機，也是台灣歷史的轉機條件之一，更是美麗島事件能夠公開審判的決定性因素之一。我的逃亡，在國內外都引來我的生死之謎。美國參議員愛德華·甘迺迪就曾經告訴台灣駐美副代表程建人：「聽說你們已經祕密處決了施明德，還偽裝通緝他，如果真的這樣，問題就大條了。」這是我在逃亡時就知道的訊息。

特務們等著我開口。沉默許久，我終於說：

「這段逃亡記，我要保留電影版權，現在不想告訴你們。」

特務們睜大眼睛，他們大概還沒有碰到有這樣的被偵訊人，以這種方式回應詢問的。

「你不可以不說，我們現在是在偵辦高雄暴力事件，我們正依法偵辦中，你必須說出整個事實的過程。」台中仔有點硬起來，口氣有些兇了。

但，我諒他們不敢對我動粗，我太出名了，國內外都在等著我下次公然出現，我已不像第一次被捕時是個無名小卒可以任他們刑求。十個月之後，等一切傷痕消失也替我裝上全口假牙才把我移送軍法處。

我是有恃無恐，而且我才動了下疤手術，對我動粗會發生什麼後果，他們也無法預料。

「我當然可以不說，因為這段跟高雄事件無關。」我找到另一個理由反駁。

「怎麼會無關？你脫逃就是罪，就有關。」台中仔硬要扯。

「先生，你們來捉我時，我還沒有被通緝，我怎麼知道門外是什麼人，也許是反共義士那群爛人偽裝成警總要來報復的，我當然能跑就跑。」對於不敢在中國反抗暴政，爭自由的反共義士們我是極端看不起的，就像那個躲在日本的史明說了一句要「暗殺蔣介石」，一輩子什麼反抗行動都沒有做，只會躲在國外空喊台灣獨立。

這下子反而是台中仔啞口無言，他沉默了一下，改變態度和口氣：

「你知道，你們黨外有人說是我們故意放走你，讓你去投靠某人，好讓我們有理由抓某人。」台中仔說。

「我才不在乎那些蜉蝣般的台灣人說什麼。」我說：「如果是故意放我逃的，你們今天還高興什麼？我如何脫逃成功，這段過程我不說。」

被統治久了的台灣人就是如此低賤，不相信台灣人中有英雄，更不相信台灣人中有英雄事蹟！他們已經習慣性地認為外來統治者比較厲害。如果不是他們故意縱放、設局，你台灣人怎麼會有本事在層層包圍下，神不知鬼不覺地突圍成功？被統治者最擅於作賤自己的族人，歌頌統治者。

顯然他們的偵訊不順，他們也的確沒有碰過我這麼出名的政治犯，而且是如此有經驗的政治犯，還是決志迎向斷頭臺的政治犯。

台中仔有點不知如何接下去。

「喝點茶吧！」他說：「我們都不必這麼激動。」

我才沒有激動，是你逼我要說的，我沒有說出口，只用態度回應。如果我不是「施明德」，他們的拳頭早就揮過來了。

有個特務走進來，交給台中仔一張字條。台中仔在低頭看了一會，然後若無其事地又轉話題。顯然，是鏡後人有所指示。

「好吧，既然通緝前的事你不想談，但是通緝後的事你總該談吧。」台中仔口氣完完全全柔化，還會夾雜台語單字說。「你逃亡後，先到哪裡，又到哪裡，今天在何人住所被抓到的？」

他把一疊紙和一支筆推到我面前，自己就離開。房內還有四個特務，門口還有一個。

我把筆拿起來，又放下。屋內沒有聲音，只有亮亮的燈光普照著。偵訊中，特務不再嘮叨，對我這個老政治犯，是我充電、休息的時刻；對初次被逮捕的人可能又是忐忑不安的煎熬，他們會猜特務不知道又在設計什麼？驚弓之鳥處處時時都提心吊膽中……。

我拿起筆來，在十行紙上寫下：

「我跳脫圍捕後，坐計程車到青年公園的博物館。然後想到我大哥的好朋友許晴富，我相信他會收留我。我就再坐計程車到漢口街許晴富的家，直到被捕都是在許晴富家。」

我必須交代，我的交代就是如此。我把筆放下，想到許晴富先生家之後，彼此套好的供詞。許晴富先生願意收留我，他就決心毀己為台灣了。這是義人！立即可以變成鉅富的機會不要，願意為義捨生。其實，我從逃逸成功，在總統府前的大道慢跑時就想到要投靠他。他是我大哥服兵役時的同袍。那時，我才唸初中，他常常在軍艦停靠左營軍港時到我家。他，高高瘦瘦的，很挺拔，很帥，常識豐富，讓人覺得他義薄雲天。但是，由於比我年長六、七歲，我從沒有跟他交談過。等我出獄當了黨外總幹事，成為台灣反對運動的要角之一後，偶而到大哥的診所都會碰到他。他是電影製作人，彼此仍然沒有多交談，然而我在潛意識裡就認為他是義人，可以託付。但是，我沒有他的住址，第一時間無法投靠。

我這樣供訴他們是不會買單的。但又能耐我何？我確信他們不敢刑求我。

我不理他們，故意呆呆地看著眼前的大鏡面，讓他們似乎覺得我知道他們在鏡子後面窺視我，又好像我根本不覺得鏡後有人。

取代台中仔的那個特務把我寫的伸手拿去看。

「就寫這樣啊？」

對我來說，供出我藏匿地和藏匿人是我最痛苦的事，除了捉到我的地方和許晴富之外就是「張瑞瑛」，負責手術的人，其他一個我都不會招。

不久，台中仔進來，還陪伴了兩個特務，房子一下子又熱鬧起來。台中仔坐回我正對面，又扮起主審者角色，這時，我背後兩個特務又逼近，一副威嚇架勢。

「就憑這幾字就想打發我們？你越坦誠越能顯示你的後悔，上面才有寬大處理的空間，你這麼頑劣，長官怎麼給你生路？

「你看，你連替你易容的人是誰都不交代！她人已經進來了，連我們已經知道的人你都不認！什麼意思嘛！不夠意思啦，施先生。」

台中仔變得很生氣的樣子，我背後那兩個人也一起更靠近我，好像要出手的樣子，卻又自己停止不動了，只讓我感覺到他們隨時可出手，我從鏡子也看得到他們一幅打手出手前的狠相。但，我心裡很篤定，他們不敢動我，只是習慣性擺架勢而已。

「你說，替你動手術的人是誰？」台中仔說。

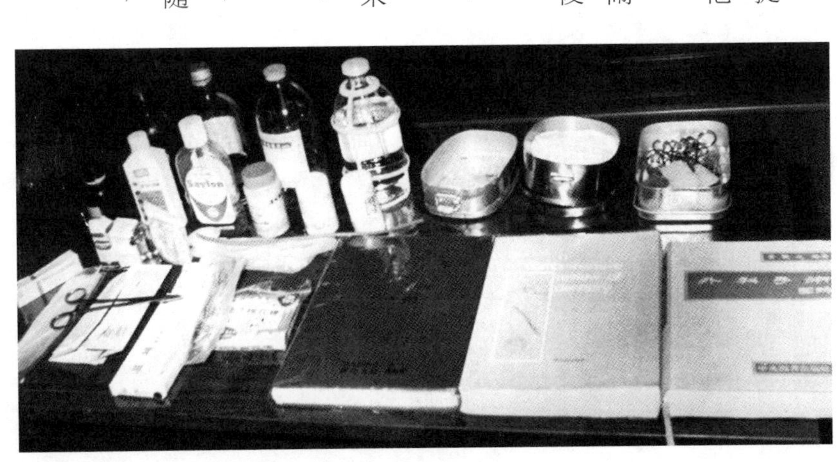

「你不是說她也被捕了，你們當然已經知道她是誰了，何必我說？」

「你太多事我們都知道，但你自白，你承認又是另一回事，你懂法律認定程序是什麼。你都很懂啦，大家配合一下嘛。」

我伸手把早先的那張紙拿過來，在原來的空白處另啟一行，寫下：替我動手術的大夫叫「張瑞瑛」。

我沒有說謊，她真的叫張瑞瑛，從黨外助選團成立後，她就擔任中部聯絡人，後來又擔任美麗島社務委員。

「你還在胡扯。我已告訴你了，他人已經來投案了，你還要胡說什麼張瑞瑛?!」台中仔聲音不小。

「她真的叫張瑞瑛。」我堅持，「你們這裡有美麗島雜誌吧，你翻翻看是不是有個社務委員叫張瑞瑛。」我說。

「去拿本美麗島雜誌來，」台中仔對我身後的特務說。

那個人把雜誌帶進來，交給台中仔。他翻到社務委員名單，他一定看到有張瑞瑛的名字。

「她本名呢？」

「她的本名就叫張瑞瑛，我不知她還有什麼本名。」

「你們認識一年多了，還不知她的本名、真名叫什麼？」台中仔有點相信也有些懷疑。

「我一直都叫她張瑞瑛，我不知道她還有本名、真名。」其實，張瑞瑛當中部聯絡人時曾說過她的身分證的名字叫「張溫鷹」，「張瑞瑛」是她小時候的名字。但，她不希望醫院知道她參加黨外運動，所以她要求用「張瑞瑛」，我們就這樣使用，叫慣了。

張瑞瑛，是否就是動手術的人，談到這樣似乎已沒有什麼好爭論的。台中仔在又回到窩藏我的名單上，他說他們已大致有個輪廓了，知道我一站一站到哪？碰到誰？誰聯絡的。

「他們也一個個被抓了，這張圖一定要拼起來。你的逃亡路線圖一個角都不能缺，這是我們的工作態度。何況，你不說，他們自己會說，他們不像你關了十五年了，如何閃躲，如何堅持不說，如何應對偵訊，他們可不一樣，一下子就說得清潔溜溜……。」

事實也真的這樣，這時，我突然想到林文珍，她有老邁媽媽、智障弟弟，還有一雙十歲兒子，她被捕了，她的家人怎麼辦？我要離開她的安靜住所就是怕連累她的家人，才移轉到許晴富住所。現在，顯然目的沒有達到，我竟然不由自已地悲從中來，我流淚低頭不語……。

特務拿衛生紙給我。在偵訊中這是一種心靈軟化的現象，特務常常營造這種氛圍，突破被偵訊人的心防，好讓他們拿到他們要的口供。

所以，我浸泡在悲傷中，所以，他們也任我流淚，停止逼問。他們相信我停止哭泣，一定會交出口供，這是偵訊術之一。

我終於平靜了，把淚擦乾，雙手抱胸前、頭上仰、吐了幾口大氣，一語不發……。

許久，許久之後，台中仔才說：

「有時候把實情說出來，自己反而會舒坦的多，憋在心中會很難過。」台中仔果然是偵訊高手，但，他不知道我是想到什麼而飲泣、傷心……。

「好了，我告訴你們，」我說，停一下，他們大概等我和盤托出我的逃亡經過。我是一個被保護者，那些保護我的人，拒絕領那一大筆獎金，幾乎已經都像聖人般了，台灣社會多的是為錢賭生命的爛人。現在，我被捕了，我卻把他們一一供出來，我還像個人嗎？

「你們說，你們一定可以把我的逃亡圖拼出來，那何必逼我作不義之徒？」我繼續說：

「我真的不能主動說出任何義人的名字了，我們還有別的話題要談，逃亡的事就不要逼我了，逼我也沒用，我不會說，好不好。」我說。

我不是討價還價的人，因為我叫「施明德」。

氣氛激盪是雙方的，不只是被偵訊者。只要被偵訊者意志力夠強、決志、死的決心夠昂然，在偵訊過程中就不會是完全被動的。我的落淚並不是我刻意營造的，是自自然然的。何況，就我這個欽犯而言，他們要的東西絕對不是這部分。

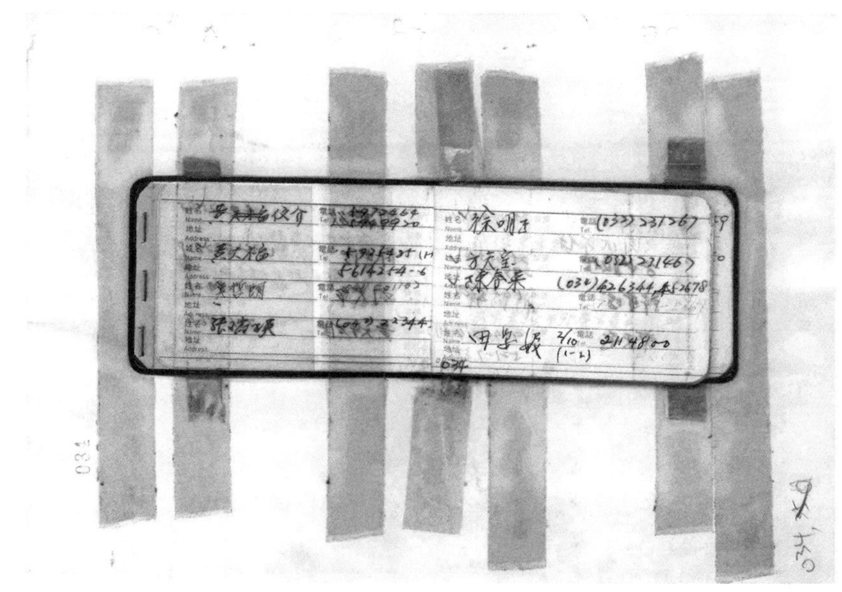

台中仔也軟化了，他說：「好吧，你不寫，我們就把我們手中的資料來整理一下。」旁邊的特務把一堆資料、名片移到他面前。

「我們先從你於一九七七年六月出獄談起，談你跟黃信介如何認識的……。」

這是一次冗長的基本資料登錄，我懂，我就不想在這方面為難他們。人，被捕後，你不可能什麼都不說，但眉眉角角要守緊，涉及「叛亂」的字眼必須堅持刪除。特務會在紀錄埋下陷阱。可能被解釋成犯意的，也必須閃開。囚人最容易犯的人性弱點是法律上「不利於己」的供詞可以被法庭引為證據，是囚人最常犯的。這是在陳述相關同志的行為時，往往因為「事不關己」而輕率附和。但是，未來在法庭上就可能當作，「不利於己」的供詞，既傷了同志也害了自己。當然我一刻都沒有忘記這是政治事件，不是法律事件，姚嘉文律師被捕之前都深信：「憑什麼抓我們？大不了高雄事件不過是個妨礙交通的事件而已。」

我當然不會如此天真，但是法律防守在此刻就必須嚴守，我不想在法庭出現翻供的現象；不翻供，這段祕密偵訊期就必須守住。在法庭，我還有政治辯護的大戲要演。那才是事關台灣未來的重大轉折，那才是重擊蔣家政權的阿基里斯腱的時候。但是，這個心思此時必須深埋心底，一絲一毫都不能流露……。

特務的確做了十足的功課了。對於我，他們瞭如指掌，他們握有竊聽我電話的紀錄，有埋伏在我身邊的抓耙子的小報告，除了我的內心世界他們難於入侵外，對我已清清楚楚，包括我有幾位洋妞情人……。像我這樣強悍的反抗者，絕對不敢心存輕敵和僥倖心的。我一直步步為營，凡事謹慎，寧可過度小心，也不可以輕敵。從出獄那天，我就如此對待自己，要求自己記住：「奸細就在你身邊」。這是任何反抗者必須學習的。

輕敵，是致命的缺點。

特務一疊又一疊的資料都搬了出來，在我左側的長桌上擺成兩大排，每一排的資料都有四十公分以上。每一件資料封面都標示著日期、地點、標題，我雖然偷瞄得不太清楚，但已知道他們手中的確握有我很完整的資料。

獨裁政權的情治絕對不是虛幻的，對他們認定的叛亂犯、異議份子，他們做的功夫絕對十足……。

台中仔最先擺出來的東西，顯然是我脫逃成功後，從我家搜到的名片、手記、信件、稿件，雖然他們還沒有完全整理完畢，但顯然他們已大致整理過了。特務先從一大堆名片問起。這個人是誰？如何認識的？跟黨外有什麼關係？跟我個人有什麼關係？一邊問，另一個做筆記……。他認為可疑，或對我的說詞不滿意或不信任的，他會在名片上加註，然後，交給他另一邊不做筆錄的特務，顯然他們會進一步去追查……。

這工作很耗時。早餐送來了，午餐也吃過了；晚餐已移走很久了，牢中看不到時鐘，特務都有手錶，不掛時鐘是不讓人犯知道時間，以防裡應外合，或脫逃。我囚禁過十五年，對時間我已有我們囚人的估算方法了，雖然不精準但已八九不離十了。

怒拒疲勞審訊

當「李主任」又帶了幾個特務進來換班，我估算應該是一月九日深夜十二點了，即將是一月十日了。從我被捉進來，偵訊沒有停過，已超過三十小時了。

「來，我們繼續吧。」李主任說，並坐下。

我用力一拍桌子，快速站起來聲音相當大，也很火的說：「幹什麼！你們要疲勞審訊啊！」我的反應太突然了，把特務們都震嚇了，而且我拒絕坐下，怒視他們，雙方就這樣僵住了……。

「好、好、好，」李主任和在場的特務先是都愣住了。很快地李主任就連聲說：「讓你睡覺，讓你休息。」

我以為他們會帶我去單人牢房，李主任卻對一個特務說：

「把行軍床搬過來，放在那邊靠牆。」他指著長桌子靠最裡面的角落，在我的左手邊。

「我已經兩天沒有洗澡、刷牙、洗臉了，先讓我洗澡換衣褲。」我說得很清楚，不是要求，幾近命令。我知道他們擔當不起將來我公開指控他們，疲勞審訊的罪名和虐待，不讓洗澡、洗臉的控訴。因為我叫「施明德」，被懸賞五百萬元的叛亂死罪的人，特務不敢太放肆。

「好、好、好，」李主任微笑地，疊聲回應：「你安排施先生去洗澡。」

這時，我才坐下來，李主任一定「幹」在心底，當特務這麼多年了，從未碰過這麼囂張的犯人。但，特務都能屈能伸，所有表情和反應都是應需要而擺出來的。

他們把我帶去洗手間，我就用那裡的一根水管用冷水沖洗，天冷水更冷，但我是有點潔癖的人，沒有熱水，用冷水洗都比不洗舒服多了。我洗完澡，換上特務從我家拿來的衣服，再回到偵訊室，李主任已不在了，室內也只剩下兩個特務。

行軍床上有乾淨的棉被和枕頭，行軍床已太多年沒睡過了，在軍校時偶而在野外訓練時睡過，但當時我們也大多寧願睡草地上，除非地面實在太濕氣太潮了。但，今夜我別無選擇。

孤獨的戰士，其實一點也不孤獨，每一分每一秒都有一堆惱人的特務糾纏著你，躺在床上才是真正的「孤獨但不寂寞」的時刻……。

囚人什麼都失去了，財產、地位、食物……。完完全全都失去了，真正的孑然一身，這種時刻能陪伴著你的就是記憶！美好的回憶！回憶會給你希望、勇氣、力量，特別是自由。囚人是肉體被囚禁著，思想與自由卻是真正的徹底解放了。

第一次坐牢，是從一九六二到一九七七年，很多時刻我是靠回憶支撐下來的。回憶小時戰爭的炸彈聲，想父母的慈愛和富裕生活，想少年輕狂，想第一個也是當年唯一的性愛對象，回憶兩個女兒雪蕙、珮君，這些在苦難中會給我極大的力量。到了一九七三年，政治犯蔡寬裕出獄，假藉是「我託他去照顧陳麗珠母女」，騙子的藉口數不盡，變心的女人沒有口德。他們奪走了我所有財產後，再用那些錢開工廠，把一些已無反抗之志的出獄政治犯拉攏成群。我在牢中只剩下恨！恨，是最悲慘的怪物。你會恨，是因為你徹底是被害者；你恨，又挽回不了任何價值。恨，是世間最難擺脫的惡魔幽靈。我被糾纏了兩、三年，感謝上天讓我領受到恨的猙獰，更體會到「忍耐是不夠的，必須寬恕」。力行之後，我才發現原來：「寬恕是結束痛苦最美麗的句點。」所以，我出獄後才能把自己完完全全獻給了台灣，獻給了追求台灣的自由、人權和民主，也才能把自己獻給了新的情人，沒有任何瑕疵地、無缺憾地獻予。陳麗珠已經被我從記憶中徹底挖棄了，彷彿她從來都不曾在我身邊存在過一般。清除了這個位置，**Bettine** 才能成為我真正的初戀情人。

今夜，**Bettine** 又來臨了。

屋內，燈光是明亮的，兩個特務在屋內看守，兩個堵在門口把關。我當然知道鏡子後還有人不定時地會窺視、視察。但，只要不面對面干擾我，我就自由了。作為囚人，我對待遇所求無多，只要讓我的心自由，我就能活下去、戰鬥下去。這種心的自由，只能自己找的。

但是，此時此刻我不浪費一分一秒去反省這兩天來的應訊好或不好，更不檢討為什麼會被抓到？這一切都不重要了。任何初次被捕者在被偵訊後，一有空檔，一定會把珍貴的休息時間用來檢討或反省自己。這是沒有經驗的囚人最容易犯的錯誤。這時，最重要的是我必須恢復體力和疲勞。這對我將如何執行在逃亡期間就精心擬就的「大戰略」，如何在公審中重擊蔣經國的阿基里斯腱，如何喚起台灣人從來沒有過的勇敢和智慧，反敗為勝是很重要的，以及如何度過這段偵訊期都是極重要的。懊惱、反省、焦慮都無濟於事。疲勞，會使人思慮呈現殘缺，意志也會處於脆弱狀態中。

一九六二年六月十六日，我被逮捕囚禁於大金門的「第三招待所」接受偵訊。那些特務輪番審訊，日以繼夜，日復一日，我雖然年輕也被連日審訊折磨的疲憊不堪，連眼都睜不開了，特務還是不讓我休息。我訴說我真的太累了，頭腦不清不楚了，要求睡一會兒。特務就給我濃茶提神，更累了，就倒高粱酒給我……。我不清楚知道是連續第六天或第七天了，我只好哭求他們讓我睡覺。我真的心智完全不清不楚了，我完全不知道自己已經說了些什麼，寫了些什麼，在什麼筆錄上簽了名。

那時，我不敢反抗，不敢拒絕疲勞審訊，因為我想以配合求活，因為我深信蔣介石滿口倫理道德是真的。因為我默默無名，理當順服以求生。如果我當時就覺悟後來一樣會被起訴唯一死刑，在偵訊過程可能就會勇敢許多。少不更事，經驗是無價之寶。

最後，特務終於准許我回囚房睡覺。但是已六、七天未睡的我，明明困極了，躺在床上卻像躺在海浪顛簸的船上。明明需要睡眠來恢復神智以應付未來，我的大腦卻不斷地浮現這幾天的偵訊應對……。煩躁屠殺了睡蟲，我不得不哀求特務給我安靜劑或安眠藥。人，應該說是，才歷經逮捕大難的囚人，並不是多天不睡就能一倒便睡的。大腦常常會有不自主的運作，除非你強力支配它，移轉它。

這次，我不讓特務支配我。我知道我已面對死刑了，我有權決定我現在的待遇，至少拒絕疲勞審問。

行軍床中間凹陷，四根木條讓帆布床略略一晃就全身不穩。但沒有關係，只要特務不再嘮叨，我心就自由了。

幾乎所有被偵訊者，不管有沒有被疲勞審訊，或遭到什麼凌虐，一倒下去，他都會把剛剛發生的苦痛、悲傷、焦慮再拉回床上獨自再自虐一番，再給自己折磨⋯⋯。

我不，我一躺下，即使再不好睡，我都會立即拋棄最近發生的種種，我必須把非現實的過去呼喚回來，驅逐「現在」，強力發揮排擠功能。我不能再讓被捕之後的激情強佔我心，否則，這種休息的空檔就不算休息了。我必須立即又徹底地驅逐它。這種情境更換就像浪潮一般，只有更大的浪才能捲走現在的浪。出獄這九三六天中，我不但奮鬥了，我更戀愛了⋯⋯。

此時，我的初戀情人 **Bettine** 立即回到我的身傍，被我召喚到這張行軍床上。就像摸一下阿拉丁神燈般，她立刻回來了，我就浸淫其中，比當年的美好更美好。因為智者知道把「往事」中的雜質祛去，把光影調到最怡人的亮度，焦點聚焦在令你最興奮、最動心之處。

真的是上帝對我的恩寵，讓我出獄不到半年就賜我永生感念的初戀情人：**Bettine**。

那是一樁我完全不敢想像，不會追求，無從奢望的戀情，而且是那麼炙熱、真摯的戀情。

我，是一個才出獄不到半年，貧無立錐之地的三十六歲的政治犯，在台灣人眼中是一文不值的人。我受不了蘇東啟和蘇治芬父女的一再請託才來到北港替蘇洪月嬌競選省議員，以「許一文」的筆名擔任總幹事，全盤指揮選戰。許，台語和「苦」同音；一文，意指一文不名，一文不值。那，正是我當年的寫照。

Bettine，二十二歲，金髮碧眼，身高一百七幾公分，普林斯頓大學的嬌美大四學生。她是蘇治芬的外國朋友，她主修東洋史，來北港是想多瞭解台灣的選舉。她原本計劃多跑幾個黨外候選人的總部。結果第一站到北港她就決定留下來。我，一個一文不值的人，從沒有任何幻想，竟然是吸引她留下的唯一誘因。雖然多天來，她常常找我談談，喜歡耽溺在我身邊，我都認為她只是想多瞭解台灣及選情而已。我，不是一個對女人會心懷幻想的男人。

那一夜，對我是完全的意外……。

這一夜，一九七七年十一月二十日，蘇洪月嬌首次當選省議員的第二天，也是中壢發生了選民抗議作票焚燒警察局的第二天。那時，我們竟然完全不知道昨夜桃園中壢發生選民火燒警察局的抗議行動，報紙幾乎隻字不提，黨外人士連電話都不敢互通此視訊。獨裁統治下鎮懾力確實驚人。

勝選了，我連慶功宴都不參加。因為我怕輕鬆的慶功宴會使我的身分曝光。我是以筆名來這裡當實權總幹事的。蘇東啟夫婦留不住我多待幾天，只好利用這最後一夜邀請我到北港朝天宮前的攤店替我餞別。參加的人還有蘇治芬和 **Bettine**。這一夜，她是提著盥洗袋好像還有睡袍來參加晚宴的。當我要回去我單獨住宿的地方，她站起來對我說：

「總幹事，我想再跟你聊聊。」

蘇治芬對我說：「總幹事，可以吧？」我以為她只是要陪我走一段路而已。到了我的住處，她要求跟我進去。

我住的地方是兩層樓的民宅。我一個人住，臥房在二樓，方便我靜靜地寫宣傳稿。這些，**Bettine** 似乎都知道。

「好幾天前我就要來找你，蘇治芬不答應。她說你在領導作戰，不能干擾你。今天是蘇治芬答應的。」現在，我才知道這是她們兩人密謀後的決定。

她跟著我進去，隨著我上了二樓。二樓其實像閣樓，很簡單，只有一張桌子，一只座椅子，那是我起草宣傳文稿的地方。斜屋頂，木條根根可數。房間倒是整齊，日式榻榻米，棉被、墊被天天都被換洗的很乾淨。蘇家對我這個義務總幹事，一點都不敢怠慢。

只有一張椅子，她是十幾天來的唯一訪客。她把隨身攜帶的物品放下，就主動掀起棉被坐在一端，我只好坐另一端。平凡的燈光，簡陋的閣樓一點都不浪漫。這時，我已預知會發生什麼事了。這種感覺比什麼安排或擺飾更浪漫。我們交談著，微笑散放著費洛蒙，她的腳微微碰觸就像觸電般傳來訊息……。我發現自己的身體有了強烈反應。我想壓抑自己，即使情況已如此明顯，我仍然害怕萬一我「誤會」了。我告訴 **Bettine**，我要下樓洗澡。我想用冷水沖熄發自體內的慾火，也暗示她可以走了。

「去啊，我已洗過了。」她的表情很美，二十二歲的青春女學生。

很顯然她並不想走。這對我構成出獄以來最大的難題。如果我誤判情勢，魯莽反應，我在北港選戰中建立起來的名聲將毀於一旦。嚴重些如果被指控性騷、性侵，我可能就會被判處兩個月以上的徒刑。那麼，我就會被恢復無期徒刑，必須回到牢……。為這種事再坐牢？

我心忐忑不安。我知道不會，但萬一呢？

天，還不是太冷。我用冷水猛沖，希望它軟化，它卻完全不受控，沖、沖、沖依舊無效……。我只好穿上衣服上樓。

「你怎麼洗那麼久？我以為你跑掉了。」**Bettine** 笑著說。

我站在樓梯轉角，同樣的燈光，同樣的閣樓，氣氛卻被調控了。她已換了睡袍，靠牆邊坐著，棉被蓋到腰際。睡袍分岔處看得出來，她已把奶罩拿掉了。性侵的不安消失了，激情飛揚，像初戀的男人將探索……。

那是我有生第一次探索金髮碧眼美女，她的肉體擊碎了我的眼界和想像，她的黃金色體毛像蘊藏了生命的美和神話媚力，她表達的愛和景仰是我從勢利的台灣人中從不敢竊聽的。她讓我遨遊她的肉體，每一寸，每根毛髮。騎士與美女，一整夜，在激動、滿足中，幾乎纏綿到天亮。

我悲慘的情碎之頁，被徹徹底底翻過了，脱頁了。

這一夜，成為我的永恆。

囚人最懂得美好記憶是何等珍貴，價比鑽石高。美好的記憶是人生最寶貴的資產，永遠不朽。十次、百次、千次召回，它依然如此誘人、美好……。

被捕後的第一個床，**Bettine** 共赴苦難了。**Bettine** 像初夜般赤裸裸地擠在行軍床上，讓我回到美好，無視當下。

我不是被叫醒的，我是背椎疼痛醒來的。但是，我卻覺得體力充分恢復了，如同醒於情人懷中般。但是，脊椎真的疼痛到自然醒來。我問特務幾點了？

「還不到七點。」

我知道昨晚我阻止了他們的疲勞審訊，我在氣勢上已佔了上風，證明在外界關注及我的盛名下，他們絕對不敢對我過度實施肉體壓力，雖然整個偵訊主導仍掌握在他們手中。在生活上，我是可以爭取到比較人道的待遇的。我正想提出進一步要求時，台中仔就進來了，顯然他們從鏡子那邊看到我起床了。

「睡得很好吧。現在還太早，你可以再睡。」台中仔竟體貼地說。

「十八年前，我被你們刑求到引發僵直性脊椎炎……」我話還沒有說完……。

「不是我們調查局刑求你的，」台中仔立刻撇清。

「我的脊椎太痛了，我不能睡行軍床，我寧可打地鋪睡。」我說。「請你們大夫開僵直性脊椎炎的止痛藥給我。」

「我會報告長官，晚上替你換一張硬床。止痛藥一定給你，沒有問題。」

從那天起到移送軍法處，我就在原地改睡木板單人床。而只要他們又採取車輪戰的方式偵訊，我一定會說「幹什麼！又要疲勞審訊了？」特務就會停止審訊。他們怕我在法庭上公開斥責他們疲勞審問。

死囚施明德在臨死前，確實沒有被特務凌辱。我的下場如何已經決定了，他們不必再加壓了，彼此都心知肚明。

我的同志們缺乏被偵訊的經驗，也不像我這麼名聞海內外，沒有我這麼出名，他們就沒有我這種特權，也許他們面對特務的心態也不同，特務對待他們的態度也一定不同。後來，我才知道他們在這段日子都飽受折磨、羞辱。

知名度，對反抗者是一張保護傘，至少殉道前能減少一些羞悔、痛苦。

抄「自白書」

吃了早餐，特務們就一字排開，仍是台中仔主審，他的左手旁邊有一名特務，右手邊有兩個特務。他的面前放著一疊報紙，看得出來的全是報導我被捕後舉國歡騰的訊息。我不必思索就知道，他們想打擊我的士氣。昨夜，我拒絕他們疲勞審訊，他們必然研究如何令我氣餒，特務都懂得攻心為上。

他先翻翻報紙，故意讓我看到大標題和相片。

「你看，這兩天又全是你的消息。」台中仔說：「但是，你不要得意，如果你現在走在街上，你一定會被亂棒打死。不可能像我們這樣客客氣氣的對待你。」

然後，他突然抽出其中一份報紙，當然不是隨特務隨興的，他們什麼動作都是預先設定好的。他把那份報紙折得只剩下社論部分，然後推到我面前，「你看看這篇社論。中央日報當然是代表政府和全國人民的心聲的。你讀讀這篇社論，你就會知道你自己的處境，你才會知道怎麼自救。」

特務顯然還是把我當一般初被捕者，用他們的慣性思維和手段要對付我。

這篇社論是中央日報一月九日的，也就是我被捕後第二天的社論：

「從施明德落網看民心」。

我看完，沒有任何反應地把報紙推回去給對方。很顯然地，這是特務要殺我銳氣，銼我的傲氣，讓我看到自己是如何被唾棄，如何孤單，令我陷入沮喪、恐懼之中的動作，以便他們予取予求。對特務這種挑逗性行為，反抗者絕對不要隨之起舞。你越少反應，你就越不會落入對方的圈套中。

也許因為我沒有反應，也沒有什麼表情，台中仔靜了一會後，自己就改變話題了。

「你進來三天了，我們都還沒叫你寫自白書，昨天晚上讓你充分休息了，現在請你寫份自白，你為什麼要參加叛亂組織？」台中仔又扣我帽子。

「我沒有參加叛亂組織。」我搶話。

「寫你為什麼參加反政府組織。」台中仔又扣另一頂帽子。

「我參加的是黨外民主運動。」我堅持。

「好吧，你就寫我為什麼參加黨外民主運動。」台中仔說：「我們知道你不肯主動寫，我們已把這兩天我們錄音談話改成你的口氣謄寫成文字，你就抄也可以改，這樣總可以吧。」

這是被捕後第一份親筆抄寫的文字文件，對

特務們來說，案重初供。這份文件將會讓他們一再挑剔的，抄文字對我是輕鬆事，但，這是會影響後續偵訊的，我要先看要我抄的文字。我一看原來就是這兩天我和特務的偵訊談話，已被他們擬成「自白」了。以後我抄寫的「自白」都是像這樣從談話錄音，特務打成文字稿，我再抄一遍，常常我連問題都故意抄進去，好讓後人發現怪異。我知道，一旦被捕你是不得不寫些自白的。其實，這也是最後的機會，在死之前留下走過痕跡給後生知道，我們為何而戰，我們走得多辛苦，所以我真的不太排斥寫自白。

我為什麼參加黨外民主運動

十八年前，當我被捕時，台灣在政治層面上存在著兩個大問題。一個是國際地位問題，另一個是國內政治結構民主化問題，等到我關滿十五年，特別是在中美建交，台灣關係法案通過後，國際風暴應該發生的也都已發生了，台灣的國際地位雖然比不上十八年前光采，但至少已告安定和不致於再有更大的困擾。所以，剩下的只是國內政治結構如何民主化的問題。

在國會三十年不改選的狀況下（不管是依據什麼理由），如果要死硬地說，我們國內的政治結構是符合民主原則，我想任何客觀、有理性的人，都不能接受。基於這種瞭解，我認為如何促進政治結構民主化，對台灣一千七百萬人是極重要的。因為唯有達到這種民主化，才能真正化解矛盾和對立。

如何促進台灣的政治結構民主化，和在其他國家促進民主化一樣，有兩種方式。一種是徹底否定現體制，進行武力革命；另一種是承認現體制，從事和平改革。在台灣，應以何種方式達成政治結構的民主化才適宜、有效？我曾做了深思分析：

第一、如果使用武力革命，必然造成內部劇烈衝突，其結果將使中共得利，而接受中共統治是我個人絕對抗拒的。

第二、台灣經濟狀況已相當富裕，絕大部分人民安於現狀，武力革命已引不起全面性共鳴，所以成功率太少。

第三、武力革命除非一舉成功，如果受挫，必得不到國際的同情，如此，將使自己陷於絕對危險與不利之境。

第四、我剛出獄，已是一個「透明人」，國民黨把我看得一清二楚，只要我有一點點非法的武力革命傾向，必導致殺身之禍。

所以，我和黨外重要的伙伴們都堅信，只有從事和平改革才能使台灣的政治結構民主化。這就是我為什麼參加黨外民主化運動的理由。

當然，我也不致於幼稚到認為所有黨外朋友，都具有追求民主化的願望。特別是在我擔任「助選團」總幹事和「美麗島」總經理後，我對此有了更深的瞭解。但，由於黨外一些重要人士，像黃信介、張俊宏、康寧祥、林義雄、姚嘉文、陳菊……等等，都具有相近的心態，才使我還有興趣繼續參與黨外運動。

黨外運動在「助選團」成立後，才真正有了一個突破：從個別的散兵作戰，進入到集體反應。繼「助選團」而起的「美麗島」，在這方面更具實質內涵與價值。因為任何改革運動，都不是單打獨鬥，只有集體努力。當然，黨外運動進入團隊狀況後，一方面固然使民主化變得更有希望些，一方面黨外運動也出現一些危機；其中，最重要是，美麗島勢力膨脹快速，情勢不易控制。再加上參與份子複雜，缺乏紀律與拘束力，終於導致十二月十日的重創。

由於我是「美麗島」總經理，各服務處的活動由我實際負責，所以「高雄國際人權日事件」其不幸的發生雖不是我們本意，但其責任應由我負責，黃信介、張俊宏、林義雄、姚嘉文、呂秀蓮……都只是接獲演講通知而來的。

69.1.10 施明德[3]

3 國家檔案。

寫民國幾年，從來不是我的習慣。我也故意照抄留下一些破綻的痕跡。我知道這份自白，他們會呈庭也會留在檔案。

我抄完「我為什麼參加黨外民主運動」這份自白書後，台中仔沒有當場審問，而是拿了我的自白書站起來，要走出去，然後丟句話：

「你抽根煙，喝點水。」

我判斷他要拿出去討論。不久，他回來，手是空的，沒有把自白書拿回來，他坐下第一句話就是：「你不愧是老手了，閃掉犯意，還替同事扛起責任，替他們卸罪。」台中仔說，「現在我們先從整理資料開始。」

一個將死之人，多射一槍、兩槍一樣是死。

追究我和高俊明牧師的關係

他把早已放在他面前資料袋中的名片倒出來，顯然是從我的辦公室和住家搜出來的。倒出來時不是零亂的一張一張的，而是已被分類過的，他先挑出來的是黨外人士的名字，像黃信介、姚嘉文、林義雄……等等知名人士，這些人已相當出名了，也被捕了，不必我多說，他唸唸、我聽聽就過了，倒是連他們周邊那些我完全陌生的助理的名片也被搜集了，讓我相當意外。

「我不認識他們啊？」我說。

「也許吧，你去拜訪時他們可能在現場，順便遞一張名片給你。」

雖然不相干，但特務們還是一張張登錄記載下來。

然後，長老教會的人士，像蕭清芬、鄭兒玉、王憲治、謝秀雄……等，教授就要問問怎麼認識的，這些都是我去台南神學院拜訪時見面過的，也深談過的。後來我也爭取到蔡有全、林弘宣等畢業生到美麗島擔任幹部，還有謝秀雄擔任台南服務處主任。

他們的台灣意識堅定，不像一些只心存參選公職連統獨都分不清楚的黨外人士。台南神學院師生的加入是讓美麗島陣營增多了重要的新元素。

「怎麼沒有高俊明的名片？」台中仔整理完長老教會的名片後，突然冒出這句話。

「我跟高牧師不熟，我只跟他見過兩次面。」我坦白承認：「一次是長老教會發表〈人權宣言〉，主張成立一個新而獨立的國家。國民黨想抓他，國際教會及國際媒體擔心高牧師被捕，共同展開關切救援時，艾琳達和我陪美籍田安妮修女去見了高俊明牧師表達關懷。另一次是韓國牧師訪問團到台灣，想認識台灣反對派人士時，高俊明叫祕書施瑞雲聯絡我到台北青年會館和他們見面。那次主要是我回答韓國牧師的問題。我據實表示在蔣家獨裁政權下台灣的人權狀況的悲慘。也許是我被囚禁了十五年，又擔任台灣首次組成的全國性在野黨派的助選團總幹事，最具代表性，所以，高俊明牧師才會安排那次聚會。那次談話中，高牧師很少發言。以後，我跟高牧師就沒有再見過面，連電話都沒有通過。」

「真的？」台中仔說：「你逃亡期間也沒有見過？」

我心中知道他在想什麼，探什麼？

「沒有，完全沒有，不僅沒有見面連電話都沒有。」我斬釘截鐵地回應。

特務仔細把這些記下，沒有再進一步問。我心中早已決定絕不把高俊明牧師拖進來，刑求也不會。何況，我真的在逃亡期間沒有和高牧師有任何直接聯繫，我也認為他沒有涉案。

特務另一個重點是整理我的國際關係。他把一大疊名片打開，先揶揄似的說：

「你真的好厲害。其他叛亂犯出來都全心全力賺錢，要討老婆買房子，只有你最厲害，短短不到三年中亂搞一堆事，還幹出這件大案子。連國際關係都這麼複雜！」台中仔繼續嘮叨，這個特務會說，更會表演。

應付這類特務，就是儘量保持沉默，不必跟他爭辯。其實這堆名片，大多是外籍記者，近兩年來黨外對外發言大都由我負責，信介仙被訪問時，也一定要拉我作陪，並事先告訴我必要替他補充說明，好讓他的訪問更完整。常常我也覺得信介仙是要拿我當道具讓記者知道蔣家的殘暴，不但槍斃人還會把人刑求到滿口假牙……。

台中仔一一拿名片問我，絕大多數我都已不太記得了，的確被訪問的太多次，平面媒體、報紙、雜誌，電子媒體都太多了，這對於我逃亡期間的國際關切非常有幫助，他們可以把對我的訪問再拿出來報導一番。我已不是一個國際陌生的台灣反抗者。

特務都有窺視狂，他們不管是天生或職業訓練養成的。他們就是要掏出囚人的祕密、私密。越祕密、越私密的事情越令他們興奮，尤其兩性關係，他們會問「幹」了幾次，爽不爽？如果你不說，特務會說：「那表示你不夠坦白，不夠誠實，這對上級是否決定釋放或量刑輕重有關係。」初次被捕的人，不管男女都不得不說出連對父母或丈夫、妻子都不敢說出口的祕密，祕密警察國家都要掌握這些私密，不只是滿足偷窺慾，也是用來日後可以控制你的把柄。絕大多數戒嚴下被捕、被折磨過的囚人都不願意再回首這段往事，不敢、不想、畏懼這些祕密資料出土會讓自己再度難堪……。

台灣人啊，當你們在享受今天的自由、人權、民主時，你們可曾想到是多少先賢、先烈替你們承擔了多少血淚換來的？

現在竟然有些台灣人還昧著良心恥笑這些苦難人「不夠勇敢！」「太軟弱，還求饒！」「死的不好看！」真是泯滅人性啊！

台中仔對我的名片最感興趣的是女性的外國名片。不管他們是記者、研究生、女學人、乃至修女，他都會懷疑對方是我的情侶。他說：

「施大先生，你真了不起，像魏廷朝、謝聰明、陳映真也當過叛亂犯，他們為什麼沒有你有辦法交了那麼多外國女朋友？現在，在國際替你奔走呼救的不只台獨份子、人權團體，有些地方像法國、比利時、英國都有些人替你求援，還大多數是女的！他們一定跟你有一腿，才會這麼賣命救你。」

我的確從心底感謝這段日子救援我的每個人，不管男女或團體。但特務把人道主義者的救援動機都窄化成性誘因，是極端下流的。

台中仔把田安妮、田修女的名片挑出來還附上不知怎麼拿到的，艾琳達和田修女的相片時，竟說：

「你看，修女也不穿修女袍，頭髮還剪的短短的，像赫本頭，還穿花裙，哪像修女！根本是六根不淨！」

田修女我確實沒有看過她穿過修女袍，但是汙衊她六根不淨，可見特務的眼光一定要俱備異色。不過，我也曾問過田修女為什麼沒有看過她穿修女袍。她說，教會派她做社會服務工作，穿修女袍一下便引人注目，會妨礙工作。

「你們不要這麼下流好不好？田修女、雷震和黃信介三個人是我和艾琳達結婚的證婚人，你們不要太亂來。」

他不再談田修女，但仍然幾乎每張女性外籍名片他都會說，這個也是你的女朋友！

我說，「不是，是女的朋友，不是女朋友。」

有些他接受，有些他還是叫身邊的特務記載「女朋友」。

「你的國際關係太複雜了，我們都懷疑你已經生過外籍私生子了。」

對這類話，我已有權拒絕回應了。

行蹤日誌

我的行蹤日誌幾大冊，從我一九七七年六月十六日出獄開始記載起，逐年逐月逐日，而且還已經是打字本，我判斷是通緝我之後彙編的，好讓所有特務機構研判我可能躲到哪裡？也許就是受這日誌的誘導，所以我在避難時，同一天同一家報紙地方版會報導，在北港看到我，另一則卻說我坐黑色轎車在台東被警察跟丟了，簡直神出鬼沒……。

後人，一定很難相信竟有這樣一個人存在過台灣，但，事證俱在。

特務，真的是世界上做文書工作最精細的職業。獨裁統治就是靠這些特務細胞無孔不入，滴水不漏，極其嚴密地佈下天羅地網，讓所有反抗者，異議份子難於趁虛而入，或插翅偷渡。

台中仔，所以讓我印象深刻，能說能演外，還真的很能勾勒出重點，一語令人難忘。

他把應該是「施明德行蹤資料」這個東西拿過來，第一句就說：

「施大先生，你真的覺得為你幻想中的台灣獨立，這樣奮鬥值得嗎？

「一九七七年六月十六日，你孤孤獨獨出獄，沒有家可以回，身上沒有什麼錢，明天要怎麼活都不知道。但是，這一天比你早出獄的叛亂犯蔡寬裕，以前叫莊寬裕，正在台中幹你的老婆，你的老婆也把你的財產拿給她的奸夫在大里開鞋工廠，好多叛亂犯都投靠蔡寬裕和你的老婆吃飯……。你覺得你這樣值得嗎？」

他，停下來，不逼我回應。一股強烈的醜陋感如巨浪般湧上來，胃酸激動地在體內翻騰，灼熱感從喉頭燒到腦門。他擊中了要害了。我不能判斷自己的臉部肌肉是否仍受意志掌握，線條是否扭曲……。

「來，抽根煙吧！」他說，把煙遞給了我，我抽著，別過頭不看他，後腦往後仰，盯住一無所有的空白天花板，用力大口吸，讓熱呼呼的煙抑住翻攪的內臟，陷入沉思中……

人類歷史上不乏這種邪惡的伎倆，醜陋的事，被親近之人設計奪走妻子霸佔財產，發生在一個監禁在天涯海角的富有的無期徒刑囚犯身上，並不特別。想著，想著，越想越有氣魄。我不過就像少年得志的愛德蒙·唐泰斯被友人誣陷入獄，計謀霸佔他的未婚妻得逞，然後世界上就誕生了一個基督山伯爵。過去的磨難，肉體的也好，精神的也好，心靈的也好，我都一一吞下了，難消化的或容易消化的都消化了，吸收了也排泄了，蛻變成今天的施明德了。

在如此醜惡的時刻抽完一根煙，彷彿漫長地像是無期徒刑，感覺脈搏跳動的如此緩慢，脈博抖一下像一年。遙遙無期不是形容詞啊，是我最真實的人生經驗，人生寫照啊。

台中仔想利用提這一段醜陋不堪的事讓我脆弱化，使我動

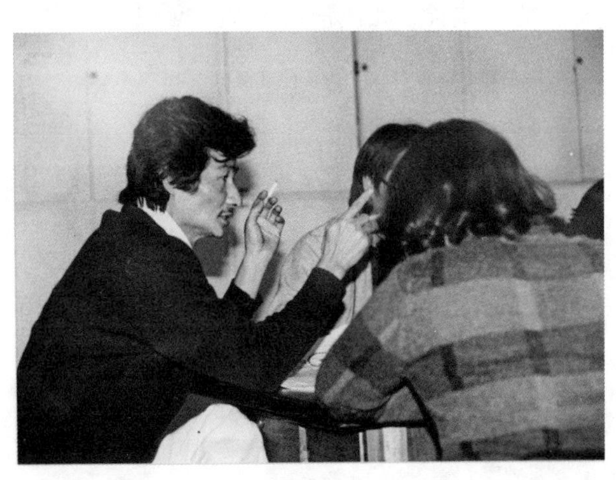

搖，亂了我的腳步，唉，如果特務有這種浪漫想法就太低估了我，我是人，胃會痙攣；可是我更是自由人，不是一介奴隸，意志不會屈服。

台中仔看我表情恢復平靜了，就主動搭話。

「你的進度差他們太遠了，黃信介他們都已經走到結案的程度了，他們等著要回家過年了，你的部分才在起步階段。這樣好了，我們唸一段，問一事，你有意見就說，沒有意見，我們就當筆錄記下來，最後還是會讓你看過，簽了名，才算筆錄完成了。」

我進來以後，他們已幾度提到要放黃信介等人回家過年。但是，我逃亡時從媒體上知道的事態發展，會是舉行一次公開的審判。那是我心中最大的盼望！那是我此生最後也是最重要的戰場，我將在那裡和獨裁者公開決一死戰。沒有公開審判，我們就徹底完了，全軍覆沒了。我被處決了，台灣人都還不知道我為何而戰，為誰而死。

但是，我的戰友們早早被抓了，對外界的狀況完全無知，太容易被騙、上當，以為蔣經國真的會坦白從寬，舉行一場公開記者會認錯認罪，感謝蔣經國先生的仁愛寬大，今後停止一切反抗行動，就可以回家過年了。當時，蔣經國如果真的這樣做，台灣人就只能永遠做奴隸了。這可能就是特務所說的：「台灣又會有三十年安定」的方式之一。這，也是我最擔心的一個方向。但是，我的經驗告訴我：絕對不可能如此！審判是必然的，只是公開審判還是祕密審判？如果是祕密審判，我也一定必死，又死得無聲無息。整個台灣輿論已經把我徹底醜化了。

公開審判成為我唯一的機會，也是台灣唯一的機會。為了達到這個目的，我能在偵訊中做什麼讓步都可以，但，不能讓到在法庭上變成翻供。這一點我必須緊守，只有我這個已兩次面對死刑，被關了十五年的老戰士才有智慧、能力做到，我對自己很有信心。雖然如此，人在一大群豺狼般的特務們圍困時，還必須不斷提醒自己，信任自己才不致於迷失。提醒自己一百次都不嫌多。

台中仔，不，是調查局高層已決定採取這種取供方式，我可以接受，反正最後還是必須我簽字才算數。

「你出獄後已家破人亡，妻離子散，只好回到高雄依靠三哥施明雄，有時到妹妹施明珠家。沒有職業，還找不到工作，也沒有親友願意接納你。

「出獄受刑人也很少來找你，他們都靠向蔡寬裕和陳麗珠那邊，所以你對政府更加痛恨，更加反政府。」他照稿念著。

「最後這句不對，我不是因為蔡寬裕和陳麗珠才從事黨外民主運動的。」這句話不能寫。

台中仔也同意刪掉這句。

筆錄就這樣像單向口白，又容許我拒絕的方式發展下去。午飯、晚飯按時送來便當，要抽煙也自己拿，火由他們點。

晚飯時，改由另一個常坐在旁邊的特務坐在主審位置，他曾介紹自己姓什麼，我連記都不想記，因為偵訊者都不敢以真名示人。他相當流裡流氣，他常常用會發出清脆聲響的 **Dupont** 打火機拿在手中把玩，我心中就給他取了 **Dupont** 的名字。後來，就是「李主任」、「台中仔」、「**Dupont**」三個特務輪流坐主審位。**Dupont** 值班的時候，大多是要我謄寫部分筆錄或重抄某段自白的時候。顯然他們工作有分配，而且幕後一定還有個專案小組專門研究如何對付我。國內外矚目的頭號叛亂犯，他們哪敢輕忽？

死囚在錄音下的「輕鬆」

這段「最後的孤獨」，我知道二十四小時都在他們肉眼監視乃至錄音下，一個死士絕對是美感的迷戀者，不少人常私下評論我，超自戀的。不自戀的人，不懂得自愛，更不會視榮譽如命。不自戀的人，絕對無法孤獨地走完殉道之旅的。我自知殉道之後，這段最後的孤獨一定也會留下，所以，只要我醒來，每個動作，每個表情我都是有意識的，我不想留下「不合身分」的音容。

「你出獄後，回到高雄，就先去覆鼎金天主教公墓看你媽媽的墓，」**Dupont** 翻到我的通緝日誌。

「我們知道你很孝順，」**Dupont** 突然說：「你知道嗎？你這段逃亡日子，害我們同仁分成幾組喬裝墓園工人，二十四小時地守候你父母親墓地，等你來拜別雙親……。」**Dupont** 對記錄員說：這段不必記。

「你住在三哥施明雄家，偶而會有同案受刑人來看你，蔡財源、陳三旺、蘇鎮和來過，對不對？」**Dupont** 在展示他們的偵視功力。

「然後，有一段時間，你失蹤了。一個月

後，你再出現，你身邊多了一個金髮洋妞，我們查出她是普林斯頓的大四學生。

「原來，你是用假名許一文跑到北港幫蘇洪月嬌當總幹事助選。」**Dupont** 問：「為什麼叫許一文？」

「許，台語叫『苦』，一文意指一文不名，一文不值，那是我當時的命運寫照。」我回答。

「你看，蘇洪月嬌的妹夫呂國民也一樣才出獄，他台大畢業，都不敢去助選，你卻去了，你夠勇敢。」

Dupont 有些諷刺。他們不懂什麼叫反抗者的膽識。不是每個政治犯都一樣。

「到北港，你結識了不少北港人，牛雕埔的黑松，烏嘴伯仔都變成你的好友，你也在那裡認識了邱義仁？」

邱義仁是學生，本來是經過北港要去南投幫張俊宏助選的。是他向蘇治芬要求，讓他留下來的。開始我並不太信任他，我坦白說。被偵訊，無關重要的事，必須坦率承認，還得加重語氣。不是全盤否認才是勇敢智慧的反偵訊術。

「你這次也把黑松，烏嘴伯仔嚇得要死，我們也在黑松的店仔附近埋伏……。」**Dupont** 就是喜歡炫耀他們的功力。但，也許這也是他們的偵訊術，要我「不要想欺騙他們」。

「蘇洪月嬌當選省議員是黨外的意外，所以，黨外都叫你總幹事。」**Dupont**：「你就這樣走入了黨外圈。」

「這段時間你都跑到台北跟那個洋妞柏清韻同居？」**Dupont** 說：「被女人養。」

「話，為什麼要說得這麼難聽？」我不悅的表示。

「好，最後一句不要記錄。」**Dupont** 把打火機拿高把玩，對記錄者說，一副不屑的表情。

「柏清韻回美國後，你到台中台灣時報當記者，主跑社會新聞……。」

「漏了，」**Dupont** 示意記錄者停筆。

「在到台中以前，你經過蘇洪月嬌認識了張俊宏、許信良、陳菊，然後，又認識了台大學生蕭裕珍、謝明達、蘇煥智，還有林正杰……。」**Dupont** 要求：「你稍稍交代一下這些學生的交往經過。

我真的沒有什麼好特別交代的，只表示：「他們只是熱心民主政治的學生，比別人熱情而已，沒有什麼特別……。」

「為什麼你不去省議會幫忙蘇洪月嬌？」

「我志不在從政。」我說：「我才出來不到半年，對台灣社會不夠瞭解，當記者是讓我認識社會最好的職業。」

「這份工作是蘇洪月嬌介紹的？」

「對，她直接拜託吳基福董事長，我還到高雄，接受吳基福的面談。他本來希望我主跑省議會新聞，但是，我說先讓我跑社會新聞再說。但我答應，有黨外省議會的重要新聞，我會先讓台灣時報拿到獨家。」

「吳基福知不知道你是出獄的受刑人身分？」

「他應該知道。」我坦承，在特務統治下沒有什麼個人祕密，事先不知道，事後也會馬上被告知。

「蘇洪月嬌介紹時一定會先告知吳基福。」

「蘇洪月嬌的女祕書林慧珍是不是你介紹的？」

「是，她是我跑新聞時認識的，林慧珍當時在生命線當祕書。認識一段日子後，蘇洪月嬌希望我介紹一個女祕書可以在她跑選區服務時住在省議會會館她的房間，我才徵求林慧珍意見。」

「她是不是你的女朋友？」

「不是，是很可以交談的女的朋友，我也看過她唸小學的女兒。」我坦白說。

「她漂漂亮亮的、很溫柔的，程度也很不錯，你為什麼不要？」

「和外型、程度都無關。」我說：「經過陳麗珠這段極痛苦的情碎、情傷後，我已決定不再跟台灣女孩子談戀愛。我知道我有一天又會被捕，我不想再來一次戀愛又情碎的經歷。」

「所以，柏清韻回美國後，你就一直跟外國女孩談戀愛？」

「可以這麼說。」我不想再談。「這跟本案無關。」

「有，」**Dupont** 說：「他們現在都在外面替你說話，到處投書，到處告狀，編造謠言，大肆攻擊政府。」

「我沒有授意，我也不知道她們現正在幹什麼。」我堅持。

Dupont 也不再追問，換個主題，「你在台中最幫忙你的是陳博文，開檢驗局的老板？他還提供你住處。」

「對，他也曾經被捉去感化三年，台灣意識很堅定。」這是事實，特務一定也很清楚了。

「吳乃德也是這段時候認識的？」**Dupont** 問。

「是，有一天吳乃德到報社找我，他自我介紹說是邱義仁的同學，邱義仁找他來看我的。以後，他就常常來找我。他家境很不錯，他邀我去過他家，他常常請我吃飯，談時局，我印象很好。」

「他後來，有沒有跟你有什麼特別的經驗？」**Dupont** 問。

「沒有，」我說：「好像他後來就出國到芝加哥大學念書了。」

「沒有再見過面？」**Dupont** 拿出另一疊資料，再問「真的沒有？」

「沒有。」我再說一次。

「你不夠坦白。」**Dupont** 拿著一些資料在右手，我看不到內容。「你在黨外全國助選團總幹事之後的夏天，吳乃德有沒有回國來看你至少一次？」

「沒有。」我真的沒有特別印象了。我擔任全國助選團總幹事以後，忙得天天會見國內外訪客，又得全國跑。尤其海外台僑首次看到台灣人終於團結起來反對國民黨政權，都受到大大的鼓舞，有機會就想見見這個坐過十五年大牢的政治犯總幹事。

「你再仔細想想，」**Dupont** 再問。「你主動說，不要我亮證據。」

我真的沒有特別印象，也不是故意隱瞞，因為我知道吳乃德人正在芝加哥，不可能被抓。

「沒有。」我仍說。

「哼，」**Dupont**：「吳乃德去年暑假是不是找過你，拿五千塊美金要給你，說是台獨聯盟主席張燦鍙要送你做生活費的？」

我想起來了，真的有這回事。

我用沉默代替回答。

「為什麼，你說沒有再見過吳乃德？你在掩飾什麼？你為什麼拒絕接受那五千塊美金？你一個月薪水才四千多塊，五千塊美金就是二十萬台幣。愛國獎券的特獎呢，為什麼你不要？」**Dupont**：「你知道那五千美金最後落入誰的口袋嗎？」

「我是絕對自律的人，什麼事我該做不該做都是自己決定。我不會管那筆錢的下落，那跟我無關。」我回應。

「我們的內線證明那筆錢，沒有回到張燦鍙的手中。」**Dupont** 繼續追打：「你那麼窮，那麼大筆錢為什麼不要？」

從出獄那天起，我就告訴自己兩大類人我不能接觸，一類是和中共有關的人，另一類是在海外掛牌公開從事台灣獨立運動的人士。特別是擔任全國黨外人士助選團總幹事後，我更謹守這兩線界線。因為我只要沾上這兩類人士，就吻合蔣家政權界定的「三合一敵人」——中共＋台獨＋黨外。我比任何黨外人士還謹慎太多了，因為我坐過太久的牢了，看太多被蔣家槍決的「匪諜」和「台獨人士」。

「因為我不跟台獨聯盟往來。」我說，雖然從心底就認為台獨聯盟就是我的兄弟，我們只是在不同的戰場分進合擊，他們在海外，我在國內。

「那，你為什麼跟『紐約台灣之音』，張楊宜宜他們那麼親密合作？」**Dupont** 追問。

「台灣之音是旅美台灣同鄉會的團體，不是台獨聯盟。」

「台灣之音就是台獨聯盟的外圍組織。」**Dupont** 反駁我。

「不是，我當然分得很清楚『美國台灣同鄉會』是台灣人的組織，『美國台灣同鄉聯誼會』是國民黨搞來魚目混珠的統戰團體。」我堅持：「我只跟台灣同鄉會的人士往來。」

Dupont 露出輕挑的表情：

「那，你們為什麼又跟余登發、黃順興、陳映真、陳鼓應、王拓、蘇慶黎這些統派人士合作；還把他們列入社務委員各單中？」

我當然知道這些人士是親中共的人士。在這種危險年代，黨外人士幾乎都不敢對統獨表態。連黃信介也只敢私下問我，姚嘉文到底是統是獨？這是一個連統獨都不敢表態的年代。但，身為黨外總部總幹事，我當然知道誰是統，誰是獨，誰是連自己是統是獨都分不清只想要選個公職的黨外人。因為我坐牢太久，接觸太多統派人士，我還能把統派又細分成民族主義統派和社會主義統派。余登發是右派民族主義的統派，黃順興是社會主義統派，陳映真、蘇慶黎、王拓是社會主義統派。後來王拓和曾心儀從社會主義轉為傾向台獨左派。

陳映真再度被捕，讓我們忙了一陣子來搶救他之後，我跟黃信介先生報告，我們必須把這些左派朋友納入範圍，否則，國民黨會認為他們是「孤鳥」而下手逮捕他們。黃信介答應了。這時的黨外，已包容了海外同鄉會、台灣基督教長老會和台灣統派。這是台灣民主運動的一大擴張。

這時，我得對 **Dupont** 的問題提出一個說詞：

「余登發先生和黃順興先生年齡比較大，有大中國思想，就像日本時代的文化協會的台灣知識份子，有中國思想一樣，他們不像真正的行動統派。」

「你說你不接受張燦鍙的五千塊美金是不接受台獨的金援，為什麼黃信介會接受中共的錢？」

Dupont 突擊我。「你知道洪誌良跟中共和黃信介之間的關係嗎？」我不等他說完，就搶著說：

「不可能的，黃信介不可能接受中共金援。」我堅定反擊：「從我擔任總幹事以後黃委員有重大事情都會找我討論，我是他最親信的人，我絕對不相信他會接受中共金援。

「全國助選團的經費大約三百多萬，後來余登發找黃委員並約我到場，余登發先生當面問我，全國助選團總共花了多少錢，我把負責帳目的黃信介大女兒黃文柔找來問總數是多少？大約是三百多萬元吧。

「余登發先生當我的面對黃信介委員說，這個費用，我們兩個人一人分攤一半。」這絕對是事實，助選團的費用乾乾淨淨是兩位老先生分攤的，跟中共和海外台獨無關。美麗島事件特務一直要把台獨和中共扯進來好吻合他們的「三合一敵人論」，讓槍決人有更合理的基礎。

取下一邊的下巴軟膠

偵訊已經進行四、五天了。那天下午，那三個醫生護士突然又現身，對我是突然，對特務當然是安排好的。

醫生、護士進來，偵訊當然中斷。醫生們把我下巴的紗布一一撕下，「傷口癒合的很好，只要消炎片再吃三天，就可以停了。」醫生塗了消毒膏，又用更小的膠布貼上去，然後走了。

十幾分鐘後，醫生突然又折回來。

「施先生，對不起，我看你右邊癒合有點不太好，為了安全，我們研究結果是取下襯墊物，傷口才會癒合的更好。」醫生說。

我能怎麼樣？只能任人說來就是來。但我心裡明白，他們只取下一邊卻留另一邊是要拿來作證據的。一邊取下的襯墊物，留另一片在我下巴裡，張溫鷹的罪證就十全了。（我左邊的襯墊物一直留到八年後我無限期絕食，抗議蔣家派人暗殺江南，要求解除戒嚴在三軍總醫院被強制灌食時才取下。）

「那片軟膠是我的，你們必須還我。」我要求。

台中仔說：「會，我們會還你，等你回家時我們會跟你的其他東西一起還你。」

當然，什麼也不會還，作為一個反抗者，自由的戰士，什麼都不會是你的。

自由的戰士，永遠空無一物。

抓不抓高俊明成為棘手問題

偵訊已經超過一個星期了，除了沒有刑求，沒有疲勞審訊外，敵我關係，爾虞我詐，死亡的陰影一直存在，從每個特務不經意流露出來的眼神都是充滿敵意和恨念的。一個囚人如果想從特務之中尋找比較善良一點的特務而幻想跟他做良心的交往，這是囚人的致命點。特務中沒有比較好一點的，或比較不壞一點的，沒有。每個特務都是壞的，這裡的所謂壞是指敵我意識的。因為敵對立場，外來統治集團和台灣殖民地被統治者的立場，已從本質上就決定了一切。他們每一個都是你的敵人。你絕對不要在乎對方是否相信你說的或寫的，你只能依靠自己的決心。

想討好偵訊你的特務，是反抗者的墮落，自覺智慧的無知者。

每天除了睡覺七、八個小時，吃飯，沒有離開椅子，就是被迫和一群特務對話。主題都是特務主導的，沒有所謂固定的模式或邏輯。有時你會覺得對方可能會再追究下去，但對方似乎忘了或什麼突然改變話題都有可能。然後第二天或第三天，特務就會有一份他們擬好的「自白書」筆錄要我抄寫。

從被捕第一天，特務要我供出逃亡經過被我應付了事之後，他們大概討論過，這部分與其追問我還不如從被捕的義人群中一一詢問，接龍，比較容易多了。因為他們都沒有坐牢經驗，沒有被偵訊的經驗，要套出事實經過是蠻容易的。何況，從我身上特務要索取的東西太多了，我的逃亡經過雖然不可缺少，但不是最急切的。他們最急切的是，找出定我死罪的供詞。我自己瞭解，在詢與答之間，我都絕對記住：不要讓蔣經國收回「公開審判」的宣示。留俄的獨裁者要我們像史達林在三〇年代整肅托派份子那樣，要我們在法庭上公開低聲下氣地悔罪、求饒，然後像殺狗一樣把我們處決了。獨裁者相信人人都是怕死的，像溺水者連一根稻草都會想成救生圈般……。所以，我必須在強悍中微微流出一絲求活的「慾念」。如果你把死士的決志在偵訊中表露無遺，特務就可能會建議他們的主子改變處理的方式，比如祕密審判，或選擇性只允許可支配的記者到場。在尊嚴、妥協、求活慾念交叉存在的審訊中，我必須永遠記住：「公開審判」的大戰略目標！那，才是我的真正主戰場。就像克勞塞維茲在《戰爭論》中強調的，尋找對我方最有利的時間和地點與敵人做一次決戰！我必須在那個殊死戰場對蔣經國做致命的重擊！讓台灣起死回生，讓台灣從此結束殖民地命運，獲得自由、獨立，也讓自己登上最美好的生命祭壇。

但是，人性中自然存在著弱點，尤其在特務詭計多端的包圍下，稍有不慎就可能流露出真心真意圖。所以我每一天不斷提醒自己很多次，就像虔誠的天主教徒，每天都要唸很多次「天主經」、「聖母經」那樣。

幸好這個尋求「大決戰」的計劃和工作，是我可以單兵作戰的，不必求戰友合作也不必跟戰友們討論。我不需要任何人的協助，我只能獨自赴戰，就像宮本武藏和佐佐木小次郎的對決般。但，我要使用的劍法不是「二刀流」，而是「殉道流」。我也不是要在晨曦、無人處和敵手決一死戰，我是要在世人眾目睽睽之下和獨裁者交鋒，然後笑傲而殉死。「殉道流」的劍法不會有破綻。這種想像，在偵訊中常常給我無比的振奮力……。

這一天，特務拿進一大疊文件，很得意地說：

「你的逃亡過程我們已拼湊完成了，他們都已清清楚楚地自白在這裡了。」

我判斷林文珍、許晴富、張溫鷹、施瑞雲、吳文、林樹枝、趙振二、黃昭輝等人一定都被抓了。他們像肉粽串那樣，一五一十都交待了。對義人們來說，他們說出來龍去脈是「好漢做事好漢當」，但如果由我供出則是出賣。

「其實，不用你說，他們都說了。」特務說：「你就照抄一份交差。」

我相信。他們全是初次被捕，不要三兩下就會和盤托出，這一點都不奇怪。

事實真相是：我當天從信義路脫逃成功，我的第一站是跑到台北大橋邊開自助餐店的陳婉真娘家。婉真的雙親和弟弟都要留住我，或想把我送回他們鄉下的老家窩藏。我認定國民黨隨後一定會對我展開大通緝，我如果到鄉下，一個陌生人一定會惹人注目。何況，這時婉真人雖在美國，但她絕對不會靜下來，一定仍會替台灣打拼，她的家人也會是特務追蹤的對象。所以，我在婉真家換下血褲，改穿婉真弟弟的衣服後，她弟弟就陪我到林樹枝家。林樹枝不知道我是從婉真娘家來的。婉真的父母和弟弟才沒有在逮捕名單中，他們被我徹底斷線了。

被捕的義人們既然都已經陳述了，我就用很凌亂的筆跡大致抄了「逃亡經過」，不只筆畫扭曲連內容都有些可笑，沒有什麼法辨的額外價值。

像我膽其他的「自白」一樣，寫完特務就拿走，讓 **Dupont** 又拿他們的資料跟我核對，累積他們的特務網線。

不久之後，李主任進來，**Dupont** 讓位。

「施先生，你替我們惹出了一個大麻煩了。」

我當然替他們惹出大麻煩了，還用說。但我不知道他的語意是什麼，就用沉默替代了。

「你的逃亡經過都沒有提到高俊明，」李主任說，我在逃亡中確實沒有跟高俊明牧師有任何直接接觸，我提高俊明幹嗎？

「林文珍、施瑞雲、趙振二、吳文都提到高俊明的角色。林文珍、施瑞雲還說末期高俊明希望林文珍勸你出來投案，但是林文珍不肯，還對高牧師說，保護施明德變成她的責任了，她會負起一切責任。

「施瑞雲也說，本來高牧師叫她去林文珍家見你，是要勸你出來投案的。但，施瑞雲認為你投不投案都會死，一定會被槍斃，所以，她見到你，反而改變主意建議你易容繼續逃亡，她才去找張溫鷹醫師的。施先生，你怎麼都沒有提到高俊明一次？」

李主任一口氣說了一大段，顯然現在的重點是我的逃亡要牽涉多少人，而高俊明是主角了。

我絕對迴避高俊明涉入。我否認到底。

「你不必強調，你的自白已經很清楚，一個字都沒有涉及高俊明。但是，施瑞雲、林文珍、趙振二都清清楚楚，供出高俊明涉案的事實。共同被告不利己的供詞視同證據……。」李主任說，但沒有逼我接受。

「逃亡中，我確實沒有跟高俊明有任何接觸，」我用最肯定的語氣說。

「我們現在不是要你承認高俊明協助藏匿你。」李主任說：「而是高俊明在林文珍等人供詞中，已是共謀。你替政府帶來的大麻煩就在這裡。」

這是另一條思路。

我沒有發球權，雙方都靜下來，連其他在場的特務也彷彿是木頭人。許久，李主任才開口：

「高俊明是台獨大毒瘤，如果要抓他，兩年多前，我們就抓他了。他是基督教長老教會『人權宣言』的主腦人物，主張台灣成為一個新而獨立的國家，你們是一夥的。我們情治系統曾經全面討論過，一派主張逮捕，以斷後患；另一派認為高俊明是牧師，是宗教人士，而且長老教會是國際教會，抓了高俊明等於宣告政府跟國際長老教會宣戰。

「後來，是經國先生親自裁示：不法辦，嚴密監視的。

「現在，你逃亡，牽涉高俊明是幕後要角，不抓他，我們沒有辦法辦林文珍等人；抓了，政府勢必回到當年的顧忌。對台灣長老教會我們並不畏懼，日本總督說過，台灣人的民族特質就是：怕死、好名、貪小便宜。我們隨便捉個小牧師，整個長老教會的成員就都怕死了，會乖乖的。像現在，把你們捉了，什麼黨外人士及家屬，哪敢再遊行抗議？只會低聲下氣地到處請託。我們反攻大陸，力量不足，但對付你們這些台灣人，足足有餘。所以，我們思考的是要不要把國際長老教會，乃至全球基督教團體，包括羅馬教廷都捲進來？現在扯到高俊明，你製造一個大麻煩給我們了。」

李主任終於說出真相，有信心而且露骨。他仍然沒有要我承認我的逃亡與高俊明牧師有關。事實上，高牧師不是關鍵人物，關鍵人物是施瑞雲。

去年，一九七九年，蔣經國下令逮捕美麗島人士，我突圍成功，消息傳出後，與美麗島有關的人全部逃亡。我的祕書蔡有全立即跑去找施瑞雲求助。蔡有全要求施瑞雲拜託長老教會女子神學院院長林文珍收留他，因為林院長有大住宅。施瑞雲立即電請林文珍院長到長老教會總會。她們兩位女士在討論蔡有全的要求時，正好高俊明牧師進來，知道她們在討論什麼事後，對她們兩人說了一句話：

「還有施明德呢？」

說完，高牧師就走了。施瑞雲和林文珍愣了一下，林院長是我完全不認識的，只是兩個人都幾乎異口同聲地說：

「施明德被他們捉到一定死。保護他最要緊。」因為高雄發生衝突後，媒體全面扭曲醜化，我也被塑造成十惡不赦之徒。她們幾乎一致認為保護我，收容我是第一優先，蔡有全不那麼重要。問題是她們也不知道我當時躲在哪裡？正在這個時候，趙振貳牧師銜我的拜託來到總會找施瑞雲。「庇護施明德」的關鍵起點就這樣確定了。

但，這一點從頭到尾，特務都沒有掌控。基本上，特務也不相信一個小祕書施瑞雲，能搞出這樁大庇護劇情。

這不是揭露謎底的時候，我沉默不語。但不管事實真相如何，林文珍等人的供詞已絕對有力，可以逮捕高俊明了。國民黨原本是不想把高俊明牧師扯進來的，這會使蔣經國要整肅台灣黨外反對派人士的計劃節外生枝，更加擴大，增加變數。統治者都很精於計算。

但是，對站在台灣民主運動或我們正要面對死刑審判的人來說，蔣經國的打擊面越大，反彈力也勢必更強。事態這樣發展，是好事不是壞事。

最後，要不要逮捕高俊明，仍然要等待蔣經國親自裁決。

果然，高俊明牧師延後四個多月才被捕。

一九八〇年台灣最轟動的男人

在偵訊中，你完全不會知道下一秒鐘你會碰到什麼狀況。常常你會感到偵訊內容沒頭沒腦，你也不必推敲，越想仔細找出個頭緒，你只會被特務引入更深的迷惑中。迷惑，會使一個人迷失。

有個晚上，特務拿著部分黃信介先生的筆錄，要我補足我第一次到信介先生家談的「民主運動六原則」的被查扣的原稿日記，我正執筆抄寫著，對台灣民主運動及美麗島的組織及運作方計我不避諱供述。因為我已走到人生盡頭了，我沒有時間了，我必須交待自己的奮鬥過程讓後輩學習參考。台中仔走了進來，手中拿幾份報紙，故意讓我看到有我名字的報導，卻不讓我看到全部的標題。然後把它推到他的右側，我看不清楚的地方，連這種釣魚式的小手段都會玩。

「施大先生，你知道你現在是台灣最轟動的男人嗎？」台中仔加強語氣：「一九八〇年台灣最轟動的男人，施明德先生。」

不管他想幹什麼，這種時候你只能聽聽就好，因為你不知道他想幹什麼，你也無從回應。如果你勉強自己回應，就可能洩露你的

心思。

「你知道，你這麼轟動是花了國家多少錢堆砌起來的嗎？五億，五億以上的台幣。」台中仔像喃喃自語卻計算清晰：

「你一定知道，自己也看過電視、電視一個小時播你的通緝新聞，換算廣告需要多少錢啊。

「你的通緝海報從都市大街小巷，貼到郊外、鄉下、海邊，還有深山都能看到你的通緝令。紙張不貴，人工啊……。

「還有，整個軍警、情治單位一整個月幾乎全出動抓你，人事薪水要花多少啊。

「還有，所有港口全二十四小時盤查每一艘船，我們抓到多少走私貨卻沒有抓到你。多少經濟活動都因為要抓你而受到影響？

「你的轟動除了花錢；還有你讓國家一整個月處於高度不安之中，這個是金錢無法估算進去的……。」

台中仔頓了頓，台中仔接著說：

「你知道你們這群人，破壞了我們反攻大陸的良機嗎？」

共產黨說要「解放台灣，消滅蔣幫」，國民黨說要「反攻大陸，消滅共匪」都三十年了！天天喊喊，

懸賞查緝

姓名：施明德（又名：許一文）
性別：男
年齡：民國30年1月15日生（卅九歲）
籍貫：高雄市
身高：一七八公分
案情：叛亂罪嫌
說明：
一、檢舉因而查獲者，發密告獎金新台幣伍拾萬元正，並對密告人絕對保密。
二、凡包庇或藏匿叛徒者，依懲治叛亂條例第四條第七款規定，處死刑、無期徒刑或十年以上徒刑。
三、檢舉電話（〇二）三一四—三四五六（〇二）三三一一—三四八六

1484

天天欺騙人民。我心想。

「你看，全亞洲都在動盪，伊朗巴勒維國王流亡，南韓朴正熙總統被暗殺，共匪內部正動盪不安，美國也認為這是我們反攻大陸的大好時機……。

「我們經國先生多賢明多親民，人人都愛戴他。十大建設多偉大，多了不起，把一個落後貧窮的台灣變成家家有收音機，戶戶有電視，多了不起……。」

台中仔一個人落落長地說，我心想，日本戰後是多麼敗壞、困苦，連用火柴都必須省。到一九六八年，戰爭才結束十三年，日本就已經躍升全球第二大經濟體了。如果台灣還在日本統治下，台灣的經濟條件比現在不知要好多少倍！但是，現在不是跟他辯論的時候，我只能默默不語……。

「你知道，我們外省人生活多苦嗎？」台中仔說：「我家來台灣時，外省家庭都很窮，我們一年都難得有機會換雙鞋子。

「我們忍，是為了什麼？就是要反攻大陸，現在，機會終於來了，你們卻把台灣搞得這麼亂，你們是在毀滅我們的生機，摧毀我們的希望……。」

台中仔竟然哭了起來。其他特務也帶著悲愁的表情看著他表演。我真的覺得受夠了！這是什麼招術？被審訊者不哭，審訊者卻哭了。想幹什麼啊？

我猛然把屁股往後一挪推開椅子，就站了起來，然後，就在我背後的空間來回踱步。我相信特務們從來沒有碰過一個囚人，敢這樣在沒有命令下自己就站起來踱步的！

台中仔像被重擊似的，停止哭泣，所有特務都僵住，看著我。台中仔嘴巴微張，像被電僵了似的，略顯尷尬，不知所措。我不正視他們，自己來回踱步……。

「你怎麼這樣？」伶牙俐嘴的台中仔突然變得有點口吃。我的舉止完全出乎他的意料。我只是憑直覺反應，也不是要測試他們的底線。特務一向為所欲為，主導偵訊，沒有一囚人敢像我這樣採取主動的。

「我不想聽啦。」我清楚地回應。我沒有明說為什麼不想聽這些廢話。祕密偵訊從來沒有一定的準則的。採用什麼偵訊術，採用肉體壓力或精神壓力取供，也全由祕密警察決定，囚人只有任人擺佈。但是因為我清楚「我是誰」？我取得了一定的反應權；這是攸關這場「大戰役」的關鍵。

偵訊室陷入一陣沉默，只有我仍在踱步，台中仔悻悻然站起來，然後再對我說：

「走夠了，繼續寫自白。」

他原來計劃想玩的把戲，玩不下去了，他只好走人。我坐下來，抄早先他們要我抄的自白。

台灣人的問題從來不會成為台灣社會的主題，因為台灣一直是本地區強權的殖民地。數百年來，只有外來統治主子的問題才會是台灣的問題。從一六二四年荷蘭，西班牙佔領台灣，台灣人只有滿足東印度公司的利益問題。鄭成功集團佔領台灣，反清復明是台灣問題。大清帝國佔領台灣，封山海禁是台灣問題。日本帝國佔領台灣，大東亞共榮圈的西進基地成為台灣的角色。蔣介石敗退台灣，反攻大陸成為台灣的責任。台灣人的被奴役，被剝削，台灣人的反抗，從來都不是台灣的討論議題，因為發言權都落在外來統治者手中。即使是二二八大屠殺，反抗行動如何從北到南，也只是台灣內部一些報紙，像民報、台灣新生報、中華日報及香港、上海一些左傾報紙略有報導，但標題都不大，內容也不詳盡。相對的，那時中國內戰正酣，國共戰役及雙方的輿論戰吸引了中國及國際媒體的注意力。二二八大屠殺犧牲慘重卻沒有引起外界的關切，更沒有獲得任何外援和任何救援。

美麗島大逮捕，是台灣有史以來的首次。台灣人起來爭自由、爭人權、爭民主在台灣內部統治者口中成為暴力事件，但是，在國際社會尤其美國和國際人權團體，台灣人的反抗事實及大逮捕第一次成為被關切、被救援的對象。特別是我，在意外脫逃成功後，戲劇性突圍成功卻成為大焦點。我不但是「高雄事件」的總指揮，還是一個因為追求台灣自由、台灣獨立被囚禁過十五年的政治犯。我的美藉妻子與岳母，還有外藉女友都在到處呼籲，配合海外台灣人團體的運作，我的死生引發戲劇性的變化……。

而我，逃亡二十八天，已經看到了國內外的反應。知道事實永遠是最重要的。我的夥伴們第一時間就被逮捕了，然後被徹底隔離，然後被特務餵養一些不良訊息，心理自然會被扭曲。他們在被徹底孤立下，對外界的無知，自然容易被恐懼感指使，被特務左右……。

但是，我看到這段期間國內外的反應。我清楚從我擔任「美麗島五人小組」負責與海外人權團體及台灣人團體台灣之音、台灣同鄉及台獨人士的團體建立了關係，這時，他們全動起來，還有在美國的許信良、台獨聯盟都動起來了，都全力投入援救中。

我們不孤單，我們都不寂寞。

我知道，國外都在聲聲吹，聲聲催，都在要求蔣經國公開審判，要求蔣經國放人。這股壓力，當然全轉嫁到抓人的祕密警察的單位，特別是調查局和警備總部的頭上。特務有趕快結案的壓力。

這就是我一被逮，特務就急著口述口供和抄寫供詞的原因。雖然軍事審判法和刑事訴訟法都有偵訊以「兩個月為限，但必要時可以延長一次」，但這個法定期限從來不被國民黨特務所遵守。我第一次被捕，就是拖了十一個月之後才起訴的。

文明社會都知道，警察、祕密警察扣押人犯不得超過二十四小時，而且必須有律師在場，才能取供。這些人權條款在台灣完全不存在。

我就這樣在心裡清清楚楚地看著特務忙進忙出，想快速串成案。我現在的心情和第一次被捕及「台東泰源事件」後被偵訊的心情完全不一樣。

最不一樣的是，我已完全準備好瀟灑地以正義之姿走上斷頭臺！

瀟灑又正義。

這個小特務竟然拿他們的小苦難，他們的反攻大陸夢想來煩我……。雖然這只是一個小插曲，卻令我印象深刻。因為迄今我都猜不透他為什麼要表演這個「哭術」？

挑撥離間是老技倆

我的口供，不管是雙方問答的口述或筆述，都不可能構成叛亂的程度。反政府本來就是無罪的，只要不是「以非法之方法」。一天又一天，他們只是多累積了些口供卻沒有入罪的證據。也許特務認為這樣就「夠了」、「有了」，但，這些都不堪在公審中說服世人。三十多年來兩蔣政權按照這種祕密偵訊的「口供」在祕密法庭裡審判，不知道已槍決了多少「叛亂犯」。

這次，如果有真正的公審，後果，是會不一樣的。我如此深信。這種深信極端重要，我武裝自己，我相信這個世界。信心，永遠是最銳利的武器，不管是在攻擊或防衛。

李主任掛著一副憂愁的神情走進來，他身後的特務抱著一大疊已訂成冊的資料跟隨在後。

特務有什麼好憂愁的？該憂愁的人是囚人。特務的表情或沒有表情都是刻意裝出來的。

「他們的部分都結了，只剩下你的了。」李主任說，他指的「他們」就是黃信介先生等等戰友。

「這些，都是他們的口供，自白。他們都把一切責任推到你身上。你是黨外總部總幹事，負責全台串聯及海外聯絡，你是高雄暴力事件的總指揮，罪責都是你的。

「你可以翻看他們的自白書，本來這是不允許的。但我跟長官報告，施先生是明理的人，讓他看到真相，他就會配合的。」

這種挑撥離間的偵訊伎倆一點都不稀奇，想騙我？想離間我對長官對同志的信心？對決心赴死的人，這樣是起不了作用的。我對長官對同事的信任，哪是特務可以撼動的？何況，我的信任還包括包容，包容戰友把責任推到我身上，必死的罪一條就夠了，多加幾條一樣只是死。革命者必須如此。我已決定在未來的公開軍法審判中，我就是要如此表現，可以讓後人檢驗的。

我沒有回應，李主任就拿出最上面的一本，顯然就是黃信介先生的。

黃委員說，「攏嘛是施明德害的，還有許信良。我本來已表示不願擔任美麗島發行人，是他們一起來求我繼續擔任的，找人頭啦，都是施明德……。」

李主任說的內容很像信介仙會說的。信介仙是我一生唯一的長官。總統、院長對我而言都不是長官。信介仙信任我，託付我，完全授權，否則，我不可能在兩年不到時間內完成這麼多影響台灣歷史走向的事。現在落難了，他沒有被偵訊過的經驗，說一些卸責的話太正常了。

「你看呂秀蓮多配合，真是黨外才女。」李主任又拿出另一本自白，筆錄。

「呂秀蓮開始也是什麼都不承認，也不說實話。我們就拿吳泰安，你知道就是余登發案那個吳泰安被槍斃前後的相片給她看，呂秀蓮就嚇得哭起來了。我們只說，妳不坦白招供，就可能像吳泰安這種下場。呂秀蓮就坦坦白的交代了她的一生，連在美國交往的男朋友，一個宜蘭鎮長都交代得清清楚楚，連細節都坦白了……。」

我突然插嘴：「你們很無聊，她交男朋友跟本案有什麼關係？」

李主任愣了一下，特務的話如果你不打斷他，他們有時就會落落長像揶揄、像訓話、像演說，都有可能。遇到是名人，這種表現欲望會更強烈，這是一個卑微人物的自我成就感、權威感。特務就像活在暗處的蟑螂見不得光，這種不平衡的心態常常俟機而動。我的插嘴一點點都沒有惹起他的反擊，特務是吃得下他就一定把你撕吞下腹，吃不下他也會自己收拾場面，只要夠大尾你就能擁有些許反應權。

「施先生，我們不會這麼無聊啦。我們研究過你到這裡來這麼多天了，你都在迴避兩個核心問題。高雄事件的衝突是小事情，是釀成高雄事件背後的兩大心態。我們說出來你或許不會滿意，我們則稱它們為犯意。沒有這個犯意促使，你們就不會到處辦活動，擴張組織吸收人脈……。」李主任停下來，拿出煙遞給我一根，**Dupont** 趁機又炫耀他的清脆點火聲。

「我們今天就打開天窗說亮話，我們要拿證據給你看，讓你看到黃河心才會死。你個人不怕死，想當烈士，是你個人的事。但是黃委員他們都等著要回家過年，吃團圓飯。他們都有家人，不像你孤家寡人一個，外國老婆也不在台灣了，你在這裡過年，或出去過年都一樣。你這麼尊敬黃委員，你這麼講義氣，為什麼不配合一下，替他們想想？

「你，我不敢替你保證，但是，其他人我敢替他們做人格保證，政治問題政治解決。公開審判？

把他們這些台灣人菁英排排站，我們政府還要不要台灣民心啊？經國先生不會做這種事啦。」

李主任把煙朝上吐出……，我心想，你們果然用老招又騙了黃委員他們了。不管你多有學問、多有智慧，特務的攻心術都能突破，除非是像我這種兩度閃過斷頭臺，囚禁了十五年的決志者。

「兩個問題，今天我們來攤牌，讓你看看他們每一個都已承認了，而且都簽了名了。他們的簽名你一定認得，不是我們造假的。」

李主任把每一本筆錄最後的簽名亮給我看。不錯，是真筆跡，但，真筆錄又怎麼樣？虎落平陽被犬欺，落在特務手中，常常生不如死。僅僅一天不休止的疲勞審問，威脅利誘，說理、辯論……任誰都受不了。我有經驗，所以，我常常跟夥伴們說，「我不該知道的事，就不要讓我知道。」從事反抗運動隨時都有被捕的危險，不要太相信自己，不要說：「我一定會保密！即使要槍斃我，我也不會洩露。」不要相信這種承諾。反抗者只有一種情境下才不會洩露機密：「你真的不知道！」所以，我早已養成，不該我知道的事，不要告訴我。我也不喜歡探聽祕密。

我真的不知道，才是保密的最重要法則。

李主任果然有備而來，他們知道必須攤開了，才會把同案的自白、筆錄全搬過來。

「第一個問題：他們都承認他們都是反政府人士。」李主任說。

廢話，我們當然都是反對國民黨政府的人。我們又不是臥底的，反政府無罪，我本來想說根據懲治叛亂條例第二條第一項是：「意圖以非法之方法顛覆政府著手實施，處死刑，并沒收其財產。」顛覆政府不必然有罪，因為它還有一個前提：「以非法之方法」顛覆政府才有罪。在民主國家一定期間都會改選總統，就是合法顛覆了舊政府，完全無罪。但，我忍下來，沒有說出心底話。

在特務心中只要是「反政府」就是犯了叛亂罪。實例上，過去三十年軍事法庭也是以這種邏輯和標準判決台灣成千上萬的異議份子死刑，無期徒刑或有期徒刑了。特務確信，只要我們坦承「反政府」就構成犯罪了。持有這種心態，從事任何政治活動，就具備了犯意。

此時，我不認為有必要反駁或爭論。這裡不是真正的戰場。公開大審才是，我不必打草驚蛇。

「第二，他們都承認他們主張台灣獨立。」

李主任也許認為我會感到訝異或震撼。

廢話。黃信介等人當然都會主張台灣獨立，他們當然不會贊成反攻大陸，也反對中共統一台灣。在國民黨特務眼中，凡是主張台灣獨立就是叛國，就是死罪！國民黨確實這樣處決了不少台獨份子。

李主任還煞有其事地把每個人的筆錄、自白，翻給我看。原來，他們事先已折了頁，所以很快都一個個，從黃信介、姚嘉文、林義雄、張俊宏、陳菊、呂秀蓮等等都翻給我看。

如何面對「台獨份子」的指控，我早已私下擬好大策略：「中華民國模式的台灣獨立。」但是，此時我也不宜提出。我反而有點譏諷地說：

「你們把他們整得很慘了」。

「沒有、沒有，」李主任反駁我，我不等他說完，又搶話說：

「是曉以大義，被告坦承過錯，主動懺悔。」

我語帶諷刺。

對特務的話語術，看多了判決書，我已經可以倒背如流了。

李主任知道我在諷刺他們，但，話不能斷在我的說詞上，他又強調：

「我們絕對沒有虐待他們，你們是何等人物，而且海內外都在等你們公開亮相，我們敢把你們打到包紗布？」

我知道他是在諷刺我被捕時的狼狽相。

就國民黨政權而言，美麗島份子只要承認「反政府」、「主張台灣獨立」就足以判處死刑了。特務認為取供到這種程度就自覺大功告成了，他們可以收工了。

特務亮證據給我看，就是要我也承認到這兩種「犯意」和「主張」。

對我而言，承認這兩點並沒有什麼困難。我的大策略是在公開法庭上反過來公審蔣家政權的反民主、反人權的獨裁本質、激起國際同情，點燃台灣人的反抗意志，這才是大策略。爭論有罪、沒罪是法律的問題，我要做的是政治辯護。他們這兩點指控，有利於我的政治反擊。當然，特務們、包括國民黨高層，以及蔣經國本人一定都認為取供至此已經是夠端上桌面了。

獨裁者往往就是被自己的教條，封住了自己的雙眼和心智。

反抗者的貢獻，就是粉碎教條。領導人民走向一個新方向、新境界。

李主任和一干特務都面露一種安坐泰山和微洩得意的表情，他們就像剛剛李主任提到的：

「你完全不招，一樣可以判你的罪了。共同被告不利於己的供詞，可以證明你的犯行跟犯意了。」

這不是爭論的時刻，我沉默不語抬頭仰視不高的天花板，我相信鏡子背後的一干人等也正在觀察我的表情，好研究如何對付我。我主動伸手要了一根煙，仍做沉思狀。

許久，李主任說，今天談得夠多了，你想想？然後，拿出一張紙上面寫著要我寫的自白部分：

什麼是反政府運動之條件？

什麼是暴力邊緣論？

什麼是雜誌的成長點和死亡點？

「這三點是他們寫得不夠清楚的，他們都說這些都是你的觀點。你就先交代這三點，寫完告訴我們的同仁，我們再往下走。」李主任說完就起身，那批自白書留在原地，直到我被移送警備看守所我都沒有動過它們，看別人落難時寫的自白一點都不舒服，而且會有違道德感，還會擾亂自己的心緒。敵人提供的，即使看起來可口、誘人，都不可以接受。

社會運動之條件

特務要我寫的這三個自白，確實都是在過去兩年中、我提過、主張過、建議過，也確實在執行中，直到被捕。

他精準地要我寫這些，證明特務統治的綿密，偵訊術的厲害，任何人落入特務之手，都不得不招供。真的否認不了，似真似假的會變成真的，殘缺的會被補上或扭曲成特務期盼的。

沒有被捕之前，我就決定以公開審判為主戰場，特務偵訊只是過場的階段，我完全不在乎信介仙、姚嘉文、林義雄、呂秀蓮、陳菊、張俊宏他們招了什麼供。這場戰鬥，不是爭辯法律之罪是否成立，而是讓世人，特別是台灣人看到政治上的對錯，尤其看到外來獨裁者和台灣反抗者的真面貌。

社會運動之條件，或反抗運動之要素，確實是我在第一次跟黃信介委員見面時所說的部分內容。那時，信介仙急需一位助選團總幹事負責操盤，他最早的構想只是想找一位像陳菊那樣人脈豐富可以負責聯絡的總幹事。陳菊久久不敢答應，她只想幫幾位黨外人

士像姚嘉文、張德銘等等助選。全國助選團完全不在她的思想範圍之內，她還太年輕。

我替蘇洪月嬌助選成功後，被黨外圈注意到，也開始拓展了黨外人士的關係。就像長期被外來殖民統治的人民，或被獨裁高壓奴役下的人民，台灣人都已淪為順民，人人心中都自己豢養著一隻怪獸「恐懼」，並代代遺傳。在這種自然環境下出現的少數反對者，也都在心中自我設限，給自己劃下不少「戒律」。什麼話不能說，什麼界線不夠跨越，都是黨外人士根據多年教訓自我設限的。

像「組黨」就是一個禁區，黨外人士永遠銘記「組黨」只能說說，以吸引選民團結以換得選票。一九六〇年代，雷震籌組「中國民主黨」被捕，永遠成為黨外人士的噩夢，視為絕對禁忌。

「台灣獨立」，在黨外人士之間，更是禁語。「蘇東啟案」、「台灣共和國」大統領廖文毅、「台灣革命青年委員會」委員長辜寬敏，如果不是被捕，就是乖乖投降、變節回到台灣接受終身被「考管」的命運。黨外人士不敢忘記這些。

至於親中共則不是台灣黨外的主流。畢竟台灣人的「記憶體」和外省人包括外省異議份子像雷震等人的「記憶體」也不一樣。台灣人天生的就是「被外來殖民統治的記憶體」，如何永久結束外來統治是台灣人命定的使命。由於四百年來，台灣被荷蘭、西班牙、明鄭集團、大清帝國、日本和中國蔣家集團都統治過，所以，「中國」在台灣人心目中，只是台灣的一部分，而且都是不好的。蔣家政權統治台灣三十多年，全力使台灣人中國化，是教育的印記，但，骨子裡台灣黨外人士大多都是頂著「台灣記憶體」的動物，只是獨裁恐怖統治奏效，「恐懼因子」和「台灣記憶體」併存。

我出獄後碰到的黨外人士幾乎全是「選舉掛帥」的人士。當選是最高目標。當選，不只代表了身分、利益，也保障了安全。我則是唯一的例外，而黃信介是終身職立法委員，他是另一類不是選舉掛帥的黨外人士。

主流思維，永遠會排斥進步思想。我這個被關了十五年的政治犯，在牢中所思、所讀、所研究，所策劃的全不是黨外的主流思維。我第一次到黃信介家做深度長談時，我確實對信介仙說了「反對運動」或「社會運動」的六個條件：

第一、理想。

理想永遠先行。反抗者或異議份子如果缺乏理想，是不可能奮鬥下去的，更不可能吸引同類、後進加入，壯大力量。所以，反抗運動首須羅列信仰，高舉理想。在「全國黨外助選團」中，我們就高舉了「政治人權、經濟人權、社會人權」作為「沒有黨名的黨」的大理想。

第二、組織。

反獨裁、爭自由，反殖民統治爭取解放，常常都是每個時代多數人的內心情緒。但是，這種情緒即使再高漲，也只是情緒而已。反抗，反對的情緒只有被組織化之後，情緒才會變成反抗的勢力。

只有勢力才能爭取到自由、人權和民主。

第三、領導。

有了組織不能沒有領導。最壞的領導遠勝沒有領導。我指的領導是懷有共同理想的領導，而不是缺乏理想、信仰只求奪權分贓的首領式領導。

第四、策略。

策略是方法論。能做完整、美好的全面規劃的，會是運動的指針。策略所涉及的面向是複雜的。這，也就是孫子兵法所說的，「多算勝少算，少算勝不算。」

第五、宣傳。

每個時代的宣傳都隨著每個時代的媒介工具，而以不同的方式呈現。它的目的就是要引起注意、討論、爭論乃至攻訐、謾罵等。在美麗島時代，所有宣傳工具全操在蔣經國手中，我們正面的消息幾乎完全出不來，傳不到人民心中。

我們只有靠不斷舉辦演講會，從室內到室外，以口耳相傳的古老方式，達到宣傳的效果。

在祥和的年代，「沒有消息就是好消息」。我好佩服信介仙在我們於台北中山堂首次舉行「全國黨外助選團」記者會時，在大會即將舉行前十分鐘，才對我下指令：

「等一下司儀宣布唱國歌時，要提醒大家唱『吾黨所宗』時，應改成吾『民』所宗。」

這種改法，信介仙在群眾大會中已講過幾次，完全如投石入海，一點迴音都沒有。本來，這場大會我們是要略掉唱國歌這一橋段的。信介仙這一交代，我心大喜。立刻告知司儀蕭玉珍照辦。

果然，像反彈般引起潛入中山堂的「反共義士」們的撲向主席台，形成鬧場的肢體衝突，和言詞交鋒。

本來，國民黨是要冷處理黨外這場民主盛會的，這段改國歌以及所引起的衝突，立刻變成當天電子媒體的頭條，及報紙的頭版，並大肆抨擊，謾罵「全國黨外助選團」數日！讓在「報禁」下原本上不了文字和電子媒體的「全國黨外助選團」聲名大噪，全台灣及海外台灣人團體都知道台灣有這個新團體了！

被謾罵，被攻擊、被醜化對反抗者未必是壞消息，有時反而是絕對好的回報。全國、全面通緝我，對我絕對不是壞事，只要有公開審判，只要我如計畫那樣表現！

第六、經費。

經費，對任何運動都是絕對不能或缺的要素，根本不必強調。[4]

我在寫這段自白時，內心多的是自傲。我知道自己在

4 國家檔案。

信介仙的支持跟信任下，引領台灣又走向新又上揚的時代了！

當然，我的「自白」只有短短六大點，只用了百多字簡單闡述而已，回味留給自己，扼要六點標題交給特務交差。這種「自白」對我沒有痛苦，反而有自我撫慰的藥效。囚禁中，偵查中我懂得要尋找自我撫慰的手段。一直泡在壓力下，會折損自己，終致枯竭。

暴力邊緣論

在牢中我研究國際公法，曾經特別注意到聯合國憲章第二條第四項：「各會員國在其國際關係上不得使用威脅或武力，或以與聯合國宗旨不符之任何其他方法，侵害任何會員國或國家之領土完整政治獨立。」我特別留意什麼行為是包含在「或以與聯合國宗旨不符之任何其他方法」。我發現聯合國大會決議把「封鎖」也視為「其他方法」之中而視為禁止。但是，由於美國曾多次採取軍事壓力行動對付華沙公約成員國，而被控訴到安全理事會。美國國務卿杜勒斯提出答辯，指稱美國這種行動是「戰爭邊緣」，其目的是「以不發生戰爭而達到某些國家目標」的行動，它不應在聯合國憲章第二條第四項中所禁止的範圍內。杜勒斯這種「戰爭邊緣論」不違反聯合國憲章的理論，引導我思考在反獨裁，爭自由的反抗行動中，如果採取「暴力邊緣」壓迫情治單位，讓特務害怕丟掉烏紗帽而加大妥協空間，逼近暴力邊緣而止於不使用暴力，以達到爭自由的目標，同樣應該不違反國內法。我就是這樣產生了「暴力邊緣論」的爭自由手段或策略。

在我擔任全國黨外助選團總幹事，中止選舉後成立全國黨外總部，擔任總幹事並於美麗島雜誌社誕生後兼任總經理，仍負責全國組織，群眾運動及海內外發言人時期，所有群眾運動我幾乎無役不與。雖然常常我都不擔任現場指揮，但我人一定都在現場。只有一次例外，那次呂秀蓮和張春男等人也想搶社會資源，自行成立黨外候選人聯誼會於一九七九年七月在台中舉辦群眾大會被警方團團包圍時，省議員張俊宏緊急聯絡我，要我立刻從台北趕往台中處理。

事後，「五人小組」的會議中全面檢討群眾運動的策略時，我提出了「暴力邊緣論」，並指出這是我們與獨裁政權抗衡以追求自由和突破禁忌所必需的抗爭手段。

我認為獨裁者在恐怖手段執行多年後，由於獨裁者年邁，由於反抗勢力增強，獨裁政權內部也一定會出現強硬派，如王昇將軍及軍方特務系統，會主張以更強硬的手段對付黨外集團。國民黨內的溫和派，以黨祕書長張寶樹為首，包括梁肅戎、關中及其代理人黃越欽教援等等，則主張應留給黨外人士一些自由空間，作為相互併存的基礎。

反抗勢力人士不是全然俱備勇氣，心中仍存有相當的恐懼感，恐懼會使人付出巨大代價。掌權者也不是全然沒有恐懼感，他們恐懼在蔣經國面前失勢，恐懼烏紗帽不保。獨裁者也恐懼持續高壓，一旦激起人民的反抗勇氣，就可能失去政權。至少權威受創，統治根基就會動搖。恐懼，強弱雖有不同，但是雙方的心中都存在著。

言論自由及行動自由都是自由的範疇。我認為這種爭自由的行動必須是漸進的。這種漸進式，一方面是讓我方群眾增強信心，敢於追隨反抗行動。另一方面也要讓統治者增強信心，多放寬些許自

由的空間，也不必然就會引發暴動而失去政權。所以，我主張先從室內的言論發表會舉辦多次，讓敵我雙方都習慣；然後再由室內演說延伸到室外騎樓，讓無法受邀參加室內旁觀的人群有機會在室外接受自由的洗禮。敵我雙方都習慣之後，彼此的恐懼會略略減少，然後才走到校園、公園舉行群眾大會，讓自由的空間加大。然後，選擇特定日子讓言論自由與行動自由合一：遊行。

我向「五人小組」報告，這種策略叫「暴力邊緣論」，讓敵方恐懼於持續圍堵高壓而引發暴力衝突，輕則掌權那方丟掉烏紗帽，重則影響政權存續。這時，我們知道軍、警、特都在蔣經國一人手中，台灣人也還沒有被教育好起而反抗、爭自由。

我特別強調「暴力邊緣」，是以不引發暴力為最高原則，也即是擺出「不惜暴力反抗」卻一定要自制、節制不發生由我方引燃暴力的情勢。我說明在執行這種策略時，我方必須：

一、預先主動聯繫敵方的主事單位，主要是警備總部的相關代表。

二、說明並保證我方的行動範圍，來明謀，不來陰謀。

三、舉行活動時，雙方負責人必須保持聯繫管道暢通。

我明敵暗。我強調：現在台灣已走到進步勢力和保守勢力對峙的階段。雙方發生衝突是必然的，只是或大或小，以及不知道會發生在何時何地而已。但，這是爭自由、爭人權、爭民主必經之路。

姚嘉文問，你說「暴力邊緣論」是合法的依據在哪裡？

我就舉上述的杜勒斯的「戰爭邊緣論」不違反聯合國憲章第二條第四項做回答。

成長點和死亡點

社會運動群體，不像軍隊，可以一個口令一個動作，徹底聽令達成使命。社會運動中也一定會出現激進派、保守派和溫和派。

激進派未必真的是勇者，有時還可能是奉命臥底的奸細企圖引領運動走向極端。但是我也不認為激進派是全然壞人或壞事。運動常常會遇到瓶頸，激進派有時是股關鍵助力，讓運動衝往新階段。因為運動領袖一樣會在運動中有所收穫，有所成長後產生「惜物」心態，而變得相對保守。激進派的刺激，會使運動領袖回到初衷。

在美麗島時代，是台灣正從二二八大屠殺的全民恐懼順服中要破繭而出的時刻，也是新舊勢力對峙，台灣人的覺醒和外來統治集團保權之間，從未有過的緊張時代。作為運動領導人之一，我當然知道特務時時刻刻都在監視和竊聽著我，特務的線民也處處分布，更隱藏在我的身邊。但是，正如姚嘉文常常喜歡說的：「我們做的事完全合法，我們是怕人家不知道，而不是怕人家知道」。他是位法學家，常常以法定位。事實是，你想提防，你想找出所有可疑的線民，你也絕對做不到。因為只有你的朋友、親戚、同事才可能接近你，做奸細、做線民。在蔣家三十年恐怖統治下，台灣人對做特務的線民，早已不引以為恥，反而會向親友炫耀他多厲害，在調查局，在警總關係多好。南投紀萬生老師就常常對張俊宏身邊一個陳文輝揶揄他：「文輝仔，最近還有沒有在抓（台語：打小報）？」陳文輝也不會臉紅、生氣。

但是，一個從事公開的反對運動的工作者，在我的觀察中臥底的特務或線民，在運動路線的討論中，大多都不願參與發言，即不是激進派，保守派或溫和派，而是沉默者或附和者。特務，線民都不想凸出自己，引人注目，除非這個線民已經被授權，要把運動引向激烈衝突，或製造反對運動內部矛盾，這個線民才會公然力主激烈方案。但是，運動團體必然會有強硬派、保守派、溫和派，路線之爭在所難免，很難說激進派就有線民之嫌。

「美麗島雜誌」未發行之前，邀請黨外公職人員，特別是已經擔任立委，國大代表或者議員的黨外公職擔任社務委員，他們大多會端架子，擺出不屑或勉強乃至拒絕掛名。《美麗島》第一期銷售量就打破台灣雜誌的歷史紀錄，而且每周都在加印兩萬份的狀況下，「社務委員」變成一個「頭銜」。有些公職就直接找發行人黃信介關說，希望列入社務委員名單。到第二期還沒有發行之前，那些本來端架子不太願意擔任「社務委員」的公職，現在向黃信介要求「排名」要提前。國大代表張春男就是最顯著的例子。他甚至公開說，「這個排名先後順序不是黃信介決定的，是施明德。因為黃信介擺在第一名，施明德放在最末一名。最末

一名才是決定者。」我請示黃信介先生並建議從第二期起，「社務委員」的排名就按姓名筆劃定先後順序。信介先生接受了。

《美麗島》的路線之爭在第三期發行就明顯出現，而以台中的范政祐等人最強烈。他們嫌《美麗島》的文字太溫和了，比不上《八十年代》敢。他們直接反映給黃信介。遇到這類爭議，信介仙通常都會直接要我去處理。

那天，我到台中會見范政祐等黨外朋友。聽完他們的抱怨後，我表示：

第一、《八十年代》是在辦雜誌，《美麗島》雖然有雜誌的外型，但《美麗島》主旨在突破黨禁，組織一個「沒有黨名的黨」，請大家不要拿《八十年代》和《美麗島》比。而且，我們沒有公開宣示《美麗島》是個「沒有黨名的黨」，人民爭著搶購已經證明：台灣人民看得懂。

第二、我向范先生解釋；我們承受的壓力已經非常之大了。蔣經國的「軍特派」（指王昇等）和「黨務派」（指張寶樹、關中等）鬥爭，正以如何對付《美麗島》這批人為焦點。我們已隨時都可能遭到撲滅。我們正努力避免被撲滅，但我們不敢保證可以免去災難。我很清楚地告訴他們：「我們現在正處於成長點和生存點的移動中，就像這枝筆。」

我拿出一枝筆。

「筆的右邊是成長點，筆的左邊是死亡點。我當然知道社會的感覺，文章越刺激越激烈就會越受歡迎，雜誌的銷售量就會越成長。如果我把支點向左移，即移向死亡點，成長點就會向上升。如果我們不能克制，不斷被追求成長所誘惑，我們就會更接近死亡點。我也不知道死亡點在哪裡，只能探索、摸索，只能準備付代價。但是，我們既然已經發行，也做了，我們正被迫接受這場「成長點和死亡點」的遊戲。我們只能盡量避免接近死亡點。」

在場的范政祐、陳博文、吳哲朗主任、林漁主任一等人才明白，為什麼《美麗島》文字溫和於《八十年代》。因為《美麗島》是個「沒有黨名的黨」，我們在行動上已激進太多了，我們不必在文風上和《八十年代》競爭。

確信特務不敢刑求我，每天還可以有充分的睡眠，被迫抄寫自白書對於像我這樣一個被關過十五年牢的人來說已不是一件很痛苦的事。我反而可以回憶很多、很細，知道自己活過了！是種很大的安慰劑，至少自白書多少是自己決定的。我是回憶得多，自白寫得不多，該省略、該迴避以免傷到同志戰友的，我都會省略、迴避。特務天天聲聲催，要趕進度。我不急。常常我會放下筆沉思，看看房內的特務們。他們是處於極端戒備中，不是怕我逃，是怕我自殘，萬一我撞牆，拿筆自刺，然後嫁禍他們，說是特務刑求我的，除非他們能舉證，否則人們會相信我。我看看前面的大鏡子後面一定全程錄影中……。

想到這裡，我突然要做件測試。我把已抄寫了幾行的自白書用筆劃掉，悄悄地不讓在房內的特務看到，把它搓成團，偷偷丟進我桌子下的垃圾桶中。幾分鐘後，我對特務說：「我要上廁所。」

他們把我帶出去上廁所。

只有十分鐘不到，我回來坐在我的位置上，用腳把垃圾桶勾到我看得到的地方。

我剛剛丟得紙團已不見了！

果然……。

美麗島政團的組織架構

偵訊是沒有邏輯的，今天會被訊問什麼？這次會談什麼？完全掌握在特務手中，你只能被動回應或不回應。回應與否，除了對案情的危險性之外，常常你必須考慮到歷史及你的人生價值，特別是奮鬥目標的傳遞。我的生命所剩的時間已經不多了，我該寫的東西卻還很多，我必須跟時間賽跑。我雖然知道我在調查局所寫所抄的自白，除非可以入我們於罪的才會送到軍法處作判罪證據，否則就送入檔案中等待歷史召見。

今天，李主任又主審。他說：

「你的同案都有正當職業，有的當立法委員，當省議員，有的當律師、助理，只有你例外，你是職業革命家，在我們眼裡你就是職業造反者。在論罪搜證方面，他們已充分配合了，但在本案的全貌上，他們都敍述的不太完整，他們都說你最清楚。今天我們想給你一個大題目，談談美麗島政團的組織架構，下面有三個子題：美麗島雜誌社成立的目的（包括陰謀部分）及組織人事、經費來源等狀況。你寫也好你談也好，我們錄好，騰好，你再抄也行。」

這個題目是我必須向台灣歷史交代的。讓後生瞭解我們這一代人如何在面對懲治叛亂條例第二條第一項唯一死刑的壓力下，竭智竭心竭力為結束外來殖民統治替台灣子孫追求民主、自由、人權而奮鬥犧牲的痕跡。我沉默著，陷入思考……。

李主任說：「我們就慢慢來談吧。」

我想到歷史責任，我想到教育後進，我想到我已沒有多少時間了。這是我在被偵訊時期比較可以談的。隨後，他們去整理後，我發現他們增添的詳細部分都是從我被他們搜走的日記本中的紀錄。看起來像流水帳卻還真能窺探美麗島工作團隊的簡貌，我又抄寫下這樣的陳述，我知道這些文字將會被他們收集成檔案，不一定呈庭，但我還是會避開法律陷阱：

壹、問：——美麗島雜誌社成立目的（含陰謀部分）及組織人事經費來源等狀況？

從事任何政治活動，一定要有她的機關刊物，這是一項最起碼的事。但是，在國民黨一黨專政的三十年黨禁政策下，美麗島雜誌所應扮演的角色，應不只限於擔任黨外機關刊物的角色。

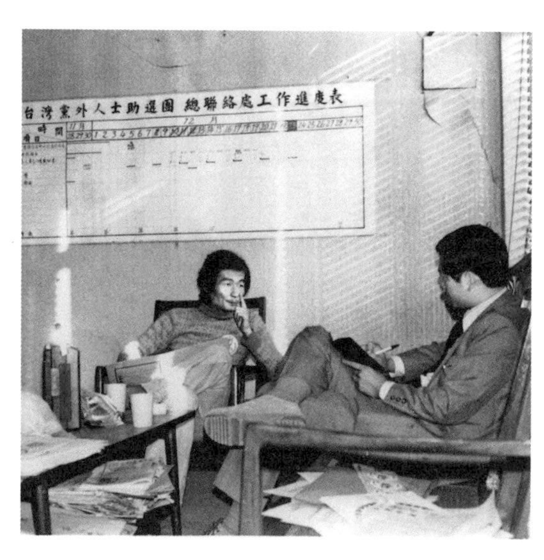

去年三月某日，余案開庭審理後，到庭旁聽或在庭外等候的黨外人士一起到我家（景美）就該案情形做一全面性分析與檢討。會後，黃信介對姚嘉文、張俊宏和我說，康寧祥已申請《八十年代》了，我們也應申請一份雜誌。黃信介把申請任務交給姚嘉文辦理。至於，應如何辦這份刊物，當時，不僅黃信介，連我們也都沒有腹案。

黃、姚走後，張俊宏夫婦繼續留在我家。俊宏說，去年（六十七）十二月二十五日黨外助選團在民族路開會時，黃信介指定：林義雄、許信良、姚嘉文、張俊宏和我，為五人小組，研究黨外今後各項工作。俊宏說，這五人小組應召開一次會了。於是，決定一周後，在俊宏家中聚會。

以前，我從未考慮過辦雜誌的問題。那天之後，我開始思索應如何辦雜誌。當時，我認為台灣存在的各項問題中，黨禁是一項最根本的難題。依據憲法，所謂「黨禁」政策是與憲法牴觸的，它所以能在台灣存在三十年，是靠「戒嚴令」和鐵腕統治所維繫的。在這個「黨禁」政策下，在野勢力永遠會是零散的，缺乏具體目標的，所以，也就無法替國家社會發揮積極的作用。但是，如果我們要硬碰硬地正面向「黨禁」政策挑戰，勢必造成險惡的處境。在當時，我估量國民黨政府在這一、兩年中，已被迫有逐漸朝向開放前進的趨勢。尤其國民黨能容忍「助選團」存在，更顯示了國民黨在基本心態已瞭解讓在野勢力形成一個團體已是大勢所趨，應予接受。那麼，是什麼因素使「黨禁」政策暫時難於全面放棄或突破呢？

在國民黨方面，我認為這是一種面子與尊嚴大於自保的問題。

在黨外，則是散漫的，山頭主義的黨外人士尚無法適應黨團的紀律生活。

有「黨禁」政策在，黨外人士可以找到藉口來替自己的「獨行俠」行為辯解。如果，「黨禁」政策真的全面解除，受到困擾的不會只是國民黨，更多的是黨外人士。因為在新情勢下，黨外人士將會成立數不盡的「黨」，而不能積極地負起制衡的作用。所以，我認為有「黨禁」政策的存在，一方面可以使用我們攻擊國民黨一黨專攻，限制人民集會結社之自由，另一方面又能藉此維繫黨外之團結，並爭取到時間來練習黨外人士如何過團體生活。

基於上述看法，我心中開始有了如何辦美麗島的藍圖。

美麗島應是黨外機關報。

美麗島應發展成一個「沒有黨名，有黨實」的團體。

我把這兩個原則，向黃信介及五人小組提出報告，得到支持。以後，美麗島的發展型態，都是根據這兩項原則。

美麗島的組織及人事

為了要實現上述兩項原則，美麗島在組織方面做了如下安排。

一、法律及管理部分

美麗島的最高決策單位，本來應是社務委員會。但，由於考慮到社務委員會份子複雜，所以，到目前為止，社務委員會所列出的八十餘名社務委員，僅只是榮譽性質，毫無實權可言。

社務委員會下面，設：

發行人：為美麗島最具權力者，由黃信介擔

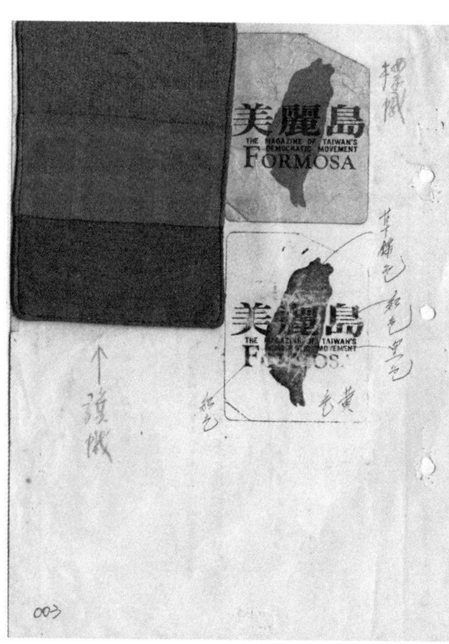

任。

發行管理人：在法律與決策上，分擔發行人之責任與權力，由姚嘉文和林義雄兩名律師擔任。

基金管理委員會：負責保管及接受捐款之機構，美麗島之支出及為何支出，均應由此基金會審查通過。基金會主任委員為姚嘉文、委員為黃信介、黃天福、呂秀蓮、林義雄、張德銘、許信良、張俊宏及我。由於社務委員會到目前僅屬榮譽制，所以基金委員便變相成為美麗島最高決策單位。

二、內部業務組織部分

美麗島業務組織，分三大部門：

甲、社務部

社務部為美麗島總社務處理單位，它設社長一名、副社長兩名，分別擔任如下工作：

a. 社長：處理社務有關事項，由許信良擔任。

b. 副社長：黃天福，主管印刷費用之審查，及社務費用批准與審查。

c. 副社長：呂秀蓮，負責社務委員會及總社聚會之安排與籌劃、執行。如中泰賓館「美麗島雜誌社酒會」。

乙、編輯部

編輯部主管美麗島文字部分。由張俊宏擔任總編輯，陳忠信為執行編輯，魏廷朝為總編輯祕書。編輯部除實質工作人員外，又設編輯委員會，原則上，比較有爭論性之文章、及編輯大針，均應由編委會決定。事實上，由於張俊宏工作忙，美麗島一至四期之編務決定權大多落在陳忠信手中。

丙、經理部

經理部在外界看來，是美麗島的商業單位，負責印製推銷美麗島。不錯，上述工作確實是經理部之職責，但，經理部有更重要的任務，就是辦理黨外所有黨務。經理部，由我擔任總經理，主管經理部及海內外各服務處及經銷處。

在經理部之下，美麗島擬在各縣市設立兩個地方性組織：

a.服務處——

服務處是美麗島在各地的「點」。在人事組織上設主任、總幹事和其他必要的工作人員。服務處的工作項目大致如下：

一、推銷美麗島及其他黨外書刊。

二、舉辦各類活動，包括座談會及群眾大會，這些活動之目的在挖掘社會問題和增加美麗島在各地之影響力。

三、蒐集該地人、事、物之資料。（黨內外政治人物）

四、加深及擴大當地之公共關係。

五、組織義工隊。義工隊希望將來經由訓練，變成黨外的中堅幹部。義工隊是服務處最重要之工作之一。但，到目前仍未進入軌道。

六、選舉時，變為黨外在當地之競選指揮所。

b.各地基金會——

在美麗島初設立時，只準備在各縣市設服務處。但我考慮到服務處人事安排不管如何擴張，也只能容納少數幾名。如果，不另行設法，勢必造成黨外之分裂，所以，我又想到在各地設基金委員會，將當地所有熱心及有志於民主運動之黨外人士都延聘參加。基金委員會設主任委員、副主任委員、執行祕書及執行委員若干。其職責如下：

一、監督服務處業務。

二、募集基金，以便推動當地之政治運動。

服務處主任是由總經理推薦，發行人聘請。換言之，地方服務處和經理部是有隸屬關係的。

這樣才有可能貫徹總社意旨，不致形成地方性山頭。至於基金會，則由當地人自行選舉產生，由於缺乏實權，在總社心目中，它是統戰性質高於工作性質。

但是，當服務處和基金會相繼設立後，兩者間的地位、權責，以及兩者與總社之關係如何，在各地都發生了疑惑，為瞭解決這些問題，我正請陳淑貞、劉峯松研擬「美麗島服務處及基金會章程」，在我腹案中，我是希望「服務處」擔任行政及執行角色，「基委會」扮演評議會之角色。我衷心希望經由這種途徑使黨外人士開始學習如何過團隊生活，學習如何協調，分工與合

作。我相信，如果不經過這段學習歷程，一旦「黨禁」開放，黨外人士仍將新黨林立，甚至相互傾軋，這樣對健全政黨政治毫無助益。我的結論是，美麗島在外表是雜誌社，事實上，則在建立一個沒有黨名之政黨。

美麗島之經費來源

美麗島之經費，有三種來源：

一、股金。每股一萬元，到目前僅決定接受六十股。美麗島設立時，我們都瞭解，我們不必資金便可以辦起美麗島。因印刷、紙張等費用可以用支票支付，而美麗島又必然銷量良好。但社長許信良堅持應接受股金，使大家有參與感。

二、捐款。美麗島所收到之捐款，總共加起來不到一百萬元。在出版前，只有島內之捐款，約二十餘萬；等美麗島出版後，才有海外捐款──大筆捐款有一次一萬元美金（匯姚嘉文）、林弘宣從美國為紐約台灣同鄉會帶回五千美元（給林弘宣旅費一千美元）。

這些捐款究竟有多少，姚嘉文才有正確資料，因為大部分不是經過我手。

三、書款。美麗島雜誌之書款是美麗島的最主要來源。

雜誌設立前，我們已決議總社只直營台北地區和海外部分，各縣市以六五折批售服務處，另外每五百本送一百本，換言之，約以五五折批售服務處。服務處另以七五折或八折批售書攤，以實價零售。我們這樣低的價格批給各服務處，是希望各服務處有經費辦理應辦之各項活動。

由於，美麗島銷售量打破任何政論性刊物之紀錄，所以，自發行後，每期總社均有百萬元以上之利潤，經費已不短缺，所以，捐款在我們心中已是可有可無了。

美麗島之活動

美麗島既然不是一個純雜誌，而是一個具有高度政治性之團體，所以，除了文字外，自然應有研討問題性質之座談會，以及直接教育與啟發民眾的群眾運動，和拓展公共關係之酒會、茶會。

美麗島之決策單位（基金會）認為集會及言論自由是人民依據憲法所當享有之權利。過去三十年間，除數年一度之選舉期間，人民才能享受到一段「民主假期」外，平常是不准有政治性集會的。如果，美麗島各服務處可以舉辦各項活動，對民主政治是極具貢獻的。

美麗島之活動，大致可以分為三類：

第一類是建立公共關係，促進外界接受之活動，如九月中之「中泰賓館酒會」，以及九月底高雄服務處的成立茶會。這類活動政治意義之層面較低。

第二類是探討問題之座談會。如高雄服務處之「勞工問題座談會」、「新生代問題座談會」、屏東服務處之「養豬問題座談會」、台中服務處「農民問題座談會」，這類座談會由於主題明確，容易求得結論，舉辦又輕而易舉，所以已被美麗島列為應多舉辦之活動。

第三類是群眾性演講會，像十月廿五日台中服務處成立茶會、十一月十二日南投服務處成立茶會、十二月廿日台中美麗島之夜，十二月八日屏東服務處成立茶會，十二月十日高雄國際人權日大會。這類群眾大會由於規模較大、變數較多，我們認為應該很慎重地舉行。否則，萬一情勢不能控制時，會發生意外。但是，我個人（是否他人也如此，我不知道）認為，在這種群眾大會，黨外也有不少人除了談論國內諸問題外，更進一步談論到台灣的前途，也就是公然討論台獨之對不對、可不可能等問題。當然台獨問題（包括「多數統治原則」、中華民國獨立等不同層次）是我們希望與喜歡討論的問題，而我認為以群眾運動來公開討論比以文字討論更直接。我們認為討論此問題不算有罪，只有企圖以非法之方法達成該企圖才可能算違法。所以，每次群眾運動，不必安排，都會有人主動討論台灣前途問題。這種討論，是有價值的。

五人小組組成及其功能

六十七年十二月廿五日「黨外助選團」在民族西路「總部」開會，並發表「黨外國是聲明」時，主席黃信介表示為使黨外今後在行動方面更趨一致，指定五人成立工作小組，從事黨外事務的研究與策劃。這五人是許信良、張俊宏、林義雄、姚嘉文和我。這就是黨外「五人小組」的由來。

但是，五人小組並未聚會研商。直到余登發案審理當天下午，張俊宏在我家才提議應該聚會研商了。

第一次聚會是在張俊宏家，由於是初次聚會，所以，談話內容是概論性。其中比較重要的是一致認為黨外應設立各種專案小組，分門別類地請專家學者研究，以便做黨外民意代表問政之依據，和凝聚為黨外共同政治綱領。當天，我們曾概略性地希望設：經濟、外交、內政、教育、勞工、農林等專案小組。但由於缺乏經費這些專案小組始終尚未成立。

第二次聚會是在姚嘉文家。那時，正是外交部次長楊西崑在訪美期間發表言論，認為我們應積極介入國際活動，甚至應考慮加入聯合國。在開會時，我最先提出注意楊西崑這段談話之意旨。我們經過分析後，得到幾點結論：

（一）、同意楊西崑的立論，主張我國應積極介入國際社會運動。

（二）、加入聯合國在目前完全不可能（因中共擁有否決權），但可不可能是一回事，該不該申請加入又是另一回事。我們在國際社會中理應有我們的地位，我們不爭取，是我們不對。別人不給我們，是別人不對。所以，我們對加入聯合國問題，雖明知是不能夠，但仍應為之。

（三）、在內政問題上，我們對國民黨之措施，應針鋒相對地加以攻擊，但在外交方面，則應全力支持政府確保我們在國際組織之地位。

（四）、重新加入聯合國一事，國民黨說不出口，我們應代其說出，所以，應發起「加入聯合國運動」。

（五）、該「加入聯合國運動」現在仍應主張保留以「中華民國」名義，而不宜用「台灣」名義。我們認為「中華民國」如果能存在於聯合國，即等於台灣存在於聯合國。

（六）、應設立一個「工作小組」，由姚嘉文任主委，黃信介任監督。在海內外發起簽名。

這次聚會之結論，便是發起「加入聯合國運動」。

第三次聚會仍在姚家。在這次聚會中，許信良提出黨外運動應保持「反對中共，不反對社會主義」之立場。這點大家立場一致。

許信良又提分析，認為黨外如果希望有更積極的影響力，應設法在作為上迎合國民黨開明派，打擊死硬派。由於，許信良和張俊宏原是國民黨員，所以，授權他們兩人保持與國民黨開明人士之溝通往來。

我提議，自「助選團」停止活動後，黨外已沒有聯絡機構，所以，應設法成立一個常設的黨外機構。為了使工作輕易推動，我建議由黃信介、黃順興、黃天福、張俊宏、林義雄等五位民意代表，成立「台灣黨外民意代表總聯絡處」。簡稱「黨外總部」，由黃信介任總召集人，我擔任執行祕書，並授權姚嘉文和我負責籌設「總部」。

會中，又討論張春男、呂秀蓮等人，由於缺乏參與感和對黨外五人小組不滿，已決定自設「台灣黨外候選人聯誼會」。會中，決議並支持該「聯誼會」。

會後，我把詳情報告黃信介，終於在六月一日成立「黨外總聯絡處」於仁愛路三段23號九樓之一。

第四次聚會是在許信良家。

這次聚會先討論雜誌名稱，決定定名為「聖國」。

其次，討論許信良案（彈劾案）的可能發展。五個人大致都判斷休職的可能性最大。至於如何應付，結論是，事前表示將採取劇烈反應。即公開揚言，如果休職許信良，則將舉行遊行示威表示抗議。

其後，彼此又分析、檢討對「統一」與「獨立」的看法。五個人都一致反對中共的統一，換言之，在意識形態上，五個人都傾向台灣應該獨立。對這問題的看法，有個概略性之結論：

所謂「台灣人」是指所有居住於台灣的人，也即主張「大台灣主義」，即承認外省人也是台灣人。在外交上，暫時不必主張以「台灣」取代「中華民國」，以免在國際上遭到承認的困擾，在國內引起外省人之恐慌。

如果能保持中華民國之獨立，即等於台灣獨立。因為中華民國是政治名詞，台灣是地理名詞。兩者之含義已合一。

我們的意識型態，不必具體表現於黨外活動之中。即黨外活動仍應以推動「民主政治」為重心。

第五次聚會原是於台中寶島飯店舉行。但，由於許信良忘了時間，所以，臨時取消。該次聚會原先之主題，本來是要討論美麗島的編務方針。

第六次聚會是在台北中國大飯店。

在這次開會前，由於姚嘉文和陳菊處理「黨外文選」不當，未將黃信介在「助選團」時之講稿收入，黃信介極為不快，堅定表示不辦美麗島雜誌了。

會中，大家一致認為非辦《美麗島》不可，而且，由於黃信介作風開明，不會抓權，具備黨外領袖之風範，所以，許信良做結論說：即便跪，也要跪下來求他辦。

關於編務方針之討論，由於分工原則，只聽取了張俊宏之報告，便決議由張俊宏全權處理。

第七次聚會是在台北省議員會館。

這次聚會是在許信良和林義雄出國前不久。

關於由誰來代理社長職務，決議由黃天福代理。

事先，黃信介強力推介謝三升擔任「總部」副總幹事，或副總經理職務。但除了張俊宏不表意見我接受外，其他三人一致反對。他們認為謝三升好賭，操守不佳，又缺乏行動力。最後，我提折衷方案，由謝三升擔任即將成立的「美麗島書報社」經理，獲得通過。

第八次聚會是在新生南路「好客之家」。

許信良、林義雄出國後，五人小組也形同虛設。這不只是由於許、林出國，也由於「美麗島基金會」已能負起決議黨外事務，為了避免黨外不必要之疑心，所以有相當長的時間，未再聚會。

關於台中十一月廿日，吳哲朗惜別會，我認為決定得太草率。我建議以後，美麗島舉辦演講會之決定，不能由地方單獨決定。同時，大規模群眾會如非必要，最好不舉行。我們一致同意，在言論自由方面，我們已爭取到可以在室內辦演講會之程度，這點成就應固守，不可得而復失。

姚嘉文提議，「黨外總部」到目前都只是「有名無實」，應該充實一下內部了。我反對。我說，各地服務處還不健全，有待進一步充實，目前我們根本沒有能力把「總部」擴大。我說，至少在三個月內，「總部」仍只能有名無實，只做一種裝飾品。林義雄、張俊宏支持我看法。

張俊宏提議，對僻遠地邊服務處，由於售書量有限，經費不足，總社應設「僻遠地區服務處平準基金」，決議請示黃信介批示。

我表示，我已接受擔任「國際人權聯盟台灣工作中心」主任，我自己也認為人權工作對我尤其具價值，所以擬辭去「總部」和「美麗島」之總經理職務。此議被否定。但准許我多聘請五名以內之工作助理。

關於各地服務處即基金會章程，決議原則為，服務處採中央集權即歸經理部管制，基金會採地方分權。授權我草擬初稿，下次會議中再提出審查。

五人小組與美麗島之關係

五人小組與美麗島並沒有直接之關係。它是先於美麗島，等美麗島基金會開始有能力承擔工作時，五人小組聚會也就減少了。最主要的是，五人小組成員都在美麗島擔任全部要角了。

貳、問：——長老會何以會是條「大魚」？

長老會是台灣唯一有組織，而其部分主要領導人多具台獨意識的團體，這點從長老會之「人權宣言」中，便可瞭解。但，長老會之主要領導人，像高俊明牧師、鄭兒玉牧師，都只有意識，而沒有政治企圖和行動力。

當然，長老教會是一條「大魚」，不只因為她有一百年之歷史，有二十萬之信徒，有足夠之財力，有一大群具有學術和能力的工作者，更由於她和「國際長老教會聯盟」（名稱不知對否？）之淵源與關係，使他在國際基督教團體和美國國會中，具有相當大之影響力，指相對於台灣的其他人民團體。

至於台南神學院，無疑的，是長老教會培育人才之場所。由於，他們上課主要以台語授課，所以，台獨意識或多或少會存在於他們師生之中。

我與宗教人士接觸之情形（目的、動機）

我第一次到台南神學院，是在前年（一九七八年）六月間，在此之前，邱義仁（已留美）告訴我，如果到了台南，不妨找找神學院學生蔡有全。那時，正是我出版《第四國會芻議》被禁不久。找到蔡有全，談談我坐牢之經過，他說些蘇南成狀況，並說要替我介紹蘇南成，我說沒必要，我並不想認識沒有理想性的政客。這是我第一次結識的長老教會人士。

到了那年十二月二十四日夜，黨外人士準備於第二天發表國是聲明，黃信介指示由許信良、張俊宏、林義雄和我，在林義雄家中草擬聲明，鄭兒玉牧師正好到了林家，問我們聲明之基本立場為何？

然後，他很客氣地拿長老教會之「人權宣言」給我們看。稍後，我們把聲明給他看，鄭牧師說，我們的聲明立場沒有他們的「人權宣言」清晰。我說，長老會是有組織的團體，而且已和國民黨有過交手，而我們這個「團體」份子複雜，基本立場難予一致，所以，聲明的草擬必須考慮到各方面之反應與接受。然後，我問他，是不是肯簽字？他反問我，陳鼓應、陳婉真有沒有簽字？我說大概會。他說他們（指兩陳）是統派，他們如果簽了，教會人士就不簽。這是鄭兒玉牧師給我的第一個印象：立場嚴明。

那時，據我所知，鄭兒玉是最常和黨外人士來往的人，每次到台北他都帶著教會公報分發。我個人對他非常尊敬。所以，去年初我回高雄，曾兩、三次到神學院找鄭牧師，由於鄭牧師我又認識了王憲治牧師。我去時，都順便向他們簡介黨外狀況。

當時，我去的目的和動機，是希望長老會能從言論階段進入實際參與政治，以及為人權從事務實的工作，而不只是發表聲明。

等余登發案發生後，我和張俊宏認為借助長老會之力量，所以張俊宏在北部，我到台南找鄭兒玉和王憲治，他們兩位是「教會公報」的實際負責人。最初，鄭、王都認為余登發和夏潮都是統派左派，不予支持。但，我再三說明，從政治立場可以不關切，但，從人權立場，卻不能不理會。尤其做一名基督徒應有耶穌基督寬恕的精神。最後他們同意發表一篇社論來談論余登發案及「這一代」和「夏潮」的停刊問題。

和鄭兒玉、王憲治談話中，他們提到謝秀雄，希望我也和謝教授談談。有一次，蔡有全帶我去看謝秀雄。由於，彼此年紀相近，我和謝秀雄之關係越來越好，等到美麗島設立後，我找不到工作幹部，便請謝秀雄替我推介人選，林弘宣、蔡有全、高明成等人就是這樣加入美麗島。最後，又請謝秀雄擔任台南市服務處主任。

我希望更多的長老會人士以私人身分參加美麗島工作。我認為如果能使兩股力量結合，對台灣民主政治必有助益。

至於，長老會人士是為什麼要和我往來，據我推測，是他們認為美麗島可以負起實質推動民主政治的責任。

整個說起來，長老教會的人士，其意識可以從他們「人權宣言」中顯示。但到目前為止，除實際參與美麗島工作者外，重要的長老會領袖，如高俊明、鄭兒玉、翁守恭等人，都沒有政治企圖，也沒有參與實際政治工作的心理準備。

參、問：——你不滿、懷恨政府意識之來源？（本身遭遇及受人影響）有關作為如何？你何以是一塊「踏腳石」？

在我心目中，國民黨是一個嚴苛、報復心重的統治者。從小就目睹二二八之屠殺（先遊街示眾，後槍決），隨後，安份守己的老父親也被捕了，而自己在十八年前，又被過分嚴厲到不存絲毫人性的判處無期徒刑、刑求使我終身不能恢復健康，無期徒刑，

剝奪了我的青春、也使我苦嚐了家破人亡、妻離女散之絕境。我的親身經驗（包括在牢中所見所聞）提供了充足的證據，顯示國民黨對異己者的殘酷。

當然，我對國民黨極為不滿和厭惡，但，當兩年半前出獄時，我在心理方面是存在著「看你國民黨能橫行到幾時」的觀望態度。雖然十五年牢中苦讀群書及深思，我已有一套完整的計劃如何為台灣爭自由爭人權。我自知才出獄無力對抗國民黨，而且我也希望先把自己安定下來。可是，不久，約出獄後的一個多月，蘇東啟便數度找我幫他太太助選。一方面基於友情，一方面也因為可以利用這機會公開出國民黨的洋相。我想，這是一個開始。一旦開始，又接觸了不少黨外人士後，我對自己的投身又找到了另一層價值，不是懷恨，而是深信這是一個台灣人理應爭取自己基本人權的行為。我重新肯定了行為價值。這個價值觀又激起我無私的奉獻精神，讓我牢中的苦讀終於有了施展的機會，包括撰寫《第四國會芻議》等構想。

「助選團」之後，我開始又全盤分析台灣情勢。我認為台灣關係法案，及國際情勢已暫時穩定了台灣與中國的關係，換言之，兩者間的敵對關係在短時間內不會改變，海峽兩邊的人民，在可預見的將來，將會各自獨立發展。所以，中華民國獨立與台灣獨立在國際法上，其意義是一致，不必在這個名詞上做文章。

我個人深深堅持「台灣人民有決定自己命運的權利」。但，事實上，台灣三百餘年來的統治政權沒有一個是由台灣人民合法授與而存在的。我渴望台灣人民有一個機會來做一個表示。

但是，另一方面，我又厭惡中共政權，我無法接受它對台灣的領土野心，我不能接受台灣再迎接一個新的外來統治者。本來，我對中共的印象是模糊的，是一種很原始、非理性的拒絕而已。十五年囚犯生涯，日夜面對了牢中親共囚人，是他們的言行，造成了我比較理性化的抗拒中共的意識。所以，在兩相權衡下，我有了「寧可再讓邪惡的國民黨統治一百年，也不願接受中共統治十年。」

為什麼會有這種心態？第一、我自己說服自己，（不久前，對美國在台協會副館長班立德，我也當面如此表示）目前，海峽兩邊的狀況，就是一種實質的「台灣獨立」了。所以，嚴格地說，「台灣獨立」已是一種事實了，不是理想。第二、我接受「台灣人民」的定義，是指現在所有生活於台灣的一切人而言，包括外省人。

所以，只要不讓中共犯台得逞，目前住在台灣的人民，一定會為台灣謀福。根據這種推論，我參加黨外運動之重點，不是台灣獨立（因我認為目前的狀況，台灣已獨立了），而應是追求台灣內部的民主化，或者說就是追求實現多數統治的目標。

在這個基礎上，我分析應如何做才會達成多數統治的目標。今天，國民黨是一個既得權利的巨無霸，而黨外人士卻懷著山頭主義、職位主義（想當選一個職位）毫無組織，缺乏共同綱領、行為準則。

所以，黨外工作重點，應是如何建立起一個組織體系，哪怕這個組織體系再小、再粗糙，也比沒有好。

所以，我每碰到黨外人士，都在大力推銷和推動黨外設立常設機構。在我和其他黨外人士（姚嘉文、張俊宏……等）努力下，「黨外總部」和「美麗島體系」才出現。我想，這就是我最具體的作為。

自己何以是「踏腳石」？

黨外運動可以說有兩個層面。

一個層面是職位主義，也就是希望當選某一項公職。而我和太太都是連投票權都沒有的。所以，我參與選舉活動，只是做候選人的踏腳石。

另一個層面是民主運動。也就是全體黨外人士共同扮演了推動時代的角色。常常有人問我，「你認為你們這些黨外人士有能力維持一個政府？」我總是很坦率地說，沒有。但，我一定會再說：「歷史的發展，總有一定的過程，在這過程中，一定會存在著一些過渡的人、事、物。這些過渡性的人、事、物，雖然不是支配將來某一階段歷史的主力，但，如果沒有他們，歷史將不易發展。」

所以，我安於扮演「踏腳石」之角色。

肆、問：——你與海外（海外與你）反政府人士相互影響、互通聲息，彼此支援之詳實情形。

我與海外人士之關係都是極膚淺的，我只透過電話聯繫，連對方長什麼樣子都不知道。

在「助選團」時，我初次接獲紐約「台灣之音」和郭雨新從東京打來的問候電話。自那時起，紐約「台灣之音」張太太（張楊宜宜）常常會主動打電話來查詢近況，而島內有什麼特殊狀況發生（如許信良休職、如陳博文被捕）我也會打電話通知他們。

也許由於我的經歷，也許由於在這段日子中，我形同黨外發言人，所以，據說，我在關切台灣狀況的海外同鄉中，擁有相當傳奇性的地位。實質上，海外反國民黨人士對美麗島或黨外行為，幾乎毫無影響力。頂多，他們只能在我們行為後，在海外做些聲援而已。

至於，金錢支援，在「助選團」時代，沒有收到一文捐助；「美麗島」設立後，有些捐助，該項捐助多少，應請姚嘉文說明。他有紀錄。

伍、問：——你對政府處理本案之具體意見及建議？

沒有。

元．15　施明德[5]

5　國家檔案檔號：0069=301=8710=3=001=0042 至 0069=301=8710=3=001=0061 施明德自白書。書寫日期為一九八〇年一月十五日，書寫者施明德三十九歲生日。（見附錄）

《台灣文藝》是《美麗島》外圍？

一九六二年第一次被捕時，我是個無名小子，是一個滿懷決心要為結束台灣外來殖民統治的熱血青年，像天主教的殉道士那樣把殉道視為生命的唯一價值。懷抱這種信仰，我去上軍校，學習軍事戰鬥，設想隨手可以取得武器，俟機革命。

軍校畢業立即被派到戰地擔任砲兵觀測官一年多，然後就被捕了。我可以說是個「沒有過去」的人。被捕後，到了警備總部被搜查時，都得脫得精光，獄卒還會掰開肛門檢查是否暗藏了什麼？這是種羞侮，粉碎我的尊嚴，好讓特務可以予取予求地取供。因為我是個「沒有過去」的人卻被羅織成「案頭」，特務拿不到什麼可以入罪的證據，只好刑求，讓我一輩子都使用全口假牙。但，我是個適應力極端強悍的人，我會把自己的「沒齒先生」視為「美齒先生」。

這次被捕時，我已是個赫赫有名的大欽犯，台灣有史以來最著名的反抗者。不管是惡名滿天下或是譽滿天下，它都是一種資產。何況，我不是殺手犯，是反抗者，是人權工作者。

這種身分入獄，特務連汗毛都不敢拔一根，更不敢過分羞侮我，雖然整個偵訊過程他們都要顯示是他們掌握主動權。但是，這種主動權是否有真正的實質意義，仍得看我是否配合。我願意敍述或抄寫的「自白」如上述，大部分是我思考到來日無多，寫下來在我殉道後可供後人瞭解。

第一次被捕，特務只能扒光我的衣服，凌虐我的肉體⋯⋯。

這一次，他們雖然不敢動我一根汗毛，他們卻想破開我的腦，窺探我在這九三六天，從一九七七年出獄到再度被捕，到底藏了多少反抗資訊？

獨裁統治，特務統治，就是不允許人民有祕密。任何反抗的祕密，都會滋生、繁衍成叛亂的火源。每個火源，特務都得找到，然後加以監視，操控或撲滅。

這一天，台中仔手中拿一袋資料進來，表情輕鬆、愉悅，還沒有坐下就先說：「睡得好嗎？」廢話，我二十四小時都在你們監視、錄影下，我睡得好不好你們應該可以判斷，只是你們絕對不知道我昨夜和哪位情人纏綿……。

「今天我們想聊聊你跟文壇、文化界人士的關係。」他看我不理會他的無聊問候語話，就主動切入主題。

「我大哥是詩人、畫家，他跟文化界的人是比較有往來，我沒有。」我說。

「真的？」台中仔追問：

「我喜歡世界文學巨作，我喜歡詩，但都是西方的。我對台灣的現代詩不太欣賞。」

這是實話。

「我們知道你大哥施明正寫詩、寫小說、畫畫。」

他坐五年牢後，就不太寫詩、寫小說，只專心作畫。他怕文字獄。這是全世界文人的悲哀。文人不能暢所欲言，文人會覺得他的作品就沒有價值；他暢所欲言，又怕觸怒當道，惹火焚身。他已經坐過五年政治牢了。我們施家盛產政治犯、烈士。我父親二二八大屠殺之後被捕兩次，都靠賄賂買回一條命，第二次被捕出獄後就一病不起終於往生。我的大姊夫鄭刑也在二二八大屠殺後被刑求，釋放後不到三個月就去世了。我大哥施明正，三哥施明雄也都坐了五年政治牢。

「我們查過，紀弦、瘂弦都是你哥哥施明正的朋友，你們十幾年前的案子，這兩個詩人也被調查過……。」

「你不認識他們？」台中仔說。

「我高中的時候，我記得瘂弦到過我家，那時，他好像是海軍上尉。但沒有交往。」我說。

「你們不是計劃要搞兵變，你的同學有人去唸陸軍，有人去上海官，有人去空官，為什麼不吸收瘂弦？」

「不是每個軍人都適合搞兵變的。」

「你出獄後，沒有跟這些詩人來往？」

「沒有。」

「你認識李喬嗎？」

「聽過名字，不認識。」

「黃春明呢？」

「聽過名字，不認識。」

「七等生，葉石濤，對葉石濤應該認識吧。」

「都聽過名字，但不認識。」

「葉石濤也坐過牢，你不認識？」

「政治犯那麼多，不是同案，不在同一個時期，就不會認識。」

「搞鄉土文學的，如果不是左派，就是獨派。文學就是文學，搞什麼鄉土文學？別有用心。」台中仔不屑地說，「對這些所謂作家，我們都特別關心。」

在特務心中，特別關心根本就是指監視、掌控。

「我提了一個人，你不能再說不認識吧？」台中仔連連被否認，提問方式改變了，是想展示他的權威或厲害。

「誰？」我說。

「鍾肇政。」特務說，還把雙眼直視著我，好像怕我又否認，他先用權威的眼神想要鎮懾我。

聽到指的是鍾肇政，我並不意外，也沒有驚訝。這件事知道的人並不多，我依稀記得我在我的筆記本上寫著：「信介仙答應贊助《台灣文藝》。」

才三個多月前，劉峯松來找我，告訴我《台灣文藝》可能辦不下去又要停刊了。峯松問我《美麗島》是否能夠幫忙。黨外團體本來都是靠外界捐助的。《美麗島》實在是個特例，我們的銷售狀況實在太好了，史無前例。我們不但夠養全國各地服務處，還有大筆剩餘，支持《台灣文藝》，我們有能力，也樂意。《美麗島》的錢是台灣人民的錢，我們都不想把剩餘變成私款，私下分配給個人。

我跟劉峯松討論如何支持《台灣文藝》。

A案：《台灣文藝》每期的稿費、印刷費、郵寄費、人事費、工作費總共要多少錢，全由《美麗島》支付。《美麗島》絕對不干預《台灣文藝》的編務及走向。

B案：《台灣文藝》每期定稿後，交給《美麗島》印刷、出售，所花的費用由《美麗島》支付，所售的錢全交給《台灣文藝》做他們的「公積金」以便日後他們能夠財務獨立。

C案：不管採用一案或二案，《美麗島》每期都替《台灣文藝》免費做廣告。如果，《台灣文藝》不想跟政治有任何牽涉，上述建議都可以祕密進行，不公告於社會。

此事，我向「五人小組」報告，也得到發行人黃信介的支持，畢竟如果《台灣文藝》主事者答應了，款項的支出必須「五人小組」同意。

我取得《美麗島》內部的允諾，劉峯松才去找鍾肇政表示我將去拜訪他提出贊助計畫。

那天，我和劉峯松一起去拜訪鍾肇政。鍾先生客客氣氣地聽完我們的計畫，也很高興地表示他們內部會討論，然後回答我。

不久，劉峯松告訴我《台灣文藝》婉謝了。

文人本來就不太喜歡碰觸政治，何況代表人是個大牌政治犯……。

我很坦白地告訴特務：

「我跟他見過面，表示我們能夠全力贊助《台灣文藝》。但是，他們婉拒了。」

婉拒《美麗島》的金援，對鍾肇政和《台灣文藝》可能會加上一層保護膜，證明他們和《美麗島》毫無關涉。

戒嚴時期正常人的判斷都必須考慮到政治後果。寧可挨餓、停刊也不敢接受《美麗島》的金援。

我記得，我曾在手冊上記下：《台灣文藝》婉拒了。

也許，就是這幾個字，引起特務的懷疑，才會偵訊此事……。

陳映真、施淑青、李昂

政治監獄自古以來，不論東方世界或西方國家，都是陰森森的。尤其，是特務偵訊處更常出現鬼哭神號的淒厲，不時令人毛骨悚然。這種經驗，在我十五年牢獄中常常體驗。

我知道，我的同事、同志們正在品味人生難得的特殊經驗……。

這一天，我是在冷颼颼的感覺中醒來。冬天是冷的，山區這座「鬼城」充滿濕氣。我來這裡已超過兩個星期了。清醒後第一個意識是被套、床單和枕頭巾已經半個多星期沒有換了。我是個有點潔癖的人。以前坐牢，每天廁所我都會動手刷洗得乾乾淨淨，地板一天要擦兩次，跪式用毛巾往前推擦，每天換洗內衣褲，被單一星期換洗一次，每天至少沖澡一次，出獄後這種習慣只有更多次……。

我穿好外衣褲，對沒有表情地留守房內的特務說：

「我的被單、枕頭布已經兩個星期沒有換洗了，棉被潮到已有霉味了，麻煩你們今天替我換換被單，曬曬棉被。」

特務表情有點訝異，好像在說：你在說什麼？

我再重複說了一次，特務終於開口了：

「你以為你在住飯店啊？」

的確，沒有一個囚人敢在偵訊中提出這種要求，但對一個挾著國內外注目正決心奔向刑場的我來說，我不想委屈自己，我刻意要做此要求。

「好，你們不給我人道待遇，我今天就不說、不寫！是你們在急，我一點都不急。」

接著，我對特務說：

「我要出去洗臉、刷牙，你們看著辦。」

他們一前一後押著我上廁所……。

我再回到偵訊室，我的單人木頭床架上已經空空了。他們把全部棉被、枕頭全拿出去了。

今天，特務要我談的是：

「我對下述三人的瞭解：陳永善、施淑青、李昂。」

陳永善，筆名叫陳映真，英俊、高大、口才、文采都超過王拓、楊青矗等左派作家。他比我晚幾年入獄。在火燒島監獄中，我已因台東泰源事件被隔離後被特別監視著。陳映真很希望跟我交換觀念，但又有些顧忌，特別透過跟我同房他的同案林華洲安排，利用同場放封時交談三次。

第一次，他說明他做個台灣人為何會信仰左派思想，並主張和中國統一？第二次我陳述我的思想及獨派主張。第三次相互詰問，幫助對方檢查自己的內心世界。

這是政治犯，有思想的政治犯，不是那堆可憐，無知被羅織入罪的政治犯，彼此會做的事。那是多年前，也是我一生中真正和陳映真交談的事實。陳映真確實是個有才華有智慧的作家，我永遠記得我對他提出的詰問是：

「如果時光倒流，二次大戰結束後，日本天皇流亡台灣，日本政府是左派掌權，而中國政權仍落在右派手中。這個時候，你作為一個左派台灣人，你會選擇和右派的中國統一？還是會想打倒日本流亡在台灣的天皇主張獨立或和左派日本政權統一？」

「不可能有這種事。」陳永善最初想閃避這種思想反思。

「我只是覺得這種假命題可以幫助你檢查自己，是左派信念讓你走向和中國統一之路？還是民族主義意識誘使你走向統一？」我說明，我知道不少左派台灣人政治犯都強調自己是馬列思想的信仰者，才走向和中國統一之路。左派政治犯對民族主義是有排斥的，尤其是當馬列思想和民族主義產生競合關係時更為明顯。

陳映真思考了一下，很誠意地說：「如果這個假命題成真，我也會主張台灣獨立。」

這點，讓我對陳映真多了一份敬意，不像某些教條派，死抱左派教條。

陳映真出獄後，也像所有政治犯一樣遠離實際政治，只和「夏潮」雜誌的左派文人像王拓、蘇慶黎等等私下往來，但是，等到「全國黨外助選團」成立，我擔任總幹事又娶了美國太太，王拓、陳鼓應才鼓勵陳映真、林華洲像施明德一樣，反正幹與不幹國民黨都會抓人，不如正面迎戰。當陳映真半年前又被特務逮捕，我們全力聲援、救援。他被釋放後，王拓告訴我，陳映真已傾向要加入黨外陣營一起奮鬥，至少提筆參戰。我相當期待，大敵當前統合一切力量是必須的。

至於施淑青，特務為什麼特別點她的名要我談她。施淑青，我只在她妹妹李昂在濟南路的家中見過一、兩次面，而且沒有深談過。陳菊談過她，說她生活很資本主義化，怎麼可能是親共份子？我真的只知道她是陳映真的前女友。

李昂，特務可能認為她也是我的情人之一。因為，李昂常約我見面，請我吃飯，我又常常去她家，特別是「五人小組」決定每個人去募十萬元，做《美麗島》的開辦費。李昂知道了，邀我去她家，表示「這十萬我捐了，今天先給五萬現金。」

我拿了這五萬現金就立刻跑去仁愛路的公寓簽下租約，做「黨外聯合辦事處」簡稱「黨外總部」和「美麗島雜誌社」。沒有李昂捐這五萬元，總部不知道要等到何時才會設立？我相信這是李昂一輩子花的最有意義的錢！

但是，我跟她沒有情人關係。

敬酒不吃，吃罰酒

我一邊寫著這些沒有營養的自白書，Dupont 偶而會問我要不要抽香煙，偶而會直接遞一根要我抽。Dupont 在偵訊中一直都扮演一個串場或插嘴的角色。大問題，質疑或破題的話都不是他提出的，左酸一句，右諷一句是他最常做的事。也許，在偵訊別人時，他就是那下手刑求的第一人。但，對我既然不敢動粗刑求，他似乎只能扮演一個旁觀者在等待我寫了什麼自白書，並做出表情的人。

今天，他們要我寫的是：「我所認識的艾琳達」。特務早已問過很多次了，我的回答是實話實說：我和艾琳達是同志關係重於夫妻關係。她確實是我的好同志，卻不是個好情人。在我和 Debbi 仍有親密關係時，因為我撰寫《增設第四國會芻議》，面臨再次被捕危機時，艾琳達立即表態：「我們只有立刻結婚，我才能到美國大使請求保護我的丈夫施明德。」這次「和番保身」讓我對 Debbi 一直充滿內疚，我可能傷她很深。之後，我和 Debbi 作愛我都還能從她的眼神讀到她深沉的哀怨。我曾想過，如果那天在美國領事館結婚時，我向她求婚，她會不會答應？只是這個問題直到她離台返美，

我都不敢啟口，她哀怨的眼神一直鎮懾著我，直到此刻……。

其實，我和艾琳達的關係確實是政治意味遠遠濃於兩性情。我們都很理性地知道彼此的政治處境，相互都需要這張「結婚證書」。我需要它來取得某種程度的美國保護和關切，她需要它好讓她取得台灣的居留權。我們都理性面對現實。在領事館內的三方談判時，艾琳達最後對 **Debbi** 說：

「我拿結婚證書，妳陪 **Nori** 度蜜月。而且，我不會干涉妳和 **Nori** 的往來。」

「妳當然無權干涉！」**Debbi** 含怒還擊，但，談判成交。

我對 **Debbi** 的內疚之情一直無法拭去，後來跟她作愛纏綿時，心裡想說「我愛妳」撫慰她，但對視著她深邃的眼眸，我自覺不配說這句話……。

在公證結婚當夜，我們借宿於 **Linda** 的美軍學生家中。當時，艾琳達在設於美軍駐台軍事基地內的馬爾蘭大學台灣分校當老師。艾琳達就草擬一份協議書：第一、結婚一年後雙方都有權要求離婚，對方不得拒絕。第二、離婚時，任何一方都不得要求贍養費。我們都簽了字，各留一份。

對艾琳達我心中永遠只有感激。這天，被要求談艾琳達，我仍然寫下她作為一個人權工作者的奉獻精神，以及她受到特務騷擾的證據時說：

「艾琳達在這兩年中，所以對人權工作越發積極，一部分是她的人道主義使然，另一部分則是祕密警察所激發。自結婚後她的工作，除馬爾蘭大學教職外，她找到任何工作，到職後不到三、五天就莫名其妙地被革職。她的租屋也一再被強制退租，不得不一再搬家，她終於發現這種怪事背後都有祕密警察的身影……。她活生生地體驗到一個政治異議者及其家屬在台灣處境之艱辛，這是讓她越挫越勇，越積極的強烈事證……。」

Dupont 讀到這張，竟然「唉」了一聲，嘆了一口氣：

「你跟艾琳達都是自討苦吃，搞什麼反政府活動，搞什麼人權工作？我們知道辜寬敏曾經邀請你們五人小組和艾琳達到他陽明山的別墅晚餐。離開時艾琳達走到門口對辜家的小橋流水吐了一口痰，罵聲：台奸！你們罵他台奸但他活得可多得意啊！

「你今天的下場是咎由自取，是你敬酒不吃，吃罰酒。你自己心裡有數，我們政府這兩年多來，提供你好多次很好的機會，你都拒絕了。我們知道你坐十五年讀了太多書，有學問有能力。也知道你的家被出獄叛亂犯蔡寬裕毀了，財產也被霸佔了。我們對你很同情也很惜才。我們也知道只要把你抽離黨外圈，不必變成我們的人，黨外就垮了，就會回到以前的散沙，山頭林立。我們透過多種關係明示或暗示，只要你不要再搞什麼黨外工作，你想要什麼，我們都能滿足你，要什麼工作我們都能夠替你安排。我們甚至還安排一位上尉女軍官，人很漂亮，她承認也很喜歡你，我們希望你能成家，安定下來……。你卻一再跟洋妞鬼混，一個又一個。」

他遞給我一根煙繼續說：

「我們政府最後就直接派『仁愛教育訓練所』副主任高國藩少將約見你，那是你最後出獄的地方。那天，你大概是怕政府誘騙你去，然後把你逮捕。所以，你還帶了艾琳達和兩個外籍記者劉美雲和美國 **NBC** 駐台記者 **Dirk** 一起去，我們都有紀錄。高將軍坦率表示他是代表政府向你提出條件的，只要你不再擔任黨外總幹事，給你兩個選擇：一、去政治大學國關中心擔任研究員，領教授薪水，還例外配你宿舍；二、出國留學，預先給你五年全額獎學金及家庭生活費，保證你和任一洋妞生活無缺。或者，你有什麼希望或要求，現在就可以提出來討論。政府從來沒有給新生份子（指出獄政治犯）這麼好的條件。因為你很特殊。」

「你當時還答應高將軍，你說你回去會好好想想，再回答高將軍。結果，你什麼回應都沒有，還繼續搞出這麼大的紕漏。這些事情我們都有紀錄，政府有個專案小組對你做個案研究的。你能怪我們政府對你不仁嗎？」

Dupont 叫旁邊的小特務倒他們喝的茶給我。他如數家珍每細說一遍，炫耀特務對我做的工作有多完整。

我想起來了，在三哥診所那位梁姓女上尉。人，很秀氣，也蠻漂亮的，出身「政工幹校」穿起便服完全不像是軍官。她是三哥的病人，騎馬跌傷，來三哥診所推拿。我出獄後沒有地方可去曾住三哥診所，她認識了我，常會主動找我攀談。不久她從一周來一次，變成四天來一次住一夜。晚上，三哥、三嫂回去住家，診所只剩下她與我。那時，我還在計畫寫五本小書批判黨禁、報禁、戒嚴令、萬年國會和御用司法。她應該略略翻過我寫的「增設第四國會」。晚上，她常常找我聊天。對女人，我是個不會主動的人。有一夜，我正在浴室門對面的沙發上看資料，她進去洗澡，門完全打開，淋浴處在浴室右側，從我坐的地方看不到。然後，有點聲音我很自然地抬頭，看到側面全裸的她，走到洗手台拿東西，身材婀娜多姿，乳房高挺美臀突翹，全身細白……。我相信她是在勾引我。我沒有明確回應，這種曖昧維持幾個星期，直到我帶 **Bettine** 回高雄。

如果特務偵訊不提起這事，我很難想像，梁上尉也是「政府」安排的……。但是，我寧可認為這是特務在做我的工作中，發現有這號梁上尉的人與事，故意說來令我吃驚的。我不願那段「沒有誘發的戀情」，染上特工的邪惡情節，破壞了我的遐思……。

Dupont 看我陷入沉思中，他當然不知道我正在憶起女軍官的美體……。在偵訊中能停格在某種美妙處是種解脫和舒緩心理壓力。

羞侮許信良、陳婉真，稱讚辜寬敏

「施大先生，你真的比不上你的好友許信良和那個臭婆娘陳婉真聰明。」**Dupont** 又出聲了：「你看，許信良這個傢伙，拿了中山獎學金出國，回來栽培他當了省議員，他還是照樣反國民黨！你知道嗎？這次余登發案，他被停職，我們告訴他：我們給你錢帶全家出國，在國外玩一年再回來，不要在台灣鬧事。許信良乖乖帶著一家人去美國。你看，他拿了國民黨的錢去美國，現在還不是在美國成立『台灣建國聯合陣線』，誓言要讓國民黨從地球上消失！」

「還有，陳婉真這個臭婆娘，她是政府授意報社付費派她出國的，免得她在台灣惹禍，結果，她拿了錢還不是在美國造反，絕食……。這兩個傢伙都是忘恩負義的人渣！是政治騙子！

「他們滑頭奸詐，所以他們現在在美國自由自在，施大先生你卻在坐牢。給你高薪體面的職位你不要，給你錢出國，你不接受。現在這種處境，你不能怪政府，政府對你已夠仁至義盡了。」

我心裡知道，**Dupont** 這些話不是心血來潮說的。特務的一舉一動都是經過沙盤演練過的。我相信他說的都有錄音、錄影，他是要瓦解我的心防，擊碎我的意志，也彰顯政府的德政，他話中的政府其實就是特務機構的代名詞。特務，不只 **Dupont**，所有的特務動不動就是「政府已仁至義盡了」，意思就是你們這些反抗份子就是不知好歹，咎由自取！特務沒有說出來的尾音就是：「是你自尋死路！」

我還以輕蔑的微笑。斷頭臺上的微笑難，更難的是走上斷頭臺前的一路微笑。

我時時刻刻不敢忘記一再提醒自己。這個微笑是對獨裁者的輕蔑，是喚醒台灣魂的巨響，是開起台灣史的發動機。

鄭兒玉、王憲治、謝秀雄

偵訊是個冗長又非人性的過程，特務的目的就是想如何入罪，達成上級長官交付的任務。被偵訊者自然想無事早早結案。焦慮、不安、恐懼在求生慾下會產生加乘作用，導致心防徹徹底底被瓦解。在我早已經歷過的政治案件脫罪成功的件數極其稀少，任何人都熬不過日以繼夜，一月又一月的折磨。特務慣常使用「熕工」，熕得最後囚人自會放棄抵抗，然後任由擺佈。

但是，這次我知道時間並不是站在特務那邊，海內外的關切迫使國民黨高層及特務必須盡速結案。我理解我的長官和同事們沒有監獄鬥爭的經驗，可能，不，應該都已妥協而被入罪了，他們不會相信人間會有「特務」這種邪惡人種。特務，不管是蓋世太保，KGB，本質上都是同一種人種。我自忖，特務們已拿到戰友們的供詞足以判我死罪，但是為什麼特務還繞著我周邊的人與事在作「自白」和談話錄音？也許，他們在等上級做總結，才會下令對我「攤牌」發動總攻擊，不會是刑求，這點我很確定。但會是什麼招式？我不知道。特務會想出凡人所想不到的招式！

對話，寫不能入自己和別人於罪的「自白」，我還願意抄，願意寫，是因為我們所掀起的這個「事件」必然是台灣歷史大事，趁這個時候把這些已走上歷史舞台的這些人物，刻畫下來是我的責任。他日史家可以多找到素材，對這些已站上舞台也身陷危難的人士，我的陳述可能是他們子孫可以引以為傲的證據。

雖然，在長老教會發表「人權宣言」時，蔣經國已決定為了避免和國際長老教會總會為敵，而不逮捕台灣長老教會人士，特別是指高俊明牧師。但是，特務還是不斷會提起某某牧師如何的話題，也想能否從我的口中找到新資料。我當然不可能把特務當朋友。這種情境下的對話和文字常常暗藏某些意義。不能讓我談及的人物「被入罪」是我最根本的立場，所以，文字或語言加些「語音」看起來不協調，比方對他們的批評，卻有我對該「涉及人物」的保護功能。

對長老教會人士，特務除了高俊明之外，對翁守恭、鄭玉兒、王憲治、謝秀雄、張深庚等人特別有興趣。其實，特務口中對他們的資料比我還多。這些牧師所以令人尊敬是因為他們沒有個人私利企圖，唯一是對信仰，對人權、對台灣人的愛。謝秀雄知道我躲在林文珍家中，因為我到林家的第一天，他已躲在那裡了。第四天林文珍院長請他離去，他不去密告，他是有機會領到鉅額獎金的義人之一。

對長老教會我又寫了如下的「自白」：

我所認識的長老教會

長老教會自從發表「人權宣言」後，其政治立場和台獨意識已極明確。所以，在先天條件上，應是「美麗島」結合之對象。但，

由於一些現實考慮，雙方高階層人士都各有顧慮，不敢放手合作，所以，到目前為止，長老教會參與「美麗島」工作，仍只是基於「個人」身分。

在長老教會方面，大致能接受「美麗島」之政治目標，但，他們恐懼受到黨外人士之利用，也擔心他們一旦採取更明顯之入世作風，在教會內部會受到保守人士之攻擊，在政府方面引起更緊張之對抗。如果這樣，對長老教會本身並無好處。鄭兒玉、王憲治兩位教授牧師，以及總會議長張深庚牧師都曾當面對我表示過。所以，他們對「美麗島」願意在精神上支持，不願直接介入。至於以「個人」身分參與，他們可以諒解、接受。這是我和長老會人士到目前為止，所達成的結論。

在黨外方面，對長老會方面之介入，也有顧忌。一、因長老會有堅強之組織。二、因長老會人士含有宗教熱情，擔心其行動會過度激進。三、因擔心他們若參與選戰，會瓜分黨外票源。所以，黨外人士也比較接受「個別」接納，以免黨外為長老教會所「接管」。

基本態勢如此，我的工作重點，也只能採取個個突破方式。

我最先接觸的教會人士而做過深談的是鄭兒玉和王憲治兩位牧師。他們目前是「教會公報」之正副總編輯。鄭兒玉在台獨意識和不願與國民黨政府妥協上，比王憲治都明顯。所以，我個人對鄭兒玉極為尊敬。但，基本上他們兩人和所有高階主管長老教會領袖，都仍只是意識台獨階段，未進入行動階段。

有意識又敢於行動的是長老教會中之中下級傳教士。

在「美麗島」出現後，我遭遇工作幹部缺乏之困擾。在我盤算中，各服務處之主持幹部應具備

（一）、學識。（二）、能力。（三）、最好能超然於選戰之外（這點，可以使以選舉為中心的黨外人士不致分裂），（四）、台獨意識，至少不是統一派。（五）、有奉獻熱誠。能滿足這些條件之現成人才，只有從長老教會之中下級傳教士中挖掘。從與長老會人士接觸中，我知道他們也有代溝問題。而領導新生代的人，則是謝秀雄博士。

謝秀雄原本沒有絲毫參與實際工作之興趣。他認為，黨外人士或「美麗島」之作為，並不能對台灣之未來造成本質上之改變。他同意在台灣使用暴力，副作用太大，而溫和路線又沒有意義，所以，他不想參與。但是，我告訴他，如果我們現在都不開始從事有組織的政治運動，在各地紮根，我們永遠沒有希望。

「高雄事件」發生後，在林文珍家中碰到謝秀雄，他一直埋怨我、推他下水。他說，我早說過，這樣做沒有意義。

林弘宣，是一個自視極高，暴力傾向在長老會中最濃烈的人。在長老會「教會公報」工作時，他就極不滿鄭兒玉、王憲治之「溫和作用」，再加上其他因素，他曾公開寫信攻擊鄭兒玉。他從美國回來後，曾當我面批評「台獨聯盟」太軟弱。事實上，他給我之印象是衝動但辦事能力又不高的人。

蔡有全，其心態類似林弘宣，但辦事能力高於林弘宣太多。在「美麗島」工作群中，他影響力最大，對「美麗島」上層人員之批評也最多。

其他長老會之年輕傳教士，我瞭解的並不多，我主要是透過謝秀雄和蔡有全之推介。

由於長老會人士之台獨意識堅定，又具宗教熱忱，所以，我決定多多安插在「美麗島」中工作。

我相信，只要他們工作下去，將來在「美麗島」中就會產生影響力。有他們參與，自然而然會替台獨目標努力。我的政治犯身分不適合太明顯宣揚台灣獨立，減少黨外公職的不安。這是我的長遠算盤。[6]

台中仔特務看完後，抿抿雙唇，抬頭問我：「那你在你們所謂的民主運動中，你和你老婆都沒參選公職的權利，那你覺得自己是什麼？救世主？前幾天你說你是黨外人士的踏腳石，看來你的角色不只如此。你好像是黨外的彌賽亞……」

「我當然不是彌賽亞，也許我想做施洗者約翰。」

我的話才說完台中仔的輕蔑表情還沒有收斂，就有個特務捧進一疊文件，厚厚的有五、六十公分高，放在他面前。台中仔沒有問這是什麼？就先把放在最上面的幾張像「調查筆錄」的文件抽走放在一旁。

「你看，這就是你出獄才兩年多所接觸過的人的清冊。」台中仔說。

這一切滑溜的太順了，讓我覺得這場偵訊該走到哪一步，他們都已排演好了。

他把這一堆清冊推到我面前，「你可以翻翻看，反正也不要你簽名。坦白說這是我們的內部文件，留檔用的。證明我們對你做的工作有多深、多廣……」他說。

6 國家檔案檔號：0069=301=8710=3=001=0062至0069=301=8710=3=001=0064（見附錄）

我才被捉進來，他們已拿出從我家及辦公室蒐集到的名片等等資料了，現在則是編成了幾大冊，我大略翻了翻，包括黨外人士、親戚、朋友，還有些是我根本沒有印象的人名，他們都在姓名下註寫該人的資料分析，簡短的，有的只有姓名而已。我想這大概是他們要讓上級長官欣賞他們的能力和努力的證據吧。看，我們多用心啊！我們的受難，是他們往上爬的階梯。

我一邊翻，卻突然想起才三年多前在「仁教所」，出獄前最後十個月，教官拿偵訊「王幸男郵包炸彈案」的審訊過程當教材替我們「上課」。王幸男怎麼供出台獨聯盟主席張燦鍙，怎麼把台獨聯盟成員的名冊藏在樓梯轉角處的事，還不得不低聲下氣表示認錯，祈求上級給予一條生路的錄影帶放給我們這些即將出獄的政治犯看。他們是想威嚇我們，想讓我們知道他們有多厲害！連遙遠在美國的張燦鍙主席的家，他們都摸的一清二楚。

想到這件事，手雖然仍按著那疊名冊，頭卻不自覺的抬了起來，瞄掃只有一面鏡子和白白的天花板。這是種反射行為，想找偷窺、偷錄的鏡頭藏在哪裡？這是專門用來審訊的地方，我再怎麼努力找，也絕對找不到他們偷錄的裝置在哪裡？

我們被偵訊的過程，也許，現在已經被他們的「革命實踐研究院」拿來當教材了！榮譽感立刻油然而生……。

回到現實。三千多個人名的名冊，我大多都不認識更不記得了。翻了翻，我就把它們推到台中仔面前。

「慢點，請你像批公文那樣，在最後一本的名冊上簽了名，像批示准那樣，很跩吧？坐牢還有公文可以批。」

我頓了一下，不想拿筆的停頓……。

「開玩笑啦！請你簽名，好讓長官看到你有看到了。這個名冊不會使這些人坐牢的。」他自己打圓場。

的確，製造這些名冊只是浪費公幣，浪費時間，只用來證實特務統治的綿密程度而已。我簽與不簽，都無關它的存在。但是，特務統治就是要這個流程。特務統治術就是要每個環節的螺絲釘都鎖緊，才能確保特務統治的安全體系。兩蔣的特務統治到蔣經國時代已發展到爐火純青的地步了。

我簽了名。

他把那堆名冊推到一旁，把他早先抽出來的幾張印好格式的「調查筆錄」，一問一答，他們以自問自答還已用很工整的字體抄寫得很漂亮的「筆錄」拿給我看。很顯然他也是製作者之一。筆錄沒有時間，沒有詢問地點，也沒有訊問者名字。這份筆錄是整理出我從擔任「全國黨外助選團」總幹事以來所接觸過的海外人士及外籍人士的名單，包括和他們接觸的情形及該等人士的背景、立場。

又是一份不能入人於罪的文書作業。我看完全文，不覺得有什麼不利於他人的地方，就拿起簽了名。

調查筆錄

問：自你擔任「助選團」總幹事迄今，曾先後接觸哪些海外人士，外籍人士？其接觸情形如何？該等立場背景又如何？

答：一、田弘茂：威斯康辛大學政治學教授，六十七年黨外助選團成立不久，曾到「助選團」訪問，觀察選舉情形，談話中主張：「黨外應團結一致」。

二、李浩：祖籍廣東、入美籍。史坦福大學國際法教授，六十七年黨外助選團成立，曾來訪問，並表示極度興奮地看到台灣有另一股反對勢力公開形成，並以一位美國人立場希望台灣問題和平解決。

三、華盛頓郵報記者（姓名已忘記）：六十八年元月間曾訪問我、陳菊、田秋堇和三四位青年學生，我被問到的問題是：對美國與中共建交的看法。

四、張旭成：在美國大學任教授，在前年選舉期間，曾和我、許信良、張俊宏，到他同學許曹德家中談話，他的政治傾向是「台獨」，只是他轉彎提出「新加坡模式」。

五、耿必儒（Kajen）：六十七年間認識；美國人，「遠東經濟評論」駐台記者，對黨外動態很關心，並無特殊政治立場，是一位客觀的記者。

六、貝乃德（Dirk）：六十七年間認識，美國人，美國 NBC 駐台記者，對黨外活動很關心，是一位立場客觀的記者。

七、安德毅（Dennis）：六十七年間認識，美國人，台灣中國英文報記者，「國際保護台灣人權委員會」工作者，他的政治立場左傾，經常撰寫有利「統一派」的文章，並傳送資料到國外。

八、美國NBC電視公司訪問：由貝乃德安排在六十八年二、三月間接受訪問，艾琳達擔任翻譯，訪問的內容有：「對美國與中共建交的看法如何」、「台灣黨外勢力與國民黨勢力比例如何」等問題。

九、瑞典電視公司訪問：由貝乃德安排，在六十八年六、七月間訪問；主要訪問的題目是：「從台灣內部來看台灣的前途如何？」

十、國際人權聯盟：六十八年十一月間懷思博（Dr. Laurise S. Wiseberg）代表國際人權聯盟來台灣表示要聘請我為國際人權聯盟台灣工作中心主任，我也答應了。該機構名稱是國際文教組織及聯合國人權委員會的顧問機構，該機構並已於六十八年十二月一日在紐約宣布成立「國際人權聯盟台灣工作中心」。

十一、簡太太：六十八年間由紐約台灣之音張宜宜（張楊宜宜）所介紹，張宜宜（張楊宜宜）說

如果打電話找不到她，可打另一個「台灣之音」簡太太處。對簡太太並無印象，政治主場不清楚。

十二、王能祥：是海外民主運動同盟的人，六十八年間曾由美國打電話向我邀稿，但我從未給對方稿件，政治立場不清楚。

十三、林宜雄：匹茲堡台灣同鄉會會長，是美麗島全美總經銷處負責人，六十八年間，曾由美國幾次打電話來和我討論「美麗島」推銷事宜，政治立場不清楚。

十四、范清亮：美國台灣人權協會會長，六十八年間曾為余登發案、陳永善案由美國與我電話聯絡，其政治立場不清楚。

十五、張文馨：留美學生，六十八年間曾到美麗島總社捐一萬元，並表示關心黨外運動。

十六、王淑英：留美學生，六十七年間曾到黨外助選團總部索取競選資料，呂秀蓮的好友。呂曾說她是「台獨派」，我的印象是她只關心勞工問題，返美前主動要求作「美麗島」海外聯絡人，後來在美國熱心編印「美麗島英文文摘」分發美國學界、政界。

十七、Bettine：六十二年在台認識，是我的美國女友，目前在英國劍橋大學歷史研究生，政治主場傾向中共，認為美國應將台灣交給中共。和我熱戀後，改變立場主張美國應尊重台灣一千八百萬人民的選擇權。

十八、Debbi：六十六年底在台認識，是我的美國女友，目前在柏克萊語言研究所博士研究生，她反對美國將台灣交給中共。

十九、Helen：六十七年初在台認識；今在美國史坦佛大學歷史研究所博士研究生，我的美國女朋友，她是國際保護泰國人權會副主席，她的政治主場傾向台灣獨立。

二十、郭清江：洛杉磯台灣人權協會主席，六十八年間曾由美國掛電話和我聯絡，政治立場不清楚。

問：你真的不知道郭清江的政治立場如何？

答：我不清楚。

問：（提示施明德住所搜獲之英文剪報影本，內容係台灣人對台灣問題的看法，其中有郭清江所寫「Taiwan's right to be free ,independent」一文，大意為台灣人民受政治迫害，目前台獨運動正蓬勃發展，盼卡特本人權原則，支持台灣獨立運動）後這份在你住所搜獲之英文剪報影本裡可以明顯看出郭清江是「台獨」份子，你何以說你不清楚他的政治立場呢？

答：這是艾琳達的東西，我沒有看過。

問：你是否認識呂平其人？

答：沒有聽過這個人的名字。

問：你的朋友中有無認識呂平的？

答：沒有。

問：艾琳達是否認識呂平？

答：我從未聽她說過此人。

問：你曾與匪偽人員接觸來往過嗎？

答：絕對沒有。
右筆錄計三頁，均交答話人親閱認為無訛後，始行簽捺。[7]
答話人：施明德
問話人：楊國屏
筆錄：司徒元真

問話人和筆錄到底是誰？是哪個特務？我完全不知道。或者他們只是幕後隱形偵訊員，根本沒有進來，我也不知道。就是這麼一份筆錄要我簽名。

7 國家檔案檔號：0069=301=8710=2=004=0034 至 0069=301=8710=2=004=0036（見附錄）

燭光之夜

被逮到這裡應該有三個星期了，但是我不敢確定。偵訊房內沒有日曆，沒有時鐘，日期都是大概的，時間也是。離開這個房間，就是早上起床到廁所洗臉，大小便、中間上廁所，以及晚上洗澡。如果問特務：

「今天幾號？」

「現在幾點？」

特務不是擺個撲克臉，就是回一句：

「你問這個幹什麼？」

「你想幹什麼？」

囚人連問時間的權利都被剝奪了。

沒有刑求，不等於沒有痛苦，沒有壓力，沒有恐懼。沒有超過二十四小時的疲勞訊問，不等於日子是輕鬆的。尤其知道自己是死刑一途，死亡的陰魂已如影隨形。死刑的壓力、恐懼，沒有一刻離開過清醒的我。我比我的戰友們強，是一生累積的經驗和對生命的奉獻心，已非常堅定。知道將死，

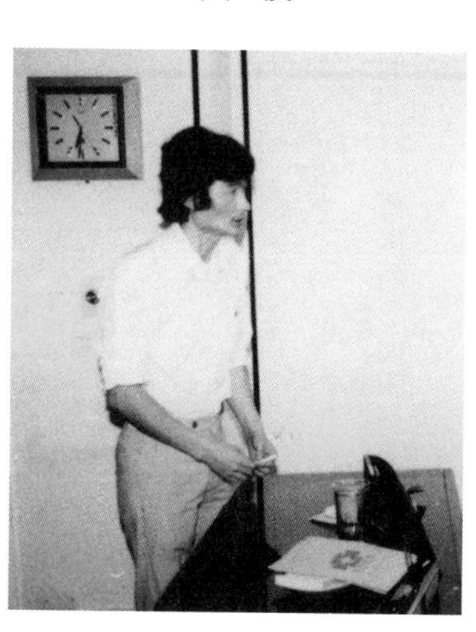

不存僥倖，就能比任何人更能利用「死」的優勢，成就自己一生的價值。很少有人有機會替自己的死預作準備的。不只是留下文字，留下聲音，留下身影……。

我的下巴手術痕早已恢復正常。特務有一天竟然問我，要不要找個理髮師來替我剪髮、刮鬍子？我下意識地摸摸自己的下巴，一個念頭出現了：

「死的時候，應該留下自己的原形原貌。」

這個時候，我才發現自己雖然已經三十九歲了，下巴竟然都還沒有長鬍子，倒是上唇的「一字鬚」又黑又濃。當下，我決定蓄起小鬍子。我知道死前還會有拍照的機會，就讓留著小鬍子的施明德作為我生命最後的遺照吧。

凡事預做準備，總會比較周延。很自然地，抬頭正視面前的大鏡子，自己覺得這個新造型，還真的很適合我的臉型。二次大戰前，台灣人會留鬍子，大戰後就很少人留了。也許是怕被新的外來統治者——中國人，罵：「像日本人」！

被統治者連選擇外型的權利都沒有。

吃完晚飯，我又照例出去上大號，洗澡。每天從白天到上床都有特務緊盯著，而且是充滿敵意者的緊盯，那種感覺實在令人極端嫌惡。只有上大號的時間，門雖然沒關合，必須留個拳頭寬的空間讓外頭的聞臭者看得到，聞得到；有時為了不讓那個人敲敲門，或問好了沒？我得不時發出咳嗽聲，或按一下沖水。

坐在馬桶上是我思想最自由的時候，除了睡覺時候。這時會有預測，會有反省，但是最常的是鞭策自己，不要亂了方寸！必須堅守死志！垂死的反抗者最墮落的就是讓求生慾重回己心！這會毀掉一切戰鬥力，會讓自己死的很難看。

馬桶竟然成為自己的蓮花座，坐盆成佛，我悟了，我實踐了。

離開廁所，天已完全黑了，走廊上的燈全亮了。兩個特務一前一後押我回房。我拿著盥洗袋走進押房。啊，好熱鬧！

房內坐了八個人，除了李主任對我微微一笑，其他人都嚴肅著表情，一幅同仇敵愾的氣勢。

「施先生，你先把東西放好，我們再好好聊聊。」李主任說。

我放好盥洗用具，坐回這些日子慣坐的地方。既入虎穴，明知有虎，看到這麼多想吃人的虎，心裡不自主地有些涼意。押我回房的兩個小特務也站回我左右的後方，從前方的大鏡面我反而可以看到全房的角落。

我等著李主任開口。他開口了，卻不是對我說的，而是對我右前方那個特務說的：「扭開那盞燈，其他的燈都關掉。」他比了比某盞燈。

新打開的燈正好只直射著我，不是很強，從鏡面可以看到只有我的臉是亮的，我的臉竟然有些慘白，是多日不見陽光？還是突然陷入恐慌之中？我不知道。

我也不知道這是什麼橋段。

「你們把蠟燭都點起來。」他對其他特務說。

我的前面兩隻，我這一排的左方有一隻。剛剛一直沒有很仔細觀察桌面，現在我看清了，每個特務除了筆之外，還都各有一個小型錄音機，很明顯地擺在特務面前。錄音？一部就夠了，怎麼有那麼多部？

「今晚，我們要很坦白，赤裸裸的講，我也不要修飾用語，就是白話，就是直接了當地說。

「你自己知道你這一關逃不過去了。我也不要騙你，騙你還有活的機會。黃信介委員、姚嘉文律師，他們都不會有什麼大問題，獨獨就是你，社會一致都認為你是大壞蛋，連黨外，你們的黨外人士也全說都是你一個人搞出來的大災禍，你必須為你的亂搞付出代價。

「台東泰源暴動，你躲過了，這次，不必算泰源那筆老帳，你自己心裡應該也明白，你躲不了了。海外的救援，包括你那些番婆們怎麼嚷嚷叫叫，坦白說，把你斃了，他們再怎麼抗議，也頂多幾天、幾個月，我們承受得起！不把你斃了，我們國家怎麼恢復秩序，不用談反共復國了。」

隨著李主任的話，每個特務都對我怒目敵視。

夠白了。

我自己也清清楚楚。

既然完全沒有迴轉餘地，今晚擺這個場到底要幹什麼？

「我曾對你說，如果你肯自救，你也許還有萬分之一的機會。萬分之一也是機會！」那就是你必須懺悔，你必須認錯，你必須求饒，長官知道了，看到了，也許還有萬分之一的可能讓你活下來。

「人在屋簷下誰能不低頭？你這時候懺悔、認錯、求饒，誰都不會怪你。你都已承認你主張台灣獨立，你也不否認你們的長短程奪權計畫就是要推翻政府，姚嘉文講得最清楚，最完整了。你最明白這樣已構成第二條第一項了。你看多了被槍斃的人罪證都沒有你們的明確，都槍斃了，你絕對逃不掉的……。」

李主任的獨白，的確勾引起死刑犯被拖出去槍決的場景，確實令人毛骨悚然……。從鏡面看自己，好像自己的臉更蒼白了。恐懼感也爬上我身了。

「前幾天，我跟你說，我可以讓你和黃信介委員見面，讓他勸你低頭認錯。我真的要這樣做，但是長官不准，怕發生意外……。」

會有什麼意外？我記得我當時確實答應，只要見了黃委員我就會低頭。但，也許信介先生跟我見了面，反而會挺硬起來。意外是不是指這點？

「不只你最應該低頭、求饒，請求政府仁慈，留一條生路給你，連你的戰友們都低頭了……」李主任被光射從背後射著，正面臉被餘光塗上一些影紋，讓我覺得更老奸巨滑。

「來，先放黃信介的錄音。」李主任轉向右側對 **Dupont** 說。

Dupont 按下鍵，播出的聲音確實是信介仙的。他說，我們主張台灣獨立是數典忘祖，應該支持政府的反共國策，蔣總統的十大建設，讓人民安居樂業。我們反政府是破壞國家安定。他承認做了對不起國家人民的事，現在非常後悔，請政府寬大，出獄後一定效忠國家……。

陳菊說……。

「好，」李主任說：「放陳菊的。」

「放姚嘉文的。」李主任一個個下令，特務就依令播放。

「放林義雄的。」……。

「放呂秀蓮的。」……。

「放張俊宏的。」……。

「放周平德的。」……。

周平德說：「我早就跟黃信介委員報告，勸黃委員不要重用施明德，因為施明德是台獨份子，我們黨外人士只要求民主。我一再對黃委員說：信任他，他會害死我們。黃委員聽不進去，現在把大家都拖進來了……。」

特務特別選擇一段周平德的錄音是挑撥離間。事實上這時代，黨外人士大都是統獨不分，只求當選公職。周平德不是特例。黃信介特別賞識我，信任我，在傳統黨外圈子是引起不少人的不滿。信介仙總是會回應對方：「不用施明德可以，你們就推薦一位有能力的人給我……。」黃信介事後常常會告訴我這些事。

陳菊、姚嘉文……等等的錄音，都和黃信介的內容差不了多少，就是認罪、後悔、請求政府寬恕，保證出獄後服從政府法令。錄音都只有幾十秒，不是對我喊話，有的像是偵訊中的答話，有的像是念文字筆錄，而且都不是一氣呵成的錄音，是特務經過剪輯的。這類後悔、懊惱，請求寬恕的文字或話語，一百個被捕者，一百個都會說，會寫。

但是，特務為什麼今夜要擺這種場面給我？我邊聽邊思索。

「好，」李主任轉頭對特務下令：「把電燈全打開。」偵訊室恢復平常的那亮度，蠟燭也一一被吹熄。他繼續說：

「我把黃信介他們的自白書都放在這裡十天了，」他指指我右前方的一堆文件，「你就是連拿起來翻一下都不肯。我們今夜就是讓你聽聽你老朋友們親口說的。給你看他們的自白書，你不看，看了你也許也不相信，會認為是我們刑求他們，強逼他們簽名的。現在你聽到了，都是他們的親口聲音，這個我們偽造不了吧？」

我突然雙手交叉環抱後腦，頭整個後仰，合起雙眼，面朝上，一句話都不說。

全室被我這個動作「突襲」似的，都靜默下來，連動作也沒有。

也許，李主任認為這場「攻心秀」奏效了。許久之後，李主任的聲音：「給施先生倒點茶。」茶，本來就放我的左前方，我要喝時只要稍稍前傾就自己會拿得到。他叫人倒茶都是他想轉折，要取回主導權的動作。

老戰友們的錄音內容，我完全不意外，我所以會把頭後仰是我又想起三〇年代史達林整肅異己，讓那些軍頭，那些高層黨工在法庭上自辱，然後，像殺狗般把他們全殺了。像半年前，余登發案的吳泰安，堅定自稱是「匪諜」，低聲下氣，然後一樣⋯⋯。我還沒有整理好思緒⋯⋯。

「喝茶，」李主任說，音量不大。

喝茶，我自然得坐回原來的姿勢。我的眼睛完全不看他們，自顧自的凝視眼前的桌面。

「他們都是有頭有臉的人物，不是立法委員，就是省議員、大律師，有自白書、有錄音，他們怎麼在法庭，在記者會上翻供？」

特務，獨裁政權的特務，永遠只知道自己編織的法庭，他們永遠不知道還有歷史法庭，還有世界法庭，會依公義、人權、常理審視一切。這點，反抗者最懂。反抗者常會棄世俗法庭，直訴歷史法庭。就是有這個歷史法庭在，反抗者才敢於拋頭顱，在世俗法庭上不顧當下生死，坦露真言……。

李主任是個獨白高手。不管我有沒有回應，他總是可以把話題拉回自己的主旨。

「施先生，你不看他們的自白書、偵訊筆錄，沒有關係，像你這樣關過十五年牢已經成精的人，一定知道他們都已放棄在法庭上辯駁，相信只有低頭認錯才有生路。

「但是，我們也絕對不是省油的燈，他們的自白、筆錄，我們不可能不層層上報。你知道的，這是必須的。最後，如果逼得大家必須在法庭上相見，我們也必定會在法理上佔上風。我們的前祕書長李煥和文工班主任楚崧秋先生他們奉經國先生之命，研究如果上法庭，如何攻防？李煥校長（中山大學）和楚主任成立了兩個小組，都是法學、政治學教授，每組都有五個人以上。這兩組教授都一致認定叛亂罪已成立，以二條一論罪完全合乎法理、法哲學。如果，必須走向法庭，他們都會在庭外提筆論戰，你們在法庭上如何辯駁都贏不了的。你們怎麼辯得過全國的法學菁英？」

原來，他是要徹底粉碎我的信心的。他所以敢赤裸裸地點名道姓，是知道我的話是傳不出去的，即使傳出去也不會有人相信。

也許吧，求生的信心被碾碎了，但是，他們絕對體會不到，死士、烈士有種生命是從死亡才會誕生的！

死，不是終點，是起始。

這一夜，我沒有什麼回話。被偵訊者常常想澄清、想脫罪，會說得很多，好讓特務釋疑。我是老政治犯了，儘量少說才是上上策。刑求，就是要你多說；菜鳥是不必刑求，自己就會講很多了。

這一夜，已很晚了，超過平常睡覺的時間。我沒有喊停，他們就繼續下去。宵夜的湯麵也端進來了，特務也走了一半了。

吃麵的時候，有特務拿進幾份文件，李主任翻了一下，顯然他早已看過了，甚至是他主導編製的。翻一翻就像羅馬總督彼拉多批准釘耶穌上十字架的洗手一樣。

「已經落後太多了，春節快到了，大家都想回家過節了。就剩下你還沒有簽字。你已經聽到他們說了什麼了。如果真要把你們送到法庭，你簽不簽字都一樣。你看多了，你一定懂。你不合作、不低頭，就是死路一條。我們決定不逼你。」

特務小頭頭說，把文件推到我面前，是「調查筆錄」，一問一答。問是他們，答也是他們。

「不能改，你只決定要不要簽名。」他用很篤定的口氣說：「你可以好好思考，你想清楚了，什麼時候想睡都可以。明天你可以睡到你想起來，我們不會叫你。」

他走了。偵訊室只剩兩名特務，門口一個。

我把這份文件仔細地閱讀。這份文件標示的是「調查筆錄」，地點寫著「看守所」，日期標記民國六十九年（一九八〇年）元月廿九日。所以，今天至少是卅日或更晚。到這裡日期是模糊不準的，至少知道這份文件製作的日期是元月廿九日。

這份筆錄從我第一次被捕的案情說起，然後寫家族史、學歷、經歷；接著就是出獄後如何從事反政府工作，如何為台灣獨立而努力。「五人小組」、「長短程奪權計畫」、「暴力邊緣論」，及「十二月十日的高雄暴力事件始末」全寫的比真實還具體。追求台灣獨立的犯意，反政府的犯行都「招認」，清清楚楚，難怪李煥、楚崧秋召集的法政學者會敢保證一旦在法庭呈庭後，他們可自信可以駁倒我們，替政府抗辯。我邊看邊想到黃信介、姚嘉文……等人一定早已簽了類似的筆錄。特務製作這份筆錄囂張到最後，竟然不知羞恥的稱讚自己，往自己臉上貼金，想博得層峰稱讚、賞功：

「問：你有什麼補充意見？」

「答：近兩年來，我自覺獻身於台灣獨立是追求台灣人民之解放。但經與辦案先生懇談後，在感性上受到感動，在理性上受到開導，自己對以前的行為已有不同的結論，而認為台灣的問題應從整個民族、血緣及整個國家民族命運去尋求答案。『美麗島』的行為路線發展的結果，將使台灣淪於赤禍。回顧『美麗島高雄事件』自覺充滿了犯罪感及愧疚感，如今我已醒悟，知道過去所做的不是，希望政府原諒，給予改過自新的機會。」[8]

8　國家檔案檔號：0069=301=8710=1=002=0017

看到特務如此自問自答自寫，我不自覺地露出輕蔑的微笑……。

「筆錄」總共十六張紙，一張二十六行字，字跡工整漂亮，方便他們長官閱讀。不准我改一字，只能決定簽不簽名認帳。特務索取「犯罪筆錄」不管是否刑求，最後都要達到這個「取證」目的。

我知道偵訊已經到了最後階段了，對方攤牌了，梭哈了，我該怎麼回應？偵訊過程只是短兵交接的戰術，真正的大戰在公開的法庭上。我特別提醒自己：是「公開」的法庭。私底下，像今夜這種場合，根本不算什麼勝負，誰勝誰負都不算數的！我知道台灣媒體已徹底把我抹黑、醜化，乃至妖魔化了。政府說什麼，特務說什麼，人民社會都會相信，都會接受的。

特務的心態如此，社會的心態也是如此。情緒上我仍然在亢奮中，現在毫無睡意。我把文件放好，自己站了起來，兩名特務警覺地看著我，我說：

「還不想睡，我要走走。」

坐牢，我早已養成可以在最小的空間內散步的能耐，即使踱三、四步仍能前後「散步」。我從坐位站起來，走向床，再右轉，然後又回頭走向坐位。就是這樣做**L**形的散步。

散步，是很好的沉思時刻。

他們為什麼放黃信介等人的剪輯錄音帶給我聽？他們是要讓我知道「大勢」已去？「二條一」的起訴證據都已齊全了。要我面對現實求生。百分之九十九點九九的人，面對死都會求生。我呢？

在現況下，我若持續在筆錄、自白書的抄寫上和他們對抗，勝算有多少？有實質意義嗎？

不像人地活著，比死更尊嚴嗎？

他們告訴我蔣經國已授意李煥和楚崧秋組織教授辯論團，應該可以解釋為本案仍朝公開審判發展，和我被捕前的狀況一樣。但「公開」是大公開還是小公開？小公開就是有名無實的公開，就是讓欽定的「記者」到場。如果讓蔣經國更自信，他們掌握我們更多「叛亂」的證據，他是否更勇於朝大公開前進？

倘若我一直表示：「如果上法庭，我將以沉默代表抗議，因為這類法庭我已看多了，全是在演戲而已。」我這種宣示，他們會有什麼解讀？

李煥、楚崧秋所組織的教授團一定都是朝法律面思考。構不構成「二條一」？「平民是否適用軍法審判」？兩蔣已經利用「懲治叛亂條例」和「戒嚴令」三十年了，成千上萬家庭被摧毀，失去自由、生命，沒有人在法庭上贏過他們。「法律辯護」，我們是被告，再怎麼辯頂多是輕判、無罪，我們仍然是輸，仍然是被告。「政治辯護」呢？蔣經國和國民黨就是被告，我們變成原告。數落蔣經國政權的不公不義……。這樣，即使被判死刑，歷史法庭將有平反的一天。

也許沒有歷史法庭，也許沒有平反的一天，也許什麼都沒有……。但，法律辯護一定全輸！

我的戰友們會政治辯護嗎？我們全都被孤立、隔絕了，完全無法溝通，無法串連，只能自己單兵作戰了，蒼涼感又湧上來……。

已經迫在眉睫了，要不要在「調查筆錄」上簽名？簽，就是「二條一」，不簽呢？仍然是「二條一」。戰友們的錄音檔已證實了……。

宋景松被拖出去槍決的景象竟然浮現了，那是下雨天，劊子手們都穿著尖形雨衣，像三K黨人把宋景松強壓著，拖在雨中……。

百分之九十九點九的人面對死神都會低聲下氣，今夜，特務就是要我如此。

我想起少年時代在天主教堂談死生哲學，殉道和殉情被我認為是結束生命、彰顯生命價值的行為……。想起泰源革命失敗的那天……。我還能活到今天，還替台灣做了那麼多努力，今天面臨死亡一點都不意外，是自己選擇的，終於有殉道機會了……。

要不要簽？雖然已有大致傾向。但，不必急於今夜……。

我醒來，出去梳洗時，天時已經不早了。

我回到偵訊室，豆漿、燒餅已放在我的坐位前。台中仔也坐在我的對面。

「怎麼樣？昨夜都想通了吧？」

我拿起筆來，簽了名。

他如獲至寶似地，拿起筆錄敏捷地走出去報告。

我端起豆漿慢口啜飲。

戰略已定，戰術隨機。我有點慶幸是單兵作戰，不必開會討論。簽了這份「調查筆錄」，對特務們來說，已經完成入罪程序，多少死刑犯就是從簽下這類筆錄就啟程奔往刑場了。對我而言，簽下這份筆錄除了跟其他死刑犯一樣是往殉道之路前進，只是我還有一場戰鬥必須執行：在法庭上的公開決鬥！

我知道我在幹什麼，我將幹什麼！

我把這項任務深埋在心底，不露聲色。

吃完早餐，不，應該是早午餐了。台中仔又拿進來幾份「調查筆錄」，問我和艾琳達是如何認識結婚的，這些都已經無關刑責了。特務們的表情也大大改變了，露出笑容，姿態友好。遞煙、倒茶的次數也增加了。

我想起，「土匪」黃祖堯被判死刑戴上腳鐐後，獄卒們天天「偷偷」送他香煙，辣椒的情形……。[9]

想到黃祖堯，我竟然自己笑起來；我的生命經歷怎麼這麼貧乏，才三十九歲，已經被囚禁了十五年多，已經兩次面對死刑，人生最豐富的經驗竟然只是監獄、特務、刑求、偵訊、坐牢、死囚……，

9 參閱：施明德回憶錄Ⅰ：《死囚》〈一把竹筷〉二〇二一，時報出版，台北。

一步都沒有離開過台灣。紐約、東京、香港、巴黎……像什麼？我只有從書本得來的印象。

然後，我突然想到台灣民俗稱「歹九」。就是逢「九」都是一個死劫或大劫。今年，我正好三十九歲，今年，我又被捕；今年，我又將接受「二條一」唯一死刑的審判……。

真正的檢察官露面了

第二天中午，李主任親自陪同兩名穿軍服，佩帶官階，其中一名中校胸前還掛著名牌「蔡籐雄」，人瘦瘦的。李主任讓他坐主審位，在我正對面，另一名軍官在蔡籐雄右手邊，李主任在左側。

蔡籐雄中校一開口就知道他是台灣人。在蔣家政權下，台灣人常扮演表面上的殺手角色，以台制台。

蔡籐雄打開皮包，拿出一份文件，就是我昨天簽的那份「調查筆錄」。他旁邊那個軍官也打開公事包，拿出一疊十行紙，也把鋼筆頭旋轉開。

「這份調查筆錄是你簽的？」蔡籐雄問我。

「是。」

「是你自由意志簽下的？」蔡又問。

「到這裡，誰能不簽？」我說。

李主任抬頭正視我一下。

蔡籐雄顯然是老手了，點到為止，沒問下去，反而說：

「為了慎重，我還是要親自問一遍，請書記官載明筆錄，再請施先生簽名。」他再加一句：「現在，沒有人脅迫你哦，我沒有威脅你哦。」

這些法律人，對法律的眉眉角角都守的很緊。這裡是調查局的偵訊處，他是警備總部軍法處的檢察官，他一面取證，一面又要保護自己。

他非常嚴謹地照著「調查筆錄」唸，有時他說成白話文，自己立刻更正成原筆錄的用詞。書記官就照著蔡籐雄的自問自答記錄，有時，書記官忘字了，蔡籐雄給他看原筆錄的字。

這樣照唸照抄調查局的五十幾頁的「偵訊筆錄」也相當耗時的。我等於沒有事做，就看著蔡籐雄和書記官在我面前一唸一抄……。其他特務也全像旁聽者，沒有事做，偶而會倒茶給我和遞香煙，在檢察官面前盡量表演友善的一面。

整個下午，就是在做這件事。等筆錄製作完成，蔡籐雄要我看看。這次檢察官沒有禁止我刪改，我把其中一些字或句刪去，還有書記官抄錯重寫的刪改處。最後蔡籐雄要我按指模。

「自白書呢？」蔡籐雄問李主任。

「施先生還沒有寫。」李主任說。

其實，我已寫了，抄了不少「自白書」了，只是還沒有一份完整入罪的「自白書」而已。

「那就照這份偵訊筆錄去寫自白書吧。」

蔡籐雄對李主任說。

「好，等一會請施先生寫吧，」李主任說：「等施先生寫完，我們會跟所有卷宗呈給蔡檢察官。」

他們在對話，我心裡在說：哪有先搞一份偵訊筆錄，再寫自白書的？我當下就決定完全照抄偵訊筆錄，一問一答連錯字、刪改處都照寫、照改、照刪，留下原貌。有朝一日，期盼史家會看得懂這不是一份完全自由意志下的「自白書」。

偵察筆錄的發動者是檢察官，他想從那裡提問，中間想問什麼，都由他決定。如果我的自白書是自由意志下的產物，我要從何處下筆是我決定的。如果我的自白書和檢察官的偵察筆錄完全一模一樣，連刪改處都一樣，那就證明這份自白書是非自由意志下的產物，我決心留下伏筆給後代史家。如果真的有史家。

「施先生，你的傷口都好了嗎？」

蔡籐雄一定想起我那張傳奇的「劇照」，下巴包紮的亂七八糟，還露出微笑的相片。

「都好了，只是一邊已取下軟膠，一邊還留在下巴裡。」我很自在地說。

「看不出有什麼改變。」蔡籐雄左看右看，然後下評語。

「對啊，我們也覺得沒有什麼改變，容貌還是一樣，只是平白挨了兩刀。」李主任也加入評審。

我靜靜地，心裡卻說，「但增加了戲劇效果。傳奇人物就是必要有些傳奇情節。」

四十年後，我才從國家檔案局裡找到當年如何偵訊我們，是有完整的配套計劃的。有興趣進一步瞭解的人，可以閱讀該「一〇一二〇案偵訊工作指導綱要」[10]。

10 國家檔案檔號：0068=3=42174=1-01=005=0022 至 0068=3=42174=1-

第二章 起訴

重回警備總部看守所

囚人，是一個完全不知道下一分鐘會發生什麼事情的人，特別是思想犯、良心犯。他的行動，他的命運都是被支配的。

我記得，一九六二年香港發生「五月逃亡潮」，有個投奔台灣的廣東青年叫陸達安，後來被當成「匪諜」，判處感訓三年。有天，他告訴我：

「在中國大陸，每天起床，要幹什麼？做什麼？都有領導命令、安排好，我們就按命令行事就好。到了台灣這段日子就很難過，每天起床，該做什麼都不知道，要自己安排，好煩啊。現在，坐牢了，又好了，每天聽班長的，日子輕鬆多了，沒有壓力，也沒有煩惱。」

尼采說，沒有上帝，人就得作自己的主人。做自己的主人不一定會輕鬆愉快，就像這個逃亡者陸達安的感受。

難怪每個時代，每個地區都有自願為奴者。

如果你對這類人說：「我要替你們爭自由。」你可能還會遭到白眼：「自由是什麼東西，我才不想每天張羅柴米油鹽醬醋茶呢。」

爭自由，爭獨立，爭人權，永遠是高貴人做的事業。

吃完早餐，才在床邊空間踱步，李主任和台中仔、**Dupont** 一起進來。我知道還有「功課」要做，就自己走回自己的老位置，像條件反射的動作。

「施先生，」李主任面前沒有任何文件；「你在這裡的程序都完成了，馬上我們就要把你移送軍法處。

「你知道自己的狀況很不好，不像黃信介他們，這段日子已讓你瞭解自己的處境了，你要如何想求活，就要靠你怎麼表現出懺悔、檢討自己過去的莽撞言行、祈求國家，懇求社會、人民的寬恕。這是你唯一的生路。我們已在移送書上替你說盡好話，說你在這裡非常配合，真心悔悟，一定會痛改前非，今後一定會服從國家的法令等等……。

「你該怎麼表現，盡在不言中。」他加強一句。

李主任「訓話」完，就起身走人。

「你的東西隨後有人會替你打包，送到軍法處，我們現在就出發。」台中仔對我說。

特務機構的招待所沒有任何值得留念之處，我一生這樣被移送來，移送去已經多少次了，完全沒有任何驚訝之處。

我起身，對這個偵訊室沒有任何眷顧，連抬頭張望一下都沒有興趣。我順著台中仔指引的方向走。別的特務搶先跑到前導處，**Dupont** 和台中仔左右把我夾住。這時，台中仔好像突然想到什麼似的：

「施先生，抱歉，我們得替你戴上手銬。進軍法處不戴手銬不行，抱歉。」

抱歉什麼？假惺惺。

這次他們不是銬背後，而是銬在前方。走出偵訊室，向左轉，朝這棟房舍外走去，其他辦公室的男女又像觀看巨星般對我投以注目，我又露出習慣性的微笑。我沒有忘記自己仍走在歷史的紅地毯上，一刻都不能輕率。做個「歷史人物」從來都不是輕鬆的。

房舍外有三部轎車停著。台中仔手已夾住我的手肘，引我走向中間那部車子，我被輕推進後座，**Dupont** 從另一邊坐上車，我被夾在中間。

巨大的外牆鐵門開了。三部車魚貫地離開，我的車子在中間。雖然是冬天，但是，今天並不太冷。山區是冷清的，車子駛進縣道，房舍也有氣無力的栽在道路兩旁，沒有行人佇望，沒有異樣，完全不像逮到我那天的普天歡慶。當然，我是悄悄地被移送，車隊盡量平穩的前進，不超速、不闖紅燈、沒有警車開道，以免引人側目。也許特務也怕有人劫持，他們已習慣這種假想世界。凡事都偷偷摸摸地。

車內沒有任何對話。進入新店街道，這一帶我是相當熟悉的，我在附近住了將近半年。我想起騎摩托車載著 **Lindn** 的十一、二歲的兒子 **Roger** 到烏來遠足的往事，還有和 **Lindn**

在山谷、溪畔採野薑花……。我的生命實在太貧乏，三十九歲了，沒有離開國境一步，最遠的是到小金門，那還是戰地，兩天就挨一次砲擊，每次都可能莫名其妙地喪命……。一生都在革命，為信仰、為理想奮鬥。還好，這兩年多來，我是真的替台灣人民做了開天闢地的拓荒工程了……。也真正擁有幾段戀情……。每次，瀕臨死亡之境，我都會立即想到戀情。也許，死神和戀人常常併立、共生，才使我對死亡減少了恐懼，多了動人的遐想。我忘了問那些死囚老友們是否會如此？那段日子太驚悚了，年輕的我還不懂得，也不敢主動問這個與死生有關的哲學問題。

車子從景美橋下，左轉進入秀朗橋邊的警備總部軍法處。這是我有生第一次進入警備總部的景美軍法處。一九六二年我被送到的軍法處地址是「青島東路三號」，現在已經被完全拆除，蓋了台北來來大飯，現在叫做喜來登飯店。血淋淋的「青島東路三號」，是充滿鬼哭神嚎的悲涼之地。

我竟然又來了！

車子沒有停止，衛兵就直接放走，顯然他們早已通報了，才這麼順遂地走進這個恐怖之地。

「你必須表現出懺悔之情，你才有生路！」李主任臨走前的話響起。

我知道，但求生不是我的目標！我知道該怎麼做個人！

車子，直接停在「第一法庭」之前。台中仔們直接把我帶進法庭，在進入法庭之前，他打開我的手銬。

法庭內，趙籐雄檢察官已坐在那裡。

「施明德，你有什麼話要補充嗎？」蔡籐雄顯然是針對幾天前的審訊對話，才做這麼沒有前言的

「結語」。

「沒有。」我說，沒有旁觀者，我的話都很少，對牛彈琴，不必了。

「收押。」蔡籐雄下令。

早已佇立兩旁的看守所軍官們一起擁到身邊，把我引到被告椅子坐下，但是，鑾斯文的。台中仔要一名中校在他的文件上簽字。顯然，我又被當「貨物」交到另一個買主手中，像當年的黑奴般。

我就坐著看他們交易。

交易完成，台中仔那群特務沒有跟我打招呼就掉頭走了。我還在想著，如果他們跟我打招呼，我該如何回應？

「施先生，我們進去。」那個中校說，口音就是台灣人。這時，我才正面看著他，中等身材，雙頰有點凹陷，屬於瘦形。「我是這裡的所長。」他補充介紹。

四、五名軍官把我圍在中間，沒有上銬就把我帶出法庭，向左轉走向監所方面。這個監所我沒有進來過。幾次經過都只是瞥幾下，即使半年多前余登發案在審理，我們拿不到旁聽證，我、陳菊、艾琳達、王拓、曾心儀、何文振等等人也只能在圍牆外不舉牌抗議。

獨裁者的軍事法庭一向都是戒備森嚴，實彈荷槍的，這是在鎮懾人民的。

走過一排辦公房舍，已有人站出來看我。我視若無睹地抬著頭走著⋯⋯。打開鐵門，走了進去，我不待人解說，就知道這是看守所的辦公區。左右兩側都有房舍，正前方有片橫長型空曠區，右邊有幾名穿著囚服的外役帶著好奇的眼神看著我，那眼神好像在說「終於看到你了」。

一名帶著少校官階的軍官對著中校所長說：

「所長，要不要辦入監手續？」

「不要，就讓他直接進押房。」所長決定：「手續就直接在押房內辦。」

顯然所長面對這個大欽犯還是有壓力的，先關進去再說。

現在換成那名少校帶領我又往前走。一個不到一人高的小鐵門打開，是個士官把守的。我知道，這是個通往押區的。幾名軍官一起帶我進去。這個押房是兩層樓的，水泥鋼筋的建築物，兩個押區中間有設高牆分隔，牆上有至少三個哨兵監視崗。這是從我走進來的方向可以看到。押房外是個羽毛球場大小的地面，該是囚犯的放封場。

我們從走道右側直行，又有個小鐵門，應該是分隔兩個押房用的，仍是一個士官看守。

少校走在前面，一個上尉走在很靠近我的身邊，突然對我說：

「學長，我是這裡的監獄官，姓黃。」態度很友善，他知道我是軍校出身的。軍校生也許會有些英雄崇拜。我回他一個微笑。

我被引到二樓，我看得懂，樓上樓下各是一個押區，這個看守所至少有四個押區，這是一個老囚可以一目了然的。上二樓又是一道鐵門，打開這個鐵門的是個老士官長，外省老兵。

「帶施先生到他的押房。」少校對士官長說，事實上是一票人一起走上樓的。

士官長掏出一把近二十公分長的大鑰匙，把轉角第一間押房打開。

我走了進去，這時我才注意到有兩名外役抬著我的棉被及個人衣物尾隨在後，這時，兩名外役把我的東西抬進押房。

「施先生，你如果有需要什麼，有什麼事都可以跟士官長說，他就睡在你房間的另一邊。」少校說，他算懂得行情沒有用「報告」，而是用「說」。

他把頭伸進房內，看看其他囚犯和上上下下的牢房狀況，然後，頭伸出去，一群人都往後退，門卡擦關起來，從外鎖上。

這一路走進押房，我已經大致可以分辨出這個看守所和「青島東路三號」的看守所有什麼結構上的不同了。

我這麼一路走進來，我相信囚禁在押房內的政治犯沒有一個人知道我來了。即使是一個死刑犯，也只能在劊子手們打開你的牢房門，你才會驚覺到你的死期到了。這裡是徹底被隔離、孤立的牢房，你吼聲再大，隔壁房的囚人也聽不很清楚。除非你趁牢門被打開，你敢大聲吼叫，隔壁房間才可能聽到你的話。這個牢房唯一最人道的是裡面那堵牆，在兩公尺多高的地方有一排兩公尺長，高約七十公分的長型窗戶，它的外面有水泥鏤空的方格，讓光線和空氣可以進來，又能防止脫逃。

「青島東路三號」的看守所則是一個視野相當透明的押房。一九四九年蔣介石撤退到台灣，六十萬政軍人員每天要耗掉大批薪資和糧食。根據蔣介石的財政大臣周宏濤的回憶錄[11]，蔣介石從中國大

11 參閱《周宏濤回憶錄》。

陸搬來的黃金，到一九五〇年六月，只剩下五十四萬兩黃金，只夠再發三個月的軍公糧餉。如果不是靠美國長期軍事援助和經濟援助，蔣介石不僅守不住台、澎、金馬，連財政也都必定早已破產、瓦解。那時蔣介石又要肅清匪諜，消滅所有異議份子，所以他的牢房、監獄只能改裝日本留下的軍部房舍。「青島東路三號」就是日本軍部改裝而成的。外部不動，內部則用粗鋼條做隔間，每一位在押的人犯幾乎相當透明地可以看到正面一排押房內的囚人的動作。彼此不僅可以對話，兩個角落的人犯還可以靠用書本做墊板書寫文字，做「空中傳訊」的交通訊息。從囚房內也可以看到警衛官兵的動態，所以天還沒亮，警衛室官兵聚集，就知道又要抓人去槍決了，押房內立刻會引起無聲的騷動。

蔣介石政權穩定下來，所蓋的監獄都是高度隔絕、封閉，通風更不良的不人道牢房。台東泰源監獄、火燒島國防監獄、新店安坑監獄和這個看守所都是如此。對蔣家政權，這類監獄更能防患人犯脫逃，互通訊息，對囚犯而言則是更不人道的囚禁所。

他們把房門一上鎖，我立刻知道這是間特別囚室。整個牆壁四周有水泥牆的部分都加裝了海綿，防範囚人撞牆自殺。押房長約八公尺，寬約四公尺。進房的左側有個水龍頭和洗手台，旁邊就是墊高約半公尺的蹲式抽水馬桶，木板門使上廁所的頭可以露出，好讓獄卒從押室外的窺視可以看到。房內還有兩部錄影機，設在進門的對角處，可以全方位從看守所外部監視看到囚室的一切動靜。這個押房除了房門旁有個從外部可以拉動的活動窗門窺視房內外，門進來的這一側還有一個窺視小窗，就是從老士官長的臥房可以掀開探看的。全房沒有任何死角。

我進來時房內已有三個囚人。一個年約四十餘歲的油條樣的人，他自稱老謝，是涉及吸毒、販毒的嫌犯。他一看到我，竟然很輕佻地說：

「老施ㄟ，士官長說，要防範你自殺，一定要用國法制裁你。他還交代我們要注意你的行動。」他用直白的口氣說話，彷彿他也負有監視我的權力。

意思就是不能讓我自殺，一定要用槍斃的方式制裁我。一見面，就丟這句話給我，不是在表示關切而是傳達士官長的叮嚀的口氣，感覺「老謝」也不是什麼善類。他以為自己就是監視我不可以自殺的人。

當我決定要睡在廁所旁的位置，那其他兩個約二十五、六歲的年輕人主動過來幫我整理東西，把床墊拉直，把盥洗用具放好。

「我們兩個都是澎湖人，我姓呂名字叫文松，就叫我阿松就好。我們都是你的同案。」他笑笑地說。

另一位也自我介紹：「我叫張青隆，叫我阿隆就好。我也是你的同案。」

我怎麼會有不認識的同案在這裡？我以為是十二月十日晚上和軍警互毆的民眾。我略顯意外的抬頭看著他們。這兩個澎湖年輕人倒是很友善的，完全不像那個老謝，都是一臉笑容，主動來幫我整理寢具。

「我們都是船員，要捉你的時候，所有港口都查得很嚴。每天、每隻船都查，我們走私一些手錶和中國漁民換黃金、魚貨，被捕了。送到警備總部，那些官兵一見到我們開口就說，又是施明德的同案！我們通通都被當作叛亂嫌犯移送到這裡。聽說，不少船員都移送到這裡偵訊了，案由都是涉嫌叛亂，不是涉嫌走私。涉嫌走私可以交保，涉嫌叛亂不能交保，至少要在這裡關四個月。檢察官都說，施明德一定要判死刑，你們也不會輕判。」

可笑，隨便扣上「涉嫌叛亂」就可以收押四個月！這就是蔣經國統治下的國民黨政權的人權狀況。

「老施ㄟ，你要嘬一隻煙沒？」那個老謝流裡流氣的口吻，令人不悅。

我勉強點頭，阿松也就從枕頭下拿出三根老鼠尾巴。就是用十行紙捲成像老鼠尾巴狀的紙煙。一根香煙可以捲成八、九支老鼠尾巴。牢中禁煙，老鼠尾巴大多是放封時從地上檢的，或是他們替士官長打掃房間時，從士官長的煙灰缸裡撿的。

要抽老鼠尾巴必須躲在廁所，吐煙時，還得頭低下，把煙往下吐，另一隻手還得像扇子把煙扇散，不要讓錄影機監視到。所以每次只能有一個人上去抽，老謝先上去，他抽完，火還沒有全熄，改我上去。因為火熄了還得用玻璃片刮一次打火石，這些工具都得省著用。

我已經多年沒有抽老鼠尾巴了，真嗆！

輪到阿松抽的時候，門被開鎖的聲音響了，阿松反應很快，我聽他按馬桶的沖水聲。門打開，有個上校和中校所長站在門外，還有士官長。

「施先生，你剛剛在抽老鼠尾巴？」上校笑笑地對我說。我不得不站起來，走向前。

「對。」我回應，這種小事不值得以我的人格作代價說謊。

「施先生，老鼠尾巴對健康不好，又那麼嗆，哪裡像在抽煙。」上校說「你習慣抽什麼牌子？長壽煙？」

「對，我也抽長壽煙。」我說。

「我先送你一條長壽煙，你想抽時叫叫班長，開門到走廊抽，或開著門在房內抽都可以。」上校轉頭交代所長說，「施先生要買煙，就買給他，還有打火機。煙和打火機都放在士官長那裡，比較安全。」

然後，門又關上。顯然我剛剛抽老鼠尾巴時，他們已經從監視器看到了，才會這麼快過來。

「富死啊！」上校才走，老謝就笑容滿臉拍馬屁地對我說：「施先生，你抽，我們大概也可以跟你抽整根的？」

在他口中，我一下從「老施ㄟ」變成「施先生」了。

煙禁，在我的囚室完全解禁了。我告訴他們，想抽時就自己抽，不必等我，士官長被煩了幾次，就乾脆把煙和打火機都放在押房內，只說：「小心不要燒到棉被。」同房的囚人是他們挑選的，他們應該放心。

大戰略、大辯論

移送軍法處的意義代表什麼，我很清楚。我的戰友們也許在調查局或警備總部會被誤導，以為這只是「釋放」前的過水動作而已。我，則一點都不存有幻想。我的人生終於走到終點站了。

走廊上有些腳步聲，門打開了，是午飯，二菜一湯，很熟悉的牢飯。這輩子已吃過十五年了。四個人圍著吃，我主動問牢房內如何輪值。也許他們事先已說好，或被告知了。他們幾乎一致地說：「你不必輪值班，洗廁所，擦地板，洗碗筷，全由我們三個人輪流。」這是對「死囚」或「準死囚」的禮遇。這傳統仍被保留下來，我心中想著。

吃午飯後，我立刻寫購物單，買一本大字本的聖經、六法全書，兩支派克鋼筆，一盒原子筆、十本稿紙、十本十行紙，兩瓶鋼筆墨水一紅一黑。

我粗估，余登發父子是一九七九年元月廿一日凌晨被捕，二月三日起訴，定讞日是五月廿八日，吳泰安就是當天被槍決。從起訴、判決到覆判，三個月不到。從被捕日起算，也才四個半月。

美麗島案件國內外矚目，拖，對蔣經國政權不利。我逃亡了二十八天已延長國際救援的時間，使蔣經國無法速戰速決。現在，全案都到齊了。但我不知道總共有多少人被捉了，也不知道有多少人被移送軍法處。老謝說，黃信介住在我們對角第一間，姚嘉文住黃委員的隔壁，其他各房都有美麗島的人。他們說，黃信介委員一個多禮拜前就到這裡了。我按照余登發案的審判時程估計，三月初，或更早一點就會被起訴。

我必須跟時間競賽！必須留下文字，讓台灣人知道，我為何而死，我為誰而死！讓後人可以接棒奮鬥下去！歷史上，台灣人的奮鬥就是沒有文字留下來，很難傳承。在調查局很多真心話都不能寫，現在我必須趕快寫。

我買這些筆、墨、紙，就是要趕快下筆。

買兩支派克筆，兩瓶墨水，就是要用一支沾墨汁寫遺囑。用另一隻乾淨的新筆，吸入澄清的稀飯汁，抄寫下我所有的答辯和遺囑，也就是要使用「澱碘法」的隱形字。這種隱形字法，就是用澱粉汁，像稀飯汁加點水，當墨汁寫在書本空白處。閱讀者只要擦上碘酒，字就會顯出來了。這種傳信法我已使用多年了。把一瓶紅墨水倒掉，洗乾淨，裝上稀飯汁。大本的六法全書，空白處多，我可以把遺書抄在空白處，偷渡出去。正常管道，這些文字是通不過檢查的。三哥施明雄已經知道我使用隱形字的祕密了。那是我第一次坐牢時，就使用多次的祕密了。

早睡，是監獄的常規。四個人平排，我在廁所邊，老謝在哪一端。我在觀察坐在那裡寫東西最安全？這個保麗龍囚室有兩部錄影機，一個就在我的頭頂，從上斜照對角的牢門；另一座在對角的牢門上方，直探我睡的位置，全房應該都在監控中。士官長的房間又開了一個長型窺視室，他從裡面只要掀起遮蔽布就能看盡我的囚室，沒有死角。

那我寫東西最好坐哪裡？

看守所寫東西是可以的，被告一定要寫答辯狀。不像調查局你寫什麼都被審查。沒有特別的狀況，寫狀子在這裡沒有人會管。我的問題是，我要用「澱碘法」抄寫隱形字在六法全書上。不能給錄影機看到，也不能給同房囚人起疑偷窺到。我現在選擇睡覺的位置是最好的角落，監視器和同囚只會看到我在寫字，卻看不到我在寫什麼？

該寫什麼答辯狀？現在不必先想法律答辯。政治案件中本來就不是法律問題。法律辯護完美到極致，頂多只是無罪。這條「二條一」國民黨已經執行三十幾年了，法庭也辯論三十幾年了，法律辯護或律師辯護幾乎都是無效的，也不會有新的法律辯護詞。何況蔣經國已派李煥和楚崧秋各籌組了一個教授團，要替輿論媒體輔辯，引導風向。所以，我要寫的，所要做的主要是政治辯護。列舉你蔣經國政權反自由、反民主、反人權、反人道的罪狀，彰顯反抗有理。

法律辯護，我是被告，蔣經國是原告。

政治辯護，蔣經國是被告，我是原告。

這個大戰略從逃亡時就形成了，不，這是從十幾年前坐牢不久就形塑完成的戰略思想。現在，我該如何告訴戰友們，一起跟我「起義」。他們如果沒有這種認知，他們如果少讀了蘇格拉底……，如果他們不知道三〇年代史達林如何大整肅的史實，我即使匆促對他們喊幾聲「政治辯論」，他們也未必聽得懂我在講什麼，未必會紛紛出手。如何政治辯護，在事件前我沒有跟他們討論過。每個人自有思想體系，不是可以一呼百諾的。

政治辯護的人，越多越有力，不要只剩我一個人獨戰群魔。

既然無法串通，我也只能獨行了。

午睡，我再次把大戰略及戰術盤點清楚。到了軍法處就不是紙上談兵，就是要實兵作戰了。現在，想到死是沒有意義了。就像蘇格拉底說的，上戰場的士兵如果恐懼，如何能作戰？到了這裡，死就在眼前了。半年多前吳泰安就是從這個牢房被拖出去槍決的。我連問，他睡哪個位子都沒有興趣。

想到吳泰安在法庭內孬種的樣子，我竟然在心中說出：活該！

門，被卡擦打開了。

「放封！」士官長吼一聲。

我把衣服穿好。

「施先生，可以帶一包煙出去嗎？」阿松問。

「可以。以後香煙的事就不要再問我了，你們愛怎麼抽就怎麼抽。」我說。

走下樓，右邊走廊也是一排牢房，和我的牢房分上下層。走向廣場已有軍官和士官在場了。這是個略長方型的場子，有一堵牆隔開另一區的廣場。在分隔牆上，現在可以看到一小間房間，有衛兵荷槍看守，還看得到房間內整牆都是小型螢幕，顯然從這裡就可以看到各牢房的動靜。

我注意觀察環境，這應該分四個區，每區都是L型，上下兩層。

我的同房享受著香煙，我散步伸展一下身體，走過阿松身旁。

「煙，不要抽完，丟在草地上讓下一波人撿。你們多抽幾根。」我說。囚人散步，眼睛都很尖，搜尋有沒有任何煙蒂或東西好撿。反正，我們不缺煙，抽幾口，就丟掉，好讓下一波囚人撿。我既然這麼說了，他們三人也樂得做些施捨。煙禁，對囚人是一種折磨。苦難人對煙的需求格外殷切。

我想起在火燒島作家柏楊和報人李荊蓀兩位老先生撿煙屁股，抽老鼠尾巴的樣子……。落難文人仍自得其樂，煙屁股也是寶。

十五分鐘很快就結束了。因為美麗島人太多了，不能一起放封，只能縮短時間。回到房間，我決定，等我開始寫東西以後就不再放封。因為我開始寫答辯狀和遺囑後，我不願班長趁我出去放封時偷看或複印我的手稿。戰時，沒有假期。

接近黃昏，我買的筆、紙、筆記本、墨汁，還有聖經和六法全書都來了。這裡離新店鬧區很近，採購東西很方便。

晚飯後不久，外役敲門，從送食物的小洞，問我們要不要宵夜的牛肉麵？

我問他：這裡有幾位美麗島事件的收押人？

他一時說不出總數來。

「每一個人送一碗。」我說：「麵送了，我簽字。」

我只能藉送麵這種動作讓他們知道我也來了，因為他們很多人可能都還不知道我被抓到沒有。我也可以藉這種「合法」方式探知到底有多少人被移送看守所了。

半天來，我幾乎很少跟同房的人主動說話，不只是不信任他們。我當然知道會跟我同房的囚人，一定是被安排的。不一定會打小報告，但至少是沒有暴力傾向的，監方也怕發生意外。他們三個人，老謝的奸詐寫在臉上，毒販和吸毒者我一向不喜歡。毒癮上來什麼事都會做。老謝現在當然沒有明顯的毒癮。其他兩位澎湖人都是一臉老實相。這時，我才又請問他們全名。阿松叫呂文松；另一位叫張青隆。

「看到我會怕嗎？」

「沒有看到你本人，我們確實會怕。說要跟你同房，心裡就毛毛的。現在，全台灣都認為你是大壞蛋，像殺人魔。你不知道報紙、電視天天把你形容的有多壞？現在，看到你本人，怎麼是這麼斯文。」阿隆說。

煙禁時代的牢房，能坐在牢房內抽整支的香煙對他們真是意外的待遇。

「施先生，大家都說你一定會被判死刑。」阿松問：「你會怕嗎？」

「我一輩子，這是第三次面對死刑了。」我不想討論怕不怕的問題。

「你真的是台獨份子嗎？」阿松問。好像台獨份子就是惡煞似的。

「是，我反對外來殖民統治。」

「報紙說會公開審判你們。」老謝突然插嘴，他進來才兩個星期，消息最新。這是我最想知道的。但是，我不露聲色。調查局往上呈報的自白書、筆錄都是所有人都後悔、認罪、求饒了。如果在法庭上公然演出這場戲，對蔣經國的統治威望一定大大有益，台灣人的反抗聲勢一定又會回到二二八大屠殺後的沉默世代。

公開審判，我聽到了。仍然沒有改變，我改口問那兩位澎湖青年，「你們誰寫的字比較工整？」

「阿松，」阿隆說：「他有念到高中。」

我拿才買的十行紙請阿松隨便寫幾個字。他就寫了「台灣人施明德」，果然字蠻工整的。

「我寫狀子，麻煩你幫我謄寫，好不好？」

「好，我也可以多學習。」阿松很爽快地答應。以後，呈庭的狀子大多都是阿松謄抄的。這樣我的進度才會快。

我在跟時間賽跑。

這個晚上是被捕後最沒有壓力的一夜。我全面檢討如何做政治辯護。法律答辯狀，必須等起訴書來了以後才知道應如何答辯。「二條一」是必然的；和海外台獨份子勾結是擺脫不了的；和中共的合謀，沒有。但，有台獨犯意，又有高雄事件的衝突「犯行」，叛亂罪依蔣家政權的標準，早已確定。他們這種刑事邏輯已自欺欺人到無可撼動。但，這就是蔣家獨裁統治行之三十年的模式了，這一部分的答辯都得等起訴書來了再思考，不特別重要。

現在，我必須趕緊寫的就是貫穿一生，從第一次坐牢，或從小時候啟蒙開始，寫一份政治遺囑。

這就是政治辯護的精髓，也是我的生命的價值。

不存任何生機，不抱任何僥倖心，我才能在公開審判的法庭上，痛擊「蔣經國的阿基里斯腱」。殉道者必須不斷在心裡鞭策自己。

心懷生機，會使反抗者變成懦夫。

公開向台灣人做政治性的告別

人，在調查局和看守所，心境上會有很大的差異。雖然兩個地方都是敵意森森，在調查局偵訊時，特務點子很多，要掏空你的大腦，威脅、刑求，也會釋放希望、利誘，讓你在恐懼與虛幻中交纏著……。到了軍法處，一切虛幻褪怯了，你只能祈禱不起訴或起訴較輕的法條……。一九六二年，我第一次被捕就是這樣。

這次，移送看守所，我清楚自己的生命已走到終點。我計算自己還有幾次公開露面並講話的機會，如果有公開審判的話。我估算一下，應有三次到四次的機會：

一、預備調查庭。

二、調查庭，可能進行二次。

三、辯論庭，包括最後陳述庭。

但，其中可能在第二和第三之間會有被告對質庭，那就可能多一次講話機會。

我想怎麼對台灣人，對歷史說話的機會，就是這些機會了。以前的演講場頂多三兩萬人，第二天報紙也不刊登。發表的文章自己還得審稿，

不敢寫真話，害怕被抓來坐牢。現在已經被抓來坐牢了，最後的講話機會了，該說了。

一種很強烈的使命感轟湧而出：我必須利用這些機會向台灣人做一場政治性的話別。表面上我在對法庭答辯，其實是在對所有人民告別。我想，用告別的方式會比答辯更真摯、直接。何況我所要寫、所要講的，並不是什高深的政治創見或難懂的哲理，我想在法庭對台灣人民說的，在全世界的文明國家都已經享有，只是台灣人還聽不到，也沒有勇氣去追求的普世道理。

這時，我閃過應該以肢體語言告訴台灣人如何像個人，來面對獨裁者。告訴全體懦弱的台灣人，順服的台灣人，沒有膽識反抗只求苟活的台灣人，應該如何像個人活著。

典範不只是講話的內容，比內容更感人、動人的是：肢體動作和臉部的笑容！你說的話會全被抹去，會被剪輯、扭曲，但，攝影機下的肢體動作語言，死前的微笑、容貌卻會長存！它會震攝獨裁者，會教化後生晚輩！

我讓自己澄清下來，計畫在拿到起訴書前該寫什麼，我把大結構先建構起來，從自己的一生之初，台灣的命運，中間敍述如何為台灣努力的過程，台灣的殖民地命運應該如何終結……，最後就是臨終前的最後陳述，向所有人告別。

死囚在辯論終結後，就沒有機會再面對媒體了，家屬的會見都是被封鎖的。至於行刑的過程更是保密，家人最後能看到就是被槍決後倒在地面的浴血屍體。外界連屍體的影像都看不到，除非掌權者要再拿它來恫嚇人民。

我讓自己思想這樣遊浴了一次。像自己站在閱兵台，檢視自己最後的死亡歷程。

門突然被打開。

「放封了。」士官長輕吼著。

三個同房喜悅的站起來，對囚人這是可以看到天，踩到地的唯一時間。

「你們去，我不放封了。」我已經沒有時間好浪費在放封場了，我必須構思，必須提筆。

他們走了，門又上了鎖了。

不到五分鐘，阿隆進來，有點無奈地微笑著，門又被鎖上。

「放封場的監獄官說，不能讓施先生一個人留在房內，自殺了怎麼辦？」阿隆說。

「你就在裡面抽煙咧。」我笑笑地說。

被同房囚人監視，對我已經不是什麼新奇事了。我很自在地再回到自己的異想天地……。但我說，就你和阿松輪流陪我就好。老謝天天去散步，阿隆說沒有問題。

遺囑

押房內除了我買的聖經和六法全書外，沒有任何一本參考資料，三個同房都不是知識份子，不是討論對象。其實坐牢十五年也沒有什麼政治犯可以教我什麼；除了那位「公論報」總經理陳其昌先生曾經教過我日文外，我的知識全是自己苦讀，博覽群書累積起來的。因為博覽，知識的廣度才會開闊，不是偏見；因為專研，才能有深度。這樣的人才會有創見，才會有突破性的主張。我一生提出的各項主張與理想都是在獄中苦讀的菁華。很多要攻擊我，羞侮我的台灣人，都說我的種種主張都是牢中政治犯教我的。請問牢中有那些政治犯像我這樣一年一年又一年地在牢裡苦讀？絕大多數的政治犯者不太讀書，是想爭取當外役，像曼德拉打小石頭度日。何況，我又多年獨囚，只有群書相伴……。

我曾經努力想過，要把行刑前寫的這份文件，其實已經是一本書了，起個什麼名字？像盧騷的《懺悔錄》？像希特勒的《我的奮鬥》？像奧古斯丁《懺悔錄》？都不像。最後，我決定如果就此被送上斷頭臺，就把它定名為「施明德的答辯狀」，或「施明德的政治遺囑」。

我沒有桌子，連以前囚人會做的厚紙板，用報紙一張又一張糊在一起自製成的紙板都沒有。我只能趴在地板上寫，趴久了，就改把棉被折成豆乾塊狀，放在腿上用六法全書當墊板寫。

寫這份答辯狀，當作在寫遺囑。

我趁早餐稀飯來時，多要一碗。我偷偷地加水上去，攪拌幾下，讓稀飯湯沉澱，呈清水狀，再倒入已被我倒掉的紅墨水空瓶中。整瓶就像清水般，我用另一隻全新的派克鋼筆，吸入這些稀飯清汁，謄寫在六法全書的空白處。

用稀飯汁抄寫「政治遺囑」時，我不能趴在地板上寫，這樣其他三個同房會看到我在寫字，卻看不到字，如果被他們窺視到去打小報告，一切就完了。所以我都儘量縮在角落，把「六法全書」捧到齊胸，一字一字地抄。有時，注意到其他三人都上完廁所了，我會坐上馬桶。馬桶有個活動門，坐在那裡監視器和獄卒都只會看到我的上半身，只到頭部。這時，我把「六法全書」放在雙膝上抄，人就比較輕鬆。

我用稀飯汁抄寫時，都不寫在書本的開本處，因為萬一有個獄卒手割傷了，塗了碘酒，一碰到隱形字，就會顯現藍色的隱形字。那就「爆孔」了，洩漏無字天書的祕密了。

在拿到起訴書之前，我的心力全放在寫這份遺囑式的「答辯狀」上。這是整體、原則性、全面性的政治答辯狀，沒有什麼參考書也不必要，包括談國際公法，我大腦都非常清晰、完整。主要的是，這是我要對台灣人說的遺言。在台灣再次處于大逮捕的人心惶惶，方向迷失的時刻，在歷經數百年外來統治下，我要告訴台灣人應該如何奮鬥的叮嚀。雖然我知道被統治的人民常常會像法利賽人那樣羞侮、背棄、出賣他們的先知一樣，也會對我斥之以鼻。因為他們面對著我，就可能照映出自己的懦弱、順服、自私的原形。當然，我也知道無知、惡意的後人，也可能不相信我這份「答辯狀」或「遺囑」是這樣寫成並保存下來的。

在逆境中，在臨終前，人的心智反而更敏銳更細膩。也許，這樣就是死囚生命力的爆發……。

這段日子，我又常常想起耶穌告訴他的門徒：我的國在天上，我死後三天會再復活的話語。我不是上帝之子，不能死後復活。但耶穌的話語提醒我：殉道正是我永生必經之路。透過殉道我才能永生，我才能「復活」。有這種提醒，使我不畏死亡，不怕為台灣而死。我的死，正是我永生的必要條件。

這，就是我微笑面對斷頭臺的信仰。

中華民國模式的台灣獨立

殖民地子民如何掙脱外來統治的被奴役命運，一直都是全世界被壓迫者的使命。如何讓台灣成為一個自由的國度，少年的我就已經根深蒂固。就是這種信念，讓我一次再次面對死刑威脅仍堅持著，奮鬥著。如今，是第三次了，而且非常可能這就是此生我最後一次有機會就此表示態度和主張的機會了。我必須利用這次公開審判把台灣獨立，特別是我思索的可行的台灣獨立模式説清楚。

戒嚴時期表態主張台灣獨立，並付諸行動，比如宣傳或吸收一個人參與，就觸犯了「懲治叛亂條例」第二條第一項：唯一死刑並沒收財產。

所以，台灣人只有在海外國民黨抓不到的地方，才敢表態主張台灣獨立，而且從此不敢回到台灣，以免被捕、被殺。所以，台獨份子都流亡海外，一邊工作賺錢，一邊呼喊台灣獨立。台灣的黨外人士或政治人物則幾乎絕口不談台灣獨立。

在法庭上，我預估我的同案們對「台灣獨立」的指控也可能都會公開表示「反對」，並配合演出「支持政府的反共復國政策」。這是法律辯護必然的走向，這也是蔣經國敢公開審判的原因。如果在這種關鍵時刻，沒有人敢公然在法庭上堅決表態：「台灣應該獨立！」那麼，這場公開審判將一面倒，倒向蔣經國預設的政治目的，就像史達林在三〇年代「大清洗」的「莫斯科公審」一般。數名紅軍元帥及黨政領導人諸如格里戈里、葉夫謝耶維奇、季諾維也夫和列夫、鮑里索維奇、加米涅夫……等等都在法庭中伏首認罪，自悔並哀求寬恕。最後仍全體遭到處決。蔣經國難忘他的「蘇聯經驗」。果真我們都在法庭上否定台灣獨立，就正中蔣經國下懷，台灣人亦將永無翻身之日！

政治辯護第一個必須挺身辯護的就是要公然在法庭上大聲主張：「台灣應該獨立」！替台灣數百年的殖民地命運爭取自由。這個辯護的最大目的是拆穿蔣家父子的政治大騙術：「明知是偏安的命運，卻以反攻大陸欺騙人民並以此實施三十年的戒嚴統治」，我要把蔣家的偏安明明白白解釋成台灣獨立。我下筆寫「答辯狀」的那一刻，便立下決心在法庭上公然表示：

「台灣應該獨立，而且已經獨立三十年（從一九四九年中華人民共和國成立，迄今一九八〇年），她現在的名字叫中華民國，」也就是「中華民國模式的台灣獨立。」就這個主題，我在「答辯狀」裡，以彷彿在寫「遺囑」的心情寫下這個段落——

前面我已說過，「台灣問題」所以難於處理，不僅是因為兩岸官方的立場差異太大，也因為兩岸官民之間缺乏共識。兩岸官方的立場既然一時無法調和，唯有循人民途徑，也就是應運用「台灣民主運動」來謀求突破。要循人民途徑解決，首先的工作就是要大膽冒犯三十年來不准人民討論或質疑的「反攻大陸」、「消滅共匪」的所謂「基本國策」的禁忌。這項禁忌曾經導致無數人被囚于「政治犯集中營」中。「自由中國雜誌」的主持人雷震老先生便是最著名的受害人之一。雷大師因為「散佈反攻無望論」入獄十年。但是，追求真理必須前仆後繼。我們不能因為雷震等前人的蒙難就畏縮不前，反而應更努力地要求重新檢討「國策」與研擬一項可供官民共同接受的新國策或共識。三十年來，國民黨政權對「台灣問題」（或「兩岸問題」）的立場是「反攻大陸」、「消滅共匪」。這項「反攻大陸」的所謂「國策」，是不是一千七百萬台灣人民的共識？從「德國模式」、「新加坡模式」的提倡，以及在海內的台灣人公開呼籲「台灣獨立」，便可以知道它不是全體台灣人民的共識。如果黨內外再不儘速取得一項共識或諒解，不僅台灣問題得不到合理解決，台灣內部也終會因紛爭而導致流血慘劇。基於這項考慮，我決定在「調查庭」中首度公開提出「中華民國模式的台灣獨立」的構想。三十年來，沒有人敢在台灣的傳播媒體之前公然表示他贊成「台灣獨立」，更不敢在「法庭」的「死刑」威脅下這樣表白。在死亡之前，我必須利用這次「大審」的機會，公公然然地討論它。為了使大家能夠深入檢討這項「新構想」，我覺得有必要在今天以最坦率，最不忌諱的態度剖析台灣內部的人際結構。只有真正了解這個結構體每一個份子的背景與願望，並相互加以忍讓、體諒，共識才能建立，團結才有基礎，力量才能凝聚，衝突才可望避免。

台灣，也像任何地區一樣，存在著多種矛盾，其中也少不了有所謂階級矛盾。但是，就「海峽兩岸的分合問題」或「台灣問題」而言，則以「地域矛盾」或「種族矛盾」（大陸人與台灣人的矛盾）和「統治者與被統治者的矛盾」這兩大矛盾的關係最為密切。把這兩大矛盾合併起來分析，勉強便可以稱為「台灣內部人際組合的矛盾」。現在，我就要從這個觀念來分析。

今天，「中華民國」或「台灣」這個政治實體，其人際組合可分為三大類：一、一千五百多萬的「台灣人」；二、一百餘萬的「大陸人」；三、極少數長期掌握統治權力的「國民黨當權集團」（包括一小撮「御用台灣人」）。這三者由於歷史因素或現實利益背景的不同，對「台灣問題」的主張和立場自然也有差異。如果我們決心探討真理，我們就不能不虛心承認有此差異，然後才可望解決問題。[12]

12 施明德寫於一九八〇，《施明德的政治遺屬》，二〇二二，再交由時報出版。

公審蔣家政權的本質

在法庭上，我預測我的同案們只會就起訴法條做法律辯解，力爭自己的行為沒有觸犯叛國罪，沒有堅持台灣獨立。他們和律師應該都不會做政治辯護，反擊蔣家政權反民主、反人權、反自由的獨裁本質。至於律師，則百分之百不敢在法庭上跳脫法律範疇，去替我們爭自由，爭人權的合理性做辯護的。他們不敢也不會這樣辯護，不只是怕被扣上帽子，而且這也是律師訓練養成的性格。況且，律師的來歷如何，至少我不信任。

我深信這是死前必須做：在法庭上反過來公審蔣家政權的獨裁本質。在調查局時，我已知道我的同案們都已寫下認罪自白：承認主張台灣獨立，並且簽下「長短程奪權計畫」，最後連我也不得不簽下類似的筆錄，換取公開審判的可能。這些自白及筆錄，都已送到蔣經國面前，讓他太自信證據早已齊全，並叫李煥及楚崧秋等人備妥教授團應戰，準備對我們迎頭痛擊。他們絕對想不到我會對準「巨人蔣經國」的阿基里斯腱全力攻進擊！我已完全不在乎懲治叛亂條例「二條一」的威脅了，我念茲在茲的就是如何在法庭上做政治理念陳述，全力反擊。

這個反擊包括在法庭上公然說出蔣家政權的「民主四大害」：黨禁、報禁、戒嚴令及萬年國會。而且我還要剖析蔣家政權的獨裁統治本質：「流亡政權的報復心態」和「少數統治多數的恐懼心態」。

我在「答辯狀」寫下非常完整而誠懇的分析。[13]

我在法庭上將公開提出「中華民國模式的台灣獨立」和兩年前（一九七八）發表《增設中央第四國會芻議》[14]一書的心態和背景是連貫的。其實，「中華民國模式的台灣獨立」是台東泰源革命失敗後倖存下來的我，思考如何繼續推動台灣獨立建國的新方略，它成熟於中美建交之後。

從六〇年代進軍校計劃有朝一日進行軍事兵變，到七〇年代的「泰源監獄革命」失敗後，我對如何達成台灣獨立的策略有了相當大的改變。這種改變是基本幾點認知：

施明德
證物一

增設中央第四國會芻議

目錄

—3—

151
275
276

13 施明德寫於一九八〇，《施明德的政治遺屬》，二〇二一，時報出版，台北。

14 《增設中央第四國會芻議》。

第一、中華人民共和國是扼殺台灣成為主權獨立國家最強悍的因素。我們在台灣內部採取的任何改革或行動，都不能變成中共的馬前卒，永遠要記得：「螳螂在前，黃雀在後」的寓言。我們從事任何行動都必須顧及「中國因素」，防止讓中國漁翁得利。

第二、從一九四九年移民到台灣的蔣家集團雖然是壓迫者，但隨著二代、三代出生於台灣，他們在台灣應該也有生存下去的平等權利。沒有人，沒有任何理由可以否決他們在台灣的生存權、發展權。台灣內部妥協、和解是獨立建國者必要面對的。否定他們在台灣的生存權，獨立建國者就犯了侵犯人權之罪。

第三、「維持現狀」已經是國際社會的共識。「中華民國」雖然在國際社會遭到排斥，但它仍是對抗「中華人民共和國」相對之下比較有話語權的一張牌。因為「中華民國」早於「中華人民共和國」存在；如果逕行推出「台灣國」則會被誤認是從中國分離出來的子國，也會被認為是「破壞現狀」。而且在台灣內部仍有相當數量的人民對「中華民國」仍存眷念。所以把「台灣國」寄生於「中華民國」之殼，在近期內比直接推出「台灣共和國」會減少國際及中國的阻力，也會使蔣家集團的從屬族群及其後代有平等參與的地位及權利，減少內部對立，我深信時間終會融和彼此的差異。

大審中，我認為是我提出「中華民國模式的台灣獨立」的時候了。讓兩個原本誓不兩立的兩個名詞畫上一個等號。這點，也是我的重要政治辯護之一。既可以公然主張台灣獨立，又讓「中華民國」有存在的空間。這是歷史性的時刻，我將讓「中華民國」和「台灣國」在法庭中連結。我還決定把蔣經國在美國與中國建交後，仍要求跟美國維持「政府對政府」的關係，闡明就是「兩個中國」或「一中一台」的法律宣示。蔣經國可以宣示這種政策，為什麼我們做同樣主張就是叛亂？

至於什麼時候中華民國才能正名為台灣，或有沒有必要改名？這必須等到國際條件和國內情勢都符合國家生存與安全的時候，才可以考慮。國際法上，國號、國旗、國歌從來都不是國家構成的要件。人，不會為了改名而喪失生命；國家，亦同。

一九九五年，我擔任民主進步黨主席時在美國國際記者會上宣示：「台灣已經是個主權獨立的國家，民主進步黨不必也不會宣布台灣獨立，也是本模式的必然延伸。李登輝總統的「中華民國在台灣」，陳水扁總統的「中華民國是台灣」，到蔡英文總統的「中華民國台灣」，都是順著「中華民國模式的台灣獨立」發展下來的。

在軍法處看守所寫「答辯狀」是最正常的事。所方不只不會干預、審查，有時候還蠻放心的。所方的責任是不要發生任何意外，他們特別注意死囚或準死囚是怕這類人會挺而走險或自殺。如果一個準死囚仍願寫答辯狀，表示他仍心存一線盼望；有盼望就比較不會走極端，這只是常識。監方懂。

但是，我仍然極謹慎處理，開始我就跟同房說清楚，我們是個大案，必須用心寫很多狀子，我不放封是我沒有太多時間了。我特別提到答辯狀是預防他們放封或任何時候被問到「施明德都在寫什麼時？」可以立刻反應。所以，這份整體的「答辯狀」一開始是沒有留下「遺囑」的痕跡。遺書，是朝向斷頭臺要留下的身影，所方不喜歡一個死士。

為了這份「答辯狀」，我不只不放封，生活上也不一定跟同房同步。我都依自己的思路生活。有時，飯來了，我正寫得順暢，我會叫他們先吃，把我的份量撥留下來。有時睡眠時間到了，我仍會繼續寫，反正死囚房是日夜燈火通明的。半夜醒來，提筆直書更是常事。我讓同房知道，這是我當做的事。

我就是這樣日夜趕工。

越寫越盼望有同案跟我一起在法庭上做政治辯護，理念闡釋，審判蔣經國。我住的這一區，只確知我出門後左轉是士官長房，然後，右轉第一間是信介先生；他的隔房是姚嘉文。據同房說，還有美麗島人士分囚各房，但我不知道還有誰。

信介先生的台語演講，我認為是台灣第一高手。但，在法庭上做理論性的政治辯護，他可能力有不逮。即使有能力，在「二條一」的震攝下是否敢坦率直陳，我是有些遲疑的。唯一可能會在法庭上同調的應該只剩姚嘉文，其他的我完全聯絡不上，就不列入考慮，等開庭有機會時再說了。

怎麼告知姚嘉文？

放封，不經過他的囚房，只有一周兩次的熱水澡，我才可能有機會經過他的牢房。我是個有小小潔癖的人，每天至少會洗一次澡，不分冷暖天。即使酷冷沒有熱水，也會用冷水洗澡。在寫「答辯狀」時，我會把寫好的文件用衣服包好，放在臉盒最底層，其他的盥洗用品及更換的衣服放在最上面。經過姚律師房前，我就大聲叫：

「嘉文！政治辯護！」

嘉文是法學家、律師，如果被起訴「二條一」，我相信他會依法理辯護，其他律師一定也如此。

在政治案件中，法律是最軟弱、迂腐的。在戒嚴時代的軍法庭，法律辯護只具外表，擋不住法官的「自由心證」，更傷不到獨裁者。即使是全世界都公認的「時效」，如犯行超過三十年，即失去追訴權。但是蔣家集團卻可以命令御用大法官作成「解釋」：對行為人採「未逕自首，犯行仍在繼續狀態中」。這，只是軍事法庭偉大之處！自古以來，所有政治犯的偉大辯護都是築基於真理、公義、理想的理念與主張，絕對不是在法律上辯論有罪與否？這類法律辯護在我看來都是小鼻子小眼睛，這部分就讓律師們去做。

雖然，我不知道姚嘉文是否聽懂「政治辯護」的語意，每次匆匆經過，我還是都會大叫：

「嘉文！政治辯護！」

或：

「嘉文！政治辯護比法律辯護有效！」

這是垂死者的掙扎。

暴政下的垂死者，放棄掙扎，亦是背叛了生命的價值，更是對生命的不敬。

我日夜寫整套的「答辯狀」，連續寫了十四、五天，才把六萬多字的文稿寫完。這些是我在法庭中將公開聲訴的精華。然後，在白天同房各自在室內活動時，我坐在一角或馬桶上用隱形汁全抄一遍在「六法全書」的內頁空白處。

當我寫下法庭的「最後陳述」時，幾乎是流著淚邊寫邊拭淚：

我，和大家一樣，也有七情六慾。我卻必須壓抑慾望而不變態，忍受千辛萬苦而不心存怨懟，像苦行僧般的在牢獄中接受十五年——不是十五天或十五個月——形形色色的折磨、鍛鍊。只是我比苦行僧更苦。苦行僧是出世的，我卻是入世的。以入世的心境度出世的生涯，其艱其苦其難又豈是我的話語所能形容或傳達的？

我的兄妹常戲稱我是「歷盡滄桑一男人」。但是，這個歷盡滄桑，浩劫歸來的男人，並沒有在花花世界中迷失，也沒有在各種誘惑中墮落。苦難未曾污染了他的赤子之心。他依然堅持從那個空襲日早上便已開始萌芽的信念——為台灣人民的基本人權及兩岸和平——奉獻一己。他當然瞭解，如果他不在國民黨政權「反攻大陸」大合唱聲中，停止發出人權與反戰的「噪音」，如果他不隨波逐流，營鑽私利，阿諛權貴，他就一定會再度站在世俗「法庭」的被告席上！

當年，蘇格拉底曾在背叛真理或飲酖中做抉擇。他選擇了飲酖。

當年，耶穌基督曾在終止宣揚「登山寶訓」或進入耶路撒冷被釘於十字架上做抉擇。他走進了耶路撒冷。

我很清楚，非常清楚，如果我不放棄我的信念，便只好走進國民黨的刑場或老死「古拉格群島」中。

我又來了。以坦然含笑的姿態，站在諸位的面前了。我早已做了抉擇。

每個時代都有奉獻者。奉獻者總是扮演著悲劇的角色。奉獻者深知自己的旅程必是孤單、坎坷、悽慘和佈滿血淚的。奉獻者總是不為他的時代所接受，反遭排斥、欺凌、羞辱、監禁和殺戮。但是，奉獻者所爬過的羊腸小徑，必會被後繼者踩成康莊大道。奉獻者的肉體也會腐朽，但是他的道德勇氣和擇善固執的奉獻精神，必會增益人類文明，與世長存。奉獻者不屬於今天，但是他會活在明天！

最後，我要重申奉獻者的一項共同信條，來結束我今天，也許也是我此生的「最後陳述」——

我並不奢望在這個世俗的「法庭」中求得一項公正的判決，但是我毫不懷疑地深信：總有一天，歷史法庭一定會還我公道！[15]

我像一個奉獻者在向他的族人，向他尚未建國的子民留下遺言並告別般。這時，我才決定把這份文件從起始的「答辯狀」定名為「政治遺囑」。我知道，我已不可能等到台灣建國完成之後才對族人說這些話了。

自古以來，被外來統治的台灣人，對於信念，對於勇敢，對於犧牲，對於反抗，是模糊的，甚至排斥的。這是台灣人的集體悲哀。被統治者的文化是隨著新統治的文化在汰除前統治者的文化。台灣沒有什麼可歌可泣的故事被留傳下來。對高貴的精神、情操都會被視為違反求生存的法則。長輩一代教一代：「那不是台灣人配學習的！」我寫完了「答辯狀」，也準備走上斷頭臺了，我心中竟然告訴自己：你死後，甚至百年後，你的同袍，你的子民，念到這份文件仍不會感動，甚至會排斥的！就像

15　施明德寫於一九八〇，《施明德的政治遺屬》，二〇二一，時報出版，台北。p.236-238。

當年耶穌被他的猶太族人判處死刑，送上「各各他山」一般……。

台灣人一直只景仰統治者，敬拜統治者的神和英雄，只學習如何屈服統治者，羨慕有錢與有權的人，分享些許權位或利益的識時務者，卻常常作賤自己的英雄……。因為從「英雄」的鏡面，最容易看到自己的軟弱、順服和無格；也會看到英雄一生的落魄與悽慘。台灣人沒有培養起什麼精神文明……，又對外來統治者的文明嗤之以鼻，中國的忠孝節義，日本的武士精神……，在台灣人眼中都是無聊的。

這種感慨在步上斷頭臺前夕，格外濃得化不開……。

我覺得自己變得很憤世忌俗，目空一切。也許就是有這種氣質，我才敢扮演大審的英雄，才敢追求傑出，樹立典範……。

不知悛悔之徒

在逆境中，特別是囚禁中，人的情緒起伏常常是很大的。有時會過度悲觀，有時幻想會飛翔，這種現象都很正常。我坐過十五年幾近完全孤獨的苦牢，我領悟了一套「囚犯哲學」[16]，當我的情緒朝負面發展時，我不遏止它，我就浸泡在它的淫威下。情緒忽而又亢奮時，我就任它飛揚。漫長的苦牢讓我有太多機會檢驗情緒的發展軌跡，遏止、克制在情緒激昂時，都不會是最好的方法。讓它盡情宣洩吧！心境自然會找到它該有的定位，然後，會像雨過天晴般。

那年，囚禁在台東泰源監獄，媽媽病危，不准探視；媽媽逝世，不准奔喪。最後，在得知惡耗時我要求獨囚於單人房，整天淚流滿面，盡情於傷痛之中，一天又一天，不讀不寫，只浸在思念母親中，……。然後，悲慟一天減少些許，淚也少流些。每一天都如此減少。我不想移情，也不刻意安慰自己，就是讓自己一直浸泡在悲傷之中。一日又一日，終於我能面對並接受喪母之慟，自自然然地再振作起來。時間，是最好的大夫，對心病而言。

寫「答辯狀」我又經歷了一次心情的翻騰，時而慷慨激昂，時而懷疑這樣為台灣人犧牲、奉獻是

16　施明德著《閱讀施明德》一書第五十頁，逆境哲學。

否值得？時而陶醉在法庭上反擊蔣經國的英雄氣概中……。

無論如何，寫完「答辯狀」，我真的覺得自己已準備好了，更有一種風蕭蕭兮易水寒，壯士一去不復返的氣概！

烈士，不應只是奉獻生命而已，更必須陳述理想、信仰、決志。不能只留下文天祥大氣蓬勃的〈正氣歌〉部分而刪除他被囚不降的兩年苦況。也不能只是寫一篇感人肺腑的「與妻訣別書」，蔣家獨裁政權的本質、台灣問題、台灣殖民地命運的終結，都不是三言兩語所能道盡的。

我，終於完成了初稿的「答辯狀」！

這亦是我送給台灣人的「訣別書」，不管後人如何看待，我寫了，我完成了。這些內容即使在法庭上沒有機會全部陳述，死後也可以留給後人。

這種感覺在看守所等待未卜的命運時，會使心靈變得很篤定，有一種準備好了的感覺。對一個戰士而言，這種心境是極其重要的。

不是放封的時間，門被打開了。年輕監獄官陪著一個陌生人親自到來。

「施先生，請你簽收起訴書。」

來人應該就是庭丁。

我簽收的時間？我問庭丁今天是什麼日子？因為我必須簽下日期。

「二月二十日。」庭丁說。

拿著「起訴書」，我回到我的床位角落。我第一個想知道有誰也被起訴了。八名，人數不多，但是，怎麼會有「林弘宣」？在美麗島政團中，他的重要性應該排在百名之外，他為什麼入列？然後，我繼續讀下去，要知道起訴第幾條？

八個人都是起訴「二條一」，唯一死刑，沒收財產。

我會被起訴「二條一」，毫不意外。在調查局特務就坦白表示，我只有在法庭懺悔、求饒、認錯，懇求政府仁德，才可能獲得生機。我才會有活下來的可能。但，其他人怎麼也都是「二條一」？最特別的竟然沒有觸犯「預備」、「陰謀」或「參加叛亂組織」的共犯、從犯？這是我坐牢十五年來看到唯一的一份「起訴書」，全部起訴「二條一」。按蔣家統治下的「慣例」，有八名首謀「二條一」，就應該有一大串的共犯、從犯才對，現在竟然沒有。蔣家政權擺明了這就是政治性起訴，也將是政治性判決。他們才不管你什麼法理，原則或普世價值。

我立刻又聯想到「莫斯科第一次大審判」，十六名被告全部判處死刑……。

然後，我才從頭看起訴書全文[17]。

看到最後一頁，「黃信介等叛亂嫌疑案請依照宣告沒收物清冊」，我竟然噗哧笑出聲來！什麼時代了！造反者、叛亂者竟然沒有一隻手槍，一顆手榴彈，更沒有一隻自動步槍和機關槍？

17 國家檔案，見附錄。

只想用木棍、竹棍、火把、鋼筋，還有一桶柴油，一捆點火用草紙，就想造反？就想叛亂？蔣家的特務、檢察官最後搜遍全台灣，竟然只能拿到這些「犯罪物證」來證明我們「叛亂」？完全不在乎會不會引起世人的恥笑？

這，就是獨裁者的信心。這，就是獨裁者的狂傲！

掌握了權力，就掌握了真理，也掌握了詮釋權、裁判權。

我不知道我的同案們看到起訴書會有什麼感覺？也許，他們看到最後檢察官有說：「再查被告黃信介等或因觀念錯誤或因受叛國份子蠱惑，致有非法顛覆政府之叛亂行為，因而觸犯重典，到案後，尚能自承犯行、知所悔悟、併請依法酌予減處其行，以示矜恤。」然後，緊抱希望、幻想。這是絕大多數面對「二條一」起訴的政治犯會心存的一絲盼望……。

至於我的部分，起訴書是這樣寫的：

「施明德前於民國四十八年，因與陳三興成立『台灣聯合戰線』叛亂組織，從事叛亂活動，經本部依懲治叛亂條例判處無期徒刑確定，嗣依中華民國六十四年罪犯減刑條例減為有期徒刑十五年，六十六年六月十六日刑滿出獄後，仍不知悛悔。」

不知悛悔的「美麗島事件」總指揮，起訴書的文字已清楚預告了我的死刑結局。

這也是這段日子，媒體輿論對我的攻擊主軸——「不知悛悔」之徒。

儘管從被通緝的那一天，我就知道自己正面對死刑；儘管避難時期，我已一再武裝自己應該在法庭上為台灣一戰，並光榮地走上斷頭臺；儘管在調查局和特務周旋已大致擬好鬥爭策略，全是赴死的計畫；儘管到了軍法處，我日以繼夜書寫好遺囑式的「答辯狀」，似乎已萬事俱備只等待出庭笑傲戰鬥，但是，真正收到起訴書，被以「二條一」唯一死刑論罪並被檢察官標記：「不知悛悔」，心裡仍不自覺地就有股寒顫，全身毛骨聳然。這份起訴書就像死亡召集令，追殺令般……。

這種殺氣是沒有領教過懲治叛亂條例「二條一」的人，所難體會的。

從拿到起訴書後，我幾乎就陷入沉默中，同房也不敢主動干擾。但是，我也允許他們傳閱起訴書。我不知道，我的同案們是否有我這種高度理性的絕望。他們很難想像，辦個雜誌，在台灣各地成立服務處，舉辦演講會、遊行，就會被判處死刑？但是在蔣家統治下，確實就是如此！多少亡魂消逝，多少曝屍已經高掛……。

也許，蔣經國會為了政治上的既懲治又安撫的目的，會把同案們視為改革者，只是被一個怙惡不悛的台獨份子施明德所利用而誤入法網，可以網開一面，以示仁厚。但對施明德這個一而再，再而三不知悛悔的叛亂犯則必須殺一儆百。何況，輿論加工早已完成，蔣經國怎會手軟？就像半年前把吳泰安那種假匪諜殺了，分別判余登發父子有期徒刑八年和兩年。

真相其實也相差不遠。出獄後，接觸到的黨外人士，在我心中很自然地會把他們分成兩類人。一種是追求價值的黨外。這類人有理想，有是非、對錯，有歷史感，想替台灣開拓一條新路，結束舊時代。這類人在黨外，是極少數，黃信介「五人小組」諸君算是，還有一些年輕的學生輩和陳菊等人。

另一類則是追求價格的人。只求當選公職，就像生意人只要能賺到錢就好。這類黨外遍佈全台，佔絕大多數。絕大多數台灣人也都如此。我一輩子都不羨慕追求價格的「成功者」——當大官、當有錢人，卻全然不珍視價值的人。

和後一類人士相處，我常常會覺得格格不入，心中常有不悅，但，為了追求大理想又不得不忍受。反抗運動不能追求純度，大包容才會有大力量。這個時候，我對追求價值而入獄的朋友們心中有強烈的歉疚感。這種歉疚崩解了我的信心與信仰，讓我有種犯罪感：把他們拖下水，帶進了監獄。這種感覺對一個即將被判處死刑的人，百害只有一益：讓自己更堅定在法庭上應該扛起一切罪責，應該展現「對長官盡忠，對同事盡義，對部屬盡愛」的氣質。這算是一種回報。

百害則是，人會因絕境而朝一生不幸的際遇去回憶……。從收到起訴書，我的思想幾乎都是負面的。就像我在寫「答辯狀」時那樣，我再度被往事糾纏……。

我想到「泰源革命」，原本有六位談好要做第一線起義戰士的。臨陣鄭正成膽怯逃跑了，害鄭金河、江炳興誤判他是去檢舉而終於放棄原計畫，而全體分頭逃亡……。

那一夜真正是淒風苦雨的一夜，泰源山區下著雨，天好冷，我才二十九歲，卻覺得自己老了。老，是一種感覺，我非常清楚，我產生「老」的感覺就是從泰源革命失敗這一天，這一夜明顯出現的。一場決心奉獻一己生命卻獨活下來的孤單、惆悵，絕望，最後吞噬了我整個生命的年輕感覺！

但是，反抗者、革命者被暴君凌虐、處斬，求仁得仁，沒有什麼好抱怨的。只是被同類、同志傷害才會令你慟入心脾……。

我又想起家變後，陳麗珠帶走我的全部財產和蔡寬裕同居的那段日子。我連肥皂、衛生紙都沒有，只能用稀飯汁淋頭髮和全身，當作洗髮精和肥皂……。

我回憶到家庭被出獄政治犯蔡寬裕摧毀霸佔的痛與恨……。我想起陳麗珠在情變後的絕情、醜陋與無恥，和先前相聚時完完全全判若兩人。情變後的人，怎麼會變得如此低賤？有相當長的一段時間，她赤裸裸恐怖的言行，讓我對愛情怯步……。

「我等你十年，是太愚笨了，我現在被幹的太爽了。我會幸福給你看！快簽字離婚」。

「不要臉的男人！某愛上別人了，跟人相幹了，還不肯簽字離婚」。

「嘴生在我臉上，話要怎麼講，都是我說了算！你是愛面子的人，我就敢說你不敢聽的話」。

「你出來，若敢動蔡桑一根毛，我就會殺了你的兩個女兒」……。

在土城「仁教所」，她當著大庭廣眾如此對我吼叫……。這些醜陋的往事和聲音不斷浮現。

我想起，出獄後，蔡寬裕糾集了一批政治犯，由陳麗珠出資下，在台中大里開一所製鞋工廠，我卻貧無一文的悲情……。

我想起，我終於站了起來，成為台灣二次大戰後第一個反抗團體「全國黨外助選團」總幹事，叱吒風雲時，蔡寬裕、林水泉等等政治犯嫉妒、恐懼，又集體遊說康寧祥一起去施壓黃信介必須把我革職。政治犯個個可憐，但可憐不等於可敬。可敬必須有更積極的行為，可憐只是處境值得人悲憫而已。

台灣絕大多數政治犯都是如此，逢人都只會投訴坐牢的悲慘……。出獄後，什麼犧牲、奮鬥都不敢做，只在乞求別人的同情……。想到台灣的政治犯，我常常有噁心的感覺。

我想到，這次逃亡中，又有多少政治犯到處打聽我的行跡，想去密告。像曾是我跟班似的小弟楊碧川竟然放言，如果找到施明德，必須把他殺掉，以免他被捕後供出泰源事件的所有涉案政治犯！楊碧川膽小如鼠，什麼東西也不敢殺，憑一張嘴。而且沒有智慧到還以為特務會對我清老帳，清算泰源事件的帳？他們分不清美麗島事件捲起的歷史巨浪已千倍於泰源事件！特務要殺我，何需再追訴到泰源事件？這些政治犯的幼稚、輕挑，搞到特務都知道他們想幹什麼？徒留笑話。

最後，檢舉我去領鉅額獎金的人，果然又是政治犯徐春泰和高金郎！

起訴之夜，我浸淫在負面、悲慘的回憶中。面臨死亡，我不自主地像要倒空心中累積的垃圾，也許我必須這樣才能從粉身碎骨中重新塑造自己。

這一夜，我想到連兩個女兒施雪蕙、施珮君也認賊作父，不認不理會我……。

被統治者、被敵人傷害是正常的。被同路人、被同志、被親人傷害，那傷慟不是肌膚的，是從心底的……。明明知道自己一再奉獻的是建構台灣的歷史工程，一定會承受空前的苦楚，但是再次接到「死亡召集令」，仍會百感交集……。

這種感覺今夜格外尖銳和淩厲。

我的人生好悲涼！

這一夜，我在悄悄垂淚中輾轉反側，最後還是 **Bettine** 擁我入夢……。

一覺醒來，看到從囚窗射進來的光，我有種明亮的迴響。我體會到昨夜糾纏著我的鬼魅都隱逝了。這已經是我多年塑造起來的「囚犯哲學」之一。當心中被苦痛、悲切、絕望、仇恨……等等情緒侵襲時，我都不想用另一股力量加以抗拒排斥。我反而會放任它蹂躪我、征服、吞噬我，當它所向披靡像颱風肆虐大地，讓杯盤狼藉之後，自然恢復平靜。此刻，我的心頭一樣恢復了平靜、正常。我一直不喜歡跟自己的情緒對抗、拉扯，那會產生難於消逝的疤痕。我放任它肆虐，反而會雨過天晴。今天早上，再拿起「二條一」起訴書翻閱，已能平靜地面對了。

早餐後，我決定按部就班參加放封。我知道今天各報一定以頭版頭條新聞報導「高雄暴力事件」被告黃信介等人被依懲治叛亂條例第二條第一項起訴。社論、評論一定也充斥各媒體。監獄官員們從監視器的窺視必須往上呈報：施犯舉止如何，如何……。

當士官長打開囚門，我站起來像要出去放封的樣子時，他愣了一下，然後頭偏了一下，覺得意外似的。他本來已打開隔壁牢房要兩個牢房的人一起放封。我要出來，他只能叫另一房的囚人們回去，讓我們單獨一房放封，以免有什麼串供發生。

放封場已經站著一名監獄官和士官，我看到監獄官拿著報紙在閱讀。當然就是在看我們的新聞。我走在同房的後面，他瞄了一下，又低頭看報紙，也許我不放封已久，他突然發現我出來了。低下的頭馬上又抬了起來，然後把報紙摺疊起來，執行他的戒護任務。

我一個人走著，慢慢地散步，看看塔台上的衛兵，寒冬大家都穿著厚厚的冬衣。我身上穿的是 **Linda** 的冬天夾克帽 **T**。我把拉鍊拉緊，胸前的部位出現兩團鬆鬆的圓形空間。**Linda** 是波霸，兩顆乳房超巨型，把這件帽T撐出兩個球狀空間。我突然想起，有一天和陳婉真、陳菊等人在台大校外的海鮮熱炒店晚餐。那個女服務生是個大波霸，端著兩盤菜過來，有點搖擺，我對著同餐朋友說：「那位小姐應該把菜盤放在乳房上比較穩。」

陳婉真立刻笑著反擊說：「你老婆那兩顆比她還大！」

苦難中，讓往事擠進大腦沖淡當下的壓力，使嘴角向上微彎，正是反抗者該有的表情……。

我走著，那位監獄官走向我，主動掏出香煙請我，在替我點煙時，我看到斗大的字就是在報導我們被起訴的消息。

「學長，到這裡你很少出來放封，」他說，邊跟我同步。

「對，我在趕寫答辯狀，」他們一定從監視器看到我日以繼夜的寫著，我就不必掩飾。

「報紙刊登的很大，三台電視也一再播報，」監獄官主動說。這些年輕軍官應該是外省二代，或台籍軍官。口音都是台灣國語，不像老外省人有濃濃的鄉音。一般軍官和保防官、特務不太一樣，敵意似乎少些。也許，他們心中也有些幻想，希望恐怖的特務統治會輕緩些。他們不敢做，而我們做了。

「一定的，我一點也不意外。」我回答。

「學長，你散步，我會叫士官長延長放封時間十分鐘給你。」他說著，逕自走向士官長，應該就是傳達延長時間的事。有監視器在，他也不敢太表露。

這點小小的善意，我記在心中。

起訴後第一天我必須出來放封，因為我知道看守所、軍法處官員都必須匯報我們的反應。他們的上級專案小組要掌握全部狀況，我刻意留下「正常作息」的資料，以防對手醜化。將死之徒，姿勢也要優雅。我知道不只在場監視的戒護人員、塔台上的衛兵，還有軍法處高層都透過監視器在觀察。

我一圈又一圈地散步，偶而停下來無意義地掃視看守所外貌，直到士官長喊：

「回去啦！」

起訴後最大的改變就是可以接見家人，結束徹底封鎖狀況。蔣家政權逮捕異議份子，可以丟在情治單位三個月、半年、一年或超過兩年，完全從社會失蹤。我碰到的個案就是國民黨前台北市黨部主委羅恆，陳誠的親信，蔣經國為了鬥爭陳誠副總統，先把羅恆抓起來逼供。羅恆從此失蹤，音訊全無。他的家人完全不知道他在哪裡？社會沒有人敢追問，全體噤若寒蟬。其實，羅恆只是被調查局逮捕了。最初蔣經國的特務只是想羅織貪污罪狀，但一個月又一個月，一年又一年地偵訊，三年多之後查無貪污證據，最後以他曾經在中共佔領區逗留過，編造叛亂罪名才移送軍法處起訴。在蔣氏父子獨裁統治下，碰到這種狀況，沒有誰敢仗義執言！

現在，我們被起訴了，像熱鍋裡的螞蟻的家屬們終於可以看到他們被捕的家人了。

接見，對我，不像對黃信介、林義雄、姚嘉文等等有那麼多親情的牽絆。因為他們都有妻兒女在焦急著，有長輩在哭泣著。**Linda**已經離台赴美了，女兒也不認我了，只有兄妹可以來探監。雖然這樣，接見仍然非常重要。我可以多少探聽外界的輿論風向，可以打聽審判將如何進行？至於聘請律師當然是必然的，但，我要請律師不是要律師替我們辯護，我是要從律師會見時打探到公審是公開到什麼程序？對請律師我只有這個功能。辯護，我自己會來。經驗已經告訴我，律師在叛亂案中是完全無用的。但，我還是要請律師當個窗口。在封閉的狀態下，任何窗口都必須利用。

現在，我個人則必須正面迎戰起訴書的內容。這個答辯分兩類。法律辯護以文書訴狀進行。政治辯護的大藍圖已幾乎完全寫在遺囑式的「答辯狀」內了。我會隨著開庭的詢答過程摘出適當部分作答，手中已不必拿著資料。我早已是個高手，思想、理念、辯詞已能信手拈來，對答如流或雄辯滔滔了。坐牢十五年，天天讀書不做工，不是為了考試，也不是為文憑。純讀書，讀得多，忘得多，留一點；再讀得多，忘得多，又留一點。這一點點不斷累積就非常可觀了。因為苦牢中已讀了那麼多，留了那麼多，所以，我能應付自如，我深信自己比法官、檢察官博學太多了。法庭上的攻防我信心十足。現在，我要補足的只是起訴內容的重點。信心是一件事，用功總是必要的，尤其法庭現場的攻防，必須逐點逐項預作思考。

我又打開起訴書，先逐頁標示應答辯之處，勾出法律爭點，政治攻防的破口，尤其不符合舉世人權標準的事證。蔣家已習於運用國內法，戒嚴令下的「邏輯」行事並定他人之罪，我就是要在法庭公然戳破他，讓他貽笑國際。此舉當然也會激怒蔣家政權，但，這就是政治辯護，也是所有律師都做不到也不敢說的。

這才是這場公開審判是否有意義，有價值的地方。

政治辯護主軸

我逐條擬出法庭的攻防大綱：

一、正面迎戰「台灣獨立的指控」。

「台灣悲劇」，就是台灣四百年來不斷有外來的殖民統治。從荷蘭、西班牙、鄭成功集團、大清帝國、日本及中國國民黨政權的先後輪流統治。台灣這個島嶼上只存在著外來統治者的意志和利益。台灣人的痛苦、欲望、意志、價值不但全被壓抑到似乎完全不存在。即使曾經有反抗的行動和反抗者，但是他們的反抗動機和理想及價值，甚至到死亡，不止外界不清楚，連台灣人自己也只殘存「恐懼」的陰影而已。反抗者連公然陳述的機會都極為少有。即使像彭明敏案，當事人也沒有在法庭上侃侃謂的替台灣處境辯護，報紙媒體也只一小塊。沒有引起台灣人的關注，更沒有激發台灣人的深思，沒有對台灣人產生什麼引領性的影響。

現在，起訴書已公開指控我們是在追求「台灣獨立」，而台灣獨立建國正是結束「台灣悲劇」的唯一出路。這是台灣四百年來最佳及首次出現的「宣告台灣獨立」的機會！如果我們為了貪生，為了怕死，而不敢也沒有利用這個公審的機會向世人，向台灣人，向台灣後代子孫宣布「台灣應該獨立」！我們將永遠對不起台灣歷史，對不起台灣後代，更對不起自己生而為人的價值和意義！現在正是我們向世界宣告台灣獨立的唯一、最佳的機會。全世界、全部台灣人都會聽到。

這時，我又想到「泰源事件」。那時，我們不是要進行一場自殺式的革命，只為了想奪取台東電台，向世人宣告台灣人要獨立的聲音嗎？現在，蔣經國提供了這麼好的一個舞台，如果真的是准許國內外媒體都到場。這個機會比泰源革命所要奪取的電台，何止大千萬倍！

我當然要利用這個公審的舞台向世人宣告：

「台灣應該獨立。」

這是台灣獨立建國的最佳宣揚機會。思想領導行為，這個槍聲響起，「台灣悲劇」必將從此逐漸幕垂。最危險的時刻就是最好的時刻，死亡就是誕生。我決心在法庭上宣布：「台灣應該獨立。」

這個大決定、大方向決定了。我必須把多年來，我對如何解決台灣問題的全盤思維在法庭提出。以免為了追求台灣獨立，在內部引起省籍衝突，導致讓中華人民共和國得利，進而失去了台灣獨立的最佳機會。我早已思考過，我不能像海外的台灣人那樣，在沒有危險下過度勇敢地大喊台灣獨立，而不顧及國際特別是美國會有什麼反應？也不顧及從一九四九年跟隨蔣介石到台灣的外省人及其後代，如何在台灣仍能保有生存權和發展權，而把他們也列入「台灣獨立」之外。這樣做，台灣獨立絕對不能成功！

所以，我決定在法庭上，我不只不能為了幻想求活而否認自己在追求台灣獨立，在死刑威脅下幾乎所有被告都會否認有追求台灣獨立的陰謀，我更應直接完整的表明：

「台灣應該獨立，而且已經獨立三十年，它現在的名字叫中華民國」。

國家的定義和要素有四：人民、領土、政府、主權。自一九四九年，中華人民共和國成立，兩岸已各有兩個主權體：中華民國和中華人民共和國。蔣介石堅持「漢賊不兩立」，蔣經國在美中建交，台美斷交後仍公開透過最後的外交途經向卡特政府表示希望雙方維持「政府對政府」的關係，這就是一種台灣獨立的宣示。因為「政府」是國家四要素之一，台灣學者丘宏達主張「雙重承認」是違反國際法的原理原則的。丘宏達的「雙重承認」實際上是「兩個中國」或「一中一台」的主張，因為主權和政府都不可重疊。而所謂「德國模式」，更不是一個德國兩個政府，而是兩個德國——德意志聯邦共和國和德意志民主共和國。因為國際法承認一個國家可以分裂成兩個或兩個以上的國家，但不接受一個國家可以同時擁有「兩個合法」政府。

中華民國或台灣，從一九四九年起已經是個主權獨立國家，尤其是自從一九七一年中華人民共和國取得聯合國中國代表權後，中華民國或台灣仍然在台灣行使國家主權行為，事實上，台灣就已經是個主權獨立的國家。聯合國的「二七五八號決議」是在處理中國代表的歸屬，不是在判決台灣主權的歸屬。何況，國際社會的承認與否，與該國家是否獨立無關。承認，只是使雙方能夠正常交往；不承認，該國依然存在。就像一個私生子，不認祖歸宗、不報戶口，他仍然是個「人」，不是任何人可以隨意殺害他、侵犯他的。

我要在法庭上讓「中華民國」和「台灣獨立」劃上等號。

這一點，將是我在公開審判中最重要的論點。也一定會引起全部媒體的反擊。反擊，是我深深期待的。反擊，只會使我的論點傳播得更遠更深入。我一點都不在乎反擊，還會引以為傲。

在「美麗島大審」之前，「台灣獨立」是島內絕大多數台灣人的禁忌，不只不敢聽、不敢說，連想都不敢想，甚至不知道什麼是台灣獨立。現在，蔣經國既然正式起訴我們在追求台灣獨立，並欲以此判處我們死刑，我只好被動被迫必須公然應戰，藉這個機會大大宣揚台灣獨立，並且提出一個妥協方案，能夠同時包含台灣人及外省人的「中華民國模式的台灣獨立」。

我決心讓「美麗島軍法大審」，成為宣布「台灣獨立之日」！

這，是要以死刑做代價的。追求國家的獨立建國都必須以血做代價，只是或多或少而已。舉世皆然。

二、正面攻擊蔣家政權反民主、反自由、反人權的四大害「黨禁、報禁、戒嚴令和萬年國會」。這是蔣家政權維持其恐怖統治的手段，也是它的核心罪惡，這是我政治辯護的核心主軸之一。一一點出這些反人權的事實，是要讓蔣經國成為「被告」。法律辯護，我們絕對也只能是「被告」。政治辯護，才能主客易位，在歷史上我們成為原告，蔣經國成為被告。這是危險之舉，我只能獨自挑起這重責，我不能要求別人也這樣做。我相信這必然是蔣經國及其御用學者始料所不及。他們絕對不相信被起訴唯一死刑的囚徒，敢不求饒反而在法庭數落掌權者的不是。

台灣人民只感覺蔣家政權是個獨裁恐怖政權，但邪惡之處何在？一般人民絕大多數茫然無知。我必須利用這個公審會有媒體報導的機會教育人民，讓人民能朗朗上口「黨禁、報禁、戒嚴令和萬年國會」。我死了，人民也會繼起努力爭取掃除這台灣民主四大害。這是我利用法庭來宣揚主張和理念的最後機會！

這四大害跟台灣人能否享受自由、民主和人權，息息相關。

其實在這四大害之外，我在坐牢時期原本的觀察和分析，台灣還有一害：就是「御用司法」。台灣司法的邪惡性是台灣無法出現公義社會的主因之一。因為沒有一個正義的「司法」來做國家道德的最後一道防線，定奪是非對錯。但在這場大審中，我決定不直接使用「御用司法」這個名詞，以免立刻和軍法官在法庭槓上，針峰相對，導致審判長阻止我發言而影響我的其他論述。這種針峰相對，也會給媒體轉移焦點的機會，不利於我的整體策略。我決定用「先抓人再找證據」及長期囚禁「製造自白書和筆錄」，入人於罪來取代。御用司法一直是蔣家獨裁體制的核心手段，用來整肅異己，散布恐懼的核心手段。不只外省法官，台灣法官由於長期淪為被統治者，一旦成為法官其內心深處的恐懼感，使其更容易淪為御用法官。全世界的被統治者中的秀異份子，一旦搖身擠入統治行列，反而最容易變成御用者。

此時此刻，基於現實考量，我把「台灣民主政治五大害」變成了「台灣民主政治四大害」。

三、公開承認是在成立一個「沒有黨名的黨」。

黨禁是獨裁國家的政策。組黨是蔣家政權的禁忌。蔣介石撤退到台灣，一直只讓兩個「花瓶黨」（黃信介之語）：青年黨和民社黨陪襯。任何人意圖成立新政黨勢必遭到逮捕，就像雷震先生。但是，台灣人如果不敢冒犯這個禁忌，台灣人民的反對勢力就無法凝聚，理想、理念將無法落實。在大審的機會公開承認我們是在成立一個「沒有黨名的黨」，固然是落實己罪卻能鼓舞後繼者依此奮鬥下去。自由都是以血淚鑄成的。

四、「長程與短程奪取計畫」。

這個名詞或計畫應該是姚嘉文在調查局特務「協助」下編造出來的名詞。這是把我們成立「美麗島雜誌社」並在全國各縣市成立服務處視為「長程奪權計畫」，把我們在全國各地舉辦演講、遊行的行動稱為「短程奪權計畫」。

在大審判中，我不想讓世人認為我們敢做不敢當，因而否定了我們爭民主爭自由、爭人權的正當性。因此，我決定：

我們成立「美麗島雜誌社」並在全國設立服務處，是在成立一個「沒有黨名的黨」。正面突顯蔣家政權的戒嚴令實施「黨禁」、「報禁」是反民主、反自由、反人權的行為。

我要把起訴書中的「短程奪權計畫」：在各地舉辦演講會和遊行只是追求人民集會及言論自由的正當行為，與奪權無關。事實也是如此。公義的社會不容栽贓。

我不必就法律層面爭辯，我要台灣人民與世人知道我們有權利如此行動。這是一個正常台灣人所當為。不做懦夫及順服的台灣人。更不向指控低頭。

我們如此行動就要判處我們死刑？我的答辯狀是要直訴歷史法庭。

五、人民有合法顛覆政府的權利。

為了延續上述第四點的立論，我必須提出「合法顛覆政府」的論述。「合法顛覆政府」既不否認我（們）有推翻政府的意圖，讓我（們）在法庭上不致被譏為「畏罪翻供」，又能伸張人民本來就可以以合法手段顛覆政府，要求依民意更換政府。統治權，不是蔣家一家一黨所獨擁。但是，我知道這個「合法顛覆政府」論點太前衛，絕對不是一次就可以說服台灣人民的，必須一再補充論述。由於它是在對照懲治叛亂條例第二條第一項「意圖以非法之方法顛覆政府著手實施」的「非法之方法」，我確信它必然會引發強烈的爭執。根據我上述「被反擊就是更好的宣傳」的原則，我不必擔心反駁、反擊。我們的努力當然期盼有朝一日要取代不義的國民黨政權。何況，推翻不義之政權是反抗者的義務，我必須在大審眾目睽睽下以另類論述，表達人民應擁有推翻政府的合法方式。

我相信「合法顛覆政府」，將會是大審中另一個影響深遠的論點。

我進一步的論述應該就是：國民黨政權以戒嚴令和萬年國會阻斷了人民依合法方式結束舊政權的機會。依總統制國家每四年或六年就必須改選一次總統，內閣制國家可以解散國會，也規定至少一定年限內必須改選全部國會議員，使政權更替。這是合法顛覆政權的途徑。但是，蔣家政權則是以戒嚴令和萬年國會永久把持政權。我們只是呼籲，要求依「合法之方式顛覆政府」。我的政治辯詞是相當弔詭，法匠型的法律人可能一時難於領會。但是我相信時間會讓我的論點發酵。

我必須在大審中公然斥責實施戒嚴令三十八年，及四十年不改選的萬年國會，實施長達三十八年舉世最久的戒嚴令和黨禁、報禁的荒謬和荒誕！公然審判蔣經國政權的本質。

使蔣經國成為「美麗島軍法大審」的「缺席被告」！

六、不喊冤，不翻供。

在蔣家軍事法庭，數十年來被告幾乎全部都會在法庭上翻供和喊冤。這已經是每次法庭攻防必定上演的戲碼，喊冤雖然是事實卻毫無效用。法庭很容易會以你在特務機關的自白，推翻你現在的陳述。而刑求逼供，你又拿不出證據。喊冤、翻供在軍事法庭都是徒勞無功的掙扎。我決不在公開審判中演出這種劇情，徒顯自己的軟弱及脫罪的欲望。貪生必亡，求活難存。這不是一個死士、反抗者所當為。甚至不是偷生之道。

遠的案例不提，半年多前「余登發案」的「匪諜」吳泰安，就是公然在法庭認罪、求饒，緊咬余登發，完全配合法庭的審判演出。最後仍被判死刑，並快速槍決。因為在獨裁者的思考邏輯中，如果不處死吳泰安，將坐實吳泰安是特務拿他當工具，來構陷余登發的指控。承辦特務及法官還能依法領取獎償，殺人滅口，全案完美落幕。

七、對「世界人權事件」，我只想做實情陳述：「未暴先鎮，鎮而後暴」。這是事實，我不必在事實部分另做有利於己的辯解，以免畫蛇添足。世界人權集會本來就像所有反對黨的抗議集會，發生意外衝突是常有的事。表示歉意及承擔道義責任是應該的。國民黨要把這類抗議性集會所引發的衝突升級為叛亂行動，世人自有公評。只要有公開審判，做公關陳述就可以了。任何狡辯反而會讓人反感。

八、原則性的態度：凡事我必須以美麗島雜誌社「總經理」和台灣黨外總部「總幹事」的身分，

「依職權行使」而扛起一切責任。

自知必死，我決定在法庭上扛起一切責任。同案被告的律師一定會為他的當事人卸下刑責，必然會要求我對質驗證。這種狀況下，我決定以：「是我依總經理、總幹事的職權，裁決行事的，與×××或×××人無關」。

我要在臨死前呈現「對長官盡忠、對同事盡義、對部屬盡愛」的人格特質。何況，一定會被判死刑，加再多的罪責仍然只能執行一個死刑。

對個人而言，這場大審已不是死生之戰而是榮辱之爭，屈辱而死或笑傲而亡？對台灣歷史而言，這是空前的；氣節、膽識、智慧、勇氣或畏縮、自私、無知、屈服，都會成為台灣歷史人物的分水嶺而被標記下來，並成為台灣民族性的典範。台灣人的民族音容，不能一直停格在日本總督後藤新平所說的「台灣人愛錢，怕死，好名」。

幾個月來，台灣的所有媒體已經讓我成為台灣有史以來最轟動的男人，最邪惡的江洋大盜，台灣歷史不可能跳過我這一格。我已經沒有個人的身分，我已被付予必須代表台灣人發言了。這，就是我的責任，我的使命，我的命運。在大審上，我只能正面迎戰蔣經國的指控，以普世價值迎擊蔣家獨裁政權，對台灣人的大腦注入新元素，喚起台灣民族從未擁有的膽識、勇氣和榮譽感。

人，能像人那樣活著；人，能像人那樣死去。這是何等尊榮的事！

我把這八點逐一筆記，隨時提醒自己，隨時增刪內容。並以隱形液記下上述內容，以便被槍決後家人可以看到我最後的心志。

我這些戰略計劃一定是國民黨最高當局所意料之外的，也一定溢出李煥、楚崧秋所召集的教授群的規劃反擊範圍。因為我單兵作戰，我可以靈活運作而不必徵詢其他同志的意見；事實上，在被完全隔離狀態下，我也不可能和其他人討論。何況，一經討論，這些策略就會被蔣家當局洞悉，擬定對策進行破解。我是要徹底顛覆蔣經國舉行大審的意圖，我相信自己有此智慧，有此膽識。我認為沒有其他被告會肯跟我一起配合如此作戰的，別人一定會認為我瘋了，找死。

我只能單兵作戰了。

敢面對死刑的人，反而會更冷靜又智慧。一個被外來統治的異議份子命定的悲哀。

移送軍法處之後，我的生命，我的生活都只能以此為思想的焦點：在公審中擊潰蔣經國的意圖。心無旁鶩。

垂死之人，工作效率是極驚人的。現在我唯一仍然不安是，公開審判是否會變卦？不公開審判，我一切準備都將化為烏有。台灣沒有未來，只會重回二二八大屠殺之後的沉默時代，我個人只有默默奉獻一己的生命……。

公開審判，公開審判，公開審判……，成為我心中無聲的吶喊。

沒有律師敢替我辯護

一九八〇年二月二十六日，星期二，接見日。

上午，監獄官親自來提人。

「學長，」這位黃姓上尉軍官每次看到我都這麼稱呼：「你哥哥和嫂嫂來接見。」態度友善。終於可以見到可以信任的親人了。雖然不是恍如隔世，心中卻也萌生陌生之感。事件前那種瀟灑迎向人生的態度已被死生壓力所折磨。從二樓押房邊走邊往接見室必須經過放封場，稍早接見的囚人押返牢房，會說聲：「施先生保重。」

我微笑還禮。

接見室已清空，我被安排的接見室有兩個位置，另一座位是空的。接見是用電話，和接見人之間用粗鐵條隔著，間距大約十一、二公分，雖然是大玻璃把雙方阻絕，看得到碰不到，也預防傳遞違禁品、嚴防人犯偷渡什麼的措施數十年都沒有改變。一坐下來，不由自己的舒了一口氣。這種場景已經過十幾年，如今「咎由自取」又回來了……。

接見室另一端的門打開了。大哥施明正走在前面，我家最後的藝術家身軀略呈傴僂，是疲憊還是壓力？接著是三哥施明雄和三嫂走進來，他們三人都沒有一絲笑容。施明正和施明雄十七年前受到我的牽連也都淪為政治犯，各被關了五年，他們對什麼是「二條一」比任何外人都清楚。

他們走到我窗的另一面，好像要擠出一絲笑容卻湊出一臉慘笑……。反倒是我笑得很自在。

大哥讓三哥坐下，拿起電話筒。這裡是全錄音錄影。

「起訴書都看到了？」我問。

「報紙全文照登，各報都登。」三哥說。「有沒有被刑求？」

「這次沒有。對我已不必刑求了。我說不說，後果都一樣了。」我淡淡地說。

「這幾天，受難家屬都忙著替你們找律師。其他人的律師都有了。」三哥頓了一下，說不出話來。

「沒有律師敢接你的案子。」三哥終於說出口了。

「有沒有找尤清？」我說，尤清是我高中同學。最近從德國留學回來，吳哲朗案件黃越欽教授找他出面具保，我們曾在法庭外碰頭還聊了一會。

「尤清也不敢接。大家都認為你的狀況沒有人可以辯護了。」三哥說。

「我理解，整個情勢我心裡有數。」我說：「你再去找尤清，告訴他，我說的：接不接都請他以律師身分來接見一次。」見他，我自有盤算。

「外面的狀況怎麼樣？」我問。

「很緊張，非常緊張、恐怖，尤其起訴後，喊殺的人更多了。比二二八之後的氣氛還壞，有些外省人甚至不掩飾的説這些台灣人必須殺幾個，他們才會怕，台灣人才會乖。台灣人政客幾乎全倒向政府那邊，叫得出名字的台灣人名人，像謝東閔、林洋港、邱創煥、李登輝、蔡鴻文、高育仁、林金生、蘇南成、陳啟川、王玉雲……全部都痛批你們。學界、文化界、醫界、連宗教界除了長老教會之外，全部都要求蔣經國必須嚴懲你們這些暴徒，恢復社會秩序。我們從未看過這麼一致性的表態。連沒有被捉的黨外人士，也都怪你害了大家。」三哥最後說：

「黃信介他們幾個還多少有人替他們求情。你，國內沒有一個人替你説話，但是海外台灣人是很支持你的。我們告訴你這些，是希望你有心理準備。」

「天主保佑！」我突然聽到坐在一旁的大哥吐出這句話。

十七年前，我起訴「二條一」，每次經過他的囚房出去開庭，他都會大聲説這句話。被統治者在絕望中，只能訴諸於天。

我沒有回應他的訊息，我問：「親戚們有沒有受到騷擾？」

「何止有？是大大騷擾，天天騷擾。親戚沒有人敢來。還沒有捉到你之前，有些老難友、政治犯會來關心，問你可能躲到哪裡？我也不知道他們的用意是什麼？是關心還是要打聽消息好去領獎金？」三哥搖搖頭繼續説：

「管區警察更惡劣，沒有抓到你以前，天天到家來。主管甚至敢對我説，你弟弟反正會被判死刑，你就給我一個升官發財的機會嘛。我升了官，會一輩子照顧你們家啦。這些警察連這種話都敢對我們說。老大的狀況更離譜。」

大哥接過電話，話沒有說，眼眶就紅了。「天主保佑」大哥說：「捉你的時候，管區警察一天來幾次，勸我大義滅親把你可能去的地方告訴他們，好讓他們立大功。他們的話都很一致；你弟弟最後一定會被抓到，也一定會被判死刑。你告訴我們，弟弟躲在哪裡，我們立了大功還能替你向上級說情，說你跟你弟弟不一樣，免得又像上次你弟弟坐牢了，你也被牽連進去坐牢……。」

「老大診所前的行道樹也被鋸了，好監視老大，」三哥補充說。

「你被抓到後，新聞報導是許晴富窩藏你，管區警察和主管一起來診所，大聲咆哮：是你的好友許晴富窩藏你弟弟，我來時也碰見過許晴富，你們都不讓我立功！我要舉報你知情不報！」大哥說。

大哥出獄後，只沉醉在畫作中，連小說、詩都不敢寫了。診所還刻意放一張蔣經國照片來避邪，這次他真的被折磨慘了。

三哥讓位給一直站著的三嫂。透過玻璃窗的幾個小洞我說什麼，訪客可以聽到，只是不太清楚。

「四叔，你的樣子沒有什麼改變啊，」三嫂說。

「張溫鷹在我的下巴放進去兩片軟膠。調查局已拿掉一邊，現在只剩一邊。」我說。

「還是看不出來有什麼改變。」三嫂說：「我的朋友都說，四叔是台灣大英雄！跟報紙說的不完全一樣。」

「對啦，還是有極少數台灣人私下會說你是台灣大英雄。」三哥插話說。

「這次是不是公開審判？」我拉回我最關切的事。

「應該是公開審判，家屬們都已透過律師辦理旁聽證。我們如果沒有請到律師，就自己向軍法處申請旁聽證。」三哥說。

對我來說，公開審判才是歷史性的，不管死生對台灣才會有意義。我知道那才是我反過來審判蔣家父子的唯一機會。我不動聲色，就是等這一天。

「差不多了。」站在我旁邊的監獄官說。

「回去後，先去找尤清，請他來接見。」我交代：「送一套是《莎士比亞全集》和《悲慘世界》、《基督山恩仇記》給我。」

這三大套書不必檢查又有很多空白處，可以讓我用稀飯汁謄寫很多文字。三哥當然不知道我的用意。我計劃把「政治遺囑」再抄一次在《悲慘世界》中，以策安全。

步出接見室，一股從未有過的悲涼籠罩著我。一生全為台灣奉獻，受盡苦楚，現在又面臨死刑的追殺，竟然會淪落到沒有一個台灣人律師敢擔任我的律師！連一個都沒有！

這種悲涼，從未有過……。

回到押房，為了不讓同房感覺到我內心的孤寂、感慨和悲滄，我先把已寫妥的有關「長短程奪權計畫」的法律答辯狀略作修飾，就又主動請阿隆替我謄寫成格式的答辯狀，以免他們的探詢會撩起我的感傷。

我真的很感謝這位澎湖青年這幾天認真替我處理文書工作。雖然，他說抄狀子讓他學到許多……。

浩劫後第一次接見確實令我心緒相當起浮。死刑的必然，對我已不是新訊息，找不到律師的悲涼之感在吃頓晚飯之後也漸漸消失，畢竟我要聘律師也不是期望他們能替我做什麼辯護。我指定尤清，只因為他是我的老同學，我方便探詢是否真正公開審判？入夜之後，倒是親情的感傷又襲上心頭。我一生的反抗行為不只使自己墮入慘境，也一再使兄弟蒙受壓力。這一夜，我又回想到十六歲那天的「少年夢」……。

高雄的夏天是很悶熱的，我家都喜歡向隔壁的冰果店買一大杯冰紅茶喝。媽媽特別喜歡。我早已決心等唸完高中就要去唸軍官學校，好有朝一日，略握兵權就要武裝革命，推翻外來的蔣家獨裁政權。少年人都有夢。我的少年從「神父夢」逝去後，就被「革命夢」盤踞。十六歲，這個夢就成熟了，很多人也都有少年夢，只是夢往往維持不久就被另一個夢取代或被現實拖著走，走向世俗化。我卻被「殖民地子民必須奮起革命，終結台灣的殖民地之噩夢」牢牢攫獲，久久不逝。

我想到這一天到來之前，我應該先告訴媽媽，讓她有心理準備。媽媽見過二二八大屠殺，媽媽也身歷父親被警總當作思想犯抓走刑求，最終花大錢買回殘病的父親……。父親是冤枉的，我卻是蓄意的。我想找個時間向媽媽告白。

這一天，見媽媽坐在亭仔腳納涼，我去買了一大杯冰紅茶孝敬媽媽，並拿張小板凳坐媽媽身旁。

「媽媽，等我唸完高中，我要去唸陸軍官校。」我說。

「為什麼不念大學？」媽媽問。

「大學教的，可以自修，或者以後再唸都可以。但是軍官學校過了一定年齡就沒有機會上了。」我解釋。

「為什一定唸軍官學校？你要去反攻大陸啊？」媽媽是很討厭國民黨的。

「不是啦，」我說：「我唸軍校才有機會拿到武器，才會有能力推翻蔣家這個外來的獨裁政權。」

「你這樣，有可能會被抓去槍殺的。」媽媽說。

媽媽的話流露出她的緊張。二二八事變時，她親眼看到一些高雄工業學校、高雄水產學校及高雄中學的學生在火車站前和軍隊對陣，一一遭到槍殺，橫屍建國路的大馬路上。事變後也常常看到被押解遊街，並槍決的年輕反抗者。

「媽媽，您有五個兒子，死一個沒有關係啦。」我故意想讓媽媽輕鬆下來。

我的話媽媽不只沒有使媽媽放鬆，她反而哭了起來。我知道不能再談下去了……。

這個「少年夢」並沒有隨著年齡而消失。兩年後，我真的跑去唸軍校了。我還特地不入四年的正科班，而唸只有兩年的專修班。五年後我真的被抓了，還連累到大哥和三哥，不是我當年跟媽媽說的：「您有五個兒

子，死一個沒有關係啦……。」

今年，我已經三十九歲了，又是這個不逝的「少年夢」引領我又走向死亡之路……。又使兄長們處於緊張不安中，還得替我求人當辯護律師……。

今夜，今夜，我又被這段「少年夢」緊緊摟抱，只是媽媽早已不在人間了……。我連個送媽媽上山頭的機會都沒有……。

我真的是個極端的不孝子……。

尤清來接見

第三天，監獄官又來提領我「律師接見」。我不確定是誰，但猜應該是尤清。律師接見室是另一個房間，可以面對面，仍舊有個監獄官在場。

我進去，果然是尤清。他是位憨厚的人，畢竟是老同學，有份特別的感覺。

「**Nori**，」他擁抱我一下，直白地說：「狀況真的很不好。」

「我自己知道，安慰的話不必客套。」

「我真的不能當你的辯護律師，因為我已先接下張俊宏的案子了。許榮淑早就來找我了，我也答應了。」

不管他是不敢接，還是什麼理由。

「一位律師可以接兩個當事人，除非是對立的兩造。」我說。

「我真的忙不過來，」尤清說：「你們這個案是超大案，卷宗太多，光閱卷就會佔據很多時間。」

我想他真的不敢接我的案件，就像三哥說的，其他被告很快就有了辯護律師，只有我沒有律師願意接。付費，也聘請不到律師。

「清仔，」我直白說：「你從德國回來已經一段日子了，還是沒有什麼名氣。你接我的案子一定會出名！」

「我真的忙不過來。」他又說。「但，我可以幫你找找看哪位律師願意。」

「你回去再想想，」我說，「答辯狀我自己會寫。」

「你有什麼計劃？」尤清問。

「我只寫答辯狀，在法庭我要行使緘默權，法官問什麼，說什麼，我完全不回答。」我知道有錄音，我故意這麼說。我就是要蔣家集團猜不透我會出什麼招數？行使緘默權也是招數之一，卻可能是國民黨最喜歡的。他們已領教過我的口才、辯才了。

「你不可以這樣。」尤清有點急地說：「不管我有沒有當你的律師，你都不可以這樣。你知道這是個公開審判庭，不少國際媒體都會出庭旁聽，台灣各媒體都會到。大家會特別注意你講什麼！你不可以行使緘默權。」

我要打聽的消息就是這點！是否真的公開審判？我要聘律師的目的就是要知道這點。知道會舉行什麼程度的公開大審，請不請律師對我都不重要了。我自己就可以滔滔不絕力抗檢察官、法官了。但，我不想讓話題停留在這裡。

「清仔，我比你有經驗，在軍事法庭你說什麼都是沒有用的，蔣經國早已盤算好。開庭只是過水的儀式而已。」我要留下將行使緘默權的印象，讓國民黨特務集團不至於改變公開審判的決定。

「不管你有多少次失望經驗，你還是必須給自己一個最後的機會。」這是尤清說的最有哲理的話。

「我還是會行使緘默權，整個審判我都不說一個字。」

這是我要傳給蔣經國集團的話。我故意要尤清把我會行使緘默權傳給外界聽的。特務會特別高興我行使緘默權。

蔣經國完全不知道，公開審判就是他的「阿基里斯腱」。我就是要在那裡，奮死攻擊他的阿基里斯腱！我緘默，對他們最安全。

四十年來，蔣家的軍事法庭都只看到聽到被告及被告律師，卑躬屈膝地訴請冤情、辯解無罪，這種審判首先就是承認了軍法庭的合法性，也等於承認蔣家政權的正當性。這一次，我將採取截然不同的姿態呈現於國人和世人之前。值得這樣做的要件，就是要公開審判！

尤清答不答應當律師已經不重要了。我能不能請到律師也完全沒有關係了。

尤清今天已經清清楚楚告訴我，審判程序已進展到家屬申請旁聽證，國內外媒體申請出席的階段了，公開審判已不可能逆轉了。這就是我要求聘請律師的真正理由，我並不需要律師替我辯護。我的法庭戰略是律師想不到，也做不到的。

我帶著這份竊喜離開律師會客室。

這次審判不只是攸關我們這些被告們的死生，最重要的它正處在一個歷史分水嶺處。不少人淺識的人搖頭嘆息，台灣民主化將倒退三十年，寒冬又降臨了。這是懦夫的思路，無知者的盲目，戰士看到的卻是轉機。在這個分水嶺處如果只在乎個人的死生，是不配稱為戰士的。戰士，永遠心存逆轉勝。不是個人之勝，是理想、信仰、價值之勝。我不知道我的戰友們會怎麼想，怎麼決定，怎麼應戰，我則早已決定好了。我不是心存「置之死地而後生」，我是要台灣命運逆轉勝！

「少年夢」終於走到關鍵點，不是以武器火拼。文士的筆鋒、辨士的舌鋒常常遠勝於武士的刀鋒。這場戰事，我終於成為真正的戰士；還是台灣第一戰士！外界只在猜測我能否閃過死神的臨幸，我心中想的只是台灣如何邁向自由的第一步！

現在，我必須集中心力做的是：

第一、繼續從法理駁斥起訴書的荒誕，就法論法。

第二、持續自我鼓舞心志，堅定依大戰略走下去。

其實，這兩點都是指向一個目標，就是不要讓自己在死刑威嚇下屈服、變節。死亡的猙獰我目睹多年了，它幾乎是所向披靡。在正式開庭前，我不能讓自己空閒下來。空閒，死神的魔指就會找空隙插入，而裂解心志。

在接見尤清之後，我最擔心和最篤定的其實是同一件事：

在法庭上，我會不會失常、膽怯？

我知道求生、求活是人的天性，一有求生求活之念，人就容易妥協，不走向極端。此時此刻，我絕對不能讓求生求活之念有容身之地。同時，我最篤定，最自傲的就是為理想而獻身的堅定心志。在泰源革命之日，我已承受過這種考驗了。現在，我不斷提醒自己，就是不能讓「求生」之念悄悄滋養而毀損了我的決志。內心的交戰，常常敗於沉默和不知不覺之中。

死神之前，我時時刻刻，即使在入睡之中都保持戒備，因為我知道她的能耐。死神，會使盡魅力把我拉回現實，向求活低頭。

逃避死刑的內心掙扎從未真正停息，只是它未曾得逞。

同意公設辯護人辯護

尤清接見後第二天，監獄官又來提訊。他帶我到律師接見室，我以為是尤清或哪位律師答應接我的案子了。進了門，才看到是兩位穿軍服的人客客氣氣地站起來，伸出手來握手致意。一位自稱是王中校，一位是林少校。

「施先生，法庭指派我們來擔任你的公設辯護律人。」王中校說。

「我的家人還在聘請律師中，」我回答。

「沒有問題，你的家人可以繼續聘請律師。承辦法官因為你的同案律師都已委任完成，而且都已進入閱卷階段，只有你還沒有選任律師閱卷。承辦法官擔心延誤庭訊，所以，依法先指派我們來擔任施先生的公設辯護人。只要你選任的律師到位，我們的角色立刻退場。我們擔任公設辯護人已經多年，我們一定會替施先生爭取最大利益，不亞於其他律師。」王中校一口氣說完，態度溫和、友善。

從他們的言詞，我相信他們會在法庭上全力以赴，不亞於其他聘任的律師。事實上，我已看多了律師和公設辯護人，在政治案件中都不會發生什麼效力，改變不了情治機構的結論。審判庭只是一種形式。

我一邊聽，一邊想像：在大審中，其他被告都聘請到律師，只有我一個人是由穿著軍服的公設辯護人替我辯護，那會是一種什麼樣的景象和觀感？法官穿軍服，檢察官穿軍服，連辯護人也穿軍服！

顯現我的處境何其悲慘，連律師都聘請不到……？

顯現不只國民黨人唾棄我，連台灣知識份子也棄我如敝屣……？

後代台灣人將如何看這一代台灣人的無情、無義、無膽、懦弱……？

王中校遞給我一份同意書，等我簽名。不必花錢聘律師，而由穿著軍服外加一套律師袍的公設辯護人替我辯護，其實對判決不會有絲毫改變，我相信在眾目睽睽下他們的表現也不會太差，但台灣人情何以堪？

「施先生，你簽了，我們馬上可以閱卷，然後，儘快來跟你討論案情，並擬定辯護策略。請施先生放心，我們會謹守法律人的良心，站在被告這一邊而不是檢察官那一邊。」王中校說。

「我的策略就是在法庭上全程行使緘默權，一語不發。」我故意再這麼說一遍。

王中校皺了一下眉頭。然後說：

「被告有權力行使緘默權，這時，公設辯護人可以全程代替施先生答辯，爭取被告最大利益。」

我把那份文件拿在手中，一語未發。

雙方都讓時間停滯，沉默一會。

「施先生，時間真的很緊迫了，承辦法官已排好庭訊日程了。」中校終於又開口了，「施先生，你同意我們擔任公設辯護人，如果你聘請到律師，我們立刻退場，對你沒有害處。」

我瞭解，重刑犯沒有自聘的律師，法庭有義務指派公設辯護人。此時，我在思考的是，由公設辯護人替我辯護的政治意含如何？我相信他們的辯護力和其他律師不會相差太多。政治意含？我的政治辯護，公設辯護人士會附和？還是對抗？公設辯護人敢附和嗎？想到這裡，我心中已有影像。

很不錯！全部由穿軍服的人，從法官、檢察官到辯護人，包辦我的審判！

我緩緩地拿起筆，簽下我的名字，也留下面對死刑前的孤單無援……。

「我們大概需要三到五天的工作天，」王中校有種完成使命的表情，他很懂在這個歷史性大案中出庭的意義，對他們個人的正面收穫會是什麼？

「等我們閱卷完，我們會儘快再來接見，我們再一起討論辯護策略。」

我怎麼會跟你們討論策略？我的策略也不會告訴你們，我只是讓你們的法律程序可以順利走下去而已。我心中這麼想。

回押房的途中，我想起梁肅戎擔任雷震辯護律師的往事：

一九七九年初，美麗島政團因為歷程「全國黨外助選團」和「黨外總部」的拓荒工程，已經在台灣社會獲得一定的代表性，蔣經國政權基於他們的利益，開始採用兩手策略：一方面由王昇所代表的特務持續對黨外喊打喊捉；另一方面由張寶樹所代表的黨務派開始對美麗島政團伸出談判的手，要進行溝通。當時，國民黨派出的代表是關中、梁肅戎，居間串連者是自立晚報的吳三連。有一天，吳三連出面邀請雙方聚餐，國民黨方面出席者是關中和梁肅戎，黨外方面是黃信介先生及敬陪末座的我，其他還有吳三連的親信吳豐山。

正式聚餐前，我和梁肅戎在一角對話。我主動向梁肅戎表示敬佩：「梁委員，你當年敢替雷震當辯護律師，你好勇敢。」

因為我知道梁肅戎是C.C派，已經不是國民黨主流，卻敢替雷震辯護，社會上有一定好評。

「老弟啊！」梁委員以他濃濃的中國東北鄉音用相當高亢的聲量說：

「我哪裡有那種膽量。是老蔣總統有一天把我找到官邸。對我說，雷震的案子國內外都很注目，公開審判會有外國記者參與。這個審判不能出問題。檢察官、法官都是自己人，我很放心，只有律師我還不放心，我就派你去當雷震的律師。雷震的妻子宋英會找人來拜訪你當律師。這樣，檢察官、法官、律師我都放心了。如何辯護，我會派人跟人討論。」梁肅戎再加強語氣：「沒有老蔣總統親自下令，我怎麼敢去替雷震辯護？」

一場雷震案的公審原來還是這樣安排好的！檢察官、法官和辯護律師都是蔣介石的「自己人」！「雷震案」公審才會如此順利進行完成。一場獨裁者安排好的「公審秀」！並且震攝了當年的黨外人士，不敢再組黨長達將近二十年。

美麗島大審比雷震案轟動何止百倍，還事涉外來統治者和台灣人的矛盾，而且是向死刑方向在進行。

檢察官、法官，蔣經國總統放心，律師們呢？他沒有安插人馬在其中嗎？在特務統治時代，這是不可能的。匪諜在你的身邊，臥底特務也跟你常相左右。如果說，我們的律師群之中沒有臥底的特務，就是推翻蔣家政權是特務統治政權的核心事實。

蔣經國在蔣介石時代就是情報頭子。現在他當總統，特務頭子正由他的次子蔣孝武接班中。蔣家手下有八大情報系統。獨裁者一向不相信單一情報頭子或情報系統。蔣經國常常令各情報單位相互監視。安插律師替美麗島份子辯護，也不會只由一個情報單位負責，也不會只有單一律師負責。沒有一個律師敢接我的案子，表示我也不必再費神辯護了。現在，要派兩個公設辯護人給我，是蔣經國確信「殺了施明德，已無人敢曰不可了」。連派兩個「梁肅戎」給我都不必了，就直接由公設辯護人上陣了。

囚人中，每次會面都會撩起另一陣波浪，內心波濤起伏……。準死囚的心情，很難平靜。

最後的憂懼

等待開庭的日子，仍然一直處於高度精神壓力下。知道自己的命運如何，是一回事。接受了，如何面對又是另一回事。起起伏伏的情緒不斷侵襲著我。死神迎面而來，不可能淡然處之。如果我自稱自己一經決定，就心定無波，那絕對不是事實。面對死刑，即使高僧大德也不可能心海不起漣漪。只是我知道我的日子已經不多，我必須專心安排後事和應付出庭的訴狀。

要呈庭的法律答辯狀，我仍然在書寫中。有幾份訴狀我暫不呈庭，我怕國民黨高層從我的法律狀中推論我在法庭上會說什麼？這些滲雜政治內涵的法律訴狀，我準備開庭公開之後再遞出。雖然針對起訴書的法律辯護部分不算頂重要，但還是必需有，證明自己努力了。最重要的文件，仍然是已經起草完成的六萬多字「遺囑」、「答辯狀」。這份文件我仍在增修中，並準備三哥把《悲慘世界》、《基督山恩仇記》和《莎士比亞全集》收到後，再用稀飯汁再抄一遍在另一本書內，等整個審判庭結束就可以偷渡出去。

我的整個訴訟策略，答辯內容完全不和我的律師討論，也不告訴他們，不只是信任問題，還有是我如果跟律師們討論或開庭前把副本給律師，國民黨高層也會知道。這樣我的突襲式攻擊將破功。整個美麗島軍法大審，我完全是自己一個人獨力作戰。

我估計從現在起跳，我還有多少個工作天？再過十天左右應該就會開庭。開庭時間大概需要七天左右。開完庭到宣判大概也要兩星期。如果判死刑，移送覆判到執行死刑保守估計，應該是兩個星期左右。執行死刑，他們不敢太快，以免被視為草率；但，也不會拖太久，以免夜長夢多。這樣算起來我還可以活的時間，可以安排後事和抄寫文件的日子，大約是六十五天。也就是我應該還有六十五天好活。

但是，我的經驗告訴我，一旦判了死刑，我要寫文字的心情一定會大受影響。屆時，我大概只能寫詩或散文以明志。所以，應該把工作天再扣去等待執行死刑的那兩個星期。換言之，我能平靜地工作的天數還有五十天左右。

除了放封，我就埋首於書寫中。我要出去放封時，我會用一根頭髮或一小條衛生紙或線之類的東西夾在我的文稿中，只要有獄卒趁我出去放封偷翻我的狀子，我回來立刻就會知道。就能立刻採取強力抗議。

這段日子，我也想過是不是再偷偷釀造「牢酒」？從一九六三年釀「牢酒」之後，我已是釀酒高手。「牢酒」原是為死囚而釀。因為死囚能飲到酒的那一刻就是要執行死刑前的那幾分鐘。自己已被五花大綁，只能由行刑者把酒拿到你的嘴前，倒灌進去。所以，死囚飲下酒，就是要上路了。我們釀「牢酒」就是要讓死囚飲下牢酒之後，還能看到明天的太陽，象徵走過死劫。那些年，我釀的牢酒，我的死囚朋友們都沒有喝到。倒是我喝了還喝了好多年，也許就是這樣，我躲過了一九六三年的死刑，一九七〇年又閃過了「泰源革命事件」的死亡之約。當然，這是「施氏天方夜譚」。

這時，自己又興起了釀牢酒的念頭。但，很快就打消了這個念頭。我知道自己已不再是當年那個年紀輕輕的革命青年，默默無聞……。如果現在我又偷釀牢酒，獄方一定會把這消息放出去醜化我……。你們看：「施明德死到臨頭了，還在偷釀酒！」

但是，我會想要偷釀牢酒，證明我下意識裡還是有想要活下去的意念。這時，讓我又想起被釘在十字架上耶穌的呢喃：「主啊，如果可能，請不要讓我飲這苦汁吧！但，請隨您的意，不要隨我的願！」

求活之念，是我這段日子最需要防堵的！

接見日又到了，是三哥施明雄和大哥施明正。陳麗珠生的兩個女兒，施雪蕙、施珮君早已視我為陌生人。血緣，不一定就會有親情，做一個忠貞的反抗者、革命者必須覺悟人情之冷暖，還得學習泰然置之。

「尤清答應擔任你的辯護律師了，他還替你找到另一位律師鄭勝助。」三哥坐下來就告訴我，表情仍然極度沉重，顯然外界的壓力依然險峻。

「誰是鄭勝助？」我問。

「現在，有人答應當你的律師就該感謝了。」三哥說：「他們收的律師費用也是最便宜的。」尤清才收四萬元，鄭勝助只拿兩萬元。其他人的律師費用都比我們高很多。黃信介請的律師就收費貳拾萬。」

「都不是義務辯護？」

「誰願義務替你們辯護？呂秀蓮的哥哥呂傳勝律師應該不會收妹妹的錢。我們的狀況大家都知道，所以尤清和鄭勝助的律師費收的最少。其他律師的收費都比你高很多。」三哥解釋。

其實，不必解釋，我都懂。大難當前，誰敢觸怒蔣經國當義務律師？在蔣家政權統治下，誰敢站在異議者這一邊？除非他本身已公然參選已是異議份子了，像姚嘉文、林義雄、張德銘律師。義務辯護等於見義勇為，等於是某種程度認同被告的思想行為，這個時候律師也怕被冠上和被告是同路人。我問張德銘律師有沒有擔任誰的辯護律師？三哥說，張德銘律師沒被捕，但已怕死了，不敢接律師了。這時，梁肅戎擔任雷震律師的插曲，又在腦中閃過。

能找到律師就偷笑了。不管律師有用、沒用。

「法庭已指派公設辯護人給我了。我也簽委任狀給他們了。」我說。「但是，沒有關係，我們自己請到律師，公設辯護人就會自動退場。」

請律師對我而言，就是想得知是否真的公開審判？幾天前，尤清來接見已經清清楚楚表示一定會公開審判，而且國內外媒體都會到。我想知道的，已經知道了。請不請律師都不重要了。捨公設辯護人？自聘律師？我沒有再仔細思考，就隨兄弟們安排吧。

我仍然必須單兵作戰。

但，我不想告訴大哥、三哥我的決志和策略。在這個關鍵時刻，越沒人知道我的心志越安全，攻防才能達到奇襲的功效。

我把話題轉開：

「海外有沒有消息？**Linda** 有沒有消息？」我問。

「監方交代我們不能說太多和家事無關的話題，否則，馬上切斷電話。」三哥坦白說：「海外都很關心，特別擔心你會被判死刑……。」

突然，電話筒中插入第三個聲音，那是監聽者的聲音：「施明雄先生，請你不要講與案情有關的話題。」

三哥頓了一下，轉變話題：「你要買的書我都送進去了。求天主保佑。」

大哥接起電話筒。

「求天主保佑，求聖母瑪麗亞垂憐。秀珠在高雄玫瑰堂替你做平安彌撒，我在台北聖心堂也請神父天天替你做彌撒，祈求天主賜你平安。」

「警察還來騷擾嗎？」我問。

「每天來好幾次。」大哥欲言又止。「老三建議我暫時搬回高雄跟他一起工作。我也想，但是，想到審判庭快開始了，天天都必須有人到庭旁聽，回去再來太麻煩。」大哥說。

「現在，外面非常緊張，非常非常恐怖，每個被告的家屬門外，有便衣之外還都有警察二十四小時站崗。人人比二二八時還懼恐不安……。」三哥拿過話筒說。這時又有第三種聲音插入：「施明雄先生，不可以說的，請不要說。」（註：原來，林義雄家的滅門血案已經發生，監方禁止家屬告訴我此事。）

「尤清叫我們一定要勸你在法庭不要放棄辯護權，不要行使緘默權。其他被告都會在法庭全力抗辯，你緘默會非常不利。」老三又說。

「我已經告訴尤清了，我看多了軍事法庭了，跟法庭就法論法是完全無效的。我決定放棄辯護，我仍會行使緘默權。」我故意又加強語氣。

老三搖搖頭，嘖了一聲。多少無奈和絕望都在搖頭中散發……。

「我有跟尤清說，你的主觀意識很強，我們勸你也沒有用的。」三哥表情悲愴地說：「該怎麼做，你就怎麼做，我們都會支持你。這是最後關頭了，我們信任你的判斷。只是尤清的意見，我還是必須告訴你。現在只有求阿爹、媽媽在天之靈保佑，求天主保佑了。」

我又聽到大哥喊了一聲：「天主保佑！」

冷冰冰的玻璃窗，單調的鐵條柵，整個接見檯隔離著兩個世界，不，是兩個鐵窗世界。對話人表情都極端沉重，沒有一絲笑意。外面的人，鐵窗範圍比較大，在獨裁統治下，人民都是獨裁者的囚徒。區別只是有些人正要被審判，即將成為祭品；有些人只是恐懼下的自囚者，順服者。

「時間到了。」監獄說。

「Bettine說要來看你。」三哥趁最後機會丟下這句話。我的第一位金髮情人，正在劍橋唸研究所，三哥、三嫂都認識她，三哥告訴我這件事，就是暗示她也跟Linda一樣加入營救工作了。預防監方調查，我只聽不回應。監方一時也聽不出Bettine是誰，甚至是英文和日文都分辨不出，應該更不知道她遠在英國。他們的錄音紀錄，可能連Bettine是台灣人或哪個親戚也說不定。

在險境中，傳來老情人的訊息是種極大的鼓舞，我知道我的種種表現，她都會看得到，我不能有任何讓她們蒙羞的言行……。

一切都準備好了，就等待上戰場了。

這是一場死生的格鬥，攸關個人死生，更攸關台灣命運。個人死了，台灣命運如果能因此起死回生，值得。

我知道，我什麼都準備了。該寫的「遺囑」已經完成；該在法庭進行的政治辯護也幾乎齊全了，甚至法律答辯狀也擬妥了，由阿隆幫忙抄寫中。現在，我唯一的憂懼，終於隨著法庭開庭日的接近，一天強似一天。

我的憂懼是什麼？

我擔心自己在法庭上會不會怯場，而不敢笑傲！

笑傲，是刺殺獨裁者蔣經國的匕首！

在法庭上的千言萬語，雄辯滔滔，都比不上一個微笑！一個不屑獨裁者死刑威脅的微笑和笑傲的姿態！

這個發自內心的勇氣的微笑，這個勇於赴義的微笑，一旦展現，它將被影像永遠留下！不只鼓舞現代的台灣人，更將是台灣歷史永恆的影像！

法庭上，眾目睽睽下的笑傲，就是最強悍的答辯狀！

肢體語言是另類答辯狀！

但，我真的敢全程笑傲法庭嗎？

反抗者的微笑就是正義的聲音！如雷鳴般！

獨裁者的一切恐怖統治，就是要使被統治者恐懼、臣服、順從。當反抗者以微笑回應，當民不畏死，帝力何有在！

從十幾年前，第一次面對死刑，我就領會了這項真理，我在等待這個機會，我在尋找這個機會，代替台灣民族綻放反抗的微笑。被抓到那一天被拍照時，我已留下那個下巴貼滿膠布的「詭異的微笑」了。但它還不夠！

公開審判的法庭，才是真正的戰場！

自古以來，行刑前烈士的微笑，不多但仍可以看到。只是死刑審判時的雄辯滔滔加上笑傲，世界史上幾乎找不到幾個。如今，我要求自己全程笑傲，我真的做得到嗎？我不怕激怒法官，不怕激怒獨裁者嗎？

這時，我又想到蘇格拉底面對審判，是雄辯滔滔，堅持他的所信，史家並沒有描述他笑容以對。

我想到耶穌被比拉多審判時，使徒也記述他是肅然承受，沒有形容耶穌的笑傲聖容。我想到聖女貞德，史家也沒有提到她的微笑。我活在有攝影機的時代，我必須讓世人，讓後代子孫看到一個奉獻者面對死刑審判的笑傲！

我必須如此！我一再要求自己。

雖然，我決心已定，但，我真的做得到嗎？

微笑，連嬰兒都會的表情。但是，在肅殺的法庭，在獨裁者尚未正式裁定殺或不殺的時刻，展露輕蔑、不屑的微笑，是包含著內心多少死生的掙扎？

這個微笑，是自己給自己的死亡判決書，我懂。

這是我最大的憂懼！笑傲法庭，就是跟獨裁者蔣經國徹底決裂敵對！就是告訴獨裁者我不怕你！要殺要剮悉聽尊便！

就是逼他下毒手！

笑傲法庭能不能喊醒台灣之靈，拋丟恐懼，起而反抗？

笑傲法庭，會不會連累其他同案一起蒙難？或者正好區隔我和他們之間的差異，突顯我的「不知悛悔」，使他們獲得輕判？美麗島事件是比二二八事變更引起世人關注的最重大事件。這個案件不可能以不流血方式落幕，這是獨裁者要讓被統治者恐懼的手段。國民黨政權早已從日本總督後藤新平的評論中，深知台灣人的民族性：「愛錢、怕死、好名」。只要略做殺雞儆猴的動作，台灣人就會全體臣服了。半年前的余登發案都殺了一個名不見經傳的吳泰安。十七年前，我的案件最後也殺了一個案情輕微的宋景崧。稍微大一點的政治案件，蔣氏父子都會以人頭做祭品，揚灑恐懼的因子……。我的笑傲，能不能讓血只流到我身為止，而保住了我的戰友們的生命……？我必死，我其他的七名同案一樣在鬼門關徘徊……。

笑傲法庭，不是為我個人的死生，此時個人死生已經不是我個人能夠選擇的。它是為了台灣，代表台灣人對外來獨裁統治者笑傲，我真的敢堅持為台灣而笑傲？

法庭如果禁止我微笑，我敢當庭頂撞嗎？

橫眉冷對千夫指的心理壓力，大到無法形容……。

只要我一停下筆，這類質疑就會紛紛湧上心頭……。一個連嬰兒都會做的表情，微笑，現在變得極端複雜。

求生的欲念也會像幽靈一般，時時刻刻趁隙而入，撼動我的意志……。

開庭前，我日夜受到這種求活的誘惑，內心交戰不息……。

如果我雄辯滔滔，卻態度卑躬屈膝，一切都將枉然！

我決心笑傲法庭，但憂懼自己會敗於自己的貪生之念！

這種交戰一直激烈著……我不斷激勵自己，一天不知多少次。

就在收到開庭的前一天夜晚，我突然想到，我們是台灣歷史上的第一批台灣人，被外來統治集團指控我們是「意圖追求台灣獨立建國」的叛亂犯，並以史無前例的大陣仗要公開審判並要判我們死刑的反抗者！這是何其榮幸！我怎能不笑傲以對？就是這個念頭讓我戰勝了一切恐懼，一切貪生之欲。

恐懼，是殖民地子民的基因，是獨裁者腳下懦夫的本質。
笑傲法庭是怯除台灣人的心魔的強力肢體語言，最強有力的答辯狀。我必須遞出這份答辯狀。
我想盡理由鼓勵自己笑傲，又遭內心質疑，又自我鼓勵……。我再三鞭策自己，一定要做到！

第三章 審判

神遊詩詞

開庭通知終於收到了。距離開庭還有四天。十幾年的經驗，軍事法庭開庭都是庭丁到押房提人，才知道：「要開庭了」。提前通知，顯示掌權者連法定程序都得照步來，以防外界質疑。

收到開庭通知書不久，房門又被打開，士官長指著替我抄答辯狀澎湖青年阿隆說：

「整理你的行李，你要移送地方法院了。」

阿隆高興極了。移送地方法院表示他就可以交保了。警備總部這個陰間地府，早一天早一個小時離開都是喜事。沒有幾分鐘他就用軍毯把簡單的衣物包裹好，一臉笑容地說：

「施先生，我會去廟裡替你燒香，請神明保佑你，判無罪。」

不管如何，這種話讓一個面臨死刑的人都會有

一股暖流在心中竄流。對這個年輕人這段期間替我騰稿、抄狀子，我非常感謝。

現在押房內只剩下三個人，位置又寬了一些。

阿松等阿隆走了，突然說：「會不會只是調到別區？不是移送地方法院？」

「為什麼？」我問。

「如果是移送地方法院，應該是監獄官來提人，而且會叫名字，怎麼是士官長來，只指指阿隆就把人帶走？」

我覺得好像也有點道理，因為阿隆替我抄狀子，監方都看得到。但是房內還有一個毒販一定會做抓耙子，我不想討論，只能在心中祝福阿隆真的是移送地方法院……。

但，這個疑問一直存在迄今。

當天下午，尤清律師就來接見了。

他把一個大公事包放在桌上，四四方方的臉在少年白的襯透下顯得比實際年齡智慧了不少，也成熟許多。看到我，嚴肅的臉龐硬擠出一點嘴角上揚沒有露出牙齒的微笑。這種微笑只是一種禮貌，不代表內心的情緒反應。

「我們連日閱卷，有些資料法庭不讓我們影印，我們只能拼命抄。」尤清打開手提包，拿出一疊又一疊文件攤在桌面上。他們真辛苦。

「你們這個案件是台灣史無前例的大案。起訴人數多，又都是台灣菁英，而且起訴也是最重，唯一死刑。國內外都在等著看這場審判如何進行，以及如何判決？」尤清的開場很露骨。

我不想主動開口。我把筆打開，準備記下值得記的事。然後，記下的事，我會在回房後再用隱形汁抄錄一次，以便留下紀錄。準死囚都會對後事留下印記。

尤清逐一陳述他及其他律師擬定的辯護策略，大致如下：

第一點、請求重新調查證據的證據力。

尤清表示，他調閱我的「自白書」，發現好幾份「自白書」不是我的筆跡，只有簽名是。張俊宏因為也是他的當事人，尤清也發現有同樣的「自白書」不是張俊宏的筆跡，只有簽名是。而且有不同被告的「自白書」，都出於同一個人的筆跡。尤清認為這樣的「自白書」是否出於自由意志？任意性如何？律師們認為有重新確認的必要。尤其這項爭議點的當事人都是被起訴唯一死刑。

尤清問我，為什麼這樣的「自白書」我會簽名。

我只告訴他，如果你也被捕了，我相信你也會簽。沒有坐過牢的人，不會懂得被特務糾纏的滋味……。

第二點、你是否真的主張「台灣獨立」。

尤清說，所有被告都已決定在法庭上否認有台灣獨立的意思，更沒有推動台灣獨立的犯行。他問我是不是在法庭上會清楚表示。

我知道，他是想引導我也在法庭上翻供，表示自己也是反對台灣獨立的。我笑笑沒有回應。「泰源革命」拼死要搶佔電台，不就是向世人表示：台灣人要獨立：這公審的好機會，我怎麼會反面說，我反對台灣獨立？但我沒有說出口。

我瞭解他的辯護主旨，我沒有明確回覆他，我在法庭上會如何反應。

第三點、你們是不是只在推動台灣民主運動，沒有推翻政府的意圖。

尤清表示，其他被告都否認有「顛覆政府」的意圖。因為這是構成「二條一」的要件。他問，這種自白是否是出於自由意志？

顯然，其他被告和律師會見後都已達成翻供的辯護立場。只有我態度不明。

第四點、「長短程奪權計畫」到底是怎麼回事？

我表示，這個名稱我也是到調查局才聽到的。雖然其內含是我們常常會提到的，也已經在做了。像群眾聚集、演講、遊行，這些特務把它們歸納為短程奪權計畫。在各縣市設立服務處，定為長程奪權計畫。

尤清趁機又要「說服」我，不要行使緘默權，應該在法庭明白表示出來。

我沒有答應好或不好。我知道，在獨裁政權下任何既定的政策都可能在獨裁者一聲命令下，一夕改變。

第五點、依憲法第九條明文規定：「人民除現役軍人外，不受軍法審判」，請求法庭不受理本案。

尤清說，律師們共同討論，認為應依據憲法第九條提出爭點。

我說，國民黨政府三十年來都是依戒嚴令把平民交付軍法審判。雖然辯護不會有效，但，藉此突顯國民黨政權的軍事統治的事實，也非常有意義。

聽完尤清的辯護主旨，我承認他們在法律辯護上應該是一流的律師。我沒有說出口的是：但是美麗島事件是一個純政治案件，這種法律辯護不會有效，也沒有什麼教育人民的意義。更沒有藉大審啟迪民智、激化民心的功能。頂多只是就法論法，但仍是把蔣經國政府視為合法的原告，我們這些被起訴人都是合法的被告。如果按照律師們這些立論基礎進行訴訟，美麗島大審仍然只是一個法律性的大審。美麗島大審就不是一場真正會影響台灣前途的政治性大審，對台灣的現實政治，對台灣歷史的價值就不會很大。

蔣經國仍舊是合法的原告，我們還是不折不扣合法的被告、犯罪者！

我這幾個月的企圖心，就是要利用公開的軍法大審，把蔣經國變成政治上的被告，我要變成台灣歷史上代表台灣人的台灣原告！

我理解這些律師雖然傑出，畢竟還是法律人，不像我是個反抗者、革命者，我和他們的思想、思考邏輯是天壤地別的。

差別之處在於：

如果把「美麗島事件」僅當做一個法律事件，這些律師群的辯護策略算是上乘的。

但是，如果採取這種策略，媒體報導和社會注意力只會集中在有沒有刑求逼供？有沒有入人於罪？有沒有翻供以及證據力是否充足等等法律要件，這樣就把美麗島人的犧牲奮鬥看小了，對台灣社會及台灣人民只剩下同情與否，沒有什麼大方向、大理想可言。

如果把「美麗島事件」視為政治事件，律師群的策略不只保守，而且是文不對題的。

這時如果還把「美麗島事件」當作法律事件，不但救不了我們，更救不了台灣，當然也對台灣人民爭自由，爭民主，爭人權，爭主權，幾乎完全沒有價值和功能。

我自被通緝就一直把這個法庭大審視為政治案件，而非法律訴訟。這是我和律師團最大的差異，從出發點就不同了。

如果採取我的政治辯論策略，媒體報導和台灣社會就會被我帶到台灣獨立，黨禁、報禁、戒嚴令、萬年國會以及蔣家政權反自由、反民主、侵犯人權……等等大問題上。這樣，蔣經國才會淪為這場審判的被告。這樣，美麗島人即使因之付出代價，也很值得。這樣的大審，才會有歷史價值和意義，尤其是歷史突破性。

但是，此時我不能跟尤清討論，以免洩漏天機，功敗垂成，我必須忍。何況和這些初次碰到政治案件，沒有政治智慧、宏觀和膽識的法律人，討論這些政治意涵的大戰略，他們也許不一定聽得進去，甚至不能理解，還會認為我是在自尋死路。法匠對這種溢出「法理」的大戰略總是嗤之以鼻的。

不過，尤清的話，對我還是非常有價值的，讓我充分了解美麗島辯護律師的論述方針、方向了。就讓我們分工，分進合擊吧。我想。

我沒有辦法找到共同的打擊手。同案被告不是，律師們更不是。我仍然必須擔任主擊手！我是台灣歷史劇中真正的主角，不是虛構的小說人物，我清楚覺悟！求活必死，求死才能活在未來，活在歷史！

尤清要結束接見前，再次要求我放棄行使緘默權，應該當庭辯護。他強調，這是台灣有史以來最轟動國內外的大審判，我不該缺席發言。他說，很多人都在等待我如何發言，看我如何回應這個台灣歷史性的危機。

這次，我說：「我會考慮。」

我的回應，讓尤清露出了笑容：「**Nori**，不要放棄！」

回到押房，我不厭其煩地再逐點思考美麗島律師群的辯護主旨。他們是希望替我們爭取到減刑或免死，這是律師的天職。他們談的全是法律跟法理。爭的只是有罪無罪，輕罪重罪而已。我的長期經驗已經證明這種法律辯護是無用的。這些傑出的律師仍然只是法律人，不懂政治。何況，即使被輕判，我們仍是輸的一方，仍是被告，仍是被烙印著被統治者的印記。蔣經國仍然是高高在上的合法統治者！透過這種公開的法律程序，他讓自己合法化，讓台灣人再次受到震懾。

這，我不能接受！

這，不是我出席公開審判的目標！

我必須單兵作戰！

我的政治辯護，不是要做無罪辯護，我有罪無罪不是這個法庭可以論斷的。我的政治辯護，是要闡釋我們的行為的正當性！我們是台灣歷史工程的工人，我們起造的是歷史殿堂。

我要讓蔣經國成為被告，不是我的被告而已，而是全體被壓迫的台灣人民的被告！不管我個人的生死如何。只有我採取政治辯護才能主客易位。

對於重大問題，我一生的習慣是會一再反覆辯證，自我挑戰的。彷彿是猶疑不決，其實是嚴謹。我的表情常常被視為浪漫，但，我的細膩、謹慎、周延是我可以歷經危難而存活下來的要件，不是靠運氣而已。所以，只有我的對手，國民黨特務，才會一直認為我是奸詐、狡猾和危險的人物。

我再度確認自己的政治辯護立場。

我再度要求自己笑傲法庭。用肢體語言作強力抗辯！

我要替台灣人民上一堂歷史性的政治大課，引領台灣走向一個新路徑。

被奴役人民的反抗，沒有比公開大審中視死如歸的反抗更強而有力！

我沒有忘記一再鞭策自己，叮嚀自己。人性中貪生、墮落的防線，常常都是從一條小裂縫，一個微粒的漏點，就會開始滲透蔓延，最後潰堤……。

越接近開庭日，我內心的爭戰越強烈……。

一九八〇年三月十七日，出征前夕。不是出庭，是出征。像武士般出征，不是像囚犯般出庭。這一整天，我不再翻閱所有答辯訴狀。因為一切我都準備好了，包括肢體答辯狀：我的笑傲都自行修圖完成了。我對自己充滿信心。

這一天我放封回來，手中拿著的是從監獄圖書館借來的李後主和李清照的詞集。從少年時代起，我喜歡詞就超過詩。但心中想起的卻是文天祥。面對台灣有史以來最肅殺，最轟動的軍法大審，要出征的武士，當然胸懷著的是「風蕭蕭兮易水寒，壯士一去兮不復還」。這時我又想起文天祥是很自然的。文天祥是我們的政治犯前輩，他的膽識、氣節，寧死不降的高貴人格已臻神格。雷震先生曾經告訴我，他在牢中也很喜歡吟〈正氣歌〉鼓勵自己。但是雷先生說我們坐蔣家大牢的苦況遠遠甚於文天祥，不僅肉體的，尊嚴的都被徹底踐踏。但是，我每次吟唱正氣之前，都要先讀他描寫牢獄生涯的部分。他的描述那樣精闢細膩入微，只有囚人能領會，也常常成為我的精神糧食，不禁幾度也會被感動得泫然……。

余囚北庭，坐一土室。室廣八尺，深可四尋。單扉低小，白間短窄，污下而幽暗。當此夏日，諸氣萃然：雨潦四集，浮動床幾，時則為水氣；塗泥半朝，蒸漚歷瀾，時則為土氣；乍晴暴熱，風道四塞，時則為日氣；檐陰薪爨，助長炎虐，時則為火氣；倉腐寄頓，陳陳逼人，時則為米氣；駢肩雜遝，腥臊汗垢，時則為人氣。或圊溷、或毀屍、或腐鼠，惡氣雜出，時則為穢氣。疊是數氣，當之者鮮不為厲。而予以孱弱，俯仰其間，於茲二年矣，幸而無恙，是殆有養致然爾。然亦安知所養何哉？孟子曰：吾善養吾浩然之氣。彼氣有七，吾氣有一，以一敵七，吾何患焉！況浩然者，乃天地之正氣也，作正氣歌一首。

天地有正氣，雜然賦流形。下則為河嶽，上則為日星。

於人曰浩然，沛乎塞蒼冥。皇路當清夷，含和吐明庭。
時窮節乃見，一一垂丹青。在齊太史簡，在晉董狐筆。
在秦張良椎，在漢蘇武節。為嚴將軍頭，為嵇侍中血。
為張睢陽齒，為顏常山舌。或為遼東帽，清操厲冰雪。
或為出師表，鬼神泣壯烈。或為渡江楫，慷慨吞胡羯。
或為擊賊笏，逆豎頭破裂。是氣所磅礴，凜烈萬古存。
當其貫日月，生死安足論。地維賴以立，天柱賴以尊。
三綱實系命，道義為之根。嗟予遘陽九，隸也實不力。
楚囚纓其冠，傳車送窮北。鼎鑊甘如飴，求之不可得。
陰房闃鬼火，春院閟天黑。牛驥同一皂，雞棲鳳凰食。
一朝蒙霧露，分作溝中瘠。如此再寒暑，百癘自辟易。
嗟哉沮洳場，為我安樂國。豈有他繆巧，陰陽不能賊。
顧此耿耿在，仰視浮雲白。悠悠我心悲，蒼天曷有極。
哲人日已遠，典刑在夙昔。風檐展書讀，古道照顏色。

這首〈正氣歌〉，我從小學五年級被教唱之後，就似懂不懂地佔據我心。坐牢之後，它才成為我的知音。漫長的苦牢，每當心情鬱卒，或在兩次面對死刑還心存幻想時，我常會高亢歌唱給自己力量。

每次高歌常會感慨我們台灣人，就是沒有烈士、死士可以禮拜！然後延伸成一種怨懟：台灣人從來不教育自己的子弟禮拜台灣人的先烈。然後，會替台灣人找理由：這不能只怪台灣人沒有追求國族的精神食糧的傳統，它主要是台灣人從來沒有建立起自己的國，而不斷地被更換外來統治者。每次更換外來統治者，新統治者就會屠殺原有的語言與文字，包括才漸漸要養成的文化。日本人來，我們被迫忘記過去，開始學習日話日文、日本文化。五十年日語教育，日語已經成為台灣人的「國語」。台灣人也接受日本的文化，包括衣著、生活方式、習慣、武士道精神。二次大戰後中國人來，又禁止我們講台語、日語，一切日文書刊全被禁止，全部台灣人集體變成文盲。然後強迫我們從頭學習另一種「國語」、「國文」。沒有成熟的語言文字就不可能有感人的詩詞流傳下來，連承載文化的載具都沒有，奢談文化的厚度？

我決定等被判了死刑到行刑前這二、三十天中，我一定要埋首寫幾首詩詞，留給後人。因為那時候，人的內外神智與氣氛最適宜創作詩詞之類。我一直確信〈正氣歌〉是烈士的養成教材，但這次被判死刑幾已確定，此刻我已不必再給自己添加氣勢與能量了。此時此刻這些對我不但無助，反而會因過量的壓力，我怕它會滋生求生之念。一個必死應死之人，有求生之念是絕對邪惡的，不智的。所以，這時我想到文天祥，想到〈正氣歌〉，今天卻決定不去低吟它。

這一整天，我決定不要再對自己做行前教育了。我擔心過度高昂會使自己走火入魔，言行偏峰。死囚、準死囚容易如此。我事先已向圖書館借來李後主和李清照的詩詞集是計劃好的。今天，我要浸泡其中。

白天，我把李後主的詞集從頭再讀一遍。幾首早年就藏在腦海中的詞，就像臨別重逢般多朗讀幾遍，彷彿要跟它們永別般：

曉妝初過，沉檀輕注些兒個。向人微露丁香顆，一曲清歌，暫引櫻桃破。
羅袖裛殘殷色可，杯深旋被香醪涴。
繡床斜憑嬌無那，爛嚼紅茸，笑向檀郎唾。（〈一斛珠〉）

＊　＊　＊

林花謝了春紅，太匆匆，無奈朝來寒雨晚來風。
胭脂淚，相留醉，幾時重，自是人生長恨水長東。

＊　＊　＊

無言獨上西樓，月如鉤。寂寞梧桐深院鎖清秋。
剪不斷，理還亂，是離愁。別是一般滋味在心頭。（〈相見歡〉）

＊　＊　＊

簾外雨潺潺，春意闌珊。羅衾不耐五更寒。

夢裡不知身是客，一晌貪歡。
獨自莫憑欄，無限江山，別時容易見時難。
流水落花春去也，天上人間。（〈浪淘沙令〉）

最後，我停留在「虞美人」許久許久，一再低詠：

春花秋月何時了？
往事知多少。
小樓昨夜又東風，故國不堪回首月明中。
雕欄玉砌應猶在，只是朱顏改。
問君能有幾多愁？
恰似一江春水向東流。

李煜，一個亡國之君，道出心中的悲愴。李後主寫下這首詞，終於換來殺身的毒汁，在不知不覺中。相對一個為理想已奉獻了十五年苦牢，家破人亡，如今猶想為台灣獻出一己之命的武士，我在自己與李後主之間拉出了距離。我沒有輕視他，我讓他在我心湖中投下漣漪！

浸泡在李後主的愴涼中，能使自己游脱現實。武士出征前夕，不應該再增添豪氣。「物極」，提防「必反」……。

晚飯後，我改讀李清照的詞集。

在沉重的壓力或極端煩躁的時刻，讀詩詞確實有移情又怡情的作用。李清照是我從學生時代早就很熟悉又喜歡的詞人。信手翻來，喜愛的詞就一一浮現。

尋尋覓覓，冷冷清清，悽悽慘慘戚戚。
乍暖還寒時候，最難將息。
三杯兩盞淡酒，怎敵他，晚來風急？
雁過也，正傷心，卻是舊時相識。
滿地黃花堆積。憔悴損，如今有誰堪摘？
守著窗兒，獨自怎生得黑？
梧桐更兼細雨，到黃昏、點點滴滴。
這次第，怎一個愁字了得！

一個不是為己利而步向生命終點的武士，吟誦起來，噴薄的傷懷之情，已無法阻遏。我站起身來，就在囚房空隙踱步，唸著年少時就已朗朗上口的：

昨夜雨疏風驟，濃睡不消殘酒。
試問卷簾人，卻道海棠依舊。
知否？知否？
應是綠肥紅瘦。

口中一遍又一遍唸著唸著李清照的詞，竟然沒頭沒腦地又冒出李煜的：
「問君能有幾多愁，恰似一江春水向東流」。
哦，原來我下意識中仍然藏著多少煩惱、憂鬱、苦楚、留念……，不似外表那麼強悍？

明天就要出征了，武士知道自己命運已定，只是努力要用即將噴出的鮮血，彩畫出什麼樣的史繪？

這一天，我的思緒、情緒變化都很大……。武士最終還是得躺下，攤開床墊用棉被做靠背，倚著軟軟的海棉牆，點燃一根煙。同房的另兩位囚友，他們都知道我明天就要開庭，一整天都不敢主動打擾我。這時看到我點煙，也很高興拿煙抽了起來，但是仍然沒有主動找我聊天。政治犯和一般雜犯，基本上還是有些差異的，很少共同的話題、語言。阿隆在時，他還可以藉替我抄答辯狀，不瞭解含意跟我問幾句。他走了，押房更靜了，只剩下「要放封了」、「飯來了」、「午睡了」、「可以抽煙嗎」……，這類動物性的「聲音」。

牢房的長夜更是漫漫，只有寂寞孤獨相伴。當然還有呼之即來的情人……。

沒有時鐘，也沒有熄燈號，囚人必須憑感覺估量現在是何時刻。如果不讀不寫不做有意義的學術思考、辯證，只是胡思亂想，要熬過一天還真是不容易。今天，我就是這樣……。

告別李煜、李清照，半倚半躺地只能回到現實，回到孤寂。從少年時代，思考人生，我就清清楚楚覺悟到人生，其實只有兩個重要的點：生跟死。對我而言，從生到死，都只是完勝殉道或殉情的奮鬥過程。生，沒有人可以選擇，是冥冥之中的命運安排。生在帝王之家？生在農奴家庭？全由不得你。那時，我就堅決要求自己既然無力決定自己的出生，就一定要「參與死的抉擇」。我的生命歷程就是從確認為何而死，倒著過來而活下去的。

從很年輕時代，我確實認真地思想後，決定自己死的方式不是殉道，就是殉情。

殉道，當鮮血從胸口噴出的血花，多壯麗！為理想為信仰而死多神聖！

殉情，既使帝王將相死亡之路多獨行。黃泉路上有情人相伴，多甜美！

殉道，少年時期我熱情地想當一個解放神父，讓天堂的美滿普行於世。這個神父夢，從虔誠的父親去世後，它就無疾而終了。

另一個殉道的信仰卻牢牢攫獲著我：作為一個殖民地的台灣子民，目睹兩個外來統治政權——日本與中國的行徑後，自己又親歷死囚們的種種不義審判與虐殺，反抗蔣家獨裁暴政的決志又加入我的使命中，我自覺有義務和責任結束台灣的殖民地命運和推翻蔣家政權，爭取台灣的自由與人權。我的一生，就是朝這條殉道之路在奔馳。有信仰的人，死是道具，實現信仰的道具而已。只有不斷幻想要賴活的動物，死，才是恐懼的字眼。我的命運已一次、兩次沒有殉道成功。

靠著牆，在煙霧繚繞中，我竟然又再想起十六歲那年，端一杯冰紅茶對母親說：「等我唸完高中，就要去唸軍校。」

……。

……。

我的心志，媽媽的預言都實現了。如今，殉道機會又已經指日可待了。行刑前，我竟又無厘頭地想起和媽媽的這段對話，我甩甩頭，把這個回顧甩掉。

明天，步上斷頭臺的序曲即將揚起，我要帶著微笑步上殉道的舞台。

這個微笑是要送給獨裁者蔣經國，要他看到也知道，這個台灣人就是不怕你。民不畏死，帝力於民何有在！

好的劇本，好的演員，最好也要有熱情的觀眾。我的觀眾在哪裡？

台灣歷史？離我太遙遠。台灣人民？又跟我太陌生。我不像南非的曼德拉有那麼多族人同心簇擁，台灣人沒有反抗

的遺傳基因。反抗不義統治還常常會被台灣人視為「背骨」。這是被統治者的悲哀。

我，是個孤獨的殉道者？

此時此刻，誰能與我共舞？我再度肯定：人最珍貴的財富絕對不是金銀財寶，絕對不是大批土地華廈，也不是高官爵位。這些東西一旦你坐牢了，都會不再擁有，至少是短暫地離你而去。只有一項「東西」卻會須臾不離。那就是「美好回憶」——戰爭的滋味，兒時的親情，少年的輕狂，纏綿悱惻的戀情它們隨時會呼應你的召喚，回到你眼前、心中、腦海，抒解你的壓力，鼓舞你的心志，撫慰你的創傷，陪伴你的孤寂，甚至陪你同上斷頭臺。有美好回憶的人，才是真正的富者，不只證明你曾經活過，現在仍伴著你，不會因為你窮途末路而背棄你。

明天，當我步上舞台時，誰會在場含情凝視？我會不會是孤獨的演員？

當兩年多前，我離開囚禁了我十五年的政治大牢時，孑然一身，貧無立錐之地……。當我又奮不顧身地投入反抗運動，追求台灣的自由，我有了美好的戀情。我並沒有到處拈花惹草，卻是花香撲鼻而來。我曾細思，什麼是魅力？殉道者的信心應該是最致命的費洛蒙，致命的魅力，不是金錢、地位、顏值。

今夜，她們又一一來到我跟前。明天，我相信，她們一定也會出席這齣歷史劇……。如果沒有這些愛，這段法庭路我不會走得這麼瀟灑，這麼自信，這麼心甘情願。

心中有愛，就有無盡的勇氣，飄逸的瀟灑。

這一夜，就是這樣在與戀人的纏綿中走入了夢境。

調查庭

一九八〇年三月十八日，氣候晴朗，但烏雲緊罩著被統治的台灣人心。又一波二二八行刑前的審判，我們比起二二八大屠殺的烈士們所承受的待遇稍稍文明些，這次我們至少還有一場「審判」的戲碼要公演。二二八沒有公審，那些亡魂到底是英靈或冤魂，台灣人迄今茫然。

這一天，獨裁者蔣經國一定滿懷信心，他腳下的被告們一定會像他年輕時代在莫斯科大審中看到黨政要員一一伏首認罪，乞求垂憐寬恕……。

這一天，台灣人，也會像我年稚時站在高雄火車站前含悲目送被行刑的台灣烈士……？

這一天，大牢裡停止放封……。

隨著走道上的腳步聲，鐵門的猙獰聲響起。

「黃信介開庭！」獄卒吼叫著。

我聽得到我的長官信介先生的回應聲和步出牢房的腳步聲。

起訴書我名列第二，我等著門被打開。又聽到一些腳步聲，我目視著自己牢房的門，等著它被打開，押我上戰場。

鐵門聲響起，不是我的門。

「姚嘉文開庭！」獄卒又吼叫著。

我只能又等著、等著，穿好衣服、鞋子等著。這時，我想起死囚每個星期一、星期四晚上都服裝整齊等著天亮前劊子手來提領的死囚老蓋，蓋天予[18]。

終於，我的房門被打開了。我已經站立門前，不等獄卒唱名，我就自行跨出牢門。像往常放封般，只是多了副所長和兩名監獄官，走下樓梯，走廊多了幾名士官排列。我這個老囚還沒有看過所內提訊人犯用這麼高的規格，沒有庭丁，全是穿軍服的軍人。臉型削瘦的中校所長和一名上校軍官站在大鐵門內，身旁還有兩名憲兵。我被押到了，那兩名憲兵逼近，站在我兩側，顯然就是要押解我上法庭的。

一直到現在，我的表情還是如常的。我知道，我一旦跨出大鐵門，就會面對外界的媒體了！透過那些鏡頭，有多少痛恨的、敵視的、憐憫的、關切的、支持的眼球將會被吸引……。

笑傲！

我把左手插入口袋，右手隨時要揮揚！

果然，一步出軍法處那面牆寫著「公正廉明」的牌樓，就看見一堆攝影機在前方。

笑傲！就是要從這一刹開始！我一手揮舉，一手仍插在口袋中，微笑迎向獨裁者！

我一路微笑、揮手，面向沿途的人員和攝影機、照相機，彷彿在走星光大道般。遠遠地，我就看

18 施明德回憶錄I：《死囚》〈一罐牢酒〉二〇二一，時報出版，台北。

到林弘宣的太太倚著庭外柱子在哭泣……。第一法庭已擠滿人，我走進來，那些憲兵、軍官主動退後，讓路給押解我的憲兵和所長。

我被安排在第二排，右一是張俊宏。我的右二邊是陳菊。第一排站著黃信介、姚嘉文、呂秀蓮和林弘宣。我瞄到戰友們都神色嚴肅、凝重。被唯一死刑起訴並知悉三十年來已不知有多少人，在這裡被審判然後被押解到刑場，結束生命。這，不是在拍攝電影，這是真實人生。這種壓力，令所有身處此地的人都得綁緊每一條臉部神經。

有恐懼，自然會限縮自己的言與行。有利於統治者，不利於受難者。

我回頭張望，法庭真的已擠滿人，我看到我的兄弟，所有蒙難家屬，許多張臉都留著哭泣留下的紅腫，一一浮現哀愴、焦慮，乃至恐懼的神情。我對他們微笑點頭。他們都只點頭回敬擠不出一絲笑意。幾名外籍人士，也許是媒體也許是人權團體的旁聽人士。律師除了尤清，我幾乎全不認識，他們如何冒出來的？我又想到梁肅戎。張德銘律師呢？我們最熟悉的同路人，怎麼沒有加入辯護的行列？我也看到幾名相識的台灣各大報記者，平常都會笑臉相迎的，即使立場不同。但，此時他們臉上也寫著肅殺之氣，法庭人多卻只有人之氣息，沒有聲音，只有長官們的指揮聲，偶而幾聲抽搐聲……。

我一直沒有停止笑意，我一站立，立刻把兩手插口袋，一副笑傲法庭的姿態！

我做到了！我沒有怯場。

整個法庭沒有另外一張笑容，法庭滿是肅殺之氣，哀慟之情。

我做到了！我真的做到了！

殺氣中唯一的春意！我內心自傲著！

等待開庭的時候，我刻意地再環視法庭上的每一位，受難家庭、媒體、國際人士、軍方人員，竟然仍沒有獲得一個微笑的回報，包括我的兄弟。他們都比我更清楚，我的下場是什麼？

每一個人都被死刑震懾住了！每一張臉都反射出獨裁者的威嚴！我不得不說，除了我之外，每張臉龐都被獨裁者修飾過了，修圖過了。

整個法庭，大公審的死刑法庭，只有一張笑容，只有一個人雙手插口袋桀驁不遜的姿態！

這個笑容，這種姿態，是要給獨裁者，給台灣歷史，給台灣後代子孫的！

審視完法庭，我擺回正向法庭。法官還沒出庭，記者們都跑到正面的位置，卡擦、卡擦不停。我的笑容不敢一刹更改，我深怕即使是一秒鐘沒有笑意就會被拍下！

「施明德畏懼了，施明德後悔了。」我絕對不能被留下這種影像，即使一秒不笑傲，銳利的攝影機都會留下以偏概全的影像證據，我提醒自己不可以有這種致命的疏失！

照片來源：聯合線上

「全體肅立！」有人下口令。

法官、檢察官、書記官魚貫上場。五名法官，兩名檢察官，一名清秀的少校女書記官，全著軍服，外罩法袍。全體肅立，我雙手依然收藏於褲中，笑容的嘴角緊密下垂。

我心中刻意營造出一種遐想，努力不要把這些排場視為法庭。

「除被告外，請坐。」那名軍官又下口令。

主審官凝視每位被告，我還以微笑，雙手仍插在口袋中。

這時，我突然想到一個臨場出現的問題。這是預測中沒有被自己提到的狀況：「萬一法官等一下叫我不可以雙手插在口袋中」，我將如何反應？

趁法官一一唱名其他被告做人別詢問時，我思考了該如何反應？

如果我雙手抽離褲袋？我的氣勢就大大減弱了！也等於我在現場示弱了！

如果法官下令我不可以雙手插口袋，又一再下令，我將如何回答，回應？

這是極可能出現的狀況。

我的內心立刻組合出反應模式：

我將笑著回應法官：

「這裡應該是個自由表現意志的法庭，不像調查局以非自由意志取供。我們用有聲的語言，和無聲的肢體語言，都是呈庭的答辯狀。如果法官禁止我的肢體語言表現，這個法庭就不是一個真正自由意志的法庭。」

我內心想好這麼回應；這是我不得不做的針鋒相對。

法庭，就是戰場！

想好對策，我悠哉悠哉地故意帶著微笑左看看右看看，我希望勾引我的同志們放棄嚴肅的表情，像我一樣。我甚至故意瞄瞄陳菊身側的波霸女警；還不時轉回望背後的旁觀席。

這種放棄肅殺的輕佻是故意的，就是無視統治者的權威！就是展現反抗著的膽識！

「施明德，你怎麼一直在東張西望？要看我這裡！」審判長看到我對他不在乎的舉止，但不是禁止我雙手插口袋。

「很久沒有看到人了嘛。」我笑著說，言下之意就是從被捕後看到的特務們都不是人。背後旁聽席上，終於有些人也笑出聲來。一個法庭如果一直在肅殺中進行，對被告絕對是不利的，那是獨裁者最希望的；讓被統治者深陷恐懼之中，然後法官就能予取予求。誘發法庭有些許笑聲，對死刑被告是有鼓舞功能的，至少讓被告們的壓力稍稍舒緩，勇于陳述。

今天，全體被告出庭是做人別審問確認被告們的身分。我看少了林義雄，就問身旁的陳菊：「義雄怎麼沒來？」陳菊用最簡潔的話回答：「好像家裡出代誌。」我沒有聯想太多。

今天，我出庭的答辯狀就是：

我的肢體語言！

我的肢體答辯狀！

在被押返牢房時，我一路逢人揚手微笑，另一隻手插在口袋中！

這一天，留下來受審者是黃信介先生。

審訊黃信介

晚飯後很久，幾乎是快應該睡覺的時候，監獄官和士官長來開門：

「施先生，麻煩你穿好衣服，副處長和所長想跟你聊聊。」

他們把我帶到所長室，客廳桌上有茶和糕點。這個辦公室是制式的，毫無美感，屋頂不高，牆上還左右兩側各掛著蔣介石和蔣經國的相片。

「很抱歉，這麼晚了，還請你出來。」上校副處長很客氣地說：「事情是這樣的，我們的長官要我轉達他們的意思，希望你能配合、調整。」

他們的前面放著兩份晚報：中時晚報和聯合晚報。

「什麼事？」我問。

「今天開庭，你的同事們表現都很好，只有施先生你的表現，上級有點意見，上級命令我們今天務必轉達，所以這麼晚了還特別把你請出來。」

我無語。

「上級認為你今天一臉笑容，一副蠻不在乎的樣子，尤其還雙手插在口袋裡，吊兒郎當的樣子，上級認為這樣很不敬，也會觸怒法官，對你的判決會很不利。」他又接著說：

「中午和晚上的電視播出你的姿態，社會反映也很不好，說你毫無悔意……。就像你今天一句

『很久沒有看到人了』，有某家晚報就把你的話，說成你是在暗示：你在看守所和調查局所看到的人都不是人，今天才又看到人了。」

「你的同事都是一副嚴肅的表情，認真面對法庭。嚴肅不等於屈服，不等於懺悔。你還有多次出庭的機會，上級希望你也和你的同事一樣嚴肅，認真就好，特別是雙手不要再插在口袋中，很像流氓。施先生這麼斯文的人，不要擺出流氓樣子嘛。」

「不過，這是上級的意思，我們只是轉達而已。」上校補充說。

我懂了，我擊中要害了！

我樂意接到這訊息，卻不想跟這些奉命行事的官員爭論，我說：

「讓我回房想想。」

上校起身離開，留下一句話：「所長，你留下陪施先生看看今天黃信介的表現，請施先生一併考慮。報紙在這裡看，不能帶回押房。」

「是。」削瘦的台灣人所長恭敬地稱是。

兩份晚報確實都刊出我們七個人的獨照和合照。在唯一死刑起訴法條下，全部被告表情都很肅穆、莊嚴，只有那個「仍不知悛悔」最可能被判處死刑的人，卻雙手插在褲袋中滿臉笑意，一副桀驁不遜，不合時宜，突兀的樣子。

就是應當如此！

這是我一生最帥最俊的樣子！

但是，漫漫長夜，興奮之情卻是短暫的，他們為什麼要我看今天信介先生在法庭的報導？在如此敵對關係下，敵方的任何看似好意的舉動都一定隱藏著邪惡的動機。雖然案情發展到今天，信介先生的供詞都已見報了，當然是自由意志下的說詞，絕對具有證據力，不容再翻供，但，官方為什麼會特別把報紙給我看？

信介先生的姿態低，是老式台灣人的傳統態度，有些過度禮貌，顯然唯一死刑的沉重也壓得他原本就不高的身軀更顯曲駝；他的答詢和陳述幾乎完全符合日前尤清告訴我的訴訟策略：「否認」，否認有台灣獨立的意識，否認有親中共的意圖；「解釋」起訴書的指控，解釋與己無關；「反證」，舉出證據證明自己與起訴內容所指的犯行無涉；「翻供」，指陳在調查局及檢察官所做的自白和筆錄是出於非自由意志下的產物；「爭取同情」，於法縱然難于寬赦，衡情仍有可憫。也就是把「美麗島事件」當作一個法律案件，逐項逐點就法論法。就像所有規規矩矩的被告和律師在法庭中都會表現的那樣。

信介先生的答詢幾乎完全符合上述的回應策略，指控疲勞審訊非法取供外，並激動陳述在起訴後，仍有三名調查局特務還到看守所探視他，安慰他，告訴他「就快要可以交保」回家了。他才又於翌日的庭訊中又依調查局的意思陳述。

今天信介先生的審訊過程，處處都有「否認」、「解釋」、「反證」、「翻供」的痕跡。尤其翻供，否認自白書的任意性及提出刑求的指控。這些檢察官早就有一套公式反應：「被告是立法委員，當然深知叛亂罪是唯一死刑。在我的庭訊中應該不會胡說。」然後唸一段黃信介在偵查庭的供詞作佐證，反駁刑求、自白非自由意志的指控。數十年來，軍事法庭都是如此進行審判的。

最後信介先生還不得不在審訊中低聲下氣地表示：「如果有機會再回社會，我絕不再搞台獨」。

如果美麗島事件只是一個法律事件，它就不會有什麼大的歷史意義和歷史價值；頂多又是蔣家政權迫害異己的又一史例而已。而國民黨已不在乎再多加一例迫害異己的案例，所謂死豬不怕滾水燙。

蔣經國的統治術是想利用這次的大逮捕，嚴懲領導反抗的主要領導人，再在台灣掀起一波恐懼感，如二二八大屠殺一般。這時，我還完全不知道他們已在二月二十八日真的又手刃林義雄家的老少四人了。這是所有獨裁者都會玩的手法，符合馬基維利的理論。這樣的大審判這樣肅殺的場面，最後被告們是否有被判處死刑或僅僅判處其他重刑，寒冬仍將再度籠罩台灣。這樣他們的統治權又可以再延續三十年！被告們和律師群的法律和法理辯護早在他們的預料中，一如蔣經國早已指示李煥和楚崧秋準備好的政治打手可以在庭外助駁被告的「卸罪狡辯」。這樣的法庭戰或庭外的輿論戰，我們都會全輸，因為主導和主控權都不在我們這邊。我們頂多博得台灣人的少許短

照片來源：中央通訊社

暫的同情而已。被統治者絕對多數都是識時務的懦夫，都是順服者，同情很快就會消逝。

所有被告都是初次接受軍法審判，其中陳菊雖曾被捕卻未移送法庭，只有我例外。在國民黨高層一定也認為我是唯一可能的變數，就像我今天在法庭上的肢體語言。這種不畏、不懼、不屈、不服的笑傲，猶如一把匕首會刺破他們設計的恐懼氣囊……。

這唯一的笑容，就會毀滅掌權者所欲營造的恐懼形象。

他們知道我對黃信介先生是尊敬的，也許他們希望以信介先生的供詞模式來引導我走向他們同樣的肢體動作和法律辯護方向。就像在調查局播放信介先生等人的錄音給我聽，誘我也簽自白書那樣。所以才讓我看媒體報導。就像黃信介先生在法庭公開陳述的，在起訴後調查局的特務還能到看守所來繼續誘騙黃信介先生即將保釋回家，現在拿兩份報紙給我看，企圖左右我的應訊方式，就不算奇怪了。

我看著黃信介先生在法庭供稱：

「我們過去有錯。希望海內外的中國人以後不要再走錯誤的道路。一個中國的法統是我們的活根命脈。有這個法統，反攻大陸是有希望的。中國不能離開這個法統，否則活不下去的。

「我們政府英明，總統仁慈、寬大、容忍，我們無黨籍人士不知道自愛……，造成政治污染……，不知道以後還有沒有機會把我們在這個社會造成的政治污染和損失擦掉。

「有人常常說我的八字很好。但好八字有什麼用？要有國，才會有八字。我們過去走的道路是錯的。沒有國，哪裡有家？哪裡有個人？我希望海外人士，不要再搞什麼台灣獨立。這不是辦法，這是我真誠的心意。

「我本事不夠，給我當總統或部長，我都會頭痛。」

勇敢從來不是信介仙性格中的長項，犧牲也不是他從政的選項，他的貢獻在於他的智慧懂得在關鍵時刻領導志士一起奮鬥……。

此刻，他選擇低頭……。

這，就是蔣經國想要呈現的「三〇年代莫斯科大審」的樣版。這，也是蔣經國敢舉行公開大審的信心所在：「凡人都怕死」。但這種陰謀在我心中就像雕蟲小技，對我這個已經歷十幾年監獄鬥爭的殉道者是起不了作用的。對一個死士，這種威脅、恫嚇全無功效。

我相信信介先生一定沒有讀過三〇年代的莫斯科大審的史料。

今夜，反而使我再度確認，我和美麗島律師群最大的差異點：

美麗島事件是政治事件，不是法律案件，我的辯論重點應該是政治性而非法律性的。

這個分野會演繹出「美麗島事件」的巨大差異後果。

歷史上所有深具影響的案件，都是政治性、法哲學的辯論，而不是法律法條的爭辯。後者只是適用於一般平民的訴訟案件。美麗島律師團的辯護策略，顯然是屬於這個層級。這些律師頂多只是此較精明的律師而已。他們比起美國的丹諾律師，顯然相差十萬八千里。

但是，這個策略應該已被我的長官及同事們接受，信介先生的答辯模式可見一斑。這樣的答辯模式不再是理論，現在已是實證了。

我不接受這種純法律的辯護策略。它只有守，欠缺真正的攻。軍事家都知道攻擊是最佳的防守。當然，攻擊式的政治辯護可能會使我個人致命，生機更少，卻是歷史性的一步，不是個人的死生之搏。

至少，至少，至少總要有個人敢在公審上採取攻擊性的反應！把蔣經國當作被告，強力控訴。回到押房，斜靠囚牆，我又一再反覆把這兩種辯護策略在腦中析論，權衡利弊……。

囚人的空間極端狹小，面對的情事非常聚焦，同樣的問題常會不斷地重複呈現，被挑戰或自我挑戰，而且必須再次確認清楚，囚人才能安心入睡。

囚窒猶如禪房，囚人就是僧者，悟道者昇華。

這一夜，我是在感恩感謝的心情中入睡。

這一夜，我虔誠地感謝天主賜給我這種膽識勇氣，笑傲法庭！

這一夜，我由衷感謝這兩年多來愛我的情人們。每一位，如果沒有這些愛，我不會如此心甘情願地決心為信仰為理想奉獻一己！每一位烈士、死士心中一定有愛也被愛。沒有愛的人，不會是真正的勇士、烈士！在殉道路上，死士會一而再地擁抱著愛。愛人是滿足，被愛是喜悅，兩種皆有是幸福。

這一夜，我把今天的笑傲獻給了我的情人！

這一夜，我做了入獄後的第一次自慰。

審訊林弘宣

第二天上午，林弘宣被提訊。弘宣會被列入主謀名單，起訴「二條一」只有一個原因：他留學美國時見過「台灣獨立聯盟」主席張燦鍙，最近一次赴美再會一次，而且又會晤了「台灣之音」負責人張楊宜宜伉儷。起訴他唯一死刑是要台灣人知道「美麗島政團」是和「台獨」勾結的，是台獨的同路人。證實國民黨近年來妖魔化，醜化「黨外人士」的公式：「中共＋台獨份子＋黨外人士是三合一敵人」。

其實，林弘宣在美麗島政團和美麗島事件中的角色都不是重要的，他進入美麗島高雄服務處擔任總幹事職務還不到兩個月，如果以「涉案」程度而論，他遠遠不及陳忠信、蔡有全……等等很多。林弘宣被起訴二條一，我相信他本人一定很錯愕。在獨裁政權的白色恐怖時代，常常會有驚奇的人生際遇！林弘宣的重刑最後讓他飽受家庭破碎的折磨……。

在生命中遭受這種突如其來的準死囚身分，其壓力之沉重完全展現在他出庭的表情上。他的訊答內容幾乎全是美麗島事件當天作為高雄服務總幹事的例行工作。這樣的工作，竟然會被獨裁政權扣上叛亂罪行！

對於台灣獨立的立場，林弘宣作為長老教會、台南神學院出身的教徒，他表示他追隨長老教會一九七七年發表的「人權宣言」：「建立一個新而獨立的國家」。以長老教會的人權宣言作庇護，相當智慧。

林弘宣的審理雖然也相當冗長，卻看不出什麼「驚訝」之處。一切循法律案件的模式進行。我推論這是他和律師接見後採用的策略。

林弘宣出身長老教會神學院被列為叛亂犯純屬意外，他沒有面對軍事法庭的心理準備，不能強求他會有特殊的表現，早在預料中。他答辯內容第二天也被平實地刊登於各大媒體。（參閱聯合報一九八〇年三月二十日全文）

審訊呂秀蓮

呂秀蓮從公開出現於法庭，她的表情，她的眼神，她的整體肢體語言，充分呈現出驚魂未定。距離被捕日已超過三個月，她的神韻仍透露出在調查局她承受了什麼壓力。壓力，是種精神重量。同樣的壓力，加諸於不同的個體，呈現出的重量質不會是完全一致的。

今天，呂秀蓮在調查庭上對美麗島政團的陳述，及美麗島事件當天衝突的反應仍屬正常，她是唸法的人，答辯內容中規中矩。她一再強調她在美麗島政團中只是一個無足輕重的角色，以及她參與美麗島只是志在參選民意代表。但是，在法庭就呂秀蓮的「犯罪事實及證據」大致審理完時，呂秀蓮的辯護律師很盡職地提出「自白書的任意性問題」。這個問題不只存在於美麗島事件中，更是普遍存在於戒嚴時期的所有軍法審判庭中。從一九四九年蔣介石政權撤退台灣實施戒嚴統治起，幾乎百分之九十五以上的「叛亂案」都是以被告的「自白書」定罪，極少直接有力的證據。軍事法庭對被告提出自白非出於自由意志的論述，法庭最後都會函請調查局或警備總部保安處等等祕密警察的答覆文件，反駁被告的抗辯。史家可以從調閱檔案找到祕密警察單位的覆函得到絕對充分的答案。

美麗島事件諸君包括呂秀蓮在調查局的「自白書」、「供詞」的取得，都是非出於自由意志。「非自由意志」的定義，不能侷限於是否有肉體壓力的刑求。軍事法庭的法官和檢察官對被告提出的「自白書的任意性」的反應，早已形成一套審判公式。法官會在庭上裁示：「本庭會依職權調查。」而所謂「調查」，最後出現在判決書中的結論就是：就是調查機構，調查局或保安處的「回函」公文。偵訊機構的回函，當然不可能承認它們是非法取供的。

美麗島事件的律師群和被告們幾乎完全沒有軍事法庭的審理經驗，在閱卷時自然會發現這個「自由的任意性問題」，而視為是一個大破口，想引出好的結局。這是把美麗島事件當作一個法律案件處理的正常判斷和策略。

由於美麗島大審是國內外注目的審判，當呂秀蓮以極度委曲的身影說出非法取供的情形時，媒體人也大受震撼——

呂秀蓮說：「我今天公開澄清任何謠言，到案五十幾天，我從沒有受到刑求。外界如果有此說法是不正確的。我願意證實：到軍法處後都在看守所裡，看守所的人對我非常好……，但是……，刑事訴訟法九十八條……，訊問被告應出以懇切之態度，不得用強暴、威脅、利誘、詐欺及其他不正方法……。」

審判長插嘴說：「妳不要舉條文，把事情直接說出來。」

呂秀蓮接著大聲說：「我要告訴庭上的是，不限於刑求，還有刑求以外的……方法，還有更高明的……」

突然間，呂秀蓮說不出話，開始啜泣，庭內變得沉靜。這時，承辦檢察官蔡籐雄舉手請求發言。

蔡檢察官正色地說：「本法庭在偵查案件時，有義務及責任查明被告是否受到刑求或其他不正方法。被告呂秀蓮言語吞吞吐吐，似有許多話不便說，請審判長要她直說無妨！」

審判長要呂秀蓮：「就說出來吧！」

呂秀蓮哽咽地回答：「謝謝庭上。我確實沒有受到刑求。他們對我很客氣，還有茶水招待，他們儘量對我好，可是……」呂秀蓮終於哭了：「我要說的是在這五十幾天裡，四百多了小時，他們用了許多方法，大致上分為四類，第一種是『人格解體法』……」

審判長大概怕呂秀蓮的分析會更具說服力，立刻阻止：「呂秀蓮，妳受過高等教育，學的是法律，這是軍事法庭，妳不要揣測或推斷，就妳所知的陳述，不要用代名詞代替解釋。妳是學法的，應該懂。例如，本庭曾經問妳在高雄事件有否喊『拼』、『衝』，妳的辯護律師解釋是『打拼』，台語的意思是『努力』，而字面上看起來卻像『拼衝』，所以，妳只要直接說出事實！」

呂秀蓮點點頭說：「好的。我舉例說，他們假設我是台獨，是**CIA**的人，在這前提下不斷詢問我，他們問我一些事，我只要回答記不得，他們就狠狠地說：『在這裡沒有記不得的事』！」

呂秀蓮說：「他們尖銳地對我說，到了調查局就像脫光了衣服，『我們看得清清楚楚』。他們還拿了些恐怖照片讓我看，吳泰安被槍斃的前後相片，還要我唸殯儀館通知家屬領屍體的通知書，甚至說我和這些槍斃的人很接近了，暗示我寫遺書。我有一次被罰站，有一次早上六點吃早餐後到晚上九點沒給東西吃。」

呂秀蓮第一次飲淚在法庭如上陳述，立刻引起媒體討論對「自白書的任意性問題」發出新聞，「美聯社」記者賴德樂小姐甚至延伸了部分內容，報導調查局威脅要脫光呂秀蓮的衣服，而發出新聞。引起國民黨新聞局長宋楚瑜的禁止採訪令。

呂秀蓮這一段控訴，一定會引起很多台灣人的同情與悲憤，它流露出台灣被外來殖民統治的悲哀……。

半天冗長的調查庭，基本上仍是順著檢察官和軍法官預期的方向進行：讓呂秀蓮和辯護律師在有罪無罪之中，選擇答辯和辯護。

蔣經國仍然高高在上，坐視公審的順利進行……。在想像中，蔣經國的威權無所不在，仍然是主控官。被告只是在哭訴……。

台灣的媒體一面倒，稱兩天來「旁觀審訊過程　咸認可圈可點」，「審檢辯三方面　表現十分優異」，「審判長控制全局　訊問被告　包括有利及不利之事實」，「檢察官主動盡責，律師雄辯，已收公正和公平之效果」，彷彿審判官、檢察官及律師，三位一體都是上乘者。這樣的輿論就是在鋪陳，不管最後判決是什麼？該判決都是公正的！合法合理的！台灣媒體全力配合演出，這是戒嚴時代的特色。

受審者，異議份子活該。

這就是蔣經國所期待的！就像三〇年代，史達林坐視莫斯科大審判一般。

呂秀蓮整個半天，全部在替自己的無罪及委屈做辯護，以她的才華、口才，如果能利用大審的公開機會替台灣人的苦難和台灣命運發聲，應該會更有影響作用。可惜，恐懼感讓她自我消音了。

第二天，各大媒體也幾乎把呂秀蓮的審訊紀要刊出。（參閱聯合報等各報一九八〇年三月二十全文）

我的答辯：「我是總指揮」

一九八〇年三月二十日，受審者是我。

醒來時，天已大亮，陽光從狹窄的囚窗射入，部分取代了囚室內的燈光照明。不久，早餐送來……。

今天，我是主角，唯一的主角，美麗島事件總指揮，過去有一段時間在國際已盛傳被祕密處決了的大欽犯，現在是國內外媒體最注視的焦點。這一點，我一分一秒都不敢淡忘。如果把我的微笑和輕鬆的肢體動作視為「不在乎」，那真是一種極幼稚的解讀。一個公認必定會被判處死刑的被告怎麼可能會有「不在乎」的心境？這種「不在乎」是在極嚴謹的思考下做出來的「極危險」的行為。它必然會激怒獨裁者，和獨裁者的第一線代理人軍法官。當然，它是刻意被擺出來的架勢，是要用這肢體語言傳達給他的族人和後代子孫。這類肢體語言是死士，真正的死士的專利，是喬裝不起來的。

自由永遠是反抗者的戰利品，絕對不是掌權者的恩賜物，我又一再提醒自己。

今天，我更是「台灣大講堂」上唯一的大講師，我要替所有台灣人上一堂大課。

我全準備好了，思想和精神都準備好了。連該穿什麼衣服都已決定好了。我故意穿上 **Linda** 淡黃色的冬天短大衣。**Linda** 一定會看到。今天，要穿她的外套上戰場，上講壇，是表示對她的最高敬意。雖然，我和 **Linda** 的夫妻情並不濃烈；但，同志情卻絕對牢固。她是我最佳的工作夥伴，令我永遠感激。此刻我要她感受到，我也是她最強悍的同志。

押房終於被打開了，一位監獄官，兩名士官站在門外。

「學長，都準備好了吧。」那位碰到我一直叫我學長的上尉軍官說。

我點點頭，輕鬆的表情，沒有說一句話。

從二樓押房走下，沿L型的走廊走往看守所的大門，監獄官又找話題聊，想打破沉默帶來的尷尬，他說：

「外面已擠滿記者、攝影機，法庭內也水泄不通，全是人。」

「一定的，」我說：「我猜測得到。」

「這幾天、報紙、電視全是你們的新聞，」他又說。好像在告訴我，今天，明天又會全是我的新聞。我不知道是否因為是軍校學長學弟的關係，他暗地有種與有榮焉的感覺。軍人，在潛意識裡都有英雄崇拜情結。這兩年多來，我作為黨外總部「總幹事」和「美麗島總經理」，領導前所未有的群眾運動，一次又一次，有些媒體還說，因為我是出身軍校，不像黃信介、林義雄、康寧祥……等人，都是文科出身，所以特別有這種傑出的領導統御的能力，並把台灣爭自由的行動帶向另一個新方向和高潮。

我聽到這種評論，總會回應：「軍校已培養了幾萬軍官，為什麼只有我的領導統御能力會被看到？還特別標記出來是軍校之功？」

其實軍校訓練最明顯的貢獻，是那天特務包圍我家企圖逮捕我，我跨過圍牆，跳上屋頂，黑暗中在屋瓦上採取匍匐前進長達二十公尺左右！如果，我當時不採用匍匐前進的姿勢，而是用立姿、蹲姿方式前進，我可能就遭到特務發現而當場被逮捕或射殺了……。

我們走到所長辦公室門外，已有十來人聚集，有校官、尉官，還有憲兵。

所長走到我面前，兩名憲兵湊近我身旁的後方。

「施先生，請你今天不要再把手插在口袋裡像流氓。斯文的樣子，大家看起來都會舒服一點。」所長說。

我無語。

有一名上尉從外走進來，他對所長行個禮，說：「報告所長，外面都安排好了，可以把被告帶進法庭了。」

我是美麗島事件的總指揮，在跨出大鐵門前，我再度提醒自己不能有辱台灣爭自由的歷史上，這個「尊榮的頭銜」！即使被槍斃，都不能讓「總指揮」這個頭銜蒙羞！

我是極度自戀的人。不自戀就不會自愛。烈士都是高度自戀又自愛的人。一個人敢為民族的自由而亡，肯為信仰而死，是何等高貴的人種！我就是這種人，今天我必須展現出來。

我把攜帶的文件捲成圓筒狀，放入衣口袋。我決定在見到攝影機之前，我不必把手插口袋，過早插入口袋，憲兵也會阻止，他們一定受命要阻止干擾我這類動作。他們越在意，我知道這種舉止也越重要。

副所長走在前面，引導著。兩名憲兵緊靠我的兩側，上法庭不准上銬，他們兩個用手握住我的上臂。我雙手垂下，自然地。所長走在我和憲兵的稍後方，像壓陣。

天，有些陰霾，像台灣幾百年來被外來統治嚇破膽的子民的心情般。這種聯想從少年時代就常常呈現在我的感受中。不是多愁善感，也許死士都多少靠這種時時刻刻的聯想，才會堅實其意志。

一路正常行走，到了那個寫著「公正廉明」牌坊，即將轉彎面對外界攝影群時，我才把左手插入口袋中。憲兵立刻用力要把我的手抽出，我用力抓住長褲口袋內裡繼續前行，雙方只拉扯幾秒，我已走到大眾之前，憲兵立刻停止力扯的動作，他們也怕被拍到，他們對我使用暴力的證據……。

我瀟灑地微笑面對攝影鏡頭，右手揮手致意。一點都不像被告，完全不像一個準死囚，完全是個巨星架勢！

所長一定很火，卻無可奈何。

我，豈是你們可以任意擺佈的？在私室之內，我無可奈何。此刻，表現了自我……。

法庭已滿是人，我微笑並揮手向我認識的朋友和家人。我被引到被告位置，我雙手又插入口袋中，兩名憲兵又試著要拉扯，我雙手用力一摔，掙脫他們的手，兩個憲兵就停止不動了，眾目睽睽下，又是軍法官尚未出現時，他們也不太敢放肆。

我又回頭張望旁聽席的人士，家屬們都被安排聚坐一起。即使不認識他們的人也能辨認出他們是誰。這一撮人，個個面露愁容，嘴唇緊抿，幾近哭出來的微微鼓起的上唇。他們都深知二二八慘況，也才經歷余登發案的野蠻粗魯，此刻全台灣的殺氣和憤怒都被轉嫁到他們身上。我想以微笑撫慰他們卻沒有一張回報以輕鬆的表情。其他事不關己的旁聽者則神氣自在，分成不同族群。

「全體肅立」。

我知道法官們將出場了。我瞄了尤清的手錶，正八點半。

十幾名律師分坐左右兩側。我的律師尤清和鄭勝助坐在我的右側，他們面前都堆放著文件，一臉肅穆。軍法審判，連律師們都緊張。軍事統治的震攝力，處處密佈。全體軍官，不論是法官、檢察官、書記官，全罩上一套法袍。彷佛軍事戒嚴統治，立刻就會被法袍漂白一般，代表著正義和公正。歷史上，劊子手常常都是一臉道貌岸然的好兒子，好丈夫，好父親。

看著軍法官們正襟危坐，我內心好可憐他們，命運竟然安排他們擔任這份必然會在歷史上留下壓迫者幫兇的職務。

我，才是正義的化身，自由的戰士，至少在台灣歷史上。即使死刑就將臨身，奮鬥者沒有這種信心，就不可能理直氣壯。何況，我早已認知若干歲月後，這個自由的戰士就不再只是台灣的，他會像聖女貞德已不再是法國的，而是全人類的。真正勇敢不懼的自由戰士才會走進人類史殿堂。

全法庭只有一張笑容，那就是我的。一個已被媒體徹底醜化，形容成獐頭鼠目，十惡不赦的暴徒，已被起訴唯一死刑的被告！如果有一天，戲劇敢正確還原這個場景，旁白將如何下註？

我，今天已是大審後被公開提審的第四人。黃信介、林弘宣、呂秀蓮的審訊都已見諸媒體，呈現在世人面前……。

有史感的人，都會體悟到，這不是美麗島八被告在受審，這是全體台灣人在被外來獨裁統治者公審！

經過黃信介、林弘宣、呂秀蓮的審訊過程及內容，軍法庭的審問公式已經暴露無遺。完全依被告在調查局的自白和筆錄做起訴基礎，法官完全依起訴脈絡審理。先確認被告們有沒有台灣獨立的犯意？有沒有意圖顛覆政府奪權政權，實現台灣獨立的犯行？組織美麗島政團和舉行十二月十日國際人權日的聚會，是不是就是在執行奪權陰謀的行動？所以，法官的審問都落在「台灣獨立的意識」，「聚會當天有沒有喊打、喊衝」，「有沒有買火把」等等爭論。

這類爭論，不管當事人或律師如何辯解、辯護，即使辯、檢如何精彩爭辯，最後法官都會依「法官的自由心證」下判決，未審已先判。這個「自由心證」就是獨裁者蔣經國的意志。全人類史上的政治、宗教審判，都是依這樣的邏輯在進行的。黃信介、林弘宣、呂秀蓮的答訊，已經完全落入法庭預設的法律圈套之中。

我早已決定以總指揮的身分，扛起十二月十日當天的衝突責任，我將儘量少在衝突相關爭論做抗辯，除非必須。我要引起世人注目的是，蔣氏父子在台灣獨裁統治的本質，以及台灣人民必須追求獨立、自由的心聲……。

我微笑地和那一批軍法官、檢察官們對視，準備利用這個公審的絕佳機會，對台灣人民說些一直以來台灣社會聽不到的聲音……。

我站立著，前面有半腰高的木柵，在我和法官之間，放著一些「犯罪證據」：木棍一一八支、竹棍二十三支、火把四十支、破裂火把六捆、鋼筋四支、柴油一桶、點火用草紙一捆、擴音器一具、擴音喇叭十五只、麥克風五支、紅花名條十五條、紅色名字布條二十六條、三色布彩帶七條，三色布質標誌八枚。

我左右射視這些「犯罪證據」，故意很明顯地來回審視著這些叛亂證據、犯罪証據。這些東西有些不是我們的，不知特務們如何搞來的。我心中一陣竊笑，本來想說：「憑這些東西，我們就要造反啊？現在，又不是陳勝、吳廣的時代。憑這些證物，就起訴我們叛亂、造反？唯一死刑！」

照片來源：中央通訊社

審判長似乎發現我想說什麼，他一定程度也很心虛，這些算什麼叛亂工具？他立刻宣布開庭審訊。

尤清律師搶先提出程序問題，要求先發言。尤清是整個律師團裡最具法哲學素養的律師。

審判長准許尤清發言。

尤清說，他代表全體辯護人對兩天來，審檢人員的辛勞表示敬意。接著說，在整個訴訟過程中，公訴人與辯護人地位平等，目標一致，都是為發現真實與追求正義。所以，他對法庭陳述以下七點意見：

一、辯護人絕對尊重審判的職權並遵守法庭秩序，但也希望審判長能尊重辯護人依法行使職權，請求審判長行使職權時，兼顧被告及辯護人的權益。

二、辯護人舉手請求發言時，請審判長儘量許可，如果不允，應明確表示。其次，前一位辯護人發言後，請庭上不必以內容類似為由禁止其他辯護人發言。

三、辯護人與公訴人的地位平等，請庭上給予平等待遇。

四、審判長在運用維持法庭秩序的職權下仍請給辯護人充分的發言機會。

五、請審判長允許被告對事情始末能作連續陳述。

六、被告自白的取得方法，請庭上優先考慮調查。

七、被告陳述後，請公訴人不必先行辯駁，應先請庭上調查。

審判長答應斟酌情況處理。

審判開始，審判長依其既定策略，從人別提問開始。他的陰謀是希望我作是與否，及辯解作答。這樣審訊就不會溢出既定範圍，也就是全在他們設定的法律框架之內進行。我呢，則等待伺機在適宜之處大談政治及理想、理念。我預測檢察官一定會意外，想不到我會溢題，藉大審的公開機會大談理念和理想。對我而言，這是我殉道前的最後機會，對族人作遺言交代。我站在被告位置，感受到祖靈也在審判台的更高位置，坐聽我的陳述。我確信，我的所說，是祖靈當年也想「想」和想「做」，卻不敢「想」，也不敢「做」的事。

這時，我心中一點恐懼和壓力都沒有。死士，走上戰場，只決心完成使命，其他都已不存在。

當審判長問我教育程度時，我格外清晰地大聲說「陸軍砲兵學校」！

自古以來，砲兵都是攻擊主力，從最早的弓彈巨石砲、火砲、到飛彈，隨時代進展砲兵的實體雖有改變，但仍都是攻擊主力。年輕時在軍校要分科時，我特別爭取砲科，這個兵種令我充滿戰鬥精神。現在，這個年壯已被除籍的小小砲兵軍官正站在歷史的砲位上，將以另類砲彈公然砲擊蔣經國，轟擊外來的統治政權。公然地，還有國內外媒體在場作證。

沒有戰鬥意志，任何武器都會失去其功能。

沒有意志的武器，如同廢物。

沒有死志，一切意志都會崩解。

審判長首先問：「你有答辯狀嗎？」

「有，開完庭後，我會遞上。」我擔心太早遞出審判長會說，答辯狀已經有了，簡單陳述就好，而不讓我暢所欲言。

然後，審判長從「五人小組」追溯起，他是想依起訴書脈絡入我們於罪。「五人小組」是台灣現代史上最重要的起點。沒有它，就不會有台灣今天的風貌，有人形容它猶如中國的「桃園三結義」，雖然有些不倫不類，精義確很傳神、扼要。

作為「五人小組」成員兼執行人，我盡可能坦述真實，我不在法庭狡辯、翻供，那是有損死士的氣宇的。我盡可能清楚回答審判長的問題。並伺機把問答從法律面推向政治、發動攻擊。

「辦雜誌的目的何在？」審判長問。

機會終於來了。這個籠統的問話可以讓我塞進很多內容，如果我順著審判長的題目簡答：「辦雜誌就是宣傳理念」，就勢必按著他的法律邏輯發展下去。我必須立刻回以「題外」之政治陳述，拉到政治辯護。

由於多年軍法庭的審訊經驗，審判長常常會引用「你的回答內容與本案無關，不要說啦！」阻止被告再發言，所以，我講話的速度變得極快速，要在審判長阻止前能多說一句一字就快說一句一字。而且，我相信這個法庭一定在某位置裝置了全程錄影存在，提供給他們的頭目們看；至於媒體，幾乎全是國民黨的，報導一定偏向官方而非我方，我們早已不信任媒體。國外媒體，我相信他們會偷錄音。這是我講話快速，比平常都快的真正原因，我內心怕被阻止說下去。

台灣應該獨立——事實上台灣已經獨立三十年

「辦雜誌，我個人的目標，是要建立一個沒有黨名的黨，來捍衛台灣的主權獨立和推動台灣的民主運動。」我回答。

「你的意思是，你們辦雜誌不是單純為辦雜誌。」審判長有點見獵心喜似的。他不知道已被我帶入另一個入口。

「是，在國民黨政府的黨禁政策下，人民被剝奪了組黨的權利。我認為組織一個黨，不一定要有黨名才算一個黨。只要有理想、組織、領導、策略和經費，就是一個黨。叫雜誌，叫什麼社都可以。像英國的費邊社就是一個例子。」

「這是五人小組的共同決議？」審判長問。

「不是，是我個人的主張。我是黨外總部的總幹事又是美麗島雜誌社的總經理，我依職權可以決定在各縣市設立服務處。」

我注意到在我回應時，有個法官傳了一張紙條給審判長。他看了一看。

「你剛剛說，你組織一個沒有黨名的黨，是要捍衛台灣獨立，你主張台灣獨立？」審判長問。

此刻，全法庭寂靜無聲。這是個關鍵問題。「台灣獨立」在台灣是個致命的危險主張，台灣人只有在海外才敢公開主張台灣獨立。台灣社會只能迎合蔣家的國策：「反攻大陸，消滅共匪，拯救苦難的大陸同胞」。任何人宣傳台灣獨立都可能被叛處死刑槍決。到現在為止，沒有被告在法庭上公開承認他主張台灣獨立。過去這兩天黃信介、林弘宣、呂秀蓮都表示沒有這種思想。我的兩名辯護律師手握筆桿，卻抬頭注視著我，整個法庭幾乎摒息以待，包括法官、檢察官、律師群，和旁聽席上的家屬和媒體。

大家都明白這是個致命的關鍵問題。我早已準備好迎戰這個問題了。蔣經國起訴我們「主張台灣獨立之罪」事實上是希望我們在法庭公開表示「反對台灣獨立」。這樣，既可以定我們的罪，又公然肯定蔣家的「國策」。這兩天，我的其他同案都走入國民黨預設的陷阱了。

「是，我認為應該台灣獨立！」我清晰地表態，繼續說下去：「而且事實上台灣已經獨立三十年了，她現在的名字叫做中華民國。」

我感受到全法庭都揚起一股熱氣，竟然唯一死刑的被告在公開的法庭上承認他主張台灣獨立！我看到尤清表情沉重，低下頭寫供詞。這不是他跟我會見時給我的答案！我知道，我的供詞會讓台灣各大媒體下很大的標題：

施明德承認他主張台灣獨立！

檢察官沒有亂起訴。

審判長終於拿到可以入我於罪的公開供詞了，面部神經柔和些許，我趁機像連珠砲似的解釋我的「中華民國模式的台灣獨立」。這是我十五年牢獄精研國際法、國際外交的最重要精華，是現階段解決台灣殖民地命運最佳的方案。

審判長也許因為已經拿到我「是，我主張台灣獨立」的公開供詞，就放手讓我說下去。

「從一九四九年，中華人民共和國成立，台灣海峽兩岸就存在著兩個完整的國際法人，中華民國和中華人民共和國。這兩個主權體已共存於世長達三十年。國際法對國家的定義是：人民、土地、政府、主權四要素。凡是擁有這四要素的政治實體就是一個國家。有沒有國際社會的普遍承認，不是國家的組成要件，承認只是對某種國際事實的追認而已，不是造法要件……。」

施明德台獨論點 檢察官嚴正駁斥

指其居心叵測混淆視聽 企圖置大陸同胞於不顧

施明德供承有台灣獨立思想 辦雜誌為建立沒有名的黨

自承担任總指揮 竟稱合法搞顛覆

大審第三天，詰辯很熱烈！ 辯護人要求平等待遇 審判長允予酌情處置

被告笑容詭譎，又是喝水又吃藥 庭上強調公平，技術犯規不可以

憲警受傷他難過 良心道義有責任

一字之差出入太大 女書記官憤然駁正

隊伍是誰帶頭的？ 施答我是總指揮！

我是一個沒有方向感的人——看呂秀蓮的自白

美聯社歪曲報導 讀者們非常憤慨

我快速發言深怕被阻止。審判長還是說話了：

「施明德，你講話慢一點，不要像連珠砲那樣，書記官記不完整，你的律師也記不全，媒體記者也記不了全部。你講話慢一點，你剛剛一再提共匪的偽國號中華人民共和國，以後不可以在本法庭稱呼偽國號。」

「施明德，你承不承認中共是個叛亂團體？」

「我接受政府的認定，它們曾經是叛亂團體。」我這麼回答，沒有說出來的後半段則是，任何研究國際公法的人清楚，一個叛亂團體，會變成交戰團體，然後進而成為一個合法政府。我用「曾經」是，來表示它過去曾經是，但是，現在已經不是叛亂團體，而是合法政府了。

「施明德，這麼說，你是反對光復大陸的國策？」審判長問。我知道他積極要取得入我於罪的證詞。

「對，我反對任何動機的戰爭。包括反對解放台灣和反攻大陸的戰爭。」

「你們的聲明提到台灣獨立，你們五人小組是否交換過意見？」審判長想入五人小組於罪。

「沒有正式列案討論過。我們五人都是很成熟的人了，有些問題只要點一、兩句彼此就領會了，不必討論來形成共識。」我謹守不把其他人一併拖下水的分寸。

「我的意思是，從一九四九年中華人民共和成立以來，從來沒有管轄過台灣一天一夜，台灣事實上已經獨立，但是，在參加聯合國這個提議上我們並不堅持以台灣名義加入，用中華民國我們也不反對，只要能加入聯合國就行。我們都很清楚，國號、國旗、國歌都不是國家形成的要件。斯里蘭卡以前叫錫蘭；美國國旗每增加一州就增加一顆星，也就是國旗又改了一次。我們重視的是自從中華人民共和國成立以來，中華民國只管轄了台澎金馬。中華人民共和國和中華民國各有其管轄領域。國際公法允許一個國家分裂成兩個或兩個以上的國家，像十九世紀的日不落國大英帝國現在只剩英倫三島，但是，她的國格並沒有改變。變得只是她的國威、國力大不如從前。國際法也允許幾個國家合成一個國家，像一七七六年的美利堅邦聯，它們是十三個國家，到一七八九年它們才合併成一個美利堅合眾國。」我回答。

「我在意的是，三十年來中華民國事實上只管轄了台灣，我們要捍衛台灣獨立就是捍衛中華民國獨立。」我詮釋我的主張。事實上，我主張「中華民國模式的台灣獨立」，是一種啟動結束台灣殖民地命運的大策略。追求台灣主權獨立的用語，不如「捍衛台灣主權獨立」的用詞。前者會被視為破壞國際現狀，並會誤認中華人民共和國是台灣的母國，才會「脫離」和「追求」台灣獨立的含意。再則，僅用「台灣獨立」一詞會讓一九四九年隨蔣介石到台灣來的「外省人」認為他們被排斥在外。政治運動必須「畫個圈圈有你在內」，而不是「畫個圈圈把你排外」。主張「中華民國模式的台灣獨立」，還有以「中華民國」對抗「中華人民共和國」的聲索權的作用，而且有借「中華民國」之殼，寄生「台灣獨立」的含意，像寄生蟹一樣。多年來，「台灣獨立」與「中華民國」是勢不兩立的。在大審中我提出「中華民國模式的台灣獨立」是讓兩者之間加上一個等號的開點。多年後，李登輝的「中華民國在台灣」，陳水扁的「中華民國是台灣」和蔡英文的「中華民國台灣」，都是肇始於美麗島大審中的「中華民國模式的台灣獨立」。

我知道「台灣獨立派」或「台獨基本教義派」在沒有生命危險高呼「台灣獨立」會很爽，但，沒有一個國家是在「爽」中建立的。國家一定是在「血與智慧」中誕生！

審判長注視著我，這是審訊以來第一次也是第一個有被告不按他的牌理出牌，竟在大法庭上公然引進政治議題，他應該很意外也很想駁斥我，但我坐大牢十五年所累積的學識、智慧一定超越他很多，我很自信如果他想跟我辯論此議題，我一定能擊敗他。他終於說一個不算特別的話：「事實上中華民國已經獨立了。」

審判長的話，正好又給了我長篇大論的機會。

「在中華民國仍在聯合國，甚至仍與美國維持邦交以前，中華民國的國際地位雖有大質疑，但主權獨立國的地位仍然存在。特別是在美國與中華人民共和國建交以後，國際上和國內政府和學者都試圖要詮釋台灣的地位問題。」

突然審判長插嘴：

「已經叫你不可以在本法庭上稱偽國號，你還一再說。」

我微笑點一下頭，我不想在這個名稱上跟法庭槓上，反正我已經表達我的立場了。但，顯然他並沒有要制止我暢述理念的樣子，以免失信於在場的媒體和海內外注視本案是否符合公審的世人。而且剛剛尤清律師已經要求審判長給被告充分解釋的時間。我就又快速地說：「在美國跟台灣斷交後，我們政府明知美國已承認北京政府為中國唯一合法政府，蔣總統仍然提出對美關係五原則，其中強調希望與美國維持「政府對政府」的關係。在國際法中，一個主權國只能有一個合法政府，蔣總統在明知美國已承認北京政府是中國唯一合法政府的前提下，還主張中華民國政府與美國應該維持政府對政府的關係，這就是變相宣告台灣是個主權獨立的國家或中華民國仍是個主權獨立國……」

尤清律師突然打斷我的話，舉手對審判長發言：

「被告一再犯錯，請審判長再裁示請被告講慢點。」

審判長終於露出微笑：「施明德，你的辯護人說你一再犯錯。」

尤清怕引起誤會，搶話補充說明：

「我是指被告一再犯講話太快的錯。」

終於引起法庭一陣感受得到的笑聲。這種笑聲在肅殺的法庭是人性的洩漏，多少會驅散些許血腥味。

我怕笑聲淡去就會被阻止再申論，我仍搶著說：

「面對國家這個大變局，各界都提出主張。丘宏達提出『德國模式』，張旭城提出『新加坡模式』，李鍾桂討論『台灣地位未定論』，都是想如何面對台美斷交的衝擊。今天，我只是趁還沒有被判死刑前，說出我的『中華民國模式的台灣獨立』。」我沒有說出口的語言是，蔣經國可以提「政府對政府」的關係，丘宏達、張旭城和李鍾桂可以主張上述模式，懂國際法的人都知道，他們那些主張就是「台灣獨立」的變相說法！我們主張台灣獨立就是大罪，就該判死刑!?

「施明德，本庭還在審理中，還沒有合議判決，你不可以這樣說。」審判長說。他指我說的「被判死刑前」。

「大家心裡都有數啦，我只是把它說出來而已。」我說。

提到死刑，法庭又寂靜下來……。

我站在原地，心中知道，明天媒體將大肆報導並攻擊我主張台灣獨立。多少年來，獨派人士想在台灣宣傳台灣獨立，卻不敢公開說，蔣家政權讓「台灣獨立」這個問題成為台灣最危險的大禁忌。反對人士只敢私底下講，這樣又不能構成宣揚效果。十年前，泰源監獄內的五位革命烈士也不過是想佔領電台向世人宣示，台灣人民要獨立。今天，我利用大審的機會公然突破這個禁忌了。今天，我清清楚楚地世人宣示：台灣應該獨立，而且已經獨立三十年了！

「台灣獨立」不再是台灣的大禁忌，就是從美麗島軍法大審才被突破的。

歷史的一小步，都是死士的鮮血與死志所鋪成。

合法顛覆政府

「施明德，你剛剛說，你們辦雜誌不是純為辦雜誌，你還說你們辦雜誌是為了推動民主運動。在民國六十九年（一九八〇）二月十九日的偵查筆錄中，你又說到什麼量變質變、暴力邊緣等方式製造勢力，以達到顛覆政府的目的，是吧？」

我不想被視為翻供或怯懦，這又是我正面攻擊的時候了。

法律人，不管是法官、檢察官、律師都會用純法律觀點來評定對錯及對策。辦雜誌只要不是純辦雜誌，就隱含有其他犯罪意圖或陰謀。不會像我這樣公認招供，我們辦雜誌不是純辦雜誌。如果我事先和律師「研究」辯護策略，他們一定會極力反對我這種答辯策略，不要讓問題複雜化。這是法律辯護的守則。

我卻是在做死生之搏！不只是個人，也是台灣的自由與否的決鬥，我必須藉法庭宣揚理念和主張。我的思想邏輯和他們這些法律人是有很大的不同的。

我回答：

「我們國家當前的危機或問題，不只是外有國家地位的問題，」我想儘量放慢語速：「我們內部還有民主化的問題，我認為台灣內部民主化有四大害。所以，我決定運用這個沒有黨名的黨推動台灣民主運動，以合法的方法顛覆政府……。」

我是故意要使用「顛覆」這樣尖銳的字眼的。我不要像我的同案那樣既否認台獨，又否認有顛覆政府的意圖，做識時務的被告。我的律師，也許包括所有參與審判的人士，都不知道我正要發動最強的政治攻勢，要刨蔣家獨裁統治的根，讓蔣經國淪為被告的陰謀和企圖。我相信審判長也相當意外我竟敢在法庭上，公然承認我是要以「合法的方法顛覆政府」這樣的證詞。我注意到審判長如獲至寶似的睜大有神的雙眼，注視著我……。

我預料說出要「合法顛覆政府」必然會引發大爭議的。但沒有想到反應會來的這麼快，而且是出自我的律師！

這時，我的律師鄭勝助突然舉手要求發言，神色相當緊張，審判長允許。

「請審判長轉告被告，顛覆都是非法的，請他修正用語。」

「施明德，你自己聽到了，不需要我重複。」

鄭律師的善意糾正，正好補強了我意圖引導外界關注的目的。這時，全法庭都集中了注意力。他們大概都認為我不是失言就是措詞不當。我相信不只鄭勝助律師，不只法官們、檢察官們，包括在法庭內一百五十人左右的人士，一定也都這樣覺得。大家都不知道我是另有企圖，預埋伏筆，好讓審判長不會中途阻止我說下去。我趁這種氣氛重復再清楚地說一次：

「不錯，我就是利用我擔任黨外總部總幹事和美麗島總經理的職權，要以合法的方式顛覆政府。全世界民主國家的總統和內閣總理都有定期改選。總統每四年或六年改選一次，國會每五年或一定條件下改選，政府就會被合法顛覆一次，但是我們的國民大會和立法院卻三十幾年不改選……。」

我的話還沒有說完，鄭律師又氣急敗壞地插話進來，大聲說：「審判長，請告知被告，顛覆這個字眼都是非法的，合法的就不叫顛覆。請被告修正。」

鄭律師的焦急與關愛之情，溢於言表。

審判長說：「被告怎麼說，我們就怎麼記錄。」以示他的公正和尊重被告的自由意志。

鄭勝助律師無意中，真的幫了我一個大忙。因為檢察官起訴我們「二條一」唯一死刑，就是指控我們「意圖以非法之方法顛覆政府。」

機不可失，我不等審判長裁示，就直接轉頭對鄭律師說：

「請你唸出，刑法第一百條、第一百〇一條，以及懲治叛亂條例第二條第一項的全文。」我冷靜地說。

法庭上，特別是死刑庭上，大概從來沒有一個準死囚會和他的律師當庭槓上的。雖然我心中默默感激他這種暗助，讓我更有理由可以做進一步的政治陳述。

這時，整個法庭寂靜無聲，時間似乎也暫停了。死

第三版

自承担任總指揮
竟稱合法搞顛覆

【台北訊】在昨天下午的審理庭上，審判長問施明德，曾在調查庭中自白有關「顛覆政府」的問題，施明德說，他所說的「顛覆」是指「合法顛覆」。

審判長問施明德，是否曾在調查庭中供認，美麗島雜誌社的行動綱領是，由量變到質變由和平到暴力，以遊行示威等方法，將衝升高，造成形勢，以達到奪取政權、顛覆政府的目的。

施明德答稱，在民主政治下，政府是可以被「合法顛覆」的，如美國，每四年大選一次，政府就被「合法顛覆」一次，如日本，每六年大選一次，政府就被「合法顛覆」一次。他說，他所說的「顛覆」就是指這種形式的「合法顛覆」。

在庭上自承是高雄事件「總指揮」的施明德說，政府如果遵守憲法，每六年國民大會改選一次，每四年立法委員改選一次，政府就可能被「合法顛覆」一次。他說，這種顛覆不是非法的，而是合法的。他們所主張的就是全面改選，使政府可能經由這個途徑換掉。

施明德說完，他的辯護律師鄭勝助急忙要求審判長准予發言。鄭律師說，「顛覆」是一個法律名詞，是指以非法手段奪取政權，也許施明德不瞭解法律名詞，請審判長明辨他的本意。所謂「合法顛覆」也許是指「和平轉移政權」的意思。

審判長說，被告怎麼說，書記官就怎麼記，如有補充陳述，將一併記載。

施明德未再提出任何看法。

刑叛亂犯竟然公開承認他意在顛覆政府……。我轉頭看鄭律師認真在翻法條，其他律師也都抬頭注視我。我有點不耐煩，說：

「不要翻了，我直接背給大家聽：懲治叛亂條例第二條第一項全文就是：意圖以非法之方法顛覆政府著手實施，處死刑并沒收財產。

「法律條文沒有贅字。既然條文明文規定是指『非法的方法』，才是本條文設定的懲罰要件之一，既然有『非法』的限定，當然就意指著有合法的方法存在。而這些合法顛覆政府的行為，就不在『二條一』的懲罰的範圍之內。所謂顛覆都是非法的觀念，是一般人的通俗想法，不是法律定義。」

我頓了一下，不管審判長或律師有什麼反應，我繼續說：

「全世界的民主國家，都有定期改選的機制，總統在一定年限必須改選，國會也有任期制，讓人民有機會重新授權。我們卻實施黨禁、報禁、戒嚴令和萬年國會，使一切民主的機制蕩然無存……。」

此刻，我已經不是被告了，我已經化身為台灣人民的「檢察官」在起訴、控訴蔣經國這個獨裁者，還有他已逝的父親蔣介石。我這個被告終於轉身變成原告，我知道明天台灣的媒體一定會全面反駁我的「謬論」。這些駁斥正是我希求的，真理是不怕被駁斥、扭曲的。在戒嚴時代，反抗者的聲音永遠會被變聲、消音，反抗者的形象必然會被扭曲。只有掌權集團的音容永遠是美好的。反抗者最悲慘的下場，就是默默死於刑場。但，我終於把大審變做講壇了！

大審如果一直停格在法律範疇，我們不但會大敗還沒有時代及歷史意義。只要點燃政治之火，蔣經國就會居於劣勢，不管他的御用打手如何爭辯都只能使他三十年來的獨裁本質更曝露。蔣氏父子在台灣的行徑徹徹底底就是獨裁非法統治。三十年來就是不准人民討論他們的戒嚴統治，現在終於在大審中被公開披露了。明天，他的御用媒體和打手再怎麼辯解、反擊，我都是贏家！只要談蔣家的三十年戒嚴狀態，這場大審就是逆轉勝了。

施明德昨應訊、聲稱推動「民主」運動？
徘徊暴力邊緣、要建立一個「無名黨」！

臺灣已是獨立國家 目前存在四個問題

檢察官再仗義執言 指施明德居心叵測

五人小組責任重大 各項問題都曾研考

集會遊行引起騷動 喊衝喊快羣衆大亂

與紐約之音有連繫 旨在散佈臺獨思想

因選舉結交黃信介 辦雜誌認識同路人

海外募捐已經收到 一再舉辦各種活動

太太一再要我逃走 是想合法顛覆政府

只有分工沒有合作 集會多次討論廣泛

避重就輕

今非昔比

四個

黨禁、報禁、戒嚴令、萬年國會

我又頓了一下，繼續說：

「今天大家在談台灣問題，不是台灣是否應該獨立的問題，台灣已經獨立而且獨立三十年了，它現在的名字叫做中華民國。所以台灣問題其實就是台灣內部民主化的問題。台灣民主化存在著四大害，就是黨禁、報禁、戒嚴令和萬年國會。黨禁，剝奪了人民集會結社的自由，使異議份子無法集中成為有影響力的團體，成為改革的力量……。

這時，審判長竟然用唇語對著我說「講慢一點」，手掌同時還微微作向桌面下移的手勢。政治審判庭，自古以來偶會有因被告的膽識，讓整個法庭包括法官動容的。

「報禁，使台灣內部只有官方的意見和主張，人民知的權利幾乎全被限制和剝奪……。」

「戒嚴令實施三十年，台灣哪裡像個自由的國度？全面軍管，包括今天平民被軍法審判……」

「萬年國會已經三十年不改選，全世界沒有一個國家有這麼久不改

這傢伙大言不慚

要打破四項限制

〔臺北訊〕叛亂嫌犯施明德昨日上午在軍事法庭庭訊時大放厥詞，他表示他個人認為要推進臺灣的民主運動，要打破四項限制。

他對庭上辯解有關「臺獨」的關係時說：他認為臺灣事實上已「獨立」了卅年，所以，他認為現在不是獨立的問題，而是推動民主的問題。

施明德說，他認為有礙臺灣的民主進步的四項限制是：①黨禁②報禁③戒嚴令④國會未全面改選。

他說，他個人認為其中的黨禁是妨礙民主運動的最大阻力，所以，他贊成發展「美麗島」雜誌的組織，成為一個沒有黨名的黨。

他並且說：他個人認為，在民主國家中，在野黨的遊行和示威的活動，都是合理的，有助於促進民主化的活動。所以他辦雜誌、辦活動的目的在此。但是，他堅決反對使用暴力。

選的國會……。」

我繼續批判這「民主四大害」，以「答辯」的姿態，行「起訴」蔣家政權的功能。一時之間，我相信連審判官、檢察官和我們的律師們都不知道我的企圖。所以只能放任我高論，把法庭變成講座。這是三十多年來，全台灣人民享受不到的言論自由，我享有了。台灣人民一直聽不到的聲音，現在終於可以大大方方地聽到了！如果我事先透露意圖給我的律師，我可能就會被阻止發言下去。公審前，我一再告訴尤清律師，我將行使緘默權，我現在才成功以攻擊取代防守。當然，這是要敢于觸怒獨裁者及法官們，最後以死刑做代價，才能換來的「言論自由」，不是法庭主動給我的。我的戰友們沒有這個決志，所以他們沒有這種法庭的「言論自由權」。這個決志，是我在牢中閱讀古羅馬角鬥士列傳獲得的啟示：角鬥士個個體壯，武功高強，最後的勝負關鍵就在於角鬥士敢為榮譽而死的決志！

我學到了。血淋淋的角鬥士是我的老師之一。

果然，從第二天以後國內各大媒體，都攻擊我：「施明德受審，態度狂傲，承認是暴力事件總指揮，同意台獨……」（中國時報一九八〇年三月二十一日第二版頭），並集中全力駁斥我的「中華民國模式的台灣獨立」和「合法顛覆政府」、「沒有黨名的黨」。但對「民主四大害」：黨禁、報禁、戒嚴令、萬年國會的反擊相對比較少。我相信這是因為連他們都很難面對的真實問題。我決定在辯論庭持續指控這四大害。無論如何，對我的攻擊就是另類宣傳，在獨裁時代被攻擊的「謬論」正是我們的宣傳方式之一。我不可能期待他們稱讚我，同意我的論點。但是，我已把我的各種主張送到海內外每個台灣人家庭了。所有人都聽到了。

沒有黨名的黨

庭訊中，我一直感覺得到，在這個法庭背後一定還有一個顧問性的「祕密法庭」同時透過錄影直播的方式，在協助這個公開的法庭的審判長和檢察官。因為，常常會有其他法官會傳字條給審判長。審判長就會把問題調回到我先前說過的話。

「你剛剛說到，推動沒有黨名的黨，你們五人小組有沒有討論到以後的狀況？」審判長問。

「到目前為止，五人小組還沒有進一步討論。」我瞭解審判長是想把對我個人的指控變成五人小組的共識，把他們一起拖下水。我清晰地說：

「我個人認為沒有必要討論，美麗島政團是個有分工的團體。我以黨外總部總幹事和美麗島社總經理的身分，我依職權就可以推動這些目標。何況，任何政治目的都有階段性，在一個階段沒有完成之前，還沒討論下一個階段計畫的必要。

「我們最主要的宗旨和目標，就是建立一個民主社會，突破黨禁、報禁、解除戒嚴令、終結萬年國會，掃除一切特權，還政於民。」

「美麗島雜誌社舉辦活動都經過允許嗎？」審判長問。

「我們的行動都是在各民主國家所允許的範圍之內。」我答。

「你是中華民國的國民，怎能談『各國』呢？」審判長說。

「這是涉及普遍性的問題。自由、民主的概念都有它放諸四海皆準的定義和尺度，中華民國不可能有壟斷性的獨特性的定義和標準。」

對我個人而言，審判到這裡幾乎可以說已告一個段落，我的肢體語言，我的政治主張已大致表露。但，對法庭而言，他們想要入罪的供詞還沒有完整。作為美麗島事件的總指揮，和黨外總部的總幹事，我有義務承擔起一切責任。黃信介、林義雄、姚嘉文、張俊宏、陳菊、呂秀蓮、林弘宣的律師們都很盡職地在法庭上替他們的當事人要求澄清，卸除一些過程中的疑點。不管事實是如何，我盡量以總指揮的身分承攬起一切責任。在稍後的法庭中有一位律師，也許是張政雄律師，當庭說了一句話，讓我永生難忘：「當然，這應該是私下話。我們律師都認為施明德先生是條漢子，我們向他求證，他不但買一還送一。」

我真的比全世界的烈士都幸運，他們大多默默走往斷頭臺，不管他們如何勇敢，如何睿智和機智，因為都沒有錄影機、照相機和大批記者把過程記錄下來報導出去，他們很多就會被他的家人、國人、族人遺忘，彷彿不曾來過世間。他們的犧牲雖然都是建構國族的基石，但生前悲愴，死後化為烏有……。像蘇格拉底、耶穌、聖女貞德……這樣的偉人被永遠歌誦是極其稀少的，而且多是其門徒記述的。

在死刑的大審上，我的肢體語言，我的辯詞，都已被攝影機、錄音機和媒體永遠留存下來了。不是任何人可能竄改的。

這些，是要留給後代子孫的。

下午，我再被押解走進法庭，我依然笑傲如常，隻手插口袋，一手向旁聽席揮揚。我看到我的兄弟的愁容略略散開，他們似乎從我的答辯和姿體語言中收到我的訊息，領會到我已下定決心了。必死之人如果還心存活念，親人才會倍感哀戚和不捨……。

奉獻的、無畏的、反抗的精神和恐懼、順服一樣是會傳染、感染的。我感覺得到我上午的表現也已給了愁雲慘霧籠罩數月的家屬們一些力量，燃點內心的勇氣。人，必會死，知道為何而死，會讓恐懼轉化成些許力量。

今天早上四個小時的審問，幾乎都讓我利用機會暢論「沒有黨名的黨」、「中華民國模式的台灣獨立」及「人民有合法顛覆政府的權利」、「黨禁、報禁、戒嚴令和萬年國會」的政治理念，讓我藉機反控國民黨政權，這一定是他們始料未及的。審判長事先一定也奉命要讓被告們「暢談」，以便給外界「開明審判」的形象。

敘亂沒寄判的不實，但是對於寄判過使真相受到誤解。過用望遠鏡、顯微鏡、放大鏡，各式眼鏡仔細的看，但我們絕不歡迎戴有色眼鏡、哈哈鏡，來看這面他們認為的西洋鏡。我們歡迎公正的外國記者前來採訪，但是不歡迎那些有成見的外國記者。

他說：他認為，不論中外記者，所作報導應遵守新聞記者的職業道德，報導事實真相，我們希望來訪的記者，應該報導事實，而不應歪曲事實；要瞭解事實，敘述真相，而不要喧賓奪主，越俎代庖。

較進來的很晚，那時候已經打的很厲害。

[illegible]的國大代表。

呂傳勝問：呂秀蓮

曾經軍法處所組成的高級合議庭，昨日

施明德坦白招認充當
高雄事件總指揮
五人小組決定「無黨名的黨」

〔臺北訊〕施明德昨天應訊時，坦白承認高雄事件由他總指揮，他帶頭，其他人都是聽他的話做事。

由於施明德有意承擔責任，昨天幾乎所有被告律師都提出問題問他，希望能藉施明德的話，為他所辯護的當事人脫罪。

提出問題的律師有鄭慶隆、謝長廷、陳水扁、蘇貞昌、張政雄、江鵬堅、張火源、高瑞錚、呂傳勝、郭吉仁等。

江鵬堅問：能否確定林義雄有沒有上臺演講，若有，是誰介紹？講什麼？什麼時間？

施明德答：有沒上臺沒印象，只知道林

他就是艾琳達証稱已遣返的施明德，瞧他出庭時一付「洋洋自得」的模樣。（司徒桂攝）

他們這樣的審判策略是假設被告頂多是「翻供」、「解釋」、「否認」、「非法取供」等等法律途徑。面對唯一死刑的公審，他們確信沒有人敢公然放肆。他們絕對沒有想到我會在大審中大談政治理念，攻擊他們的黨禁、報禁、戒嚴令、萬年國會，特別是公然強調台灣應該獨立，還把蔣家政權「假反攻大陸，真台灣獨立」的邪惡統治術揭露於世人之前。

奇襲，不管在軍事戰場或政治領域都是致勝的關鍵。李德・哈德的《戰略論》，就是在論述出其不意的攻擊是決定性的致勝手段。

作為一個革命者，如果我沒有勇氣抓住這個千載難逢的機會，暢談理想，宣傳理念，鼓舞台灣人的反抗勇氣，我就不是一個奉獻者。這是一個真正的領袖應具備的特質。

但，這個「發言權」不是法庭或蔣經國意想之內主動要給我的。是我用必死之心，換來的。現在既然出現這種意外，法官、檢察官及幕後的「祕密法庭」成員一定會利用午休時間，密謀如何對付我。所以，審判長下午一開庭就首先表示：

「施明德，不要再把話題扯到題外，不要再大談台灣已經獨立的謬論，不要再給大家上政治課。這裡是法庭，不評論政治。」

審判長說完，我嘴角微微上揚，我自信已擊中蔣經國政權的要害。本來我的政治答辯就是給國內外各大媒體聽的，就是要對台灣人民上「政治大課」的！審判長親口禁止，也沒有用了，因為我的話已經說出去了，國民黨的所有媒體只能全面消毒、辯解或減少報導。而且我決定下午一有「空隙」，我還是要把政治主張俟機插入，我寧可被阻止發言也不自我設限發言內容。

「施明德，現在我問什麼，你就回答什麼。」審判長說。

然後，審判長就全按他們入罪的策略審問我，事件相關的問題：

「你們有沒有長短程奪權計畫？」

「和國外哪些台獨聯絡？」

「什麼是暴力邊緣路線？」

「你有沒有喊衝喊打？」

「你們的集會有沒有申請獲准？」

「是誰下令買火把？」

「你幾點進入警察局談判？」

「幾點出來的？」

……。

這些十二月十日發生衝突過程的問題，對我來說都不重要了。像這樣拿著火把的遊行、演講來紀念「世界人權日」，然後民眾和鎮壓軍隊發生衝突，一、二十人有肢體受傷，就認為是叛亂，造反？如果要造反總指揮和副總指揮姚嘉文怎麼會一起進警察局，和南部警備總司令部副司令談判如何避免衝突？不怕一起被扣押？革命領袖會這樣做嗎？審判長竟還不知遮醜地拿這些問題審問我，一點點都不知道掩飾破綻。但是我很清楚不管我怎麼辯解，法庭都會全按照其既定的計劃，以他們的「自由心證」做出符合獨裁者意志的判決。這樣的法庭訴訟，還會有什麼意義？但事實是，這就是蔣家獨裁政權三十幾年來戒嚴統治的常態判決。以恐怖統治維持其少數統治政權，美麗島事件不是唯一的案例，它只是三十幾年最受國內外和國際社會關注案件而已。

但，所有被告的律師們卻都煞有其事地利用這個機會，向我求證其當事人，是否如何？如何？來規避刑責，盡辯護人的義務。我儘量說出事實，或以「我是總指揮」扛下責任。如果這樣的「犯行」就該判死刑，真的只能對上蒼說：

天啊！

我必須說，律師們在審訊過程中都替他們的委託人守得非常緊，我這個死囚反倒像個冷眼「旁觀」的人。雖然我是個「明知山有虎，偏向虎山行」的戰士，站在這裡我也常常覺得我怎麼會置身這個荒唐的世界？憑著這樣的證據、證物就羅織成叛亂！軍法官、檢察官和律師們還這樣認真演出。我一心一意要表達的政治理念上午已大致陳述了，我承認在下午的審判過程中，我偶會失神……，因為我認為它沒有什麼意義。我完全沒有身處鬼門關的緊張和恐懼，因為我知道自己已經走進了鬼門了。在必須走進又還沒有走進的時刻，人才會有求生的欲望。走進去了，命運已定，人反而會很灑脫、平靜，彷彿在戲看眾生……。

當審判長提到十二月十日當夜發生衝突，導致一些人受傷，我表示我也必須負些責任。審判長立即見縫插針，問我：

「施明德，你說你們也必須負些責任，是負什麼責任？」

在訴訟中承認自己有「罪責」是不智的，我是指政治案件。

我的辯護律師尤清立刻舉手要求發言，企圖挽救。

尤清說：「這是程序問題。被告的法律責任應該等辯論庭再由本律師和檢方定奪……。」

陪審法官之一也立刻對著審判長，搶著說：

「讓被告自己講。這也是程序問題。」

雙方都認為這是關鍵問題。

全法庭又陷入一陣沉靜，等待我的反應，七名法官和檢察官都注視著我，我相信我的辯護律師也焦急地看著我……。

「我們要負部分良心上、道義上的責任。」我平靜地說。

我說完，我感到我的兩位律師尤清和鄭勝助都舒了一個口氣。他們的辯護策略是希望我配合作無罪的抗辯，只要我做法律上有罪的承認，他們就束手無策了。

然後，鄭勝助律師請審判長問被告下列幾個問題：

第一、什麼叫鼓山事件？被告對此的了解是什麼？

第二、被告說美麗島服務處也有人受傷，請說明受傷的情形。

第三、六十八年十一月二十日在台中舉行的到底是吳哲朗坐監惜別會，還是美麗島台中之夜？聽說被告當初對於舉辦這個活動曾經表示異議，不知道有無此事？

第四、十二月六日姚嘉文等人的聚會，被告是否也參加了，如果沒有參加，被告又是如何知道有關暴力邊緣論的觀念？

第五、被告說美麗島雜誌設立，活動的目的是要形成沒有政黨形式的政黨，然後要達到顛覆政府的目標，這段話是否請被告再說清楚一點。

第六、請被告說明美麗島雜誌創辦以來，歷次申請舉辦活動被核准和不被核准的情形。

第七、在大圓環時，被告說已經施放催淚瓦斯，而審判長則說沒有，關於這一點王拓在他的筆錄中也說他曾經聞到，因此辯護人對於審判長在這一點所表現的預判的態度要表示提出抗議。

審判長：「剛才辯護人所提的第七點，本席必須在此做一澄清，根據施明德的筆錄，他說那時候並不知道是否有施放瓦斯，同時他自己也沒有聞到，本席是根據他的筆錄而說的，並不是對於這一段做了預判。

這時，審判長和其他幾位審判官交頭接耳，會商如何處理鄭勝助律師所提出的問題。

審判長：「辯護人所提的王拓的筆錄是什麼時候的？」

鄭勝助律師：「在整理卷上看到的。」

審判長：「是調查庭的筆錄嗎？」

鄭勝助律師：「是的。」

審判長一面叫其他審判官翻查，一面轉問我：「關於第一點十二月九日的鼓山事件，起訴書中已經有所陳述，本庭自會斟酌，暫予保留。關於第二點所提高雄事件當天美麗島雜誌人員也有受傷的，施明德你能夠舉證嗎？」

我回答：「名字已經不記得了，但起碼有兩個人，其中有一人滿頭流血跑到講台下，我叫助理付給他幾千元醫療費，請他就自行去處理了。此外也有因為被催淚瓦斯攻擊而受傷的，譬如邱垂貞的女朋友就是因而住院，一直到我們被逮捕他都還在醫院。」

審判長：「那麼關於美麗島台中之夜的名稱呢？」

鄭勝助：「被告在早上訊問時表示當初對此曾有異議。」

我說：「我不知道辯護人問這問題有什麼用意？我是在他們印出通知單才知道他們要辦這個晚會的，不過因為有人告訴我關於吳哲朗是不是真的打人？事實本身還有疑點，因此我當時對於是否舉行坐監惜別會，認為在名詞上似乎還有待斟酌。」

鄭勝助：「結果是不是因而就改名為美麗島台中之夜？」

我說：「是的。以往美麗島雜誌申請辦活動都不被核准，可是那一次到了當天下午二時卻准下來了，所以在舉辦前四個小時才臨時改名為美麗島台中之夜。」

審判長：「那麼事先你們申請的是要辦吳哲朗坐監惜別會囉！」

我答：「是的，事先本來不准，因此後來就改了名字。」

審判長：「關於去年十二月六日在劉峯松家裡舉行的聚會，你參加了沒有？」

我答：「沒有，我那時候已經離開台北。」

審判長閱覽證人筆錄。

審判長問：「你瞭解暴力邊緣論的觀點是如何產生的呢？」

我答：「是在潮流事件發生以後的一次聚會中，許信良才提到黨外人士應考慮使用暴力。國民黨隨便抓人，黨外對此不能沒有抵抗。但是他的論點我們都不表支持，認為不論採取自生自滅或者以暴易暴都不好，所以主張暴力邊緣是要用來表示我們舉辦活動的決心而已。」

審判長問：「關於鄭辯護人所提的第五點被告早上已經說過，第六點書狀上也已有了，在此不必再提。至於說王拓表示在大圓環聞到了瓦斯味，根據他自己的筆錄，上面是說當時他聽到有人在叫喊施放瓦斯了，而他自己卻沒有聞到。」

鄭勝助律師說：「我們在整理卷抄錄的卻是王拓自己說他聞到了瓦斯的味道，也看到白色煙霧從鎮暴車上噴出。」

審判長突然揚一揚王拓筆錄說：「上面明明載的王拓並沒有聞到瓦斯。」

鄭勝助律師請求閱覽王拓筆錄，庭丁交予他。

我說：「當時王拓有沒有聞到瓦斯是一回事，但即使沒有瓦斯，如果王拓聽到有人喊叫噴瓦斯了，那麼這個出聲喊叫的人就要負責任，因為這一句話傳出來後，現場秩序馬上就受影響，而非本人所能控制了。」

鄭勝助律在看過筆錄之後說：「辯護人要提醒審判長，這一段記載曾經被人改過，上面的字跡明顯的有兩種墨水。」

審判長略有怒意地說：「不可以用這種不禮貌的字眼，我們為了本案辛辛苦苦的開庭以求取事實真相，法庭有法庭的規矩，剛才鄭辯護人的話說要提醒本庭，以後講話請委婉一點，不要隨便藐視法律和法庭的尊嚴。」

江鵬堅律師：「我是林義雄的律師，我代表被告當事人請求庭上向施明德詢問兩個問題：第一是美麗島雜誌平常在社內的活動是否都有人錄音；被告有沒有做此安排？第二是被告能否確定高雄事件當天林義雄是否有上台演講，如果有的話，是誰介紹他上台的？他的演講內容又是什麼？」

審判長：「辯護人的問話你都聽清楚了，不用我轉述吧？」

我說：「我的速記沒有這麼好，如果記不清楚，請審判長再提示。關於有沒有錄音我不知道。關於林義雄有沒有上台演講，我可以很肯定的說，那一天林義雄來得很晚，來的時候已經放過瓦斯，而且現場打得很厲害，他是和康寧祥一齊來的，後來康寧祥上台演講我是知道的，林義雄有沒有上台我就不知道。」

張火源律師：「辯護人有兩個問題提出，第一個是六十八年十一月卅日美麗島雜誌最初申請在體育館舉行，後來因為不准才改在扶輪公園，這個事實如經查證屬實，可以證明他們本來並沒有意思在室外鬧事。第二個問題是請調查他們並未蓄謀發動暴動，因為他們事實上已自己備有滅火器。」

審判長：「你的問題是提出待證事實？或是請求調查？如果狀子上已經有了就不必再說了。」

張火源律師：「是請求庭上查證。」

審判長：「美麗島本身準備有滅火器，被告早上已經提到，我們也記下了，這一點就不必再說。關於所提的第一點，本庭自然會斟酌。」

高瑞錚律師：「我是陳菊的律師，我想請審判長轉問施明德，陳菊在六十八年十月返台，十一月一日美麗島雜誌就派她到高雄擔任副主任……。」

審判長打斷高的話，問：「你把要查證的事項簡明扼要的說出來就好。」

高瑞錚律師：「是的。第一點，美麗島讓陳菊到高雄任職，這項安排有沒有什麼特別用意？第二點，是請施明德對遊行這兩個字下定義，是不是把隊伍帶到圓環、公園聽講的意思？」

審判長：「你的問題要明確一點，不可做出暗示。」

我答：「我安排陳菊到高雄當副主任，目的是要在恢復中央民意代表增額選舉時，讓她在高雄參加國大代表的選舉。關於第二點遊行的定義，我們只是要把人帶去聽演講而已，這一點我在今天遞出的答辯書中已經說明了，審判長不必怕辯護人打『派司』給我。」

審判長：「本庭必須要維持公正，不可以使任何一方吃虧。」

呂傳勝律師：「我是呂秀蓮的律師，我想請問施明德到底呂秀蓮在瑞源路的時候，是否曾經喊衝喊打？」

審判長：「這個問題你已經問了好幾次，是不是每一個被告你都要問同樣的問題？」

呂傳勝律師說：「那倒不一定。」

我說：「我可以肯定地說，呂秀蓮絕對沒有說過這句話，因為那時候她根本沒有拿擴音器，就好像我也沒拿一樣，因為現場都是男人的聲音。」

審判長反駁：「但是照片上你明明拿了擴音器。」

我回答：「這是有階段性的，我是說在瑞源路那一段我並沒有拿。」

郭吉仁律師：「我是張俊宏的辯護人，被告上午的供詞有一段沒有說清楚，被告說在新興分局前的大圓環，姚嘉文、張俊宏、黃信介都曾上台演講，但是那時候被告已經進入分局交涉談判，怎麼知道張俊宏有上台演講？」

我回答：「我只是說黃信介和姚嘉文曾經上台演說，後來我就進入新興分局，張俊宏有沒有上台我並不清楚。」

鄭慶隆律師：「我是黃信介的辯護人，在六十八年十二月十日的人權紀念日大會當天下午六點多，隊伍從美麗島高雄服務處出發到新興分局大圓環，起訴書中說隊伍是由黃信介帶頭的，……。」

審判長：「辯護人請你把待證事項扼要的提出來，這樣被告也才聽得清楚。」

鄭慶隆律師：「好的，不過這個有關係，我儘量精要，我想請審判長轉問施明德的是，第一，起訴書中說隊伍是由黃信介帶隊的，有沒有這回事？第二，被告知不知道黃信介和洪誌良的交往情形？」

我回答：「關於第一點，那天是我當總指揮，隊伍自然是由我帶頭而不是黃信介。關於第二點，黃信介和洪誌良的交情，就我所知他們兩人交情並不深，而且洪誌良去年被捕時，當天晚上十一點我知道了這個消息，就打電話請示黃信介如何處理，黃信介說洪誌良是統一派的，我們不必介入這件事，因為我們是反對共產黨統治台灣的。」

審判長：「那你不曉得關於鰻魚苗的事情嗎？」

我：「不知道。」

鄭慶隆律師：「被告是不是了解他們交情不深，或者黃信介瞧不起洪誌良的事情？」

我說：「不知道，黃信介在六十七年組成黨外巡迴助選團時，那時候洪誌良參加第三選區的選舉，而黃信介卻一開始就拒絕支持他的競選。」

鄭慶隆律師：「關於這一點有沒有事證？」

我：「我們都知道這件事就是了。當時，我是助選團總幹事。」

陳水扁律師：「我是黃信介的辯護人，剛才被告提出了幾個政治名詞，我想請庭上轉問這些問題是被告個人的看法，或者是美麗島五人小組的共識？第二個問題是：所謂暴力邊緣究竟是被告個人的解釋，或者是姚嘉文告訴他的？」

我：「關於台灣獨立的理念，這是五人小組共同的意見，並且在我們為請求重新加入聯合國的宣言中都已經明白表示出來了。關於第二點，暴力邊緣論是我自己的理論，姚嘉文只是基金管理會的負責人，對於行動無權干預。」

陳水扁律師：「我的意思是說有關暴力邊緣的理論，到底是被告的了解，或者是由姚嘉文告知？」

我：「是我個人的了解，十二月六日他們的聚會我並沒有參加，所以也不清楚他們討論的細節。」

謝長廷律師：「我是姚嘉文的辯護人，請庭上轉問被告，美麗島的各項活動你們五人小組決定以後，是否都曾經告訴黃信介？」

我：「關於合法顛覆政府的事情，我並沒有告訴黃信介，黃信介到底什麼時候知道這件事，我也希望了解。」

審判長：「你這些話不是都已經說過了嗎？」

蘇貞昌律師：「我是姚嘉文的辯護律師，根據我的調查，從高雄美麗島服務處出發到大圓環大概有一百公尺的距離，沿途是否有人唱歌，喊口號？這個問題是要求證這個隊伍在外觀看起來是在遊行或是在走路？第二個問題是從中正四路左轉到瑞源路，施明德說那時候姚嘉文問他要去哪裡，施明德說回服務處去，結果姚嘉文是否就同意了？本問題的待證事項是要證明姚嘉文是否同意回服務處去演講。第三個問題是姚嘉文從新興分局大圓環走回服務處，沿途是否有拿麥克風，待證事由是因為起訴書指出姚嘉文在車上拿擴音器喊衝喊打。」

我：「從服務處到大圓環沿途有沒有喊口號，已經沒有印象。在中正四路時姚嘉文曾經問我到哪裡去，我說，繞回服務處，他也就聽我的，因為那天我是總指揮。關於第三點，所謂沿途是否拿麥克風，不如說在衝突毆打時姚嘉文否拿麥克風，這一點姚嘉文在中正四路衝突時，麥克風是在蔡有全和周牧師的手中。」

張政雄律師：「我是林義雄的辯護律師，有兩個問題請庭上轉問施明德：第一是昨天呂秀蓮在應訊時曾經提到現場的一捲錄音帶，我們這裡也複製了一份，是否可以當庭放給施明德聽一聽，以指證是誰在演講。因為我們反覆收聽的結果，並沒有聽到林義雄在演講，只是說有人在台上介紹林義雄，表示請他來做精彩的演講，但是還來不及上台，現場就又衝突起來了。」

審判長：「錄音帶你昨天不是已經呈出來了嗎？這一捲是不是完全一樣，關於這點，我們自會斟酌。」

張政雄律師：「其次第二點是，林義雄被介紹上台，不久現場就又起衝突，不過就我們所知在服務處前面演講時，最初曾有一段時間很安靜，請問後來為什麼又騷動起來？第三點是這些受傷的憲警是由群眾毆打成傷的，請問施明德他們都是因為負有驅散群眾的任務才遭到攻擊，還是有些並沒有負責驅散群眾的治安人員也被群眾攻擊？」

審判長：「辯護人第三點的請求是不是在請求書狀上已經有了？」

張政雄律師：「有的。」

審判長：「那麼本庭自會根據職權斟酌調查，關於第二點被告早上也已經說過，你們回服務處時是先毆打憲警再演講的？」

我：「隊伍在沿途進行時，因為有憲警擋路所以才發生毆打，後來演講時就沒有衝突的情形，到後來鎮暴部隊以三角隊形衝進群眾時才又發生衝突，其後鎮暴部隊施放催淚瓦斯時又再衝突了一次，至於在瑞源路口的衝突是因為隊伍後面有人喊噴放瓦斯，群眾向前跑才發生的，因此被毆打的都是鎮暴部隊以三角隊形衝入群眾中的人員。」

鄭慶隆律師：「辯護人請審判長轉詢被告幾個問題，第一，高雄事件當天施明德是不是清楚黃信介的行蹤？以下的問題要看被告的答覆再提出。」

審判長：「你的問題最好一次都提出來。」

鄭慶隆律師：「好的，不過辯護人不才，無法一下子都提出來。」

我：「進入新興分局談判以前，我曾經看到黃信介委員，出來以後就有一段很長的時間沒有看到，一直到後來呂秀蓮上台演講時才又看到。」

鄭慶隆律師：「黃信介那時候看到情勢混亂，有沒有要大家唱歌以移轉情緒，後來是不是又上台宣布散會，還因而被人打了屁股？」

我：「有。在我猜想打他的人可能就是劉華明，因為有人看到是一個胖胖的人打的。」

鄭慶隆律師：「那麼請庭上傳劉華明來對質。」

審判長：「這件事本庭再一併斟酌好了。」

鄭勝助律師：「辯護人請問兩點問題：第一點施明德在二月二十三日的調查庭筆錄中說，每次五人小組的決議都是由他和姚嘉文轉達給黃信介的，是不是這樣？第二點，同一份筆錄中審判官問美麗島的活動是否都根據暴力邊緣的既定原則來實施，被告答覆說是，這一點和被告今天所說的似有矛盾，請庭上查證。」

審判長：「這兩個問題被告上午都已經提過啦。」

鄭勝助律師：「筆錄中所謂的既定原則到底意指什麼？」

我：「如果說是指藉辦活動發揮沒有黨的黨的功能，那是美麗島雜誌的既定原則，沒錯。」

審判長：「被告所說的這個問題庭上自會斟酌。」

此時，坐在審判長右側的審判官也參與詢問。

某審判官：「你前面提到的美麗島服務人員那天也有受傷，情形是怎麼樣呢？」

我：「共有兩人受傷，其中一個跑到我們講台下面，另一個人還到醫院縫了十五針。此外事件發生的末尾，雙方一直在互相扔火把。」

書記官要求發言：「鄭勝助律師剛才說王拓的筆錄曾遭塗改，但是所有筆錄的製作，不但要當事人親自過目而且要在上面簽名，自不得擅自更改。至於說筆錄上字跡不同，這是因為墨水深淺不同所致，書記官要在此鄭重聲明，筆錄絕無塗改的事情。」

蔡藤雄檢察官也接著請求發言。

蔡藤雄：「關於筆錄是否被修改，這個責任一定要追究，本檢察官在調查局時聽到王拓說他只是聽別人喊噴瓦斯，並未聞到，辯護人當時也在場不知聽到了沒有。辯護人此話應負法律追訴責任，請審判長要注意查明此點。」

鄭勝助律師：「我剛才提出可能遭塗改，只是要提醒審判長注意。」

審判長：「不是提醒！你說話要委婉一點，本審判長當然知道你沒有惡意，只是為了當事人的權益脫口而出，不過法庭上的秩序和法庭的尊嚴還是要尊重的，以後如果再這樣就要負法律責任的，知道嗎！」

當軍法官和律師們的求證如此一來一往的對答時，我一直覺得法官和律師的問題都是那麼瑣碎和低階，將來史家一一展讀時，是不是也會跟我一樣覺得無聊？這就是死刑與否的叛亂事證？這些辯護律師以為替他的當事人，向我求證上述那些枝枝節節的情節，就能讓他的當事人免於判罪？坦白說，我站在法庭上失望極了，直覺：「這些律師怎麼會無知到把這個極高度的政治案件，當作普通刑事案件在辯護？」

我正不知道要把我的眼睛和注意力放在何處時，蒞庭林輝煌檢察官要求審判長准許其發言。這一定又是安排好的情節。審判長當然允許其發言。

林輝煌檢察官說：

「上午，被告施明德在法庭上侃侃而談他的台灣獨立理論，說台灣三十年來已經獨立，這種台獨思想的謬論是居心叵測，混淆視聽，並企圖置大陸九億苦難同胞於不顧……。

「台灣是中華民國的一個省，是不爭的事實。共匪稱兵作亂，實為一個叛亂團體組織。當我們在台灣的人民與政府正在為光復大陸，一致團結努力的時候，施明德卻說台灣已經獨立，這簡直是置我大陸苦難同胞於不顧，實為居心叵測……。

「我政府在美匪建交後，仍希望與美國維持政府與政府的關係，就是堅持中華民國是一個有主權的合法國家，被告竟以此誣指政府也有要台灣獨立的意思，實為混淆視聽。因此，本檢察官必須澄清這個事實，以正視聽。」

檢察官看稿唸完。我確信這一定是檢察官奉命必須反駁我的，我心中竊喜，我立刻從幾乎神遊的狀態中回到現實，我又可以進行猛烈攻擊了。

審判長看我正要發言反擊，他竟然說，「施明德，不要再給大家上政治課。」審判長讓檢察官執行答覆權，卻剝奪了我的抗辯權。

我的律師尤清知道今天的審問即將結束，立即舉手要求對我今天提到幾個「政治名詞」是否留待辯論庭再討論？顯然尤清已察覺我的動機和企圖，想要側面助攻了。這是大審以來首次出現「政治名詞」。審判長卻表示將把這個問題，留待辯論庭再論述。顯然審、檢、辯三方都知道這才是這場公審的主戰場！這個主戰場是由我開啟的，不是檢察官起訴的主旨。

這不是一個強出頭的時代，更不是一個強出頭的場合。強出頭是不得已，而且還必須支付代價。我感覺得到，我提出了「中華民國模式的台灣獨立」擊中了蔣家獨裁政權「反攻大陸，消滅共匪」的假象。但是，法庭在倉促之間又不知如何反駁我，只好下令檢察官又搬出三十年來愚弄人民的老調斥責我，讓媒體可以引用，同時讓審判長禁止律師和我再發言。

這時，我真的很自豪，在走向刑場終結生命之前，我已經突破「台灣獨立」在台灣是不能討論的恐怖禁忌。在這之前「台灣獨立」是不能公開討論的。我又想起有次海外台獨人士悄悄到「美麗島」拜訪我時，我問他們回來做什麼？他們信任我，會對我坦誠，除了處理家務或公務外，他們會到處宣傳「台獨」。我問他們如何宣傳？是演說或對話？他們告訴我：當然不敢公開談台灣獨立。他們是到處趁沒有人注意時，在牆壁或柱子上畫個像「△○」的圖案，不是台灣的「台」，是上半部畫個等邊三角形，下面畫個圓圈。他說像台灣農夫愛戴的斗笠，下半部是圓圈像人臉。我說，看到這圖案的人，還以為是小孩寫「台」字寫得不正確，看到的人怎麼會想到那是代表台灣獨立？但他說他還是到處畫，到處宣傳台灣獨立，畫了趕快跑，怕被捉到。他說特務都知道，它代表台灣獨立。

這不是笑話，台灣獨立在台灣社會就是一個極端危險的禁忌！透過今天的法庭，台灣人今後一定可以大談台灣獨立的種種了，言禁突破，民智有一天就會把台灣帶上法理獨立！更可以公開批判台灣民主四大害：黨禁、報禁、戒嚴令、萬年國會了。

我死而無憾了。

我的笑容一定洋溢著自豪。

審判長宣布今天長達八個多小時的庭審到此結束，審判長說：

「施明德留下，看完全部筆錄再返押。」

沒有經過審判長同意，在大家紛紛起立要離開時，尤清竟大聲地說：「NORI，筆錄要一個字一個字認真看完，才可以簽名！」關懷之情，溢於言表……。

顯然，尤清律師是喜歡我今天的戰鬥的……。

偌大的法庭最只剩下我和退到稍稍有點距離的兩個憲兵和所長、監獄官。年輕的少校書記官張雄英把今天的全部筆錄從法官席拿下來，放在原來是律師席的桌上。她就命令憲兵搬張椅子給我，隔著桌面相對坐下。

「施大先生，」她這樣稱呼我：「請你仔細從頭看到完，花點時間沒有關係，我會坐在這裡等。有什麼不對的，我可以替你改，然後你才簽名。我不想再發生今天你的律師鄭勝助說我竄改筆錄的事。」

剛剛我的律師鄭勝助因為王拓的筆錄一個關鍵字「未」和「不」質問書記官竄改。

其實，我的供述是要給外界聽的，給歷史聽的，筆錄對我、對判決都不重要。但，我還是從頭看。

突然，書記官用不大的聲音說：

「我的學妹梁小姐要我問候你，她希望你多保護自己。」

我愣了一下，一時想不起梁小姐是誰？

我抬頭看她，我的臉譜一定寫著問號。

「她說，你是她的好朋友。她說，她是在你三哥的診所認識你的。」

這時，我才想起來，就是那位跟我有些曖昧情愫的女上尉軍官。

「她現在已升少校了，她還很關心你，她希望你好好打官司。」

「麻煩妳謝謝她。」我說。

書記官頓了一下，換話題說：「施大先生，過幾天還有辯論庭，請你不要那麼講義氣嘛，這樣對你真的不好。這些話不是上級叫我講的。我是誠心的。開庭這麼多次了，都是我做筆錄，別人都把責任推給你，你卻把責任全攬在身上。全案的筆錄都是我做的，我都聽到了，也全照實記錄了。」

我心底湧起一股暖流……。受難人一片小麵包、一小杯溫水，甚至片言隻語，都會令他感動、感謝，永遠銘記……。雖然，彼此是站在敵對的立場……。

我特別再看一下她胸前的名牌：張雄英。

勝利的角鬥士

一路被押解回牢房，我心是亢奮的。我不覺得自己是個囚人，我感到自己像羅馬競技場上的奴隸勝利者！

今天，我仍然笑傲法庭，像死士在叫陣。笑容沒有因貪生、懼怯而變形……。

今天，我說出美麗島雜誌社是一個沒有黨名的黨，我們都用生命突破黨禁，要鼓舞台灣人必須努力奮鬥下去……。

今天，我說出台灣應該獨立，而且已經獨立三十年，現在的名字叫做中華民國的「中華民國模式的台灣獨立」。這是「台灣」這個國家借殼寄生的開始……。蔣介石、蔣經國父子以「中華民國」之名，寄生在「台灣」高喊反攻大陸，行獨裁統治之實，他們父子從未一刻忘記要反攻大陸，消滅共匪；即使蔣經國知道大勢已去，他仍堅持對中共政權「不接觸、不談判、不妥協」，要以三民主義統一中國。台灣及台灣人民根本不被他們父子放在眼裡，獨裁者只有自己的野心，哪會在意腳下的被統治者？台灣人民只要談台灣獨立以求自救，就會被視為叛國，就應判處死刑！今天我公然翻轉了蔣介石父子的陰謀，變成把「台灣獨立」寄生在「中華民國」的老殼中，利用「中華民國」讓台灣變成一個獨立國家。

今天，我也告訴懦弱的順服的台灣人，自己不敢從軍保衛台灣，國家武力都掌握在外省人及外省二代手中，自己只想當醫生、當律師、唸個博士或從商賺大錢一心只想追求自己幸福的台灣人，要永遠終結台灣的外來統治，我們就不能兩面作戰。一方面要對抗中華人民共和國的犯台野心，一方面又要和被蔣介石帶來的大軍和其子孫為敵！「中華民國模式的台灣獨立」就是要讓台灣內部找到雙方子孫都能接受的過度方案，等待將來子孫可以依其自由意志決定台灣前途的那一天！

今天，我一再公開指責「黨禁」、「報禁」、「戒嚴令」和「萬年國會」，對蔣家政權公然宣戰，要求台灣的自由、民主、人權，這些都是我們多年來在台灣無法公開宣揚的理念和主張。今天，我公開在法庭「起訴」了蔣家父子。明天以後，台灣的各媒體將會把我的「謬論」、「厥辭」送到台灣的每個家庭，還有海外……。在報禁及戒嚴令下，我們的異議只能靠被攻訐、醜化、扭曲才能傳到台灣人心中！

今天，我在法庭點燃一把火炬，燒到兩蔣的老巢了！

今天，我確信：如果沒有我出庭說出這些台灣人的心聲，做出代表台灣人的肢體語言，只順著起訴書做無罪辯護，「美麗島軍法大審」的影響和後果必將大大不同。這是蔣經國萬萬沒有想到的，一個死囚，一個被統治者的賤命，竟敢高揚死志，公然襲擊獨裁者的阿基里斯腱！

殺了我，我會立地成佛！

我，已以一條高貴的靈魂，決心換取台灣的新生命。

我，三十九歲，已被蔣家政權囚禁過十五年的奉獻者，終於成就了使命，再度面對死刑，不只不求饒還笑傲法庭，還指斥獨裁政權。

我，指引了台灣人民未來的奮鬥方向了。

我，要成為一位烈士了，死而無憾。

殉道者總是會一而再，再而三地替自己的殉道奉上神聖的牲禮。我終於更能體會十幾年前，那些死囚最後日子為什麼會那麼地安祥？他們一定也天天都找到他們走向刑場的美好「供品」……。

今夜，我沒有忘記再度極嚴肅的提醒自己：台灣人是不崇拜自己的英雄和烈士的，台灣人一直只敬拜掌權者和外來統治者的神和忠烈。你可能還仍會被台灣人羞侮。你必須絕對要自己心甘情願地奉獻，才不會死後懊惱。

你的桂冠，只能到天上的聖靈殿領取！

今夜，我一再告訴自己：當哪天，天還沒有亮，大批劊子手們湧進牢房，我必須笑傲如今日，不必反抗，不必高歌，也不必辱罵，就是要高貴地、酷酷地微笑，拖著腳鍊走向刑場。

這是我此生最後一場謝幕劇。謝幕劇，不能不瀟灑美好。

歷史上，極少有人像我這樣擁有充裕的時間，去準備就義的。

今夜，死神一點點都不猙獰。一個只有冤魂沒有英靈的民族，是一個無脊椎動物的民族，是不可能長存於世的。上天賜我機會扮演英靈的角色。英靈沒有國籍，他屬於全人類。

孤獨的死囚，永遠存活在自我對話中……。這是平凡世界中的平凡人，所不能瞭解的。

我把這些感觸，全記錄在筆記本上。

這一夜，是我被捕以來睡得最平靜的一夜……。沒有恐懼的干擾，沒有情人的溫存……。

也許是因為今天的鏖戰，我太累了。

審訊姚嘉文

一九八〇年三月二十一日上午，法庭審訊姚嘉文。

姚嘉文被提訊後，我才被放出來散步。那位上尉看到我就走近我。

「學長，」他遞一根煙我：「你昨天講的，我大多都是第一次聽到的。從昨天起各電視台，今天各報都一再報導。下星期的莒光日我們一定會上這些的。」

「你覺得如何？」

他笑笑，不敢做任何回應。

「今天姚嘉文出庭，你不去聽？」我問。

「會。等你們放封完，就會去。這比上課精彩多了。」

十五分鐘的放封很快就結束了。

這一天，台灣的各媒體，像審問黃信介、林弘宣、呂秀蓮那樣，把我在法庭的訊答整版刊出。由於我話多，各大報都用三、四個版面刊出。不一樣的是，各報的標題幾乎都對我採取人身攻擊。全力駁斥我的各種政治論述。聯合報在三版最上角用醒目的大標題：「施明德台獨論點　檢察官嚴正駁斥指其居心叵測混淆視聽　企圖置大陸同胞於不顧」。「施明德供承有台灣獨立思想　辦雜誌為建立沒有黨名的黨」。「施明德自承擔任總指揮　竟稱合法搞顛覆」。「大審第三天，結辯很熱烈！」「一字之差出入很大，女書記官憤然駁正」。「隊伍是誰帶頭的?施答我是總指揮」。「被告笑容詭譎，又是喝水又吃藥，庭上強調公平，技術犯規不可以」……。臺灣時報也用三個版面全面報導，也是負面立場：「施明德應訊花招百出，法官糾正他守規矩」。「這個傢伙大言不慚，要打破四項限制（指黨禁、報禁、戒嚴令、萬年國會）」，「一次公平的軍法審判，獲全國律師界讚揚」。中國時報一樣用三個版面報導：「涉嫌叛亂案，施明德受審被告態度狂傲，承認是暴力事件總指揮，自稱同意台獨，從事顛覆另有一套狡辯」。「五人小組經常集會，施明德不諱言，企圖顛覆政府」。「審判依法進行，完全合乎程序。庭上容忍精神發揮到了極限」……。台灣的所有媒體都以這樣的大標題報導並附加相片。沒有一家媒體不是利用這次公審的機會，全面報導被告、檢察官、法官、律師的發言，尤其是被告的言論、表情、舉止，雖然大多是採負面報導，但，人民看得懂。也許由於我怕被中斷發言，講話速度超快，記者記錄不全，或是受心中的「小警總」自我設限。我的口頭答辯，並沒有完全正確和完整的呈現在媒體文字中。像我說中華人民共和國，他們都把它改為「中共」或「共匪」，我自稱「我」，記者會自動改成「被告」。但已經是空前的傳播我的信念、立場和主張了。我還有一次機會，就是辯論庭。我一定要全力以赴。我充滿信心和決志。我最擔心的是被消音，顯然沒有。

國際媒體對這次大審也是空前的熱情，幾乎天天報導，台灣新聞已經很久不被國際媒體關切了。美聯社記者還因呂秀蓮的「脫光衣服」的語誤引發禁止該記者採訪。基本上外媒的報導都比較集中在人權及被告的答辯詞。

紐約時報在星期三發表的原文，標題是「台灣分歧份子在公開審判時指控訴遭受壓迫」。台灣八名分歧份子的審判今天在軍法處公開。被告辯稱警方審問人員不准他們睡覺，要其承認罪名，將會判以較輕的罪刑。並做成筆錄要他們覆述及簽名之方式，脅迫取得他們叛亂行為的自白書。這八名被告被控以合法出版的美麗島雜誌，掩護其叛亂行徑……。

美國時代雜誌用很大篇幅度介紹美麗島事件，它們認為到現在為止，指控這八名被告涉及叛亂的證據相當薄弱……。記者伯恩斯坦特別寫下：

「被告之一的施明德，現年三十九歲，是美麗島雜誌社的總經理。他甚至承認雜誌領袖們的政策是『暴力邊緣論』，以此表現該領導小組的決心，縱使遭到官方反對，也要繼續採取抗議行動。但，他們是反對暴力的。施明德也承認他支持台灣獨立，主張放棄反攻大陸及國民黨三十年來堅決否定的事。施明德的證詞可能對他自己不利，國民黨顯然認為任何形式的台灣獨立都是叛亂集團。

「但是，如一位觀察家所說：施明德好像並不在乎他最後會遭到何等待遇，他只想利用審判來傳播他的台灣獨立等思想。」

法新社也發表新聞：「……，施明德承認他們是在組織一個沒有黨名的黨，以暴力邊緣路線要推動各種政治改革。為了急於表白自己，施明德充滿信心地做了明晰簡要的陳述，很少藉助律師。他始終面帶笑容。……

其他知名的國際新聞社也都發表類似的新聞稿。

蔣經國捅到馬蜂窩了。美麗島被告並不是每個人都低頭懺悔求饒……。

我趁姚嘉文今天出庭，我在牢房中就把昨天庭訊的答辯很正確地補寫進我的「答辯狀」或「遺囑」之中。使我在死刑前的答辯狀，能更完整地交給後代子孫。

執筆的此刻，為了存真，我盡可能地引用已被公開報導出來的新聞報導在本回憶錄中。這不只在保留真相，也防堵台灣後代不屑政客搶功和不屑學者竄改史實替掌權集團護航。台灣的政客和學者普遍還沒有建立起專業的道德良心。這是長期被外來統治的民族的遺傳性疾病，只知搶功和只知替權與錢效勞。年歲更長，對這類人的不恥更濃。寫這本回憶錄時，兩個蔣氏獨裁者，蔣介石和蔣經國都已去世多年，但他們提拔的菁英仍分布朝野政黨掌權中。新一代的政客和學者在沒有危險和挑戰下，大多信服「政治正確」為奪取權與錢的手段，心中沒有紮實的信仰、價值、原則。政客們在沒有危險的時代，把「勇敢」整天掛在嘴中，擺在姿態上，完全不知吃水果拜樹頭。他們都不想面對前人，因為面對前人的奮鬥與苦難只會襯托出他們的投機和僥倖。他們已習慣於否定前人的奉獻與犧牲，凡事都是始自他們的努力，免得凸顯自己的不勞而獲。這是這本回憶錄不得不引用當年國民黨御用媒體的報導實文的原因，免得被此類後生斥為「澎風」。即使到我執筆的此刻，台灣子民唸的歷史，仍然是最後一個外來統治者的歷史，中國的歷史和觀點，不是台灣人的。台灣反抗者與烈士的壯烈犧牲，完全被排擠在史實之外，而以冤屈看待。連最高掌權者依然默默地擁抱「政治正確」自限。民主政體極難產生真正熱愛國族具有智慧的英雄領袖，民粹主義下只會選出平庸、圓融、討好、媚俗、狡詐之徒……。

今天，是姚嘉文受審。姚嘉文是傑出的律師，他和林義雄被推崇為黨外兩大護法，承接黨外人士的訴訟案件。他們都擔任過郭兩新的辯護律師。半年多以前，姚嘉文還擔任余登發叛亂案的律師，就在本「第一法庭」替余老先生辯護，現在角色變換了。他和林義雄也都成為本法庭「二條一」唯一死刑的被告。在獨裁政權下，人的命運是難於捉摸的。

姚嘉文的出身常常左右他的行為，他謹守法律規範，不願違法。即使遊走邊緣，他也是靠近「合法」的邊緣，而不是「違法」的那邊。在「五人小組」的討論案中，我常常會聽他的意見和判斷。我跟他是兩種不太一樣的人種。

我是革命者、心中只有真理、普世價值和信仰。常常沒有「現行法律，更不媚俗」。但，既然擔任黨外總部總幹事，我又得儘量遵守現行法律，以免牽連其他人。雖然我深信只有「突破」，才能改變現狀。嘉文是法律人，心中第一戒律就是「法」。但是，相處後我發現他的「彈性」相當大。這是改革者的特質。姚嘉文是很誠實的人，我相信他在特務壓力下也只會誠實以對。他比我早被抓二十八天，我被抓到調查局時，姚嘉文已寫完自白書，還把「暴力邊緣論」說是討論後的共同認知，替我扛下責任。事實是我提出「暴力邊緣論」時，他問我何以是合法的？

我說：我在研究國際法及國際關係時特別注意到聯合國憲章，不只禁止會員國武力及武力的威脅，包括禁止封鎖等等。但是，在五〇年代到七〇年代，美國政府常常以軍事力量作後盾，對共產主義政權採取幾近使用武力的程度，屢屢被提案在聯合國安理會及大會討論。最後，美國國務卿杜勒斯提出「戰爭邊緣論」，聲稱他們是把外交行為推到戰爭邊緣卻不使用戰爭的外交、軍事戰略，以求和平解決國際爭端。杜勒斯的主張，被聯合國大會表決認定為「不違反聯合國憲章」。「戰爭邊緣論」既然被聯合國視為合法，「暴力邊緣論」自然也應是合法的。姚嘉文同意，被起訴後他卻把責任扛起來，也許他認為我最可能被判死刑，想減少我的部分刑責。同樣面對死刑，他竟如此講道義，令我很感動。

其實，美麗島政團會討論「暴力邊緣論」，就是對我們的反抗行動畫下一定的自我設限。如果我們是要革命，要造反，那就一定是「無限衝突」、「無限暴力」。哪有革命者會討論「暴力邊緣論」自我設限的？檢察官和法官現在卻把暴力邊緣論拿來做我們是在叛亂的證據！他們連一點邏輯分析的關聯性都沒有正確掌握。整份起訴書和審判中，都拿「暴力邊緣論」當做我們造反、叛亂的理論基礎，實在荒謬可笑。

十二月十日世界人權日衝突後，我當然深信蔣經國一定會大肆逮捕異議份子，只有姚嘉文堅決說：「憑什麼抓人！」「我們頂多只是違反交通規則，或者是擾亂社會秩序而已！」他絕對不相信我們會以「叛亂罪名」被逮捕，更不相信會以「二條一」唯一死刑並沒收財產治罪！

獨裁者之口如虎口！舉世皆然。

半年多前，姚嘉文才在這個「第一法庭」，擔任「余登發案」的辯護律師，整個軍法審判的荒謬性他應該非常有感。余登發老縣長不管如何辯駁，提出反證，都抵不過一個已被調查局誘騙、下蠱，以為緊咬余登發父子就能無罪出獄，日後還有重賞的算命仙吳泰安。姚嘉文曾在法庭上要吳泰安舉證他是如何變成「匪諜」的？吳泰安竟說：我自己說「我說我是匪諜，就是匪諜。我們都要愛國！」庭後，我們都私下笑謔吳泰安是「愛國的匪諜」。

不久，吳泰安被判死刑，他還對他的同案情婦余素貞表示，「這個判決是假的，不久我們就會獲釋」。也許，直到吳泰安被押到刑場飲彈身亡時，他可能還相信：子彈是假的，死也是假！

今天，姚嘉文被押到同一個「第一法庭」，也被起訴同樣的「二條一」。在法庭如何作戰，他有他法律人的局限性和法律人的天真。他替余登發辯護也是就法論法。余登發也不是一位會做政治辯護的人。也許，政治辯護在所有律師腦中都不存在，甚至都認為不可以逾越起訴主旨抗辯。但，這段日子我只要經過他的牢房都會大喊：「嘉文，做政治辯護！」我不知道他能不能領會，政治辯護就是在法庭坦然說出，我們所以會反對國民黨政府，反抗蔣家獨裁政權的普世道理。這樣的陳述答辯是給台灣人民聽的，說給世人聽的，說給歷史聽的。

我對姚嘉文是有期待的。我盼望他能繼我昨天之後，採取政治攻勢，指斥蔣家政權的邪惡，替台灣命運發言。法律辯護，我們就是被告，只能做無罪、輕罪的辯護；只有政治辯護，才能讓蔣經國變成被告。這是我在「美麗島事件」發生之前，就常常對戰友們說的。我不知道他們是否記得？

從早上獄卒來提領姚嘉文，我一整天都如此期盼著。法律辯護，訴請無罪，我相信姚嘉文會做得比所有律師都強，我一點點都不擔心。我希望的是，他說出我們平常談的，卻永遠上不了媒體版面的精華部分。這才是大審判應該呈現的。像我昨天所供述的，也就是呈現「造反有理」的部分，而不是爭辯「造反」的過程是否違法的指控？歷史上所有被記憶的政治大審判，被記住的都是信仰、精神、價值，而不是行動的「過程」。

在法庭談這些，可能是找死，卻是國族最該被灌輸的養分。否則，大審只是一個受難者的死活之爭而已。

來日已無多，我不能整天懸念著姚嘉文的出庭狀況，我拿出「答辯狀」把昨天我出庭的答辯詞部分內容仔細填入原來的「答辯狀」中。這份文件是我此生最後的遺言，我非常珍視。等整個大審結束，我會再把它抄寫兩份，一份正常的，用稿紙寫，一份用隱形汁再抄寫在三哥送來的《悲慘世界》中，以便及早偷渡出去。

行刑前，必須諸事安排妥當。

從純法律案件的觀點來評論，姚嘉文今天的答辯絕對是上乘的。法條的引用，謹慎的辯護都是。只是絕大部分仍然糾纏在十二月十日遊行，演說購買火把、木棍及衝突的細節上。姚嘉文及我們的律師和檢方爭執重點之一，就是衝突的過程及事實。對這類衝突，是全世界的示威活動，不管是爭人權、爭自由、爭民主、反戰、反貪的運動，常常都會發生這類意外的事件。但，蔣經國卻把這種衝突提昇為造反、叛亂，並下令全國逮捕異議份子，還以唯一死刑起訴八名領導人，企圖一舉殲滅台灣人的反抗勢力，讓二二八大屠殺的恐懼血淋淋地又籠罩全台灣。從十二月十三日大逮捕之日，這種恐懼感確已全面浮現。大審就是要使這個恐懼更深烙每個台灣人心中。

姚嘉文的答辯也有溢題的論點，我相信這是他想利用最後的機會，傳授後輩反抗者的抗爭經驗。他在法庭上大談「暴力邊緣論」和「工作指導五原則」。後者是我們內部討論會議後，姚嘉文整理出來的原則：

一、間接原則。也就是迂迴原則，這是源自於《戰略論》作者李德·哈德的迂迴路線。我個人喜歡李德·哈德，甚於《戰爭論》的克勞塞維茲。

二、團結原則。由於黨禁，台灣反對派政客多是單打獨鬥型，只求個人當選。不團結成不了大事，但，團結必須團結在共同的理想、價值和原則之下，而不是某個個人。

三、集中原則。美麗島政團開啟非選舉期間舉辦集會活動後，勇氣、膽識也激發了某些人，如「候選人聯誼會」也要獨自舉辦一些活動。由於經驗、人力、領導能力，往往碰到阻礙，美麗島決策單位經過討論後，建議集中力量，共同主辦，以防被個個擊破。

四、彈性原則。群眾運動的計畫，應保留在執行時可以調整的空間。不可以凡事堅持己意。

五、實力原則，主要是指「暴力邊緣論」。他說，他個人的瞭解是：「不願使用暴力，有人侵犯時，不惜以暴力來對抗。」今天姚嘉文又把責任扛起來。

姚嘉文在法庭上也坦然說出美麗島政團對台灣問題的三項危機：

一、中共攻打台灣。

二、美國放棄台灣。

三、國民黨投降中共。

這些危機，我們從許信良家開始談，以後又一再談，到被捕前仍沒有共同結論，連命題都沒有一致的認同；反倒「蔣經國死後，軍特派起而奪權」已成為我們一致的擔憂點。因為我們深恐軍特派最終會投入中共懷抱。

美麗島事件，各被告在面對死刑審判，都沒有把刑責推到別人身上。這是台灣反抗運動史上光榮的標誌，這是人類革命史上崛起的共同特徵。

姚嘉文的答辯受限於他的律師訓練，難于超越法律觸及政治和公義的層次，在法庭上他彰顯了正直的性格。

姚嘉文的答辯各報也都以三、四個全版列出。（參閱一九八〇年三月二十二月各報）

審訊張俊宏與陳菊

一九八〇年三月二十四日，軍事法庭分別於上午審訊張俊宏，下午審訊陳菊。

張俊宏是當年黨外的理論家，是位書生，文質彬彬，談論民主化理論滔滔不絕，對群眾運動他很少論述，但只要「五人小組」有任何結論或行動，他總是赴湯蹈火。另一位同樣性格的人就是林義雄。林義雄總是說：你們討論有結果，叫我幹什麼，我就幹什麼。他們的犧牲精神和配合度都極高昂，不會因為已經是省議員，已擠身台灣人的秀異階層而端起架子。

大夥被捕後，我完全沒有碰見俊宏，也不知他關在哪一個押區，哪一房。我曾私下寄望張俊宏能在法庭上也做政治辯護，數落蔣家的獨裁統治本質。也許是律師團的辯護決策已定，也許是被告的慣性，不想在法庭「節外生枝」，張俊宏在答辯上謹守分寸，坦然供述，沒有卸責也沒有攻訐。

他坦承認識在美國從事台獨活動的前礁溪鄉長張金策，但不認為會被他的台獨觀點影響，也不會為「台獨張目」。

他表示，自白非根據自由意志。

他供述，追求民主化，但沒有顛覆政府的意圖，也沒有提過長短程奪權計畫。

他對世界人權日的衝突做完整、真實的陳述。他在省議員質詢時，曾經公開斥責國民黨政府「大軍壓境」，意圖震懾省議員們的發言。他表示軍隊是用來抵禦外侮的，不應該是拿來鎮壓百姓的。他暗示，世界人權日當夜為什麼事先就調動配置催淚瓦斯的鎮暴部隊，企圖以鎮引暴？

如果不是在法庭，而是在其他場合，他一定會滔滔不絕析論下去……。

張俊宏的供詞和律師發言的發言，接著都集中在十二月十日的集會衝突的細節，都是法律層次的問與答。全部內容各媒體全披露……。（參閱一九八〇年三月二十五日各報）

陳菊是在一九七七年我出獄後半年，到台北市「羅馬賓館」郭雨新辦公室認識的，她是黨外年輕一代的「大姊大」，也是長一輩的「黨外小妹」，她不是思想型的人物。她很熱心地做黨外的聯絡人，也替海外人權機構傳遞台灣政治受難者的資訊，對台灣前途全力以赴。

一年多前，她才被警備總部逮捕過一次，經海內外營救才獲釋，這次，她認為自己必死無疑。

在大審中，她態度自始坦然，一副赴死的從容。

相對於黃信介和「五人小組」，陳菊的案情是比較單純而清晰的。她供稱她在調查局的自白是出於自由意志。她完全不掩飾她替台灣，替台灣獨立做過什麼事。她清楚台灣政治犯死刑是如何構成的。她的「犯行」已遠遠超越許多已遭槍決的政治犯。她應該是除了我之外，最知道死期已到的人。她的性格和我完全不同，她純樸，會順命運，我則是會抓住一切機會，用盡智慧、全心全力會奮戰到最後一刻，流盡最後一滴血都不肯閉目的人。

所以，反抗路上最後我只能獨行……。我知道我很不像台灣人。我的性格、我的信仰、我的言行都不像傳統的台灣人。我也不以生為台灣人為榮為傲；因為我不知道台灣人有什麼可以令我引以為傲為榮的。台灣人沒有文化認同，台灣人沒有歷史感，台灣人沒有傳統，台灣人除了滿足生理機能外，代代幾乎一無所有，一切依外來統治者意志。我從台灣人中找不到任何學習的典範。

我感覺她好像已放棄掙扎，出庭是在寫墓誌銘，替二十八歲的一生留下最後的印記。

在審判張俊宏和陳菊時，辯護律師曾要求法庭告知被告對庭訊有「緘默權」及「拒絕回答」的權利。律師也要求法庭設置錄音裝置以便公開存證。法庭拒絕，我知道他們怕真相外流。

明天的太陽，永遠屬於蔣家以及跟著蔣家到台灣來的外省人和臣服蔣家的台奸們。

反抗者的聲紋，終會被抹去……？

陳菊的答詢，是最平實無華的，就像她一生的性格一樣。

她陳述從十九歲擔任故鄉大老郭雨新的祕書起，才體會到台灣人的悲哀，從此獻身台灣反對運動。她跟黨外人士一樣稱自己的運動是「反對運動」，彷彿是「忠誠的反對黨」似的，以免太激怒蔣家政權。不像我這類人，從年輕時代，我都認知自己在從事的是「反抗運動」，不管目標是復國、建國或反獨裁爭自由，這些行動都是「反抗運動」。從擔任「黨外總部」總幹事起，我一直很不習慣稱呼自己是在從事「反對運動」而非「反抗運動」。信介先生曾私下叫我「忍耐」一點吧。

陳菊對「世界人權日」的衝突過程，坦然陳述。她的表情、語義都流露出一種「這樣的行為就是叛亂？就該判死刑？如果真的如此，那就隨便你們了」。

陳菊是我之外，唯一在法庭上語義清晰沒有任何辯解地表示，她主張台灣獨立，主張「一中一台」

的人。她表示她的台灣獨立是包括所有現在居住於台灣島嶼上的所有廣義的台灣人民，不是只有「台灣人」，和我的信念很類似。

時窮節乃見。

陳菊的答詢，沒有大道理、沒有爭論、沒有畏懼、沒有戰鬥，她在死刑威脅下忠實地表述了自己。

（參閱一九八〇年三月二十五日各媒體報導）

審訊林義雄

一九八〇年三月二十五日上午，法庭公開審訊林義雄。

在大審最後一天，進行到「最後陳述」前，我完全不知道林義雄家已慘遭滅門屠殺。看守所奉命對我進行徹底封鎖消息的政策，即使我的兄弟來探監，也完全配合官方立場，隻字不提林家滅門血案。

林家滅門血案，發生在二月二十八日，絕對不是一個巧合，是蔣家政權恐怖統治集團中的激進派刻意選在「二二八」這一天，再對林義雄高堂，及三個稚齡雙胞胎才上幼稚園的七歲女娃林亮均和林亭均，及她們的姊姊八歲的林奐均，一個個都用刀刺殺！要讓台灣人再度記起二二八的恐怖屠殺。手刃毫無反抗力的老婦及八歲、七歲的稚女！這是什麼樣的深仇大恨才會採取這種慘絕人寰的極惡手段?!

我們被捕後，所有家屬都在國民黨特務美其名為「保護」，其實是嚴密「監視」之下，怎麼可能有「不明殺手」可以無聲無息地進入林宅，屠殺四名老幼之後，又平平靜靜地安全離開凶宅的道理？

林義雄沒有私人的仇敵，會採取如此屠殺。

答案只有一個：

不是家仇，是國恨！

不是私人所殺，是國民黨激進派頂著國家立場的特務所為。選的又是台灣人心中的大忌：二月二十八日。

林家血案發生在我們被起訴「意圖實現台灣獨立，顛覆政府」之後的第八天，就是明明確確地公然警告所有台灣人：

「再反抗，殺無赦」！

我絕對不相信蔣經國事先不知道！特務頭子的實權總統絕對不可被部下矇騙！獨裁特務統治下的暗殺行動誰能找到證據？當然無法破案。無法破案的標題就是：政府是殺手！

「二二八大屠殺」是台灣人在二次大戰後，永遠不會淡忘的悲慟。在二次大戰之前，台灣人的反抗行動中有一股主流勢力，就是由蔣渭水等人所領導的文化協會。這個協會成員多具中國民族主義思想，他們是一群抗日但親中的台灣知識份子。就是這一股力量引領台灣人在二次大戰後沒有像全世界被殖民的人民走向獨立，像韓國、馬來西亞、印尼……等等國家，反而夾道歡呼「回歸祖國」！這些領導人在中國軍政欺凌台灣人時才覺醒，才起而反抗，但為時已晚，時機已過！他們在二二八大屠殺中所付出的代價既慘重又沒有回報。事敗後，有些人跳離台灣才搞起台灣獨立，但，一切都太晚了。台灣的殖民命運會延續到今天，「文化協會」這些戰後的台灣領導人必須負起最大責任，他們沒有在關鍵時刻正確領導我們走向正確的方向，追求台灣的解放，追求台灣獨立，反而引領我們投向中國懷抱。

「二二八大屠殺」，讓台灣人從此淪為沉默的台灣人，所有台灣人因恐懼走進了沉默的世代。直到美麗島政團興起，美麗島事件爆發，特別是美麗島軍法大審，台灣的命運才真正止跌回升，外來勢力才下垂……。

美麗島政團竟然敢公然反抗國民黨政府，企圖顛覆政府，追求台灣獨立！在起訴書羅列這些罪狀公訴於世後，蔣家政權才會以屠殺林義雄祖孫四人，向台灣人發出血的警告：

「再反抗，殺無赦」！

蔣家政權以暗殺手段對付異己，或製造恐怖氣氛，從他們在中國大陸時代就屢見不鮮了。獨裁者總是「寧讓人民恐懼，不求人民愛戴」。古今台外，皆是如此。他們都是馬基維利的信徒。

這件謀殺都是我在辯論庭結束後，我才知道的，才想到的分析。如果在審判之前，我就知道林家滅門慘案已經發生，我會做什麼反應？我真的不知道。我一定是不會屈服的，但，可能也難于如此笑傲，或……。

審判長鄭重宣布：「自白書完全真實」

一九八〇年三月二十五日上午八點，原來法庭是要把庭訊推到「對質」的階段。林義雄卻由夫人方素敏陪同出庭。他穿著深藍色的上衣和褲裝，白襯衫，帶孝。

他是八名被告當中，最後一名應訊者。他原本已經獲准保外，國民黨高層應該已授意軍法處讓他「另案審理」。依戒嚴時代國民黨的慣例，這種另案審理，可以拖很久，最後甚至不了了之。所以，林義雄的出庭決定到底是否明智是有討論的空間。他如果不出庭，他的部分就成懸案，等本案判決後，國民黨敢不敢另啟新審判庭公審，必然是個難題。如果我有參與討論，我會建議他不要主動出庭，而保有自由人身分。但本案開庭的第一天，林義雄以「促進社會和諧」為由，到庭請求全案延緩審判，卻被法庭拒絕。也許，他認為這種「拖」的策略，使社會對我們的仇恨、憤怒稍稍消失後，或許能使我們免於死刑……。

林義雄這種共患難的高貴情操，一直感動著我。雖然那時，我仍然不知道他已經慘遭滅門之慟。我常常覺得，美麗島時代是台灣有史以來最美的時代：也是最有重量的時代。人性中的醜與美，都會因被迫害而激發潑揚……。

在審訊林義雄之前，審判長因為數日來被告們及各位律師都提出自白書任意性的問題，請求調查。審判長選擇在繼續審訊前，特別鄭重宣布：

「有關自白書任意性問題經調查之後，調查局已經復函，絕無以不正常方法獲取自白之情事。「根據，一九八〇年三月二十日調查局溫字三三〇二二一函，指出呂秀蓮的供訴均出自自由意志，絕沒有使用不正當的方法。調查局並特別指定兩名女性人員，給予種種的優待和照顧。例如呂秀蓮喜歡吃楊桃，他們就時常買給她吃。身體不舒服，就替她買藥。調查局在復函中，說明並沒有對林弘宣疲勞審訊。姚嘉文、張俊宏、施明德的自白也是自由意志之下所為。另外有關黃信介部分，根據調查局一九八〇年三月十八日溫三三〇二〇七函負責詢問黃信介的專案小組供稱黃信介的自由書是根據他個人意志所寫的，沒有人對他施加壓力。」

也許，所有律師和被告對審判長這「調查」自白是否出自自由意志，有沒有不法取供之處曾有期待，絕對不會接受審判長以這種「調查」方式，就做出這種裁定。但對我來說，這絕對是意料中的答案。我一點都不驚訝。

三十幾年來，法庭就都是用調查局或警備總司令部的「復函」來否認有刑求及不法取供的情事。世界上哪有刑求者會自動承認自己刑求或以不當方法取供的？這就是軍事法庭的荒謬行為，而且是三十年來如一日。審判長及陪審法官也就會根據這類復函，做出「自由心證」。

自白書的任意性質疑，在過去幾天的爭辯中，一直沸沸揚揚。幾乎每位律師都義正嚴詞要求法庭進行調查，更引社會高度關注。但在我的經驗中一點都不意外的，法庭就是會這樣草草地劃下了句點的。

本案的判決，已呼之欲出。

國民黨的軍事法庭，哪有法律辯論的空間？任何獨裁政權的法庭，都一樣。

然後，審判長宣布審訊林義雄。

林義雄的答詢

今天，林義雄也是不傳自到的。他已經做了最充實的準備，他向法庭提出鉅量的答辯狀、備忘錄和申請狀，也提出一整皮箱的家庭生活照、家書，替自己的性格與思想內涵做深入的描述。他本人是執業律師，對法庭訴訟和姚嘉文一樣熟悉。

林義雄首先表示：他因為「虛無飄渺的理想」備受各方壓力，被捕以後更是萬念俱灰。他在法庭說，他認識郭雨新只是沒有深交。他表示認識同鄉張金策，但，他說張金策沒有能力影響他。張燦鍙，是他到美國經人介紹碰過面的。他對張燦鍙表示，他們在海外可以宣揚「台灣獨立」，但我們在國內奮鬥的人，會有我們的立場。他承認他多次和海內外人士及外藉人士談論台灣前途，他都主張「台灣前途應該由居住在台灣的一千七百萬人來共同決定，包括本省人與外省人。」

他坦承美麗島所推動的所有活動，他較少參與決策，但是，活動時多會參加。

他表示「五人小組」，只是「朋友聊天」，他沒有聽過「暴力邊緣論」，不知道有「長短程奪權計畫」。

他承認提過：「以暴對暴，以力對力」，他表示事後覺得這種說詞是有不妥。

他認為世界人權日活動，既然發生警民衝突，民眾也攻擊警察，當然算是暴力事件。

但是，集會遊行發生暴力衝突，又和叛亂何干？

林義雄拿出生活照，證明他家庭生活很幸福，沒有對現狀不滿。他推崇省主席林洋港是愛國愛鄉的人才。他明確指控在保安處遭到刑求。

第二天國民黨各大媒體卻以斗大字體報導「林義雄昨受審訊．否認有台獨意識」，「承認曾說以暴制暴，事後認為不妥」，「林義雄說在保安處應訊遭刑求」，「林義雄家庭生活很幸福．他說明對現狀沒有不滿」，藉林義雄之口來明確否定「台灣獨立」的選項，作對國民黨執政做有利的報導。（參閱聯合報、中國時報、自立晚報、中華日報、臺灣時報，一九八〇年三月二十六日）

事實上，林義雄對美麗島的群眾路線是沒有太積極的介入，他真的是個忠誠的參與者。他的參與，對美麗島的群眾一直具備高度的鼓舞作用。

提到母親及稚女被屠殺，他只是潸然淚下，沒有藉機要博取社會同情，憐憫。他一直是文質彬彬的鐵漢子！

林義雄比起黃信介和「五人小組」其他人，涉案狀況都輕很多，但他依然被起訴「二條一」唯一死刑，還慘遭滅門屠殺！

為什麼！為什麼！為什麼？

我執筆寫回憶錄時，民進黨已執政兩次，陳水扁、蔡英文都先後當總統了，為什麼仍然把林家滅門血案列為「永久保密」，所謂「促進轉型正義委員會」其成員既沒有奮鬥史又缺正義之心，也像老國民黨人一樣只為政治服務，以「正義」之名欺矇台灣人民，繼續欺騙歷史，是世界「轉型正義」之恥。

這些「永久保密」的檔案，是台灣歷史之恥！多大的罪惡深埋其中？為什麼國民黨和民進黨的總統都聯手「保密」？所有看過這些檔案的人，為了繼續當官而保密，也不會有「幫兇」的罪惡感？更不在乎史家之筆嗎？

難道台灣民族性中，沒有「歷史評價」和良心這種因子嗎？台灣人真的都是如此低賤的人種嗎？

對質庭——法官的漱口水

對質，一直是正常審判庭發掘真相很重要的步驟。在蔣家戒嚴統治下，對質常常被法庭否決，以免出現破綻或嚴重的矛盾。反正外界對「叛亂案」幾乎零報導，零瞭解下，怎麼判，人民就只能怎麼接受。多數狀況是被告被判刑了，槍決了，除家人以外社會完全無知。幾乎所有家屬都不敢張揚，小孩不敢告訴老師、同學，上班族不敢讓長官同事知道，怕被歧視。稍微有點勇氣的家屬也只會偶而對可以信賴的人落淚泣訴：「我的父親無緣無故被抓走了，就被殺死了……」加上受害家屬本身對案情也很少瞭解，又被特務警告，不可以亂說話……。

二次大戰後三十幾年來，台灣社會恐懼到只能以冤枉的泣聲流傳冤魂之情。台灣人害怕到不敢承認自己的親人，因反抗不義而亡。正常的狀況下，親人甚至是家人被捕入獄或槍決，都害怕到不敢讓外界知道……。我所說的「正常狀況」是指幾乎在整個戒嚴時代的三十幾年中，所有台灣人都採取這種反應。會到處哭訴的，都是外省人權貴，像軍法局長包啓黃中將既姦淫人之妻女，然後又槍決了該被告，才引發其妻的抗議，到處陳情；但，這個案件是貪污案，不是政治案件。

台灣第一次被外界看到整個審判程序的，不是美麗島事件，是早半年前的「余登發案」。一九六〇年代的「自由中國雷震案」和「彭明敏案」雖然程序照走，但速戰速決，沒有在社會產生多大影響，只留下「有此一案」的印象而已。從「余登發案」外界才驚訝到一個被調查局運用，還被起訴「二條一」唯一死刑的吳泰安，竟然還會在法庭上仍然以「真匪諜」的身分緊緊咬住余登發，並且演技精湛地斥責余登發的辯護律師姚嘉文「要愛國」！而且這個「人造匪諜」最後竟然也被槍決了，而整個台灣社會還視若無睹，沒有抗議之聲。比一條狗被公開殺了還不如……。

國民黨的特務常利用相關人的人性弱點，來咬住特務想要「處理」的被捕者。方式大都不是在法庭上進行，而是特務單位在偵訊單位時，就把「相關人」、「證人」抓來，然後以筆錄方式做下文書證據。然後恫嚇該證人，如果在法庭上翻供就會被法辦。我多位死囚難友在訴訟過程中，都曾要求跟提供犯罪證據的「相關人」或「證人」對質，但是從來沒有一次獲准。法官總是在判決書上載明：×××人已在調查庭中詳細陳述在卷，做拒絕對質和判定的法定程序依據。

其實，對質在軍事法庭中也只是聊備一格。就像余登發案的公審中的對質，最後仍然不能使真相引導判決。報禁下的台灣媒體全是依附國民黨的垂愛才能吃香喝辣，報老闆還能呼風喚雨享受榮華，全因為他們心中都住著一個「小警總」。即使是號稱是「黨外報紙」的「自立晚報」也是色彩濃淡之別而已。自立報系的老闆吳三連心中一樣住著一個「小警總」。這個年代，台灣沒有一家媒體是國民黨不能影響的，沒有一家！他們從下筆、編輯都不敢對抗心中的「小警總」。有良心的，只會在「小地方」發揮一點點公道，大方向、大原則絕對服膺心中的「小警總」或接受黨政公然的「指示」。所以，除非公審中親眼親耳看到聽到，第二天在報紙上看到的都已經是眉眉角角多少被修飾過的，讀者幾乎看不到其中的矛盾，除非你已是「專家級」的讀者。

美麗島事件的對質，這次是八位被告彼此的對質和律師的求證。其實，律師也要求和「證人」、

「相關人」對質過。法官仍然會依其主觀的「自由心證」採信「證人」或「相關人」的證詞。我們的起訴書中，多是由「相關人」、「證人」指證我及同志某人、「喊衝」、「喊打」，檢察官點明陳敏雄、陳武勳、王進利、林信吉、劉明華、王拓、余阿興、童金龍、林豐三、張雪及受傷憲兵潘善途……等等，都特別在起訴書和判決書中記註：「均記明筆錄在卷」，以符合法律要件。對質，實質上只是提供法官採用「證人」說詞的漱口水。

「美麗島軍法大審」會刻意喬出一個對質庭也是歷史性的，是要贏得外界的稱讚，顯示蔣家政權即使是在軍事審判中，依然循一切文明國家的司法程序在進行，一切依法治國，處處照步來。

但是，掌權者也許還有另一種陰謀：美麗島八名被告，大多都被視為台灣反對派的菁英領導份子。如果能夠讓這些菁英份子因恐懼而在法庭表演出推卸責任，或相互攻擊的情形，一定會重挫他們在台灣社會的形象，消弭台灣人的反抗意志，也會全面打擊台灣人的尊嚴和榮譽。在審判庭過程中，我最焦慮不安的事，這是其中之一。

雖然，我深信這種狀況不會在我們之間發生，但萬一發生了怎麼辦？開庭前我就私自評估過，如果真的發生這種狀況，我決定：我必須適時就跳出來解圍，或扛起責任，以維護台灣人的整體尊嚴和形象。被外來統治了數百年的台灣人民，多是臣服者，怯懦的，但是，當冒出頭的台灣人的領袖們被獨裁者公審時，他們都盼望看到這些領袖們是視死如歸，勇敢承擔的勇者！

領袖的懦弱是子民的椎心之針。

下午，我不確定幾點，應該是兩點多，監獄官來提我。黃信介、姚嘉文已先後被提走，間隔好幾分鐘，然後，才是我。看守所內又是官兵排列，還有憲兵，肅殺氣氛瀰漫全看守所。我被押到所長辦公室門口，兩名憲兵加入，左右各一名，年輕高高的。所長傾身對我說：

「施先生，今天所有被告都會出庭，請你不要再把手插在口袋，好嗎？」然後傾首對憲兵說：「你們注意一下。」我相信先前所長已教育過憲兵如何處理了，當我的面再提醒他們一次，是要讓我們敵對雙方都聽到。

統治集團念茲在茲的，仍然是我桀驁不馴的微笑身影。面對死刑公然的笑傲，那是烈士刺向獨裁者的利劍！而且是獨裁者躲不掉的匕首！

我懂這個奧祕。

我沒有回聲，嘴角微微笑了一下。我的心志已決，豈是他們三言兩語就能改變的？何況，這份笑傲不是屬於我個人，它代表著所有台灣人對外來壓迫者的輕蔑……。

跨出鐵門，辦公室外仍然是一些軍法處官兵和工作人員站在那裡看我們這些準死囚。屈服的台灣社會多年來已看不到反抗者如此被死刑公審了，它像歷史劇般攫獲全國的人心，一舉一動……。我們一行人，仍然是副所長、監獄官們走在我前方，兩名憲兵在我兩側緊緊靠著我，所長在後。當走到拐角處的那扇「公正廉明」的牌坊時，我立即把左手插入口袋，因為這時我們才會完全出現在前方的媒體攝影機之前。這時，憲兵立刻用力挾住我的上手臂讓我的手伸不下去，伸不進口袋裡。我低聲沉重的斥喝：「你們要幹什麼！」我看到前方辦公室的官兵們走到室外直視著我，第一法庭門口外也已擠滿人，不只是攝影記者、文字記者，應該還有特務等等都在看著我和這一小隊押囚隊伍，憲兵應該也怕被拍到他們和我的交手，才停止施力，只好任我把一手插入口袋，又一手揮揚……。

我依然像以前那樣，邊走邊舉起一手向直視過來的人揮手致意，不管他們的眼神中射發的是敵意或友善；我的另一手則始終插在口袋裡。我就是刻意擺出這些姿態，讓我的族人和後代子孫看到：

台灣人當如是！

雖然，這種在當下不會換來回應的動作，持續做起來是相當尷尬的，自己仍必須忍著內心的抗拒掙扎，不停地做著……。這時，唯一能鼓舞自己堅持這樣做下去的力量，就是內心不斷發出的聲響：

蔣經國，我就是不怕你！我就是這樣，悉聽尊便！

反抗者力量的泉源，一定來自於自己內心的信念和價值，以及自己對自己的慫恿。願後世反抗者，記住這種範例。

我們這撮人幾乎是被法庭外安排的軍人把記者們用力擠開，才進得了法庭。我的笑意沒有間歇，我不容一秒、半秒被拍到不是笑傲法庭的樣子。

法庭內已擠滿人。我先朝旁聽席看。沒有一個眼睛不是朝向我的，我沒有停止地向他們點頭致意。全法庭依舊沒有一張笑容，恐懼、緊張、哀傷的氣氛徹底籠罩，彷彿都在捕捉垂死者最後的身影般。只有我的大哥施明正一看到我，立刻畫出十字架的聖號在祈禱聖母保佑我似的……。我知道，我的笑容和姿勢像一株不合時宜的杜鵑花，開在元月酷寒的冰窖裡。雖然自覺這種肢體語言出現在這種場合非常突兀，仍持續強求自己必須表現！

橫眉冷對千夫指，永遠都是突兀的，永遠都是不合時宜的。

但是，此刻看到現場家屬們哀淒的神情，我反而感覺到歷史和我的族人都渴求我們這些死囚的笑傲身影！在歷史長河中，死囚笑傲的影像，勝過千言萬語的雄辯。當我稍有怯懦時，我就會一再如此提醒自己。死生的間隙，內心的自我對話，會不斷湧現……。

死刑的陰影，無時無刻都會催促我放棄頑抗的意志，向求生的俗念傾斜。

女警官的眼神

這次，我被押到第二排第二位。我的右側是冷漠表情的陳菊。左方是哭喪著臉的呂秀蓮，她在法庭上似乎都覺得自己很冤，不該淪為大審的被告。她自覺很會唸書，很會考試，很有口才文采，她回國只是覺得自己應該選上公職，當上大官光宗耀祖，不是要造反，不是要奉獻給什麼信仰、價值，現在卻淪為準死囚。她在法庭只是把心中的委屈、恐懼、難過忠實的表現出來而已。此刻，我真的好可憐她，同情她，她完全不像自由人時的那副神情。她的左側是林義雄，他一臉肅穆，有點哀悽但看不出內心的感情。這是我們被捕後，我第一次看到他。他戴孝，我不知道他家裡發生了什麼事。我只是閃過一念，也許是家族長輩自然死亡吧？這是家家常有的事。

第一排從右到左是張俊宏、黃信介、姚嘉文和林弘宣他們都沒有轉頭看看。我進來時引起的騷動聲，他們的背影都有點弓屈，好像被千斤重擔負壓著。他們好像都不想藉機彼此致意似的，直直地望著前方仍然空無法官、檢察官的法庭。他們對後排的我們似乎毫無好奇，連回頭致意一下都省了。也許，他們都多少在怪我把他們拖進來，也許不是，現在我不能做這種猜測或聯想。但，我很能理解，每一位被起訴「二條一」唯一死刑的折磨有多恐怖和憂懼，壓力何等沉重。何況不久前，吳泰安那個「人造匪諜」才被槍決，笑不出來，輕鬆不起來是絕對正常的。死刑，對我已不陌生，我早已準備好了。全法庭只有我雙手插在口袋，擺出笑傲之姿，還東張西望。這時，我又覺得這種肢體動作實在太不合時宜，又想勸阻自己，不要這麼囂張。但強烈的理性，卻壓抑下這種自我勸阻之意……。

「這是此刻我站在這裡，唯一的答辯狀：我的笑傲！」我堅定地告訴自己。再怎麼自覺突兀，也必須強迫自己表現！

但是，這樣顧盼自傲久了，總要與人有些互動才不致於太刻板。我側頭問一下老妹陳菊：

「義雄為什麼戴孝？」

「不知道，」她輕聲回答，很拘謹地、很平淡地說，連頭都不轉過來看我一眼：「大概家中有人去世吧？」

法庭似乎也沒有嚴格禁止我們的交談，但是緊張的氣氛使所有被告都緊閉著嘴。這時，我兩側的憲兵趁我不注意又用力把我的雙手拉出褲袋，我摔掉他們的手，我又插入口袋。憲兵又用力把我的手抓出口袋，我又用力掙脫再把雙手插入。這樣數次舉動後，我只好雙手抓緊口袋內裡，從外表看，我就是在口袋內握拳狀。憲兵仍又用力拉扯，使我的長褲內裡露出些許，我實在火了，正想大聲斥責他們，讓在場的記者和所有人知道，憲兵正在法庭上限制我的「表達自由」。這時，憲兵才適時停止拉扯動作。

攝影記者們這時都跑到前方不停的拍攝。這應該是法庭安排給媒體拍攝的空檔，要留下準死囚群相。

我不像我的同志們那樣乖乖站立，我又全景四處張望，想搜尋一張有人味的臉龐或眼睛。但，沒有找到一張輕鬆、愉悅的笑容，連律師們也一樣肅穆，還帶著畏懼的神情，律師們心裡一定也很怕，就像電影中那些面對 **KGB** 或蓋世太保的人，會有的表情。我就是一心一意不要把法庭當法庭，這樣即使我被槍斃了，我仍可以說我是被土匪集團槍殺了，我替台灣族人受苦殉道了。我從心底就是要否定蔣經國的法庭是合法的！我要把它當風月場所，市集或什麼交際場所都可以，我就是努力要把我現在的意念顯露出來。終於，我掃到站在陳菊右側的年輕女警官正用一雙女人的眼神在注視著我。不是警察的眼神。那眼神沒有一點點敵意，就像一個女人在看一個極特殊的男子漢的樣子，她一定也看到我剛剛和憲兵的交手狀況。這時我注意到，這女警官身材非常好，乳房把警察制服撐得幾乎要裂開。我就把雙眼多停留在她的身上，特別是胸部。我的注視讓女警官的神色也起了些許微妙的柔和反應，就像一個被挑逗的女人會做出的曖昧回應般。這，很能滿足我不把法庭當法庭的意圖，我就這樣多把眼神逗留在她的臉部和乳房處。

突然，陳菊用手指輕撞了我一下：

「**Nori**，你在幹什麼？」

聲音不大，她一定用餘光看到我正在跟女警「眉來眼去」……。她才出手阻止。她一定不知道我是故意的，這時當然不是勾引女人的時刻，我只是藉這種動作要把法庭降級為交際場所。

「全體肅立，」有個軍官喊了口令。

正好，這時法官、檢察官要魚貫進場了。我才把臉擺回正面。

死囚，覺悟的死囚，在停止呼吸的前一刻，仍會想盡種種辦法對獨裁者的法庭做最後的輕蔑反擊。敢這樣做，而且做得出來，不是浪漫情懷而是靠絕對的反抗信念才做得到。此時，我不是被情色飛揚的費洛蒙所支配，是絕對的反抗意志在放射……。

決心為信仰奉獻生命的死士，在最後一刻也會找到各種特殊的方式對獨裁者叫陣！做出輕蔑的反擊！

我已經淬鍊好死志，一定要殉道的不只要莊嚴，更要很美。這是追求傑出必要的氣質。我不只要台灣人，更可以讓世人檢驗我邁向斷頭臺的每個腳步……。

笑傲法庭是死士最強而有力又完整的答辯狀。

蔣經國完全錯估了我

蔣介石政權敗退台灣，以極權恐怖統治方式，厲行其「反攻大陸，消滅共匪」的所謂完成「國民革命第三期任務」，延續傳到其子蔣經國手中，已集黨、政、軍、特、經、公、教、媒體於一身。任何想挑戰其威權的黨內勢力已全部被蔣經國清除殆盡；蔣經國的黨羽已牢牢掌控全國各孔各榫。在美麗島政團出現時，蔣經國已是「喊水結凍」的絕對威權者。處理美麗島這批「搗亂份子」，死刑、囚禁只是手段，再次讓台灣人像「二二八大屠殺」之後，因恐懼而陷入沉默、順服才是他和他的統治集團真正的目的。

如何消滅這股新起的反抗勢力，蔣經國當然有其計畫步驟。我很清楚，當新舊兩種勢力遭遇，遲早一定會引爆火花，不發生在高雄，也會發生在台中、台南、台北……。其實不只蔣經國期待，我內心也期盼這種「有限衝突」的發生，才可能誘發台灣追求自由的新火種，並因此漫延……。這次的「有限衝突」終於讓我走到了我們個人的絕境，也出現了公審。絕境，對革命家來説是個轉折點，求生？求死？求革命理想的昇華實踐？國內外的關切，終於給了我們在公審中的反擊機會。當然，這必須付出極慘痛的代價，死。

革命，沒有不付代價的。不想付代價的「反抗者」，回家去作大頭夢吧！要不，就躲在國外，自稱是「革命家」吧！

相對的，蔣經國在下令全面逮捕時，他的殲敵計畫一定也已擬妥。從最初的速戰速決，到最後被迫必須舉行公開審判，他都有對策。情治單位最意外的是，我竟然能夠在他們團團包圍中突圍脫逃成功！讓蔣經國無法速戰速決，也使海外台灣人團體和國際人權組織有發動營救的時間，事件才越滾越大。蔣經國不得不舉行公審，就像他年輕時代碰到的「莫斯科大審」。蔣經國也許認為不能快速結案，搞個公審也是震懾台灣人的良策，他們期盼美麗島份子在大審中公開認罪，乞求憐恕，個個垂頭喪氣。如果能互相攻訐卸罪，再歌頌蔣家仁德，更是一大成功。他的最得力助手中山大學學校校長李煥和黨中央文工會主楚崧秋拍胸膛動員一切學界、文化界、媒體，一定可以駁倒美麗島份子在法庭中的所有狡辯。這些計劃，特務在調查局已再三向我炫耀，要滅我的銳氣……。大審的一切，全在他們掌握之中。

唯一的法庭變數，又是我。因為，我和我的同志們都不一樣。我，是一無所有的革命者；他們都已是在社會努力多年，小有成就的中產階級，有家有妻小，有他們的理想也有他們的局限。我，則是一個已經兩次被起訴「二條一」，三次面對死刑的反抗者。一個偉大的反抗者，絕對不是天生的，他必須經過壓迫者的千錘百鍊，才能鑄成。

唯有我這個歷經錘鍊過的人，才不只既要做法律辯護，更敢以生命做祭品，取得了在法庭上公然宣揚理念的辯護權。不是他們有氣度容忍我可以如此囂張，雄辯滔滔，是我用必死之志，換取生命最後攻擊的特權，全力全面作戰。而我在法庭的雄辯內容，也不是神來之筆，更不是什麼人可以傳授給我的，那是我在十五年牢中苦讀研究的精粹！

這是蔣經國及其智囊始料所未及。蔣經國徹底低估了我。他們一直以為我只是一個軍校畢業生而已。他們忘了我是被他們關在牢中苦讀了十五年書的人！

多年苦牢早已讓我領悟，反抗者只能以身殉道，而且必須在關鍵時刻赤裸表現於世人之前。公開的大審就是給了我這個歷史性的機會。如果我怯懦，如果我卑躬屈膝求饒，如果我幻想悔罪討活，他們殺我就會像殺一條狗一般。在整個大審中，我就是刻意要逼得蔣經國不得不殺我，又不敢殺我。他殺了我，我立地成佛，成為烈士。獨裁者還得考慮人民憤怒的濤濤巨浪，可能因此衝垮獨裁政權。反抗者以一條命梭哈整個獨裁政權，哪一方比較合算？何況，殺個成佛的烈士，獨裁者依然是勝之不武！而我，又可以因之掩護同志們的存活……。

這，就是獨裁者的阿基里斯腱。我，毫不遲疑地洞悉，並全心專精、勇敢又狠狠地對準它！

蔣經國及其核心統治集團已看多了台灣人的懦弱怯懼及貪生怕死的醜陋眾相，他們絕不會相信台灣人之中竟然有人敢在如此肅殺之氣的法庭上如此放肆、囂張……。

但是他們仍然攻防有序，迅速調整步驟應付。我們這群被告及律師卻自始至終只有一套無罪辯護，根據起訴內容做瑣碎、繁雜、乏力的辯護，而且姿態謙遜，像自古以來的被告……。如果整個審判過程都如此進行和呈現，這個「美麗島大審」就將黯然無光，就會成為「莫斯科大審」的翻版，恐懼氣氛又將像「二二八大屠殺」，讓台灣人又把自己的靈魂交給外來統治集團。掌權者又可以再任意支配台灣人的死生三十年……。

自古以來，面對暴君、獨裁者最尖銳有力的武器，就是笑傲以對！我一直不斷地提醒自己，鞭策自己朝這個要害猛烈進擊！反抗者越怕死越會死，還會死得難看。

我這種喃喃自語的自我鞭策，彷彿是贅文贅語，在死刑邊緣人性是極其脆弱的，我不得不如此不時對自己的內心吶喊，自己才不會迷失、墮落。

願全世界的反抗者，自由的追求者，記住這個教訓。這，也是我如此詳實，不避重複地記錄下這些審判過程的心路歷程的目的。

垂死者唯有靠自己鼓舞自己。

今天八名被告的對質公開庭，已是公審的第六天了。

我們分兩排站立任憑宰割，恐懼與悲愁仍舊深鎖住被告及家屬的心。沒有明令禁止，被告們竟沒有竊竊私語，連四目對視都自己省略了、避免了。被捕超過四個月了，朋友間竟自我隔離彼此，是死亡的悲愁像道牆，讓我們自行隔離了彼此？還是不想激怒法官幻想保住一條命使然？或是懊惱好好的日子不過，為台灣的自由把自己搞成這種下場……？

今天，我早已決定要當個游擊手，不必等法官點我的名才走向麥克風。那只麥克風豎立在最前面的中央，介於法官和被告之間，被點到名的被告才可起立走上去發言。

法官唱名的順序是林義雄、黃信介、姚嘉文、張俊宏、林弘宣、陳菊、呂秀蓮，最後才是我。這個順序一定是他們經過五天審訊的狀況，才決定把我排在最後一名，以免我又亂了他們的陣腳。法官及其幕後「法官們」一定沒有想到我會決定扮演「游擊手」。我不想乖乖的等法官唱名，才走上前答話。我準備看狀況，隨時出擊。即使會被法官視為犯規，才在所不惜。李德．哈德的《戰略論》就是強調作戰的迂迴戰略，會使對手失去平衡。在法庭上依舊適用。如果全依法官的「程序」進行，一切就盡在其掌控之中。機靈的被告應該懂得及時游擊，突破法官預設的邏輯，使法官頓時思緒失去平衡。這樣的舉動當然會使「游擊手」自己受到法官嫌惡導致更壞的結果，卻會對整個公審起微妙的作用。對穿上法袍替獨裁者扮演第一線殺手的「法官」，任何突襲雖然不一定能改變其判決，卻可以留下證據讓外界思索。特別是對驚恐中的台灣人民，會讓他們停頓一下，思想為什麼我會這樣做？我會這麼聯想，也許是，我總是把我的族人看作是有智慧的族群。

果然，聯合報在第二天三月二十八日〈黑白集〉就以「技術犯規」斥責我。

死刑審判庭的過程當然高度緊張，但，有時也會讓我感到無聊。特別是被告和律師就那些枝枝節節的細節求證，像使用火把是誰決定的？像被邀請時有沒有通知要遊行；誰有沒有喊衝喊打？誰跟誰就某件事的說詞不同……。律師和我的同案被告也許認為這些細節很重要，我卻認為這是場異端裁判，是審判思想，不是這些人權日當天的衝突過程中所發生的細節問題或情節。這些情節在大多數抗議活動都會有這類突發現象，這些情節怎麼會被視為叛亂、造反？獨裁者和法庭要引誘我們這些被告和律師們進入這些細節和情節的對質，就是要讓外界及世人忽視「叛亂案」主要要件是什麼？然後，讓這些細節的對質內容放大成判決的主要情節，而忘記了案件的關鍵要件。

看著法庭一直在進行這類對答，我就會感到無聊，坐在那裡，聽著、看著這種情事在進行，我的魂卻常常雲遊四海去了⋯⋯。我坐了十五年牢，早已比老僧更能入定了。十五年牢獄生涯，天天都在狹窄的牢房內與十幾二十位政治犯同囚，每個人都有自己安排如何過一天的方式。有人每天找人下棋、聊天，有人做貝殼畫賺點小錢，有人看書、寫作，有人運動健身，有人洗衣服，形形色色的生活現象都會在同一時間的囚室內進行。而我從一被捕不久早就覺悟到，作為一個革命者、反抗者，我不只要有奉獻生命的決志，更需要知識、智慧，這些都不是天賜的，必須自己不斷鞭策自己。坐牢，正是最佳的豐富自己的歲月。我失去了活動的「空間」，卻換來增長知識、智慧的「時間」。我發現自由人和囚人最大的差異就在於擁有「空間」和「時間」的不同。囚人失去了「空間」，卻換得「時間」，囚人就該好好地利用「時間」讀書、研究、思考，充實自己。否則，牢就白坐了。

但在這種吵雜的牢房內，我不能要求別人配合我的作息步調，我只能要求自己適應環境。當同房中各個囚人都在做他要做的事，而我要讀書、研究、寫作、思想，我不能要求囚人停止他們的行為，配合我的需求，我只能讓自己養成無視外在活動中的現象，彷彿都不存在，都未發生。就這樣，一天又一天，一月又一月，一年又一年，我自自然然就養成了對外在事態聽若無聲，視若無睹的境界。只要我自己要讀書要寫作，要思考了，外界的種種立即就完全消失了。我完全不會受同房囚人的行動所干擾。所謂「老僧入定」，大概就是這種境界吧？這種境界，終我一生都沒有消逝。我不必有打坐的盤腿之姿，也不必閉目合掌，我就能快速進入極靜之界，專注於自己的所做所思。但，一旦有特殊異狀出現，我又能立即回到現實現狀中，不會脫節。所以，我偶而參訪廟寺，看和尚唸經的模樣，或參訪禪寺看學習者打坐，我會竊思這樣真的就能入定嗎？也許吧。人人的入境方式，各有不同。

對質庭正式開始了。法官、檢察官穿著法袍有模有樣，代表獨裁者審判著八名穿著樣式不一的衣服，他們有如君臨天下的氣勢。囚人們的衣服一點都不適合他們原先的身分、地位。淪落為獨裁者的囚徒，什麼都被剝奪了。我不知道同志們是否想到該穿什麼衣服，要傳達什麼影像給外界？我則很清楚，我刻意穿著 **Linda** 的外套，讓她有點說故事的題材。垂死者，點點滴滴都在涵射心中的自我意圖。我自己的角色已定位好要做「游擊手」。我沒有什麼必須預備的，全看臨場有什麼狀況才出擊。

我的其他七位同案，神情依舊肅穆悲愴，相信他們也有各自的盤算和戰鬥目標。我依然擺出吊兒郎當的輕佻樣子。沒有面對過「二條一」死刑審判的人，絕對體驗不到那種死亡的壓力。沒有人有資格輕蔑、恥笑這些反抗者為什麼此時此刻輕鬆不起來？尤其是台灣人中絕大多數的懦夫、順服者、幫兇，更沒有權力置喙！這些人又最喜歡恥笑反抗者在死生之間的掙扎，而忘記自己一生一直都時時刻刻活在怯懦貪生的醜態中。台灣人以恥笑反抗者的求生行狀，來掩飾自己一生苟活只為權與錢的下賤行為。這時，我心中充滿鄙視台灣人的民族性格……。

每次，我聽到、看到台灣人恥笑反抗者一時為求活而委屈、軟弱，我就對這些恥笑者爆滿不齒和賤視！這是沒有氣節的民族的共有特徵，以恥笑別人的懦弱來掩飾自己無脊椎的原形。這種氣憤是鼓舞自己抬頭挺胸笑傲法庭的動力！

法庭內，高高在上的獨裁者代理人一字排開，法相莊嚴，從左到右是書記官張雄英，審判官徐文開、傅國光、審判長劉岳平，審判官郭同奇，楊俊雄；檢察官趙籐雄，蒞庭檢察官林輝煌，一字排開。

高台之下，陳列各種犯罪證據，包括木棍、竹棍、火把、石塊，滅火具；還有軍用憲兵鋼盔……。

我們八名準死囚分兩排坐下。我們的兩側是辯護律師。後面是被告家屬及媒體和國內外觀審代表。

這是台灣人被外來統治幾近四百年來，第一次如此盛大的公審，是外來統治者與台灣反抗者的對決。不，這只是我個人的直覺，我不能代表同案人的心思。全部被告都被外來統治者起訴唯一死刑。整個社會氣氛已未審先判，至少，我這個首惡是死罪難逃。這點，天知，地知、我知。全部被告大概只有我最確知自己末日已到。我終於能以殉道之姿結束個人苦難的生命了。大概也只有我一人不存任何幻想，不奢望活命，所以，我反而是八名被告中最灑脫，最敢橫眉冷對千夫所指的人。

自知必死，也坦然接受，才能成就勇者、烈士的使命。這是真正勇者必經之途。面對獨裁者，不求活的人，才是真正自由又尊嚴的人。

面對這些法官、檢察官，這已經是第四次了，前三次都是唱名之後，就立刻被帶出庭外，調查庭是正面持續了一整天，但，那時是一對多數，我分分秒秒都集中精神在作戰，很少分神做其他聯想和觀察。今天不同，他們仍一字排開威嚴地坐在上方，我們這些準死囚分兩排坐在下方。位子高低呈現了身分，也確認了主動與被動。這時，我才有時間觀察法官與被告們的表情和肢體語言。

趁著雙方對質的過程，我開始關注到法官與檢察官的省籍。法官表面上是檢察官和被告之間的中立仲裁者，但是，軍事法庭中法官和檢察官是一夥的，都是獨裁者的代理人。審判長劉岳平顯然是外省人的第二代，不只是口音，特別是他神情姿態都流露出外省人的優越感。他在看我們這些反對派的眼神和口氣中，不時都洩露「憑你們這種人還敢反抗我們的統治」的輕蔑。但是，在眾多媒體的注視下，他又要顯示出公正、體恤、高雅的假象，以提供媒體稱讚的報導。他會在一些小動作上說或做出殷勤的動作。比方，他聽到律師或被告咳嗽，他會主動叫庭丁送水。我搶話，尤其想快速講話怕被中斷，他會溫柔地說，慢慢講，讓記者好記。有時，也想顯現他的幽默，比方我被點名走到麥克風前，我故意注視陳列在法庭充做叛亂證據的石頭、木棍、火把、磚塊、鐵條、滅火器……等等，他會露出笑容說：

「施明德，你對這些東西好像還是念念不忘喲。」

「不是，我發現這些東西大多不是我們的東西，」我說：「而且現在又不是陳勝、吳廣的時代，我們憑這些東西就想造反？」

他想幽默我一番，反被我將了一軍。

其他四個法官從相貌和倽倽的表情，應該都是台灣籍的。而兩名檢察官蔡籐雄和林輝煌，聽他們的口音當然都是台灣人。擺出這樣的陣容，當然是要讓外界覺得，這不是外省人在審判台灣人，法官和檢察官多是台灣人！典型的以夷制夷。整個審判中，狠話、醜話、攻擊性的言語都由操一口台灣國語的檢察官在出擊……。

坐在被告位置，沒有發言時，我有深深的感傷，被統治的台灣人，還得被迫來擔任「審判」自己台灣人的加害者角色。我沒有恨他們，沒有氣他們，我可憐他們的命運……。整個對質庭，我幾度被這種感傷侵襲得沒精打采。

一個下午的對質，就是被告們和律師們全力在找出起訴書、自白書及筆錄內的矛盾、疏漏及不合情理之處。對這種純法律及有罪無罪的攻防我沒有多大的興致，如果我的人生只求無罪保平安，我們何必反抗？何必在這裡受審？

無聊及欠缺興致的時刻，我數度在內心自我對話。這個寂靜的、悲愴的台灣命運，是該用烈士之血點燃它的新生命。這就是我的使命，我的角色……。

四個多小時的對質終於結束了。審判長劉岳平說：

「對質庭到此結束，明天上午進行辯論庭。林義雄交家人領回，其他被告在閱讀完筆錄後，全部返押。」

我舒了一口氣，美麗島八位死刑被告都沒有在法庭上演出互咬、卸罪的難看戲碼。這是我對「對質庭」最擔心的事。

法庭一陣騷動，律師們收拾桌面上的卷宗，旁聽席的人起立抖抖衣服，彷彿要把一身沉重抖卸掉般。家屬們努力用眼神把祈禱和愛投給坐在被告位置上的親人，三哥伸手拉一把大哥施明正站起來。大哥略微傴屈的身軀還沒有站直，看到我在注視他們，大哥立即又畫個十字聖號，嘴形讀得出他在說：「天主保佑」。三哥待大哥站直了，用右手握個拳頭放在腹部對我比個加油的手勢。他們兩人比誰都知道我兇多吉少，死也要死得漂亮。我想三哥大概是這個意思吧。

這時，每個被告都轉頭和自己的親人交換感情的連結，在這刻法庭才流竄著人性……。

我看到周清玉用手帕頻頻拭淚對視著姚嘉文；方素敏已走到我最左側林義雄位置，伸手扶剛站起來的丈夫。黃信介這時也站起來對後方的人士鞠躬示意……。

突然，我又聽到一陣相當大的聲音說：「Nori！筆錄好好看清楚才能簽！」又是尤清。律師就是律師，相信筆錄的作用。當然，律師就是要相信法庭還存在著公義，會依證詞、證據判決，否則又何必涖庭？

這時，我又再次確認，我跟其他被告和律師的本質差異：

「我是一個上戰場決一死生的戰士，他們是在法庭上爭取活命的被告。兩者的差別在此：戰士與被告。」

副所長走到前面，「黃信介、施明德你們兩個留下，先看完筆錄。其他人帶去休息處。」除了林義雄，其他被告被憲兵和監獄官一一帶走。黃信介被引到我左側的律師席，我被叫到右側的律師席。法庭內所有人都離開了，但仍有攝影記者故意拖拖拉拉在搶鏡頭……。

對質庭的內容，第二天台灣各媒體都全面報導。沒有什麼突破點。都是法律性的求證和質疑。有興趣的朋友可以查閱一九八〇年三月二十六日各報。

書記官張雄英和一位助理書記官先拿了一疊筆錄走到黃信介的桌前，跟他說些話，留助理書記官陪信介仙。我只聽到信介仙站起來客客氣氣地連聲說著謝謝、謝謝。然後，書記官張雄英才走到我面前，把另一疊筆錄交給我：

「施大先生，你得好好看，免得你的律師又擔心。」她示意監獄官給她一張椅子，她就坐在我桌面前方：「我坐在這裡等，看你有什麼地方要修改的，我馬上改，改到你滿意了，你才簽字。」她娓娓地說。

好幾個憲兵和監獄官在我和信介仙之中或站或走動地戒護著。

書記官張雄英微微前傾，輕聲地說：「我們軍法處裡的很多同事都很欽佩你，說你是個真正的漢子，是位可敬的對手。」

我抬頭看著她。她比較文雅，她的原意也許是要用「可敬的敵人」，但，她一定覺得敵人的字眼太尖銳，改用對手。我沒有出聲，微微的對她笑了一下，心裡湧進一陣暖流。

兩軍對峙，浴血奮戰，常會有感佩對手寧死不屈的人性反應，所謂英雄敬英雄。一個戰士能贏得敵人的佩服，是戰士無限的榮耀。

四十年過去，她的像相依然存在腦海。不知她一生幸福否？祈天主賜福。

第一次服用鎮定劑

回到押房，囚人的晚飯時間早已過了。同房的囚人把我的份另外打好，放在我的鋪位上。對著這些冷了的牢飯，我第一次感到沒有胃口，不是牢飯的粗糙，是心情因素讓我失去了食慾。我把牢飯從牢門下方的小洞口推了出去，放在走廊上。我回到自己的床位，把今天的對質內容詳細記載下來……。

這是事件發生，大家被捕後，我們八個共同被告才第一次共聚法庭四、五小時，我也才有機會第一次聽他們在法庭上說什麼？做什麼表情？近身觀察讓我對審判更多一層黯淡的色彩……。大家似乎都只求脫罪，沒有反擊獨裁政權的雄心企圖……。

隨之，強烈的感傷湧上心頭，是對台灣人的法官及檢察官的嘴臉的拒斥與悲哀……。

牢門突然被打開，所長、監獄官和瘦老士官長站在門外，

「施先生，飯菜都涼了，」所長看著被我放在牢房外的牢飯：「沒有關係，以後晚上九點以前，你想吃什麼都可以告訴班長到附近的景美市場店家替你買。今天就可以替你買，你想吃什麼？」

所長親自來宣示這麼大的特權。囚人心態很容易往壞的方向聯想。我又想起「土匪」黃祖堯被判死囚後，獄卒都會供應他香煙的事……。

「謝謝，今天不必了，等一下替我定福利社的三碗牛肉麵就好。」我說：「但是，晚上請醫官給

我一份鎮靜劑，我希望好好睡一晚。」

明天是一場大戰，我必須養精蓄銳，我本來就想叫班長向醫官提出要求的。

所長轉頭對監獄官說：「施先生想睡覺時，你就親自拿鎮靜劑給他，看他服下去。」

「是。」監獄官回應所長。

第四章

辯論庭

首次公審「台灣獨立建國者」

全台灣正殺氣騰騰。這時我還完全不知道林義雄六十歲的母親，及三位年僅七歲的雙胞胎女兒和九歲的女兒在二月二十八日已慘遭利刃刀刀刺殺，僅九歲女兒意外送醫獲救。幾乎全部台灣人都嚇破膽了。

一九八〇年三月二十六日，軍法大審第七天，辯論庭的第一天。

海內外台灣人都注視著軍法大審的進行。國際社會，包括中國媒體也以前所未有的關注，注視著事件的發展。美聯社記者賴德樂因為報導呂秀蓮的供詞用詞不夠精確，國民黨政府不只發表聲明駁斥，更禁止賴德樂的採訪。

女記者賴德樂一再道歉、更正，仍未獲新聞局同意其進場旁聽報導。國際媒體願意這樣低聲下氣爭取採訪權，尤其是採訪台灣人的反抗者被審判的新聞，是台灣人反抗史中前所未有的。這種狀況，必須歸功於艾琳達等國際人權工作者及海外台僑的努力營救和奔走，迫使蔣經國不得不做這次的公開審判。

反抗獨裁，反抗外來殖民統治，就是在替人類維護尊嚴，不僅僅是替台灣人民而已。國際媒體當然也注意到，這是二次大戰後，右派獨裁者佛朗哥和蔣介石的權力存續之爭。

蔣經國政權願意這樣公開，慎重的演出這場「美麗島事件」軍法大審，也是蔣家政權佔領台灣三十幾年來的首次。這次公審的主題已不是「高雄人權日衝突事件」，而是公審從事台灣獨立建國的奮鬥者！我必須在國內外宣傳上贏得「台灣人爭取獨立」的這場仗！

從一九四九年蔣介石從中國徹底戰敗，撤退到台灣，藉著韓戰爆發，美國全面進行圍堵共產勢力向外擴張，出兵台灣海峽使右派獨裁者蔣介石獲得美方庇護在台灣存活下來。但是，蔣介石一直沒有忘記重返中國大陸的野心，他像所有流亡政權心中燃燒著「流亡政權的報復心態」，使他在一九五〇年代和一九六〇年在台灣進行肅清「匪諜」的報復性統治。真真假假的中國共產黨匪諜慘遭逮捕，囚禁或槍決。到一九七〇年末期，東西集團的冷戰逐漸解凍，「反攻大陸」的可能性幾乎變得完全不可能，兩個中國或一中一台的客觀條件逐漸成形，新一代的台灣菁英也漸漸成長成為反獨裁、反外來統治的主力。對蔣家政權三十幾年的少數統治多數的侵犯人權惡行，更有所醒悟。這，讓蔣家政權同時深陷於這種「少數統治多數的恐懼」中。它這時必須用更多的力量來摧毀台灣人的覺醒及反抗勢力，否則，他的獨裁政權將無法維持下去。

美麗島政團和美麗島事件正是這個歷史性的關鍵角色！

美麗島大審也正是這個歷史的交會點。這是一場政治大戰！蔣家輸了，它的統治勢力將從此向下滑落，終至失去政權。

台灣反抗者如果在大審中落敗，不只反抗者亡，台灣又將進入沉默的恐懼時代。

我非常清楚這種分際點！敵我雙方都不能輸！

我方，反抗者的優勢，只有一點：以個人的死生，痛擊整個獨裁政權。以個人的死亡，換取台灣國族的新生。如果心存個人活命，必會導致台灣希望之幻滅。

「辯論庭」一開始，檢察官就拿出一份擬好的「諭告」全文宣讀，我立即體會到這正是克勞塞維茲《戰爭論》中的「大會戰」上場了。雙方都必須把這場「大審」視為存亡大戰。

依據克勞塞維茲的「大會戰」就是集中絕對優勢的力量，在自己選定的有利時間及地點進行一場殲滅戰。贏了，大勢從此底定；輸了，一切進入頹敗之中。開啟美麗島大逮捕前，蔣經國一定信心滿滿，深信這場政治大會戰是在他們選定的優勢時間與地點進行的，他自覺必勝無疑。台灣社會也瀰漫著這種悲慘氣息，台灣人只能任人宰割。但是，審判程序進行後，狀況似乎有了走樣，隱形烈士顯現了，完全出乎蔣經國的預料。他一直相信美麗島囚徒將像三〇年代「莫斯科大審」的囚徒一樣哀求寬恕、求饒，像他半年前也才看到余登發案的吳泰安的醜態，他把吳泰安殺了，國內外並沒有什麼大不了的惡劣反應。對蔣經國而言，「余登發案」只是一場小戰役。「美麗島案」才是一場大會戰！這點，我懂。我也只有以一己之命奉獻給台灣，台灣魂才能在這場大會戰中誕生！我覺得自己正在跟蔣經國對決。一個人的死生可以改變台灣國族的命運，就是這個時候。

我坐在被告位置，傾聽檢察官宣讀諭告。這一份當場宣讀的「諭告文」，比起訴書更精準地切入「叛亂罪行」，也更明確且殺氣騰騰地指向唯一死刑！完全不理會這幾天被告們及律師們的法律細節的答辯和對質，直指核心要點，要定美麗島人士和海外台獨人士及中共合謀的罪行。

我聽得出來，這份諭告主要在回應我的「政治辯護」又不敢明示地點名反駁我，以免被我拉進我直斥的「反民主、反人權」的指控中，削弱其政權的正當性，突顯我們造反有理。

為了替歷史存真，我把檢察官這份新「諭告」全文一字不改地登錄於下。這份「諭告」在第二天全文利登於台灣各媒體，做台灣人的洗腦劑，恫嚇詞：

檢察官宣讀「論告文」，各大報都刊載全文如下：

一、凡意圖破壞國體、竊據國土，或以非法之方法變更國憲，顛覆政府而著手實行者，即應成立懲治叛亂條例第二條第一項之罪。本罪犯罪構成要件有二：即(1)須有破壞國體、竊據國土，或以非法方法變更國憲，顛覆政府之意圖。(2)須有破壞國體、竊據國土，或以非法之方法變更國憲，顛覆政府而著手實行之行為。所謂叛亂意圖，乃指行為人主觀上犯罪之目的或期望在於破壞國體、竊據國土，或以非法之方法變更國憲，顛覆政府。行為人主觀上若具有破壞國體、竊據國土，非法變更國憲，或非法顛覆政府四者其中之一個期望、或目的，並為實現其期望或目的而付諸實施者，即應成立叛亂罪責。又本罪為形式犯，一經著手實行，即為既遂，合先說明。

二、本件被告等應否構成叛亂罪，自應就被告等的內在「意圖」及外部「行動」兩方面加以分析。茲先就被告等主觀叛亂犯意言之：查被告黃信介於六十八年三月間，指使洪誌良赴日，與共匪駐日使館接洽，企圖自日本轉運匪區進口鰻魚苗，獲取暴利，以充實其叛亂活動經費，致洪誌良有匪區之行。洪某返台後，於同年五月初託吳錦洲帶信與被告黃信介約晤，向被告黃信介報告鰻魚苗已與匪談妥，並轉達匪偽政協副祕書長楊匪斯德所稱，希望被告黃信介促成「和平統一」，事成後，允由被告黃信介擔任「臺灣自治區」主席，被告黃信介聞言當即告洪稱伊不便出面，有關統一方面指由洪某去作，台獨方面伊還須照顧姚嘉文等人，並於一週後，開具五十萬元本票乙紙交洪某作保證金，以表合作誠意各情，業據被告黃信介於偵察中坦承不諱，核與證人洪誌良於偵察中供述相符，並由鈞庭調查證據時，命洪誌良與被告黃信介當庭對質，指證明確，被告黃信介企圖「為匪統戰」以及從事「台獨叛亂」雙線進行顛覆政府之叛亂犯意已表露無遺。

被告施明德、姚嘉文、林義雄、張俊宏等人，於六十八年三、四月間受被告黃信介之指示，與現在美之許信良成立所謂「五人小組」，研擬「以雜誌社為中心，舉辦各種活動，拉攏各方同情人士，擴展力量，形成舉足輕重勢力，以期攢取政權」之所謂「長期奪權計畫」及「利用各地群眾、集會、遊行、示威，不惜與政府軍隊衝突流血，漸次升高暴力，訊謀推翻政府」之所謂「短程奪權計畫」，作為進行顛覆政府之步驟，並決定長、短程奪權計畫兼施，齊頭並進，始能遂其顛覆政府之目的各情，迭據被告施明德、姚嘉文、林義雄、張俊宏等人分別在司法行政部調查局調查時及本部軍事檢察官偵察中直承無隱，有各該被告之調查、偵察筆錄及親撰自白書在卷可稽，經核共同被告間之供述，亦互證相符，所供各節，洵堪採信。查被告施明德、姚嘉文等「五人小組」所研擬短程奪權計畫之內容，主張利用群眾運動，逐次升高暴力，不惜與政府軍隊衝突流血，迅謀推翻政府云云，已非循合法途徑，取得政權，而係意圖以非法方法顛覆政府，是被告施明德、姚嘉文、林義雄、張俊宏等人其主觀上之叛亂犯意，昭然若揭，參以被告施明德前因成立「臺灣聯合戰線」叛亂組織，從事叛亂活動，經本部依叛亂罪判刑確定，刑滿出獄，猶不知悛悔，而被告姚嘉文、張俊宏、林義雄等人因分別與叛國份子彭明敏、張金策等人交往，受渠等思想蠱惑，主張台灣獨立各情以觀，渠等叛亂犯意，益可認定。

被告林弘宣、呂秀蓮、陳菊等人，自承在美期間，與偽「台灣獨立聯盟主席」張燦鍙交密，受張逆鼓煽，而萌以暴力手段推翻政府之叛亂意志。被告林弘宣返國後，並曾多方蒐集資料，密寄張逆，報告叛國工作執行情形。六十八年七月，復再度赴美，收受張逆等人交付之美金五千元，託由在美之張瑞雄帶返台轉交被告姚嘉文，俾支援叛亂活動經費，而被告呂秀蓮在美期間，並曾多次參加海外叛國組織之活動，並受張逆金策指使，返台散播台獨思想；被告陳菊並曾收受海外叛國份子黃有仁託日人多喜彥次郎轉交日幣三十萬元及我軍校畢業生名冊一本，受命向軍中滲透，並允調查海外對台廣播收聽效果轉知黃逆，俾供國外叛國組織購買電台節目，對國內進行叛國宣傳，被告林弘宣部分亦有其所有記載偽「台灣獨立聯盟主席」張燦鍙交代通訊信箱之綠色通訊簿一本及與張逆通信英文函原件兩封；被告陳菊部分並經日人多喜彥次郎供述明確，有卷附筆錄可按。查「台灣獨立聯盟」係叛亂組織，張燦鍙係主席，主張暴力顛覆政府，並號召進行暴亂活動，而黃有仁係「台灣獨立聯盟主席」日本支部負責人，六十八年十二月十五日協同「台美協會」等十個判亂組織，合組「台灣建國聯合陣線」，公然發表叛國聲明，業經國家安全局六十九年元月廿五日（六九）寧安字第〇四三二號函覆證實，並有該「宣言」影本附卷可稽，凡此事實，足徵被告林弘宣、呂秀蓮、陳菊等人叛亂犯意，亦甚明顯。

三、次就被告等客觀上叛亂行為之實施言，被告黃信介、施明德、姚嘉文、林義雄、張俊宏等人，滋生叛亂犯意後，於六十八年五月間，循其既定顛覆步驟，共同設立美麗島雜誌社，由被告黃信介自任發行人、被告施明德擔任總經理、被告姚嘉文、林義雄任發行管理人、被告張俊宏任總編輯，企圖以經合法登記之雜誌社為掩護，數月之間，在全省各縣市成立服務處十一個之多，積極發展組織，在各地舉辦集會、演講、遊行、示威等群眾活動，以合法掩護非法，假借爭人權、爭民主、爭自由等口號，發表偏激言論，詆毀政府，分化團結，蓄意滋事，製造事件，凡此均為眾所周知之事實。被告林弘宣、呂秀蓮、陳菊因美麗島雜誌社之各種作為，與渠等目的相符合，遂分別陸續加入雜誌社，被告呂秀蓮任副社長、被告林弘宣任高雄服務處總幹事，被告陳菊任高雄服務處副主任，相互勾結，共謀利用該雜誌社之群眾暴力活動之非法手段，以遂顛覆政府之目的。綜觀被告等藉美麗島雜誌社名義策劃舉辦之十三次群眾運動，人數由寡而眾，場所由室內而室外，形式由集會演講而激烈之遊行、示威，節節高升，復據被告姚嘉文就該雜誌社歷次各項活動，歸納為渠等所謂之指導五原則（即間接原則、集中原則、彈性原則、團結原則、實力原則）。其中所謂實力原則，乃被告等所慣稱之「暴力邊緣原則」，即對政府施政、肆意攻訐，譁眾取寵，並準備暴力，使隨時有發生暴力之可能，迫使政府屈服或讓步。被告等策劃各項群眾活動，雖循暴力邊緣原則，惟按群眾之情緒通常無法控制，一旦激發，往往不可收拾，此為被告等所明知，而「五人小組」所研擬之短程奪權策略，亦稱不惜與政府軍隊衝突流血，因此，漸次升高暴力，伺機突破暴力邊緣，轉為暴力事件，實為被告等顛覆政府之手段。

高雄暴力事件，依證人陳敏雄、陳瑞慶、陳武勳、林信吉等人結稱各情以觀，事先預置有木棍、火把等凶器，並揪合暴徒二百餘人，被告等並當場發表煽惑性演講，激發群眾情緒，指使暴徒毆打憲警，致憲警一百八十三人受傷，根據此客觀事實，應可認定高雄暴力事件，絕非偶發性的無理性行為，而是被告等藉美麗島雜誌社，有組織、有計畫所製造之暴力活動，為其進行所謂「奪權計畫」過程中之一步驟，被告等著手實施顛覆政府之行為，亦已事證確鑿。

四、被告等對於前開犯罪事實，均已供承不諱，惟就叛亂犯意部分，翻異前供，並據辯稱，該部分自白非出於自由意志。惟查被告等對於該部分，不僅在調查局訊問時自白不諱，在本部軍事檢察官偵察時及起訴後軍事法庭調查時，仍直承無隱，並表示其自白係出於自由意志，記明筆錄在卷可稽。且被告等均受高等教育，具有豐富社會經驗，並有從事律師業務多年者，對於供承犯罪之後果，當所熟知，豈有自誣叛亂之理。況被告等自白望圖「台灣獨立」，謀議以群眾集會等活動，採所謂「暴力邊緣」，節節升高，脅迫顛覆等情，並經調查其他必要證據，核與事實相符。共同被告陳菊更於審理中供承，其所有自白均出於自由意志且屬實在。按被告等共同從事叛亂活動，其所供述，相互印證。尤足徵被告等自白屬實。被告等復未舉出所受不正方法取供之具體事證，空言主張，顯圖避重就輕，諉卸刑責，不足採信。

五、中華民國為一獨立主權國家，並由依憲法產生之「政府行使統治權」。雖由於共匪稱兵作亂，竊取大陸，但此並非中華民國政府對大陸主權之放棄，事實上收復大陸國土，是政府與全國同胞，一致之目標。因此為維護國家法益，凡有對我國體、國土、憲法、政府之侵害行為，自當依法懲辦。此一嚴正立場，不容置疑，乃被告黃信介等妄圖台灣獨立，其目的顯欲顛覆政府，並使台灣地區脫離中華民國國權之行使。證諸被告等於本案中所用奪權計畫，係圖以集會，遊行等升高暴力，進行顛覆。徵諸高雄事件中，毆擊憲警為暴力手段，當然非法，且一再號召突破國家戒嚴法，非法集會，脅迫政府讓步，無一不是圖以非法方法顛覆政府。是被告等所辯從事台獨活動，不主張顛覆政府云云，全係飾詞狡展，自相矛盾，自無可採。綜上所論，核被告等所為，顯已觸犯懲治叛亂條例第二條第一項意圖以非法之方法顛覆政府而著手實行罪，又被告等在場聚眾，鼓煽暴徒毆擊憲警之行為，並觸犯陸海空軍刑法第七十二條第一款多眾集合為暴行脅迫，刑法第一百卅六條公然聚眾對公務員依法執行公務時施強暴脅迫，第一百五十條公然聚眾施強暴脅迫等罪，惟所犯強暴脅迫各罪，與所犯叛亂最具有方法與結果之牽連關係，應依較重之叛亂罪處斷，被告所有財產，除各酌留其家屬必須生活費外，及被告等供犯罪所用之物（如扣押清冊），均請依法沒收。」

六、近年來，隔海共匪圖我益亟，海外叛國份子，乘機呼應，蓄意製造事端，企圖造成我內部不安，進行顛覆，此由本部另案偵辦之洪誌良叛亂案中，洪誌良潛赴匪區期間，匪偽副祕書長楊匪斯德希望擴大國內所謂「黨外」力量，以為其和平統一鋪路云云，可得明證。即以去年高雄暴力事件發生後，偽「台灣民主自治同盟副主席」田匪富達，即濫言唱和謂「高雄暴力事件是『台灣人民為統一而進行的愛國民主鬥爭』的一部分」，海外叛國份子張燦鍙、彭明敏等更於去（六十八）年十二月十六日成立所謂「台灣建國聯合陣線」叛國組織，發表叛國宣言，妄稱要向政府展開立即的、持續的、全面的、毫不容情的攻擊，直到政府徹底地從整個地球上消失為止。吾人熟知，共匪之統戰伎倆，於我反攻基地堅強安定，

不為其武力威脅屈服時，則採用迂迴間接路線，從內部瓦解我們。被告等不斷非法集會，升高暴力，必將嚴重危害國家安全，法律失去功能，經濟遭受迫害，社會陷於混亂，無異為匪製造可乘之機。因此被告等所為實置我一千七百萬同胞安寧福祉於不顧，而為共匪及海外陰謀份子對我顛覆之工具，本案被告等受叛國份子蠱惑，妄圖以非法活動，逐次升高暴力，顛覆政府，以逞其「台灣獨立」叛國目的，罪證確鑿，敬請 鈞庭依法懲處。

我帶著不屑的微笑仔細地聽著檢察官一個字一個字的唸著，有時氣憤，有時不寒而慄……。不時，我會聽到坐在我右側的老妹陳菊低聲地喃喃自語：「胡說！」「可惡！」審判中，她常常如此。在整個審判中，她是最淡定的人，話不多表情平靜。但，我一點都不覺得她有戰鬥的氣勢，好像準備好逆來順受的樣子。也許，她心中想著：「反正，上面有幾個老大頂著，要死一起死，有什麼關係，有什麼好怕的」。

這份「論告文」，就是一份死刑宣告書。觀點全是外來統治者的「聖旨」，人人聞之喪膽。無論它是如何違反時代潮流，如何反人權、反自由、反民主，但它們就是蔣家三十幾年獨裁恐怖下不可動搖的「定論」、「法則」，違者必誅。我讀過無數死囚的起訴書、判決書，我不得不承認這份「論告文」，是最嚴謹，最能實踐蔣家統治觀點的傑作。我相信，這是從「美麗島大審」起訴後，全面反擊我們在法庭上的論述，尤其是以政治辯論掛帥，而不是早先的法理細節的指控。我相信這份「論告文」，絕對不是出自一個二十幾歲的預備軍官之手，它一定是蔣家御用學者的集體作品。

這場「公審」是外來獨裁統治者和被壓迫爭自由者的大會戰。也是外來統治者和台灣獨立建國者的決定性戰役。雙方都輸不得。特別是在政治論述方面，哪一方面輸了，它的命運必然下垂，走向頹方。我知道，我會輸掉司法判決，但一定要贏得政治論述，它才是長遠、永恆的。這種覺悟包涵著顫慄中的悲壯。

反抗者，已沒有存活之機，邊聽我邊回到過去。在寒顫中，只有烈士的英魂能給我力量。我想到，我的兄弟鄭金和、江炳興、陳良、謝東榮、詹天增十年前，也站在這個「第一法庭」內，也許也正是我現在站的地方受審。他們跟我們一樣，因為「泰源革命事件」以「二條一」唯一死刑起訴。他們和我們不一樣的是，他們受審是在祕密狀況下進行，我們則是在國內外注視下的公審。還有的差異，就是他們只從事法律辯護，「有沒有做」？而不是全力辯論「我們為什麼必須這樣做？」兩者的差異會影響國家、社會未來的走向。

「為什麼而死」，跟「是否做了」，截然不同。

前者，個人之死，有希望會成為國家之生！

檢察官唸著「論告文」，我竟然有種幻覺，彷彿江炳興、鄭金和、詹天增、陳良、謝東榮突然出現在我背後一起受審似的。一九七〇年五月三十日晨，他們五位也押到這個法庭，五花大綁在這裡聆聽死刑執行令，然後被押往新店安坑刑場，為台灣獨立、台灣自由奉獻了生命……。

這種幻覺，倍增了我個人身臨受審的悲壯性和堅韌度。

這種幻覺在整個「辯論庭」中不時出現，尤其聽到律師們冗長沒有重點的法律辯護時，這五位烈士的遊魂就一再引我精神出竅。

這些烈士遊魂的蒞庭，在偶發的怯懦中，會讓我膽識飛揚。心中有烈士與否，對一個反抗者是極端重要的精神武裝。國族，也復如此。

烈士，永遠是國族的靈魂。沒有烈士的國族是個無脊椎的民族，不可能長存於世。

台灣人知否？

黃信介的口頭答辯

檢察官論告結束，法庭籠罩在肅殺中，審判長以篤定的神情宣布開始言詞辯論。尤清、郭吉仁、蘇貞昌等律師相繼把替被告們的答辯和答辯意旨呈庭，這種流動讓法庭有了些許喘息的氣氛。有律師最大的助益，不是他們能替案件本身做什麼辯護，而是讓準死囚們感到自己不是孤立無援的。這種心理感覺是種撫慰，也是種撐場。

遞完狀子，尤清律師立即代表全體辯護人提出程序問題。尤清一頭少年白的華髮、憨厚的臉，他說：本案是唯一死刑罪，人命關天，調查局應充分調查事證，舉凡辯護人所提的疑點，要求法庭對實地勘查現場的要求及證人的傳喚，都應一一實行。尤清要求在這些調查還沒有逐項完成前，應該延後辯論。因為世人都知道，辯論庭之後就是宣判了。這是整個審判的最後階段了。

尤清這項程序請求，在文明社會的法庭是非常合理的。

審判長聽完，卻氣定神閒地說：

「本庭已宣布進行言詞辯論，軍事檢察官也已論告完畢，這時提這項程序問題，已經太遲了，所請不准。」隨即點名黃信介做答辯。

信介仙，拖著沉重的步伐走向放在法庭最前方的麥克風，他很有禮貌地向審判長鞠躬。他表示他沒有準備任何文書的答辯狀，語意中表露一種「有沒有答辯狀都一樣啦」。這是戒嚴統治下被告的基本心態，對法庭完全沒有信任感。他口頭陳述：

「本案最重要的證據只有自白書。他的調查筆錄是在持續五、六十個小時的疲勞審問下作成的。那時候，我覺得死比活痛快。所以，就簽字承認了。這份筆錄，當然不可以採信……。」

黃信介說出了特務機構非法取供的普通現象，不是只有他一個人如此，幾乎所有「叛亂犯」都是如此製造成形的。接著黃信介又供稱：「至於涉及洪誌良部分，因為我既已簽字承認叛亂，會被以懲治叛亂條例第二條第一項唯一死刑處理了，再多殺幾次頭也一樣，所以，我就做出派洪誌良跟中央接觸的供詞。但，現在我必須把話說清楚。」

黃信介有些激動，手開始飛舞，有時指天，有時指地。太多「叛亂犯」都是在調查局或警備總部祕密偵訊了幾個月，甚至一年以上，在生不如死的絕境下大多選擇隨特務之意，「招供」被派令的「叛亂犯行」，並因之簽下筆錄和抄寫「自白書」。這些筆錄和自白書就成為他們叛亂的唯一證據。那時，他們絕對不相信國家會如此無法無天到僅僅以這些「自白書」和「筆錄」就置他們於死地。他們相信可以在法庭上討取公道。結果多數「叛亂犯」、「匪諜」就是從這個法庭走向了刑場……。

黃信介在政治場合的演講一向輕鬆、詼諧，現在卻顯得相當激動，間歇出現口給的現象，他繼續說：「起訴書說我指使洪誌良赴日和中共駐日使館接洽，其實我完全不知道有這件事，也根本不認識日本親中的華僑。有天，洪誌良到家裡來，告訴我他偷偷去過中國，我還勸洪誌良應該去自首，否則被查出來就很麻煩了，但是，洪誌良說，中共已為他準備了掩飾他到過中國的『充分證據』，不會有事……。」

「洪誌良因為選舉，變得很窮，我才答應借他五十萬。現在，起訴書說中共官員楊斯德透過洪誌良告訴我，希望我支持和平統一，事成後，會任命我擔當台灣自治區主席。完全胡說。」

黃信介氣到握拳飛揚。我立刻想起不到一年前，國民黨特務也利用「人造匪諜」吳泰安緊咬余登發老縣長也是用這樣的「版本」，入余登發於罪！但是，黃信介這樣的反駁在軍事法庭中是完全無用的。我已看過多少死囚判決書完全採信「自白書」作唯一證據了。

陳述到此，黃信介已經氣到有些語無倫次，然後，他突然像變了一個人似的，他訴說，起訴書中說他，企圖兩面勾結，意圖顛覆政府，全非事實。他從未指示「五人小組」草擬長短程奪權計畫……，國際人權活動他只是應邀參加活動，從未參加籌劃工作。一生反共，也許因為政治欲望對政府作了錯誤攻擊，但是從來沒有想要顛覆政府，他把姿態放的很低……。我已不想聽了，自行走入冥想世界……。（參閱三月二十六日中國時報）

江炳興短小精幹的面龐又來到我的眼前。那天他到我的牢房，告訴我要派我一項任務，「假自殺，真革命」。他要我服下他從外頭拿進來的鎮靜劑，當我昏迷後，獄方一定會把我送到台東軍醫院急救。當我醒來後，就是他們要起義的日子，那時，會有擔任營長的軍校同學，會到醫院跟我聯絡。那次革命的日子原定是在美國副總統安格紐到台灣訪問的日子，一九七〇年一月二日。我真的依命令服下鎮靜劑，也被送到台東醫院。但是，江炳興等人卻延後起義時日。我住了幾天醫院又被押返監獄。革命不是正規作戰，常會因某種不確定因素而改變計畫，這是很正常的。

坐在大審的法庭中，這些景象又一一回到眼前，我比泰源五烈士多活了十年，此刻又步他們後塵，坐在這裡等待死刑判決……。

作為一個殖民地的反抗者，死神總是環繞在我的周遭，從未遠去……。這種感覺，不會令我軟弱，反而讓我更堅強……。

在同一個空間，泰源五烈士常常不請自來……。

陳水扁律師辯護狀

黃信介的答辯終於結束。

審判長點名黃信介的律師做辯護。十五位律師我只認識尤清一個人，其他十四位全是陌生的，都是在這場審判中才看到的。我完全沒有先入為主的預設期盼。在軍事法庭中，律師就是律師，為他的當事人做有利辯護就是律師的唯一職責，你不可能有其他期待。

審判長點名的第一個律師，名叫陳水扁，年紀輕輕的還不到三十歲的樣子，頭髮梳得很整齊。看到這個名字，我第一個反應是他的父親可能是哲學家。水是液體，會隨容器而變型。他的父親要他像水一般鑽過任何細縫，扁平流行，不受阻擋，隨時變型。他站起來，個子不高，手中拿著一疊厚厚的打好字的文稿，據他說有二十五張之多。他謹慎地一個字一個字的唸，沒有抑揚頓挫，沒有表情，但，一口南部的台灣國語的特殊腔調，一聽就知道是台灣南部人。

陳水扁律師於九點二十三分開始唸稿子，他說：

被告黃信介未具叛亂犯意，也未以美麗島雜誌社為掩護，擬定所謂奪權計畫，發動高雄暴力事件，企圖以逐次升高的群眾非法暴力行動顛覆政府。因此，應該不能以懲治叛亂條例第二條第一條的叛亂罪及其他起訴書所列以敵意為要件之罪刑。

至於洪誌良部分，姑且不論共產黨的謊言不能相信，因為被告對洪誌良的身分當時心存懷疑，並且不確知他是否是匪諜，依國防都有關規定研判，也不應構成明知為匪諜而不告密檢舉之罪。

陳律師要求法庭宣告黃信介無罪。

接著他就起訴書、自白書及其他共同被告的供敍找出洋洋灑灑的矛盾，錯誤之處，二十五張答辯狀像一勘誤表。

細節勘誤詳盡，卻沒有大方向，攻無力，守無方，只能讓人覺得這個名字頗有哲學味的律師用功、聰明，但缺乏智慧和靈性，是個常見充滿法匠氣息的謹慎的律師。對這種法律辯護，律師會自覺有力有理，法庭則會一笑置之。

由於是第一個律師發言，我盡量集中精神地聽他唸稿子，十分鐘、二十分鐘、三十分鐘過去，我真的失望透頂；這樣的辯護狀怎麼能說服法官，不能引起社會共鳴，對台灣未來更毫無意義。當下我就認為這樣冗長的勘誤狀，判決書連隻字反駁都不會出現。檢察官的「論告」是如此精準地擊中要害步步入我們於叛亂死罪，我方的辯護律師卻只仍在細節上盤旋，作文字勘誤的糾正。敵我雙方的高下立判。如果所有律師都做如此的法律辯護，即使我們八個人全被執行死刑槍決，這場軍法大審也會失去它的歷史價值和意義，更不可能成為台灣歷史的轉捩點。

這時，我卻發現坐我右前方的黃信介竟很同意似的，一再點頭。但是，仔細再看，信介仙不是點頭附合而是聽得打起瞌睡了！自己的律師長篇辯護竟然讓信介仙在法庭上睡著了。我從心底泛起一陣笑意，順勢抬起頭來看向審判長，我搖搖頭，嘴角泛著笑意，表示對辯護律師不精采的長篇大論的不屑。審判長竟然第一次對我的反應，也回以微笑，他應該也看到黃信介正在打瞌睡，審判長沒有阻止陳律師繼續念稿，逕自說：

「黃信介，你的律師在替你辯護，你怎麼打起瞌睡了。」

信介仙被點了名，才醒來，用手掌擦擦嘴角上的口水，不好意思地坐直。審判長的話讓法庭哄起笑聲。

我實在受不了。拿出筆在隨身攜帶的小筆記上寫下：

「難於忍受，請准我出去抽根煙」。一語雙關，是難於忍受煙癮發作，還是難於忍受律師冗長沒有捉到重點的辯護？我把字條轉身遞給站在後方的憲兵，請他轉遞給審判長。庭丁接到，立即呈給審判長。審判長接到條子，看了一下，說：「把施明德帶出去抽煙。」我如釋重擔站起來要走出去。耳邊又聽到審判長說：「施明德也聽得難於忍受了。」

辯論庭中，林義雄和我是最常要求出去抽煙的人。

法庭內又是一陣哄堂大笑。這時，陳律師已經唸了將近一個小時了。我抽完煙回來，陳律師還在讀。這個律師整整唸了一小時又二十分鐘。

第二天各報都把黃信介的瞌睡和我要求出去抽煙當花邊新聞刊出。「青年戰士報」在一九八〇年三月二十七日第三版很醒目報導：

「生死邊緣 卻打瞌睡 為黃信介辯護 施明德難忍受」

【本報訊】被告延聘的辯護律師冗長的辯護，使得被告忍受不住，而在庭上打瞌睡，昨天上午，軍事法庭發生了一件趣事。

陳水扁律師是黃信介延聘的辯護律師，昨天上午，陳律師準備了二十五頁打印的答辯狀，當場為黃信介辯護。

在長達八十分鐘的答辯中，被告黃信介居然坐在椅上打瞌睡，經審判長察覺。上午的辯論庭進行至十二點十五分時，被告施明德曾向審判長遞上一張字條，上面寫著「難以忍受了」，經審判長於退庭前宣讀，引起旁聽席上的大笑。

律師的辯護能讓死刑的被告睡著了，也需要高度功力的。

陳律師讀完稿，對審判長說：「本辯護人將把這件辯護狀呈庭。本辯護人同時也多印了三十份，庭後將發給各新聞界的朋友們。」

我心想，這個人真的太會打知名度了。果然，他的名字和辯護內容第二天比其他律師刊登得又大又多。

鄭慶龍律師的辯護

法庭內的哄笑聲只是幾秒間的事，畢竟恐懼、悲愴、怨恨，敵意都一齊被收納在這個百坪空間中。笑聲、像一縷微風，很快就被預期即將發生的血腥味籠罩。劉審判長讓你不得不稱許他掌控法庭氣氛的能耐。

陳水扁律師讀完冗長的辯護狀，審判長立刻唱名黃信介的另一位辯護人鄭慶隆進行辯護。大概是因為陳水扁律師八十幾分鐘疲勞轟炸式的念稿，審判長提醒鄭律師：

「請扼要發言。」

鄭慶龍律師雖然也備妥答辯狀，每位律師都有，只是鄭律師不是照稿全念。鄭律師為黃信介辯護的要點在自白書缺乏證據能力，並認洪誌良的結證出於虛構，黃信介縱有顛覆意圖，也未著手實行的程度，不應以二條一論罪。為了替歷史存真，這裡就引用報紙的全文如下：

【台北訊】高雄暴力事件涉嫌叛亂案被告黃信介的辯護人鄭慶隆律師，昨天上午在該案的嚴詞辯論庭中，就被告在羈押期間所作自白書與自白筆錄的證據能力與證明力問題以及檢察官起訴書中所列舉犯罪事實是否屬實等問題，提出辯護。

鄭慶隆律師在其答辯書中提出三項主要辯論要旨：一、就程序問題表示異議；二、就軍事檢察官起訴書內容所列舉的犯罪證據提出檢討；三、就本案的法律與事實部分提出辯護。

答辯書中說：被告黃信介其內心縱使真有以非法方法顛覆政府之意圖，但其既未與人協議策劃具體行動計劃，更未從事真正與暴動顛覆政府之具體預備工作，則不容任意指其應負懲治叛亂條例第二條第一項規定的叛亂罪行。

答辯書較重要內容如下：一、查軍事檢察官所據以對被告黃信介提起本件公訴之證據，不外該被告及其他七名共同被告等在司法行政部調查局「親撰」之自白書、在該局及警總偵察中以及軍事法庭第一次調查庭自白筆錄以及證人洪誌良、吳錦洲、陳敏雄、陳瑞慶等之結證。惟被告作成之各自白筆錄，觀其內容竟與最早製作之各自白書大略相同，顯見各自白筆錄均係因循各該自白書而來，故知，在證據能力以及證明力等方面而言，當以各該自白書為最重要。是以各該自白書在證據能力方面具有重大瑕疵，或其內容經查與事實不符而無證明力，則其餘各自白筆錄自均不足採取。先就證據能力以言，辯護人查卷發現，被告黃信介係於民國六十八年十二月十四日被逮捕並收押於警總軍法處看守所，但於同年十二月十五日警總即行文司法行政部調查局請求協助偵查。並將本件卷證人犯一併發交。黃信介實際上自同年十二月十五日起即移押於臺灣警備總部軍法處看守所以外之不詳處所，直至起訴前方才送回警總軍法處看守所，則被告黃信介之遭移押於警總軍法處看守所以外之不詳處所，即成為「違法羈押」，其於此段「違法羈押」期間所取得之被告「親撰」自白書以及其他自白筆錄，即屬因「其他不正之方法」而取得，缺乏證據能力，根本不得採取。

況就各該被告之親筆「自白書」本身而觀，亦有多處不合情理之點，足令人懷疑其係出於不正之方法，例如被告黃信介係於民國六十八年十二月十四日被捕，除當天曾經軍事檢察官予以訊問外，直至民國六十九年元月十一日其「親撰」自白書止，歷經漫漫近一個月的時日竟是一片空白，不曾有過任何供述或自白，則此段空白期間，被告究竟在做什麼？又被告經歷一段漫長之空白時間，身心難免發生變化，然後要其撰寫「自白書」，則其是否將會因此而無法出於自由意志為之（此點應不因被告等係高級知識份子而有不同，委實令人不能無疑。關於此點，被告鑒於鈞庭審理時供述司調局自白係不眠不休及被詐欺之狀況下做成，在卷可按）。再說被告黃信介求學過程大部分受日文教育，中文僅於光復後入臺灣省立地方行政專科學校行政科專科學校行政科時有短暫之修習機會，故其自承不太會寫文章應屬可信，詎閱讀該被告「親撰」之自白書，發覺全部竟長達五、六千字，而且文筆流暢，敘事條理井然，根本就不像出自於不太會寫文章之該被告所「親撰」，則其是否出於他人所代撰，然後交由該被告親手抄寫。更是令人不能無疑。（此點業經被告於鈞庭審理時為肯定之供述）。

總之，辯護人認為本件檢察起訴所引各該被告之自白書。均無證據能力，均不足採取（至陳菊之自白縱出於任意性，但未指述黃信介有何起訴書所控之罪行，當然亦無證據能力）。

二、檢討證人洪誌良之結證，查本件軍事檢察官起訴書認定被告有「指使洪誌良赴匪區洽商鰻魚生意，與匪進行勾搭，陰謀助匪促成『統一』云云之情事，主要即係依憑該證人洪誌良之結證攀誣，但辯護人詳閱其結證內容，發現有許多不合情理之處。除非軍事檢察官能另行舉證予以邁切之說明，否則即可推定其完全出於虛構。例如洪誌良自承與黃信介認識始於民國六十七年五月初。彼此間並無親戚關係，又未經親友之介紹，二人之年齡又相距多達二十歲，而且當時黃信介已是立法委員，又是黨外人士之領導人物，具有相當聲望，為人又機警（詳見洪誌良調查局結證），而洪誌良只不過從水產技術員初踏入政治活動之新手，且彼二人自六十七年五月認識已至六十八年三月十四日洪誌良赴日前為止交往時間不過近一年。彼此見面又僅數次，又是遙處二地（黃住在台北、洪住員林），可見兩人間之友誼及認識均不深。洪誌良又無經營鰻苗之顯赫經歷，又非巨賈殷商，則依吾人日常生活經驗以觀，黃信介怎麼可能在此種情況下，即貿然主動表示欲與洪經營鰻苗生意？且要其前往匪偽駐日本大使館試試（打聽），或接洽鰻苗生意？非惟如此，洪既自承二人對於經營鰻苗生意之重要細節例如利潤之分配等並未談到，則黃信介怎麼可能即率然支付鉅額保證金——新台幣五十萬元於洪誌良？洪誌良事後又何以開付三張支票給黃信介？只有一種解釋，那就是洪誌良蓄意將黃信介長輩對晚輩之寒暄與鼓勵加以歪曲誇大。其實就在洪誌良赴日之當天，黃信介赴日考察之護照即已獲核准，則黃信介不與洪相偕赴日不正好反證，彼此並無深交。再說黃信介隨後於六十八年四月十六日亦曾親自赴日考察，如其真欲與匪駐日使館接洽或打聽鰻苗生意，大可親自為之，何必假手洪誌良，而授人以柄？是知洪誌良本件各項不利於黃信介之結證，不得予以輕信。

三、苟行為人根本無以非法之方法顛覆政府之意圖，或雖有此項意圖，但未有著手實行之行為，又或所著手實行之行為與其所意圖之內容並不相當，即不得論罪。茲閱黃信介自白書雖有「待我們美麗島搞到全省有基礎，我們就可與政府談判交涉，如談不成，我們可發動全省組織要脅政府，甚至可通知全省組織舉行遊行、示威，必要時進而暴動，可以顛覆政府」云云之記載，縱使因此認為黃信介有以非法之方法——暴動——顛覆政府之意圖，但起訴書所指黃信介等被告「同年八月，美麗島雜誌發刊，即本其既定策略。不斷在各地舉辦集會、演講、遊行、示威等群眾活動……發表偏激言論，詆毀政府，分化團結。並故意滋事，製造衝突事件」云云，縱然屬實，仍均不足達其以暴動方法顛覆政府之目的。

四、被告黃信介對於高雄美麗島人權大會之流為「暴力事件」，自始至終，既未曾故意為之或促成之，其不應因此而承擔起訴書所指陸海空軍刑法第七十二條多眾集合為暴行脅迫，刑法第一百三十六條公然聚眾對公務員依法執行職務時施強暴脅迫，第一百五十條公然聚眾施強暴脅迫等罪刑。

五、被告黃信介其內心縱使真有以非法方法暴動顛覆政府之意圖。但其既未參與協議策劃與暴動顛覆政府相當之具體行動計劃。更未從事真正與暴動顛覆政府相當之具體預備工作，則仍不容任意指其應負懲治叛亂條例第二條第三項規定之預備或陰謀叛亂罪刑。綜上可知，縱使肯定起訴所引各被告之自白之證據能力與證明力，依然不能證明被告黃信介本件罪行，仍應請依法諭知其無罪之判決。

(見一九八〇年三月二十七日，聯合報第三版)

雖然仍然是法律辯護，替黃信介被訴的罪刑解脫，沒有令我驚豔之處，我還是從頭到尾儘量仔細聆聽，也做點筆記。

鄭慶龍律師發言完，審判長點名黃信介的弟弟黃天福上前替其兄辯護。黃天福一直是個刻板的政治人，競選國大代表及立法委員就是要做好「民意代表公務員」，他對台灣民主運動，對人權並沒有堅定的立場，美麗島事件發生以後，他充滿抱怨，尤其怪罪我拖累了他的胞兄。像黃天福這樣的人，在大審之前在反對派中應該為數不少。事實上，當蔣經國出手全面逮捕美麗島菁英，台灣的反對勢力已遏到谷底，即失去了方向，也沒有領導，恐懼籠罩全台灣。我在逃亡期間一直從媒體上知道沒有被捕的黨外人士，都在怪罪我。怪我害得整個反對勢力被徹底瓦解了，完全看不到明天。他們不責怪外來獨裁政權，卻責怪自己的戰友。這是一個革命者應該承受的，既要承受壓迫者的迫害，還得忍受內部人士的非議。但是，今天黃天福並沒有把怨氣射向我，如果他射了，我也準備沉默以對。黃天福穩重的，一如往昔地提出四大點替哥哥辯護：

一、黃信介堅決反共，言行一致，根本不可能有何意圖與中共勾結。

二、黃信介曾公開表示，對政治犯的補助，必須該政治犯不是匪諜，也沒有共產思想，其家屬才能獲得接濟。

三、美麗島雜誌社並無顛覆政府的陰謀，也不曾違法刊登顛覆政府或宣傳共產思想的文章，否則，不必等到本案發生早就被停刊了。

四、共產黨認為台灣的黨外領袖是黃順興不是黃信介，洪誌良卻告訴中共是黃信介，洪誌良說這些話的目的何在。

我仔細聽每一位當事人、律師的發言，雖然第二天各報都會刊出他們的辯護內容，為了替自己保留現場的感受，我還是會邊聽邊摘記他們發言的重點。筆記，是讓自己不至於聽得厭煩而精神出竅……。

被告及律師的答辯，近九點開始一直到十一點四十分才告一段落。我注意到這段時間不時有人從法庭後方進來，遞文書給最左側的書記官。書記官看了會悄悄傳給審判長。有時，審判長看了會傳給某法官，有時又會傳到檢察官之手。我猜測那是由遙控的閉路電視即時「參審」的另一組「法官」所傳來的命令或建議，就像我們在調查局被偵訊時，有另一組人也在監看一樣。

這時，審判長依程序指定少尉檢察官林輝煌行使職權。林檢察官大致反駁如下：

剛剛聽了辯護律師及輔佐人的話後，歸納為三點。第一，被告自白的「任意性」問題。我認為是出於自由意志，記得黃信介在第一次偵查庭時，曾表示經過幾天的反省，深深悔悟，已經脫胎換骨了，公訴人當時莫名其妙。後來深入了解，才知道黃信介確實是真正悔悟，所以公訴人基於這一點，在深表同情之餘，才在起訴書上要求庭上寬減其刑。

林公訴人指出，被告黃信介知道洪誌良是「統一派」，當時洪已入獄，如果雙方無勾搭的話，又怎知洪是「統一派」的人，尤其在洪誌良赤裸裸的說出與匪勾搭經過後，黃信介卻未提出檢舉，反而提出新台幣五十萬元作為合作經營鰻魚苗的「保證金」。

林公訴人表示，第二辯護人一再提醒黃信介與洪誌良的合作動機，但卻忽略了他們的談話。譬如洪誌良說：「共匪有意支持在台灣的黨外團體……」「共匪有意讓黃信介當台灣自治區主席……」黃信介也說：「統一的事，你們去做，我還要照顧姚嘉文……。」這些話是什麼意思，相信大家都了解，因此公訴人才依此提出諭告。

林公訴人認為，黃信介為了獲取政治活動的資本，因此才利用水產學校出身的洪誌良赴日本與匪偽大使館接洽，透過共匪「東京華僑總會」楊匪文欽的安排做生意，以獲取暴利。

第三，至於奪權計劃，林公訴人說，他在偵訊時曾問過黃信介，他肯定不知道這個名稱，但所謂「長短程奪權計畫」，黃說只不過是有此想法，所以檢察官就據此認定。至於一切活動都委諸五人小組，看姚嘉文筆錄即可知道。姚說，黃信介的政治理論不足，所以都以閒談方式向他報告……。內容是打算發動群眾示威、遊行、暴動。但暴動雖未付諸實施，不過今天起訴並非指暴動，而是控告黃信介以非法方式意圖顛覆政府。所以高雄事件黃信介雖未策劃，但卻是美麗島雜誌社既定的群眾運動，所以確定這次事件是顛覆政府的步驟。

十二時四分，鄭慶隆律師又針對軍事檢察官駁斥的各點起來補充。他說：自白的「任意性」既然被告提出，就應該先調查事實，不可以由檢察官自己依訊問的結果來認定，否則難以令人信服。至於檢察官認定黃信介與共匪兩面勾搭，完全是根據洪誌良的供詞，不足採信。

十二時十分，陳水扁律師指出公訴人控告黃信介既知洪誌良為「統一派」顯見他事先知道他的底細一節，陳律師認為，報紙上也常有談到「左派」、「統一派」，因此檢察官不能如此認定他有「知匪不報」之嫌。

最後林義雄的辯護律師張政雄律師突然提出一項說明，請書記官記載。

他的說明是：「據公訴人說，黃信介否認奪權計劃，只是檢察官根據被告的想法加以勾描，所理出、所歸納出來的名詞，也就是長短程奪權計畫。如果是這樣的話就不是五人小組所擬定的計畫，而且五人小組也沒有告訴黃信介。」公訴人立即解釋是黃信介不知名稱，但知道內容。

上午的辯論庭在審判長提示施明德呈庭表示「體力不支」的時候，暫告一段落，庭上曉諭下午二時繼續開庭。（見一九八〇年三月二十七日聯合報第三版）

林檢察官的長篇反駁，立即被林義雄的律師張政雄逮到栽贓的證據，他馬上起立發言要求書記官載明：林輝煌檢察官表示起訴書中的「長短程奪權計畫」，是他從偵訊各被告時，「根據被告的想法加以勾描，所理出、所歸納出來的名詞」。

張政雄律師點出這點，是今天所有律師發言中最具攻擊性的機智反擊。

陳菊一聽，立即喃喃自語「可惡！」「可惡！」。旁聽席上也有輕微騷響之聲⋯⋯。

我則覺得，今天上午的辯論庭應該讓它斷句在這段：「『長短程奪權計畫』的名稱是林輝煌檢察官根據被告的想法，加以勾描、所理出，所歸納出來的名詞」，這點上。留下正式的紀錄，並讓讀者聯想，不能讓檢方有時間再用其他辯詞模糊焦點。

於是，我立刻出手，寫了一張字條給審判長，「我體力不支了，請准我個人退庭休息。」體力不支是審訊中最好的託詞，公開的法庭也會怕留下疲勞審訊的話題。

審判長接到字條，果然立即中止檢辯雙方的再發言要求，大聲宣布：「施明德說他體力不支了，辯論庭暫停，下午兩點繼續開庭。」

剎那間，審判長也許沒有料想到我的企圖，以為我真的體力不支了，也許他是怕年輕的檢察官招架不了，總之它替歷史法庭留下這個深刻的印記：國民黨的法庭是善於栽贓的。第二天各大報果然都把它報導成暫停辯論的註腳。

林弘宣及其律師的答辯

下午兩點，我們全體被告準時被押返法庭。審判長首先點名林弘宣進行答辯。

林弘宣是八名被告中，案情最單純的一位。如果不是他留學美國時期曾經見過「台灣獨立聯盟」主席張燦鍙，他就不可能被列軍法審判名單中被起訴二條一項唯一死刑。把林弘宣羅織進本案的唯一目的就是要把美麗島政團跟台灣獨立畫上等號。林弘宣是唯一和「台灣獨立聯盟」有交往，同時又是美麗島政團的工作者之一。國民黨特務的羅織功力絕對是超級的。被列入「二條一」的準死囚行列對林弘宣及妻子林黎琤都是極沉重的打擊。出庭看到林弘宣，他每一分鐘都是憂傷的；妻子林黎琤都是垂淚的。在台灣人心中，起訴「二條一」就是十有六、七是死刑，至少判十二年有期徒刑。軍事審判比見閻羅王還令人膽寒……。活在恐懼中，是台灣人每天必穿的內衣。

讀哲學的林弘宣，本來就是一臉陰鬱。他又唸了台南神學院，我曾私自思想：如果他當了牧師，上帝的福音如何會被信徒們接納？聽福音不是應該很喜悅的？林弘宣是我一生中碰到最憂鬱表情的人之一，他的談吐也常是悲觀的。我常常覺得他很像梵谷……。

看著林弘宣緩緩走到麥克風前的姿態，我內心泛起一陣自責：我真不該邀請他到「美麗島」來工作。

林弘宣站在麥克風前，一臉沒精打采，他對法庭說：

「昨夜，我沒有睡好，現在沒有辦法集中精神答辯，能不能讓我改到明天再答辯？」林弘宣的兩位律師也先後起立要求審判長裁准林弘宣的部分延到明天進行。這樣的請求顯然合理，但是，審判長說：「你今天先作扼要答辯，明天有必要再讓你補充。」審判長已經幾次用這種話術打發問題，因為「明天」不一定會有這種機會。

林弘宣只得開始說話。他說：

從元月七日被捕，連續遭到七、八十個小時的疲勞審訊，他完全失去自我辯白及抗議力，自白已完全失真，只能任由特務擺佈簽字。

至於起訴內容，指稱他在美國期間，曾經和「台灣獨立聯盟主席」張燦鍙、紐約「台灣之音」負責人張富雄、張楊宜宜夫婦交往密切，受他們鼓煽，而萌叛國意念，全是推測之詞，沒有根據。他表示自己已是受過高等教育的人，不是一認識張燦鍙等人就會受他們誘惑的。

林弘宣又當庭表示，起訴書說他於一九七八年回國後就與施明德、姚嘉文勾結，且於一九七九年加入美麗島雜誌擔任高雄服務處總幹事，企圖以暴力推翻政府，完全是劇情剪接而成。他說，去年三月回國，先在教會公報工作，離職後又出國，七月回國然後才到美麗島工作。他不認識姚嘉文，怎麼可能與姚嘉文勾結？

林弘宣否認在美麗島事件中被分配做總聯絡人；遊行時，他沒有拿火把，沒有喊衝、喊打，他完全不知道什麼長短程奪權計畫。他表示，他沒有參加「台灣獨立聯盟」，也沒有身分和條件接受張燦鍙主席的補助，但，他承認確實寫過兩封信給張燦鍙，一封談台灣的選舉，一封談美麗島雜誌社的工作方針，那是作為一個關心台灣前途的知識份子很平常的作為。

辯護律師李勝雄及張俊雄的辯詞

李勝雄律師的辯護要旨，大致有五項重點：程序法方面他主張：一、第一次調查庭所踐行之程序違法，其調查之證據不得作為判斷之依據。二、被告自白取得程序不合法，不得作為證據。三、公開審理程序違法部分，所得不利於被告之證據，不得作為判斷之依據；實體法方面他認為：一、被告並無叛亂意圖。二、被告並無叛亂行為，其辯護內容要點如下：

程序方面：一、第一次調查庭所踐行之程序違法，其調查之證據不得作為判斷之依據：被告於六十九年一月廿日下午五時接到起訴書，不待被告或其配偶家屬依軍事審判法第七十三條規定選任辯護人，即倉促於廿二日展開祕密調查庭。於被告無訴訟經驗而缺乏辯護人情形下應訊，無異限制被告行使辯護權。

依軍事審判法第七十八條第一項規定，被告所犯最輕本刑為五年以上有期徒刑，未經選任辯護人，始應指定公設辯護人。而第一次調查庭尚不容涉嫌判亂重罪之被告選任辯護人之際，即予展開並率予指定公設辯護人，且實際上該公設辯護人未為任何辯護行為，僅在庭上以「閱卷及接見被告後提出答辯」搪塞了事，無形剝奪被告行使防禦權。

二、被告自白之取得程序不合法，不得作為證據：被告於一月七日被捕，次日即由軍事檢察官訊問，其間被告並無供認任何罪行，而突於一月廿二日即作成文長超過六千餘字之自白書，詳供其叛亂意圖與行為。惟經查所有卷證中，發現自一月九日起至一月廿二日作成自白書為止，並無任何調查或偵訊筆錄。結果被告在無繼續訊問情形下，當不致即一反第一次偵訊之口供，自動做成自白書，做完全不利於己之陳述，故其自白取得方法殊不合常理而啟人疑竇。

實體法方面，因另一辯護人張俊雄對此一方面有深入的辯論，為避免重複，李勝雄僅將書面資料呈庭。

林弘宣的另一位辯護人張俊雄，就林弘宣被控叛亂罪的實質部分提出辯護，其辯護要旨為：

一、叛亂罪的成立，以被告具有叛亂意圖並著手實行為必要。

二、起訴書羅列的事證，不足以證明被告具有「叛亂意圖」。

三、洪誌良與匪勾搭，林弘宣不知情不足為罪證。

四、「高雄事件」並非被告林弘宣「顛覆政府」的實行行為，其辯護內容如下：

㈠、按懲治叛亂條例第二條第一項之意圖以非法之方法顛覆政府而著手實行罪，以具有顛覆政府之意圖，而著手實行為構成要件，足見「叛亂罪」的成立要件，不但須具有「叛亂意圖」，並且須要有「叛亂行為」。若「暴力行為」並非本諸於「叛亂意圖」，則縱可構成其他罪名，而歸司法機關審判；斷無成立「叛亂罪」，而由軍事審判之理。中壢事件燒毀鎮暴車和警察局，其嚴重性倍甚於「高雄事件」，但因未具備「叛亂意圖」，結果均送司法機關審判，即其適例。

是本案所應審究者，厥為：「被告林弘宣是否具有非法顛覆政府之叛亂意圖，與夫被告參與高雄事件是否為顛覆政府的實行行為」是已。

㈡、本案起訴書所羅列的事證，並不足以證明被告林弘宣具有「叛亂意圖」：

1. 關於所謂受台獨份子鼓煽萌叛國意念部分：

起訴書上說，林弘宣於民國六十六年八月，留美期間，因與偽「台灣獨立聯盟主席」張燦鍙，與海外叛國份子紐約「台灣之音」負責人張富雄、張楊宜宜夫婦交往密切，受渠等鼓煽而萌叛國意念，並主張以暴力手段推翻政府。

唯查被告林弘宣與張富雄係台灣大學五十四學年度畢業同窗不同系的同學，彼此私交甚篤，二人之交往，純係因同學之關係。旅居國外，或基於同鄉關係；或基於同學關係，與張燦鍙、張富雄交往的人必然很多，在交往過程中，難免將會談到政治問題，或關心台灣的前途。此原屬羈旅遊子他鄉遇故知的正常反應，豈能遽此即科以刑責？

2. 關於所謂被告林弘宣與台獨份子通信部分：

起訴書又以被告林弘宣所有記載張燦鍙通訊地址之綠色通訊簿及致張燦鍙英文函二件，作為被告觸犯叛亂罪的證據。唯令人疑惑的是光記載「大名及通訊地址」的通訊簿，怎能作為叛亂罪的證據？台獨份子彭明敏曾在台灣大學法學院任教，在其任教期間內台大畢業生的同學錄，都印有彭明敏的姓名及其通訊地址，不僅如此有些學生還請彭明敏在紀念冊上提字簽名留念，這些也將成為叛亂的罪證嗎？可見被告林弘宣所有記載張燦鍙通訊地址的綠色通信簿並不足為罪證甚明。

被告林弘宣致張燦鍙的原文函二件，究其函件內容，不過記載：「民國六十七年中央民意代表選舉時，國民黨候選人與黨外候選人競選狀況，人民如何擁戴黨外人士，而奚落國民黨候選人。及中美斷交終止選舉，人民如何憤怒」等語，並未有半言隻字提及顛覆政府的話，函中固有許多攻擊國民黨、或對國民黨不友好的語句，但我國行憲後，國民黨不過係人民團體的一種，縱有反對詆毀國民黨，充其量亦僅構成反對或詆毀人民團體，尚不足以構成顛覆「政府」之要件，殊難論以「叛亂罪」。

3.關於所謂海外叛國組織支援叛亂經費部分：

起訴書上說，被告林弘宣六十八年七月，第二度赴美，向張燦鍙、張金策等人取得美金五千元，交由張瑞雄帶交姚嘉文作為海外叛國組織支援叛亂經費。

唯查所謂「叛亂經費」，係該經費用之於叛亂之謂。

本案所謂台灣同鄉會對美麗島雜誌社捐款五千美金，除其中一千美金折合新台幣給林弘宣補貼旅費外，其餘悉作房租、水電、伙食等費用之開支，此項事實除據共同被告姚嘉文於六十九年三月廿一日庭訊時供述甚詳在卷可稽，並有扣案之帳冊可資為證。絕非起訴書上所說之叛亂經費。

況被告林弘宣於六十八年七月，第二度赴美，順便為美麗島雜誌社籌募基金時，當時之美麗島雜誌社，是經政府登記核准合法成立的雜誌社，為即將開幕合法成立的雜誌社募款，自難以籌募「叛亂經費」同視。且該美金五千元係由張揚宜宜託被告林弘宣帶交給舊金山張瑞雄牧師，謂「台灣同鄉會對美麗島雜誌社的捐款」，台灣同鄉會並非叛國組織，而張瑞雄牧師亦非台獨份子，殊難遽此認定係海外叛國組織支援叛亂經費。

4.洪誌良與匪勾搭林弘宣不知情不足為罪證：

起訴書上說，以所謂黃信介指使洪誌赴匪區與匪勾搭乙節，作為認定被告林弘宣具有「叛亂意圖」之罪證。

唯查，被告林弘宣與洪誌良素昧平生毫不認識，起訴書上所謂「黃信介指使洪誌良赴匪區與匪勾搭」乙節，被告林弘宣毫無所悉。殊不足為認定被告林弘宣具有叛亂意圖之罪證。

㈢、「高雄美麗島事件」並非被告林弘宣「顛覆政府」的實行行為。

被告林弘宣前述留美期間，與「海外台獨份子」有所交往，純係他個人單獨的經歷，與其他被告毫無關連。嗣林弘宣加入美麗島雜誌社，任高雄服務處總幹事，亦不過係執行社方既定的決策而已，並未參與決策。因此即使認定林弘宣在美曾受「海外台獨份子」影響，但即與其他被告毫無關連，而此次世界人權日紀念大會，又非林弘宣所決定，怎能認定「高雄事件」係林弘宣著手實施「顛覆政權」的行為。

兩名檢察官的反駁

在林弘宣及兩名律師行使完答辯權之後，蔡籐雄檢察官站起宣讀反答辯的文字，他提出四點反駁：

1. 有關自白是否出於自由意志的問題，亦即自白任意性的問題：在連日庭訊中，公訴人已多次將監督指揮偵訊期間所見的事實，提供庭上參考，庭上亦已進行調查。事實真相如何，庭上自會斟酌。

2. 有關被告林弘宣與張燦鍙、張金策等人交往，受其指使，為其工作的部分：張燦鍙與張金策是叛國份子，主張用暴力推翻政府；在林弘宣赴美返國前，張燦鍙曾交代他在回國後，為「台獨聯盟」工作，儘量蒐集黨外候選人傳單及找志同道合者，灌輸台獨思想，在全省各地畫「台獨」標誌，並給予聯絡信箱號碼。林弘宣回國後，即照張逆指使，蒐集傳單寄給張燦鍙，並二次去函與張燦鍙聯絡，以上各節在調查局及本部偵查中均坦承不諱，在審理中被告也坦承寄資料及信件。被告及辯護人所辯，不足採信。尤其，被告如無不可告知人之事，何須以杜撰之姓名與張燦鍙通信？公訴人並當庭宣讀了一封林弘宣自台灣寄給張燦鍙信件的部分內容。並指出，假如林弘宣與張燦鍙之間交往不深，不可能寫那樣的信。

3. 林弘宣返國後，即尊張燦鍙指示，於六十七年底結識施明德後，就經常見面，彼此表達了「台獨」的主張；林也在美與張燦鍙、張金策等人接觸的情形告訴施明德，並相約共同為「台灣獨立」而努力。此與施明德的供述相符。又林弘宣在本庭審理中，亦供承施明德曾告訴他，「五人小組」之最終目的，是要使「台灣獨立」，可見二人關係密切，從事「台獨」，確有其事。

4.有關暨競選傳單一事，傳單雖是合法資料，但林弘宣以叛亂意思受叛徒指使，而為叛徒蒐集的，因此是叛亂活動。蔡檢察官並舉了一個例子，他說，菜刀原是用來切菜的，是合法物品；但如有人想要殺人，另一個人明知他有殺人的意圖，而故意把菜刀交給那個人使用，這個提供菜刀人當然要負刑責。（聯合報一九八〇年三月二十七日）

這裡的所謂台獨標誌，就是上半部是個三角形，下半部是個圓圈，上下加起來像個「合」。這種圖案畫在街上，誰會想到它是代表著「台灣要獨立」？海外台獨團體認為只要畫這個圖案，就算在宣揚台獨思想了。這是個自慰式的宣傳方式，看的人不會懂那是什麼意思，只有自爽。而連要畫這種阿Q式的塗鴉，還提心吊膽。

所以被告們在軍事法庭上否認台獨思想是情有可原的。

接著蔡籐雄又宣讀了林弘宣以假名寄往美國紐澤西州同一個地名的收信者也是假名。

該兩封信的部分內容是：

第一封信寫著——

美匪宣布關係正常化三小時內，宣布停止一切選舉活動。

當然，對於這些期待已久取得政權的人，剝奪了他們的權利，他們感到非常的憤怒。在由軍警防止一切可能發生的暴動情形下，重申了全島的戒嚴。至目前為止，還未見我們有任何行動，但可以確信的是；衝突的白熱化已趨於表面化，而我們正期待一個人來點燃它。

我們必須很巧妙地將我們的群眾喚醒及組織起來，我確定已有許多的獻身工作者，而我就是其中之一。有一天我們將攜手同進，這個時間也將很快的到來，對此我具有充分的信心。

這封信的寄件日期是民國六十七年（一九七八）十二月十九日，當時五項公職人員選舉剛宣布停辦。該信的收件人張燦鍙的化名是John Paul，寄件人所署的化名是Francis。

另一封信是在六十八年（一九七九）六月十五日寄出，收信人的化名是Gordon Orient，寄信人林弘宣所用的假名是James。這封信的全文是這樣的：

哥登先生：

三天前我開了一張五百元支票，我的存摺只剩約十二元。黨外總部急需要每一份支持，它將有許多作用。

許一文任執行幹事，我將在裡面工作幫忙。透過七月出刊的美麗島月刊，分社將在全省各地設立，阿菊明天赴美，必會帶重要消息。我的關懷和認同與過去一樣。

過去六個月，我看到黨外許多人各行已路，我也看到有一主流起來包容了所有小溪達成光明前途。在許多人之中，我願特別提到張俊宏、姚嘉文、許信良，當然還有許一文。

也許你已聽到鄭××與我之間的衝突，是的，的確如此，我反對的不是他本人，而是我能堅持政治立場，而他不能。這也意味著台灣長老教會和社會的革新。我對於你和許多朋友所作為有信心，歷史會證明我們所做對於現今大多數人是好的，而且是必要的。

信中提到的「許一文」是施明德的筆名。「鄭××」是一位牧師，未涉本案。（聯合報一九八〇年三月二十日）

蔡籐雄唸著、唸著，突然一陣淒厲的哭聲響起，我向後回望，是林弘宣妻子林黎琤在放聲大哭。那種絕望的泣聲，彷彿傳達出內心的絕望：「慘了，穩死了！」

在我斜前方的林弘宣這時把頭低垂，雙唇緊抿，看不出整個臉的完整表情，疑惑的部分臉型，好像在思索：

「為什麼這麼祕密又是使用假名的信，也會被特務截獲？」

「台灣哪有祕密通信權？」

林弘宣半邊的臉色顯得很蒼白，像被割了頸，流盡了血的雞頭，癱軟得毫無啼鳴的能力，他連反擊檢察官的話都說不出來。他的兩名律師此時也啞口無言。這就是法律辯護的極限，也是律師的無奈……。

整個法庭，只有檢察官得意揚揚，法官的表情如釋重擔。當檢察官說出：「林弘宣涉嫌叛亂查有實據」時，台上那一排人幾乎不約而同的把坐姿調整向後靠的輕鬆狀，彷彿在說：「我們握有實據！」

看著眼前這一幕讓我立刻想起台南鹹廠的死囚蓋天宇，他把刊登於「台灣新聞報」的鹹廠生產數字剪報寄給香港的同學，就被判死刑的事。

如果我是林弘宣或他的律師，此刻我一定會斥責檢方：堂堂一個自稱是「自由中國」的政府竟以祕密警察的不法手段，竊取人民的祕密通信，依「毒果樹理論」，這兩封信都不能列為法庭證物；如果是我，我會藉機斥責檢方破壞憲法保障的人民祕密通信權，也許無用，至少反擊這個政權是祕密警察政權！

這一刻，是我們共同面對「對質庭」、「辯論庭」以來最沉悶的時刻……。

呂秀蓮的答辯

在林弘宣的私函曝光的頹勢氛圍下，呂秀蓮被點名做答辯。她有點虛弱地走到麥克風前。她一開口就說：「昨夜徹夜未眠，不知自己的精力如何，但我會努力嘗試替自己辯護。」

呂秀蓮會被捲入本案，並被起訴二條一，和林弘宣有些類似，主要她是在美國期間曾經和從事台灣獨立運動的張燦鍙及張金策有所交往。這點變成特務把她羅織成罪的主因。否則，她僅是一名美麗島雜誌社，沒有專責業務的副社長是不該成為「二條一」被告的。黃天福，黃信介的胞弟，也是副社長，他今天是以黃信介的輔佐人身分出庭的。把呂秀蓮列入共同被告又是國民黨要把我們湊成「中共＋台獨＋黨外人」的「三合一敵人」的政治陰謀。呂秀蓮在整個審判中的軟弱、委屈、悲愴，我完全能瞭解和同情。看她在法庭上的表現，我幾度暗自產生罪惡感，是我的意志、信仰和作為，讓她一起在此刻承受「台灣的苦難」。

呂秀蓮攤開她的答辯狀，很有條理，咬字清晰，未顯膽怯地說：

我的答辯共分五個大項目：一、有關起訴書的內容；二、有關我在海外的活動；三、有關我與美麗島雜誌的關係；四、有關高雄事件；五、有關我在高雄的演講稿。現在逐一說明。

1. 二月二十日，我接到起訴書後，覺得莫名其妙。（審判長立刻制止她說，在法庭上的用語，要直述，不要用諷刺的字眼，呂秀蓮說，她收回那句話）起訴書上說，我們八個共同被告有共同犯意，拜讀起訴書後，發現上面有一個林弘宣；我是在被捕前一天晚上，才見到林弘宣，打過一次招呼，以前根本不認識他。本案的關鍵是黃信介與附匪的洪誌良交往經過，還有「五人小組」、長短程奪權計畫等，這些我從來不知道。庭內所陳列證物，如火把、木棍等，我也從來沒看過，也不是我準備的。起訴書卻將我們八個共同被告，說成共同有「台獨」的犯意，這使我莫名其妙。

在起訴書中，有關我個人的部分，除了指出我身佩紅布條、手持火把這件事是事實外，其餘各項，有的絕非事實，有的有些出入。

有關自白書是否出於自由意志的問題。昨天庭上曾宣布調查局的報告。調查局確實派了兩位女性調查員陪我，其中的一位真的對我很好；但她們的主要任務，說得不好聽些，是在上廁所時保護我。他們說請我吃楊桃是事實，但這是在自白書作成後的慰勞，我很感激他們的招待。但是，他們還叫我吃過紙頭。再者，庭上曾提示一本我的記事本，上面有T.I.兩字，是Taiwan Independence的縮寫，也就是「台獨」的英文簡寫。那一小張紙頭，是在許信良出國前一夜寫的。當時，鄭兒玉牧師等人，不知道是哪一個人談到「如果黨外執政」、「如果台灣獨立」等事情；不是我談到的，是別人談到的。有人說要進一步解決台灣內部省籍的問題，要考慮權力的分配。所以我寫了Share of Power等幾個字，就是「權力分配」的意思。

還有庭上提示了一本油印歌本，在「人權歌」的後面一頁（按，即「咱要出頭天」歌詞）的空白處，我寫了一些字。這可以證明，當時是有人呼喊我的名字，才臨時隨便寫了草稿上台演講，不是事先安排好我來演講的。

2.有關我在海外的活動。我先後三次出國。第一次是為了求學。第二次是應亞洲協會的邀請，以婦女運動專家的身分參加演講，自然與各種各樣的人接觸，而且是他們主動與我接觸，我是被動的；何況，我與他們討論的只限於婦女問題，最多是社會問題。當時我從事婦女運動，不但在國內有些名氣，在海外也有一點知名度。因此，很難避免受人邀請，與人接觸。而且，我被邀請演講也不是講台獨。領事館和反共愛國聯盟也邀請過我。

民國六十四年二月，我在舊金山一個展覽會上，發現那是左派辦的，展出了一些有關中國大陸和台灣的照片；那些照片對我們不利，我看了非常生氣，就找招待人員理論，問他們的展覽為什麼有不同的標準，還與他們吵過架。四月，在柏克萊大學，有一個台灣問題座談會，是左傾的，對政府加以侮辱，當時我曾據理力爭。事後，當地領事館還向我致意，說很佩服我。同時七月，我參加了那裡的美東夏令營，原來只談婦女問題，第二天早上卻談到政治問題；他們的有些看法我不敢苟同，當時就據理力爭，對方還說我是國民黨派來的。我說這些，是希望審判長有一個正確的印象，我不是只談論某一類性質的話，不能僅根據我某一類的話來論斷。

在調查庭及檢察官的偵訊筆錄中，談到我與張維嘉、張金策及張燦鍙等人的接觸。張維嘉是我十年前赴歐洲時，在旅途中偶遇的，我到了美國及回到台灣，都沒有和他聯絡過。再者，如果我在歐洲曾受他的影響，我在民國五十九年回到美國伊利諾大學後，就不會幫著趙守博（曾任省新聞處長，現任省府委員）籌辦中國之夜；那是一個同學會的活動，為了推動國民外交。

我與張燦鍙只有一面之緣。再談到張金策，我沒有說贊成他的主張。而且以前在台灣見過他，在國外不能就不認識他。希望審判長考慮，國外的情形和國內是不太一樣的。現在的國民已有某種程度的分辨能力，桃園縣選民都知道，我參加國大代表選舉期間，我設計了一個標誌，雖然是一個台灣地圖，但地圖上有一幅青天白日滿地紅的國旗。而且，我的四輛宣傳車，每輛車上面都插滿了國旗；每天早上出門競選時，我手裡都是拿著一幅國旗走出去。

3.有關我與美麗島雜誌的關係。「美麗島」是合法登記有案的雜誌。我參與的工作都是例行性的，超過合法限度的工作不但沒參與過，而且沒有聽過。至於「奪權計畫」，在十二月六日那夜雖然聽過，但那晚討論的主題是台灣的財經問題；到了當晚十一點多，談到「五原則」，我已經昏昏欲睡，已到了昏迷狀態。我有幾次都說，在民主政治中，黨外人士應提高自己的素養，要充實自己，要舉辦學術性的討論，這些，我曾幾次向黃信介提起，他可以證明。

4.有關高雄事件的問題。我事先不想去，如果不是臨時張美貞打來兩個電話；又有鼓山事件，我就不去了。這是一念之差的事。後來事情演變到那種程度，我對那些受傷的憲警很痛心，忝為美麗島雜誌社的副社長，我也很慚愧。但是，這是一個意外事件，與長期複雜微妙的政治因素及群眾心理都有關係。也與七月二十八日台中公園事件、九月八日台北中泰賓館的疾風事件及高雄屏東辦事處與黃信介家被搗毀有關。這是一個是是非非常紛紜的事件。

還有，南警部在處置高雄事件時，雖然不是出於惡意，卻有誤會與成見。養兵千日，用在一時，結果竟用在這件事情上。這是一個意外。我不殺伯仁，伯仁因我而死。對於那些受傷的憲警，不只我個人，我們每一個人都很痛心。本來我們決定派人慰問那些憲警，還沒去成就到案了。

5.有關我當日在高雄的演講。在大圓環時，王拓點名叫我演講，我沒有講；後來姚嘉文從新興分局出來，喊說回到服務處演講，我聽了他的話，在主觀上就覺得後來的演講是合法的。

當時，我說的題目是「在民主社會中情治人員是什麼角色」，我說，在這裡的群眾是我們的同胞，戴盔甲的情治人員也是同胞。他們只是奉命行事而已，大家不要誤會。

接著群眾就開始唱《望春風》等歌，完全平靜了下來。後來，群眾中有人直接叫我的名字，並指定題目要我談談台灣問題。

我當時的演講是不是有煽動性，我已說過，這是一個主觀認定的問題，程度高的民主素養高的人就不會覺得太有煽動性。

我的演講內容，是前年在哈佛大學研究的一些心得，那裡的學術自由。我認為，我們不能再掩耳盜鈴。而且我的主要資料來源不是台獨刊物，那些刊物的水準太低，而是得自丘宏達教授在美國國會的一篇證詞，其中討論到美國若與中共建交，台灣可能走的路是「台獨」、「聯俄」或「發展核子武器」。丘宏達是我在台大時教我國際公法的老師，對政府也很忠貞；他以一個中華民國教授的身分在美國國會作證所說的話，我不知道是非法的。

我的政治眼光不是像所謂台獨份子那樣胡說八道，而是學術性的。至於我談到台灣地位未定論，是指國際間曾經有過這種說法，那不是目前的現象。

再說，我不但沒有觸犯叛亂罪，而且那天我的演講，也在言論自由的範圍以內，不能以懲治叛亂條例第七條「以文字、圖書、演說為有利於叛徒的宣傳」來定我的罪；而且，言論自由是憲法是法律保障的，不能單以言論的問題定我的罪；何況，刑法第十六條規定「……自信其行為為法律所許可而有正當理由者，得免其刑」，我認為我的言論有正當理由，應該免刑。最後，起訴書引用民國三十八年制定的懲治叛亂條例，這是三十多年前的法律，目前國情不同，國際輿論也不同了，這些都希望審判長能注意。（一九八〇年三月二十七日聯合報）

呂秀蓮答辯著，清晰，條理分明，也全力撇清她和美麗島政團「非法部分」的關係，她說她不是「五人小組」核心成員，也不知道什麼「長短程奪權計畫」，她舉例證明自己忠愛國家，痛心高雄事件憲警被毆。只有提到母親聽到她被捕，昏倒骨折她才哭泣表示「女兒不肖，禍延母親」……。（一九八〇年三月二十七日中國時報、臺灣時報）

突然聽到審判長用相當聲量斥責：

「黃信介，這是法庭，你怎麼可以脱掉鞋子打赤腳！」

法庭旁聽席又發出輕微的笑聲。在肅殺氣氛中，任何異樣都會引起法庭中非家屬的旁聽者的笑聲，也許這是他們抒解壓力的途徑。

信介仙就坐在我右前方，我沒有看到他是什麼時候把鞋子踢掉的。但是，聽到他在法庭脱掉鞋子，我竟然有種暗爽的感覺。

呂秀蓮律師的辯護

呂秀蓮作完答辯，審判長點名她的兩位律師辯護。呂傳勝律師首先表示：

呂秀蓮不是所謂「五人小組」成員，未參與高雄人權大會的籌備工作，也不是「長短程奪權計畫」的人，呂律師請求法庭對呂秀蓮做無罪或公訴不受理的判決。

呂律師說，呂秀蓮在被捕當天的筆錄對檢方提訊的一切罪行完全否認，卻在四十天後突然寫出「自白書」，承認所有罪行。這四十天中到底發生了什麼事情？這份自白書到底是在什麼情境下寫的？有沒有脅迫、利誘、詐欺、違法拘押或其他不法的方法取供？請庭上調查。

呂傳勝繼續說：

一、被告並無叛亂意圖：

呂秀蓮並不認識張富雄、張楊宜宜夫婦，亦從未謀面，起訴書指呂秀蓮與張富雄、張楊宜宜夫婦交往密切，毫無根據；呂秀蓮曾稱與張燦鍙僅一面之緣，並無交往，亦未受其影響；呂秀蓮堅稱反對張金策之暴力思想，記明筆錄在卷，既然反對其暴力思想，自無受其蠱惑之可言。

美麗島雜誌社係經政府核准設立，並非不法組織，呂秀蓮於該社成立後第四個月應該社之聘擔任副社長，並不違法。

呂秀蓮不在起訴書所指「五人小組」之內，亦未參與起訴書所謂之「長短程奪權」計畫，只是被動受邀請掛名為副社長而已，並未負責實際工作。

二、高雄事件係不幸事件，這一事件中，沒有勝利者，大家都是犧牲者，負傷的憲警是我們的同胞，被捕的也是我們的同胞，此刻是止痛療傷的時候，止痛療傷不是將被告置之死地或判處重刑，而是「哀矜勿喜」、「忠厚留餘」。審判長說：本庭告訴你，審理本案，就是抱著哀矜勿喜、忠厚留餘的態度。呂傳勝繼續說，呂秀蓮係在三民主義反共教育體系下長大的青年，學校畢業後任職行政院，甚受蔣總統經國先生的栽培與愛護，對蔣總統經國先生的恩德銘感肺腑，絕無叛亂意圖，敬請諭知呂秀蓮無罪或為公訴不受理之判決。

呂傳勝律師做完辯護，審判長點名呂秀蓮的另一位律師鄭冠禮答辯。律師鄭冠禮表示：被告呂秀蓮的自白，非以正當方法取得，且與事實不符，並違背一般經驗法則，並無證據能力。他說：庭上認定呂秀蓮的演講煽動群眾暴行，不能證明有何顛覆政府的不法意圖，充其量為妨害公務或妨害秩序，應由普通法院管轄，請求庭上諭知不受理的判決。

鄭冠禮答辯要點如下：

軍事檢察官指述呂秀蓮「台獨思想之形成」，係於六十六年九月在美期間，受張燦鍙等人台獨思想之灌輸、影響。查張燦鍙既係一面之識，何能灌輸、影響？對於張金策之主張，既持反對之論，何能謂為受其灌輸、影響？根本問題在於張金策、張燦鍙等人係何等人物？其出身、學歷、經歷如何？究竟有無影響呂秀蓮思想的能力？遍查全卷並無資料可考。國家安全局未將在美台獨份子公告，呂秀蓮是否知悉所認識者為叛逆，已不無疑義，以呂秀蓮上開學識、經驗、能力，在美忙於學業之際，怎會受該荒唐、幼稚而不識時務者之毒素灌輸及影響，有何能貿然接受作其旗下的人？

被告果依起訴書所述具有叛國意念，共謀顛覆政府，與海外叛國份子勾聯，策劃暴動奪權，理應事先有周密實施計畫。惟遍查全卷，並無如何實施之具體方案及各被告職位之安排，所為自白既與事實不符而失其證明力，犯罪殊不能證明，應請諭知無罪，以免冤抑。（一九八〇年三月二十八日聯合報）

沒有美麗島大審律師團，只有各人的律師

聽著黃信介、林弘宣和呂秀蓮的六位律師的答辯，我偶會覺得他們的辯詞像兩刃刀，一面要替黃信介、林弘宣、呂秀蓮解套，另一刃卻割斷了其他被告的咽喉。李勝雄律師說，林弘宣不知道洪誌良與中華人民共和國的關係，所以不應構成叛亂罪。這等於在說黃信介如果真的，就涉及叛亂罪了。張俊雄和呂傳勝律師都說，林弘宣、呂秀蓮不是「五人小組」，也沒有參與「長短程奪權計畫」，更不是高雄世界人權日活動的規劃，所以不應視為叛亂罪。陳水扁律師說黃信介也不知道「長短程奪權計畫」。這種辯護不是等於說，名列「五人小組」，討論「長短程奪權計畫」和規劃高雄世界人權活動的人就是真的觸犯了判國罪？這種相互矛盾，彼此扞格、衝突的辯護方式，大大削弱了辯護律師群的戰力，而且經常是負面的。救自己的當事人，殺別的被告。八名被告面對唯一死刑沒有卸責，沒有為了自救而傷害其他被告。

但是，律師們有！

我掃視端坐兩邊的十幾位我幾乎全不認識的律師，並排坐在一起但並不是一個「律師團隊」，而是每個被告各自的律師，湊坐一起而已。他只替自己的當事人辯護，只在意自己當事人的利益，完全不在乎會傷及A、B或C的同案被告。我相當感慨地覺得美麗島大審中，其實只有各別的律師，根本沒有「美麗島軍法大審律師『團』」這種東西。因為他們各自都抱著「拿錢辦事，各為其委託人」的

律師心態。這十五位律師並沒有共同的辯護核心價值，沒有協同作戰的概念，更沒有想藉美麗島軍法大審替台灣民主或台灣歷史創造轉機的信念或雄心，他們都只知各自行事，謹慎辯護。如果後人綜合聽說全體律師們的答辯狀、答辯詞，就可以很明確地認同我的觀點。這也就是我在本書中，不厭其煩地把他們當年在法庭上的辯護內容據實列於書中的理由。

當然，律師本來就是為其委託人辯護而已，會不會傷及其他被告不是他的職責考慮範圍。何況，在這個殺頭年代，誰敢「協同」辯護？誰敢和叛亂嫌犯站在一起？有的律師還怕被外界質疑是否和被告是同路人，還會特別在辯護過程表示：「我們當律師只是混一口飯吃」，公開表示他們是收律師費來替當事人辯護的，自然就不會有整體的辯護策略。而且律師們都擔心被視為美麗島被告的同路人，對有政治意涵的名詞或政府的行政措施都盡量避免捲入正義與否，正當與否的表態，都表示「尊重法庭，不願意做任何評論」。（參閱中國時報一九八〇年三月三十日第三版唐光華特稿）。除非是具特別身分，奉國民黨之命來臥底當辯護律師的，才不會有這種恐懼感。但是，如果是奉命，當然就更不可能出現共同的核心信仰了。

透過一整天六位律師在公開的法庭，被記載並傳播給國內外視聽人士的論述，他們顯然也贊同只要是主張或參加台灣獨立運動，只要跟中國共產黨勾結，只要是「五人小組」成員，只要參加草擬「長短程奪權計畫」，只要有策劃高雄人權日活動，就算是叛亂罪。而他們的當事人沒有，所以應判無罪。

這，就是美麗島多數辯護律師們的心態和論述；他們十足是法匠心態，這種心態是獨裁政權維繫其存在的必要附屬品。他們完全沒有共同對抗獨裁政權，為台灣前途，為公義協同作戰的信念。從他們的用詞遣字中，甚至連台灣意識都未必存在於他們的心中。不過，對這些從未涉足台灣民主運動的律師希求他們為台灣未來奉獻，的確也是強人所難。這是個仍處於思想有罪的年代。但是，他們的答辯狀及言詞白紙黑字，都公開發表於法庭並被刊載於第二天全國各大報之上，無從日後辯解、吹噓、美化。

四十年後走筆至此，我必須更清楚地對歷史及後代子孫誠實地說：第一、每位律師都是收費的，不是義務的，這很正常。他們也需要生活。第二、沒有律師「團」，只有各個被告聘請的律師。事過境遷後，律師們以「美麗島事件義務辯護律師團」，美化自己，騙取選票，奪取高位，是對人民的欺騙，對歷史的褻瀆。

面對歷史，我們都應該做誠實的小孩。

今天聽完律師們的辯護，我知道這種是否涉及叛亂的分際，已不只是蔣家政權的立場，連本案律師們也持這種立論了。大概整個台灣社會的普遍心態或是非判斷也是如此了。

我一邊聽著一邊自忖，那其他的被告呢？我，我們，黃信介及「五人小組」還有什麼指望？我，正面是獨裁者的正規軍，側面是律師們不自覺地偶發的暗箭。我，好孤立。

死刑之路，已一路亮起綠燈了。

只求一夜好眠

第一天的辯論庭一直持續到天色已昏，呂秀蓮和她的兩位律師發言完，還有檢察官也反駁了，一整天的辯論才告結束。我被押回牢房時，早已過了晚飯時刻。監獄官好意地問我，是不是馬上派士兵去景美市場買點什麼？我點了一盤炒米粉、一份青菜、四神湯、蚵仔煎，還煎了一尾虱目魚。

精神緊繃了一整天，我先在自己的角落躺下放鬆一會。但是，思緒一下子無法停頓。不久，我就習慣性地把筆記本拿出來，寫下今天的庭訊狀況和感想。我知道來日無多，這些資料、感觸，我都會儘速用隱形汁再重抄在書本的空白處，好留存下來。

今天，八位被告都出庭，有三位已答辯完畢。十五位律師有六位已發言並遞狀了，除了我之外，還有姚嘉文半年多前替余登發辯論外，大都沒有叛亂案的軍法審判經驗。今天九位發言者完全都是就起訴內容做辯護，完全沒有溢題，也就是在蔣家設定的範圍內進行辯護和攻防。這樣的策略和攻防再怎麼打，蔣家政權都只是少贏或多贏而已。即使有人判了輕刑或無罪，蔣經國還可以博得仁慈寬厚的美名。特別是，蔣家政權更可以透過這樣公開的審判，取得公正及合法性的確認。何況，整個社會都已捲入恐懼之中，完全沒有輕判的機會。

但是，很顯然地，今天發言的九位，被告和律師並不這樣想，他們仍各自存有一線獲判無罪的妄想，不相信蔣家政權會這麼殘忍，敢橫柴拿入灶。這種幻想是會影響他們的辯護方向和策略的。說這些律師幼稚可能殘忍，卻是事實。而被告們沒有心存必死之念，求活之慾必然左右了發言的走向。我特別記下幾點檢討重點：

各被告和律師都表示反對台灣獨立，也不可能受台獨份子影響。這個辯護方向是很糟糕的。明天所有媒體都會報導出來，會影響台灣人民對台灣前途的選擇，也會打擊整個台灣獨立運動。而且這樣的辯護也不可能構成減刑和免刑的條件。因為各被告在調查單位已有自白書和筆錄中，承認主張台灣獨立在卷。現在法庭上翻供，於事無補，只會折損被告個人的含金量。如果法庭根據今天的被告和律師的「證據」，推翻了起訴書的一切，判處輕刑、免訴，無疑摧毀了蔣家政權三十幾年來的恐怖統治根據地——祕密警察的基地：調查局和警備總部。再則迴避或以反對台獨卸罪，就等同於替蔣政權的「光復大陸」、「解救大陸同胞」的國策背書，結果不但會使我們失去了自由、生命還會失去了理想與未來，特別是失去了一位異議者的格。台灣民主運動也將被徹底瓦解，如蔣經國所期盼的。但，沒有死志，自然會讓生之慾支配，我很懂。所以，聽黃信介、林弘宣、呂秀蓮在法庭上的否認辯詞，我沒有輕蔑之意。現代人沒有身處白色恐怖年代，沒有面對生死關頭，憑什麼斥責被告們在法庭上求活的辯護？

被告及律師們，都以不是「五人小組」成員，不知道也未被告知「長短程奪權計畫」，也不知道「暴力邊緣論」？讓自己脫離最危險層次。雖然，他們沒有把罪責推到「五人小組」的意圖，但，「五人小組」成員在場聽到這樣的辯詞時會作何感觸？他們的防禦變成別人的暗箭。但是訴訟就是這樣，「隨人顧性命」。死生的關頭，如何取捨是個哲學問題，更是義氣和勇氣的性格問題。律師不會考慮這些，就是只有隨人顧生命。

針對十二月十日的高雄人權日事件，他們也解說只是被邀請者，不是計畫人，不是領導人。事實確是如此。

律師們攻擊「自白書」及筆錄的任意性及非法取供，雖然選對了法律上的重點，但是軍事法庭以這種方式取供已長達三十幾年，軍法庭最後也必定會以調查局的覆函否認非法取供做基礎，在自由心證下否決被告的供述。第一次坐牢我讀過幾十份律師的答辯狀都強調這點「自白書的任意性和非法取供」，但最後都未產生任何防護力，純屬無效的辯護。

最後，我在筆記本上留下對三位被告信介仙、林弘宣、呂秀蓮的總評：

他們三位在辯論庭中的陳述，內容好或壞，對或錯，可以從不同角度而有不同的評定。但，有一件事是他們的「態度」都很不負責！明明知道今天是辯論庭，不只是他們死生之戰，更攸關台灣民主前途，台灣命運的走向，他們怎麼可以把自己搞得疲憊不堪？每個被起訴「二條一」的人都極可能被判死刑的，不止我。臨死之前，不安、焦慮、恐懼、憂愁都無濟於事，只有戰鬥！信介仙竟然會在他的律師辯護時睡著了。林弘宣一上場，劈頭竟說：「昨夜沒睡好，精神不能集中，希望明天再進行答辯。」呂秀蓮也說：「昨夜徹夜未眠，不知自己的精力如何，但我會努力嘗試替自己辯護。」

他們都明知今天是辯論庭，何等重要。他們怎麼可以把自己搞得徹夜未眠，疲憊不堪？這是極不負責的態度。人生歡樂有時，苦難有時，戰鬥有時，喜憂有時，起訴後就進入肉搏戰的時刻，他們為什麼不把自己武裝好？昨夜，為什麼不吃鎮靜劑、安眠藥，讓自己精神飽滿，頭腦清晰，好全心全力戰鬥!?

也許是「二條一」已擊垮了他們的鬥志。人各有志，不能強求。

至於我，我已準備好了，明天我將是一名好戰士！今夜我只需要好好地睡一整夜，養精蓄銳，與敵人鏖戰！我的人生一向如此，歡樂與戰鬥都全力以赴。

這時，士兵把採購回來的菜飯送到了。我邀請同房囚人一起享用。分享食物、香煙是牢中最好的鬆弛方式。

台灣空前的政治大課

晚飯後，抽著煙，我又想到今天的辯論庭，黃信介、林弘宣、呂秀蓮在法庭都否認有台獨思想，這很自然。在蔣家政權下，在中華民國管轄區內主張台灣獨立，並以任何方式推動台灣獨立都是唯一死刑，必死無疑。這是個絕對禁止談論「台灣獨立」的時代，連「主張台灣獨立是思想層次，是無罪的」辯詞，都沒有被提出。所以他們在法庭，否認自己主張台灣獨立是很正常，很識時務的。律師們辯護，更不敢碰這個主題。台灣人只有跑到日本、美國或歐洲，國民黨抓不到的地方才敢主張台灣獨立！

我相信不只他們三位，明天、我想姚嘉文、張俊宏、林義雄等等在法庭上也可能會閃躲台灣獨立的指控，不會公然承認自己主張台灣獨立的。從今天六名律師的答辯，我已經可以推論了。

但是，如果大家都反對「台灣獨立」，否認起訴書的「台獨犯意」，不是等於宣示我們都認同蔣介石父子的「反攻大陸」，「消滅共匪拯救大陸同胞」及「漢賊不兩立」的國策嗎？就像今天檢察官宣讀的「論告文」，台灣將何去何從？台灣人該如何自救？

三天前，我被單獨審訊時，我已經很清晰又冗長地表示：「台灣應該獨立，事實上已經獨立三十年了，現在的名字叫中華民國。」我的語義絕對清楚地向國人表示：我主張「中華民國模式的台灣獨立」。我明知這樣表白是會被判死刑的，也討不到輿論的同情。但是，如果我不這樣堅定表示，我還有機會在死前告訴台灣人民，我們該如何奮鬥自救嗎？十幾年前，彭明敏被捕，第一次有個名人被公開審判，我們這些當年的年輕軍官和囚人，走過他的「特別招待室」，都會大聲對他吼叫：「彭教授，請一定要替台灣人說話，說台灣要獨立！」但是，彭明敏教授沒有。他沒有好好利用他被公審的機會，替台灣人民請命。他仍然像所有被告一般做法律辯護，表示反對台灣獨立的主張，做一個識時務的被告。

法庭就是戰場。

在法庭只知自救，就是棄械投降。

但是，誰不怕死？誰敢在死刑威脅下公然挑釁獨裁者？

不能責怪他們。

只能要求自己。

明天，我仍將全力以赴。

我再次鞭策自己。這種自我激勵是時時刻刻都必須進行的。否則，死神的陰影就會遮蓋你所有的光源，凌遲了你的鬥志。

在煙圈裊裊上升時，我突然想到一個細節：「明天我該帶我早已寫好的所有答辯狀，包括遺書出庭嗎？」今天，審判長都問他們三個人這個問題了，他們都說沒有。

如果，明天我帶著它們上法庭，審判長會不會裁示：「有答辯狀，那你就簡單、扼要答辯！」

我就是要在國內外記者之前，公開宣揚我們做政治理念和理想，讓世人知道我們為何而戰。我決定明天只帶「遺囑」出呈，但辯論時我仍會說沒有文字答辯狀，這樣我才能暢所欲言。

公審的法庭，就是大講台！大教室！我終於有機會替台灣人民上一場政治大課。這個機會是用死刑換來的，不是獨裁者慷慨送我們的。他斷定我們絕對沒有種，敢公然如此放肆！

十五年苦牢、苦讀、苦修，已讓我變成一個完整的戰士：

端起槍，能夠瞄準殺敵；

提起筆，能夠著書立說；

張開嘴，能夠雄辯滔滔。

很多政治犯不像我這樣，判完刑他們都爭取出去當外役，五年、十年、二十年、三十年，天天當外役、雜役、農耕工。役期滿了，只有年長了、老了，沒有多少其他收穫。我坐牢，一天外役也不願當，天天讀書……。

機會是給準備好的人。明天，整個大審就是我死前最後機會了。

既然決定不帶寫好的答辯狀出庭，我就立刻寫下大綱：

一、闡述「中華民國模式的台灣獨立」。

中華民國和台灣獨立原本是敵對的，不兩立的。這是第一次讓台灣獨立借中華民國的「殼」存活，像寄生蟹。這是讓主張、堅持中華民國的人也有權在獨立的台灣共存；而主張台灣獨立的人也可以寄生在「中華民國」的殼內壯大！

大前天，我在調查庭上已經公然提出這個「中華民國模式的台灣獨立」，檢察官以蔣家政權的反攻大陸的八股論述大肆反駁，譴責我對置大陸苦難同胞於不顧。媒體也不顧審判當中案件應保持中立的原則，竟一起全面圍攻我，但是，這正是我期待的，越攻訐我，越多人會看到，會思考。

我拿出筆與紙，記下明天辯論庭的大綱：

一，更完整地闡述「中華民國模式的台灣獨立」，並進一步說明現代台灣知識份子當下正陷於三大矛盾中，必須面對及解決：

1.「少數（外省族群）統治多數（台灣族群）的矛盾」。

2.「民族主義與民主主義的矛盾」。

3.「理想主義和現實主義的矛盾」。

我必須說明「中華民國模式的台灣獨立」就是要解決這三大矛盾的折衷方案。我必須就這部分加以補強。

二、以「合法顛覆政府，取代否認顛覆政府」，並全力攻擊「民主四大害」：黨禁、報禁、戒嚴令、萬年國會。全世界文明國家都有合法顛覆政府的權利和機會，但我們的政府卻以黨禁、報禁、戒嚴令和萬年國會排除了台灣人民合法顛覆政府的任何可能性。我們就是努力要掃除政府設置的這些非法障礙。

三、闡述「暴力邊緣論」與美國國務卿杜勒斯的「戰爭邊緣論」。「戰爭邊緣論」被聯合國判定不違反聯合國憲章，「暴力邊緣論」自然也不違反國內法。

四、駁斥「長短程權計畫」的虛構。張政雄律師已指出它是檢察官勾勒、整合而成。並引美國七

○代的反戰運動，美國政府是以暴動而非叛亂處理。

五、「先抓人再找證據」。避開直接攻擊「御用司法」，以免和法庭直接槓上。

六、「未暴先鎮，鎮而後暴」。這是高雄人權日衝突的主因。

雖然這些調查庭時我都被動找縫隙陳述過，明天我要主動鋪陳。我扼要的記下這六大點，我知道這已經足夠了。我已胸有成竹。對蔣經國政權的「起訴主旨」已經完備了。

我敲敲木門，請士官長給我鎮靜劑。現在，我最需要的是一夜好眠，然後在起床號響起才睜開雙眼。

最浪漫的一天

我醒來時，天已微微泛白，應該還不到六點。

由於昨夜早早就服用鎮靜劑，一夜無夢直到自然甦醒。充分的睡眠，讓我自覺精神和體力都呈現最佳狀態。但，我還不想真正起床。反正今天該說什麼都早已經準備完成了。政治辯論和法律辯護的部分也都草擬完成，胸有成竹。我是個遇大事都絕對謹慎、細膩、思考周延的人。我從來不臨時抱佛腳。那是種輕率的態度，不可能完成歷史大事的。我躺在簡單的墊被上，讓身心平靜，我知道今天是我一生中最重要的一天！

海內外的台灣人，國際媒體，還有歷史都正在等著看我今天如何立足於軍事法庭，聽我今天說些什麼？全案八個人，我是最被攻訐的首惡，又是個叛亂累犯，已經被囚禁過十五年，特務逮捕時我竟然還能神奇突圍，消逝無蹤，引發國內外、國際的關注。死刑，是敵我雙方幾乎一致的預測。

我當然更是如此確信。一個自知必死，也由衷願意為台灣的自由而死的人，是不會心存任何幻想的。沒有生之幻想，人才會真正勇敢和智慧，而且自由。

此刻，我極平靜地躺著，像處於颱風眼中的寧靜。這是我一生中最重要的一天，我怎麼會變成全國，或者國際媒體關注的焦點？

我是如何走到今天的？絕路也好、奉獻也好，我今天就是焦點！

突然，有種莫名其妙的興奮感覺湧上心頭。我何其有幸能夠在世人注目下，走向刑場！蘇格拉底、耶穌、聖女貞德、文天祥、岳飛……都沒有我這種機緣，可以一天天，一步步被觀察，被記錄下來。

這種興奮自然地會引領我回顧一生。

重溫，是美好的，尤其對一個為信仰、價值、理想奮鬥一生的人，重溫就是再度擁吻生命與價值。這是一生為私利汲汲營營、勾心鬥角一生的人所不可能享有的喜樂。

垂死之人，是不是都會在最後時刻倒帶？我會。這時，我又回想我人生最早，最清晰的第一個記憶：我和家人，逃難到高雄山區的「田草埔」躲避美軍的轟炸。震耳欲聾，撼山動地的炸彈，一陣又一陣、一波又一波，人的生命如螻蟻，全是靠機運存或活……。轟炸機飛逝之後，在走回住家的路上，我突然問父親：

「為什麼美國人要來殺我們？」

「美國人不是要來殺我們，」父親說：「他們是要來打日本人。」

「但是，這裡是台灣，不是日本啊？」四歲多的我反問父親。

「台灣是日本人的殖民地啊，」父親簡單地解釋。

「什麼是殖民地？」我追問。

「你還小，講給你聽，你也還聽不懂。」父親沒有不耐煩，只是覺得我還太小，不會理解大人的世界，但是，父親還說了令我一輩子都記得的話：「殖民地就是咱台灣人不能管咱台灣人的代誌，咱攏愛給日本人管。咱台灣幾百年來，攏是別人的殖民地，給別人管。」

我聽不懂什麼是殖民地，但，我聽得「給別人管」是不合理的。我對父親說：「我們家的事，為什麼咱不能管，要別人要管咱家的事？」

「Nori，你還小，講再多你也還是不會懂，等你長大了，你就會懂，台灣幾百年來攏是這款命運。」

這對父子的對話是用台語。父親懂日語，但是，他跟患者對話也從不講日語。我只聽到他跟不太懂台語的外國神父、修女講說時，他才會說日語。

轟炸的驚恐，殖民地的名詞，從此深植我心，若干年之後，它們才長成我的反戰之樹和反殖民地的決志……。

戰爭終於結束了，一家人興高采烈地坐牛車走回高雄……。

這時，全世界的殖民地都紛紛獨立建國了。當時台灣社會菁英，竟然沒有領導我們脫離殖民地命運，反而被台灣文化協會那些領導人的親中思想引導我們走向「回歸祖國」之路。

迎接中國成為另外一個外來殖民統治者，他們夾道歡呼：

「台灣光復啦！」

「咱作中國人啦！」

媽媽說了一句我一輩子永遠忘不了的話：

「新的嘢未來，不知舊的好寶惜。」（台語）

她看到那些穿草鞋、挑鍋盆的中國佔領軍，用台語這樣說。

我們家連一串鞭炮都沒有放。

當年那些台灣文化協會的台灣菁英，成為台灣的罪人。不久，蔣介石派軍隊來展開二二八大屠殺，暴政必然引發抗暴，抗暴導致鎮暴。這是人類歷史發展史中屢見的現象。在那波反抗運動中，心存「文化協會」思想的人士，有些成為被「祖國」屠殺的反抗者，有些逃亡中國或海外，有些仍繼續做他的台奸，享受榮華。台灣人則留下永恆的傷痕。

領導人的錯誤，是族人永恆的悲哀……。

高雄高中生端著槍與中國兵的巷戰，歷歷在目。那是我一生中非常深刻的影像。一個倒下，後繼者又倒下，還有另一個繼起者……。那麼勇敢的反抗者，成為我生命中永恆的聖者，我的神。雖然迄今，我仍然不知道他們叫什麼名字。為台灣而死的烈士，台灣人永遠不奉祀。這是台灣人的無恥、無情、無志氣。

台灣人寧願活得像一隻狗，也不想死得像個人。台灣人只會臣服外來統治者，禮敬權與錢。犧牲、奉獻、信仰、榮譽、傑出，把價值放於價格之前，從來都不是台灣人家教的一部分。台灣沒有典範，台灣人也不在乎典範。

台灣人心中，沒有永恆這種東西。幾百年來台灣人只知臣服，只會討好統治者，任何反抗行動，特別是流血反抗，不必等統治者虐殺，台灣人自己都會視他們死有餘辜。所以對泰源事件真正動刀槍反抗而死的烈士，台灣人和蔣介石一樣視他們為罪犯。對二二八大屠殺的亡者，迄今台灣人紀念他們仍只敢說他們是冤魂，是被蔣介石及其佔領軍無緣無故殺害的受害者，而不敢禮拜那些反抗外來壓迫者的英靈！更不敢控訴外來統治集團的恐怖屠殺。在一九六〇年代，殷海光教授已公開指斥這是國民黨政權對台灣人的「屠殺」，台灣人卻仍怯懦地只敢抱怨「無故失蹤」！每次想到台灣人的這種民族性，我都以生而為台灣人為恥，不可能產生任何榮譽感。

在二二八清鄉期間，一批批反抗者被押在軍用大卡車上，全身五花大綁，背後插一支木板，敲鑼打鼓遊行高雄大街，有些在愛河旁的高雄市政府前廣場，有些在高雄火車站前的三角公園被公開槍決。新來的中國統治者以這種行為，震懾台灣人！

每次聽到鑼鼓聲響，我常會跟媽媽、哥哥們站在家門前，看這些反抗死囚走過，悲愴、恐懼、憤怒在心中燃燒，整條馬路上的人靜默地觀看。當押解車走過我們家前，媽媽會用日語低聲的說：「敬禮！」她相信講日語，即使被這些中國人聽到，他們也聽不懂。

一九四九年蔣介石來到台灣，「反攻大陸，消滅共匪，解救大陸苦難同胞」，成為台灣唯一的國策。台灣進入白色恐怖時代，思想完全被禁錮，常常有親友失蹤……。

打倒蔣家獨裁政權，結束台灣的殖民地命運終於成為我犧牲奮鬥的夢想。這個少年人，終於決心投考軍官學校學習戰鬥技能。我不想唸四年制的正期班，我選擇只要兩年的專修班。那年代，只要想考軍官學校，正期班、專修班都是一報名就錄取。被統治者不懂軍事，怎麼反抗？

終於在前線戰地小金門當砲兵觀測官時，我被捕了。以「二條一」罪名被判處無期徒刑。

被捕不是反抗者的終點站。坐牢，是以另一種更艱難的方式，繼續反抗。每天在牢中苦讀，博覽群書、涉獵政治、經濟、哲學、史學、國際公法……，一方面思考如何把生命獻給反抗獨裁者，替台灣人爭取自由、民主、人權。

一九七〇年二月八日，我們決定在台東泰源監獄採取自殺式的革命，我們相信革命必須不斷地犧牲生命，喚醒沉默的台灣人心，才可能有成功的一天。

我們失敗了！

那一夜，淒風苦雨，我的戰友鄭金河、詹天增、江炳興、陳良、謝東榮在逃亡……。

我一夕之間，覺得自己老了！

那種老的感覺極端強烈而明顯！

那一劫中，江炳興等人庇護了我，沒有供出我。他們五位成為台灣烈士。

我想，我現在躺臥的地方，他們五位之中，一定也有人躺過……。

不久，等了我十二年的女人帶著我的財產被一個出獄政治犯蔡寬裕拐走了，我變得一文不名。我深深體驗到恨的力量，也終於領悟：「忍耐是不夠的，必須寬恕」。所以，我常常會提這個句子：「寬恕是結束苦痛最美麗的句點」。因為我昇華了，我才有機會變成一個幾近完美的奉獻者、死士。

不久，蔣介石死了，我從無期徒刑改為有期徒刑十五年。

出獄了，我不像其他政治犯追求自己的私利，我立即投入反抗運動中，還擔任反抗運動的總幹事，催生了美麗島政團。

終於我變成國民黨的頭號戰犯，成為一九八〇年台灣最轟動的男人。

這些回憶，這段日子已經回憶多少次了。是不是每一位臨死之人常常都會不自主地又從頭回憶自己的一生？像告別，像確定自己真的活過了。也許吧，我不確定。

今天，我要出庭面對死刑審判。我知道死亡就在不久的未來，最快也許就在二十五天之後……。

這次躲不過了。我怎麼回應，都躲不過了。

天色已經白了，我決定起身戰鬥時，我彷佛聞到血腥的味道……。轟炸的血腥，二二八的血腥，烈士胸前噴射出的血腥，一直是我最熟悉的味道，自己終於也要成為散放血腥味的人了。

此時，我已沒有恐懼感。這已經是第三次面對死刑了，而且還是如此轟動，台灣有史以來從未有過的轟動。蘇格拉底死的時候是冷清的，只有少數智者和門生相伴。耶穌受審時也不是很轟動，大門徒彼得還三次不認祂。許久許久之後，祂才被傳頌、禮拜。聖女貞德被火焚時，圍觀者很有限，還把她當女巫，在一旁喝采。

我，卻要在海內外台灣人和眾多媒體觀審中走向刑場。

我必須像烈士，我會的。我必須做到！我心中的聖人是我的榜樣。有榜樣的人是有福的，那是走向永生的腳前之光。

透過今天的言行，我被處死刑，卻可以在世人見證下獲得永生！

我，這樣自信。我給自己力量。

這時，早飯送來了。饅頭、稀飯，三個小豆腐乳和一盤花生米。我的同房囚人拿出我買的肉鬆和鹹蛋大家共享。坐牢，我一向有什麼東西都是同房囚人一起吃。一個人自己吃，總是怪怪的，這時陳智雄的身影突然出現。這位烈士的生活方式是西方的，他入獄後，每天早上還是吃妹妹送來的麵包、咖啡、牛奶，而且是自己一個人獨自吃，不與人共享，直到被槍決……。

吃完早餐，時間才七點。辯論庭八點半開始。昨晚睡前，我已經把一條西裝褲摺得整整齊齊放在墊被下，今天穿起來才不會皺皺的，我不希望讓人看到衣著邋遢。從小我就養成注重衣著言行。我的同房看我換一件襯衫又換一件，他們的表情好像在說：是去開庭，又不是去相親約會。然後，做出一個怪異的微笑，好像在說：浪漫的死囚啊。

沒有錯。等我判了死刑，我會立刻請哥哥、妹妹送來我結婚穿的西裝。行刑時，我一定要盛裝。死，都在意典範。這個念頭，實在很浪漫，這個時候我覺得很得意，我還會想到赴死時怎麼穿著。也許，那一天有人會說：

「施明德真是一個浪漫的死囚！」

其實，浪漫，這個詞從我年少時代就跟著我。

第一次聽到有人把浪漫加在我身上，當時我還是初中生吧。第一次用這個詞形容我的人是我表姊和隔壁的少婦。她們是好友，都能說流利的日語。我第一次聽到浪漫，也是日語ロマンチック（**Romantic**）。

那是一個鳳凰花開的季節。學校已放暑假，我常喜歡跑到高雄火車站前的三角公園蹓躂，或爬上鳳凰樹，採盛開的鳳凰花，或在它的刀形果成熟時約鄰家玩伴摘下它的栗色果刀當番刀彼此鬥劍。那裡，有我很多童年的記憶。我想我會選擇到那裡玩，或躺在大樹蔭下冥想，主要的誘因是距那幾棵鳳凰樹不到三公尺的草地，曾經是不少二二八大屠殺後台灣烈士在那裡被槍決的地方。死亡之地，最容易讓少年人思考生與死。

有好幾次，我會脫下汗衫把一端打個結，裝滿鳳凰落花瓣，然後把它們鋪滿我記憶中烈士倒下的屍體處的上面。做這種鋪花、灑花的事，我都是一個人悄悄地做，我不會找鄰居童伴一起做，我怕他們會告訴大人，害我被責罵。

那一天，落花實在太多了，我灑滿了草地上「屍位」之處外，還剩好多。我就打赤膊揹了一汗衫的花回家。表姊和隔壁少婦正在走廊上飲冰紅茶聊天，表姊問我揹了什麼？

「鳳凰花，」我說。

「要幹什麼？」表姊問。

「我要揹到後面的運河，從橋上倒下去，觀察什麼叫落花流水。」

「好ロマンチック啊。」她們一起說。

從此，浪漫常常出現在我的身邊。在小金門當砲兵觀測官。入夜的砲擊挨久了，都會懂得憑砲彈飛行的聲響就判斷出危險與否，也知道這種宣傳彈炸開只有三

照片來源：中央通訊社

片炸彈塊會傷人——彈頭、彈身和彈尾。無聊的戰地總會約幾位小軍官，像張茂雄、梁世豪，一起坐在山頭上飲酒、聊天、賞月、試膽量。聽砲彈聲此起彼落，依然臉不改色。經驗多了，就完全接受老兵說的那句話：「新兵怕砲彈，老兵怕機槍」。砲彈震聲欲聾，奪人魂魄，但是除非身處落彈區，仍有倖免的機會。機槍的密集掃射，會令人無一倖免。這種聽砲彈聲飲酒賞月，也被說成太浪漫了……。

美麗島時代，特務寸步不離，如何甩掉這些臭蟑螂和洋妞戀人私會，更稱為「浪漫的總幹事」。聽多了浪漫加身，我自然會自問浪漫是什麼定義？我翻遍了各辭典，沒有一個註解令我滿意，更覺得這些解說都不適合我，更不用說，一有鮮花、美酒、戀情就把它們視為浪漫。浪漫不應該是那麼膚淺、表象。

最後，我給自己量身定做了「浪漫」的定義：

「浪漫就是以有限的條件或資源，企圖追求無限的理想和目標的那種情懷或氣質」。

浪漫就是這種情懷，這種氣質。

如果沒有這種情懷或氣質，我不可能度過這樣特殊的一生……。

今天，一定是我有生以來最浪漫的一天。我竟然幻想以個人的死志，擊沉蔣家這艘外來的獨裁巨艦！

從昨天的辯論庭，我已經更清楚我的同案及所有律師都以「否認」、「翻供」、「找漏洞、矛盾」的戰術企圖卸罪求活。跟他們相比，我是異類。如果我也跟他們一樣，這個軍法大審將會是台灣人民的一場大敗戰，一坨汙漬。因為所有被告都只在蔣經國設定的法律範圍內爭辯有罪與否？如果只是如此辯論，既無傷於獨裁者又無助於台灣人民，那麼我們的所有犧牲都將付諸流水。

自由將無望，威權必長存。

我必須在法庭上，公然擊沉它！我必須採取正面的全面攻擊，政治的、法律的攻擊。我已完全不在乎獨裁者的憤怒和反撲，頂多還是槍斃。殺了我，蔣經國也勝之不武，萬一被我擊中他的阿基里斯腱呢？阿基里斯腱的革命哲學觀，又成為我的大戰略！讓蔣經國成為被告！

我知道自己不可能表現得盡善盡美，但敢死就無敵。

抽著煙等庭丁來提人，我再這樣激勵自己……。準死囚必須不斷地嘮叨自己，才不會墮落，才不會迷失。十五年苦牢已讓我累積太多經驗，知道此刻該做什麼。

今天，已經是第八天出庭了，擺出笑傲的姿態已完全沒有恐懼感，獄方也放棄糾正我的意圖了。今天的重點已不是肢體語言，是言論。言論才是硬道理，才能實質影響台灣人民。沒有內涵的勇士，常會被扭曲為莽夫。

現在，我一點都不擔心我的答辯內容，我還是怕審判長會打斷我的「題外話」。軍事法庭常常如此阻止被告的發言。好多天以來我一直在思考，如果被打斷或阻止，我該怎麼辦？怎麼突破？這是我的不安。但是，如今這部「美麗島公審快速列車」已上路多天了，他們敢公然緊急剎車嗎？阻止我發言，打斷我的辯護，他們連公開審判的假象都會破碎。誰敢？

緊張時刻，大腦不可能停止活動。這樣的思索，就在我腦海彼此質疑，直到庭丁到來。

冗長的答辯

獄官們把我押進法庭，沿途我依舊手插褲袋，另一手揮手致意，露著挑釁似的微笑。這時，法庭已擠滿人，攝影機、照相機搜尋著。記者們和來自國內外各界人士都知道這是歷史時刻。這個大審已連續第八天了，它已吸引了全國人民的深度關注，連我們的一舉一動，一顰一怒都逃不過記者們的紀錄。這是台灣史上從未有過的公開的大審，我知道多少台灣人真的都用心在看、在聽，我們的言行表達。這一點，我沒有一分一秒忘記。我不在意所有敵視我的人，但我不能讓關懷我的台灣人失望！

我坐下來，雖然臉上微笑不息，內心卻是極嚴肅的按照調查庭的順序。我認為等審判官們到場，第一個就是輪到我上場辯論了。這時，我又很自然向前向上搜尋。我確信這個法庭一定暗裝了多部錄影機、攝影機，從開庭以來我常常四處掃視，想找它們暗藏何處，我發現不少地方，像照明裝置、空氣調節網遠處都很可疑。我不但不是害怕被錄音、錄影，反而是滿心接受。一個烈士能夠被錄下最後的身影、聲影是多麼珍貴的史詩。這種自覺，對自己就是一種鞭策，不准自己失言失態。這也就是為什麼從開庭的第一天，我就講話快速，我深怕被審判長截阻發言，記者記不記得全部不是我最在意的，我最要緊的是，把該講的話說完。我認為這些錄音、錄影在我被槍決之後，在國民黨政權倒下之後，就會見到天日。我一直記住：

這，就是歷史的聲音；這，就是歷史的影像，被殖民統治的反抗者的奮鬥史。我完全不會問，我的同志們是否也有這種心理準備和決志？

每個人的歷史，都是自己寫的。

審判官們和檢察官們魚貫進場，我們又被吆喝「起立」，在臨死之前，還得起立一再向壓迫者致敬？還得向即將判處我們死刑的人致敬？每次這樣站起來，每次這樣致意，我都對自己這樣的軟弱相當不恥！為什麼我要站起來？

雖然，這只是行禮如儀的動作，人人都會如此。但這次坐下時，我卻對自己很不滿！為什麼在這個歷史法庭中，我也是一個口令跟著做？如果我對「起立」口令裝作聽而不見，代表什麼意義？反抗？拒絕承認這個「法庭」的合法性？如果，我不站起來，現場會出現什麼狀況？一定會出現僵持，社會會如何看待？我既然笑傲了，為什麼沒有讓這個必然會引起爭執的僵持發生？剎那間，一連串問題湧進腦海。我相當懊惱，為什麼這個時刻才想到這個問題？我是遵守儀式性的禮貌才站起來，還是我也心存一些恐懼，不敢太冒犯世俗？真正的勇者，是否也都會有剎那的膽怯？

所有的情節，包括笑傲、雙手插在褲袋，如何答辯等等，我都預作思考不知多少遍了，怎麼這個「不起立」的動作，我事先沒有思考過？前幾天也沒有想過。這是一場戰鬥，不是個人的死生而已，是反抗者，爭自由者對壓迫者的戰鬥。每個環節，每個步驟都很重要。

但是，現在已經太遲了，我迅速停止檢討這件事。我必須靜下心來，專心答辯。

「辯論庭繼續進行」審判長宣布，他低頭翻手上的文件，我以為會點我的名上前辯論了。我一切準備好了，也一夜好眠了。

「審判長，我是林弘宣的辯護律師張俊雄，昨天時間太晚，我的意思還沒有陳述完畢，」張俊雄瞬間舉手搶話。

審判長表示同意。讓律師儘量表達法律意見，在軍事法庭是常態。反正律師的質疑、辯解在軍事法庭中一向極少被接受，頂多在判決書略做回應或者根本置之不理。讓律師多發言又可顯示法庭的「公正」和「尊重」被告權益。

張俊雄律師提出三點論點：

一、關於林弘宣寫給張燦鍙的英文信，起訴書是以中文譯文本，但，該中文譯本有很多錯誤，請庭上指定公正人士將該信函譯為中文本。

二、犯罪事實應依證據認定，這是我們必須嚴格遵守的法律鐵則。林弘宣所寫的函件，究竟哪一段文字，可作為被告具有顛覆政府的叛亂意圖？絕對不能光以「懷疑」、「嫌疑」來認定犯罪事實。本案是涉及唯一死刑的重大刑案，尤須慎重其事。

三、本案癥結之所在，在於行為人主觀上是否具有「叛亂意圖」，而這一點是要憑證據認定的。軍事檢察官在未依法認定前，即推測林弘宣具有叛亂意圖來郵寄那些競選傳單等資料，這是違法的。

我靜靜地專心聽律師的發言，竟然竊笑起來：真是秀才遇到兵了，軍事法庭哪會聽你這套法理？讓你說說就算了。我們要爭的不是這個法庭的輸贏，是爭千秋，爭民心！

接著林弘宣的另一位律師李勝雄也要求發言。他說，被告的自白是否以不正當的方法取得，絕不能憑調查局的一紙公文，即予否定。李律師說得有理，但，我十幾年來看國民黨的軍事法庭就是如此！

由警備總部或調查局發出的一紙否認公布，就推翻了自白書不是合法取得的指控！多少人就是如此奔向黃泉的。你們這些律師真是少見多怪了。

當李勝雄律師又說，被告林弘宣沒有叛亂意圖，檢察官的指控欠缺事證，林弘宣突然舉手要求發言。

我以為林弘宣終於振作起來，要進行作戰了。

林弘宣站起來走向麥克風。他說：

檢察官指控我在留美期間，「時常與張燦鍙接觸，受其指使，回國與施明德、姚嘉文等相識共結合，共謀叛國」（起訴書文字），事實上，我雖然跟張燦鍙認識，但，並不接受其指揮；張燦鍙要我回國後畫台獨標誌「〇」，我也沒有做。

他又說：

我寄給張燦鍙的宣傳單都是候選人合法散發的文件。而台獨是個抽象的概念。我的台獨思想是與長老教會的人權宣言一致的。（參閱聯合報一九八〇年三月二十八日第三版）

這樣的答辯，真的令我好失望，既脫不了罪，也沒有給台灣人民任何激勵和思想引領⋯⋯。

反政府不等於叛亂

終於，審判長點了我的名字要我作答辯。我微笑站起來，走到麥克風前，手中握著我的大綱紙張，只有兩張，看看兩旁的律師們，並向他們點頭微笑致意。

「施明德，你有沒有答辯狀？」審判長問。

「今天沒有，庭後我會把所有答辯狀呈庭。」我不預先提答辯狀是不讓法官、檢察官預先知道我要講什麼話，不讓他們預作攻防準備。十幾年牢中苦修，我早已胸有成竹。台上五個審判官、兩個檢察官和兩個書記官都注視著我，兩旁十五位律師也嚴肅的看著我，我相信背後所有家屬及旁聽者、記者一定也都全神貫注等待我的發言。從大審第一天，我知道我的言詞和肢體語言都是最異類最突出的，何況，我已經被全國人民視為江洋大盜，罪無可赦的欽犯。想看我如何答辯是必然的，我知道。我一刻都不敢忘記，這是死後必會留下的痕跡。

我抬著頭正對審判長，用眼睛的餘光掃視前方諸人，我開口說：

「今天站在法庭上的八位被告都是台灣的黨外人士，也就是台灣的異議份子、反政府人士。異議份子和反政府人士的思想和行為都是和政府站在對立面或敵對立場的。在文明社會和民主國家，這種現象是極端正常的。沒有哪一個民主國家會把異議份子和反政府人士視為叛亂犯、叛國賊，除非他們與敵國私通或採取了非法的方法企圖顛覆政府。我必須特別強調的是，必須以非法的方法，才可能被視為叛亂犯。

「但是今天我們這八位黨外異議人士卻被檢察官僅憑前面這些木棍、鐵條、磚塊、彩帶、滅火器、馬路安全島上的護欄，以及憲兵倉皇逃走留下的鋼盔、頭盔，加上被告們長期被留滯在調查局孤獨偵查下所寫的自白書和筆錄，就以懲治叛亂條例第二條第一項起訴我們，意圖處我們八名被告於死地。檢察官草菅人命，完全不遵守文明世界的法律準則……。」

我說到這裡，審判長正色地斥責我：

「施明德，你不可以這樣攻擊檢察官。」

「檢察官起訴我們二條一，是意圖使我們被判處死刑，為什麼法庭還不准我行使答辯權，進行攻防？」

顯然，審判長聽懂這是我行使答辯權的範圍，他收起兇相，沉默不語，意示我可以再說下去。

「異議人士和反政府人士當然是不能苟同政府行事的人士，他們為了爭民主，爭自由，爭人權，當然會做些或說些政府不喜歡的事。做這些事，不等於就是造反、叛亂。

「幾年前，美國全國曾經長期陷入反越戰的全國性動亂中。焚燒國旗，搗毀公共建物，投擲汽油彈，高喊打倒詹森總統！推翻詹森政府！打傷警察和維持秩序的國民兵，是常見的事，美國全國亂成一團。但是，這些現行犯的反戰人士，沒有一個被美國政府以叛國罪或叛亂罪起訴！我幾位美國女友都是當年反越戰的學生。他們都認為這些都是人民的基本權利，行使反對政府惡行的反抗權。今天，我們這八位黨外人士的言行，遠遠不及美國那些反越戰學生和人士激烈的百分之一，我們這時卻

站在這裡被控訴唯一死刑的叛亂罪，接受死刑審判。」（參閱一九八〇年三月二十八日聯合報第三版）

我頓了一下，感覺到整個法庭是靜默的。

施明德在言詞辯論時妄稱
選舉一次就顛覆政府一次
強調在調查局生活受到很好照顧

（本報訊）施明德的言詞辯論要點如下：

審：（喚施明德）施明德。

辯（施明德的辯護律師尤清）：（忽然插入發言）對被告起訴要旨中的若干疑點可否請教檢察官。

審：到你時再講好了。

辯（尤清律師）：由於有幾點相差[illegible]的地方……。

審：已警告過了，等到你的時候再說好了。（接著又問施明德）施明德，你有沒有答辯狀？

施：沒有，今天沒有。（對書記官）請書記官記明一句話，「姚嘉文說五人小組的目的就是台獨」。

審：你只要講自己的，不要講別人的。

施：剛才林弘宣說，施明德告訴他，姚嘉文說五人小組的目的就是台獨，這句話很重要。

當我起訴以後，我告訴尤清律師我要放棄辯護權，尤清律師問我為什麼要這樣，我說，根據我的經驗，這是沒有用的。尤清告訴我，你可以失望九十九次，但仍不要放棄第一百次，否則就失去了正義的立場，由於我太脆弱，因此才以笑來平衡我的心情，我講話所以快，是因為怕審判長阻止我講話，現在，由於這幾天的開庭，我要修正我的觀點，而且現在對某些被告可能是最後講話的機會了，……。

審：（打斷他）最後機會，這是恐嚇。

施：是「二條一」啊！

審：你就答辯吧！

施：我的答辯有兩部份，一是叛亂部份，二是人權大會部份。起訴書很長，說我們是「二條一」，本案可落實到三個關鍵，是有企圖……。

審：你有稿子嗎？

施：亂七八糟的，是不能呈庭的，前幾天還有一個人幫我寫，現在那個人走了。（接著又說）起訴書中

我從事合法顛覆政府

然後，我繼續說：

「我今天的答辯分兩大部分，第一部分是『叛亂』部分；第二部分是『高雄世界人權日』部分。」我刻意把這兩部分切割。起訴書是把這兩部分串連一起，形成叛亂意圖已達著手實施的階段。

我繼續說：

本案的叛亂部分，必須由三個要件結合，才能構成懲治叛亂條例第二條第一項之唯一死刑的罪責。就是必須要有叛國或叛亂之犯意；第二要有叛亂的犯行；第三，該行為必須是非法的。換句話說，犯意、犯行和非法性是叛亂罪的三要素，缺一都不能構成第二條第一項的罪刑。本案被訴的法條全文是：意圖以非法之方法顛覆政府著手實施。

根據法律條文，很清楚地界定：必須以非法的方法顛覆政府，才能構成懲治叛亂條例第二條第一項之罪。雖然有人說，凡是顛覆都是非法的。任何人都可以查詞典，顛覆只是個中性詞，指顛倒，推翻，翻倒。我知道幾天前，我在法庭上提出合法顛覆政府一說，已引起討論。今天我還是會用顛覆這個詞。我認為顛覆政府，當然有合法的方法存在。在答辯我的合法顛覆政府的行為前，我想先從答辯台灣獨立這個罪名。

在大前天的調查庭中，審判長問我，是不是主張台灣獨立，我很清晰地回答：

是！我認為台灣應該獨立，而且台灣已經獨立三十年了，她現在的國名叫「中華民國」，我說我主張「中華民國模式的台灣獨立」。

今天，也許就是我有生之年最後一次說話的機會，請庭上允許我做更詳細的陳述。」

這時，審判長插嘴：「本庭是採合議制，合議庭還沒有召開，你不可以說這是最後說話的機會。」

我在心裡「哼」了一聲，繼續陳述：

我，世代都是台灣人，從小就知道一六二四年荷蘭人最早來到台灣建立殖民地，接著西班牙、鄭成功集團、大清帝國、日本帝國都在台灣建立過殖民統治政府。二次大戰後，台灣沒有像其他殖民地那樣獨立建國，而是由中華民國政府在美國統帥麥克阿瑟命令下，以國際戰爭法上的軍事佔領，佔領台灣以迄今天。

作為一個有意識的台灣子民，我從少年時代就立志要為結束台灣的殖民地命運而奮鬥，所以，我決定去唸軍官學校，學習軍事。那個年代，我的政治主張是要從事「台灣復國運動」，也就是要恢復一八九五年大清帝國在中日戰爭戰敗後，出賣台灣，把台灣永久割讓給日本時，台灣先民奮起反抗成立的「台灣民主國」。

一九六二年我在小金門擔任砲兵軍官時被捕，最終被判處無期徒刑。十五年牢獄中，我日日夜夜苦讀各類書籍。包括哲學、法學、經濟學、語言學，特別是國際法、國際關係及外交學。我從在長達十餘年的研究中，我有了自我認為的重大發現。我認為有個方案是可以同時解決台灣人追求「獨立建國」和多數人想捍衛「中華民國」，並同時解決困擾國際社會的「台灣問題」的安排，那就是「中華民國模式的台灣獨立」。

所以，四天前審判長在調查庭中詢問：是否贊成台灣獨立時，我清晰地回答：是！台灣應該獨立，而且台灣已經獨立三十年，它現在的國名叫做中華民國。

這時，審判長又突然打斷我的話。說：「施明德你講話講得慢些，不要像連珠砲。」我是怕被阻止，自然話說得又快又急，一心只求把話說完。我沒有回應審判長，只是頓了一下，繼續說話：

「三天前，我提出『中華民國模式的台灣獨立』之後，檢察官隨後就大力攻擊我，說我居心叵測，混淆視聽，企圖置大陸同胞於不顧……。第二天全國媒體也一起圍攻我。」

「施明德，檢察官是駁斥你的話，不是攻擊。而且你不可以一直用你、我這樣的稱呼。」審判長又插嘴。

「我要怎麼稱呼？」我問。

「你要自稱被告。」

我笑一笑，還是繼續自稱「我」，只是第二天各報都會自動把「我」改為「被告」。媒體還是有它們在威權統治下的「自律」。只是審判長似乎沒有再阻止我的意思，我就繼續講：

今天，我覺得必須在法庭把我幾天前在這裡說過的：台灣已經獨立三十年，它現在的國名叫中華民國，我叫它為「中華民國模式的台灣獨立」，說得更清楚些。因為這點是起訴書認為我叛亂的主因，必須容許我行使充分的答辯權。

從國際法觀點分析，中華民國的法律地位是從一九四九年十月一日，中國共產黨在取得全中國的統治權並宣布成立「中華人民共和國」那天起，才發生國際法的爭議，因為國際社會出現了一個新的中華人民共和國。中國共產黨宣布建立「中華人民共和國」，不但使中國從二戰後不久就引爆的國共內戰從兩個交戰團體，演變成國際法上的兩個國家，中華人民共和國和中華民國。如果中華人民共和國快速把二次大戰後以軍事佔領或國際法上的「先占」做基礎，而存在於台灣的中華民國完全消滅，國際上就不會出現現在的「台灣問題」。但是，中華人民共和國迄今都未消滅在台灣的中華民國，也未統治過台灣一天。

那時候，美國政府曾經準備放棄國民黨政府，並承認中國共產黨政權，也就是承認中華人民共和國北京政權。但是，一九五〇年六月二十五日韓戰爆發。中國共產黨政權一面倒倒向蘇聯，全面採取「抗美援朝」，派軍介入韓戰。美國杜魯門總統立即派遣第七艦隊進入台灣海峽，宣布台灣海峽中立化。同時改變原先放棄中華民國國民黨政府的決定，反而強化對風雨飄搖中的中華民國政府的支持，長期全面經濟、軍事援助台灣。同時在外交上包括在聯合國都支持在台北的「中華民國」，而拒絕承認在北京的「中華人民共和國」。中華人民共和國和中華民國也從此在海峽兩岸對峙。

中華民國的蔣總統號召一千七百萬在台灣的人民，誓言反攻大陸，消滅共匪，拯救大陸同胞，對內則以戡亂時期臨時條款實施戒嚴統治。而中華人民共和國也沒有停止「解放台灣、血洗台灣、消滅蔣幫」的叫囂。

「台灣問題」就像一個待爆的火藥庫，成為二次大戰結束後威脅世界和平的國際問題，和「柏林問題」、「古巴問題」、「韓國問題」併稱為國際四大危險問題。

我們生存在台灣的人民，面對這種情勢不可能無動於衷。從蔣總統轉進台灣後高唱的「一年準備、二年反攻、三年掃蕩、五年成功」到「十年生聚、十年教訓」，要求人民臥薪嘗膽。但是，二十年也過去了。台灣的年輕知識份子當然會思考台灣應該何去？何從？

三十年來，我們接受國民黨的黨國教育，要忠黨愛國，要復興民族，要光復大陸。但是，另一方面在中美互防條約的保護下，我們也大量涉獵美式民主主義，及亞當・史密斯的「國富論」的經濟自由主義。於是，台灣社會就出現了三大矛盾：

第一、「少數（外省族群）統治多數（台灣族群）的矛盾」。現在台灣是由一九四九年從中國大陸撤退台灣的僅佔全台灣百分之十的中國各省人在統治佔百分之九十的台灣人。這少數人不僅掌握政權、軍權、財政大權，還在各類考試制度中給予加分及保障名額，退休金、獎學金等等也都給予外省族群特別保障……。從制度面形成外來統治階級的特權。在台灣的蔣家政權，就像南非的白人少數政權，也叫做「國民黨」的白人政權一樣全面性的壓迫、榨取、欺凌多數黑人。在台灣的外來少數政權，只是在膚色上沒有像南非那樣黑白分明而已。這是大腦記憶體的鬥爭。這是普世殖民地子民常見的認同衝突及不同族群之間利益的衝突問題。

第二、「民族主義與民主主義的矛盾」。

我才說到這裡，審判長又發聲：「施明德，你不要再發表政見。」我回答：「本案是在審判我們的思想，審判我們的叛國罪行，我說這些都和案情及行使答辯權有關。」通常被告被這樣喝斥都會閉嘴，我知道我此刻絕不能退怯，尤其我特別提到是在行使答辯權。審判長就閉嘴了。我繼續說下去，語速很快。

蔣介石政府撤退到台灣以後，從教育、文化和語言強制實施中國化政策，讓我們徹底忘記自己，迫使台灣人承認自己屬於中華民族。但是台灣人民逐漸了解事實真相是，中華人民共和國今天才是「中國唯一合法政府」。如果你要滿足民族主義，就得認同中華人民共和國。二次大戰後，台灣因親美而大量接受民主主義的思潮。如果我們想滿足民主主義的生活方式，就得放棄民族主義；如果我們想做大國國民的欲望，我們就得犧牲掉民主主義的生活方式。這就是台灣社會存在的民族主義和民主主義的矛盾。台灣的菁英都陷於這種矛盾之中，內心掙扎不已。

第三、「理想主義和現實主義的矛盾」。理想是向上飛揚的藍圖，吸引人們向上奔馳。現實則是冷酷的，常常像地心引力般扯住你往下墮落。中華人民共和國是那麼龐大，中華民國在蔣介石統治中國時已失去了絕對多數的中國民心。三十多年來，蔣介石政府卻強迫台灣人民要反攻大陸，光復失土。這是一個不可能做到，又好戰的野心理想。台灣人民就在這兩種力量中煎熬、拉扯。絕大多數人屈服了，隨著高喊反攻復國的口號，只有極少數人在這種矛盾中選擇起而反抗，要求改革甚至革命。

施明德「台獨」謬論
在庭上自我「表白」
維護法統・堅決反共・無意叛國

【臺北訊】施明德昨天在軍事法庭辯論時說，他主張中華民國模式的臺灣獨立。

施明德說：為了表白我對於民主運動的看法和做法，要說明一下我的觀念。他說：目前居住在臺灣的青年們，面臨着最大的矛盾，一方面要現代的民主的生活方式，堅決反對共產主義，但是在歷史傳統的思想上又不能脫開大國民的地位，事實上在現階段的狀況下，我們既未反攻大陸，而中共匪黨也干涉不了臺灣，於是，在海峽的二邊形成了對峙而不易改變的狀態。

因此，我個人是主張中華民國模式的臺灣獨立，也就是說，我們不變更國號，沿用原來的國體、國憲、國號，而成為一個以臺灣為領土的獨立的中華民國。

施明德對於他的謬論辯解說：依照國際公法，主權不能重疊，於是，海峽兩邊的存在事實，就涉及了國際公法上的承認的問題，大致上以多數國家包括世界上主要國家所承認的國家才被承認（一九七〇年之前，我們在聯合國時，中華民國是被承認的合法政府，但是在退出聯合國，以及中美斷交之後，雖然我們自己的看法是一致的，中共是叛逆團體，但在國際上有了變動。

他說：中美斷交後，蔣總統指示中美關係五原則，要求雙方是以政府對政府的關係，後來美國國會通過臺灣關係法案，到目前來看，中美的關係仍為實質上的承認。

施明德說：我基於事實及國際法之關係，認為居住在臺灣的一千七百萬人，有權決定他們的生活方式，於是我和姚嘉文等五人決定支持政府的主張，支持中華民國為一獨立主權的國家，乃發起了重新加入聯合國運動。

施明德辯說，他所主張的臺灣獨立並非過去那些搞臺獨的人所說的「臺灣人的臺灣」，而是主張用中華民國模式，不變更國體、國憲、國號的原則之下「獨立」。他說，我不認為我這種主張有叛國之意圖。

雷震先生在二十幾年前就因為說了「反攻無望論」，就被捕，坐了十年牢。（隨後，姚嘉文在他的答辯中就引用我這段論述，表示支持我的論點。姚嘉文是我之外，唯一會略略涉及政治辯論的被告。參閱一九八〇年三月二十八日，臺灣時報第三版）

在這三種矛盾與衝突中，我在牢中大量閱讀與研究，我找出了「中華民國模式的台灣獨立」。幾天前，我在調查庭中已大略陳述，現在，我必須從國際法中說明什麼是「國家」的定義……。

這時，尤清突然舉手要求發言。他向審判長說：我準備了一本雷崧生的《國際法原理》，要給被告參考。尤清真的用心，因為我幾天前已說過「中華民國模式的台灣獨立」，也大量引述國際法作辯論基礎，他可能猜想我今天會重談此命題，所以才準備了這本書。

我轉頭看了一下，說「你拿來的這本雷崧生的書，是再版的，他的第一版我十幾年前就讀過了，它是我研究國際公法的入門書。然後是崔書琴的、奧本海的、彭敏明的……，我都精讀過了，所以不必了。」（參閱一九八〇年三月二十八日，臺灣時報第三版）。然後我繼續說：

國際法上組成國家的四要素，就是土地、人民、政府、主權。在一塊固定的土地上，有一群人民居住，並組成政府，對內行使其管轄權，對外代表其人民行使其國際義務，享受其國際權利，這就是一個國家。

國旗、國號、國歌都不是國家形成的要素。現在的斯里蘭卡，以前叫錫蘭。美國國旗已改變過多少次了，每當她增加一個州，國旗就增加一顆星，國旗就改一次。改國名、國旗都不是什麼了不起的事，只要國內外條件適合隨時都可以改，也不會影響其國格。甚至有沒有國家承認，也無損於「國家」的存在事實。承認，只是對一個既存的事實加以追認，以便其參與國際社會的正常運作。不是被「承認」了，一個新「國家」才誕生，才形成。七〇年代末，美國國會通過「克蘭斯頓決議案」，就明確表示：承認中華人民共和國，只是追認它的存在，不是表示美國人民認可其對內的統治方式。國際法對承認的定義，是透過承認的方式使得該個體得以以「國家」的身分，參與國際社會的正常運作而已。不是因為「承認」，一個新「國家」才誕生。「承認」不是造法的必要條件。「國家」必須先出現並存在相當時日，國際社會才會有承認與否的問題。也因為這個原則，國際法才會討論什麼是過早承認或過遲承認。巴拿馬在一九〇三年十一月三日宣布脫離哥倫比亞而獨立。美國在十天後就予以承認，國際法學家一致認為這是過早承認，有干涉哥倫比亞內政之嫌。蘇聯在一九一七年成立，美國直到一九三三年羅斯福總統就任，才予承認。國際法學者也一致認為這是過遲承認，有礙國際社會的正常運作。

這時，審判長突然又對我做個手勢，沒有出聲地嘴型在說：「說慢點、慢點。」我因為怕他認為我扯太遠了，而越說越快。我又頓一下並對他點點頭，說「好。」然後繼續我的陳述。

「現在，中華民國和中華人民共和國並存於世已長達三十年，國際社會成員如果不承認中華民國，就是犯了過遲承認的過失。」

審判長突然又插嘴：「施明德，你不可以在本法庭稱偽國號！」我頓了一下，但，下次提到對岸那個國家時，我仍繼續稱它為中華人民共和國。審判長有他的立場，對一個將死之徒，這種堅持是輕而易舉之事。只是媒體會自動把它改為中共或共匪或偽中華人民共和國。然後，我仍又陳述：

其實，在這段期間國際社會也曾經努力處理「台灣問題」。最著名的就是一九六〇年代中，加拿大、法國、義大利……等五國擬在聯合國提案，讓中華人民共和國進入聯合國並擁有安理會席次，而中華民國或台灣仍保有會員國席位。一九七一年初，日本首相佐藤榮作也曾專程到台北會見蔣總統，勸蔣總統接受「兩個中國」或「一中一台」。一九七一年三月，科威特要跟北京政府建交前，也曾傳達訊息給蔣總統，表示它希望對兩個中國都保持承認。以色列在聯合國表決「2758 號決議」前，也公開表示如果台灣接受「一中一台」，她就將投下贊成票，支持對中國代表權的改變應是「重要議案」，必須三分之二才能成立。但是，國際社會任何「兩個中國」或「一台一中」的建議，都遭到蔣故總統的否決。蔣故總統堅持「漢賊不兩立」的反共、反攻國策。最後導致「賊立，漢不立」。

一九七一年在表決「處理中國代表權」的 2758 號決議案，讓中華人民共和國進入聯合國，驅逐「蔣介石的代表」時，我正囚禁於泰源監獄的獨囚黑室，我聞訊痛哭不已。雖然我知道 2758 號決議，僅是處理「中國代表權」，不是處理台灣的歸屬問題，我還是非常難過。（這時，我不敢說出口的是，台東泰源革命事件就是為了要防阻這個悲劇的出現）。

我國被逐出聯合國之後，各方對台灣前途表示擔憂，各種主張紛紛出籠。丘宏達教授主張「德國模式」，張旭成教授提出「新加坡模式」，李鐘桂教授還在文章中提到過「台灣地位未定論」的論點。這些都是想化解台灣危機的努力。尤其是丘宏達的「德國模式」。丘教授為配合政府的路線，把「德國模式」詮釋為「一個國家，兩個合法政府」。也就是把北京政府和台北政府，都是「中國」同時存在的兩個合法政府。這種詮釋或立論，不只北京政府不會接受，國際社會更不會認同。因為它完全違反國際法的基本原則：一個國家只能有一個合法政府；而「主權」是唯一、排他、最高的權力。國際法的「主權」，是不允許重疊的，也不能分享的。從國際法觀點看，所謂「德國模式」，就是兩個德國：「德意志聯邦共和國」及「德意志民主共和國」，雙方都各擁有一個合法政府，各自擁有主權。國際法不可能為兩個德國或兩個中國改變其基本原則。德意志聯邦共和國的「赫爾斯坦原則」，因為和蘇聯建交而幻滅。到一九七四年，「德意志聯邦共和國」和「德意志民主共和國」同時進聯合國，國際社會正式承認兩個德國的存在。所以，丘宏達想把「德國模式」解釋為「一個國家，同時擁有兩個合法政府」，是替「一個中國兩個政府」解套或鋪路，這是不可能被國際社會接受的。

很明顯的「一中兩府模式」既與國際法抵觸，也不可能被國際社會接受，台灣的出路只有一條，就是我幾天前所說的「中華民國模式的台灣獨立」。這個模式，既包涵「兩個中國」、「一中一台」，完全符合國際法原則，還能夠包容台灣內部的兩大族群。

前幾天，我已經在調查庭上公開表示，我主張台灣獨立的內涵和海外台灣菁英主張的台灣獨立是有所差異的。海外台灣獨立人士的台灣獨立好像是台灣人的獨立自救，有些排斥性，就是排斥一九四九年從中國大陸移居台灣的外省人及其後代。人類發展史中，移民是極正常的事。移民的命運，不是只有征服原住民或被原住民消滅一途，多數都是「桔逾准為枳」以相互包容而存活下來。從事社會運動，我一向採取：畫個圈圈有你在內，而不是畫個圈圈把你排外。

今天，在台灣這個島嶼上，居住著兩大類族群。一類是大多數的台灣人，另一類是一九四九年來到台灣的外省人及其後裔。前者有些人努力要推動台灣獨立、建立台灣國；後者繼續效忠中華民國，反對中華人民共和國的統治，也反對台灣獨立。我主張的「中華民國模式的台灣獨立」，就是不必改國名而能讓台灣兩大類族群都能和平共處的解決方案，平等共存並一致面對中華人民共和國對台灣的領土野心。

久經外來殖民統治的台灣人，聽到建立一個台灣國，或要求台灣獨立建國，一定會很爽。但是，他們也許沒有仔細想到獨立國或獨立運動在國際法上是什麼意涵？所謂獨立國，就意味著是從某個母國脫離出來的子國，才叫獨立國。從事獨立運動，就是要從某個母國分離或脫離的運動，才叫獨立運動。二次大戰初結束時，如果當年的台灣領導菁英懂得趁潮流，和其他戰前的殖民地一般要求台灣獨立，台灣就順理成章地成為一個獨立國了。但，今天這個潮流已消逝。「中華民國」已在台灣立足三十餘年了。而中華人民共和國對台灣又充滿領土野心。今天，大聲要求台灣獨立，等於承認「中華人民共和國」是我們的母國。對「中華人民共和國」有利，對台灣人民不利。因為國際社會要不要承認你這個台灣國，就要看中華人民共和國是否同意？這種主張等於賦予中華人民共和國對台灣的聲索權，反而不利於台灣人民追求結束外來殖民統治的原始願望。如果台灣獨立主張者是要向今天已經存在於台灣島上的「中華民國」爭取獨立，邏輯上明顯不通。他們只要要求中華民國政府宣布，中華民國仍是主權獨立的國家，不隸屬於中華人民共和國，台灣就是一個主權獨立國了。

我主張的台灣獨立，就是採取「中華民國模式的台灣獨立」，也就是以一千七百萬台灣人民為主體，不必改國體、國憲。這種模式，就是要把台灣獨立的初衷，寄生於一九一二年就已獨立的「中華民國」這個「殼」之中，像寄生蟹一樣。這個模式，可以讓「中華民國」和「台灣國」共存，也可以用更早存在的國際法人「中華民國」，來抗拒較晚誕生的「中華人民共和國」的聲索權。

這時審判長突然又插嘴說：「施明德，你不要像連珠砲那樣，講得這麼快，不只書記官記不全，記者也會寫不完整。」

「好。」我雖然這樣回答，但，不久，我又自自然然快速講。我知道法庭中有錄音、錄影，我害怕講不完就被終止，所以我在下意識裡會強迫自己快速地說。反正有錄音、錄影在，我是要講給歷史和後代子孫聽的。我繼續說：

不論我們願不願意，台灣海峽兩邊三十年來雖然互不承認，但兩個都是同時存在的獨立國家。國際法上一個國家只能有一個主權，一個合法政府，為多數國家包括主要國家所承認的政府，才是合法政府，才能代表該國。在國內法上，我們堅持中華民國是唯一的合法政府，但國際法上不管我們是否喜歡，中華人民共和國已被認定它才是中國唯一合法的政府。在美國和中華人民共和國建交，在美國已承認「中華人民共和國」是中國唯一合法政府後，蔣經國總統對美國提出五大原則，要求和美國維持未來的關係，其中，「政府對政府」原則，就是公開以公文書方式向美國表示，我國願意以「中華民國」或台灣是個獨立國的地位獨立於中華人民共和國之外，並和美國維持國與國的關係。研究國際法的人士都看得懂蔣經國總統的「五原則」在講什麼，那就是以中華民國之名在掩護台灣獨立，又不必終止戡亂時期臨時條款，有利於國民黨政府的繼續統治。

今天，有些統派人士也許還是會挑剔地說「中華民國」早已被「中華人民共和國」打敗，其國際地位已經被中華人民共和國取代。這種說法在國際法上是不成立的。國際法允許一個國家分裂成兩個或兩個以上的國家，國際法也允許兩個或兩個以上的國家合併成一個國家。羅馬帝國瓦解或大蒙古帝國瓦解後，紛紛成立的國家就是前者；一七八九年「美利堅合眾國」，就是合併一七七六年獨立戰爭後出現的美洲十三個國家成為一個國家。國家的分合是國際常態，也為國際法所認可。

中華民國在一九四九年以前，擁有整個中國大陸的統治權。但，一九四九年共產黨在中國大陸成立一個新的獨立國家，叫「中華人民共和國」。中國共產黨是採取一九一七年新成立的「俄羅斯蘇維埃聯邦社會主義共和國」模式，不是走國家的繼承，而是採取新政府、新思想、新體制的新國家模式。這種模式，通常都是企圖規避並卸除對前朝政府的國際債務或其他國際責任的繼承。從此中國就分裂成兩個國家，「中華民國」和「中華人民共和國」。「中華民國」，雖然失去大片中國大陸的土地和人民，但是，她仍然存在於台灣。中華民國政府仍統治著台灣，並對外代表台灣人民履行其國際義務和享有其國際權利。有多少國家承認，是不是聯合國的會員國，都不影響「中華民國」的國格。就像大英帝國在十七、八世紀時，是個日不落帝國。後來美國獨立了，加拿大、澳大利亞、紐西蘭、印度……都獨立，現在的大英帝國只剩下英倫三島。但，大英帝國的國格依然不變。只是她的國威、國力及國際影響力大大縮小減少了而已。今天，在台灣的「中華民國」，就是如此。中華民國仍是個主權獨立國。這個機會，是中華人民共和國在一九四九年宣布建國時，送給中華民國的。這是從國際法觀點得到的結論。

蔣經國總統的對美關係五原則，就是向國際社會宣示中華民國或台灣是個主權獨立的國家。為什麼蔣總統提對美關係五原則沒有罪？我主張「中華民國模式的台灣獨立」就是叛亂？

「中華民國模式的台灣獨立」是我十幾年研究台灣問題的解決方案。這個主張我沒有跟「五人小組」討論過，也沒有報告黃信介委員。我是利用我身為黨外總部總幹事及美麗島總經理的職權去推動的。與美麗島政團完全無關。

這時，尤清律師突然舉手，插嘴要求審判長：「審判長請阻止被告，他一直在犯錯！」

審判長笑著說：「施明德，你的律師說你一再犯錯。」

「我說被告一直在犯錯，是指他一再犯講話太快的錯！」尤清怕法庭誤會，氣急敗壞不等審判長允許就直接起立發言，引起全法庭一陣轟笑。（參見聯合報、中國時報、臺灣時報等等一九八〇年三月二八日報導）

今天，我要再次公開表示，我主張「中華民國模式的台灣獨立」，如果貴法庭認為我有罪，那我們將來一定會面對「北京模式」的壓迫。最後我必須強調，就是你們槍斃我，我還是會堅定地說，我主張「中華民國模式的台灣獨立」。這是台灣現在一千七百人民能夠一起奮鬥下去的最大公約數，最踏實的政治基礎。台灣唯一的路。（參閱青年戰士報一九八〇年三月二八日第二版）

果然，在美麗島大審後一年多的一九八一年九月，中華人民共和國由中國全國人大常會委員長葉劍英提到「國家實現統一後，台灣可做特別行政區，享有高度自治……台灣現行社會，經濟制度不變，生活方式不變……。」一九八二年一月，鄧小平更進一步提出知名的「一國兩制」。北京政府敏銳地提出回應我在「美麗島大審」中的民族主義與民主主義的矛盾。這個「北京模式」聲索迄今。蔣經國則延遲至在一八八二年十月才提出「三民主義統一中國」來回應我在法庭上的「民族主義與民主主義的矛盾」。

李登輝總統在一九九九年七月九日才在行政院新聞局長程建人陪同下，提出「兩國論」。李登輝的「中華民國在台灣」，陳水扁的「中華民國是台灣」，蔡英文的「中華民國台灣」，都源自於「中華民國模式的台灣獨立」，讓中華民國與台灣併存。

一九九〇年我出獄，到美國國會聽證會發表「我只帶來信心」，一九九五年我擔任民主進步黨黨主席在美國華盛頓的國際記者會上宣布：「台灣已經是一個主權獨立的國家，民進黨執政，不必也不會宣布獨立。」帶領民進黨脫離「追求台灣獨立」的階段，走進「悍衛台灣主權獨立」的務實階段。

二〇二一年十月十日，蔡英文總統的四個堅持：「中華民國和中華人民共和國互不隸屬」。「從一九四九年中華民國立足於台灣以來，已經經歷七十二年……。」這些都是一脈傳承自這個美麗島軍法大審，我提著頭清晰堅定的主張：

「台灣應該獨立，事實上台灣已經獨立三十年，它現在的名字叫中華民國。」

這是台灣獨立和中華民國從相互敵對，首次公然在全國人民注視的大法庭中締結了關連，並被全媒體，包括國際媒體，播散於全國人民的心中。如今，它已開花結果，一定會成為兩岸，中華民國與中華人民共和國，未來的政治交往，政治協商的堅實、合乎國際法的基礎。雙方只有在承認這種基礎的情況下，才能發展雙方的正常關係，才能有利於亞太地區的和平安全。

我的信仰、思想體系是一以貫之的。我一生努力不懈，也被後人追隨。至於中華民國何時正名？何時正名台灣？水到自然渠成，時間一定會給答案。過急只會徒增紛擾，量變總有質變的一天。

台灣問題是台灣民主化的問題

我不停地說，我有點渴了。我問審判長可不可以給我一杯水？在大庭廣眾下，這種要求當然會被允許。我站著喝了一整杯水。然後，繼續說：

在美國和中華人民共和國建交，並和中華民國斷絕外交關係，美國做了兩件事，對台灣意義重大。

第一件事是，美國和中華人民共和國建交，不像日本和多數國家那樣，承認的效力追溯到一九四九年中華人民共和國成立之時。美國是採取從正式建交之日起算。尤其是「中美共同防禦條約」的中止，也不是採中美建交之日即中止。而是依該條約的中止條款，於一方通知另一方決定中止該條約後一年生效。說句白話，美國和中華人民共和國建交後，一年內美國仍和中華民國保有互防條約的法律效力。攻防條約在國際法上，是只有國家與國家之間才能簽署的。也就是說，在這段時間內，美國承認中華人民共和國是中國唯一合法政府。同

照片來源：聯合線上

時，美國也承認中華民國或台灣是個獨立主權國，是美國的共同互防條約的國際法主體。美國以這種方式中止「中美互防條約」，等於向全世界宣告，中華民國或台灣不隸屬於中華人民共和國的主權範圍內。

依據國際法「主權不能重疊原則」，美國這個法律動作，就是承認美國和中華人民共和國及中華民國都是各自存在的兩個互不隸屬的獨立國。又依據國際法「對國家的承認，不可撤銷的原則」，美國對中華民國或台灣的國家承認於一九八〇年一月一日終止前，是存在的。不會於一九八〇年一月一日，自然消失效力。國際法允許對一個政府的承認可以依國家利益而中斷或撤銷承認，對國家承認卻不可以撤銷是為了維護整個國際社會的持續、正常的運作。國際社會不允許對某個國家一下是國家，一下子就不是國家。如果允許這樣，國際社會秩序勢必大亂。對政府的承認，可以一下子承認，又一下子不承認，是因為對政府的承認是表示雙方可以建交外交關係，作正常的政經往來，以符合建交國之間的特殊利益而已。

第二個不同的現象是，美國和中華民國斷絕外交關係和互防條約的同時，美國國會快速通過「台灣關係法」，以充實雙方的關係。

「台灣關係法」在國際法上稱為「單邊條約」。條約，正常狀況下，都是雙邊條約或多邊條約，締約國的權利、義務都均等。例外的狀況下，才會出現不是基於義務和權力對等的單邊條約。單邊條約是指一個國家對另一個國家自課國際法上的責任，承擔起某些國際義務或國際責任。「台灣關係法」就是美國對台灣的單邊條約。美國用的是「台灣關係法」，不是「中華民國關係法」，對象清晰，該法都在闡述美國對台灣人民的關切。第二條第二項第四款，很清楚的宣示，任何以非和平方式決定台灣前途之舉，都是對太平洋地區的和平與安定的威脅，而為美國所嚴重關切。第二條第三項，更清楚宣示，維護及促進所有台灣人民的人權是美國的目標。

去年初，當我看到美國通過「台灣關係法」，研究完全部內容，我內心相當有安全感，並認為所謂「台灣問題」，其實就是台灣內部民主化的問題。所以，如何推動台灣民主運動，便是我們這一代台灣青年的責任與義務。

多年來，研究台灣問題，我認為台灣民主有五大害：黨禁、報禁、戒嚴令、萬年國會和御用司法。我出獄後本來計劃寫五本小書來析論這五大害，但現在我要先論述台灣民主四大害跟本案的關係。（事先我已分析過，如果不扯上它們和本案案情有關，審判長就可能會阻止我發言。我已決定在最後將以不明指「御用司法」之名，直接攻擊其實的方法，對「御用司法」進行強烈批判）。

這時，尤清律師又大聲對審判長說：「審判長，請諭知被告講話慢一點，我來不及記啦！」法庭又一陣轟然笑聲。我被打斷了話題，頓了一下，繼續說：

前幾天在調查庭中，我已一再強調，今天台灣的問題已經不是台灣獨不獨立的問題——台灣事實上已經獨立三十年，而是台灣內部民主化的問題。我說過，台灣民主化有四大害：黨禁、報禁、戒嚴令和萬年國會。但今天我一定還要再說。（參閱一九八〇年三月二十八日聯合報第三版）。同時，也要闡述為什麼我會說我是在「合法顛覆政府」。我這麼說，希望我的辯護律師，鄭律師不要緊張（我轉頭看看他，因為他在調查庭時，曾公開提醒我，顛覆都是非法的）。顛覆，其實是個中性名詞或動詞，它只是意指推翻、顛倒、改變。我也知道某個媒體還發表專文，說「顛覆政府都是非法的」（中央日報三月二十二日社論）。嚴肅地說，在審判期間媒體發表這類文字，都有干擾審判的意圖。這是報禁的邪惡行徑之一。但，沒有關係，我今天還是會說，我是在合法顛覆政府。（我沒有說出來的話，你們越攻擊我的思想、主張才會讓越多人知道，才會達到我陳述的目的。沒有爭議的話語，在法庭上是沒有份量和意義的）。

組黨、組織政治團體，是任何民主政府下人民的基本權利，也是我國憲法明文規定的人民有集會結社的自由。

政治學有句名言：絕對的權力，導致絕對的腐化。權力必須制衡。但是，三十年來政府以動員戡亂臨時條款和戒嚴令剝奪了人民這種權利。當年，雷震先生意圖籌組新政黨，就遭到逮捕，並被判刑十年。一直到今天，台灣的政治人物，不管是縣市議員、國大代表、立法委員都不敢在議會之外設立個人的辦公室，就是怕被視為組織團體。一個國家，除了執政黨之外，沒有任何政黨或異議團體，怎麼制衡？怎麼監督政府？所以，一九七八年，黃信介委員約見我，擬聘我擔任全國黨外助選團總幹事。我提出的條件，就是要有「共同政見」，要有固定的辦公處和工作人員。黃委員答應了。後來，選舉中止，我建議黃委員籌組「台灣黨外民意代表聯合辦事處」，簡稱「黨外總部」。黃委員也答應了。

接著，「美麗島雜誌社」成立，我擔任總經理負責在全國各縣市設立服務處，負責指導各種活動。

我內心只有一個目的，就是組織一個「沒有黨名的黨」。突破黨禁，形成制衡力量，推動台灣民主化。

我想了，我做了。這些在前幾天在調查庭上，我已經承認了。我心中的這個意圖，從來沒有報告黃信介委員，也沒有在「五人小組」中報告過，純粹是我個人依據我被授予的職權去推動的。組織「沒有黨名的黨」，責任完全在我。

我認為一個黨，不必有「黨」的字才叫黨，用「社」、用「公司」、用「組合」都可以。只要有共同的理想、目標，有組織、有領導，它就是一個「黨」了，不必有黨名。在我心中，「美麗島」就是一個「沒有黨名的黨」。

其次，我要談「報禁」。辦報紙、辦雜誌，都是言論自由的必然權利。台灣人民也應該享有這種權利。我們常說，人民有知的權利，其實不只要「知」，人民更有宣揚自己信仰和主張的權利，包括宣傳台灣獨立。但是，三十年來，政府已禁止人民再申請新報紙，連雜誌也禁止，使台灣的言論市場完全一言堂。雜誌動輒就被查禁，使不同的聲音完全不能出現。這是反民主、反自由的。去年，政府才開放新雜誌申請，而且只准月刊制，每個月只准出版一次。我們就申請了「美麗島雜誌」。我們的雜誌受到人民非常熱烈的歡迎，銷路空前。這就是我們今天被捕，在此受審的主因之一！

不是我們有什麼犯行，而是因為我們的言論受到廣大人民的歡迎，我們各縣市服務處受到人民的期待！懷璧其罪！

「施明德，不要激動，講慢一點。」審判長又出聲了，他似乎了解到已經阻止不了我的發言，這樣體貼的提醒可以替他換來「公平」的稱讚。我頓了一下，我心中是想傳授還在外面的黨外人士如何接棒努力下去，我說：

我們知道，政府只開放「雜誌禁」，仍維持「報禁」，是不要我們的聲音、言論天天傳到人民的心中。我已經和同事討論過，等我們的雜誌累積夠資金和人才，我們就會用不同的三十個以上的同事人名申請三十個以上的「雜誌」，從初一到月底，我們每天都出一本月刊的「雜誌」，它們合起來就像每天有一份報紙一樣。這樣，我們就能突破「報禁」了。

這，就是我所說的，合法顛覆政府的方式之一，合法顛覆政府「報禁」政策的方式。

第三，我要談戒嚴令。戒嚴是一個國家處於危險或極端狀態所採取的短暫、特殊的緊急措施，使國家能夠度過難關或避免重大傷害。在戒嚴下，憲法或人民的權利會受到臨時性的凍結。這種特例、特別時期，很多國家都曾發生過，等危機過去，戒嚴就解除，恢復常態了。

但是，我們的政府一宣布戒嚴，就超過三十年。成為全世界持續戒嚴最久的國家。大家都在戒嚴下生活，不只全面軍管，人民的生活與權利都受到重大影響。不僅黨禁、報禁都源自於戒嚴令，連萬年國會都和戒嚴令有關。人民的生活、自由，都受到戒嚴令的限制。連我頭髮稍稍留長一點點，都曾經在火車站被警察叫進辦公室，揚言要拿剪刀替我剪頭髮！人民的頭髮都受到戒嚴令的影響。

其實，國民黨在台灣已是一個沒有對手的執政黨，但為什麼仍然要實施三十年的戒嚴統治？我曾經發表一本書叫《增設中央第四國會芻議》。其中，我提到是兩種心態讓國民黨政府必須靠戒嚴令統治台灣。第一種心態就是「流亡政府的報復心態」。國民黨曾經統治整個中國，現在卻敗退到台灣，撫今追昔，自然心生痛恨，痛恨多少部屬在國共戰爭中變節。這種恨自然產生了報復心態，不只鬼影幢幢，匪諜就在你身邊，還會以重刑對付異己。」

這時，審判長突然大聲地說：「施明德，不要在這裡發表政見演說。」我認為他職責所在，不能不發聲自衛，以防事後被批。此時，我不能被斥退，但又不想針峰相對，我是要說給人民聽的，法庭對我而言只是個媒介。我笑著回應：「我早就被褫奪公權了，我永遠不是一個候選人，我沒有發表政見的機會。」（見中國時報一九八〇年三月二十八日第三版）。事實也是。我是「五人小組」和黨外領導階層唯一不是為參選而工作的人。我這麼說，審判長就沒有再阻止我說下去。然後我繼續說：

但是，對於戒嚴令，不像對付黨禁、報禁，我還可以想辦法突破。我們無權宣布解除戒嚴。對戒嚴令，我們只能用雜誌、用演講攻擊、批評，促請政府解嚴。明知如同狗吠火車，我們還是要不斷吠。我們的吠，當然會令掌權者不悅，這就是我們今天在此接受唯一死刑審判的另一個主因。不是我們叛亂，是我們不斷發出正義之聲，干擾了統治集團，使其不悅，並心生不安。我不是無知，誤闖法網。我是明知山有虎，偏向虎山行。這是我們這一代有良知的知識青年，必須支付的代價。

第四，我必須談萬年國會。

在這裡我不得不提到國民黨政府為什麼會在國際上有南非白人政權般的形象，那就是國民黨一直有「少數統治多數的恐懼心態」。世人都知道，國民黨政府已經有三十年拒絕舉行全國性的全面改選了。整個中央政府，從國家元首到各部會首長都是由那三個三十年前在中國大陸選出的國會以間接選舉方式所產生。三十年未改選，不肯改選的國會還自稱是合法國會，還自稱代表民意，是天下一大笑話。為什麼不敢全面改選？因為它知道自己是少數統治多數。它怕一旦定期改選，就會失去統治權。

但是，民主政治最基本的原則，就是多數統治原則，以及定期改選原則。

「流亡政權的報復心態」必然侵犯人權。「少數統治多數的恐懼心態」必然產生特權。

這時，審判長又再度插嘴，「施明德，不要發表政見。」

「我不是發表政見，我是在行使答辯權，說明為什麼我會推動台灣民主運動的背景條件。不准我談這些，就是在剝奪我的答辯權。」

審判長不再說話。這種對話，於他於我都是必要的。他不這樣說，事後可能遭到斥責：為什麼讓施明德講那麼多。我繼續說：

民主國家和君主國家、極權國家最大的差異點，就在於上自總統、國會議員，下至鄉鎮市長都有任期制，必須定期改選。為什麼必須如此，已是政治學的ABC，不必我在此詳述。我相信本法庭中每一位都知道這個道理。

但是，我們的國家卻存在著一個全世界任期最長，永不改選的國會！我們還自稱是「自由中國」。這個自由的中國卻有一群三十年永享權利、特權的國會議員、立法委員、國大代表和監察委員。

兩年多前，我出獄，我計畫寫五本小說來討論台灣民主五大害：黨禁、報禁、戒嚴令，萬年國會和御用司法。我剛剛已經說了，我曾經寫了一本書，名叫《增設第四國會芻議》。這本書，我發明了一個名詞叫「萬年國會」來形容我們的三個國會，並討論什麼叫「法統」。結果，特務馬上就要抓我。我被迫只好和美國女友之一的艾琳達跑進台北的美國領事館結婚，好讓艾琳達向美國政府、國會請求保護她的丈夫。我曾戲稱這是三十七計「和番保身」。三十六計是「走為上策」。我不想走，只好想出第三十七計，娶番婆自保。

這時，法庭全堂哄笑。我是故意說這種類比的詞彙，像我也類比「淝水之戰」等，逗人爆笑，我不想訴諸悲情。在整個審判中，我決心不要像所有被告與律師會採取的策略。我絕對不讓外來統治者恥笑。接著我又說：

「如果我們的國會像民主國家那樣，定期改選，國民大會每六年改選一次，我們的總統六年就可能換一個人，六年就是被顛覆一次。像美國每四年改選一次，去年雷根就取代了卡特，合法顛覆了卡特的政府及政策。如果，我們的立法院每三年改選一次，像日本的國會，行政院就可能每三年就被合法顛覆一次。說顛覆都是非法的，是來自於帝王思想，認為總統和行政院長都是天命真主，凡人不可幻及。今天，我還是要公開表示，如果是指控我們在顛覆政府，我願明確地承認，我一直努力要合法顛覆政府。我就是努力要使我們的國家的人民，有合法顛覆政府的權利與機會。我們沒有從事非法顛覆政府的犯行，我們只是一直要求國民大會和立法院必須依憲法定期改選。讓我國的總統、行政院長可以依新民意定期更換。

今天我們所以會在此接受唯一死刑的審判，就是因為萬年國會和黨禁、報禁、戒嚴令像四個鐵環並且環環相扣，讓人民享受不到憲法的基本人權的保障，也讓國家、國策失去與時更新的機會，並讓我們八個平民在此接受軍事審判的原因。

其實，國民黨政府要有信心，如果定期改選，你們還是會贏的。沒有組織，尤其是各懷鬼胎沒有共同信仰的黨外人士和異議份子是絕對選不贏黨、政、軍、經、特、媒體集於一身的國民黨的。國民黨不敢還政於民，有很多因素，最主要的心理因素，就是我剛剛說的那兩種心態：流亡政府的報復心態和少數統治多數的恐懼心態。這兩種心態一直扭曲了領導階層的判斷力和導致錯誤的決策。」（參閱中國時報、聯合報、中華日報、中央日報、臺灣時報、青年戰士報、台灣新聞報、自立晚報……。一九八〇年三月二八日各版）

先抓人再找證據

我頓了一下，喝了幾口水，繼續說：

「現在，我要收起我這幾天一直展現的笑容，我要嚴肅地說，在抓我們的時候，檢察官的手中完全沒有我們叛亂的證據！從起訴書中我們可以看到所有判亂證據都是被告被捕後，經過四十天的祕密審訊製造出來的所謂自白書和筆錄的犯罪證據！唯一勉強算是事先知情的，只是洪誌良私通中國的部分。但洪誌良親中部分，即使真的有，也和我們其他七個人的台灣獨立主張完全沒有任何關連，扯不上任何關係！本案徹徹底底是『先抓人再找證據』的非法逮捕事件！是一件司法迫害人權的犯行。

我敢說，檢察官手中，到今天仍然只有收押令，檢察官從來沒有發出任何逮捕令，更不用說法官是否有簽署逮捕令！檢察官都是等我們全案被告被警備總部非法逮捕送到軍法處，檢察官才姍姍來遲地簽下收押票，除了我逃逸之外，其他被告都是如此！即使通緝我的時候，檢察官手中一樣沒有我叛亂的證據，國家怎麼可以這樣沒有證據就全國進行大逮捕？依據『毒樹果實理論』，請問貴法庭應該如何酌斟?!

快二十年前，我第一次被逮，也是這樣先抓人再找證據，讓我在苦牢蹲了十五年，慘遭刑求、家破人亡。想不到十八年後，國家還是這個樣子！

去年，十二月十二日深夜十二點多，有一位報社記者從陽明山打電話給我。她說她人正在陽明山中山樓等蔣主席最後裁示。那時，國民黨正在召開四中全會。黨、政、軍要員都出席。記者說，氣氛很詭異、緊張，很可能做出重大決策。我還問記者，會不會下令逮捕？

記者還反問我，『你們今天不是已經開記者會說明真相了，憑什麼抓你？』記者最後還說，她會待到最後，會再告訴我最後答案。（我不知道那位女記者是誰？但已經四十幾年了，我耳邊還常常會響起她充滿正義感的聲音。只要想到那夜，那聲音就呈現，令我感謝迄今。）

我沒有再等到電話。天沒有亮，特務就全面大逮捕了！我相信檢察官也是到天亮了，被捕者送到警總軍法處，才被叫來簽收押票的！檢察官你們現在拿得出來逮捕令嗎？

這，完完全全是先抓人，再找證據！

這是什麼法治國家？要抓人就抓人！

我們現在的狀況和路易十六法國大革命前夕，被莫名其妙抓進去關在巴士底監獄的情形，有什麼兩樣！」

我流下淚水，真的悲從中來。我怎麼會這麼不幸生在這種國度。這是開庭以來，我第一次落淚，整體法庭寂靜肅穆。我確信檢察官手中根本沒有逮捕令，更不用說犯罪證據。在戒嚴時期都是最高掌權者決定抓誰就抓誰，尤其是他的主要政敵或政敵的重要幹部，其他多數是警備總司令部或調查局的特務逮到人，然後才送軍法處叫檢察官收押的。檢察官只能奉命行事。

我的落淚固然是悲從中來，哀傷身為台灣人的悽慘，但也是一種反抗者的必修課。反抗者不只在外對壓迫者進行各種對抗行動，也必須進行法庭鬥爭。落淚和笑傲都是要刺殺獨裁者的。

第二天各御用報紙為了「消毒」，更以「最佳演員」揶揄我，能笑能哭。（如三月二十八日台灣新聞報。）外媒馬尼拉路透社記者 **John Ngai**，則特別引這段內容平實據實報導。

我，從來不是一個會束手待逮的人。能逃就逃，能反擊就反擊。那些說敢做敢當，不逃不反抗的人，其實都是偽勇者，真懦夫。反抗者必須戰鬥到流盡最後一滴血，為信仰，為理想。我知道有些無聊的台灣人會「恥笑」我不夠勇敢，這類人不只無聊，還是幼稚透頂。一定有人會勸我，何必理會這類人？但我還是要表現出來我迄今的不悅，透露我對這類台灣懦夫的鄙視。坐牢超過四分之一世紀，我發現尊敬我的人，竟然多數是敵人，外來統治集團的敵人。外來統治集團確實都比台灣人有精神，有傳統，有深厚的文化底蘊，知道什麼是敵我雙方對峙者的氣節。一生會恥笑我的人，卻多數是同族的台灣人的懦夫小人之流。多是抱著能活則活，能撈必撈，能偷必偷，能省則省，毫無榮譽感也沒有家族聲譽必須悍衛，他們心中更沒有國族的格必須撐起！我刻意要把這段文字記錄下來，就是要點出這是被統治族群的劣等民族性：想盡辦法「恥笑」吾族的英烈，卻對外來統治權勢者及所有掌權者則竭力奉承、卑恭屈膝，以期換得權與錢和個人的安逸。

接著我繼續加強語氣地說：

「翻開起訴書，世人可以看到，所謂我們叛亂、叛國、非法顛覆政府的證據，全是我們被捕以後，在祕密審訊下製造出來的！

現在跟我囚禁在同一牢房的三個嫌犯，兩個是船員，一個是煙毒者，但他們三個人也都是被檢察官以涉嫌叛亂收押的！他們叛什麼亂？此時此刻，我含淚說出這點，是要世人知道。國民黨政府是以什麼手段對付異議者和一般人民的。他日，現在坐在旁聽席上的人士，都有可能淪為未來的叛亂者！

先抓人再找證據是本案的特色，完全符合毒樹果實理論！

先抓人再製造證據，是國家三十年來最邪惡，徹底侵犯人權的司法習慣性行動！

這，已經不是司法不義，而是司法已達到無法無天的地步了。」

我故意注視著檢察官們的肅穆表情。他們在簽署收押票時，確實沒有被告們的叛亂證據，他們只是依例辦事。警備總司令部抓了什麼人，檢察官就辦什麼人。我相信，這是他們第一次在法庭上被公然戳破，他們從未想過會有被告敢如此赤裸裸地質疑他們。我內心正等待他們如何辯解。事實俱在，他們是無可辯解的。但他們又不得不做出難于服人的回應，這是我希望的媒體效果。就像我一再提到「台灣應該獨立，而且台灣已經獨立三十年」、「合法顛覆政府」、「沒有黨名的黨」及「黨禁、報禁、戒嚴令、萬年國會」……，都是要藉公審傳送到海內外台灣人心中一樣，利用媒體教育台灣人民，激發他們的思考，鼓舞他們的勇氣。

最後，「先抓人，再找證據」一定又是法官們依「自由心證」在判決書上替檢察官解圍，一起完成上級交代的任務。

這，就是國民黨軍事法庭的三十年一貫作風，也是台灣司法的本質。

我在法庭直斥這點，只是要點出蔣家政權的邪惡而已，是政治攻勢遠遠大於法律救濟。我已一再攻擊「台灣民主四大害」，都是直接唱名黨禁、報禁、戒嚴令和萬年國會，其實台灣民主第五大害的「御用司法」，整個刑事體系、司法體系和司法人員的核心心態就是「忠於黨國，不顧正義」，才是台灣人民承受的最直接最大的傷害。為了實現黨國、元首的旨意，可以不顧一切利用司法手段，司法專業，只力求完美地替黨國落實目標。我故意不點名稱它「民主第五大害——御用司法」，但是我在法庭上的攻擊力道最強的就是直指「御用司法」：「先抓人再找證據」，以外科手術「移花接木」，製造不實的自白書和筆錄，入人於罪。不只台灣軍法如此，普通司法也如此。御用司法是侵犯台灣人民基本人權最慘烈的區塊。一直到今天，御用司法仍然是台灣法律人最可恥、最卑賤、沒有格的印記。誰掌權，台灣司法就替誰效忠、服務。

我很清楚自己的生命已走到盡頭，我完全不能心存任何幻想，我完全不在乎它對我個人會有什麼傷害了。幾乎不會有被告在面對死刑時，還敢這樣全面攻擊檢、調系統。但對一個自知生命已走到盡頭的人，我不利用每個機會反擊，我只能含怨走向刑場。那時的「引刀成一快」，也只是裝出來的豪情而已。我事先就很清楚的，這也是我的政治辯護的攻防之一。雖然說，這是法律辯護，卻蘊藏高度的政治性。即使律師想攻擊這點，用詞遣字也不會像我如此赤裸裸，他們怕激怒法庭。只有求死者，才會如此。我這種攻防，如果事先跟律師討論，相信他們也會反對。

我早已決定單兵作戰，我才能如此自由地發揮，把生命交給歷史法庭審判。

我要讓自己平復下去，也故意讓旁聽席上所有國內外媒體及旁聽者沉思一下，先抓人再找證據的恐怖國情。我喝了口水，然後，我才又開口：

「我比我其他的同事有經驗多了。當特務們拿其他被捕者的自白書和筆錄給我看。告訴我，即使我一字不寫、不說，也可以依『共同被告不利於己的供詞』來判我死罪。我知道，我鬥不過特務們，最後，我暗自決定埋下伏筆，來證明我的自白非出於自由意志。

當特務拿出他們自己一問一答的筆錄非要我簽名時，我故意要求筆錄刪除幾字幾處。然後，我才按照筆錄的先後順序抄下〈自白書〉。我抄〈自白書〉時，還故意把筆錄刪去的字句全抄一次，再刪去。依常識，筆錄的發端者是特務，是偵訊者，發問內容的先後順序，也是特務或偵訊者決定。而自白書如果是出自由意志，自白東、自白西，是由我決定，筆錄和自白書是不可能完全一致的。但，我的自白為什麼和筆錄會完全一致?!法庭可以對照我的筆錄和自白書竟然會完全一致，連刪去的部分都完全一樣?!這是我故意如此做的，我故意留下的痕跡。讓法庭和世人可以公評！法庭此刻就可以拿出來對比。現在特務可以斥我要『心機』或『手段』。但我卻說，邪不勝正！

這，可以證明，我的自白非出於自由意志，也證明特務先抓人再找證據！」（參閱台灣新聞報一九八〇年三月二十八日第三版，記者周超的專文報導。）

我聲淚俱下地，沒有做出標題地指控台灣民主的第五大害：「御用司法」的邪惡性！如今，前四大害都已壽終正寢，只有御用司法仍在張牙舞爪蹂躪人民，危害台灣！這是台灣全體司法人員的恥辱。太多司法高層，沒有格，只知服務掌權者的意志，毫無悍衛正義、公義的勇氣，只盼高升或保位！讓我一生無法對台灣的司法人員，表示敬意。

未暴先鎮，鎮而後暴

在我對「美麗島事件」叛亂部分做了政治性的反擊，指控式的全面答辯之後，我的辯護方向，才走進「世界人權日事件」的陳述。因為自從受命擔任「全國黨外助選團」總幹事後，我是黨外真正唯一、全職的「黨工」。黨外的政策、方向、組織、活動，幾乎都是經過我的思維和行動才形成的。我知道，我是國民黨必欲去之的頭號對象。幾個月之前，林義雄唯一一次主動要求召開「五人小組」會議，就是他從康寧祥那裡得知國民黨要下手逮捕我的時候。該次「五人小組」會議做成：「全力保護**Nori**，並授權**Nori**擔任海外聯絡人」，我不辱使命，全力以赴。在法庭中，我從未有負同志們的信任，負起全部法律及道義責任。這時，我繼續清晰地陳述，「世界人權日」活動的真實經過。事實上，也只有我才能敍述完整，因為它就像絕大多數近兩年來的活動都是我策劃的一般。此刻，我的陳述已和刑責無關，我只想在眾人之前，尤其是國內外媒體前把事實真相表露出來，讓後人知道台灣的自由之路，民主之旅是如何佈滿殺機和坎坷的。我說：

「十二月十日，世界人權日活動，其實只是一個很簡單的動機和行動。多年來，我一直深深感受到聯合國的人權宣言是人類文明史上的旅程碑，一如美國的獨立宣言，以及一七八九年法國的自由、平等、博愛一樣偉大。

去年十一月中，我到台中梧棲教會和天主教聖瑪利諾派神父們及長老教會牧師們聚會。我們一起討論人權問題，不只是台灣的人權問題，我們從中南美洲的軍事政權引發的人權問題，談到伊朗巴勒維政權等等，最後，談到台灣的三十年戒嚴統治。這些神職人員很高興看到台灣黨外人士的崛起及奮鬥的方向。他們對『台灣黨外助選團』以『人權』為標誌，展示高度的激賞，認為台灣黨外人士終於從追求當選為目標，進而走向為人權而奮鬥的大方向。他們問我：總幹事，有沒有計劃要在今年十二月十日世界人權日，在台灣舉辦第一次人權日紀念活動？

我思考一會後，對他們表示；是，我們應該舉辦這類活動，我會去推動。

『世界人權日事件』的起源就是如此單純、純正，絕對不是像檢察官羅織的是『長短程奪權計畫』的『短程計劃』，故意要引發衝突，達到奪權的目的。

前幾天，在張政雄律師的質問下，才知道『長短程奪權計畫』原來是檢察官編製出來的。檢察官應該榮獲奧斯卡最佳編劇獎！」

「施明德，你不可以這樣攻擊檢察官，你只管做你的答辯。」審判長厲聲斥責我。

「好，我不稱讚檢察官該得奧斯卡金像獎，但，檢察官像外科醫生，善於用外科手術移花接木，把一件單純的世界人權日紀念活動，把一票人拉進來，羅織成叛亂奪權行為則是事實。（參閱台灣新聞報一九八〇年三月二十八日第三版）

從全國黨外助選團成立以來，所有黨外的大型活動幾乎都是我所策劃及指揮，除了呂秀蓮和張春男的黨外候選人聯誼會舉辦的台中之夜以外，包括抗議余登發父子被捕的遊行和聲援許信良縣長的大會，都是我擔任總策劃，負責指揮。這次，世界人權日活動也是。這些，我都是依我擔任黨外總部總幹事、美麗島雜誌總經理的職權行事，以及我剛剛接任國際人權聯盟台灣分會主任的職責。我沒有報告發行人黃信介委員，也沒有向『五人小組』報告的必要。他們都是被通知、被邀請才參加的，有什麼責任，當然與他們無關，應該由我一人承擔。從開庭以來，大家從我的言詞及舉止已經看到，我一切都準備好了。所謂的『引刀成一快』，並不是什麼了不起的大難事。

我必須強調，所謂戒嚴法中禁止黨禁、集會結社，都是『得』禁止，而非『應』禁止或絕對禁止。但是，從二二八大屠殺以後，台灣人都嚇破膽了，都把『得』視為『應』，什麼都不敢跨步前進，更不用說突破。不只一般台灣人如此，連黨外領袖人士也大多如此。大多數政客其實比一般群眾更畏懼，因為他們已略有所得，出事了他們怕首當其衝。他們只有在絕對安全的時候，才比群眾勇敢。所以，我們才會私下討論『暴力邊緣論』。其實，我擔任總策劃、總指揮，我心中仍自有一把尺。我雖然決心支付代價，但，我也不是全無法度的。法律規定『得』禁止，我就把它視為『在未被明令禁止』前，就是『得』舉行，就是『可以』舉行。而法律又明文規定，必須執法單位三次下達『解散令』，才可以鎮壓、才可以驅離。所以，每次我都會事先清楚提醒我的同事，只要警察或情治單位對我們下達『解散令』就必須立刻轉告我，好讓我立刻做決定。

但是，高雄人權日事件，從頭到結束，我們都沒有收到解散令，警方從未告示『解散』。

那一天，我們本來要是要在『大統百貨公司』的廣場舉行慶祝世界人權日集會的。但是，軍、警、特提前把該廣場封鎖，禁止任何人靠近、進入。當天下午，我派人勘查實況後在整隊出發前，副總指揮姚嘉文在車上問我，要往哪裡走？

我告訴他：往大圓環方向。就停在大圓環，腹地夠大，就地演講。

姚嘉文又問，怎麼收場？

我說，等他們下達解散令，我們就走。人車就聽指揮車上的火把指示方向行止。你負責拿火把，我下達指令。

姚嘉文是律師聽懂我說的有理合法，就立刻大聲宣布：『今晚活動，請大家看我的火把指示方向。』

我因為第一次被捕，被刑求拔光了牙齒，全副假牙很難張口大聲下達指令。所以，當夜的指令，都是由副總指揮姚嘉文依我的決定轉達的。

到了中正路和中山路的大圓環，我們就停止下來，大量人群果然如我們所預料，紛紛從『大統百貨公司』向大圓環集中，成千成萬的群眾靜靜地聽我們的人演講。但，壓暴部隊這時也快速移動，大軍及新型鎮暴車從東南兩個方向的大馬路把我們圍住，鎮暴部隊的陣容當然會對群眾產生壓力。少量軍警布置在北方及西方路口。

那段日子，黃信介委員住家、屏東辦事處都已遭受不明暴徒入侵砸毀家具。我們各縣市辦公室都接到匿名威脅電話，我才覺得應該進入新興分局和軍警特當面討論如何收場。因為我的人已告訴我，『南警部』副司令張墨林少將已坐鎮其中，負責現場指揮。

這時，我才商請張俊宏省議員在我進入分局後，擔任總指揮，我說，半小時內我會出來，再接任總指揮。也許我的交接不清楚，張俊宏認為是半小時後，他才接總指揮。這是我的錯誤，不能究責張俊宏。

我和姚嘉文進入分局，張墨林少將像個土皇帝，分局長像個小跟班；一切都是軍管。我告訴張將軍，我們演講一會後，就會就地解散。張墨林將軍則堅持，我們必須立刻把人群帶走。我告訴他：

『此時，一動不如一靜。動了，不只我控制不了，你們也控制不了。』

第二天民眾日報曾把我們的對話披露。最後，張墨林將軍說，他要請示。我和姚嘉文就地等待。相當時間後，張墨林回來，說上級命令我們立刻離開大圓環。

這是，我第一次聽到解散令。而且是在我主動進入分局談判，才獲得的。

同一時間，南投紀萬生老師倉惶跑進分局：『總指揮，他們放射催淚彈了，還談判什麼！趕快出來指揮。』

我走出分局，車隊已從原來的向東方向，調動成朝西。人群已沸騰，東方鎮暴車大燈已大亮，像巨龍，可以清楚看到白色的濃煙。

我才踩下分局階梯，就被不知名的群眾抬起，他們快速飛奔，把我抬向指揮車。他們追趕隊伍，還邊抬著，邊大叫『總指揮來了，閃邊仔、閃邊仔……』同時，我聽到群眾大喊：

『放瓦斯啦！放瓦斯啦！緊走！』

像淝水之戰，喊著『秦兵來了，秦兵來了』一般。

我被抬近指揮車，車上就有人伸手拉我上去。這時，整個大圓環已經一片混亂，從東方射過的強光和煙霧像巨魔般驅趕著群眾往反方向棄逃，果然一動不如一靜。

姚嘉文這時問我：『往那裡走？』

如果我們要叛亂，要造反，這時應該往市政府方向，前方是空無行人、車輛的大道。我卻告訴姚嘉文：

『回服務處。』

這段回程，有小型衝突。那是群眾緊急避難的正常反應。

回到服務處之後，我們立刻把群眾很快就安頓下來。群眾或坐或站，很專心的聽我們的講者演說。有鼓掌、有笑聲，是一群善良又渴望聽到新聲音的人民。這時，有幾位受傷的群眾被扶到服務處，我叫工作人員帶他們去診療並支付醫藥費。

我正計劃等群眾更平靜，適於解散時就中止當夜的紀念活動。但，這時，壓暴部隊又移動方向，從南方中山路把我們堵住。我們完全沒有收到『第二次解散令』，鎮暴部隊就以三十人一隊的三角隊形刺入群眾，企圖區隔萬人的群眾大會。他們很快就被吞沒在群眾之中，有的群眾拾起木棍敲打他們的頭盔，叫他們原地坐下一起聽演講，有的軍人乘機逃離人群。基本上現場衝突還不劇烈。但是，很快地，鎮暴部隊大量施放瓦斯，一波又一波，從南方朝北放射。當天是颳北風，鎮暴車卻從南方施放。一波瓦斯過來，群眾後退；當北風把瓦斯吹還南方，憤怒的群眾就拔起馬路邊的鐵條、石塊攻擊鎮暴部隊。然後，又一波噴來，群眾往後奔逃，北風把瓦斯吹往南方，群眾撿到什麼就衝向軍警還擊。這樣，一波來，一波去……。

雙方在這個階段受傷的人最多。這個鎮暴部隊指揮官是很差勁的，如果我是指揮官，我會把部隊調到北方，瓦斯就不會回流，嗆到自己並引群眾反擊。」

「施明德，你說你的，不可以批評指揮官。」審判長又插嘴。我不回應接著說：

「這個階段的衝突，我認為群眾是在行使正當防衛權。鎮暴部隊沒有下達解散令就對手無寸鐵的群眾採取施放瓦斯等等暴力手段，人民自然有行使正當防衛的權力。

我對高雄世界人權日事件的結論是，一如我剛剛的陳述，治安單位沒有三次下達解散令，在法定程序不完備的狀況下，就對我們及群眾採取暴力鎮壓，導致人民行使緊急避難權和採取正當防衛權。我相信，軍警到今天也拿不出曾三次下達解散令的證據，呈庭來反駁我的指控。

整個案件不折不扣就是：『未暴先鎮，鎮而後暴！』

這就是高雄世界人權日衝突的真相。

對受傷的軍民，我覺得難過，也自覺有道義責任，但我不認為我們有什麼法律責任。」（參閱聯合報、中央日報、中國時報、臺灣時報、青年戰士報、台灣新聞報一九八〇年三月二十八日）

我聚精會神的滔滔答辯長達兩個多小時，只有大綱，沒有書狀。那是聚集一生所學及膽識與判斷的結晶，我不求在法庭得到正義的回饋，我只求留言史冊。在滔滔快速陳詞中，我同時也注視著檢察官與法官們的反應和互動。當我提到幾點新論述，像「先抓人再找證據」，像「先鎮後暴，鎮而益暴」，像「外科手術，移花接木」製造自白書、筆錄等等，就有法官會提筆書寫些東西，推送到檢察官面前，檢察官也會寫些字，推送到審判長手中。

當我答辯完，仍站在原處，等待檢察官與我交鋒辯結時，審判長突然宣布由我的律師先做答辯。然後，叫我先回座。我相信，那是他們已決定必須利用更長的午休時間讓他們會商檢察官應該如何在第一時間反駁我，不管最後他們如何判決，但，面對公開審判，他們也得給個「説詞」，好讓媒體運作。儘管他們，有法官、檢察官及幕後策士一大票人，我只有單兵作戰。但，某種程度是我暗敵明。我到底會如何辯答，我事先既不呈書狀，也不跟我的律師討論，連我的律師都不知道我會在法庭上説什麼？法官與檢察官當然更無法預測我會如何反擊。這場公開審判，掌權集團真是高估了自己的才學、智慧了。尤其，他們完全沒有料想到我的發言，我的辯詞，我的肢體語言，完全不是在奢求法庭的寬恕，我是在利用公審向國人演説，告訴國人如何為自由、民主、人權奮鬥下去，而且言簡意賅，抓重點，説道理，是讓歷史記下我們這一代人如何為台灣的自由，而自願犧牲、奉獻我們自己！

奉獻者無敵。

當我回到坐位，沒有掌聲，沒有擁抱，但，我自覺是個凱旋歸來的戰士！審判席上五位法官的臉龐瞬間變臉了。我看到的竟是鄭金和、詹天增、謝東河、陳良和江炳興五位坐在法官席上對我點頭微笑！我的淚液模糊了視線，我眨了眨眼，法官們又變臉了，依然是那五個官模官樣的法官。

我常常會有這種錯覺。我在大審中會有和其他同事不太一樣的言行，是我常常覺得泰源烈士與我長相左右。

心中有先賢先烈，個人會更具靈性。國族，亦同。

尤清：「不能拿施明德去祭神拜鬼」

十五位律師中，現在我只認識尤清。他曾經和我有一年高中同學的交往。他很務實，立志當律師。我則早早已決定要唸軍校，要搞革命，外表像文青、喜好文學、詩詞，內心則熱血澎湃，是個追求殉道的天主教徒。

尤清一人身兼張俊宏和我的律師，一個多月來閱卷，到高雄勘查現場，尤其八天連續開庭，他已經疲憊不堪。他數日在法庭表示他已病了。但，仍勉力支撐。張俊宏話不多，我則完全不同。滔滔不絕地快速快語，尤清常常速記不及，要求法庭勸阻我放慢語速。特別是從律師接見，我一直不對他坦言我會不會行使答辯權或如何答辯，所以，每次出庭他和鄭勝助律師只能全心全意注意聽。從律師角度而言，我真的不是一個好當事人，但，情況特殊，我不得不然。其實，從一開始我就覺得不必靠律師辯護，我要走的辯護路線是律師不能走也不會走的。

今天，尤清已做好準備，也準備好答辯狀。他足足發言了八十分鐘，引經據典，從法理到判例一一論述，幾度審判長要他長話短說，提醒他這是法庭不是課堂。但是，尤清仍堅持說完。他講法理，不失人性，不像黃信介的律師從細節找錯誤，很可惜的是，每家媒體版面都有限，大部分的版面已被我的長篇宏論，和檢察官對我的反擊佔據了。

所以，呈現在媒體上的篇幅並不多。沒有報導就沒有討論，對社會的影響自然減少。尤清發言完，把他的訴狀也給了我一份。

尤清的辯護是從質詢公訴人，即檢察官開啟。像所有律師，包括姚嘉文、林義雄他們的語速都很緩慢，以便書記官和記者筆記。

這已是他們職業習慣，不像我的連珠砲快放。他們的語速應該比我的慢一半以上，中間會在重點處停頓。

首先尤清開口：本辯護人可否請問公訴人兩個問題，是公訴人昨天在論告終所說的。第一，是否已對本案認為是一項非暴力的其他非法方法顛覆政府案件？第二，是否將奪權計畫列為被告之犯意？其次，也請公訴人對論告中所說的漸次升高暴力作解釋。

檢察官：公訴人起訴書係根據懲治叛亂條例第二條第一項意圖以非法之方法顛覆政府而著手實行而起訴，即刑法第一百條之罪。尤辯護人所稱奪權計畫屬於「著手」，大致沒錯。

尤清：我是說是否犯意？

檢察官：根據行為，我們是可以認定犯意的。

尤清：那它是否犯意？

檢察官：行為是可以認定犯意的。

尤清：那麼，好，請書記官列明筆錄：「行為可作為犯意的基礎」。再請問，公訴人起訴書所謂「漸次升高暴力」是什麼意思？

檢察官：由企圖升到暴力。

尤清：公訴人的意思是否是說，漸次升高暴力為非暴力？

檢察官：漸次升高暴力是他們的手段。

這時審判長出來制止，他怕檢察官招架不住。尤清還準備繼續追問。

審判長：尤清辯護人，對於這些我們自會有斟酌，現在請你就事實和法律部分提出辯護吧！」

尤清：在本辯護人開始答辯之前，先要作一段概括性的敍述，因為現在並不是我們在審判被告，而是全國的國民也在審判我們。在公訴人的起訴要旨中說到本案為懲治叛亂條例二條一項之叛亂案，但叛亂罪之認定為法律效果，其構成要件要根據刑法第一百條，需有破壞國體、竊據國土、變更國憲、顛覆政府之意圖及著手實行之行為，亦即起訴書及起訴要旨中之所述，亦即內亂罪，對此，本辯護人將予闡明探討。

其次，本案之被告起訴為叛亂罪，在學理上稱之為政治犯，對於政治犯，必以其在政治上的確信為基礎來加以探討，這也涉及到行為人的政治思想。基於國家的制度和為被告考慮對於這一部分，本辯護人願在庭上作有限度的節制，詳情將有書面呈庭參考。至於對於六十八年十二月十日的高雄事件，主辦及參加者之動機在於紀念國際人權日，這便涉及國際及國內之人權問題，如此事件之參加者均為黨外從事政治活動之人士，這涉及憲法保障的國民參政權，也涉及人權的保障與人權的限制。

由此，本辯護人將檢討到國家的概念。國家的主權在於國民全體，然而，人權的活動並非毫無限制的，這便涉及到限制是否要當的問題，限制不當的話，在學理上有個比喻：用有洞的桶裝水，結果是水會全部漏光。本案起訴書中對於叛亂犯，包括有企行犯之涵意，但企行犯並非現行犯，這在我國刑法學者蔡墩銘的著作中已有論及，可供參考。而問題歸結來，便是對於叛亂犯構成要件確當性的問題，也就是企圖和行為的問題，對於這個問題，以及有關叛亂犯的犯意聯絡的問題，將成為本辯護人辯護的要點……。

審判長突然打斷尤清的發言：尤清辯護人你離題太遠了，請你不要在這裡做學術研討。

尤清：我不是在做學術研討，因為這牽涉到本案的基本關鍵……。

審判長還是要阻止尤清發言，不像對我那麼容忍，畢竟準死囚和律師的待遇是不一樣的。審判長正色地說：我們這裡是執行機關，不是立法機關。

尤清：是。辯護人並非在作學術研討，對這部分，我將有書面呈庭，有些不便在庭上陳述的，將一併呈庭，另有一份副本請轉交給被告施明德。

接著，尤清開始辯護：被告等均為黨外政治人士，自停止選舉以來，被告等已無政治活動機會。若不舉辦活動則勢必無法接近民眾，我國憲法保障人民之權利，除了要排除影響生存的消極權外，還有給予人民種種積極的自由。美麗島雜誌所辦活動應為憲法保障下的人民集會結社之權。

起訴書中又說美麗島雜誌為顛覆，亦一無證據，對施明德與陳菊、林弘宜、呂秀蓮如何勾結之事毫無證據，在所查的唯一證據中僅張楊宜宜之地址與電話，然而張楊宜宜至今是否可稱叛國份子猶有爭論，況亦難據此認為叛亂。至於在施明德處所雖蒐獲若干報紙雜誌，施明德早已陳述為其妻艾琳達所有。高雄人權大會的建議出於長老會牧師，是在梧棲一次聚會中建議的，而且十二月十日施明德於現場亦無內亂之行為，因此，高雄暴力事件純屬意外事件。

內亂罪之構成須有企圖因此亦稱目的犯、意圖犯，如意圖與行為不確當，則罪名便不成立，刑法第一百條之罪名成立需有四項要件，因此，其保護之客體有四：國體、國憲、國土、政府，也就是說，其目的在於保護憲法為主體。對於這點，我國刑法學者韓忠謨曾經提過。現代法治國家的憲法制定國家準則，所以國憲包括了國土、政府等。依此，在肯定憲政秩序下，去取得政權均不能稱之為顛覆，更難稱奪權，尤不能稱為叛亂。對於叛亂意圖，需為「不但明知，還有意讓它發生」，亦即「確定的故意」，而今被告並不知高雄事件當日是否會暴動，如何可稱為具有叛亂意圖？法庭論斷行為時應謹慎嚴格，「著手」即其行為已達破壞之目的，即已「著手」與意圖之間必須相當。

本辯護人曾三度履勘現場，現場僅一三〇五平方公尺，而擠滿一萬以上群眾，這實已達「未暴先鎮，鎮而後暴」之地步，請庭上明察。至於稱本事件妨礙交通，當時雖部分阻礙交通，但並未引起高雄市騷亂，黃越欽教授當日於離開現場後，在接受記者訪問時曾說到遠遠的看到夜市仍燈火輝煌，可見未曾引起騷亂。

另外，內亂罪保護之客體為國家政體，本暴動案所攻擊之對象為憲警，並非推翻中樞之行為，保護法意並非攻擊客體。況高雄市在全省面積中佔甚小部分，因此其不屬叛亂甚明。被告毫無打破憲政體制之意圖，僅為憲政保護體制下之活動，被告供述時已劃分合法與非法顛覆政府之觀念，政黨相互競爭以取得政權，被告所供述者即政黨政治當軌之政權合法轉移，並非刑法第一百條之罪。

被告施明德已一再又供稱其行為係個人依職權，與五人小組無涉。各地設立服務處之目的在於建立一個「無黨名的黨」，其已表明是要以合法手段參與政治，參政權應受憲法保障。憲法亦保障人民有言論自由之權，集會結社即為言論自由之綜合。這些自由雖可依憲法及戒嚴法來加以限制，但依戒嚴法第十一條第一款，地區最高軍事司令官所能限制的僅為涉及於軍事有妨害的集會結社與遊行請願。因此，高雄紀念人權日大會是軍事司令部不能不核准的，至多僅能依違警罰法第五十六條的罰則予以取締，作三日以下拘留或二十圓以下罰緩或罰役。刑法對人民的規範，是在民法及憲法等均無能節制時才用的，因此其為一項補充性原則。因此，就純法理的觀點而言，高雄人權大會只違反戒嚴法，或行政命令，或違警罰法，但並不違反刑法。

自十九世紀自由心證主義以來，「罪證有疑，利於被告」，亦可翻譯為「罪疑必赦」的原則，早已成刑事訴訟的鐵則。目前本案自白及筆錄的真實性業已動搖，對於本案，昨天檢察官引用門斯費爾德的話，我則引門斯費爾德（**Mansfield**）另一段話：「證據根據判斷，不能單靠邏輯，而且是靠人類常識的判斷。」另外，我還要引名法官荷姆士（**Oliver Holmes**）的一段話：「法律並非邏輯，而是經驗。」這就是說，證據是要靠經驗法則和證據法則來的，否則很多案子就辦不下去了。

這時審判長又打斷尤清的話：能否請尤辯護人精簡一點？

尤清笑著說：請再給我三分鐘，就要講完了。

審判長還嘴：你五分鐘早都過了！

尤清不再理會審判長：個人絕對不能作為工具，也不能作為方法，德國哲學家康德（**I.Kant**）說過：「人的存在本身即為目的。」

現在，我們整個社會都在審判我們，本案就是考驗我們的試金石。

……。

尤清無疑是十五位律師當中學養最豐富，法理辯護力最強的一位，而且他的辯護完全沒有顧此失彼，傷及其他被告。他的引經據典顯然如他所說的，是在事務所沙發睡了好幾夜的成果。雖然，他也像所有律師那樣不敢觸及我強調的「台灣應該獨立」等等的政治堅持，但他的辯護替我的合法顛覆政府和組織「沒有黨名的黨」……等等其他供述，披上了學術性的法理解說。他和另一位律師鄭勝助顯然都被整個社會的惡劣氣氛所震撼了，都確信我會被判處死刑。在整個審判中，他們兩位律師和我雙目焦集時，都會流露出焦慮、關懷和高度憐憫的神情。所以，尤清才會在辯護最後段時間感性地說，施明德於去年十二月十三日所謂脱逃後，報紙、電視等一再醜化、扭曲一個人道主義者的形象，全國人民把所有憤怒都指向他，似乎要把他殺之而後快。請諸法官不要受整個社會的氣氛所影響，「你們不能拿施明德去祭神去拜鬼」……。

鄭勝助律師的辯護

尤清辯護完，坐下。審判長點名我的另一位律師辯護。我完全不認識鄭勝助律師，也沒有在開庭前接見過。他對我的認識和了解完全是間接的，必然也不會是真切的。對像我這樣傳奇的人物，一定有太多附會傳說加諸我身，不管好壞，都會被相信著。鄭律師對我應該也是如此。所以，他才會在調查庭中聽到我首次供稱自己是在「合法顛覆政府」時，立刻跳出來想要「搶救」我的「失言」。那時，他一定完成沒有進入我的思考邏輯之中。但是，在大環境、大氛圍下，他被選擇站在我這邊了。坦白說，我並沒有什麼期待。在軍事法庭中，律師們的角色功能本來就很有限。一切程序照走，判決早已作成。

鄭律師的辯護，主要放在辯解我們的行為沒有達到內亂罪的「著手實施程度」，他只求我不要被判死刑，就算贏了官司了。這是很實際也很明智的抉擇。事後，尤清說，他和鄭律師討論如何攻防，鄭律師常常提醒：「這樣的話，可能會把施明德搞死。」鄭律師是謹慎型的人。我們都在台灣歷史法庭中，扮演了角色。鄭律師按照他的辯護狀，清楚唸出四大重點：

一、去年十二月十日為世界人權日，施明德準備對人權問題在該日舉行一次演講會以為慶祝。其靈感是得自於去年十一月十五日在梧棲長老教會舉行的「人權祈禱會」。該會有牧師、神父及韓國神學家參加。彼等建議黨外人士在該日舉辦慶祝節目。可見舉辦人權日的慶祝，原始動機極為單純。

二、不論其抗議方法是否允當，但目的不在意圖顛覆政府，則極明顯。至於強行開會，意在突破法令禁止開會之限制，似在爭取回復憲法及戒嚴法所允許之集會自由，尤不能因其爭取之對象為政府，即率謂係對政府之顛覆。

三、為象徵人權光輝而準備火炬，訂標語牌及支撐木根，唯恐發生火燒而準備滅火器，顯然非意在顛覆政府之工具，指控該等工具係叛亂證物，實與世界法界之見解相背。至於現場就地取材之磚塊、鋼筋、模板、角仔，非為顛覆政府之工具，更無足論矣。

四、十二月十日之大會，雖然不幸發生暴力事件，但群眾終未遊行市區，未向警察局、鼓山分局示威，實因施明德、姚嘉文以堅定的態度扭轉隊伍之功。而象徵政府權威或政府機關，如法院、市政府、警察局，竟未受到攻擊，而國旗也未受羞侮情事，實為暴動而非叛亂之又一明證。

輔佐人施明正與施明雄發言

鄭律師唸完狀子，審判長點名我大哥施明正和三哥施明雄以輔佐人身分發言。雖然是親兄弟，我幾乎不跟他們談政治，談台灣前途。但是他們還是因為和我的血緣關係被囚禁了五年，出獄之後又被特殊嚴格監視中度日。美麗島事件發生後，他們承受的壓力絕對無與倫比的沉重。我沒有想到他們會以輔佐人身分出庭辯護。他們事先也沒有跟我討論過如何陳述。他們一前一後從旁聽席走向麥克風處，因為他們都坐過牢大哥又有嚴重的僵直性脊椎骨，俊美的臉龐卻有付微微屈僂的背脊。他們的姿體流露著企盼獲得法庭寬恕的謙卑和過度禮數的拘謹，完全迥異於我的驃悍舉止。我擔心他們會像昨天黃信介、林弘宣、呂秀蓮的家屬們作出乞憫調性。

果然，他們一開口，調性就跟我完全不同，和所有家屬一樣，訴諸悲情。也許，所有相關人士，當事人、家屬、律師們、黨外人士、關懷者，在這麼肅殺的時刻都一致主張向掌權者、統治者低頭，避免進一步激怒獨裁者，選擇識時務的步數；也許，他們認為訴諸悲情能從台灣人中換得些許溫暖……。但，這是我討厭的，我拒絕過的路線。這，不是我的情緒反應，也不是英雄主義作祟，是我深思熟慮過的反抗哲學的精髓之一。面對外來統治集團，悲情就是示弱。訴諸悲情只會更柔化我族的心志，只有英勇的言行才能激發我族的鬥志，成為我族的典範，點燃我族的反抗巨火，雖死實生。訴諸悲情，最後仍然是人頭落地，只能換來一掬同情之淚，於國族毫無持久的助益！我早已選擇在死刑威脅下，強悍反擊！直擊獨裁者的罩門！在整個應付「美麗島大審」的大策略上，我顯然是絕對的少數。甚至是唯一的異議者、獨行者。從我兄弟的表情，我知道自己是完完全全的孤獨者。

這時，我還完全不知道蔣家統治集團已經採取最殘忍的暗殺行動了，連林義雄六十歲的老母，八歲的女兒，七歲的雙胞胎女兒都忍心一一用匕首，不是用槍擊斃，不是繩勒死，而是一刀一刀地刺殺！對這樣的外來統治集團還有什麼悲情可以訴說？還相信悲情會軟化他們的殘忍之心？從一開始我選擇的入徑，就是笑傲，就是把法庭當講壇，以烈士之軀邁向斷頭臺。公然地，在世人面前，讓獨裁者拔劍對我行兇！從第一次坐牢，面對死刑審判，我已經思考過也執行過的選擇就是：就是讓獨裁者公然對反抗者行兇，執行他們的所謂法律制裁一一死刑，而非偷偷摸摸的暗殺行動。暗殺，獨裁者可以否認。公然對正義凜然的反抗者異議者執行死刑，就是在製造烈士，也是公然與被統治的廣大人民為敵。這樣的殺人，既不威風，亦勝之不武，還會激怒被統治人民，惹起更大更強的反抗。獨裁者最喜愛的反抗者，就是在公堂之上認錯、悔過、乞憐、求饒之後，才淚灑斷頭臺的反抗者。我在《死囚》一書中已詳述什麼是獨裁者的阿基里斯腱！慷慨就義容易，要在法庭陳述理想、信仰和公義，這種機會自古以來有幾人能夠獲得？

我，獲得了。我，執行了。

整個審判庭我已經瀟瀟灑灑地幾乎就要走完全程了，我真的不喜歡我兩位兄長在這個時候擺出來的姿態和言語調性。何況，這種調性很可能勾起我的悲傷，讓我當場落淚失態。果然，當他們提到我出獄時，家已被早先出獄的政治犯蔡寬裕所毀，妻離女不認，財產全被奪走，孑然一身只能在夜晚棲身兄長的客廳當臥床時，我就泫然落淚了。

我忍不住了，我坐在位子上用台語對哥哥們吼叫著：「嘜擱講了，嘸意義啦。」

我的兩位兄長愣了一下，不知如何是好時，全法庭都寂靜下來，法官們也相當意外，所有的臉都是僵住的表情，彷彿在說，你自己不求情，兄弟替你求情也不准？

突然林義雄轉頭，亦以台語用相當大的音量對我說：「**NORI**！給他們講啦！」全法庭的人也都聽得到。

我當下判斷這種策略，林義雄即使沒有參與，也是他同意的。這段日子所有徬徨恐懼的家屬們都只能相依扶持，和律師們研究如何營救，如何爭取同情，如何免去死刑。這時，戰鬥、反抗、轉敗為勝，絕對不是他們敢想敢做的事。我完全理解，不再敢侈求。

我只好舉手向審判長示意，讓我離庭。我無法阻止或改變外面家屬們的決議或策略，但至少我可以不聽、不從。

審判長點頭同意，我就起身在憲兵押解下離開法庭。全法庭的人都傾頭看著我走出法庭……。

哥哥們的語音在我身後又響起……。

至少，我表示了我拒絕訴諸悲情，拒絕訴諸乞憐。也拒絕兄弟替我如此做。我的離席清楚代表了我的立場，我的選擇。這種突來意外的狀況，都是反抗者必須當機立斷的。

當憲兵押解我往看守所走，快到鐵門時，一個軍官快跑過來：「法官說，快午休了，可以直接把施先生回押房午餐、休息，下午再開庭。」

回到牢房，牢友已經替我留下牢飯了。囫圇吞嚥完牢飯，我就聽到黃信介和姚嘉文一前一後回押房了。顯然，審訊暫停了。

上午這一戰真的夠有力了。

我用了兩個多小時做完答辯，確實相當冗長。但是相對於我三十九年的生命，它只是一小段光陰，卻是我步上刑場前與世人的最後交通。我已經告訴世人，我如何活過這不凡的一生，及為誰為何而奮鬥了。我一生從未為財而忙，卻為信仰及族人努力不懈；接下來就是聽候死刑宣判了。

我像鏖戰後的猛獸癱倒在單薄又簡陋的棉被上，人卻徹底放鬆了，有種虛脫般的解放感。

然後，竟然快速悄悄入睡了，直到牢門被打開，獄吏又來提我上法庭才醒來。

再度被押往法庭

我知道我極其艱辛的「文鬥」，幾乎已經結束了。

我再度被押上法庭。這一趟押解路，這八天來我已走了二、三十趟了。一天，上下午來去就共有四次。幾乎同樣的押解者，幾乎同樣的攝影機，幾乎同樣地天天攫獲住台灣人民的眼睛……。

這次軍法公審據說掌權集團原先預估，只要四個審判日就會結束了，他們一定出乎預料地竟然從三月十八日拖到今天三月二十七日了，還不能結束。對我來說，這是影響深否的關鍵點之一。

台灣四百年來屢有反抗行動。但，從沒有反抗行動如此公公開開被審判，還在國際媒體和國際人權團體注視下進行。二二八大屠殺雖然代價慘重，但，台灣人並不知道他們為何而死，也不知道他們在追求什麼?台灣人只留住恐懼、害怕的印象。事件發生的過程和結束台灣人知道的，都是破碎的、片段的，亡者的遺書是訴悲的、不完整的，媒體報導也極有限。最後，二二八大屠殺只留給台灣人：「沉默是金，反抗必死的恐懼」。甚至到了今天，二二八大屠殺已經過去三十幾年了，它仍然是個禁忌，台灣人連談都不敢大聲談。二二八遺族更是怕到不敢承認他們有家人在二二八大屠殺中喪生。為了生存下去，有的遺族還必須比別人更大聲地歌誦蔣家政權的德政。有些還必須淪為抓耙仔，以求存活。二二八大屠殺造成的恐懼感，成為蔣家獨裁政權的白色恐怖統治最堅實的基石。也許就是因為這種「樣板」，蔣經國及其核心幕僚才敢決定公審美麗島事件，想複製二二八的恐懼，好讓他們再安安穩穩地統治三十年。

他們一定預料所有被告一定會畏畏懼懼在法庭中認錯、求饒，或翻供卸罪。這幾乎是全人類被統治者面對死亡審判時的常見影像。即使東京的戰犯審判，或紐倫堡大審戰犯審判，戰犯即使曾是大將軍，在法庭依然猖狂不起來。

這些歷史教材在審判過程中，一再提醒我，死要死得瀟灑。

我已經看到第一天七個被告排排站，我雙手插在褲袋中，一臉笑傲之姿的相片。這是擺給統治者，壓迫集團看的。老子就是不怕你們！悉聽尊便！

這幾天，我很喜歡回味這張相片，它抓住了我要展現的內心世界的精髓。這張相片一定會永遠鞭策我，為理想、為信仰、為原則、為榮譽，為台灣奮鬥下去。有榮譽心的人，懂得自律。自律的力量大於他律。

但是，死亡之路絕對難行，孤單、恐懼如影隨行，只能靠自己不斷給自己打氣，給自己價值和勇氣，一刻都不能輕率。

戰鬥已經接近尾聲了。最困難的部分，我都已完成了。我有種自傲的自覺。懷著這樣的心境我再度走入法庭，我仍保持往日的姿態。只是我自己知道，此刻我內心的感受和前些次都不一樣了，多了一種成就後的自信。

檢察官八股的反駁

我坐下來，等著看審判長是要點檢察官答辯來反駁我，或快速點姚嘉文等人，好讓公審可以快速結束。公審已經進行第八天了，台灣人民一起上了八天的政治大課。這是史無前例的。審判長上午還公然要求我「不要做政見發表」，只是我立刻頂回去，繼續講。哼，我來出庭不是要俯首認罪求饒的。這裡是我的講壇，生命最後的舞台，我焉能放棄？

我意料法庭再怎麼急著要終結，也不能省掉對我上午兩個多小時辯論內容的反駁。我當然不可能幼稚到認為他們對我提出的政治性證詞不作反駁。如果他們夠智慧，就應該讓我講的話像一陣風般，吹過了就無痕無跡。越反駁越能刻下深痕，越能流傳。從傳播學來說，這些反駁正是另類宣傳，我一點都不嫌棄，我深信狗嘴吐不出象牙。我預料要針對我的證詞作反駁，也絕對不是這兩個檢察官的學力所能做到的。審判長才會在施明雄、施明正說完話之後，就中止庭訊，好讓檢、審及幕後智囊團研究如何反駁我。

果然，審判長點名兩名檢察官翻開預備的文稿，先後一一反駁我。我洗耳恭聽，但，我心篤定。這些審、檢及智囊的思想都是被灌入的，他們的頭腦都是像罐頭，同樣的內容，同樣的質與量，完全規格化，三十年來不改變不修正的統一教材。我的頭腦不一樣，我是自行採食花果雜物，自行調配點點滴滴分裝進去的。我的大腦，我的思想早已自有體系，不像他們的是規格化的。

檢察官拿著稿子認真的唸著，句句都是文字語言，不是口語。

對我的「台灣應該獨立，而且台灣已經獨立三十年，現在的國名叫中華民國的『中華民國模式的台灣獨立』」。

林檢察官先重複了我上午的證詞，這是我心底期盼的，在報禁時代，檢察官的說詞一定會被大大刊登於各媒體，等於替我做宣傳。至於他也提及國際法的說詞部分，我聽得出來，是從政治學及一般法學中獲得的一般概念，不像我的證詞是精研國際公法後，得出的有憑有據且具獨特性的結論。我不是臨時瞎掰出來狡辯，以求脫罪的謬論。

林檢察官然後說：中華民國自一九一二年以來一直是獨立國家，主張中華民國三十年已有獨立之事實，乃是被告施明德的基本認識之錯誤。「三十年來我政府對中國大陸未能行使實體的管轄，並未表示我中華民國對中國大陸主權之放棄。事實上，收復大陸是我國全體同胞一致之目標。固然國際社會中，一個國家僅能有一個政府，但這不是國際法的原則。中美斷交後，我政府堅持政府對政府的原則，是指要求美國應和我政府維持官方形式的外交關係。我政府絕非主張獨立於中國大陸之外而存在，更非承認共匪偽政權之合法地位……。」

「被告觸犯的是我國的國內法，卻在法庭大談國際法，公訴人有語焉不詳，不知所云的感覺……。（參閱一九八〇年三月二十八日聯合報等等報紙）

我一邊聽著，內心一邊嘀咕著，胡說八道，反共八股！這已是我們聽了三十年的國民黨廢話。這種虛幻的對中國大陸擁有主權的主張，是蔣家統治集團用來維護其長期獨裁統治權的話術。強調中華民國還擁有整個中國大陸的主權，不是天大的笑話嗎？但是，經由檢察官之口又說出，人民一定會思考這類「八股」是否荒謬？

檢察官又對我指控的，「先抓人再找證據」，反駁說是他們有合理性的「懷疑」。對我指控的「先暴先鎮，鎮而後暴」，他們則是採用對仗式的「以暴引鎮，鎮而益暴」反駁。他們的反駁都在第二天的各大報整版刊登，大大的作反面宣傳。這，就是我出庭辯論的動機。利用蔣家的舞台，讓獨裁者變成被告，清算蔣家的罪行，也讓他們的反駁自曝其短，淪為笑柄，拉開敵我雙方的素養。

兩名檢察官作冗長的駁斥後，我還是忍不住又舉手要求答辯，審判長允許我作答。我走上前，首先，我質疑檢察官僅以黃信介和洪誌良做鰻魚生意和中國駐日大使會面，就「合理懷疑」美麗島政團有叛亂嫌疑？這一點和指控我們的台灣獨立犯意和犯行有什麼直接或間接的佐證？足以對我們以「叛亂嫌犯」逮捕？這，當然是「先抓人再找證據」的違法行為。我正要進行其他反駁，我突然又聽到林義雄在後面用台語說：

「**NORI**，你講很多了，已經有夠了，不用再反駁他們了，免擱講啦。」

審判長趁機說：「林義雄勸你不要再說了，你還要再講嗎？」

確實，我八天來講的話，可能比其他七位戰友加起來的話還多。檢察官的反駁其實只是自曝其「八股」而已，對人民沒有什麼說服力。只是遭到我上午的挑釁之後，他們用詞越來越重，越具荒唐。也許，林義雄擔心我這種反應會對我更不利；也許，林義雄律師認為這是法庭運作的常軌，被告講完，檢察官反駁，程序就走完了，被告不宜再多說。但，我本來就是不想做一個「正統」的被告嘛。

如果，我也想做「正統」的被告，這個軍法大審就不會太出色，這個軍法大審就會輸掉了。

我頓了一下，我的鬥志有點受到壓抑的感覺，但是林義雄畢竟是我方的人，然後默默退回座位。

審判長點名姚嘉文答辯。

姚嘉文的答辯

姚嘉文的法庭辯論是這樣開始的：

審判長問：姚嘉文，你有答辯狀嗎？

姚嘉文：答辯狀有，但今天要說的沒有。審判長請不要急，我們在調查局被單獨關了五十幾天都沒有人著急，現在何必在乎這點時間？

審判長，各位審判官，我對本案有幾點意見。由於隔離調查，使被告對案情不清楚，直到這幾天聽到其他被告答辯才清楚，今天我再度對隔離被告調查證據表示異議。

這次被抓了六十幾人，他們的供詞我曾要求閱覽，但是從未答應過，這些人他們參加高雄事件，他們的證詞不管有利不利都應提示，為什麼只挑不利的那幾人呢？

被告的自白書一再強調我的思想與美國的台獨思想不一樣，這很明顯。被告一直請求庭上了解我思想的內涵，同樣台獨思想有一百種以上，我們所講的是台灣民主化。

被告不知公訴人能否說明，根據我了解暴動以外的非法方法，並不包括暴動的準備工作，公訴人應告訴我們他所指控的非法暴動是從什麼時候開始，實點在哪裡？這是起訴書從未提到的。

被告認為政府很多事還是可以信任的，可是當我第一次獲准與太太會面時，我無從回答她的問話，他問我自白書怎麼會這樣寫呢？我不能回答，被告參加黨外政治活動時，有很多人告訴我，有一天會被捕，不管什麼理由。我覺得我這樣子無法向我太太及朋友交代，因為我一再告訴他們，只要合法從政就安全。

從被告對公訴人的指控有三點絕不承認，第一是我不承認高雄事件是短程的奪權計畫。第二我不承認林弘宜的五千元美金是張燦鍙交付給我做叛亂經費。第三我不承認高雄事件，在事前我已全部知道。

至於起訴書上很多地方的用字，被告不知道他們是怎麼弄出那麼多名詞。檢察官一直對我好，被告到今天都沒有抱怨。曾有一位檢察官告訴被告，他也相信高雄事件是件意外，而不是叛亂，但政府必須這樣處理，被告也相信庭上你們也無能為力推翻被告的自白書，我從事律師業務那麼久，了解你們要推翻自白書是不容易的，自白書大部分是對的，但主要關鍵卻經過刪增及修改，所以我只就自白書論述，不就筆錄，因為筆錄是從自白書抄來的，被告相信在青天白日下，比在三更半夜的回答更為可靠。

被告在答辯以前，請求檢察官一件事，如果以後碰到這樣的案子，不要把人犯交給偵察機關，我希望大家不要對我們的法律絕望，如果沒有法律的話，今天被告不會在這裡聽到這麼多話，庭上也不會聽這麼多事實，我在這裡說明的是檢察官起訴書是根據不公正不公平的自白書所寫，在抄寫的時候，有些很長就刪短，有些無法連接，就把結論變事實。

被告現就記憶中自白書的內容來答辯檢察官的起訴。

檢察官在起訴書中對被告叛國思想認為是早年受彭明敏蠱惑。我承認與彭明敏談過許多問題，不只彭明敏，還有許多關心國際法的中外教授，不知道檢察官為什麼對彭教授特別有興趣。

起訴書中指出黃信介指示我們成立五人小組，發展組織等控詞，昨天早上我發現檢察官的論告沒有這點，如果檢察官不再做此堅持，被告就不再答辯，我記得自白書上是說六十八年三、四月，黃信介為出版雜誌曾指示我們五人研究發行雜誌工作。起訴書卻變成我們在研擬奪權計畫。

被告一再表示五人小組只是簡稱，有時候我們在一起不是五個人，也有二、三個人的時候，每一次在一起都是非常散漫的討論，只有一次在許信良家談話，曾提到黨外工作的幾個原則，而這幾個原則卻變成指導五原則。

檢察官在起訴書所引述的五原則與我自白書完全不一樣，在我記憶中，調查人員曾告訴我，其他被告對五原則不清楚，只有我最清楚，所以我提出說明：「實力原則」是什麼？我想讓關心我的人了解，過去黨外人士經常採取批評政府的方法以獲得游離票的支持，這種傳統競選方式必須改變，以後不用如此就可獲得支持，那就是訓練口才、充實知識、發展組織。這就是我的「實力原則」，而「暴力邊緣」是根據杜勒斯的「戰爭邊緣」而來，「暴力邊緣」不是「實力原則」，我這樣說有人會誤會，但檢察官沒有誤會的可能。我在自白書寫得很明白，但起訴書卻硬說「實力原則」乃是以暴力準備而採取的原則，我很吃驚，他刪掉很多。

檢察官把黨外工作五原則變成叛亂指導五原則，我想這是很遺憾的一個誤會。

姚嘉文這時頓了一下低頭翻他的辯論文件：

審判長、各位審判官：被告願意在此再度對高雄暴力事件表示遺憾。對於被毆打的憲警，以及受驚慌的市民，被告為自己以及美麗島工作同仁，在此再度表示我們的歉意。這種暴力行為的發生，不是被告所願意看到的，更不是有意使其發生的。幾年來被告參加黨外活動，主張以和平合法的方式，推進台灣之政治民主，言行有時過激，但從未主張採用非法或暴力方式。沒有錯、台灣內部存在著某些衝突，存在著某些危機，某些矛盾如施明德今天所說的。有不同政治見解互相對立，但這種衝突、危機與對立卻不是藉暴力可以解決的。

自從六十七年（一九七八年）底美國總統宣布與中共建交以來，關心台灣前途之人莫不憂心忡忡，被告熱愛民主政治，關心台灣前途，不落人後，所以熱心參加美麗島成立之前後的黨外活動。被告承認在這段期間有兩點觀念上的錯誤。第一、過分恐懼國民黨內有投降中共的傾向，有如鄭成功時代施琅將軍一樣投降大陸；第二、過分憂慮政府會實施進一步的軍事統治。因為被告等人的共同政治願望是：使台灣免於陷入中共手中，並且可以實施政治改革。現在檢討起來，證明這兩種憂懼都是過分的。我很高興在此承認我的錯誤，很高興看到目前為止，全國同胞仍然堅持反共立場，也沒有加強實施軍事統治的趨勢。

被告主張台灣應以現狀為基礎，實施政治改革，並相信這種改革不必採用暴力或非法方式可以達成。被告在有關文件中也一直強調這種想法。審判長、各位審判官、以及在庭旁聽的諸位，應該可以相信，被告縱然愚不可及，也不會相信採用高雄事件的手法，可以達到顛覆政府的目的。

被告覺得本案雖然在審判高雄事件，卻好像在審判被告的政治思想。中華民國實施憲政已三十多年，台灣地區人民的民主意識與訓練，已經可以實施更進一步的民主政治。台灣地區的國際形勢極為不利，如何使台灣的現實狀態得以保持，是當今全國上下一致關心的問題。

蔣經國總統於去年初公開提出中美關係五大原則時，也以「現實基礎」及「政府對政府關係」原則，要求美國對中華民國現狀的承認，這些措施是正確的，也給了全國同胞——包括被告在內，很大的衝擊及影響。現在關心台灣的人莫不有一套政治思想。治安及偵訊人員在談及這些問題時，將保全台灣現勢的看法冠上「台獨思想」的名稱，再由檢察官改稱為「叛國思想」，對這種敏感問題，如此斷章取義，是很容易引起誤會的。

本案檢察官起訴亦是主張被告用高雄事件作為推翻政府的方法，所以庭上所應斟酌的，是被告是否有意用高雄事件來推翻政府，不是被告思想是否正確。偵察中思想是否正確？在偵察中辦案人員及檢察官從來沒有問起被告是否用高雄事件來推翻政府？我記得審判長自始自終也沒有問起這句話。

被告參加黨外政治活動，完全是因為關心台灣的前途。被告相信台灣政治的改革，是一種無法阻擋的時代潮流。這種思想與要求不能被指為「叛國思想」，任何一個國家都應該在適當時期調整其國家政策，來維護國家的利益及人民的權利。被告願提醒並要求檢察官及各位審判官修改卅年來的政治觀念，以符合時代的觀念來評價被告等人的政治思想。（參閱中國時報一九八〇年三月二十八日第三版）

姚嘉文慢條斯理地這樣展開他的答辯。接著姚嘉文談到美麗島雜誌發行增加的經過。他說，美麗島雜誌相當暢銷，由於發行過速在各地社服務處，這也是引起今天問題的原因。

姚嘉文說：其實我們的活動一切公開，中國國民黨曾派關中教授與我們聯繫，他認為美麗島雜誌及黨外總部不應該在各地設立辦事處，不要發展那麼快，其實這些辦事處都是地方人士要求設立的。美麗島活動及組織，有關情治單位亦都派人與我們聯繫，我們大部分都告訴他們實況。現在竟把美麗島視為叛亂組織及團體，我們實在無法接受。

我主張全面改選國會，組織新政府。但從來沒有主張成立台灣新政府。

姚嘉文說：事實上他不是受變法運動的影響，影響他最大的是一位德國記者，這位記者與他談過，認為我們何妨學德國基本法，根據這個基本法德意志領土包括東西德、東西柏林。

姚嘉文有點不屑的語氣說，起訴書將被告等人描寫成為二十世紀的西班牙唐·吉軻德，是一群愚蠢無知的山林好漢，是一群不知死活的夢幻騎士。然後以叛亂罪相加，這種作法，難以令人相信，也不合法律。我相信檢察官心裡有數，審判長及各位審判官經過調查審判以後，必然也有相同的感覺。

姚嘉文繼續說，高雄事件之發生有許多隱藏不明的神祕原因。依照事件發生經過看來，絕非美麗島同仁及民眾單方面的責任。被告更無意圖擴大之意。檢察官指被告當時期望擴大事件以顛覆政府，純為自欺欺人之談。

姚嘉文認為，台灣內部存在著某些衝突、存在著某些危機，也有不同政治見解互相對立，如上午施明德所說的。但這種衝突、危機與對立都不是藉暴力可以解決的。被告與美麗島同仁都深知這個原理，今日要求依循和平合法方法進行改革的，是黨外人士。相反的有某些人不同意我們的政治主張，他們一再揚言以自力或暴力方式制裁黨外人士。他們不容許台灣人民提出政治改革的要求，對主張政治改革的台灣人民，經常用「台獨份子」或「叛國份子」的罪名相加。本案檢察官起訴，希望沒有受到這種觀念的影響。

姚嘉文說，他與美麗島同仁有些政治主張與執政當局的政策確實是不相同，但雙方均以反共立場、反對中共統治台灣。只是執政當局堅持全面的政治改革必須等待反攻大陸以後才實行。我們並不反對政府反攻大陸，但我們相信台灣問題不能等待反攻大陸以後才解決。被告相信目前主張全面政治改革，尤其是全面改選國會是適當的主張，並不是叛國思想。今天貴庭審判被告的所謂「叛國思想」，便是在審判被告的這種思想。

姚嘉文指出，治安及偵訊人員在談及這些問題時，將保護台灣現勢的看法冠上「台獨思想」的名稱，再由檢察官改稱為「叛國思想」。對這種敏感問題，如此斷章取義，是很容易引起誤會的，無論如何，思想是無罪的。本案檢察官起訴，亦是主張被告用高雄事件作為推翻政府的方法，所以庭上應斟酌的是：被告是否有意用高雄事件來推翻政府，不是被告思想是否正確。偵察中辦案人員及檢察官從來沒有問起被告是否用高雄事件來推翻政府。

關於白白的任意性問題，姚嘉文說，我不願說自白是疲勞審訊，出自於不自由之陳述，因為這對我的名譽自尊不利。我個人遭到這樣的偵訊過程，等於否定了平常說的那句話「只要合法就安全」，我在黨外一直標榜第三力量，即是法律的力量，但現在的我是個活生生的例子，我沒有勇氣陳述那五十天，雖然平常我自認相當冷靜、有勇氣，但誠如聖經上保羅所說：「有誰懦弱，而我不懦弱」。五十天中，我並不比別人堅強，當他們告訴我，其他被告過年都可以回家去，我就答應合作了。

在那種情況下做成的自白書真可謂「盡信書，不如無書」。現在庭中青天白日下，總比三更半夜的問話來得好。我還不至於為了怕死刑，而在這兒翻案。我只要求法庭，以後不要長期的將被告交付任何偵察機構。這些人的政治名譽與政治前途應該由選民決定，不應該由幾名治安人員來決定。

姚嘉文最後表示，被告參加黨外政治活動，完全是因為關心台灣的前途。被告相信台灣政治的改革。是一種無法阻止的時代潮流，這種思想與要求不能被惡意指為「叛國思想」，任何一個國家都應該在適當時期調整其國家政策，來維護國家的利益及人民的權利。被告願提醒並要求檢察官及各位審判官修改三十年來的政治觀念，以符合時代的觀念來評價被告等人的政治思想。（參閱一九八〇年三月二八日聯合報、臺灣時報等等）

整個法庭靜寂的聽著，會被允許進場旁聽的人士都是各有立場的，也都必須在會後有所交代的。這畢竟不是一場普通刑案，被告、法官、檢察官、律師、家屬、記者和具有代表性的旁聽者都知道這是歷史性的事件，也預知有人會人頭落地。除非被告，像我是故意用輕鬆的語調和用詞讓法庭一陣哄笑，表示我對掌權者的不屑，基本上法庭內一直很沉重和哀傷的。姚嘉文的答辯和我上午答辯不管是用詞遣字或姿體語言，確實兩種類型。但都各擁答辯體系，不是好壞或優劣的不同，而是可以并存的不同。當姚嘉文進入更條理的法律的無罪辯護，我的思緒又開始聯想其他。我說過，十五年的囚禁已經把我磨鍊成可以一心二用的人。

姚嘉文是彰化和美出身，學有成就的律師。他是改革型的黨外人士，和林義雄很類似。他們有理想、有學養，深具台灣意識，長期以來深受黨外前輩影響，認為參選是從政之道，改革救台灣。長期共事後的觀察結論：他是一位胸懷理想性，務實性卻更濃的改革者。

我才出獄，蘇東啟夫人要參選省議員，蘇東啟一再南下拜託我去當他們的總幹事，操盤全局。最後我去了，贏了。我才在黨外圈竄起，終於被邀請擔任「全國黨外助選團」總幹事……。然後，才有機會被黃信介委員推薦為「五人小組」之一，成為台灣在野勢力的領導群之一。從此參與台灣空前的歷史性創業。而這五個出身、性格、作風都不屬太「同類」的人卻能共事，這種機緣是人類史上創造國家新歷史的偶然。

這種歷史的偶然，在很多國家都曾出現，並改變了那個國家的命運。一個國家在發生歷史性的大變革、大成就時，總是會有一群不世出的俊傑同時出現並且共事。歷史的事功就此成就。這時我的心中浮現一些歷史場景。

美國獨立戰爭時代，有華盛頓、傑弗遜、亞當斯、富蘭克林、哈彌爾頓。

義大利獨立建國有三傑，馬志尼、加里波得和加富爾。

中國大革命有黃興、孫文、蔣介石、汪精衛……。

蘇維埃大革命有列寧、托洛斯基、史達林……。

中國共產革命，有毛澤東、劉少奇、周恩來、林彪、鄧小平……。

大歷史的創造和改變都不是一個人可以獨立成就的。新國家、新歷史都是由一群傑出的人同心合力砌造的。各國的後繼者也都只能在他們篳路藍縷，千辛萬苦建立起來的基石上，往上建築。

在蔣家獨裁統治三十多年之後，在台灣被外來殖民統治三百多年後，台灣終於出現了一個「五人小組」：許信良、張俊宏、林義雄、姚嘉文、施明德，再加一位黃信介。這是台灣歷史上第一次出現集體力量。這六個人推動了「全國黨外助選團」、「全國黨外民意代表聯合總部」（簡稱「黨外總部」），成立「美麗島雜誌社」及各縣市服務處，把零散的台灣人力量團結起來，組織起來，有方向、有組織、有領導，現在這六個人中，除了在美國的許信良之外，全部都坐在這個法庭之中，接受死刑審判，而且公開陳述他們對台灣未來的希望……。

各國創造歷史的奮鬥者，命運都不會一樣。播種者未必有收割的機會。但是，不管他們未來的命運如何，他們都將在歷史上佔有一席之地，是新歷史的開拓者，新歷史的先鋒，新歷史的締造者。

看著姚嘉文以平和、緩慢的語調，一一逐點駁斥起訴書的犯罪指控。原本，我是很期待姚嘉文也能做政治辯護，攻擊蔣家政權的邪惡本質，指引台灣人的努力方向。

這時，我卻突然有種頓悟，或者說，是種完全不一樣的思考出現：

政治辯護，我一個人就夠了！而且，我已很完美的完成了！

死，一個人就夠了。攻擊手總是最被憎恨的，獨裁者必欲去之而後快。

革命，改革，都必須留下火種！

我沒有救了。姚嘉文、林義雄、張俊宏、黃信介必須活著，活下去！思想、鬥志才能傳承下去。火，不能全被撲滅。就像「泰源事件」留下我這個火種。

這種心境的改變，讓我聽著姚嘉文的答辯，從原先的期待心情，期待他也能做政治攻擊，轉變成完全認同他的法律無罪辯護。攻擊手，我一個人就夠了。在法庭上，被告中一樣極端需要防守者。姚嘉文就是最佳的防守員。

這一刻，是我近兩個月來認知上的大改變。攻守俱備，才能成就「美麗島大審」的歷史事功。只有攻，沒有守，可能就會死傷慘重。殺我這個攻擊手，殺我這個已被徹底醜化成功的十惡不赦的暴徒，就能殺雞儆猴，蔣經國就夠安撫他內部的激進派了，對外也足夠震懾台灣人的反抗心。我們不需要更多生命被犧牲掉。

姚嘉文對美麗島政團的所作所為及高雄事件等等內情的瞭解，是所有參與者之中僅次於我的人。他還是美麗島事件當夜的副總指揮。這些情事是否涉及叛亂，他是最夠格，最有能力做法律詮釋的人。

姚嘉文在被捕前夕的聚會中，他仍然堅信我們是無罪的，不會被捕的。他篤信法律，他相信國民黨沒有抓人的合法理由。迂腐也好，但他就是由衷如此深信，就讓他把這種深信呈現給世人吧。扮好這個角色，姚嘉文是不二人選。

姚嘉文用了一百分鐘緩慢地全面性的答辯，他和我是八位被告中最把大審當戰場在做準備的人。他和我的不同之處僅在：姚嘉文是法律辯護為主，政治辯論為次，還數度引用我上午的政治陳述，像民主主義和民族主義的矛盾，像主張國會全面改選等等，而且是做無罪之辯護。我則是政治辯論，政治攻擊為主，法律反擊殿後。正如審判長數度以我在作「政見發表」，而試圖阻止我沒有成功。

姚嘉文答辯完，法庭點名他的兩名我完全陌生的律師辯護。第一位律師謝長廷開口便說：

「被告姚嘉文的答辯已講出了本辯護人辯護的三分之二，我們兩位辯護律師現在只就剩餘的三分之一部分提出答辯……。」

這時，我已經尿急又想抽煙了，我舉手向審判長示意我想上洗手間。憲兵像往常一邊一個再加一個監獄官押我離庭。旁聽席每次上看我站起來，都會略有騷動，幾個攝影師也會趕緊向庭外移動。這時我注意到一個坐在第一排靠門的白人，年約六、七十歲方型臉，胖胖壯牡的戴付眼鏡用著充滿敵意的眼神瞪著我。對這個白種洋人，我竟然有點面熟的感覺，只是一時想不起來。

我回座時，他又狠狠地瞪我。許久，我終於想起來他是誰了。「全美自由中國之友協會」主席高德斯牧師！在我逃亡期間，從媒體上看到他在美國數度辱罵我們，指控我們是受中共指使的工具，是中共要解放台灣的同路人。呼籲國民黨政府一定嚴懲我們這些暴徒，才能安定國家。他還說，美國有艾琳達這種人是美國之恥。他的話實在太離譜了，我才留下印象。現在，他也被邀請來旁聽，當然是國民黨請他來說話的。對付我們，國民黨已無所不用其極了。這時我在心中暗罵一聲：「牧師當掮客，無恥。」一個如此強力的獨裁統治集團以嚴刑峻法來對付異己，還要找美國人來當幫兇，可憐啊。

謝長廷、蘇貞昌、周清玉辯護

謝長廷和蘇貞昌是姚嘉文聘請的律師，他們兩人共同提出的辯護意旨共有四點：

一、「全國戒嚴令」未由總統發布，「臨時戒嚴令」未經立法院追認。戒嚴令究係何時公布？論者也意見分歧，故庭上如擬就被告之犯罪行使審判權，應就戒嚴令是否存在，其效力程序有無欠缺等前提，依職權加以調查。

二、被告並無叛亂「意圖」與「行為」：

（一）刑法第一〇〇條第一項之叛亂罪，主觀上需有叛亂「意圖」，方法上要有「破壞國體、竊據國土、變更國憲、或顛覆政府」之實施，始與構成要件相當。綜觀本案起訴書之論理結構，係先主觀推定被告具有「叛國意識」，而後以該「叛國意識」存在為前提，其基本推論方式，頗有違法不當。

（二）起訴書稱被告姚嘉文「早年受叛國份子彭明敏蠱惑具有叛國意識」，辯護人檢閱卷宗，發現自白書涉及彭明敏部分，僅有「五十四年間，我曾與彭明敏交談，逐漸瞭解台灣政治改革之必要性」等文字，惟查彭明敏早於五十三年間已因涉嫌叛亂而遭　鈞部逮捕，五十四年或五十八年間斷不可能任教於台灣大學，甚為明顯，自白書及偵訊內容與事實顯有出入，何況談論政治改革，亦無違法可言，將「政治改革必要性之瞭解」視為「叛國意識」，並據以推定被告顛覆政府之意圖存在，顯有認定事實不依證據之違法。

（三）起訴書認定被告具有「叛亂犯意」之另一根據，係稱「六十八年七月林弘宣第二度赴美，復向張燦鍙、張金策等人取得美金五千元，交由張瑞雄帶交姚嘉文作為海外叛國組織支援叛國經費」云云。惟辯護人檢閱卷附所謂張燦鍙通信英文函內容，及根據共同被告林弘宣與被告姚嘉文的供述。證明，張瑞雄交付該五千元美金與被告時，係以台灣同鄉會捐助黨外人士政治活動費名義為之，起訴書指稱係張燦鍙支援叛亂之經費及被告事前知情乙節，毫無憑據。辯護人亦已具狀聲請　鈞庭囑託北美事務協調會向張瑞雄查詢，問明張瑞雄交款與被告時，有無提及係張燦鍙之捐款？

（四）起訴書認定被告意圖循暴力原則，策動暴亂顛覆政府，並謂有姚嘉文親筆記載「實力原則（即暴力邊緣）」之筆記本為證云云。惟辯護人檢閱卷附筆記本。發現僅記載「實力（戰爭邊緣）、（暴力邊緣）」，並無「實力原則（即暴力邊緣）」之文句。

關於實力原則之意義，被告於偵訊中已明白供述「今後黨外人士必須充實自己，不應期待只因反政府即可獲得支持。所謂充實自己，包括自己的學識、口才、對問題的瞭解以及工作人員的組織、訓練、選民的聯繫、拜訪等」。起訴書謂「所謂實力原則乃準備暴力，並不惜使用暴力」云云，顯係錯將「實力實則」與「暴力邊緣」混為一談，又將「暴力邊緣」與「暴力手段」不加區分之誤解。事實上，暴力邊緣，只是為爭取活動順利舉辦，有時外表擺出姿態，讓人誤信可能發生暴力，使對方讓步而已。

六十八年十二月六日被告歸納座談人士發言之活動五大原則時，因其中實力原則與「戰爭邊緣」、「暴力邊緣」有關，必須附加說明，乃與筆記簿原稿記載「實力原則（戰爭邊緣）、（暴力邊緣）」字樣，借檢察官引用筆記簿記載時，略去「戰爭邊緣」四字，而增加一個「即」字，使得原義全失。

（五）除前述數項「證據」外，起訴書並未記載認定被告叛亂之任何物證或人證。

三、自白方法內容之違法矛盾與長短程奪權計畫之虛構：

（一）羈押原因不備，羈押期間已滿未經法院裁定延長等情形，均屬違法羈押。

（二）依刑事訴訟法第一〇一條規定，被告之羈押，限於犯罪嫌疑重大，並有同法七十六條之情形，始得為之，所謂「犯罪嫌疑重大」與否，應依客觀證據認定，自不持言。惟起訴書記載之自白書，偵訊筆錄、筆記本。國家安全局報告等等，全屬羈押後調查或搜索之物，六十八年十二月十三日羈押被告時並無重大涉嫌叛亂之證據，而係先押後查，以羈押為偵查的手段，其羈押原因違法甚明。

（三）依軍事審判法規定——羈押應解送於軍事看守所。六十八年十二月十四日至六十九年二月八日期間，被告係羈押於調查局而非軍事看守所，其羈押處所亦有違法。

（四）本案檢察官羈押被告後，反而將人犯發交司調局，其程序正好顛倒，事實上無異由司調局執行羈押五十餘日，其羈押機關自屬違法。

（五）被告姚嘉文於六十八年十二月十三日即遭羈押，至六十九年二月十三日已滿二月，檢察官雖於二月六日向軍事法庭聲請延長羈押，但卷內並無准予延長之裁定，檢察處未經法院裁定延長而繼續羈押被告，其程序違法。

（六）被告自六八年十二月十四日發交司調局起，至六十九年一月二十二日司調局偵訊日止，在卷宗內毫無談話、偵訊或調查之紀錄，但在此紀錄空白之四十天內，卻有洋洋數萬字之自白書（註明作成日期為六十九年一月五日）附卷，其他被告之情形亦均類似，更令人不解。又查被告等於六十八年十二月十三日到案時，在檢察官面前，一致供稱高雄暴力事件係偶發行為，並非叛亂活動，有偵訊筆錄可稽，但在自白書及司調筆錄內，或自稱「陰謀」、或自認「叛亂」、或自承有「奪權叛亂計劃」，前後判若二人，誠屬難以置信。

（七）再查被告等之自白內容，不僅前後矛盾，抑且彼此矛盾。況取得自白之羈押及方法，違法之處甚多，而自白又係於祕密偵察程序取得。

四、高雄事件純係突發而非預謀：

高雄事件純係突發而非預謀，更非被告策動之叛亂行為，甚為明顯。

被告過去有非常豐富的演講與著述，不但未有發現任何暴力或顛覆之主張，正相反的，乃處處再呼籲民主、自由與和平改革，高雄事件之突發，實在被告預料之外，但作為一個政治活動的參與者，身為一位群眾活動的帶動者，眼見事件發生，軍民受傷，被告內心的痛苦，難以言宣，並願就此負起其一份責任，亦經記明在卷，此與政府再三宣示：「就案論案」之意旨，正相符合。依軍事審判法第十二條規定，實施訴訟程序之公務員，就該管案件，應於被告有利及不利之情形，一律注意，但起訴檢察官卻從未偵訊過被告，僅就卷內之書而資料片面擷取，引用程序，實質均有瑕疵且不利於被告之自白與筆錄，高估了被告等人之內心意思，低估了現場受軍警包圍的群眾焦躁心理，錯估了事件發生之遠因、近因及卷內許多對被告有利之證實、證據，將一場失去控制的演講會，放大了千倍、萬倍，遽斷為非法顛覆政府之著手實行；不但與事實相去太遠，顯違經驗法則，亦缺乏證據證明其說，認事用法均有違誤。

姚嘉文兩位律師請依軍事審判法第一七七條第六項之規定，請諭公訴不受理。（參閱一九八〇年三月二八日聯合報、中國時報等）

姚嘉文的兩位律師蘇貞昌與謝長廷很清楚把我們連日來在法庭的辯護事證，像違法羈押，非法取供，先抓人再找證據等等不法事證，整理成一份辯護意旨狀。在現代文明國家中，哪個政府敢如此違法亂行。但是，這些已是蔣家政權三十多年來的一貫行徑，用於對付異己者或無辜者。開完庭，軍事法庭也會如此奉命決判，彷彿沒有開過庭一樣。如果旁聽席的人像我這樣注視各法官的表情，就會發現所有法官和檢察官聽到這些辯護都一副老神在在的菩薩相，毫無異樣，也不反駁。這是軍法大審中，法庭很聰明的地方，以免辯論會引發更大的破綻，又可以製造一種審判很公平公正的假象。

接著周清玉以姚嘉文配偶身分站上輔佐人的位置陳述。她說姚嘉文已完成「大眾六法全書」的初稿，他一直想教育大眾守法的觀念。在輔仁大學和文化學院任教也不斷強調法的重要性，其著作「愛情與法律」、「護法與變法」也在提唱守法。他相信法律是社會正義的延伸。這樣人竟以叛國罪被起訴，是所有認識他的人所不能接受的。

周清玉說：她的先生是位理性，有正義感，負責任的人。他滿足於目前的聲望和地位，基於愛國、愛社會、愛人的心情希望從事和平的社會改革，他曾參加國大代表選舉，就是肯定政府的地位，要以合法途徑達成他的理想抱負。周清玉哭了起來，然後語焉不詳地說，林義雄家的悲劇不要再發生……。

審判長突然介入阻止她再發言。隨即宣布休息五分鐘，好讓他們和旁聽者上廁所。我聽到了「林義雄家的悲劇」，心頭一震，轉頭看了看林義雄夫婦，他們兩人仍舊是連日來的肅然。我不能問到底發生了什麼悲劇？悲劇有很多種劇情，所以他們夫婦帶孝……。隨著法官們和律師們離席上廁所，我沒有看到誰對周清玉的「林義雄家的悲劇」有什麼特別反應和表情，我心中只是多了一些關懷。嘆口氣，反對獨裁者總是要付代價的。這種自我提醒是讓我們能夠再走下去的動力。

張俊宏答辯

張俊宏在整個大審中都坐在我的右前方，多日來他一直正襟危坐，戴著方型的近視眼鏡從未流露一絲希望之光，在愁雲慘霧的法庭內，他的坐姿像尊石雕。我從後側多次注視他，企盼他給個四十五度的側臉，好讓我回予致歉的心意，但他沒有，一直都像石雕。

張俊宏出身南投教育世家。尊翁一生獻身教育，從校長任內退休。一家兄弟姊妹都受高等教育，俊宏本人的國語字正腔圓，台灣人少有這種北京腔。他曾是國民黨忠黨愛國的樣板之一，他和許信良都曾服務於國民黨中央黨部，所以他們兩人很喜歡從「國民黨學」中分析政治情勢。他對我們遲早會被捕深信不已。在這一點上，他和姚嘉文正好成為兩極。一個確信必會坐牢，一個完全不認為有被捕的可能。在同志情上，俊宏比較濃烈，逢年過節他會送年輕的工作夥伴一個紅包。會議中，他是發言踴躍的人之一，僅次於許信良常常會天馬行空。遇到重要關頭，他發言謹慎，甚至沉默不語。像台美斷交，像國民黨逮捕余登發父子，會中他都很少提出應對方案。所以，康寧祥等黨外領袖常常會覺得張俊宏很陰險。我長期近身觀察，他一點都不陰險，只是慎重。也許他心中一直存在著國民黨一定捉人的陰影，他不想提出會讓同志們遇難的建議。但，只要我們做成決議，他明知風險極大，他一樣二話不說，跟大家一起幹下去。他一旦站上講台，長篇大論，引經據典，學貫東西，滔滔不絕。他是大演說家，深深吸引群眾，他也常有驚人之語，像在省議會中的「大軍壓境」，就和林義雄的「以暴對暴」之言，都是戒嚴時代的名言。我相信他是準備好被殺頭的人。

現在大審已接近尾聲，輪到他答辯了。

他走向麥克風，手中有幾張文件，他向法庭點頭致意，態度平靜。他選擇面對大審的態度，有點學習被釘在十字架的耶穌的祈求：「主啊，如果能夠免除就請免除吧！但隨祢的意。」有懇求，但不強求。神性中有人性。

審判長問張俊宏有沒有訴狀？張俊宏回答，答辯狀早已呈庭，因為檢察官昨日又提出論告，所以他才想再做口頭答辯。接著張俊宏很謙和有條理的大致做了如下的陳述：

起訴書中所提的「長短程奪權計畫」是在被告失去自由意志的情況下，所取得的自白，不能作為論斷的依據。辦案人員曾向我說，如果不供認，將逮捕我的太太和妹妹。在高雄事件當天，她們兩人都去了高雄，我認為治安人員有可能逮捕她們，因此就作了不實的供述。而且到案之初，我曾有四、五天沒有睡覺，精神上吃不消。至於「五人小組」，更是根本沒這一回事，即使是最堅強的人，也有怯懦的時候。我就是在怯懦與疲勞的情形下，連續簽了不少自白與筆錄。

由於我起初已經在一些有關顛覆與叛亂的筆錄上簽了字，後來想了一想，覺得既然這麼嚴重的罪名都簽了，其他的又有什麼不能簽呢？自白書及筆錄中，有關「台獨」的問題，就是在這種情況下承認的。我反對暴力，支持中華民國，也沒有說過反對反攻大陸；但是，我認為，要反攻大陸，先要鞏固台灣，不知這種觀念算不算台獨。

起訴書中說我受到張金策的蠱惑，我認識他時他是礁溪鄉長，並非「台獨」份子。

公訴人若說我們是以非法集會，演講，從事活動，請問那些集合、演講是在何時何地？我們舉行的每一次活動都是合法的，都經治安單位同意。這次到高雄演講，也是常持琇將軍同意的。

有關高雄事件。當時在大同路時，從中正路方向吹來的煙霧是怎麼回事，請庭上查明。不論有沒有煙霧，當時有人喊叫瓦斯來了。已足造成混亂。在偵察期間偵察人員說，我曾說過，「台灣人不打台灣人」，後來聽了錄音，他們都說那不是我的口音，我絕不會說那種話，我十年來的努力，就是要化解本省人與外省人之間種族與地域的觀念。（說到這裡，審判長指正張俊宏說，「種族」二字用語不當，張俊宏說。他是說「地域」。）

姚嘉文說，我當天曾說「大軍壓境」之類的話，我壓根沒講過。當天在場的同案報告，也許可以為我證明。

我曾在國民黨中央黨部工作，因此我一直想要促進朝野之間的溝通，反而受到雙方的誤會。我不可能做出顛覆的事，我只希望這個社會走向和平民主的路去

高雄事件是一個不幸事件。對那些受傷的憲警，我們十分心痛，這是我們不願見到的事。對於這件事，美麗島雜誌應該負很多的責任，但不是叛亂。希望政府能用仁恕，發揮好生之德，來處理這個案子。

高雄事件是一群毛躁莽撞的黨外人士，一群沒有經驗的年輕人惹出的禍，為什麼不能原諒。我是一個主張民主運動的和平改革者，我在心理上已有犧牲的準備，並希望我們是最後一批犧牲者。我支持中華民國政府。這也許是我最後一次的說話機會，我還是要說，我是一和平改革者。希望能得到社會人士的支持與同情。（參閱一九八〇年三月二八日聯合報、中國時報等）

尤清、郭吉仁替張俊宏辯護

審判長點名張俊宏的律師尤清和郭吉仁辯護時，已經是天黑以後的七點鐘。十五位律師只有尤清一個人身兼張俊宏和我的辯護人。尤清在發言前表示，他已經感冒四天了，可否給他一點水喝。又說，天已黑了，他真的累了，可否留待明天再開庭？尤清說他抱病睡在律師事務所數天了。這樣辛苦是為了想在我國民主政治的進步中略盡棉薄。如果被告被判無罪，他到時候即使倒在法庭上也心甘情願。審判長感性回應，這幾天他也很累，被告有水喝，旁聽人可以出去走動，他卻整天要聚精會神地聽、審、斷，一口水也沒有喝。這也是為了追求真理，為了國家。他們雙方如此對話，尤清喝了水，開始他的「事實證據」辯論。尤清替張俊宏的辯護內容大致如下：

一、被告在遵守現行憲法及法律所確定的體制下，從事政治活動，並倡導祥和，反對暴力，及崇尚和平的政治改革，基本上，被告並無叛亂之意圖，更無使用暴力之傾向。

二、被告之自白並非出於任意性，而且與事實不符，不足作為證據。

三、軍事檢察官未詳細調查其他證據，只根據被告之自白及其他被告之自白及不利陳述，而認定被告為犯罪，而予以起訴，實屬違法。再者，起訴書所載各點，也與事實不符。張金策出國後，與被告無任何聯繫，彼在國外之言行，對於被告自然沒有任何影響。

至於張金策在「台灣獨立聯盟」擔任什麼角色，純係其個人行為，與被告無涉。而起訴書所稱之

「台灣建國聯合陣線」，既成立於六十八（一九八〇）年十二月十五日，當時被告因案已被羈押，對於外界各事，毫無所知，既無從參與，起訴書單憑被告認識張金策，而認定被告受其蠱惑，而有叛亂意圖，實屬憑空臆測。

四、起訴書中又說，六十八（一九八〇）年三、四月間，黃信介為從事顛覆活動，指示施明德、姚嘉文、林義雄、張俊宏及許信良等五人（即被告等自稱之五人小組），研商實施顛覆政府步驟，按六十七（一九七九）年底，正值中央民意代表選舉競選活動暫停，黨外人士為繼續預備競選，乃推舉被告等五人，研究黨外人士的合法政治活動。後來再從事研究辦理雜誌的細節。至於黃信介如何指示？所研商的，是否為顛覆政府的步驟等等，起訴書的唯一根據，是各被告不利於己之陳述，檢察官沒有提出合理的「補強證據」。

五、起訴書說六十八年十二月十日，為世界人權日，施明德等意圖升高其群眾集合為暴力活動，為其進行所謂奪權計畫過程中之一步驟，以期最後達成顛覆政府之目的此節既非真實，亦違背「經驗法則」及「論理法則」。

尤清替張俊宏辯護的內容偏向細節部分，篇幅也比替我辯護短很多。他大概認為我是最命危的一個，而且法理上的辯論適用於我的，也適用於張俊宏。

接著張俊宏的另一律師郭吉仁辯護。郭律師的答辯要旨大致是：

一、被告等自白之內容有不尋常的不一致。張俊宏自白書稱長短其奪權計畫為五人共同研商得到的結論；姚嘉文自白書則說是許信良與張俊宏提出奪權計畫；在調查筆錄中又說是許、張和他提出計劃；林義雄自白書則稱：「另一方面大家亦認為在短程之作法上，可利用各種集會，引發政府的阻止，造成群眾與憲警之衝突，發生暴亂遊行，達到推翻政府奪取政權之目的。」由此可見，所謂「計劃」只是大家「認為」的意見。並無「計畫」或「決議」之意味。

二、檢察官於三月廿六日論告中曾承認說，「長程奪權」與「短程奪權」計畫等名稱，是他們歸納出來的。那麼，本案應查明這種歸納是否正確？若某人談話談及奪權方式，可能僅是一種假設前提之問題討論，均距「計畫」尚遠，不能說是「計畫」。而且，所謂「長短程奪權計畫」，只是一個籠統的名詞，如果把全部卷宗內「奪權計畫」或「計畫」兩字劃掉，重新看筆錄內容，便會發現所有有關「奪權計畫」之內涵，事實上只屬於一場談話而已，談不上是犯罪「意圖」或「行為」。

三、張俊宏的自白書說：「首先，六十八年（一九七九年）四月，在許信良家研商辦雜誌，以後分別在姚嘉文和我家，曾就此問題討論，將奪權分為短期長期兩種……」與姚嘉文自白書所說：「六十八年二月以後有一次，許信良說，應採取方法使國民黨改變，許信良與張俊宏於是提出奪權計畫……。」其中有關討論之次數、地點並不一致。若五人小組確有研商這些事項，自白書應一致。

四、就自白或不利之口供內容本身解釋其法律效果而言，個人只是承認發表了關於「奪取政權」方式之意見，縱然大家看法一致，如果那些看法和說法只是談話，而沒有共同決議實施之意思，均非共謀或陰謀，亦非叛亂犯意。如果共同決議實施，才有叛亂意圖。再者，某人內心或許有非法奪權的意思，並表示出來，但如果他認為時機未到，目前只適宜用合法的方式或活動來達到其政治目的，例如從事政黨活動及壯大聲勢，我們就不能稱此為「以合法掩護非法」。縱然那些合法活動將來也許會轉變為非法行為，而有助於達成其非法目的，但依據現行法律，仍不能說屬於非法行為之預備或階段行為。

五、檢察官在日前論告時，已自己親口推翻了以「暴力」進行顛覆的指控，而謂是以「其他非法手段」。我看了報紙，有人說是被告等人欲以「伊朗式」的群眾暴亂來進行顛覆，拖垮政府。像伊朗那樣的政府，不拖也會垮。我國政府並不像伊朗那樣，若說「伊朗式」的暴亂足以顛覆我國政府，我很懷疑。

六、在美國及日本，常發生群眾拿著棒子打警察的事，如前年日本羽田機場事件。但日本政府從未以「叛亂」罪論處那些民眾。在一個進步的國家，沒有用叛亂罪來處理這類群眾衝突事件的，希望我國不要創下這個世界新紀錄。

郭吉仁律師答辯完，已經是晚上快八點了。由於是律師答辯而非被告答辯，旁聽席上不少已離開。審判長宣布暫停審理，明天八點半繼續開庭，林義雄除外，其他被告還押。

冷水澡

冗長、艱辛的一天終於結束。押解進法庭是其他被告林弘宜、姚嘉文、黃信介、張俊宏先進場，然後才是第二排的呂秀蓮、我，最後是陳菊。返押時則反向移動，陳菊第一個，我其次……。這時所有憲兵和警總官員，包括看所官會排成一排把我們和旁聽者隔開。每個被告都會從人縫中探尋親人、熟人致意。我趁還沒有點到我名字的時候，就搶先站起來回頭張望。大哥又是畫個十字聖號，三哥施明雄則是第一次有笑容，右手放在雙腿上方對我比出大拇指，表示「讚」，這是他第一次有這種反應。顯然是對我今天的答辯表示滿意。我家兄弟和別的被告家屬不一樣，也會考慮政治效應而不一定是有罪無罪。雖然他們心中早已確認我一定兇多吉少。泰源五烈士他們全都認識，陳良更是三哥的好友。

押回途中，副所長邊走邊問我：「施先生，回押房已經沒有東西吃了，你想吃什麼，我立刻叫士兵去買。」我點了炒麵和三樣菜，一碗湯，三人份，以便同房人分享。

押房一打開，兩名同房正蹲在門左側的水池台下方抽煙，他們大概以為是被發現抽煙了，要進來查房了，趕緊把煙插在地板上揉熄。我踏上床，他們也正好像若無其事地站起來，但煙味還散發著。看到是我，立刻擠出笑容。煙禁時代，牢中抽煙成為囚人的最大幸福之一。這是和我同房的福利。

十幾年牢獄生涯已經讓我養成了潔癖，一整天在法庭的百人聚集中，回到押房第一件想做的事，就是上小小的廁所洗澡。三月天還有些冷意，自來水還很冰。但，洗完澡的舒適還是值得付一時的冰冷去換取的。澎湖漁夫主動站在水池旁，一盆一盆替我接水遞給我。囚人都這樣相互支援洗澡。

洗完澡，圍坐著抽煙，有我在，抽煙是獲特許的，這是準死囚的特權。如果刻意去思想，每一口煙都會有血腥味，都會有死神的氣息。

他們當然也會有極濃的好奇心，想聽今天審判的狀況。我的答辯已幾乎完成，只剩明天的「最後陳述」，對他們已沒有什麼好保密的了。我才說一點點，麵、菜來了。他們快速接過來，放在早已鋪好的塑膠布上，一起享用。能吃到牢飯之外的食物，也是和準死囚同房的福利。當然，他們也會有不管是否同意，都必須趁我不在時或用什麼方法向監獄管理人員報告我的「狀況」。對他們會做這種事，我一點點都不會嫌惡，監方當然必須監視我，預防我自殺，脱逃。一齣戲，一定有各種角色。主角身邊當然不可沒有其他小角色。我懂，我諒解，也包容。以前在台東泰源監獄或綠島監獄，監方都一定會安排抓耙仔在我身邊。就有當抓耙仔的難友向我告白，他是奉命來監視我的人，他說他會打我的小報告。我不出去散步，他就得待在房內。但是，我們還是能夠保密到家地策劃了「泰源革命計畫」，在行動前完全沒有洩漏。我們真的要想做什麼事，我們自然會有方法讓身邊的抓耙仔也起不了作用。小人物坐牢，變成政治犯，想當抓耙仔搞點小好處，已夠可憐了，我不但不生氣，還會告訴他：「小報告對我沒有什麼影響，反正我就是無期徒刑。你去打小報我不會生氣」。但是，有一次一個孫立人的老部屬官拜中校，也許關太久了，沒有親友接濟，竟然也偷偷的打我們同房難友的小報告，讓我親眼看到。回房後，在眾人面前我質問他，他否認，就被我揮手重擊他一拳。他自知理虧，不敢還手，也不敢報告班長。然後我們叫他自請調房。公開的抓耙仔只是在逆境下想討點小好處，我會覺得他們已夠可憐了常常睜一隻眼閉一隻眼，讓他去生活，享受撿幾根煙屁股的小小福利，或當臨時外役到院子透透氣。

當他們兩人聽到我在法庭講了兩個多小時，還主張台灣應該獨立，他們不管是否打過我的小報告，也都表情驚訝，澎湖人還說，「這樣承認，不是會判死刑嗎？」

凡人之思，當然如此。

聽到我批評黨禁、報禁、戒嚴令、萬年國會，他們都很好奇，這是他們有生第一次聽到有人這樣攻擊政府，但是，那個毒販竟然接口說：「還有煙禁。」

戒嚴，只是僵化人民的思想，只要一經點破，人民的活力思維自然就會突破而活躍。明天，各大報全面反駁我的論述，正是撐展台灣人眼界，掰開台灣人腦門的時候。

這，就是我寧願以死換取的新時代！

我跟兩個同囚邊吃邊聊時，靠近門這一端的小窗口的小塑膠簾幕幾度掀起，一對賊溜溜的眼睛在另一邊滾動。每一刻，他們都緊盯著。對這種監視，我早已習以為常，其實，我的一生當透明人已太久了。

今天最重要的戰役已完成了，但，還沒有終戰。我拿出我的「答辯狀」，把今天上午新講的部分填入原始書狀中。這已經是習慣性的功課，我把姚嘉文、張俊宏的答辯內容儘可能寫進我的備忘錄本子中。

明天，是「最後陳述」的部分，這部分該講什麼，我早已草擬完了。我翻翻原本，決定如果時間允許，就將「答辯狀」的第一部分「一個逃避空襲的小孩」、「世界公民反戰份子」和最後一段「願為人權及和平受苦受難」當場宣讀。我想想連日來，我已經講太多政治性的議題了，該說的都說了。明天應該就是向世人正式告別的時刻了，我就決定把「願為人權及和平受苦受難」作為我的「最後陳述」。這原本就是我的答辯狀，也是我的政治遺囑的終結段落。我再仔細讀一遍，自己竟然泫然淚滴……。

讀完早先已寫好的這份「最後陳述」，明天的最後征戰算是都準備妥當了。我就敲門，要求再給我鎮定劑，我要好好睡一夜。

等被判死刑後，我可能就得像十幾年前同房的死囚那樣，只睡白天，整夜等死了。《死囚》，是我一生唸過的最了不起的哲學書。死囚知道自己即將死去，每一天，每一刻都在替死做好準備。我一生從未怠忽職責，我知道什麼時刻該做什麼，絕不能耽誤，就是從長期與死囚同房，仔細觀察學來的教訓或啟示。我這個經歷和學習環境是太少人會擁有的，同時擁有這種機緣的囚人也許也不讀這本珍世的《死囚》。所以我跟國民黨囚禁過以萬計的政治犯都不一樣，因為我認真地讀了《死囚》。

上法庭，等劊子手來拘提，都是革命事業的重大工程，都必須事先做好準備的。

大審第九天

一九八〇年三月二十八日，美麗島大審第九天。

今天各報都以極顯著的大標題刊登對我昨天在法庭上的「謬論」、「詖詞」、「狂言」的反駁。聯合報：「軍事檢察官嚴正駁斥施明德詭辯，拘押叛亂罪嫌犯基於合理的可疑」，「絕非『先抓人再找證據』，更非『未暴先鎮，鎮而後暴』」，「施明德堅持其台獨主張，檢察官指出他認識錯誤」，「施明德辯稱他在高雄暴力事件中，不知道應負什麼法律責任」，「法庭審訊，施明德暢所欲言」……。「姚嘉文昨坦率供承，觀點上有兩項錯誤，言行有時過激但未主動暴力」，姚嘉文「主張政治改革，不是叛國思想」，「叛亂案呂秀蓮涉嫌部分，軍事檢察官提出反答辯，所謂言論自由依法有其尺度，被告在美言行逾越好奇範圍」，「張俊宏昨提出答辯，高雄事件並非叛亂但美麗島雜誌卻應負很多責任，希望政府秉仁恕之心處理本案」，「尤清為張俊宏辯護指被告無叛國意圖」，「兩律師為姚嘉文辯護，請庭諭公訴不受理」……。三大版面，大標題，加上記者評論，雖然是站在審檢立場報導，但戒嚴時代，人民大多知道如何閱讀報紙。

青年戰士報：檢察官昨駁斥施明德時強調，祇要參與共匪組織，率以叛國條例治罪。「台灣已獨立三十年」更屬錯誤論調。施明德向法庭強調：主張台獨至死不悔……。

中國時報、臺灣時報、中央日報、台灣新聞報……都像聯合報那樣大標題，詳細反駁及報導我的

「詖詞」、「謬論」、「狂言」……。

台灣空前的波濤洶湧，全國人民主動或被動全被捲入這場大審判之中，思想被徹底激盪……。

被攻擊，被醜化，被扭曲，被諷刺，被揶揄，被謾罵，對我都已經習慣了，歷史上沒有一個反抗者、先行者、創造者不是如此承受過。我在意的是，要台灣人民知道，台灣應該獨立而且已經獨立三十年了；台灣應該廢除黨禁、報禁、戒嚴令、萬年國會；人民有合法集會的權利，集會發生衝突不是叛亂；政府不應該沒有證據就逮捕人民；人民有權利反對戰爭，反對武力反攻大陸；人民有合法顛覆政府的權力……。我一生就是如此追求，我在法庭就是這樣告訴台灣人民……。你們不敢反抗，不敢追求，我誓死前往……。

我用肢體語言告訴台灣人民，你挺直，你反抗，你就從奴隸轉身變成自由人！你不必討好、奉承、阿諛任何掌權者。

我抓住機會做了。

我做到了。

我知道今天是大審的最後一天。

像幾天前一樣，我都先聽到信介先生和嘉文兄的房門先後被打開，然後，一撮人的腳步聲從我側方逐漸消失，我的押門才被打開。

這是第九天了，這次我身上多了一份「最後陳述」的「遺囑」。該說的，都說了，該準備的都準備好了，包括身心的。最後的笑傲必須維持！

今天被押進法庭時，門口處好像多了不少警總官員，不只一排，而是排排列滿人。我進去幾乎完全看不到他們身後的旁聽者和家屬，我就被押到我的座位，憲兵兩側挾住我。我感到今天的人氣似乎比前幾天熱些，當然不比第一天那樣熱鬧滾滾。我想，今天就只剩陳菊和林義雄的答辯，然後就是所有被告的「最後陳述」，這是法定的程序。我預估今天會全案辯論終結，我的部分我已經準備好了。我坐在位置上像個旁聽者，被觀視者。旁聽者比較容易靈魂出竅，幾度會回想起昨天周清玉說的「林義雄家發生的悲劇」。到底發生了什麼？隔著呂秀蓮，望著林義雄夫婦的素服，想問又不願冒著當眾被憲兵糾正、阻止的難堪。前幾天我已問過陳菊：「義雄家發生了什麼事？」阿菊也不清楚只說：「好像有什麼親人往生。」然後，就為了全心迎戰辯局，就這樣一天又一天，只是看到義雄夫婦的素服，卻不准向他致意，內心就會出現一次又一次的歉意。但是，我相信義雄兄會體諒，在法庭中無法自由交談。義雄兄的表情一向嚴肅，除了飲酒時例外，如今只是多了陰霾的哀戚。家中有人往生，哀戚是自然的。我完全沒有想到其他。即使周清玉昨天提到「悲劇」，我還是無法聯想太多。

法庭開始了。

尤清最先再補充替張俊宏辯護。然後俊宏兄的哥哥張育安和太太許榮淑先後以輔佐人身分上前，以柔性內容替張俊宏辯護。這種調性，包括我兩位哥哥的辯護，我一直是不喜歡的。烈士，當面被求情，當然氣壯不起來，反而相當尷尬。如果事先有機會交通，我一定會建議不要用這種調性。

陳菊的答辯：我是人權工作者

接著陳菊被點名上前答辯。

我出獄後不久就認識陳菊，兩年相處，我對她很瞭解。她認識艾琳達比我早很多，但阿菊那天被艾琳達叫到美國領事館，她才很驚訝的知道是要來替老哥跟艾琳達做結婚證人。陳菊知道我一直有外國情人，但不知道其中有艾琳達。我出獄以後，雖然有兄妹，但，真正和我建立起兄妹之情的是陳菊。我們情同親兄妹，我們常常在一起共事，黨外大人都把她當小妹使喚，她確實是有信仰、有熱忱的工作者。但，黨外大人都忙著競選不會替她想未來。我會安排她到高雄「美麗島高雄服務處」擔任副主任，就是要她在高雄蹲點，將來從那裡參選國大代表起家。我會替她的未來著想。

現在，她站在法庭上，我一點點都不擔心她會失言。雖然，我知道她不是理論家，也不會做法庭政治鬥爭，但她一定不會出賣戰友，會扛起她應扛的責任。這幾天，她態度鎮靜，一個三十歲不到的女青年竟然也揹著「唯一死刑」的罪名，真的難為她了。她雖然年輕，但很多工作她都是擔任那個串連的節環。依戒嚴時代的往例，她這個工作，這個身分，一定也會被判死刑。她也知道太多政治犯的故事，她一定也深知自己的死期到了。只是她的心底一定比別人多一份定力：反正槍聲響起，有幾位兄長也會一起倒下。這種感覺會讓人產生力量。死亡所以令人恐懼的原因之一，就是自己將孤獨地走往一個完全陌生的世界，孤孤單單令人不知所措的孤獨感。

我不知道，這個老妹在調查局說了些什麼，特務除了放一段她的錄音給我聽之外，我完全不知道她簽了什麼筆錄和寫了什麼自白書。這三天，是我們從被捕後才齊聚一室，彼此都聽到彼此的答辯的機會。我相信在這三天中，她一定學到不少法庭鬥爭的教材。她的聰明智慧很快就會找到自己的作戰位置。她的答辯不長，不太看稿，語氣平和，她大致說：

「軍事檢察官說我於六十八年六月，在美期間，因均與偽『台灣獨立聯盟主席』張燦鍙或並與海外叛國份子紐約『台灣之音』負責人張富雄、張楊宜宜夫婦交往密切，受渠等鼓勵而萌叛國意念。我從民國五十八年起就擔任郭雨新的祕書。他當了二十五年省議員，我受他影響，一直站在黨外的立場，嚮往民主政治，認為必須有反對的制衡力量。

我是人權工作人員，基於人道，也關懷政治犯。

我在美國期間，和張燦鍙見面的時間加起來不超過三小時，每次都有五個人左右在場。這一點張富忠可以作證。見了面也各持己見，因為張燦鍙反對黨外人士參加選舉，認為參加選舉就表示對目前政體的承認。

我以前為郭雨新助選，將來準備自己競選，所以贊成選舉，走和平改革的路子。

另外，張金策是我的同鄉，不管他的政治主張如何，我到了美國不和他見一面，人情上說不過去。他要求我留在美國加入他的組織，後來我還是回國，就是不贊成他的證明。

我是國際特赦組織會員和東亞人權協會四個董事之一，是人權工作者。任何人權組織都不會接納一個暴力份子。

我認為台灣未來的前途應該由台灣的一千七百萬人來做決定，這也是基本人權的信念，進而爭取國際地位的獨立，如果我錯了，是思想層次的問題，思想是無罪的。

美麗島雜誌社成立時，我不在國內，上面派我當高雄服務處副主任，我也不知道，十月中旬回國，十一月起在編輯部和高雄服務處兩頭跑，每星期兩個地方各待三天。

我和郭雨新交往多年，但政府未宣布他是叛國份子，我和他往來當然也是合法的。郭雨新在美國要出雷震文集，請張俊宏寫序，就託日人多喜彥次郎來把序文帶走，至於他帶來的日幣三十萬圓，是郭雨新付給我的薪水。

那分廣播頻率表，郭雨新告訴我是全球基督教的廣播頻率，吳三連和郭雨新是四十年老友，請庭上透過吳三連代向郭雨新查證；舊金山台灣同鄉會也曾寄給姚嘉文和美麗島雜誌社，既然可以公開郵寄，當然合法。

軍校畢業生名冊，是多喜托我去找一個朋友，我也沒有去，我沒有軍校的朋友，如果靠一本名冊就能滲透到軍中，檢察官未免太低估軍中嚴密的保防組織了。

我關心人權，不關心政權。不客氣的說，我在國際上的聲望比張燦鍙高，檢察官說我受張燦鍙煽動，我相當不服氣。

我生長在宜蘭鄉下，三代不曉得法院是什麼樣子，如今我竟成為唯一死刑的叛亂罪被告，心中十分感慨。

我今年三十歲，一生最美好的時光都在追求民主政治的進步。我在黨外一直扮演感情性、甘草型的角色，對政治權力一點沒有興趣。

兩年來我被捕兩次，所受的傷痛，非他人能夠了解。去年十二月十日，我穿著睡衣和拖鞋在林義雄家被捕，這三個多月的過程，我以國家為重，不願多講。

任何人流血我都非常心痛而不能忍受；對受傷的憲警，我很關懷，也很沉痛。現在的爭執已經不是法律的事，而是政治良心的事了。我的心中沒有恨，只希望歷史的悲劇不要重演。」—（見聯合報一九八〇年三月二十九日）

陳菊回到座位，我對她微笑點頭致意，表示她的表現適得其份。常常有人會問我，做人的成功之道。我總會這樣回答：一個人首先必須角色選擇要正確。不喜歡精研學問，性好工藝的人，卻被長輩壓著去唸大學、研究所，即使拿到博士一輩子也不會有真正的成就和快樂。其次是角色扮演要忠誠。派你當丑角，你卻表現得像書生，你的人生距離成就和快樂只會越離越遠。角色選擇的正確和角色扮演的忠誠，決定了一個人的生命價值。我認為陳菊是個角色選擇正確，角色扮演正確的人。當然，革命者是特例，我認為革命者是不能以成敗論英雄的。（參閱中國時報等報導）

陳菊答辯完，是她的律師高瑞錚和張火源替她辯護。

高瑞錚律師劈頭竟然就是以陳菊「年幼無知」破題，想換取減刑或無罪。高律師完全不知道在戒嚴時代的軍事法庭中已有多少案例都是年才二十出頭，小學程度的叛亂嫌犯就都被槍決了。「年幼無知」根本毫無辯護力，只差侮了陳菊。所以當高律師說：「陳菊的政治經驗雖未盡成熟，政治見解雖未必妥適……」以這樣貶抑陳菊的奮鬥價值和信仰，又對減刑無助的「辯護詞」開始，立即激起我的不悅、連想和懷疑。是這位律師膚淺？幼稚？孬種或還是臥底的？這樣的辯護，首先就是替陳菊認罪了，同時等於宣示本案的被告們的行為已經觸法，也等於替同案各被告認罪了，只是陳菊「年幼無知」，所以請依刑法第五十七條酌減其刑。這是什麼辯護主旨？我們是在為台灣人而戰，我們是在反抗獨裁政權，追求自由、人權、民主。想用「無知」這樣認罪又換不來減刑的辯詞脱罪？「他們」把美麗島被告視同一般刑事犯。這樣等級的律師滿街都是。這位律師連美麗島大審的歷史意涵，一點點認知都沒有，怎麼辯護？

接下來，當審判長點名另一位律師張火源替陳菊辯護。張律師一站起來就像王祿仙那樣說：「我會看相。我發現五位審判官都很公正、善良，希望此次庭上能夠本諸良心與道德勇氣判決……」（見聯合報一九八〇年三月二九日三版）

立即遭到審判長打斷：「你只要説出辯護意旨就好。」

哇！這又是什麼等級的律師。對我們這些奮鬥者而言，生命固然重要，理想卻更珍貴。這種論調的公然提出，該律師難道沒有想到這是「表面上站在被告這邊，核心價值卻是擁抱蔣家政權」！很顯然這位，也許不只這位，都不認同我們的政治主張和思想，他們只是收費來替他們的當事人做無罪辯護而已，像一般律師。

我真的驚訝不已。我開始思想，這些律師是怎麼組合的？十五位都穿上法袍也道貌岸然，但是他們是誰？

過去幾天我自己努力在戰鬥，律師們辯護的內容和策略，我只聽卻沒有仔細思考。現在，我的戰鬥部分已幾近結束，只剩最後陳述，我終於可以分心一一思考律師們的答辯內容了。這時，十幾年前我在青島東路三號看守所讀到的眾多律師的答辯狀都來到我眼前，成為對照本。那時最受歡迎，最常被聘任的律師是施蓮潔，還有富伯平、王善祥、石美瑜、端木棪、金品琅等等，他們替那時的被告們寫的答辯狀，我都認真的一一看過。甚至公設辯護人廖佩德、羅鎮、呂達勇等等替被告做的答辯狀，我也都仔細研讀。我回想這幾天，我們的律師們提出的辯護論點，當年他們都已提過。自白書的任意性、戒嚴令公布的瑕疵、平民接受軍法審判的適法性、刑求的調查、被告間供詞矛盾的勘誤、起訴內容的自相矛盾等等富伯平、施蓮潔等等律師及公設辯護人，當年都已提出過，最後都無作用。軍事法庭對這些辯護論點，甚至已有一套公式化的破解判決文。我們的律師們的論點完全了無新義，除了案情析論和現場口頭用詞或有些許差異而已。

然後，我回想整場辯論，所有律師都只是替我們被起訴的「罪行」做辯護，完全不敢正面替我們的政治理想、政治信仰、政治主張做辯護，除了尤清例外。尤清是唯一逾越法律範疇，少許跨入政治辯護的一人。尤清提出人民抵抗權替我的合法顛覆政府做辯護，也做了法哲學的析論。

不替我們政治信仰辯護的律師們

美麗島軍法大審是在審判我們八人的思想，不替我們政治信仰辯護的律師們，只著力在刑事部分的辯護，我認為是捨本逐末。是他們不懂還是奉命配合的？他們在政治認同上完全含糊，他們究竟是哪一邊的人，在大審的審判過程中完全分辨不出來。

不過，律師本來不就是這樣嗎？我又替自己的疑惑自找理由。他們只會替你的行為做刑事部分的法律辯護，當然不會替你的政治信仰、思想、主張和目標辯護的。想到這裡，我心理上竟然就比較釋懷些。要替我們的政治信仰、理念和目標辯護，當然只能靠自己。

在獨裁統治下，反抗運動中常常陷於敵友難分的處境中，是極其正常的現象。這只能說人各有志。你為你的理想奉獻，別人為他的個人前途、利益努力，這些都各有其道理解釋。我們不能強求，奉獻者只能勉勵自己為你的信仰奮鬥不懈。

我的思緒就是這樣翻來覆去……。

這時，我又仔細的看著這十五張律師的臉譜，除了尤清之外，全是陌生的。在美麗島政團奮鬥的過程中，完全沒有看到他們的身影。我是黨外總部總幹事，有心參與民主運動的人士沒有一位是我不認識的。我們熟悉、又友好的律師，像張德銘、蘇秋鎮、李慶雄怎麼沒有參與擔任辯護律師？反而是這些陌生律師站出來了？他們是怎麼冒出來的？我又想到雷震先生被捕，雷夫人宋英監察委員本來想聘請其他律師，最後被説服改聘蔣介石欽定的梁肅戎。家人被捕，家屬六神無主最容易被左右。這些律師也可能就是這樣被安插進來的。我有點難過、沮喪，但木已成舟……。

這些律師透過這場美麗島大審都已抱得大名，即使名實不符。

改變不了既成的事實，我立即往好的方向思索：這些律師的法律辯護狀至少也能標示出蔣家這場「美麗島叛亂劇」，純從法律觀點也是荒謬的。而揭露這部分的事實，律師算是有助益的。這一點，雖然公設辯護人也一樣會做到。但對判決是毫無作用的，只是狗吠火車一般。我甚至跟自己説：「不信，將來對照一下判決書和起訴書，就能證明這些律師的辯護狀都是沒有用的。」當然，我的同案未必跟我有同樣的觀點。

我這樣確認後，立刻替這些律師做了初步定位：

「他們名為辯護律師，實是政治見習生。但願他們像台灣人民一樣在法庭上受教。」我相信我在法庭的政治辯論，一定是他們沒有想過，也不一定認同的。

「你不是自始就決定孤軍奮戰的？怎麼這時候你還對律師存有幻想？」我反駁了自己。

這樣想，對律師們僵化的法律思維及應對就多了不少容忍度。人，在無可奈何下，常會自圓其思。何況，自己是死囚了，有人替你辯護，你該謝天謝地了。

對陳菊的律師繼續説什麼，我已完全充耳不聞，我掏出筆與紙邊想邊寫……。

到現在為止十五位律師已有十三位發言了，這十三位律師都只在替他們的當事人做法律辯護，沒有一個人的發言是想替台灣命運，台灣前途辯護的。想替台灣命運辯護的人，也許只是我們這些被告。這些律師只替他的當事人的刑責辯護而已。心中完全沒有台灣命運，這種東西。這些律師大概也沒有幾位體認到，在這個不得不公開的法庭中，法官、檢察官的發言、表現都只是想表演給外界看的，顯示他們的審判是何等公開、公正。公開是事實，公正未必。但是，公開的過程容易引導出偽公正的結論。而我們這些被告所說和所做，則是要給台灣人民聽和看的。獨裁者只能決定我們的死生，台灣人民的反應才能改變我們的命運，扭轉台灣的命運。

但是，由於他們已佔有律師的角色位置，仍會誘使外界誤辨：表面上很容易讓外界認為他們是我們這邊的人，因為他們確實是被我們之中的某位被告聘請為律師了。但他們到底真的是什麼人？站在哪一邊？這十五位律師顯然不是一個「團隊」，是各自為其當事人辯護的律師，因為到現在為止我完全看不出來，他們有什麼共同的辯護邏輯和整體的辯護策略。現在我甚至對律師們的身分又起了疑問。

在蔣家獨裁政權的特務統治下，這麼重大的審判，蔣經國絕對不可能沒有耳目的。只是我不知道誰是誰不是，所以我才不跟我的律師討論辯護策略，連我自己寫的答辯狀也完全不事先給我的律師……。陳菊他們都沒有我這麼豐富的鬥爭經驗，也許他們都不會有這種聯想和懷疑……。也許我太敏感，也許我太多疑，也許有一天，我死後，台灣變天了或不幸被中國解放了，國家檔案才會揭露真相……。

現在親耳聽到高瑞琤律師說出這些話，顯然他們跟我們是不同心，不同信仰，不同價值的。這種確認不等於說高瑞錚律師就是臥底的，只是讓我確信這些律師並不都是我們的同路人而已。

我這樣想著，自然有些煩了。我就不再想下去了，我又必須神遊、分心了。我一再說過，長期坐牢已讓我培養成一種功力，在不想聽或看的時候，我隨時可以出竅神遊。人在，心不在。逗留在無趣的環境中，只是自我折磨浪費生命。

突然，姚嘉文做了一個相當大的動作吸引了我，拉我回神。他用相當，幅度地點了頭，連上身也被拉動而前傾。他就坐在我左前方。我仔細一看，姚嘉文竟然在打瞌睡了，然後他上身又自行挺直，頭又微點一下、又一下。原來，他比我更早聽不下去，不是神遊而是去找周公論政了。我嘴角笑笑，環視周遭，我看到審判長也在看著他。我本想踢踢他，叫醒他，但畢竟還是有相當距離，除非我站起來走上前半步去推他。我當然不會這樣做。原來聽不進張律師這樣辯護的人，還不只我一個人。我覺得嘉文昨天的答辯真的很用心，耗費精力，昨夜一定整夜難眠，面對死刑誰能安枕？他大概不知道可以向監方要安眠藥或鎮靜劑。答辯完了，他今天整個人才放鬆下來。審判長既然默許他如此，我也只能留下這種記憶：「在死刑威脅下打瞌睡的人：姚嘉文。」（參閱中國時報一九八〇年三月二十九日第二版）

兩位律師替陳菊辯護完之後，陳菊的弟弟陳武進，當時他是我的祕書，替姊姊辯護。武進的辯護內容是我聽到輔佐人調性最令我喜歡的，那時他一直叫我師傅。他沒有訴求悲情。他說：

「陳菊從十九歲還在唸書時，就擔任郭雨新的祕書，深受其影響。多年來一直致力於人權工作，這項努力的基本價值應該被肯定。」

為什麼陳菊今天才翻供說出真相？陳武進說：

「本月二十六日，陳菊回答審判的訊問時，承認偵訊期間所做的自白與筆錄都屬實在，基於我們姊弟的深厚關係，我對姊姊陳菊的瞭解，陳菊這樣承認她內心絕對是很痛苦的。在國家利益和個人安危之間，我的姊姊選擇了前者……。（參閱聯合報三月二十九日）

林義雄：痛斥檢察官

林義雄和姚嘉文被台灣社會公認為「黨外兩大護法」。多年來當黨外人士遭到政治迫害時，他們兩個都會挺身而出，已經獲得社會相當肯定。由於林義雄身兼省議員，除了議會之外，還有選區必須奔走，對「黨外總部」和「美麗島社務」以及「五人小組」會議他是常常缺席。但是，任何重要決定，告知他內容和工作，他幾乎都會和大家共同赴命。記得為了「營救余登發父子」我們匆匆決定舉行戒嚴時期首次示威遊行表示抗議，我們分頭約人，決定第二天各自到余登發家集合。凌晨四點多商店還沒開門，我跑到高雄火車站旁一家大飯店，看看能不能採買到一些遊行必要品。我竟在飯店門口碰到穿著有點神祕兮兮的人，身著大衣，領子翻起遮住大半個臉，戴著帽子帽沿拉低蓋住雙眉朝我走來，我正懷疑他是不是特務？來人突然出聲叫我：

「**Nori**，你怎麼在這裡。」

「我來買工作用品。」我舒了一口氣說。如果他不出聲，我一定認不出那是林義雄。

戒嚴時期想舉行一次和平示威，就像要幹一場會使人頭落地般的大革命。我們不敢用電話聯絡，怕被竊聽，人都是各別當面通知的。早先我已叫林義雄的祕書田秋堇通知他。我都不敢肯定，他敢不敢下來。那次遊行，有幾位省議員是被許信良騙去的：「我們一起去慰問余家」。隻字片語不提到時候會發動示威遊行，否則怕他們不敢來。連對余登發媳婦余陳月瑛省議員，許信良也是用騙的，我們只是要去妳家表示關切而已。因為怕被余陳月瑛拒絕。林義雄是事先有據實告訴他要遊行示威的人。姚嘉文則是我親自跑到省議會，才拉他深夜開車載我、艾琳達、曾心儀往高雄跑。在高速公路上他才問我們「到底真的要幹什麼」？我才告訴他，要發動戒嚴令下的首次示威遊行，他聽了很興奮。戒嚴令下，勇士很稀有。

「我很累，我要睡一下。天亮後我會準時到集合地點。」林義雄說完就鑽進飯店訂房睡覺了。（見拙文：〈台灣民主運動劃時代的一天〉收錄於《囚室之春》二〇〇六，寶瓶，台北。）

審判長點名林義雄答辯，林義雄站起來看看審判長，又轉頭看一下身旁的方素敏。審判長說：「一起過來答辯。」

一對素服的夫婦緩緩走上前，林義雄帶著肅穆堅毅的神情，整個法庭特別靜默，眼睛都盯著他們。昨天，周清玉只說了「林義雄先生家的悲劇」，我很想知道到底是什麼「悲劇」，家人死亡？或有人自殺抗議？自然死亡，不算悲劇，自殺抗議可以算是，但是誰採取這種抗議方式？在牢中，什麼都不知道，沒有報紙，除非是監方刻意要給你看的報紙或讓你知道的事，否則你什麼也不會知道。開庭後，接見也停止了。開庭中又禁止交談，看著他們夫婦一身孝服，很想致意又不知為誰及如何致意。我渴望義雄現在能給一點訊息，誰死了？誰自殺了？為什麼？

隔離，是統治術之一。人的隔離，思想的隔離，然後人都被孤立成軟弱、無情、馴服的個體。

林義雄維持他一貫的莊嚴，但很有風度地先向法庭點頭致意。開始時他語氣平緩地說：

「我執行律師業務十多年，有相當充分的法庭經驗。我要坦白的說，鈞庭不是我理想中的完美法庭。但是我想告訴各位，鈞庭是我法庭生涯中，很少見的優秀法庭。從審判長以下以至庭丁、警衛，都有表現令人欽佩的智慧、辛勞和認真，在這裡請各位工作同仁接受我的敬意。」

他很禮貌地向法庭一鞠躬，這舉動比其他被告都謙恭。然後他再說下去：

「我認為鈞庭這次全體工作人員優異的表現，將在法治前途上樹立一個里程碑，讓以後追求法治的人作為借鏡。為了感謝各位對法治前途所奉獻的智慧和辛勞，請各位再接受我一次敬意。」

林義雄又鞠了一個躬，在旁的夫人方素敏兩次都陪著鞠躬。我心想，這是幹什麼？林義雄怎麼變得和黃信介一樣了？或者是先禮後兵？

林義雄鞠完第二次躬，繼續說：

「由於這個法庭給我帶來了一絲對法治的信心，我才願意行使法律所賦予的權利，為自己作答辯，還我清白。」

林義雄移轉頭，怒視著起訴檢察官蔡籐雄，然後語氣轉為凌厲地質問他：

「請問公訴人，去年十二月十三日我被逮捕後送到這裡，你為什麼不依法開庭偵訊我，卻立即把我送交警備總部保安處？為什麼你不依法偵訊我，卻把我丟給警總四十天！」

林義雄的語氣變得很嚴厲，從側面角度可以看到他瞬間動怒，與前判若兩人。這時，審判長介入，他常常運用他的審判權適時插嘴挽救他們的頹勢，表情溫暖地說：

「林義雄，不要激動，慢慢說。」

「好，」林義雄說：

「公訴人，你知道嗎？你們把我抓走之後，就在我家徹底搜查，也去我律師事務所全面搜查，什麼叛亂證據都沒有，只搜扣了一張《潮流》報導我的新聞紙。這根本不是叛亂證據！」

林義雄聲音又高昂了：

「公訴人，你知道我在警總四十天遭到什麼待遇嗎？我怎麼活過來的？四十天之後，什麼叛亂的筆錄我都簽了，叛亂的自白書也都寫了，還低聲下氣地奉承求饒。公訴人你為什麼不履行你的檢察官的義務，違法把我丟給警總，然後製造出一堆叛亂證據！你們完全是先抓人再找證據。然後你們就編造出美麗島叛亂案這個故事！公訴人你們已經怠忽了國家所賦予的神聖職務，未盡到公務員應盡的責任！你們不只瀆職、違法……」

審判長又適時出手了：「林義雄，不要激動，講慢一點，你不能這樣攻擊公訴人，你只要陳述事實就好。」

林義雄停了下來，從背後可以看到他在深呼吸的背脊展縮。方素敏側著臉注視著她心愛的丈夫。我覺得，這才像我認識的林義雄。

幾秒鐘之後，林義雄語調輕柔地回應：「我沒有激動，也沒有破壞法庭秩序，謝謝審判長。」這是他的職業病。一個律師，即使已淪為唯一死刑的被告，都還記得不能「破壞法庭秩序」。我微笑了起來，用左手撫摸了自己的下巴，頭微低左右輕搖著。全法庭寂靜著。

然後，林義雄開始進入細節辯護。我想，林義雄的主詞，精華處已充分發揮了，他逐點反駁起訴書的內容。他一一點出：

（一）公訴人指稱我受張金策「蠱惑」，具有叛國意識。但是張金策無論在人格修養，學識能力上，沒有一點足以影響我，從前我跟他交往的時候，也看不出他有什麼叛國意識。

（二）公訴人說：「被告施明德、姚嘉文、林義雄、張俊宏，與現在在美之許信良，於六十八年三、四月間受被告黃信介指示，研擬長短程奪權計畫，進行顛覆政府」。所謂「長短程奪權計畫」是公訴人自己想像出來的東西！而「美麗島叛亂案」，更是公訴人和一部分調查人員編造出來的故事！我在保安處一再強調，我不知道黃信介曾指定五人小組，黃信介也沒有資格指定我們。所謂五人小組，在我的印象中只是朋友聊天性質，有空才湊在一起，就像一般朋友開的聚會一樣，有時可能二人或三人交換意見，五人湊在一起時，也是各說各話，只有在必須徵求全體意見時，如雜誌社之人事變動等之類，才徵求全體意見。

請審酌實際所謂五人小組聚會之情況，以協助真相的探求。

（三）高雄人權會當晚我係因康寧祥之邀，本想前去化解糾紛，到達時事件已發生，無能為力，也沒有上台說話。「高雄事件」根本與我無關！

接著林義雄低頭看看預備的書狀，舉出幾點事實，證明公訴人的論告不真確：

公訴人稱被告等均受高等教育，其中且有受法學教育者，明知寫了自白，簽了筆錄，犯唯一死刑之罪，如非出於虔誠悔意，絕不出此。我想一個稍具法律知識的人，如果犯了罪，而又希圖以悔意來減輕刑責，最好的方法是，在起訴之前一句話也不說，要公訴人自己去找證據。如果找不到證據，處分不起訴，當然最好。即使證據充分，起訴了，罪責難逃，那麼到公開審判庭時方表示悔意，仍然可以獲得所謂「坦白從寬」的好處。他絕不會傻到做出先行自白，然後翻供之蠢行，弄得連自白的好處一點都沾不到。

最後，我還是要再質問公訴人為什麼收押我之後，立即把我發交給保安處四十多天？你們知道在這四十多天之中，在我身上發生什麼事嗎！等他們終於拿到自白書和筆錄都有了，他們認為證據都收齊全了，才又把我送回了軍法處。既然調查證據程序已完畢，公訴人在我被送回看守所到起訴之前，也沒有再提訊我。為什麼從我被逮捕收押到起訴這段時間，公訴人全沒訊問過我，就起訴。但，在這段時間，為什麼公訴人卻還讓保安處的人來軍法處看守所單獨接見我？甚至於在起訴後仍然繼續來看我？為什麼？（見聯合報等一九八〇年三月二十九日：中國時報，林義雄答辯全文）

林義雄答辯完，完全沒有提到家中的不幸事。這時已過正午了，審判長點名林義雄律師張政雄辯護。張律師表示時間已經十二點多了，大家都餓了，可不可以下午再繼續開庭答辯？審判長拒絕，要張律師先提出辯護意旨。律師當然只有服從，張律師開口就說：

「林義雄先生家庭遭受如此慘案，還能如此冷靜、理性的答辯，本辯護人實在非常尊敬和佩服。」

然後，他翻開辯護狀，清晰地逐點提出疑點，盼能獲得解答：

檢察官起訴內容中說，附有六捲高雄事件當天的現場錄音，裡面是否有林義雄的聲音？

起訴書所附的一三九張現場照片，有無林義雄上台開口講話的照片？

所謂「長短程奪權計畫」？有沒有人證、物證？

起訴書指控美麗島雜誌社「廣設服務處」發展組織，以合法掩護非法，企圖藉暴力遂其顛覆政府之目的。請問這是否是公訴人的「論斷」，林義雄有無參與策劃？

政府一再強調本案是單純地就高雄事件審判，據媒體報導已造成一三八名員警受傷，但，事實到底有多少人受傷？查到幾名行兇者？與被告又有什麼關係？到底是關係正犯或教唆犯？

本辯護人認為這些在本案論罪和適用法條上都很重要。在過去幾天中，在調查庭、在對質庭，本辯護人和其他辯護人也都一一提及當庭對質了。對整個案情最了解的總指揮施明德先生都一一回答證實了。

張律師看了我一眼，然後提出他的辯護意旨：

一、被告非現役軍人，不接受軍事審判。

二、被告承認犯罪的自白，並非以合法而正當的方法取得，依法欠缺證據效力。

三、被告自白曾經承認在高雄人權日集會中演講云云，現在已經證實絕不實在。

四、被告面對黨外活動一向不熱心，未參加高雄人權大會活動的策劃。

五、所謂奪權計畫的不實在，不合理與矛盾，不得採為證據。單單僅有奪權大綱的研擬，沒有具體實施的細則計畫，尚不構成陰謀或預備顛覆政府的叛亂罪，與著手實施的要件距離更大更遠。

六、高雄事件是偶發的意外事件，民主國家的群眾運動常常發生類似衝突，並未被以叛亂罪論處。美麗島雜誌社的人員，沒有非法顛覆政府的意圖或犯行。

七、起訴書就是以合法掩護非法對被告論罪，但自始至終沒有提出具體說明和舉證，來證實其論述。

張政雄律師緩緩語氣，逐點論述，但是，我從他開口第一句，林義雄遭逢「慘案」，我就陷入震撼中，林義雄的素服，從「悲劇」變成「慘案」，相差十萬八千里！是什麼「慘案」？我心中一直在翻滾中……。

審判長宣布中午休庭。

我們一一返押，我被帶到看守所辦公室午餐。

「匪諜殺的！」

途中，副所長靠近我身邊說：「只有半個小時吃便當，就要再開庭了。所以就不回押房了。我們一起在辦公室吃便當。」

我沒有笑容，很嚴肅地問副所長：「林義雄家到底發生了什麼慘案？誰被殺了？」如果是監獄官可能就不敢回答我，在法庭中，副所長也聽到張政雄律師提到慘案。庭訊也已近尾聲，他可能會覺得這時說出真相已無妨。

「林義雄的媽媽和三個女兒都被殺了，只有一個大女兒被救活了。」

我們已走進看守所大門，正朝辦公室走，副所長才這樣說。

真是晴天霹靂！像一股火熱的血焰直衝腦頂。

「詳細情形怎麼？」我從未有過的激情。

「我先去拿便當，我陪你一起吃。我慢慢告訴你。」他本來可以叫其他監獄官把便當拿來。這個台灣人副所長和所有監獄官都是客客氣氣地待我。除了我是準死囚之外，他們也有軍人的氣概，對英雄氣勢的佩服，既使是敵人。軍人對勇者都有敬意，軍人對孬種都有鄙視。這些軍官對我雖有敵意，但更多敬意，我感受得到。

這時黃信介、呂秀蓮也被安排在不同角落，等監獄官把便當拿來。我已經沒有食慾，我等著副所長回來。這種震撼，大到讓人想吼叫。

副所長拿了兩個便當回來，「施先生，先吃便當，我慢慢告訴你實況。」顯然，大審已近尾聲，林義雄家的血案已不再是祕密了。

「先吃一點，」副所長也打開他的飯盒。

我勉強夾起半顆滷蛋吃下，扒一口白飯。

「到底怎麼發生的？兇手捉到沒有？」我問。

「到現在還不知道兇手是誰？」副所長說：「老太太被刺殺了十幾刀，九歲大女兒林奐均被刺了六刀、前胸一刀，深達肺部，後背五刀，她真命大，林義雄的祕書田秋堇適時從法庭趕回去探視，才及時救回一命。兩個七歲雙胞胎都是從背後一刀斃命！」

我正從飯盒夾起一片滷肉，咬了一口，油漬流了下來，我突然一陣噁心，立刻把肉吐在桌下的垃圾桶。刀刺，刀刀刺！鮮血彷彿從我的胸口動脈飆出，一陣暈眩。我一定臉色蒼白了。他轉頭對附近的憲兵說：「給施先生端一杯熱茶，順便給我一杯。」

「發生在哪一天？」我問。

「二月二十八日，那天正是林義雄開庭。林太太和祕書田秋堇都到庭旁聽，否則林太太可能也被殺。」副所長說，「休息時，林太太打電話回家，一直沒有人接，她才叫田秋堇回去看看，這才發現林奐均倒在血泊中，還沒有斷氣，立刻送台大醫院，否則，林奐均也會失血死亡。這些都是報紙說的。」

世界上怎麼會有這麼殘忍的事！對六十多歲婦人、九歲和七歲的雙胞胎幼女，竟然刀刀刺殺！哪有人如此沒有人性！哪有人會殘酷到對七歲、九歲的三個小女孩一刀一刀刺殺！一生從未有過的恨氣在我心中激昂。

「誰殺的，到今天還沒有頭緒？」我問。

「是啊！最初懷疑是游錫堃，他是林義雄宜蘭同鄉，想和林義雄競爭省議員。據説，林義雄看不起游錫堃，叫他憨堃仔。又有一個外國教授家博也被列入是疑犯。」

「這兩個都不可能。游錫堃不是一個有膽識的人，保守謹慎，只想當官，不會殺人。家博，我認識，澳大利亞籍的教授，他到處追台灣女孩子，不管是單身或太太，他怎會殺人？絕對都不可能。」我説。

「那你認為誰最可能？我們的情報是指向黨外和海外台獨份子，他們想製造台灣內部的仇恨和更大衝突。你知道的，許信良他們在美國成立一個台灣建國聯盟誓言要讓國民黨政府從地球上消失。」副所長説。

「許信良常常會説大説，但他絕對沒有任何理由殺害林義雄家人。這種謀殺案絕對不是一般人所能做得到的。我們這些人被捕後，二十四小時都有特務在我們家站崗、監視，外人怎麼可能進得去殺了四個人，又靜靜地不留痕跡地離開現場？不是受過訓練的殺手一定做不到！副所長説，林太太正好來這裡旁聽才沒被殺，我的看法正好相反，兇手是預先知道林太太和田秋菫會來開庭，家中只剩下祖孫四人才下殺手的！」

「那其他黨外人士有可能是殺手嗎？」副所長問。他還是受國民黨正規情資所左右的，他們都是被有計畫的宣傳誤導的人。

「台灣最勇敢的黨外，都被抓起來關在這裡了。」我說。

「海外台獨份子呢？」他還是鎖定這種方向。

「海外台獨份子全是沒有膽識的臭老九，他們哪有種殺人？他們連台灣都不敢回來，只會躲在不會被抓的外國才敢喊台獨，連在美國示威遊行，他們都還要戴面具，怕被國民黨特務點名做記號。這種台獨份子怎麼敢回來殺林家的老太太、幼女？至少，海外台獨是我們的同路人，不可能殺林義雄的家人。」我說。

「那，你認為誰會殺林義雄家人？」他又問，我知道他事後會向上級報告的。案重初供，我第一次聽到血案，第一個反應，他們當然會往上呈報的。

「第一，我認為這不是仇殺、財殺。林義雄沒有和人結怨深到必須殺他全家。林義雄不是鉅富，即使劫財也不會這樣殺人全家。

「第二，不會是黨外和海外台獨份子所為。他們不可能也不敢做這種事。做這種事對他們有什麼好處？你們是被刻意洗腦了，讓你們朝這方向想。誤導你們。

「誰最有能力和需要誤導你們，當然是殺手這方。兇手不會只有一個，一定是一個有組織、有訓練的特務。

「第三，你說謀殺案發生在二月二十八日，也就是二二八大屠殺那天。我們起訴日是二月二十三日。殺手刻意選擇『二二八』這一天，殺林家老幼就是要讓台灣人記住二二八大屠殺的恐怖後果。這個案件，不是家恨，而是國仇！只有國仇才會做出這種駭世驚人，毫無人性的慘案。

「誰會做這種事？奉命的特務！只有特務才會如此沒有人性，反而認為是在執行國家指定的任務。這樣他們刺殺時，才不會有良心自我譴責的問題。」

「我們國家的特務怎麼可能做這種事？」副所長當然不相信，他也是忠黨愛國的，他深信他的黨是愛人民的。

「你知道吧，國民黨從在中國大陸就有很多殺政敵的事，你一定聽過戴笠的名字吧。他是蔣介石的愛將，專門替蔣介石清除異己。你一定也知道關在這裡的國民黨特務，已經有好幾個是以匪諜罪名被槍決的。」我故意這樣說：「你們不是常常說，匪諜就在你身邊。國民黨的特務中，怎麼會沒有匪諜。這個案子鐵定是『匪諜』幹的。」

林義雄家是二十四小時有特務看守監視的，兇案發生卻破不了案，殺手是誰還不清楚嗎？我故意這麼說，而且還很大聲地說，是要讓他調整一下自己的思想，這個案子不會是一般人幹的，就是訓練有素的忠貞特務才幹得出來。

黃信介，還有呂秀蓮好像聽到我說「匪諜」，才抬頭看我。

在特務嚴密監視下，在起訴我們謀圖「台灣獨立」後五天的「二二八」下手刺殺林義雄家的祖孫，就是要讓台灣人再揚起全面恐懼感！

是國仇，不是家恨！

一種求死的強烈念頭在心中翻滾。我怎麼如此悽慘必須存活在這種國家裡！這個政權邪惡到刺殺九歲、七歲的三個稚女，來達到它散播恐懼的鎮懾效應。活在這種政權下比死去，更需要勇氣，更需要無恥，更需要麻木！活著就是恥辱！死，早已不是我恐懼的；活，才有更難承受的折磨。我整個大腦充滿這種聲音。這個時候，我的思緒是激動的，亂的，重覆的……。

幾天來出庭，我都視死如歸的笑傲法庭，我已展示給獨裁者看了。我就是不怕你，要殺就殺吧！但，現在我聽到他們竟刺殺了老弱稚女！刺殺，還是一刀刀地捅，比槍殺，比勒死都還血淋淋，令人毛骨悚然的噁心，不是害怕。我的心痛到抽動不起臉部的蔑笑神經了。我的大腦進入最新狀況中，我知道必須在「最後陳述」即時做出回應！

這個新情勢，我必須立刻反應。我不能按照我預定的，唸我的「最後陳述」文了。但要怎麼改變？我一時沒有給自己答案，我還有時間……。

第五章 最後陳述

第二次「二二八屠殺」

三十分鐘很快過去了，副所長站起來，「我們應該準備上法庭了。」他指揮其他人先帶黃信介、呂秀蓮上法庭。依序，我還是最後走。

帶著「遺囑」，但我自覺這份預先安排的「最後陳述」已不適合等一下公開宣讀了，它只能以答辯狀方式遞交法庭了，但，我的「最後陳述」該講什麼？我還是沒有決定。

押往法庭的途中，陽光普照，我的眼前卻像一片昏黑，我仍一手插在褲袋中，但，我已沒有笑容，臉繃得很緊，對周邊的旁聽官員、攝影記者我連瞄一眼都不屑！四位老幼祖孫被殺，被政治謀殺，你竟然還容忍獨裁者瞎掰什麼黨外、外國人殺的！不管你是台灣人、外省人，你現在心中還沒有判斷力，你就不是人！就是沒有人性的畜生！

我第一次以這種表情走進法庭，不理任何人。坐在我的被告位子，我也不再像往日微笑，我完全知道法庭在進行什麼，我至少還有兩個小時才會輪到我做最後陳述，此刻我放任自己在恨與怒火中燃燒！

這些什麼法官、檢察官根本不是人！台灣發生這種慘絕人寰的政治謀殺，苦主正是我們其中的林義雄，你們還能完全無動於衷，裝模作樣地擺出公開、公平的審判假象。

連七歲、九歲的小女娃你們都忍心她們一刀一刀被刺殺，而無動於衷，何必擺出公審的假象!?你們就直接把我們拖出去殺了斃了算了！

恨、怒充滿全身，有別於這些庭審日的心情……。

我自知這種反應是很正常的，我不壓抑自己，不要求自己立刻冷靜下來。我對自己是充滿信心的，我已經在死刑關走過兩次的人，更歷經家破人亡，我的生命歷練已經讓我絕對不會做出衝動和失智的舉止了。但是，這個慘案太令人震驚了。

沒有錯，國民黨暗殺異己從在中國大陸時代就屢見不鮮了，像戴笠這種殺手竟然還成為國民黨人的偶像，蔣介石還替他設校，設路名紀念他。現在既然又是暗殺，當然就是要把罪責推給別人，否則就乾脆像這個法庭在過去三十幾年那樣已宣告無數人死刑了。

選在二月二十八日那天刺殺林義雄高堂和稚女，意向已經很明確了。

你們台灣人竟敢造反，謀圖台灣獨立，就是殺無赦！殺給你們看！連老婦人、七歲、九歲的小女娃，我們一樣照殺！

林家慘案的意向再明顯不過了！

就是要讓台灣人害怕！就是要讓台灣人再像二二八大屠殺以後那樣，活在沉默、驚恐、順服之中。

蔣家統治集團大舉逮捕美麗島份子，以「二條一」唯一死刑起訴，舉行公審，接著又在二二八那天手刃林義雄的母親和稚女，都是在朝向一個目的：讓台灣人再度深陷恐懼之中！

這個時刻台灣國族最需要的是什麼？就是要鼓舞台灣人民的勇氣，張揚不畏不懼不屈的氣節與精神。而這些正是台灣人四百年來，所未擁有的民族節操和民族精神。台灣人從來沒有建立起這種為國族犧牲生命的精神。我笑傲法庭就是要對台灣人驅魔，驅除心中的恐懼之魔，建立起這種國族節操和民族精神。沒有恐懼，人才能從奴隸變成人。一個國族有爭自由、爭平等、爭人權、爭民主而寧死不屈不棄的奉獻精神，這個民族才可能從殖民地奴僕變成國族的自由人，主人。

我連日來的笑傲，是在完全不知道林家已慘遭滅門屠殺下，回應外來獨裁政權的反抗行動。如果在第一次公開出庭受審之前，我就知道林家滅門慘案已經發生了，我還笑得出來嗎？我還會侃侃諤諤地做政治雄辯嗎？坐在法庭中，在江鵬堅替林義雄辯護時，我這樣反問自己，很誠實地反問自己。

侃侃諤諤的雄辯一定會，也許用詞遣字會更強烈犀利；雙手插在口袋內以示不畏不屈，亦一定會！但，臉上的笑傲，會笑傲得那麼自然而且由衷的嗎？這一點我一時沒有答案。但我既然已經笑傲多日，我的笑傲，對戰友林義雄可能會情何以堪？但，對驚恐中的全體台灣人可能是種極大的安慰和鼓舞。總要有人在這個極度恐懼的暗夜裡，大聲告訴謀殺集團，告訴獨裁者：要殺要剮，悉聽尊便！還要公然指控你反民主、反人權、反自由！於私，我的笑傲對不起林義雄，但願戰友林義雄能夠諒解；於公，這種笑傲正是處於極度恐懼之中的台灣國族最需要的靈丹！

我給了！

江鵬堅律師繼續替林義雄辯護著，我一心兩用地聽著，當江律師提到林家血案，我潸然淚下，我趕快掏出衛生紙像拭掉臉上汗似的把淚珠悄悄擦掉，我不想讓人看到我坐在被告席上既沉思又暗自落淚，會被記者扭曲報導成我恐懼了，我後悔了。

江鵬堅說，林義雄秉性忠厚耿直，熱愛鄉土與國家，雖批評政府措施，無非希望納政治於憲法常軌，一向主張和平改革，反對流血，且對國家前途充滿信心。

和所有律師同一基調，江鵬堅指出對林義雄的三項指控，證據脆弱，必須有更充分構成要件和證據。

他的辯護和其他律師的法理論述沒有什麼兩樣，我又悄然回到自己的思想中。在這種極端性場合，死刑審判庭，最會使當事人進入最高層次的思考和反省，會思考生命的價值而非生活的價格，會思考殉道的意義而非苟活的機率，也會要求自己做出最誠摯的決策。

我們台灣人四百年來代代已經付出太多慘重代價，依然是一個外來強權取代另一個舊殖民統治者。蔣家集團所以必須用刺殺老婦、稚女的手段來鎮懾台灣反抗者，讓台灣人再集體陷於恐懼之中，就是顯露蔣家集團已處於絕境之中。前有中國共產黨的追殺，後有台灣人的反抗，追求獨立。國民黨統治集團中已有不少外省統治菁英已覺悟到外省族群的處境，想採取溫和路線，好讓自己和自己的後代能夠溶入台灣社會，在台灣生存下去，像關中、張寶樹們。但是，蔣家集團中的強硬派一直視台灣人為奴。奴隸反抗，當然該殺！這類人沒有文明，只有權力，手中又有刀有槍有法庭。我提出的「中華民國模式的台灣獨立」，就是要使所有自願或被迫來到台灣的外省人，也有機會選擇在台灣未來的新社會中自由平等地活下去。就像他們流亡到美國，選擇做美國人一樣。在美麗島事件之前，我們最擔心的就是國民黨中的「軍特派」，軍頭和特務，會看情勢而快速改變政治選擇，投靠中共。強硬派往往變節也最快。

起訴書公布後才第五天，就發生林家血案。誰有這種能力，誰能如此迅速採取反制行動，還能在特務嚴密監視，殺了四個人又安全、無聲、無痕地離開犯罪現場，當然只有特務。只有特務組織才有這種功力、能力。

海外台獨份子的反應雖然激昂卻無力，這是流亡者的悲哀。如果讓這兩股力量再激盪，可能迫使蔣經國在被美國拋棄後，又遭台灣人反抗的情勢下，轉而和中共和談、和解、投降。那樣台灣人將失去四百年來最佳的和平結束外來統治，不流血的建立一個新的獨立國──台灣的機會。政黨和掌權者都是一時的，國民黨會弱化、台灣化，蔣經國會死，國家才是比較長久的。我必須為台灣徹底奉獻、無恨、無怨地自求死刑。他們連七歲、九歲的稚女都敢刺殺，怎麼不敢殺我這個已被他們醜化成功又在法庭上桀驁不遜，口出狂言的「暴徒」？此刻，如果停格在我的笑傲與台灣獨立的主張而被處死刑，我的死將可能像一把巨火，點燃台灣內部的仇恨之火。這把火可能焚燒了蔣家政權及外省二代三代在台灣和平平等存活下去的機會，也可能引來中國的入侵，捻熄數百年來台灣結束殖民統治最佳唯一的希望。

我在法庭已一再公然提倡「中華民國模式的台灣獨立」，就是要讓所有現在生活於台灣的外省人也有懷抱夢想地在台灣平等存活下去的權利和機會。如果我被動被判死刑，我相信台灣人一定會永遠記得：是外省人殺了我們的台灣烈士「施明德」。此恨必然無了時。我既然提倡了以和解共存為主旨的「中華民國模式的台灣獨立」。這個歷史大審的歷史時刻，我就必須徹底犧牲自己，供奉自己的生命於歷史的祭壇之上。

我必須自己請求判處死刑，而不是被判死刑。讓我的死，不會成為台灣人對外省人永恆的恨。

我是焦點，我正居於台灣歷史的關鍵地位。

我必須懇求死刑！而不是祈求減刑卻被判處死刑！

我的最後陳述的主旨，就這樣決定了。

關鍵時刻做完關鍵決定，我內心的恨火也熄了，像蘇格拉底，像耶穌，像聖女貞德那樣心甘情願地迎向死亡。

這時，心中只有對林義雄媽媽和女兒的苦難充滿悲慟，沒有恨。

恨，很有力，卻常常引導我們走向另一場悲劇。

江律師辯護完，審判長點名林義雄夫人方素敏上前做輔佐人辯護。林義雄以沙啞的聲調表示，只呈輔佐人辯護文，方素敏不當場宣讀。那是一篇哀傷的文字，悼念婆婆、愛女也替夫婿的清白訴求的感人文字。

她的文章寫著：「在我喪失婆婆和雙胞胎的慘痛下，我不敢以這為理由要求還我丈夫。但我要求各位法官依據天理良心及法律還我所摯愛的林義雄清白。

在我遭受了有生以來最大的身心慘痛，古今中外也許不會有幾個人遭逢過像我這種恐怖淒慘的遭遇，可是當我身心交疲，躺在長庚醫院休養的時候，我想起義雄常說的一句話：「被人誤解是最痛苦的」。被人誤解是痛苦的，但被人誤解到危及家人，這是絕望的，噬心的。

為了使他覺得這個世界還有了解他的人，所以我寫下「我的丈夫——林義雄」給他。希望他在痛失慈母、愛女，萬念俱灰的情形下，能恢復一點生機，為我和奐均活下去……。

這是台灣民族的悲哀。一代又一代被外來強權統治，丈夫被唯一死刑起訴囚禁中，婆婆、年幼的兩個孩子被刺殺被刀刀刺殺了，一個救活，她還得姿勢謙卑地在法庭上為丈夫的清白低聲下氣……。

台灣人啊！

黃信介的最後陳述

整個辯論程序終於走完了，所有被告、律師及輔佐人的發言都結束了，審判長點名黃信介上前。黃信介走上前去，審判長問還有什麼話要說？信介仙態度躬謙，向法庭行禮，他大致說：

「被告等過去也許有對不起政府的地方，我們對政府的打擊也許造成了政治污染和對政府的損害。但，我們都是善意的，實在沒有推翻政府的意思。

「美匪建交，對我們確實是一大驚嚇。那麼大的美國和那麼大的中國建立了外交關係，我們心裡真的害怕，因此對國家的未來有過討論。我們討論的結果，認為政府堅持只有一個中國，要保持憲法的法統。但我們認為一個中國的法統不只是憲法，還有五千年的倫理、文化、道德觀念，這是所有中國人都追求的目標，我們一定要保障這個命脈、法統。政府以後應盡力宣傳這一點，讓人民認清這一點。

「最後我必須再清楚地說，我和另外一名叛亂嫌犯洪誌良之間絕對沒有任何勾結。洪誌良是在去年八月間被調查局抓進去的，我本人是在去年十二月十三日，高雄事件發生後才一起被抓的，如果我和洪誌良叛亂有關連，為什麼那麼晚才抓我？為什麼洪誌良不跟我們一起起訴？是不是怕人民想起洪誌良就像余登發案中的吳泰安？

「我對調查局實在很失望。明明沒有的事，一定要說有，指控我兩面勾搭，是很危險的事。

「我認為法院該判我無罪。」

看著黃信介先生佝僂著身軀，低聲下氣地陳述著，我先有不屑，然後是極度的不忍，接著有感恩之情。如果不是他信任我、重用我，讓我這個才出獄的社會陌生人，可以依我的意志推動「全國黨外中央民意代表助選團」，及創設「台灣黨外公職聯合辦公室」（簡稱「黨外總部」）把全國黨外結合起來，然後又共同開辦美麗島雜誌社，台灣的黨外仍然是山頭林立，在恐懼下及自私的指使下仍會像一盤散沙。當然也因為我這樣做了，黃信介先生和其他被告今天才會在這裡接受唯一死刑的審判；林義雄家才會遭到滅門屠殺。對這些戰友，我充滿了歉疚、悲愴。不時，我會轉頭側視義雄兄伉儷的哀慟神情。他們夫婦真的承受了人間難于承受的苦楚……。

但是，自由不就是這樣換得的嗎？自由，不會是統治者平平白白的賜給我們的。自由，永遠是我們付出代價爭取而來的。爭取的過程艱辛，爭取付出的代價無與倫比的慘慟。

享受自由之花的晚輩，是否知曉？珍惜？

林弘宣：傳道人的祈禱

我心溢滿著這種歉疚和哀戚，對林弘宣做他的最後陳述，我並沒有全神傾聽，留在我腦中的大多是和聖經有關的話語，他原本就出身傳道士，聖經是他的依靠和信仰。成為牧師才是他的志業，來美麗島工作只是他一時的職業。不只是薪水養家，主要是他是個熱情關心台灣前途的年輕人，美麗島的奮鬥目標吸引了不少長老教會台南神學院的教師、牧師和學生，林弘宣是其中之一。當然，他絕對沒有預料到會變成唯一死刑的被告。他的感受和呂秀蓮很近似。整個審判庭，他幾乎是愁臉長掛。此刻他也是這種表情，只是他已經知道自己正處於危險之中，對上帝的信仰成為他唯一的依靠。他說：

「剛才有一位辯護人說古今中外再也找不出把像高雄事件當成叛亂的前例了，我要修正他的話。

「被告是基督徒，也是傳道者，我要說，在一九八〇年以前誕生在羅馬帝國殖民地的耶穌，在他卅三歲因為傳揚『愛心、正義和寬恕』等福音的時候，就被他的同胞中的政治宗教領袖們以涉嫌叛亂抓了起來，並提起公訴，控告耶穌意圖領導猶太群眾推翻羅馬帝國。當時官派的猶太省總督比拉多，公開審判耶穌，但查不出任何犯罪的事實和證據。於是他把耶穌又交還給那些控告耶穌的人自行處理。結果近乎二千年來被世界基督徒所尊為人類救主的耶穌，就被他的同胞以莫須有的叛亂罪名判處釘於十字架的死刑。

「我引這件影響人類歷史最深遠的判例，其目的是要引出耶穌臨死前所說的一句千古名言。耶穌活生生的被釘在十字架上，他的鮮血一滴滴的在流著，他非但沒有仇恨，懷恨任何人，他大聲疾呼的說：『我的父，我的上帝，原諒他們，因為他們不知他們所做的』。」

林弘宣說到此，庭內已隱約的可聽到飲泣聲，林弘宣繼續說：

「被告此刻的心情，跟我主臨死前很相近，我不懷恨非法抓我、侮辱我、折磨我的治安人員，以及背後指使他們如此去做的任何人，我懇求我的上帝原諒他們，因為他們不知道他們所做的，我也懇求上帝安慰一切因本案而正在受苦受難的共同被告及其家人親屬、朋友、以及海內外同胞。這時我懷抱著耶穌基督受難時一樣的心情，我不懷恨非法逮捕我，羞辱我和折磨我的治安人員。我懇求上帝原諒他們。」

林弘宣說到此庭內泣聲更多，林弘宣似乎也有不能自已的悲痛。

「最後我懇切的求上主賜給代表國家執法的庭上，在你們在做判決的關鍵剎那，能夠有聖靈感動，完全寬恕一切共同被告，並釋放所有因本案而正在被羈押的人，於是我們的政府最高首長蔣經國在高雄事件發生後所一再聲明『決心實行民主，決定不走軍事統治』的國策得以彰顯，於是全國百姓將會耳目一新。從前只是風聞政府一再宣示實行民主，如今是親眼看到從此時的本案看到了事實。這是我日以繼夜所求所思的夢，而我相信我的夢會很快的實現，藉此機會向我的辯護人員，庭上，所有工作人員，貴庭所有服務人員，以及所有旁聽人員，這些日子來如此的辛苦，努力服務和關懷，表示我由衷的感激謝意。」

呂秀蓮的最後陳述

林弘宣說完，含著淚水向法庭行鞠個躬，走回自己的坐位。

審判長點名呂秀蓮。這幾天，呂秀蓮都神情憂鬱，一再替調查局澄清沒有說要「脫光我的衣服」，糾正《美聯社》的報導錯誤。澄清一次是應該和必要的，但，糾正第二次就會讓人誤以為她在討好調查局。這個唯一死刑的大審判，絕對不是靠討好、示悔、示哀，懇求憐憫可以贏得正義的。這，是個政治大審判，不是法律的審判庭。即使說這是政治性比較濃的法律審判庭，我都不能接受。這是百分之百的政治審判，是異端裁判所，「法庭」只是它披上的外衣。判斷錯了這個法庭的本質，隨後的反應都會是有偏差和瑕疵的。幾乎所有律師和被告都在這點上，做出不是正確的選擇，不只呂秀蓮一個。開庭期間，我就跟她比鄰而座，但我們連點個頭交換視線都沒有。對她身陷的險境，我同情，但我知道不是可以口頭撫慰的。任何安慰都輕如毛羽，又細如鋼絲，既輕又冰冷。

呂秀蓮手握文件走上發言點，很淑女地向法庭行禮，然後像她在北一女參加的朗誦比賽似的，至少我個人覺得很像。她姿態端莊，聲調抑揚頓挫，感情動人地朗讀她的「我的最後陳述」。她一破題就是很文藝的，我心正沉慟於林家慘案之中，我實在無法集中注意力去仔細聆聽。我也只記下她的主要片斷：

「一百一十天前，去年的十二月十三日清晨六時，被告在淒風苦雨中成為軍法處看守所第一個迎接進來的高雄國際人權日事件被捕嫌犯。經過一百一十天的鐵窗滋味後，今天，民國六十九年青年節的前夕，被告呂秀蓮以怎樣的心情站在莊嚴的法庭上，面對二個星期以來不辭辛勞地為中華民國的法律正義拓荒的審判長與諸位審判官面前表白她的最後陳述呢？……

這是一個具有空前歷史意義與高度政治性的法律案件，悲劇主角之一的呂秀蓮具新女性主義倡導者，也是前年遠從美國乘著牙刷主義的逆風回台共赴國難者，想不到共赴國難的愚忠尚未實現，呂秀蓮竟在一夜之間成為眾目所視，十手所指的叛國份子！

但我相信我的家人，相信我的朋友都會寬恕我、信賴我，我常說光風霽月以待人，頂天立地以成事的話。……

我一直認為，無論國際局勢多橫逆，國家總是自己的，無論前途多晦暗，覺悟與團結總有希望。我不曾主張台灣獨立，雖然我被調查局以台獨叛亂的罪名羅織，我所堅持的只是台灣的前途應由全體一千八百萬居住在台灣島上的同胞來共同決定，而不是美國的霸權或共匪的武裝侵略……。

我反對暴力，可是檢察官居然說我受人蠱惑……。

現在，我就要將我的生命，我的自由，我的健康，我後生的命運以及我個人的名譽與幸福交給坐在面前代表國家執行法律的諸位審判官手上了。現在，被告對於我面前的審判官先生們，已因二個星期的觀察而重燃希望之火，這希望之火將繼續點燃到宣判的那天。

那時火光也許會突然熄滅，那時也許不再需要火光，因為天已大亮了！

審判官先生，被告並不要求您的憐憫，被告要求您的公平與正義，本於法律的公平與正義做出判決。」

呂秀蓮略略停頓，抬頭仰望台上一排軍法人員，繼續做結論：

「諸位審判官何其榮幸，諸位辯護律師何其榮幸，也許被告也應該說，諸位公訴人也何其榮幸，能在這樣一個中華民國具有特殊意義的政治案件扮演您們各自神聖的角色，可是被告又何其不幸，居然成為一個勢必在歷史上留下鴻爪的叛亂案件中添列八名被告之一！」

呂秀蓮朗誦完整篇文章，鞠躬然後走回座位上。審判長竟然說：

「呂秀蓮妳這篇文章真的是文情並茂，這是妳的內心話嗎？」

「是的，」呂秀蓮回應：「這是我清晨四點寫的。」

我不知道這是諷刺或者是讚揚。

呂秀蓮是才女，黨外皆知。

施明德：我請求，判我死刑

審判進入最後階段，我已決定要請求判處死刑，對黃信介等人的最後陳述，我一邊聽，義雄兄的母女被刺殺的慘景卻不斷地出現在我的腦海，我彷彿看到她們正躺在法庭的證物欄內，與其他犯罪證物併呈。我的情緒是極不穩定的，我整個被哀傷徹底包裹住，人覺得好虛弱。從被捕，送調查局，到起訴，到大審，我一直鬥志高昂，笑傲迎戰。現在卻被強烈求死的情緒所支配，活，變成更強烈的折磨。等一下我將如何做最後陳述？我只有求死一念，如何措詞我完全不草擬了，直到聽到點我的名字，我才撐起一身骨架，緩步走向發言處。

我吐出來的聲音是：

「我剛才從座位上起來走到這裡發言，感覺上似乎走過了比四十年還要長的路途。我在這裡有一份遺書，但我已經不想在這裡宣讀了，我隨後就呈庭。

昨天晚上聽到姚嘉文夫人說出來林義雄家發生悲劇，中午我才有機會問清楚到底是怎麼一回事？在這種新情況下，使我做了一項很堅定的最後決定。

在整個審訊期間，大家都看到我一直面露笑容，坦然面對。但是現在我卻一點都笑不出來。而當我決定要說出下面這些話時，事實上我是需要有比死更大的勇氣。」

我一定一臉哀戚，聲調不像數日來的鏗鏘，我已經有欲淚的感覺。整個法庭似乎已被我異於往日的神情吸引，顯得有些詭譎的靜寂，幾個法官和檢察官都用怪異的眼神看著我。我說下去：

「我知道，從事件發生到我意外脫逃成功，我已經是國內外的知名人物。台灣的媒體竭盡所能攻擊我，醜化我，誣蔑我，我已被形容為十惡不赦的江洋大盜。我知道，要求治亂世用重典的聲音，四處響起。根據我廿年來的經驗，以及我這幾天來的審理過程，我只希望傳播媒介不要再把我此刻的用心，再度扭曲。

我這個懇求並不是出於對個人生命、個人榮譽的追求，而是基於我對我們熱愛的國家，這塊土地和人民一份執著的愛。美麗島事件發生之後，被告並沒有想到在這個意外事件發生後，被告被逮捕而與外界隔離的階段，外面世界竟有如此重大的變化。」

我的淚水已悄悄流下，我是個感情豐富的人，從小就是如此。我養的小鳥死了，我會落淚。我家的貓死了，我會極度哀傷，我不會像台灣人的習俗：「死貓吊樹頭，死狗放水流」。我會獨自挖個坑，把貓埋了，灑幾許花瓣在小土丘上。此刻我還沒有嚎哭，已是高度的自制了。

「今天中午，我才知道我的好友林義雄，家裡竟然會遭到這樣的慘禍，使我感到創痛深鉅。基於個人熱愛國家、土地、人民的心意，在諸位審判官的審判下，以及剛才我從座位上走到這種的感受，我要在此向我們的國家致敬，同時我也要向美麗島事件受傷的同胞，及那些怨恨我，謾罵我，視我為十惡不赦的反對者致上我的歉意。請審判長代表接受我這份歉意。」

我向庭上深深一鞠躬，然後：

「同時，我也深切的希望能夠平息國人的怒火及報復的心理，如果大家也都是真心的熱愛我們自己的國家，土地和人民，我希望同情我們，支持我們的所有朋友能夠接受我的懇求，請收起你們的拳頭，特別是我的妻子艾琳達和海外支持我們的人士，我請求你們把對我們的愛護之心，轉為對台灣的愛，把愛好和平的意志轉變成振動和諧的力量。」

我聽到法庭內已經有泣聲。我轉頭看了看右側的辯護律師尤清，說：

「尤清跟我從小認識，對我相當了解，謝謝你的關懷。」我頓了一下，說：

「前天，尤清替我辯護時說，我第一時間脫逃成功，已被社會視為人民公敵，千夫所指的首惡。鈞庭是公義的法庭，請鈞庭不要屈服於社會輿論的壓力，不要因某些人的仇恨和利益，而把施明德拿來祭神或祭鬼……。

但是，現在我卻要說，我要清楚地說，為了國家的利益，你們可以拿我去祭神、拜鬼！」

我咬緊牙，強迫自己不要哭出來，停息數秒。

「我從來不會為個人的利益低頭，我更不是一個怕死的人，我只會為了理想、正義、國家、人民的利益才會低頭。此時此刻，我只懇切的希望媒體不要再扭曲我，醜化我的心意。」

我已控制不住，哭泣了起來，兩旁的律師，除了表情一直冷漠的幾個律師外，大多也都跟著落淚，我接著說：

「我現在要說的，要做的動作，都不是在表演，而是我聽了林義雄家的不幸遭遇，使我知道這些都是因為我所惹起的，我接下來的訴說，絕對不是要藉此要求審判長的減刑，我要很清晰說的是：

為了平復國家的創傷，為了替社會帶來和諧，我不要減刑，我非常堅定地請求法庭判我死刑！

我請求！我請求！」

此時我已泣不成聲，我無法再說下去了。我知道我的用詞遣字不是很優美，也許也有點語無倫次，但我願意為國家的和諧求死的決志已清楚表達了。我掛著淚珠轉頭要回座位前，我對林義雄伉儷深深一鞠躬。林義雄伉儷也起身回禮。沒有任何隻字慰語，人世間已沒有什麼話語能夠慰問這對苦命的夫妻了……。

此時，庭內已一片哭聲，旁聽席上的旁聽人士、記者、女警、監獄官們都有人在擦眼淚，家屬們更是嚎啕大哭，連法官群中都有人在拭淚，全法庭處處泣聲……。

突然，尤清律師完全不顧程序就猛然站了起來，泣不成聲地說：「請正義的法官們，請不要受到任何人的攪亂（意指施明德請求判處死刑），仍然要請您們做出公義、睿智的判決。」

坐在審判台上的兩名檢察官，也隱約的可以看到他們的眼睛在泛紅。年輕的林輝煌檢察官在尤清之後，也不按程序自己就主動站了起來拿掉眼鏡拭去淚水，沉痛的說：

「對林家血案，本席站在私人立場表示萬分的哀悼之意。」他把視線投向林義雄，接著竟然說：

「本席是根據調查局所調查的資料，以自己訊問被告，才將被告起訴的。不過如果被告不服的話，本席也請庭上再做調查。」

林輝煌到底還是太年輕，黨國教育還沒有完全屠殺了他的良知，監囚了他的人性。審判進行到這個最後階段，檢察官竟然公開發言請法庭「再做調查」。他的發言等於推翻了他們在起訴書和開庭以來的論告主旨，呼應被告及律師們的重啟調查的辯論訴求。在軍事法庭上，這是從未發生過的事。

在深受感動下做出這種真正發自良心的臨場反應，事後他可能會受到糾正。

法庭一時之間陷入哭泣的混亂之中，人性終於在這個肅殺、不義的軍事法庭裡搶奪了短暫的席位。律師、檢察官和哭泣都可以隨意發聲。

「法庭的秩序，還是要維持。」審判長似乎也被感動了，一會兒之後才用前所未有的感性的語氣說：

「剛才施明德的最後陳述應該是他的肺腑之言吧。本席承認壓力很重，要對被告負責，要對公訴人負責，更要對全國同胞負責。」

然後，審判長點名姚嘉文作最後陳述。（參閱一九八〇年三月二九日聯合報，中國時報、台灣時報、中央日報……等報，及同月三十自立晚報）

中華民國六十九年三月二十九日

叛亂嫌案公訴人昨重申
起訴書中記載均為事實
強調哀矜勿喜一本公正無私
參與政治改革不容越軌從事

張俊宏作最後陳述
坦承「美麗島」有錯
自稱主張改革未料到如此結果

為平復國家的創傷
施明德自請處極刑
道是由衷之言絕非表演
呼籲消弭暴戾帶來和諧

林義雄昨答辯指出
高雄事件與他無關
曾作最後陳述，相信自己無罪

姚嘉文・最後答辯
朗讀書面資料
共作七項陳述

哀矜勿喜・九日長審終結
談法論情・氣氛肅穆謙和

姚嘉文：只要求無罪，不接受減刑

我認為姚嘉文和我，是所有被告中最認真地面對軍事法庭審判的兩個人。我們所不同的只是他相信法律，確信可以在法庭上論述法理就能贏得公義的無罪判決。我，則是把法庭當戰場，要利用公審的機會全力反擊反撲，以生命做賭注，決志換取反敗為勝的歷史契機，不是個人的勝，而是台灣國族的勝利。這是法律家和革命家本質上的異同。就他的信仰，我認為姚嘉文表現的非常認真，非常好。

在整個法庭瀰漫哀戚和泣聲中，姚嘉文哽咽地走上前去，他連日來的平靜聲調已被激情調包了。他在宣讀他寫好的七項最後陳述時，幾乎也是哭泣著，法庭中的哭聲從未停歇。

審判長兩度在哭聲中，話調溫柔的插入說：「法庭秩序還是要維持。」

但是，哭聲永遠不是帝力所能撲滅的。尤其當姚嘉文說到：「我已決定要把自己獻身給我太太取名的『美麗島』，與我的朋友們一起承受這場災難。」全庭已盡是哭聲，姚太太更嚎啕大哭幾近昏厥。也許記者也在激動中，全法庭已沒有一個人不陷入激情之中，即使聽不懂華語的外籍旁邊者也被這團強烈的哀傷所感動。

第二天呈現在媒體上的姚嘉文最後陳述的內容，大致是這樣：

（一）被告想利用這個機會感謝審判長、四位審判官及兩位檢察官調查及審判期間的辛勞。被告對這次公開、詳盡審判的感激，已足抵銷以前對調查人員不誠不正取供的不滿。謝謝審判長及四位審判官。特別還要感謝兩位擔任本案公訴人的檢察官。

（二）本案審判期間新聞界朋友翔實報導本案審判的經過，使全國甚至全世界關心台灣民主政治的人都能了解本案進行的情形、辯論的經過，以及被告答辯的內容。澄清了也表白了許多誤會。

（三）被告也要感謝為我們辯護的所有傑出律師，他們不但是我的同道，也是我的至好朋友，我們曾經為推展法治精神及法律大眾教育而共同努力過。我希望我還有機會跟大家穿起法袍執行這個工作。

（四）調查及審判期間被告等一再對調查人員不誠實不正當的取供方式提出責備。現在被告也要向那幾位調查局的朋友表示我的謝意。他們很多時間的友善與照顧使我能夠平靜的度過我那一生中最難過的五十天，他們陪我聊天，照顧我起居，我在責備之餘也想表示我的謝意。

我希望代表國家法律的辦案人員能善守法律所給予的職權分寸。我請求調查局主管官員下令調查專案小組的全部紀錄，防止以後同樣情形的發生。

（五）最後被告想再講幾句話。十二月十日「世界人權日」是全世界除了共產國家及獨裁國家以外都在慶祝的節日，被告等人舉辦及參加這國際性節日活動，絲毫沒有叛亂的意圖。被告願意在此向全國同胞作一次見證：請求我曾經跟他們穿同樣法袍的律師同道支持我的見證：

「美麗島沒有從事叛亂活動：被告等人只是熱心參加黨外政治活動而已」。

（六）這一次美麗島事件，對黨外人士是一場災難。被告現在向庭上及各位朋友以及我親愛的家人表示，此刻我也要向我的妻子表示歉意，我已決定回到妳取名的「美麗島」，與我的朋友們一起承受這場災難。

審判長、各位審判官，被告請求庭上在我們的判決書上記載被告並不承認檢察官所指控的犯罪，只承認我們願為台灣民主運動及「美麗島」獻身，被告只要求判無罪，並不要求因為認罪而減刑。

（七）謝謝庭上九天來仔細耐心的聽訟，尤其審判長辛勞的指揮訴訟。我對各位的努力有很大的信心，就像我對我的信念有信心一樣，我相信台灣民主運動的推展不是任何人可以阻止的。（一九八○年三月二九日聯合報、中國時報等）

姚嘉文做完最後陳述，轉頭回座時，雙眼也已紅腫，他也終於覺悟到必須為台灣的自由，台灣的命運，把自己的生命奉獻給「美麗島」了。

這是一個集體獻身的時代。

台灣歷史上從來沒有過的美好、偉大的時代。

感謝上蒼，讓我們曾經活在台灣的這個時代，並扮演了角色。

張俊宏：不要讓判決，製造更極端的兩極化

張俊宏是在整個審判過程中，表情最冷酷的人。喜怒哀樂完全不形之於色，即使在滿庭泣聲潑灑，他也是一幅毫無表情的尊容。他忍受哀怒的能力，異於常人。張俊宏以平靜的口吻說：

「在審判即將結束，氣氛非常低沉時，我努力的控制著情緒。過去幾個月不平衡的情緒，已經在這幾天的審訊中逐漸平復。因為在經歷了在調查局五十二天的長期審訊後，調查人員確實在我心中留下憤恨的陰影。可是在這幾天的公開審判中，我心中的陰影已因為公正的審判而逐漸消失。

我開始了解，這整個過程是一場難逃的劫數，無法挽回的命運以及無法改變的劇本。

從起訴書中看來，政府審訊高雄美麗島事件，是基於國家安全的理由。其實，我和被起訴的其餘被告，內心也非常強烈的想維護國家安全。美麗島的全體人士，共同的目標都是在想辦法如何維護台灣一千八百萬人的安全。

我必須說，我一生都不贊成治亂世用重典，我認為用疏導的方法將更有效。如果持有不同意見的人，可以循有組織、有紀律的途徑表達他們的抗議，縱有後果也不會很嚴重。

此刻我也想坦白的說，「美麗島」今天會淪為這種局面，本身實在犯了很大的錯誤，值得深刻檢討。美麗島雜誌創刊近一年來，一切的表現都太莽撞，太急躁。美麗島雜誌一夥人太毛躁的基本原因有二：第一，我們一直恐懼台灣進入軍事統治。第二是害怕選票中會出現不公平的舞弊。因此我們在

尋求適當的防衛。

我已經做過仔細的分析，高雄事件是因為無法協調，促使緊張氣氛升高，以致爆發衝突。今後如何把這種惡性循環改為良性循環，才是審判之外最重要的事。

大審開庭以來，我的情緒非常脆弱，尤其知道林家發生不幸以後，更使我徹夜難眠，姚嘉文稍前的一席話，使我感觸很深。我目前只希望悲劇快點過去。

十年來，我一直主張和平改革，未想到竟然造成如此的結果。我不希望台灣在這次審判後再導致悲劇，我希望庭上審慎思考，衡量整個前因後果，再作判決。

我不希望這個法庭的判決，使痛恨美麗島的人更痛恨美麗島，使同情美麗島的人更同情美麗島，讓國家進入更極端的兩極化。

我認為政府以軍法來審訊美麗島事件，最大的意義應不在追究過去，而是防止將來再發生更嚴重的事件。」

張俊宏的平靜聲調使法庭內的泣聲稍稍低弱，他回到座位，就在我的右前方，仍然像一尊石雕。

然後，審判長點名陳菊。

陳菊：別了，朋友們！

下午，夕陽還沒有完全消逝，黃色的光芒一直從擁擠的人縫中投進我的右側，陳菊在女警的伴同下站了起來，一時把我眼前的殘光擋阻了。一生中已經有太多個夜晚，會想著還能不能看到明天的太陽？這是平凡人體驗不到感覺。就在女警趨近和陳菊站立的這刹那擋住了陽光時，我突然想到，我又即將過著心想還能不能看到明天的太陽的日子了……。

陳菊在女警的陪伴下走到審判長面前，她先細語地對審判長說：「我有一個私人的請求。」審判長：「妳說。」陳菊說，去年十二月間被捕時，辦案人員從她辦公桌帶走的一些與案情無關的私人物品，包括照片、幻燈片、錄音機、照相機等等，希望審判長能轉交她的家人作為紀念。她像行刑前的死囚在交代遺物。

然後，陳菊略仰著頭，對審判長說：

「我最後要說的話都已經講過了。我需要再強調的，仍然是我一生的信念，是尊重人性與個人的基本人權。」

接著她說，祈求歷史的悲劇不再重演。她會想念她所有的朋友，她側轉身來慰問林義雄伉儷。她和林義雄是宜蘭同鄉，和林家非常親密彷彿一家人。

陳菊以緩慢的語調回憶：「去年我被捕那天，是從已經遇害的亮均和亭均的房間中走出來，可是現在再也看不見她們了。義雄兄，回家以後，請代我親吻奐均，告訴奐均：阿姨愛她。

這是我最後的機會了，我必須向在場及不在場的朋友告別了，請大家珍重，但已沒有再見。」

接著她一一呼喚庭上每一位戰友的名字。每唸道一人，她就轉身對那人，輕輕頷首，通通打過招呼以後，陳菊才又慢慢的開口：

「我最後要說的是，我愛你們，也會懷念你們。」

陳菊向所有人鞠躬告別後，帶著紅眼眶回到座位。

林義雄：願此審判——使生者安寧死者安息

林義雄是最後一位走向前，做最後陳述的人。這個時候，全法庭都在悲泣中。由衷的悲泣最能驅逐恐懼。這個慣於用恐怖手段製造臣服和恐懼的政權，已經讓恐懼引爆了悲泣，深陷在這個悲泣中的人們，自然沒有恐懼感了。林義雄緩步走向前，我含著淚呆滯地看著他的背影。

林義雄，這個台灣歷史上最悽慘的苦主，六十歲的媽媽被刺十四刀斃命，九歲的大女兒林奐均前胸一刀深及肺部，背後五刀奇跡式的被救活，兩個七歲的雙胞胎妹妹林亮均跟林亭均各被從背後一刀刺死。他在滿庭的泣聲中，以沙啞的聲音說：

「鈞庭是我法律生涯中少見的優秀法法庭，應該能夠擺脫一切感情的壓力，對本案作公正的判決。我所說的感情壓力，是指我的家庭的血案，請勿因此而影響鈞庭對我的判決。我堅決地相信我無罪。如鈞庭認為我有罪，請依法判決。否則，則請還我清白。我再一次地祈求我家庭發生的慘劇，不會再發生在其他的家庭上。」

林義雄簡捷地說完主旨，然後繼續說：

「我相信，我所熱愛的同袍間存在的一些猜忌、暴戾的心理和行為，是由於誤會和偏見所造成，而不是有人蓄意指使所造成。我希望這一次的審理和判決，將會消除這些破壞全民團結、社會祥和的陰影，使我目前三人陳屍在殯儀館，一個僥倖生存回到宜蘭養傷，其餘二個在這法庭裡的整個家庭，所奉獻的自由、血淚、生命以及身心慘痛，能夠換得生者安寧，死者安息。」

在全庭哀戚之中，律師呂傳勝，也是呂秀蓮的兄長，擦著眼淚沒有徵求法庭同意就猛然站起來說：

「請求審判長能夠懷著哀矜勿喜的態度處理本案。我也懇切地祈求上帝能讓高雄事件所帶來的災難盡快過去，讓祥和永存台灣。」（參閱一九八〇年三月二十九日中央日報、聯合報、中國時報、台灣時報、台灣新聞報、青年戰士報、民眾日報等等，及三月三十日自立晚報）

這一幕已永存歷史

大審的最後陳述終於結束，在審判長做總結談話時，我自己也在做囚犯的總結。

在人類歷史上，我們一定找不到一個以叛亂罪唯一死刑起訴，其中一人的母女四人還慘遭刺殺的佈滿恐怖氣息下，展開公審針鋒相對的序幕，但是當法庭程序走到「最後陳述」時，沒有被告刻意溝通串聯，所有準死囚的傾訴竟然讓法庭揚起公義之聲，飄散著哀傷、泣聲、淚水。不僅被告們，被告家屬、所有律師，旁聽席上的人士及記者們，還包括所有法官、以及原本要置被告們於死地的檢察官、書記官、押解的軍官、女警都在拭淚中。良知與人性勝過獨裁者的戒嚴令。

這是一個什麼樣的歷史性審判法庭，會讓原本對立的雙方在同樣的感動下落淚？僅僅這一點，就史無前例了，不只是台灣的而是世界史上所未見的。僅僅這一點，不管最後獨裁者的政治力如何裁決，我們這些被告都已經贏得「美麗島軍法大審」了！

被告們的淚水不是為了向統治者屈膝求饒，被告們也沒有人惡語謾罵壓迫者，被告們只是順著人性中的真善美，展示了每個被告深藏於心的高貴情操以及犧牲奉獻的精神，以如此動人的和弦，結束了這場充滿恐懼、血腥的軍法審判。

這樣的收場，絕對完全出乎蔣經國及其策士們的預料之外，但世人已經全程目睹了。這樣的劇情不是人所能編寫的，這是天所安排。不管獨裁者將怎麼下令判決，我們這群囚徒不只維護了台灣人的尊嚴，而且贏得了歷史，因為我們都像「人」那樣面對獨裁者的死刑威脅。縱然有恐懼，縱然有淚水，被告們大都守住了人的格。自一六二四年荷蘭在台灣建立殖民統治政權以來，被統治的八個台灣人第一次成為台灣島上焦點的主角，吸引了國內外無數人的注目，而且榮耀的面對死刑的審判，最後讓獨裁者的法官、檢察官都在法庭內落淚、拭悽……。

這是台灣歷史上最值得傳頌的一頁。

這是人類史上，從未有過的感人的法庭史詩。

美麗島軍法大審，必定會成為扭轉台灣殖民史的最重要里程碑，足以引領後人繼續奮鬥。它有理論，有理想，有方向，有策略，有步驟，有奉獻精神榜樣，又有血有淚，是集體做工，各有角色所完成的。而且，這個大審是當代全體台灣人民共同參與的，不管他是站在哪一邊，或是直接或是間接。台灣反抗者的高尚人格與文化教養，在「最後陳述」中赤裸裸的展示於世人之前。忝為八名被告之一，此刻，我心深深引以為傲、雖死亦榮。

被押解回看守所，我依然一手插在褲袋中，哀傷籠罩，沒有笑容。

我一生最強烈的激情，也在這裡耗盡了。

死刑的判決依舊糾纏著我，我知道。

第六章

豎立台灣止殺碑

「清白」與「無罪」

走進看守所，落日餘暉仍存。監獄官問我，要不要叫士兵去替我買些菜飯回來？

「不用了，」我說：「我吃不下。」的確沒有什麼胃口。

進了押房，兩個囚友看我的臉色，只說：「施先生，你的菜，我們替你留著。」

在塑膠布上一碗飯、一碗湯、兩樣菜，放在同一個盤上。我沉默地走向洗臉台，洗手、洗臉、上廁所抽根煙，才坐回地板上，夾幾次菜、吞幾口飯、把湯喝了。我把筷子放下。

「不吃了？」阿松，呂文松問。在這以前，囚室內都是靜的，無精打采的。

「嗯，」我點點頭，我動手把剩菜飯倒在一起，阿松搶著來收拾，然後，把它們倒下廁所沖走。晚飯收殘菜的時間已過，囚人只能把剩餘菜飯倒入抽水馬桶沖走，以免招來蟑螂。

老謝抽完煙，坐在他的鋪位上用撲克牌算他的運氣，看看什麼時候能夠出去。這種算命遊戲竟然一直傳承下來了。從十幾年前在保安處就看到死囚嚴君川整天在排。先放一張暗牌，第二排兩張，第三排三張，排到第七排七張才是全開的名牌。逢十三就拿掉，老K算十三，Q算十二，J算十一，兩張合起來有十三就拿掉。手中剩的牌一張明牌，兩張明牌，三張明牌，一直掀下去，逢十三就拿掉，最後如果能掀到最後一張，就算過關了。嚴君川一定要玩到過關才會興高采烈地說，明天就會釋放了。希望，永遠存活在死囚心中。難道不是嗎？沒有希望的人，如何承受苦難？希望是活下去的光。

阿松把碗筷洗完就爬過去和老謝一起玩，幫著撿牌。除非我主動找他們聊天，他們看到我一直在忙著寫東西，都不會來干擾我。

今天，我一樣有很多筆記要做。我必須把今天法庭的種種記在筆記本上，尤其是聽到林家滅門血案的震驚記錄下來。我盡可能把自己的「最後陳述」抄記下去，這是在今天震撼下隨意的陳述，我不可能字字句句詳實，明天的媒體應該會有披露。台灣的媒體一直不可信賴，但，各家都會有部分記載，必須拼湊起來。但，那是將來史家的事。我也不敢信賴被國民黨教育出來的台灣史家會有多少良心。我必須第一手下筆記錄。這，就是我最後該做的事，留下淚水斑斑的史跡。

寫完，我突然覺得，八位被告中應該是只有我一個人完全不知道林家滅門血案。他們六位應該早已知道，只有我一個人被瞞著。我的家屬、律師和其他被告一併配合起來不告訴我，林義雄家發生了這樣慘絕人寰的屠殺案！連老妹阿菊就坐在我身邊，我還曾問她：「義雄為什麼戴孝？」她也淡淡地說：「大概家裡有人往生。」語氣平淡。但是，在「最後陳述」，她卻能清楚地只拜託義雄親親奐均，告訴她：「阿姨愛她！」很顯然她已知道亮均、亭均和阿嬤都被殺了，只剩下奐均。我有點怪她這個老妹。阿菊是這兩年黨外民主運動中和我最親如同兄妹的人。

我不再追究為什麼只有我一個人被徹底隔絕，隱瞞著不讓我知道林家慘案。這個「叛亂案」以「罪責」的嚴重性，我當然是「案頭」，不是以社會地位區分。「案頭」被特別隔離是常事。這時，我不細想敵對方為什麼全面對我封鎖消息，我卻對自己提出一個新問題：

「如果，你在開調查庭前，就知道林家血案，你在整個庭訊的九天中，你的辯論策略是否會有什麼改變？你笑傲得出來嗎？你會有什麼不同的表情嗎？」

我靠著囚牆，抽著煙，這樣反問自己。

是的，這是一個非常大的問題！

首先，在整整九個庭訊日的過程中，我還會如此自在地對著獨裁者笑傲嗎？笑傲是烈士的標誌，但是，如果你知道你的戰友一家老小已慘遭刺殺，而他就坐在你的旁邊，你能如此自自然然，天天笑傲嗎？

就像今天中午，你知道真相時，你不只笑不出來，還對過去幾天中自己的笑傲法庭，覺得很對不起林義雄，彷彿無視於他家庭的悲劇。

但是，如果面對死刑的八名被告，少掉了那個雙手插在褲袋中始終笑傲的臉龐，是不是少掉了反抗者的氣勢？後代子孫會怎麼看這八個分兩排站立的準死囚群相？

笑傲與否，我沒有答案。

其次，我會不會像這幾天這樣冷靜地雄辯滔滔？我會不會因為此慘案採取更激烈的言詞？

如果我開庭前就知道這件刺殺慘案已發生，我會確認獨裁政權集團中連老小都敢刺殺，槍斃我

（們）更是必然，以震懾全體台灣人。

示弱，求饒，我絕對不會！但，會劇烈到什麼程度？全程以「滅門血案」攻擊蔣政權？有可能。但，會如何呈現？

第三，我會不會像已發生的整個庭訊的過程，只在「最後陳述」階段才突然改變肢體語言和語調內容？

我一定不可能完全像這幾天所已呈現的庭訊般，但，會是什麼樣式？

一時我也無解答。每逢大事，我不是一個魯莽之徒。如果我早知道，整個法庭鬥爭我會全盤思考，戰鬥只會更強，不會弱化。我也很可能在激情下，讓整個法庭充滿火藥味……。

不管怎樣，這是個無解的問題。

人生沒有重來的機會。

在整個審判中，多位被告都請求法庭還他清白。這個「清白」的意含是什麼？

一個被外來統治的殖民地子民，起而反抗壓迫者的法律就是「不清白」？順服者，依附外來統治集團的人，徹徹底底乖乖地遵守外來統治者的所有律法的，才算清白，才是清白的人？

一個順從、服從獨裁者及其法律的人，才是清白的人。這樣的人，雖然不是台奸，至少算是順民。台灣近四百年來，完全不缺乏這種人，包括知識份子、大財主。台灣就是充斥這類人，才會一個外來統治者又換另一個外來統治者，已經更換了六次了。

我不做這種人。

我自始至終都向外來統治者表示，我有正當的充分的理由，為我的族人爭取結束外來統治。我這樣爭取，你可以認為我不清白，我卻堅持我無罪。我也不在乎你認為我是不清白的人，我甚至不在乎統治者認為我是罪人，我更不在乎說我是叛亂份子。反而如果獨裁者說我是清白的人，我才會覺得可恥。因為你、你的政權及你的法律是不義的。反對不義的人，才是義人。義人雖死仍是無罪的。包括法律上的罪（**crime**）和道德上的罪（**sin**）。

這種確信，這種認知，才使我一而再，再而三的反抗蔣家獨裁的不義政權。所以，我才能、才會在法庭上理直氣壯，甚至笑傲地堅持我有合法顛覆獨裁政權的權利；我也才能大聲地一再抨擊蔣家政權合法卻不義的黨禁、報禁、戒嚴令和萬年國會。我反對、反抗的權利不是來自於那條法律條款，而是源自於自然法的正義原則，普世的公義價值。如果我心中存「清白」之念，我就說不出上述的辯詞和笑傲的姿態。

原本我以為我的同事，我的戰友們都是和我抱持同樣信念，同樣堅持的。所以當他們向法庭請求「還我清白」時，我相當困惑不解。他們為什麼不說「我無罪」而說「我清白」？難道是台灣人用詞遣字常常不夠精準所導致？我承認在「清白」與「無罪」這一點上，我和他們完全不同的。

但，到底誰比較對？不，這裡不是對或錯的檢驗，是何種表達比較適合「時宜」的問題。

我抽著煙，回顧九天審判的過程和被告、檢察官和律師的爭辯雖各有優劣，但，最核心的差異，就是在清白與無罪的認知。我提起筆在筆記本上寫下：

「審判中，包括今天的最後陳述，幾乎所有被告和律師，除了我之外，都提到無罪，也強調清白，還常常兩者混用。但是，無罪和清白，應該是兩個不同的概念。混用，就可能會出現邏輯上的矛盾和語義的衝突。

我，則是強調我拒絕外來獨裁統治，要合法顛覆獨裁政府，我有權替族人爭取各種基本人權，我自認自己才是真正無罪的人。我的無罪已經和我的反抗融為一體。其中最大的分際是義與不義。屈服於不義，順服其統治就是清白，因義起而反抗就是不清白？

我不接受這種清白，也是一種價值。

主張清白是不是指對掌權者及其法律，毫無判斷地全盤接受，沒有任何違逆的人，才是清白的人？但是，這樣的人心中可有公義？或對不義加諸於他人身上，只要不是自己承受了就抱事不關己的態度，這樣的清白人生有意義嗎？

堅持無罪，是不是指對惡法及不義統治，採取必要的手段或合符自然法的正義原則，加以排除的人。如果我實際參與了泰源革命而手刃了獨裁者的第一線幫兇、衛兵或什麼執行者，我必須付出代價包括生命，但我仍會認為自己是無罪的！因為我在反抗不義的統治者。這時，我不會在乎什麼是清白。

在「美麗島軍法大審」中，多數被告和律師都請求「還我清白」，我認為這是有爭議的，在哲學上是自居於錯位的。它的意含，就是在要求被獨裁統治，被外來殖民統治的人都必須乖乖臣服，惡法亦法所以必須守法，才能保持自己的「清白」。清白是不是全然接受惡法亦法的國家法定的罪（**crime**）下的延伸詞？他們沒有嚴謹區分不是所有**crime**的「罪」。像被起訴犯殺人、貪汙、強姦等等被告，用「還我清白」當然是對的。但是，我們是被控告的叛亂罪，像耶穌一樣的罪。面對比拉多總督面對猶太法庭，耶穌沒有訴求自己是清白的一樣，我們反對的蔣家政權的惡法：黨禁、報禁、戒嚴令和三十年不改選的國會，反對特務統治……。如果我訴求「還我清白」，不等於就是說，我沒有反對上訴這些惡法和不公不義的獨裁政權？聽戰友和律師們說出「還我清白」的訴求，我真的有些迷茫，不知道他們在訴求什麼。

在審判中，我完全不訴求清白，但我的言行就是在堅持我是無罪的，我不接受你的惡法，我也不管你們怎麼判，但我都自認是無罪的。從這點上，我又和我的同案被告大大不同，這是革命家的心態。

我一生不屑，更不接受統治者「還我清白」。在外來統治和獨裁者奴役下，反抗者的「不清白」才是他人格上、生命中最高貴最尊榮的勳章。人類就是世世代代到處都有「不清白」的反抗者，人類文明才得以提升，人權才能普行於大地。「還我清白」，才是對反抗者的莫大羞侮，剝奪了他一生生命的榮耀！「還我清白」是種變相的投誠，等於認可獨裁者的惡行惡法。

這是反抗哲學的問題，台灣人幾乎都不討論，或者台灣人心中根本從來就不曾存在過「反抗哲學」這種東西？我的確從未發現過有一個台灣人，如此思考過反抗哲學。所以對二二八大屠殺中的亡者，他們的家族和社會的懷念者及學界、政界都只單純地把他們定位為「被冤枉而死」的冤魂，全力訴求「還他們清白」；而不是把他們視為英勇反抗暴政的英靈，「給他禮敬」！從年少時，我對冤魂和英靈，就有清晰的定位。

為什麼連美麗島大審的多數被告和律師們，在這個點上竟然和我出現如此巨大的分歧？是他們對？或是我不適應「台灣的民族性」？或許台灣國族從來就沒有什麼民族文化。

我一生堅持「無罪」，從不在乎「清白」這個字眼。

我不斷這樣雜亂的思辯，並雜亂地如此寫在筆記本上……。

我還在思考和自我對話時，我的牢門就被打開了。

「施先生，我看你還沒有睡覺，」少校副所長還有兩位監獄官陪著：「我們想找你到辦公室來坐坐，好嗎？」

我站起來，連問都不問就隨他們下樓。不管他們要我幹什麼，任何異狀都比無聊、單調好。囚人心態。

夜晚的監獄是絕對寧靜的，走廊的燈光殘黃。但普照著那個角落，沒有死角。人，走在牢房外，影像都會清晰地呈現在監視台的螢幕上。這種監視台，不只獨立存在於獄內二樓的監視台，所長辦公室、軍法處辦公室也有。他們怕某一方失誤不察，還有其他監視者可以補救。

走在走廊上，高牆上鐵絲網的強光很自然地引你張望。人，跟植物一樣，都有向陽性。向陽，就是迎向光源，像希望一般。但是此刻林家血案所激起的悲與恨並存。

高牆上散射的光，不是希望，而是像一把一把利刃，敢刺進七歲女童的利刃。

我不知道副所長把我叫下來幹什麼？我也不主動問，就是默默地隨他們走向辦公室。他們臉上是一片和顏悅色，微露笑意，完全沒有一絲敵意。我突然想到，有一天我被判處死刑，天沒亮就要把我押往刑場，這幾名官員也會在其中……。太多經驗有時也會是不好的，因為太容易引發聯想，打擾你的情緒。

我被帶進接見室旁邊的一個監獄官們的辦公室，裡面已經有那位黃上尉監獄官站著迎接，桌面上的公文等等都被清空了。上面已擺好十盤大大小小的菜色，五副碗筷和玻璃杯。

「施先生請坐，」副所長客氣請我坐下，原來他們是要請我飲酒的。「審判終於順利結束了，明天又是休假日，本來是所長要請你喝兩杯的。但是，他有事回家了。這段日子大家都停止休假。你們很辛苦，我們也辛苦。施先生，你想喝什麼酒？我們只準備了啤酒和高粱酒，如果你想喝別的，我馬上可以叫士兵上街買，現在還不到九點，酒還可以買到。」

「可以了，不必買別的。先喝幾杯啤酒，然後喝高粱酒。」我說。

他們四位臉上都掛著笑容，很單純的。這些軍官都掛著憲兵科領章，不像政戰軍官會笑裡藏刀。其實，對這些校尉級軍官我一直沒有敵意，會手刃幼童，會定我們死罪的人都不是他們，連少將處長和那批軍法官、檢察官都無權判我們死生，只有蔣經國和他的近臣才有參與權。我不喜歡株連、樹立太多「敵人」。

一位中尉替我們全斟滿一杯啤酒。

「施先生，敬你！」副所長先舉杯。

「學長，敬你！」其他三名軍官開口還是叫我學長。

我一飲而盡，他們也乾了。

「你們今天誰值班？」副所長突然想起職責問題。

上尉應聲：「我！」

「你只能喝三杯啤酒，勤務第一。」副所長吩咐：「其他人就盡情陪施先生喝，只要不醉就好。」是滿滿的善意，菜餚當然不是牢飯可比。

從元月八日被捕迄今，沒有碰過酒精了，悲愴時，酒是很好的撫慰劑。它會和你的悲情共舞、交歡。

「施先生，晚上請你下來喝兩杯絕對沒有任何目的，你放心。」副所長大概擔心我有其他的臆測，特別挑明說：「整個審判，大家都看在眼裡，報紙也大量報導你，大家心理都有數，尤其今天下午的『最後陳述』法庭都哭成一團了。我們政治立場雖然不同，但是，我們很多人都尊敬你，佩服你！敬你！」

他們又舉杯一飲而盡。

「學長，我們在軍校受訓，都教育我們要忠勇，至死不降。教官也常常拿張自忠殉國的例子，連日軍都尊敬他。」上尉接口說。「學長，你讓我們看到活生生的榜樣了。」

「下午，我感覺全法庭都哭了，連法官、檢察官也在擦眼淚。」我說。

「學長，」一位中尉說：「我們都在場，我們每一位同事也都哭了，我們站在你後面，你看不到。」

我懂了，他們請我下來吃飯飲酒是純表示敬意而已。

「學長，說你是位可敬的敵人，雖然有些不好意思，因為我們的政治立場畢竟不同，但是，說可敬是真心的。」上尉說：「如果，你沒有被抓，而是我們的長官，我們一定會很愛戴你。」

軍人觀察人的切入處點，到底不一樣。

換了高粱酒，話題都落在審判過程，也談了林家血案的報導。我堅持那是特務幹的。他們受到誤導，還是會扯到黨外人士，扯到澳洲教授家博，我一一駁斥，黨外人士和家博全都沒有種，連真正反抗都不敢，哪敢殺人？還殺七歲幼童！

但是，他們還是不敢接受是國民黨特務幹的。因為如此殘忍之事，非常人所能想像。

我強調，我們的家屬從我們被捕後，就二十四小時全在特務監視之下，在這樣嚴密的監控下，竟然有人能夠進去殺了四個人，還不留痕跡、手印，從容離開，兇手會是誰？已經縮小到極端小的範圍了。監守者自己下手刺殺的可能性最大，名為監守、保護，實是殺人犯案。最後我說：

「如果這個案子，最後還是破不了案，百分之百就是國民黨特務幹的！」

這個話題是談不下去的，即使他們心中也略有起疑，他們也不敢承認。作客人，我也只能點到為止。

大家都略有酒意了，又是閉門酒話，軍官們還是最喜歡談「可敬的敵人」。他們不像張雄英書記官那麼典雅，用「可敬的對手」。他們一再強調，這個「可敬的敵人」，是「我們軍校出身的」，是我們的學長，好像與有榮焉。

副所長表示，整個審判過程，讓他們受益良多，聽到以前從未聽到、想到的事。法律的、國際法的、政治的，他問：

「施先生，你怎麼會懂那麼多？你在這裡都沒有參考書，在法庭卻可以講那麼多。」

「因為我被囚禁了十五年，天天在牢中自學、苦讀。」我據實說。

牆上的鐘已指向十一點了，每個人都微醺了，副所長才把我送回押房。

躺在床鋪上，「可敬的敵人」一直在腦中響起，引來不小的感慨。不錯，我的一生都在做「可敬的敵人」，壓迫者、敵對者、佩服我、尊敬我。但是，我的同類、不少族人卻一直在汙衊我、醜化我、攻擊我、詆毀我，他們不相信世間會有我這種人。出獄後，絕大多數的政治犯只求努力滿足私慾，看我在公領域快速竄起，竟充滿忌恨；有些族人看我如此忠於國族，肯為國族犧牲，會反映出他們在獨裁者、外來統治者威權下的懦夫群相，貪婪的臣服嘴臉，我像一面鏡子，會照出他們不堪的真面目。

我，成為不少「族人」的公敵，如易卜生筆下的斯多克蒙醫生。

在生命即將終了時，「可敬的敵人」成為我自覺的生命的寫照，既安慰亦可悲！

隱形字遺書

連續九天的「美麗島軍法大審」，是台灣這個歷經三百多年六個外來統治的殖民地島嶼空前的大戲。我們這群演員都已用心演出，劇情高潮迭起，完全溢出蔣經國的原始劇本，其他演員部分照原劇本演出，我則是完全不理會蔣經國的劇本。

在這九天中，我（們）扮演一個耕耘者，把民主的、人權的、自由的、理想的種籽埋在台灣這個原始的、久經汙化的土地上，它會不會萌芽？會不會長枝長葉？會不會茁壯成林？已經不是我這個耕耘者的責任了。現在，我只能全心全意地在判決之前，把我在法庭上的言論，把我的答辯狀，也就是我的政治遺囑填補完成，好留給後代子孫了。

這是判決前，我一定要做完的事。

我再重新估算一下，我還有多少日子可以把我的答辯狀完整地抄完，以便偷渡出去。我仍然以余登發案做樣本評估。余登發是一九七九年一月二十一日被抓、二月三日起訴，吳泰安是五月二十八日定讞被槍決。從起訴到定讞是三個月又二十五天。我們起訴是二月二十二日，如果我被判死刑，行刑日大概落在六月二十日左右。現在是三月二十八日了，我最多最多只剩三個月了。由於我們的案子國內外矚目，如果我被判死刑，拖，只會對蔣經國更不利。因為國際壓力會紛至沓來，他一定必須速戰速決，造成既成事實，再收拾善後。第一階段因為我意外突圍脫逃成功，讓他們沒有辦法速戰速決，引發國際關懷。這次如果決定判死刑，他們不會再拖延了。所以，我所剩的時間一定少於三個月。我現在要處理的後事，就是用隱形字再把所有答辯狀抄一遍，變成兩本。這樣才比較安全。原先我已抄在一本大字本六法全書內。現在，我要抄在雨果的《悲慘世界》裡。這是我叫三哥送進來的小說，他以為我只是想再看它一次。我就這樣日以繼夜地以稀飯汁抄寫著。如果這本書寫容量不夠，接見時，我會要大哥立刻再送進來托爾斯泰的《戰爭與和平》。我在寫的時候，為了掩人耳目，不讓同囚靠近，也不讓監視器看到，我總是把我寫的狀子、稿子或十行紙散在我的座位旁，很凌亂的。

專心謄寫，速度很快，一天大多在四千多字，有時更多。死期的壓力，讓工作量大增。這段日子，我一樣不出去放封。我希望能在一審判決之前，就把這份答辯狀或遺囑抄完。判了死刑，心境可能又會丕變。那時，有那時的詩詞要寫。

審判庭結束後，我的心情更加篤定，篤定必死之心。本來，我就自知難逃一死，也決定不再掙扎、悉聽尊便而已。但是，幸好，真的是幸好，在最後陳述前兩個小時，我知道林家血案發生了。他們連七歲、九歲的女娃都敢殺，殺我這個十惡不赦的反抗者，哪需要猶豫？我覺得幸好是，我趕得上，來得及在國內外媒體和眾多旁聽者作證下，不止沒有求饒，沒有乞憐，我還聲淚俱下地懇求判處死刑！再三地說：

「我請求判我死刑！我請求！我請求！」

在當場我做這個決定本來是要以自己之死，化解台灣內部族群的仇恨和對立。但是事後回想起來，無意中我是完美地在成就自己奉獻於祭壇之上！

我從開庭第一天就展現的「悉聽尊便」、「笑傲法庭」的架勢，在「最後陳述」的請求判處死刑，會有這樣的轉折，不是事先預計的，完全是天意。我只是隨上天之意，忘我地誠懇奉行，而且一氣呵成。

一個反抗者，一個反殖民者，一個人權工作者，一個自由戰士，以這種方式，在世人目睹下公開地請求外來的獨裁統治者判處死刑，我的人生完美了。

這個回音，一直纏繞我心。

我感到我比和我相處過的死囚們要幸運得太多，太多了。就像我在《死囚》一書中所記載的，他們是在不確定為何而死，他們知道後人也不確定他們是為誰而死的狀態下，就被迫走上刑場。如果他們是冤枉而亡，靈魂將歸於何處？如何敍述他一生的故事？同樣是面對死亡，我真的比他們都篤定，我是在國內外媒體的見證下，一步步被目睹，被記錄，我當然不會是默默而亡。何況，我是經歷一場史無前例的大審，向世人做了清清楚楚的告白了。

我深信，我的死將成為一個意義深遠的獻祭。人生如蜉蝣，死，成為定影定相，成為永恆。結束成為開始。

死囚不會有什麼想像了，這是死囚獨佔的主題。唯有死囚才會在乎，才會思考這個主題。

法庭的放火者

四月一日上午，兄弟來接見，這是審判庭之後第一次接見。獄吏來提我，我把《悲慘世界》拿在手中，接見時我放在我面前，讓兄長們注意到這個書。

老大施明正，老三施明雄，還有三嫂一起進來。三個一進門，看到我已坐在接見窗口的另一端，三哥就豎起大拇指向著我一步步走上前來，他們臉上都帶著微笑。接見窗台另一方放著三張椅子，老大讓給老三接聽筒坐中間。他和三嫂坐兩旁。

「老四，你表現得實在太好，太好了！開庭以前，幾乎所有媒體，社會聲音，都在罵你，都說一定要槍斃你。治亂世要用重典。現在，社會民間的反應幾乎一面倒，稱讚你，說你是台灣英雄。」三哥得意地說出一連串的話：「但是，國民黨死硬派還是有人公開主張槍斃你。像邱宏達教授就在中央日報訪問中說，其他人都可以減免，唯獨施明德必須嚴懲，也就是說必須判你死刑。」

「丘宏達說的也沒有錯啦。沒有我，大概就不會有美麗島事件。所以，殺我一個就夠了。我也準備好了，在法庭才會這樣表現。現在丘宏達會跳出來發言，大概是因為我在法庭上公開戳破他的『德國模式』，不是一個德國兩個合法政府；而是兩個德國，德意志聯邦共和國和德意志民主共和國，各有一個合法政府。我的解讀不僅讓他顏面失光，連法學權威的地位都受損，所以他很不爽吧。我們都研究國際公法，我自信我讀過的國際公法類的書絕對不比他少，不要說其他類的書了。他只是有博士文憑，我沒有而已。他是拿國際公法來替國民黨政府服務，硬要把美中建交後的國民黨政府解釋成『一個中國下的兩個合法政府之一』，他是忠於黨國而不忠於學術。我在法庭的長篇大論，是就法論法。他不爽，要求判我死刑，蠻合乎人性的。」我平靜的回應哥哥的訊息。

他們三個人完全沒有一絲愁容，好像有一堆事般要說似的，連一向喜歡在胸前畫十字架的大哥也完全抹去哀戚。聽老三接著說：

「老四，你死都值得啦！」老三得意地說。「屏東已經有人來告訴我們，如果你被判死刑，他們馬上要起一間『施公廟』。」

老大竟然也點點頭同意。三嫂則含著笑意說：「老三，你不能這樣講啦，死刑總不是一件好事啦。」

老三聽三嫂這樣說，有點靦靦地笑著點著頭。然後，老三細數社會對全部被告的評值，哪個被告怎樣，哪個被告如何，還有哪個律師最強，哪些律師講一大堆沒有擊中要害的廢話。其實，他說的和我在現場聽到、看到的感受和評斷都差不多。在這樣恐怖的時刻，台灣人最希望的是看到他們的領袖展現勇敢的氣度，全世界被壓迫的民族莫不如此。

「老三，你應該告訴老四，他在法庭講的，社會是怎麼流傳的。」三嫂在旁邊催老三。電話筒雖然在老三手中，但他們說什麼我都聽得到。

「老四，你在法庭上講的，現在已經變成社會的話題。台灣獨立以前大家連想都不敢想，現在，連廟口、菜市場賣菜的人也敢說台灣獨立了。台灣獨立已經不是禁忌了。你說台灣已經獨立三十年了，現在的名字叫中華民國。很多人說，對哦。三十年來阿共仔也沒有統治過咱。但是有人這時敢說了：改名台灣卡好啦。審判前，沒有人敢說台灣獨立，現在有人敢說要改名了。」老三眉飛色舞繼續說：「你說的黨禁、報禁、戒嚴令、萬年國會已變成口頭禪了。大家都在談。太太不准尪抽煙，尪會說：你不要『煙禁』啦！北一女的學生也要求解除『髮禁』了。

「你說人民有權合法顛覆政府，有人在飲酒也會學著說，你這杯不喝下去，我要合法翻桌呦！

「這段時間，全台灣都在談你，態度、口氣都和大審前完全不同了。社會氣氛完全變了，不再那麼恐懼了。很多有大中國思想的台灣文人，也開始傾向台灣了。」

我知道，人民的眼睛被掰開，他會看到以前所沒看到的。人民的大腦被掀開，很多新思想會注入。把矇住的雙耳撐開，美好的、夢般的旋律自然會在耳中響起。這，絕對是蔣經國始料所不及。他們原先是要利用大審的肅殺，製造另一波恐懼氣氛，像二二八大屠殺，現在反而適得其反。歷史很沉重的一頁，終於被翻過去了。

美麗島軍法大審成為台灣歷史的分水嶺。

這，就是我為什麼必須在法庭上笑傲，冒死說出那麼多主張，作政治辯護的原始動機。我對準獨裁者的阿基里斯腱，奮力猛擊！我知道，這亦是我死生的關鍵點。我不如此奮戰，我必死無疑。奮戰成功，我也許才有生機，台灣的命運也才能翻轉。我不死，其他美麗島被告當然就更不會被判死刑。

反抗者在最初都是少數，極少數的一撮人，只有喚醒人民，改變就可能了。

知道人民已經看懂聽懂，我所做所說的，我成就了。

「老三，你要告訴老四，這些日子各報都還在大量批判、反駁老四在法庭中說的話。壞的，你也要告訴老四。」三嫂提醒老三說。

「三嫂，我聽得到妳講的。」我說，我要讓他們知道，不拿話筒只要大聲一點，我也聽得到。

「各報，包括所謂黨外的報紙，還天天寫專論或社論批判你在法庭上的主張。各報都寫專論說什麼台灣獨立救不了台灣。臺灣時報編輯用諷刺的字眼：『瞧！他出庭時一副洋洋得意的模樣！』

「『這傢伙大言不慚，要打破四項限制：黨禁、報禁、戒嚴令、萬年國會。』提到你時，語氣都很惡意、不屑。

「青年戰士報說你主張台灣獨立至死不悔，還說，如果政府不接受『中華民國模式的台灣獨立』，就必須面對中共的『北京模式』。

「所有報紙都採用檢察官的辯詞，大量反駁你說的：台灣應該獨立，而且已經獨立三十年了，它現在的名字叫中華民國。

「各報都說顛覆政府都是非法的，沒有合法顛覆政府這種事。說戒嚴令才執行百分之三，沒有影響人權。

「你說先抓人再找證據……，你說先鎮後暴……，你說的，他們都天天一再反駁、批判，攻擊你說的都是謬論、詖詞、狡辯之言、罵你居心叵測。

「你像在法庭放了好幾把火，讓台灣燒了起來。大審放的火，比高雄事件還要旺、要多的太多，而且有大內容。

「其他被告說，律師說的，除了第二見報外，就沒有再報導了。只有你說的，他們到今天都還在攻擊、批評、駁斥，還會假裝讀者投書謾罵你。有一個現象很有趣，這波的媒體報導，被稱為黨外的報紙，反而比較保守。」

老三一直很興奮地訴說著上述這些。

我相信這段日子，他們一定每天都買來能買得到的報紙、雜誌了。很難得四十年的報禁，因大審而突破了。僅僅這一點，大審對台灣的自由化、民主化，對台灣人民的思想教化就有極大的貢獻和深遠影響了。

「這樣才好啊。被告或律師在法庭上說再多，沒有引起討論、攻擊，就等於沒有說。他們的反駁是在替我擴大宣傳，增加影響力，散播我的思想。有點知識的人，都能分辨誰對誰錯。三十幾年來，我們的思想都沒有宣傳工具散播，現在他們替我加工宣傳，很好啊。黨外媒體，大概還是有點怕吧，只能用批判我的方式，來表達它們支持的態度吧？這樣他們才不會被警總警告吧？」我說：「二二八大屠殺其實就是台灣人的反抗事件。但是由於沒明確的全台灣的領導系統，沒有組織，沒有宣言，沒有清晰的追求目標和主張，最後連公開的審判都沒有。迄今台灣人還不知道他們在幹什麼，只留下恐懼和恐怖的氣氛，讓台灣進入完全的沉默世代直到今天。雷震案、彭明敏案、余登發案雖然也都有公開審判，也是國內外媒體都在。」老三說：「但是，他們在法庭的表現都不像你這樣。所以社會的注意力和影響力也完全不能比。」

「他們三位基本上，和我是不同類型的人。就像美麗島案其他被告也和我不太屬於同一類型一樣。我跟他們的不同，就是我有一生要奉獻的理想和目標，也認知我已走到生命的最後一站了。這是最後的大好時機讓我向歷史交代，讓世人看到，讓後人知道台灣的真相是什麼，讓後代學會怎麼接棒努力下去。特別是雷震、彭明敏和余登發在法庭上都只做法律的無罪訴求，或解釋他們的本意是什麼，要求還他們清白，完全沒有提到為什麼要反對蔣家政權，沒有指引台灣應該如何奮鬥下去的目標和方法，更沒有建立台灣人的反抗精神典範。他們的案件，就是一個純粹的法律案件，被告和他們的律師也是這樣看待。我是台灣歷史上第一個在死刑起訴下，全面做政治訴求的人，訴求反抗有理，而且趁機宣揚我的主張、信仰、理念。我在法庭的論述是有全套的思想及理論結構的，再加上我的肢體語言。不是一句：『政治辯護』，就能做出我呈現在法庭的全貌的。」我說：「國民黨一定沒有料到我敢做這樣的反應。我的辯論方向完全出乎他們的意料，不反駁等於坐實我的論述，反駁又等於替我再做宣傳。所以，他們只能罵我，扭曲我，攻擊我，都是必然的。我剛剛已經說過，他們這樣反擊，等於替我的思想大做宣傳，很好啦，不要在乎啦。」

「但是，看到各報這樣亂罵，亂批評，還是會很生氣呵！好家在，現在民間社會都在稱讚你。」三嫂接著說：「中國時報已經預約，他們要發行美麗島大審全集，把你們在法庭所說的，每個人表現的，都搜集成冊。我們已預定十套了[19]。我們要把它留給子孫，看他們的四叔是怎樣的人。」

19　這個出版計畫後來在蔣經國的一聲令下，胎死腹中。這些可愛的文人，以為可以登在報紙上，就能出版成書永流傳！

「三嫂，如果我的主張、我的思想沒有被他們攻擊，就表示我沒有擊中他們的要害，等於我白說了。不要生氣，讓他們罵吧。」我必須再三撫慰他們的情緒。

「老四，林弘宣的律師李勝雄是我在高雄二中的同學。他對我說，他們這些律師都不知道要怎麼替政治案件辯護，心裡也都有點怕怕的。聽你弟弟的辯護，我們才開始知道一點竅門。你弟弟的辯護比我們律師厲害太多了。他完全是自己在替自己，也替全案做了最完整的辯護了。對案情、對台灣社會都會有很大的作用的。」

這類話已經談得太多了，我主動切換話題：

「為什麼林家血案，你們來接見都不告訴我，尤清律師來接見也一點點都不說。」

老大、老三、三嫂都有點不好意思似的，承認：

「是獄方嚴厲交代，絕對不可以告訴你，發生這件血案了，他們怕你會採取什麼劇烈反應。他們說，只要一談，立刻就切斷我們的電話，不准再接見。」

「其他人都已經知道，只有我完全不知道。」我說。

「但是，這樣很好啊。」老三很阿Q：「這樣，你才會在最後陳述請求判處死刑。每個被告都要判無罪，要求還他清白，只有你請求判死刑，反差太大了。你知道嗎？不只法庭哭，報紙、電視報出來聽到你請求判處死刑，社會上很多很多人看電視、讀報紙也都哭了。朋友打電話來慰問，講到這點也哭了。審判前親友都不敢打電話來，尤其政治犯。現在，我們天天電話接不完，都說你是真正的智者、勇者。時窮節乃見。這些，歷史都會留存下來。這次大審，大家才真正認識你。」

「兩位查某的，大家都評論陳菊比呂秀蓮穩。呂秀蓮口才好，內容攏講自己是清白的、無罪的。替調查局解釋嘸脫光伊的裳，講一遍就好啦。伊出庭講好幾遍。國民黨的人聽到不感謝，社會一般人聽得也不爽，認為伊在討好調查局，替調查局遮蓋。陳菊話最少，最後陳述伊講不要跟大家說再見，表示伊也有覺悟會死，勇敢面對。」三嫂接著說，女人畢竟會多注意女性被告的表現。

也許吧，如果早知道林家血案，我的辯護策略和肢體語言可能都必須重新思考。如果改變，是不是會更好？我不知道。

人生不是演戲不能NG，人生不能重來。

「請替我向義雄兄表示最深的慰問，因為我不知道他家發生如此慘案，我才全程笑傲。」我交代：「也替我向尤清和鄭勝助律師致謝。」

「好！但是義雄兄應該會諒解。社會都評論，所有律師尤清表現最好，講法理又有真情。」然後，老三說：「Linda打電話回來，說海外人士也非常稱讚你的表現。」

「人民是沒有記憶的動物，他們只在乎當下。這種稱讚，聽聽就好。」歷經滄桑的我，對世態炎涼早有極深的體驗。

我接著說：「判決大概在二十天左右就會公布，你們回去一定要告訴所有被告家屬，包括Linda，我們這個案子的最後裁決者絕對是總統，就是蔣經國本人。從以前老蔣在，政治案件的死刑、無期徒刑依程序最後都是由總統裁決的。死刑改判無期徒刑，無期徒刑改判死刑都是總統最後決定的。希望海內外的朋友集中力量把責任推給總統，不能讓小蔣躲在審判法官的背後，卸除責任。這點很重要。你們都知道以前老蔣在的時候，小蔣就是特務頭子。小蔣當總統，他兒子蔣孝武已經變成特務頭子了。你們看過太多判決書了，死刑最後都要總統親批的，也就是小蔣才是真正唯一的大法官。

「我整個法庭的辯論和表現都是講給海內外台灣人民聽的，更是做給小蔣看的，不是給法官們聽的，這些法官全是御用的，沒有權力決定我們的死生。殺我們，不是這些法官殺的，是蔣家殺的。責任都在蔣經國頭上，不能讓蔣經國學彼拉多總督洗手卸責。這一點你們一定要搞清楚，也要海內外的朋友們搞清楚。」

我的整個法庭戰鬥策略，完全是針對蔣經國的，針對他的阿基里斯腱！這是他的罩門，卻是我的唯一活路，更是台灣唯一的轉機。再強大的獨裁者也都有他的致命弱點。我如果哀求、懺悔、求饒，蔣經國殺我，就會像殺一條狗！我像一個烈士般呈現於世人之前，他殺我就是在造神，封聖！他殺我不但勝之不武，還必須負起一切歷史責任！法官是不會思考歷史責任的，法官更無權做決定。尤其，我在法庭上已點出蔣家政權的特質之一是有「少數統治多數的恐懼心態」，當他殺了我這個反抗者，會使我變成烈士，被封為聖，獨裁者就不得不躊躇、猶豫、權衡利弊得失了。獨裁者是不屑更不敢和反抗者賭命的。反抗者只要擊中獨裁者的阿基里斯腱，獨裁者也只有妥協讓步。

顯然我是擊中了！

現在法庭鬥爭已經結束了，我就必須把話挑明地說。我是故意要讓監方錄音往上呈報的。我不能讓蔣經國遁形。真正的鬥士不是只有勇，敢於赴死而已，他更必須在絕境中如何運用智慧，讓國族轉敗為勝，也替自己掙一條活路。但有一個關鍵點我永遠掌握住，那就是：

「在執行時，我若想活，我就必死。我必須全心全意懷抱求死之念，我才可能既完成使命又存活。」

這時，我也必須讓家族和外界知道，我為什麼選擇和其他被告及律師們完全不同的法庭辯論策略，而且全力以赴。這，已經是判決前最後日子了，我必須毫不保留地挑明把關鍵人物點出來，以免外界營救人士把施壓對象搞錯了。

法庭上我已經講太多了，沒有被阻止，現在監獄官也毫不在意我說什麼了。

老大、老三他們全聽得懂我的話的，他們不斷點頭說。

「蔡秉堃一審判十四年，上訴改判死刑，就是老蔣決定的。」他們在牢裡也看多了政治案件的審判真相了。老三說：「你的答辯內容，沒有一個律師講得出來。」

「簡單地說，我是在做政治辯護，律師和其他同案都是在刑事責任上做無罪的法律辯護。簡單地說，政治辯護蔣經國是被告，法律辯護我們是被告。」我怕他們不懂什麼是法律辯護和政治辯護的差異性，我覺得有必要再做扼要解釋：

「法律辯護就是替被告做無罪的辯護。怎麼辯，被告還是被告。我的政治辯護，不只堅持我們的民主運動是具有絕對的正當性，我還一再指出民主四大害，其中就指出蔣經國政府的非法性，指蔣家利用戒嚴令剝奪台灣人民的選舉權，以動員戡亂臨時條款讓萬年國會永遠不必改選，然後讓這個萬年國會三十多來選舉他們父子兩人當總統。這樣的總統，合不合法？蔣經國當然聽得懂，我在說什麼。我的辯護是讓政府和蔣經國總統都變成被告。律師怎麼敢講這些話？律師們怎麼可能扯到黨禁、報禁、戒嚴令、萬年國會？律師怎麼敢說台灣應該獨立？整個大審，如果把我的表情、我的話全拿掉，人民看到的大審會有什麼辯護內容？這個大審會是什麼樣子？

「更清楚地說，在法庭上我已化身成為『台灣』，我提出的我說的，就是『台灣的答辯狀』。你們在法庭上已聽到，我有一份完整的遺囑，如果我被槍斃了，記得要找出這份遺囑，大約六萬字。」我刻意做出交代，提醒他們有這份文件在：

「我相信百年之後，後世提到美麗島大審，這份文件將是唯一真正的答辯狀，說出了台灣的悽苦和美夢。」

「所以，美國新聞周刊已經大幅報導你的辯護內容，說你根本沒有借助律師的辯護。說你明知自己的辯護內容會對自己不利，但你似乎完全不在意個人的死生了。說你是在利用法庭公審的機會，說出你們平常不能被公開報導的台灣獨立的主張和信仰。」老三說，然後，他有點神祕的表情地說：

「**Bettine** 要來看你。她怕你被判死刑就看不到你了。她在電話中一直哭，她也完全知道你在法庭上的表現。」

老三他們都認識這位我的第一個洋戀人，我心中的初戀情人，她現在是劍橋大學研究生。她，也是鼓舞我如此赴死的力量之一。

詩人、畫家的老大，一直點點頭同意老三的話。老大在這種場合都不擅於言詞。三嫂再接過電話筒，說：

「老四，你給阮家族足有面子，你讓所有的台灣人攏足有面子。你表現給他們看了，台灣人有理念有信仰擱毋驚死。」她說的「他們」，是指統治者集團。

三嫂的話是很直接的，那是平凡人的感受。我很欣慰家族有這種感覺。這，和審判前的悲傷、恐懼，完全不同了。

「審判結束了，我要看小說平靜自己，等判決。」我又故意把話筒換到左手，用右手把《悲慘世界》換到右邊，讓他們加深印象，但是我一句話都不說它裡面有隱形文字。我對大哥說：「老大，請馬上送托爾斯泰的《戰爭與和平》給我。還要一套《莎士比亞全集》。不要精裝本，平裝的就好。」

我選擇這部俄國名著，不是想重讀它，而是它夠厚，有很大的容量可以讓我的政治遺囑和其他的筆記都寫成隱形文字。《莎士比亞全集》，可以讓我在判死刑後，一本一本寫隱形字的遺書給情人們和必須致謝的人。他們不知道我有做紀錄的習慣，像今天的接見內容，我也會記載下來。有時是寫在筆記本上常常也是用隱形汁寫的；較私密或要偷渡出去的，則寫在書的空白處，尤其是情書。

「好，還要什麼東西？」老大說，「我們剛剛又入一筆錢給你了，想吃什麼，就買。」

「替我買四雙純棉的襪子，品質好一點的。」我說。我沒有詳細說明是要幹什麼用的。他們大概會認為只是要穿的吧？

監獄官靠近我，對我輕聲地說，「學長，該結束了。今天已特別延長很多了。」

「美麗島事件，好家在有公開的大審，如果沒有公審，我一定死，還會死的不明不白。台灣人也會沒有翻身的機會。」我做結論似的：「我逃亡時，他們通緝我，台灣人看到嚇都嚇死了。那時如果他們不舉行公審，快速草草審判，就把我槍斃了，他們又選擇二月二十八日那天把義雄兄全家都殺了，台灣人絕對會像二二八之後的情形，人人都嚇破膽，乖乖地再順從蔣家的統治三十年。大審，我說了，我表現了，我笑傲了，要殺就殺吧。所以，我們要感謝的是，海外人士和國際人權組織的救援，是他們促成了這場公開的大審，讓我有機會如此表現。沒有這場公審，一切都會很悲慘又沒有歷史意義。請 **Linda** 代表我公開表示謝意。」

我對台灣學術界公正智慧解讀歷史真相的能力完全不具信心，學者的政治欲望常會稀釋他們的專業濃度。我頓一下，再強調：

「公審，公開的審判，是美麗島事件也是台灣歷史轉折的最重要關鍵點！」

也許，大哥、三哥他們還會覺得在還沒有判決前，我不應該在接見時再言語刺激蔣經國。但，我不這麼想。一來，我來日無多，有機會時就必須快講，像大審一樣。二來，我一生陽謀，不搞陰謀。因為任何陰謀，都有破綻。我甚至相信：無謀才是最高的謀。無謀的人，都相信凡事必須順天道、天理，合乎正義。喜歡玩小謀略、小手段、小詭計的人，都是不入流的小人，小政客。在法庭，我做得很直白，現在也說的很直白，就看你蔣經國敢不敢殺？我也不要他衝動，誤判大情勢。那樣反而對他不好，也對我不好，對台灣更不好。這，就是無謀之謀。一切攤在陽光下，讓相關人看清楚，仔細衡量，各依己利做決策。

老三聽完，竟然很少見的也豪情地說：

「老四，你表現的太好，太好了，蔣經國要怎麼判都隨他啦！」

沒有錯，我盡心盡智盡力了。其他的，交給歷史了。

這次接見，囚窗內外都洋溢著陽光……。

很難得老大沒有再畫十字聖號，說「天主保佑」了。

被壓迫者，也有由衷自豪的時刻。不是因為獲得，而是因為付出。

期待初戀情人的訣別

等待判決的日子，比面對審判的日子還煎熬。迎戰審判，我可以全力思考如何戰鬥。高昂的鬥志可以無視一切壓力，包括死刑。當戰鬥結束，只剩下揭曉的那刻，日子變得毫無挑戰。思想常在死與活之間擺動，時而肯定，時而否定。人，常會有莫名其妙的虛脱感覺……。

醒的時候，我還可以抄寫隱形字於《悲慘世界》，工作是最好的移情手段，但是，或生或死的懸念還是會像水銀般滲入。這段日子，我會想起死囚韓若春為什麼在等死的日子，他會選擇研究羅素的數理邏輯，還會找同房研究數學的囚人吳定遠討論？我也想到蔡秉堃每天找人下圍棋，佔滿他不唸《金剛經》的空白時間。也許，只要一分一秒沒有被別的事佔據，死，死刑的影像就會像螞蟻爬滿全身……。

審判時，我一直在藐視法庭，不承認這個法庭的合法性，甚至故意把法庭視若社交場所，但是，它的判決卻依然會強而有力、冷冰冰的施展在我們的身上，在我們的生命中！

白天，我可以不斷地、努力地抄寫，不讓其他我不喜悅的念頭滲進我心。但是，夜晚，入睡後的夢，卻不是我所能支配，所能控制的。幾乎每夜都會被推出去槍決，或押到法庭宣判死刑的夢所驚醒！那夢境是那麼真實，具象。惡夢初醒的第一個感覺實在不舒服，我會覺得我的人已與我的魂脱鉤了，整個人變得很空，像個空蕩蕩的軀殼，連吸進去的香煙都會從軀體的空洞洩掉似的。那些空洞，好像就是剛剛在夢中被槍決的子彈進出所造成的洞孔似的。

對死亡的恐懼，對這麼明確的死刑判決的恐懼，在惡夢中活生生地流露……。要等很久、很久，理性的奉獻精神才會又灌滿我心，讓自己又像個戰士一般。但是，我也曾一個夜晚，夢見自己被判死，驚醒後武裝了自己，但是，再入睡後又夢見續集：被捆綁出去槍決而再驚醒……。在槍林彈雨中陣亡的戰士，比一個等待被判死刑，等待被執行死刑的人，實在幸福許多。等待死刑，是人最悲慘的遭遇。

這種苦楚，在接見時，我完全不肯洩漏點滴於兄弟面前，我總是一副慷慨就義的姿態。人，都有弱點。連像我這樣在法庭為義、為國族的自由滔滔雄辯，最後還請求判處死刑的人，也會被命運未決前的死或活所折磨。

慷慨成仁易，從容赴死難，是一種很真切的形容，只是少有人能領悟。

大哥送來的襪子和《戰爭與和平》、《莎士比亞全集》送進來。襪子收到，書必須經過檢查和蓋章的程序才會交到我的手中。

襪子拿到。我向士官長借來剪刀，我當著他們的面把兩雙棉襪的腳趾頭部分剪掉。他們以錯愕的表情看著我剪破襪子，又不敢問我為什麼這麼做。然後，士官長把剪刀收回去。我想，不只同房囚人，就是監視器中的監視者也不知道我在幹什麼。

但是，沒有人敢問我。剪開我的襪子，不干任何人的事。

我是在替被押解出庭，宣判死刑預做準備。

判決的一貫程序是這樣的：

庭丁和監獄官一起來提人。出去時，不會上手銬。如果判死刑，當庭會被反銬，才押回看守所。一進看守所，立刻在警衛室被釘上腳鐐，然後才押回牢房。釘上腳銬，即使穿著襪子，腳銬每一步伐都會摩擦腳踝，沒有幾步就會破皮流血，難於行走。我把棉襪趾頭部分剪掉，是要在被判死刑，釘上腳鐐的第一時間就用這雙無頭棉襪，把腳鐐的鐵環一層一層地捲裹起來，鐵鐐就不會直接摩擦到我的腳踝骨頭。這樣，我在判死後的第一時間，就能抬頭挺胸走回囚房！這時雖然沒有攝影記者在，但監所的監視器一定會拍下。在我被槍決後，這些影像還會被存檔下來，或被公開刻意羞悔我。

戰士，不願在死前的一分一秒被看到怯懦或疼痛的表情。每一分鐘我清醒時，我都在為這種神情，提醒自己。

為了接受判決死刑，我該準備的，都準備好了。所剩無幾的生命，步步都得仔細修飾，步步描繪。

在這段令人有些窒息、苦澀的等待判決的日子裡，唯一讓我深深期待的，就是三哥接見時說的：

「**Bettine** 要來看你最後一面。」

Bettine，這兩年多來，已被我視為此生的初戀情人了。這是一段我完全沒有奢念忽然蹦出來的戀情……。

我原本的「初戀」，其實是苦難熬出的苦戀。在我十七歲被一位少女極為主動的攻勢所攻克，沒有愛只有少年人不受控的性宰制。我被捕、判處無期徒刑，對她幾乎沒有什麼濃烈的眷戀。她也一度別戀他去時，對受難中的我，並沒有引起多悲傷。她結束了她那段感情後，如果繼續離去，對她對我都會是最好的過往，她會少去十年的苦守，我更不會品嚐了情碎的極苦。那十年，她翻山越嶺到台東泰源監獄探監，後來又飄洋過海到火燒島探望。山風海水在她與我之間編織了難分難割的苦戀之網……。在我坐牢十二年後，一個邪惡、其貌不揚、巧言令色的政治犯蔡寬裕謊稱「是施明德託我來照顧妳的」。我怎麼可能無知到引狼入室？何況，我在獄中已被徹底隔離，蔡寬裕根本接觸不到我。但是惡棍總是善于謊言。貪她的財色，這個惡徒一再告訴這個苦守中的女人，「施明德會死在牢中，永遠不會放出來了。」絕望是一切的休止符。分手，是情人常有的事。如果，她只是這樣走了，彼此還可以留些情誼在。但是，她在分手時的語言、行徑卻極度絕情、惡毒，像萬針般一波又一波的刺入我的每一吋肌膚及內臟。情人，情變後的狠毒、下賤之語無極限，我面對了。如果不是我在一九七五年那個平安夜，領悟了「忍耐是不夠的，必須寬恕！」我就不會有這個悲壯又有意義的生命與人生的續集。出獄後，我孑然一身，身無分文，他和她在洋房、汽車、工廠和別墅中享受富裕的生活。

我，我又奮勇地為台灣的自由奮鬥……。

出獄後，我曾是愛情的絕緣體。我知道我總有一天又會回到蔣家的古拉格群島，否則就是命喪蔣家刑場。我不想跟台灣女人再有愛的糾纏。拒絕不了難友蘇東啟父女的請求，我冒險去北港擔任蘇洪月嬌競選省議員的總幹事。我明知只要被逮到任何把柄，被判刑兩個月徒刑，我就得恢復無期徒刑，再度入獄。那段歲月，蘇東啟女兒蘇治芬看到我對任何女人完全地無視。情創無痕，卻能碎心。

Bettine 就是那個時候來到競選總部觀摩的美國女學生之一，是蘇治芬的朋友。在那十幾天中，**Bettine** 多次示意搭訕，我都平淡回應。也許，有人會誤認為那是一個出獄者的自卑。自卑，是我從未唸過的詞彙，是我不想鑄情。

北港的最後一夜，**Bettine** 問蘇治芬：「今夜，我可以去找總幹事了吧？」選戰大勝，總幹事第二天就將離去，對她就會像斷線的風箏。她知道，她必須抓住這最後一夜。同樣的問句，她已跟蘇治芬問過幾次了。蘇治芬總是回答她：「戰爭中，不要去干擾總幹事。」這一天，蘇治芬對她說：「去吧！希望妳成功。」餞別宴，我看到 **Bettine** 提著盥洗袋，我並沒有特別想像。宴會後，大家道了晚安，**Bettine** 走到我身旁。

「總幹事，我可以陪你散步一會兒嗎？」

她有情，我無知。

到了我的居所，她堅持要上樓陪我聊聊……。

那一夜，我與我一生中的第二個女人相遇，卻是熱情洋溢真正的初戀。她終於修復了我情碎的心。

一位純種的 **Blonde**，一個華語講得還算可以的美國普林斯頓大學的女學生。那一夜，我刻印了她身體的每一吋肌膚於腦海中。我，新的生命的另一頁，被她翻過了。

那夜，我三十六歲。她，二十二歲。

第二天，她陪我回高雄。

有一天，我要去替媽媽撿骨時，她問我：「台灣媳婦要替婆婆撿骨時，該對婆婆說什麼？做什麼？」

她給了我太多了。

她給我的是愛；**Linda** 給我的是政治伙伴的同志情。

等待死生判決的時刻，她要來了。

也許，這次就是訣別。我知道不一定能跟她真正對上話。訣別，永遠不是語言。語言，有句點；情，卻永繫。死生串連。

夜晚，這樣的回憶，沒有悲愴之感，總會令我感覺：「我孤單，但不寂寞。」這種感覺，伴隨我度過無數個夜晚。

這是奮鬥者的真實寫照。沒有深浸過情愛的革命者，太苦澀不豐潤。

特務又來了

四月七日，近午時刻。

我的牢門被打開。我心想判決不會這麼快吧！

「學長，特別接見。」一位監獄官探頭進來說。

特別接見？難道他們天良發現，允許 **Bettine** 循特別接見方式跟我會面。獨裁政權下沒有一定的法定規格，只要他們願意，什麼事都可以。像煙禁、酒禁有彈性一樣……。

我已經養成一種習慣了，我不主動打聽狀況。敵我之間，不問，才是良策，以免洩露自己的心意，沉默面對往往才是上策。我無語地隨著監獄官走。

「學長，都睡得好嗎？」其實，他們從監視器中，對我是一覽無遺的，這種問話只是讓這段路不至於走得太尷尬而已。不代表關切，也不表示希望我的回答。我只嗯了一聲，沒頭沒腦的。空氣中又只剩下腳步聲和我心中的期待：真的會是 **Bettine** 嗎？

我被帶出第一道鐵門，我直覺是律師會見室。但，不會是律師，審判已結束，律師沒有來的必要。不遠處，幾名外役囚人對我點頭致意，我不知道他們是政治犯或一般囚犯？我已經是引人好奇的動物。

監獄官把律師會見室一手打開，人挺著依在門旁，右手示意我進去。裡面坐著三名校級軍官。他們客氣地站起來，為首的一名上校說：「施先生請坐。」

他們是警備總部的調查官員。那個上校開門見山地說：

「施先生，我們是來請教你有關林義雄家命案的事。」

我心想，又來假惺惺了。

「對林家命案，我們看到你在法庭上激動、悲傷，我們一樣難過。我們也希望早日破案以慰亡魂。施先生，你覺得哪方向的人犯案的可能性最大？」上校說。一位少校在做筆記。在一張靠牆的大桌上放著四杯茶。我面對上校，那兩名校官坐一排，在我和上校的一側。

「我已經跟看守所官員談過了。我們被捕後，我們家屬二十四小時都被監視中，什麼樣的人可以混進去，殺了人，又神不知道鬼不覺地離開，犯案人的範圍已經縮得很小了。」我說。

「你的觀點，我們已經聽到了。說白了，你是指監視者就是犯案者。」上校說：「這個可能性，當然有，所以我們已一一仔細調查那段時間的任務執行者，我們查證的結論：不是監視者犯案。所以，今天才特地來跟施先生討教。」

旁邊的少校認真地筆錄。原來是要來正式排除我的指控的。這種程序補正，特務最會幹。

「我不相信還有誰，會有如何神通廣大，還有如此大的恨意，狠得下心殺老婦稚女？我認為這個命案，不是私仇，是國恨。」我回應。

「在那段時間值勤務的同志，我們已一一調查過了，他們絕對不是犯案者。但是，我們還是做出懲處了。人嘛，總是有疏失的時候，施先生也當過軍人，知道衛兵也會偷偷睡覺或擅離職守的時候，歹徒就是趁勤務人員疏失時犯案的。」上校說：「施先生，你擔任黨外總幹事，對反對國民黨的海內外人士比別人都瞭解。這個案子也可能是黨外人士幹的，嫁禍我們，施先生，你能說這個可能性完全不存在嗎？」

他顯然不是想要說服我，只是想留下調查筆錄，也許，他們身上還有錄音機。

「黨外沒有這種人。」我堅定地說。

「施先生，你一定知道海外的台獨聯盟那群人是主張暴力的，他們已經派王幸男用郵包方式炸了謝東閔副總統。這個暗殺案，我們已經破案了。」上校一心想說服我。

「林家血案比謝東閔案更直接，如果是台獨聯盟幹的，你們一定早破案了。不可能到現在已經一個半月了，你們還沒有眉目？」

「我們當然有進展，還鎖定了幾個目標，要等證據絕對充分時才會一舉宣布破案。」上校接著又說：「那出獄的新生人，也就是你們說的政治犯可不可能犯案？施先生你大概也已經知道了，在你逃亡期間，多少叛亂犯比我們還熱心在找你。徐春泰、高金朗、李萬章、楊碧川……一大堆人都在找你，有的是貪圖獎金，有的是怕你被捕受不了刑求會供出泰源事件，所以主張把你殺了。施先生，你不知道這件事嗎？」

「我在調查局時，他們就告訴我了。我當時就告訴他們，這些政治犯貪圖獎金是會有的。但是，他們絕對沒有種殺我。他們出獄後，一心一意就是想找妻子、房子、車子，完全沒有理想、信仰。這類人哪裡敢犯下殺害林義雄全家的事？你們也太高估了這些政治犯了。你們說，還有哪個政治犯像我這樣？」

我毫不掩飾對出獄政治犯的鄙視。台灣的政治犯個個可憐，但是，可憐不等於可敬。在台灣什麼貨色都可以被變成政治犯。

他們原本可能計畫藉我的口，把命案甩鍋給台獨聯盟和政治犯，看我沒有鬆口跡象，錄不到我什麼動搖的口信，也記不了可用的筆錄，上校只好自找台階：

「施先生，這樣好啦，你有空多想想，看有什麼可疑的人與事，請告訴看守所官員轉告我們。」

上校說完，直接起立。我也站起來，隨監獄官走出會客室。

滿心幻想是 **Bettine** 來了，卻是這些特務。

沈君山的失態

四月十一日，下午。

獄中生活是絕對單調、枯燥、無聊的。幾乎所有囚人都寧願出去掃地、種菜、當伙夫、做苦工，就像曼德拉也寧願每天出去戶外打碎石頭，也不要一天二十四小時、一月三十天、一年三百六十五天，天天無所事事。我是少數領悟到囚人和自由人有什麼不同的人。在我第一次坐牢的十五年中，我就寫過一篇文字：「我的囚犯哲學」。其中，有一點就是在詮釋囚犯和自由人的差異。囚犯，是失去空間卻換來時間的生活模式。自由人是擁有無限大的空間，卻往往忙到失去時間來思考、讀書、研究的生活模式，這是囚犯與自由人的本質差異。如果，一個囚犯每天都去當外役，從早忙到晚，這種囚犯就會既失去了空間也失去了時間。這樣的囚犯，關了五年、十年、二十年、三十年，等他獲釋時，除了年歲增長了，學識、知識，乃至經驗也都很少增長。有人也許會質疑，坐牢都關在牢中，有多少經驗可以身歷累積？鐵血宰相俾斯麥說過一句話，令我很受用。他說：「愚蠢的人說要自己創造經驗，我卻寧願利用別人的經驗」。別人的經驗怎麼掠奪過來？當然就是閱讀，廣泛閱讀各類書籍包括傳記，人自然會累積無限的經驗跟知識，來應付新的挑戰。我在法庭所以會採取和所有被告及所有律師不同的辯護策略：全力做政治辯護，讓自己從被告變成原告，讓蔣經國從原告變被告。以攻易守，猛攻蔣家政權的獨裁本質，而且能夠引經據典，雄辯滔滔，就是從十五年坐牢歲月中，天天苦讀換來的。是書本啟發了我，豐富了我的心智的。所以，我常常會勸政治犯不要出去當外役，換取那麼小的活動空間，卻失去了閱讀的時間。當外役就完全破壞了「囚犯本質」，成為一個時間與空間兩失的真正不幸者。但是很少囚犯願意接受我的觀點。

我同一年代，在蔣家獨裁政權下有近萬計的政治犯，為什麼只有我一個人出獄後就能立刻上陣作戰？而其他的政治犯只會天天抱怨牢中的苦澀？因為我在十五年苦牢中保住了「囚犯本質」：我失去空間，日日月月年年只蹲在一個小小的牢房中，但，我卻換來苦讀與靈修的時間。牢中歲月成為我的生長激素。

焦慮的等待。等待判決的心境固然起伏，自己必須放任它起伏，因為那是人之常情，但更要善用僅剩的時間。依然是那個哲理：失去的無法挽留，尋找最後的機會成就該做的事。

我就是這樣，在等待中用心把所有答辯狀謄寫於《悲慘世界》中。我深信，我被處決了，這些東西才有機會永存下來。

監獄官來提人時，我知道今天是例行接見日，我仍期盼 **Bettine** 的出現。監獄官站在門外，主動說：

「學長，你妹妹和哥哥來接見。」

審判前，妹妹來過，是愁眉苦臉，如喪考妣般的表情，完全不知如何安慰也只是三句不離天主保佑，在天上的爸爸媽媽保庇。美麗島事件一定會槍斃人，以恫嚇台灣人，這已是社會一致的認知了。

只是殺幾個？或八個全殺。如果只殺首謀，我就是那個人。兄弟姊妹在審判前已有心理準備。也許，他們期盼國際社會發揮影響力，也寄望蔣經國的慈悲心發作。我從頭就不期待獨裁者的慈悲心，我全心在瞄準他的阿基里斯腱。

我坐在鐵窗內，妹妹和大哥一前一後進來。妹妹竟然是一臉笑容。

「四哥，你的表現太好了，太棒了！社會上人人都在稱讚你。」妹妹開口就如此說。

這類話從審判後，從三哥第一次接見我就聽多了。想到三個月前他們捉到我時報紙、電視還都發出號外，舉國歡騰的盛況，心中難免有很多感慨。

十七年前，我們家已經歷過一次極度驚恐的階段了，那時，全家都擔心我會被判死刑，媽媽只能無助地唸經，求天主保佑。

現在，又一次！我總是給施家帶來難熬的折磨。但從妹妹的表情，恐懼似乎已被社會的熱情取代了。同樣一個人，大審前後社會的反應竟然如此巨大、鮮明。

妹妹細數外界的反應……。大哥忽然張口說：

「有患者來推拿，說如果你被槍決，他們已經有一票人決定要抬棺，護靈，從台北把你的屍體護靈回高雄，沿路都設路祭。台灣人愛做給他們（指外省人）看。這一定會非常轟動。」大哥從大審後第一次說話：「我不知道他是說真的，還是國民黨派來刺探的。所以我都沒有回應。」

大哥顯然不是在問我好或不好，何況我死了，我已沒有決定權。

「大哥碰到這種話題就會驚恐，不想談下去。這種代誌是非常可能發生的。民心大變了。」然後，妹妹改口說：

「四哥，你知道陳長文律師吧？」

「聽過名字，但不認識。」我坦承。

「他最近約尤清吃飯。他說你幾乎就是自己的辯護律師。還特別說：施明德談台灣前途那一段，包含著扎實的國際法基礎，他說你的法理深度，已經達到大學教授的水準。陳長文也是在法庭旁聽的人。」

我說：「我還是很感謝尤清和鄭勝助替我辯護。」

我自己知道十五年的苦讀，我自己的學養如何。但現在都已經不重要了，我已經在法庭上替台灣人民上完一堂大課了。

「四哥，你認識清華大學的沈君山院長嗎？」妹妹接著又問。

「我知道，但不認識。他是所謂的四大公子之一。」我說。

然後，妹妹開始滔滔不絕地敍述著……。

沈君山這次也是奉命全程旁聽審判的人。他是高等外省權貴的第二代，一口江浙口音。第一天開庭時，妹妹有來旁聽。下午全部旁聽的人都坐同一部大巴士離開軍法處。沈君山坐在妹妹旁邊，一上車就大聲一直斥責我，辱罵我。說，就是施明德這個傢伙把我們的國家搞得今天如此動盪不安，烏煙瘴氣。施明德已經被關了十五年，還不知悔改。他本來早就該槍斃的傢伙。沈君山把囚禁政治犯十五年視為德政。今天，施明德竟然還雙手插在褲袋中，桀驁不遜的土匪樣。其他人都可以寬恕、減免，獨獨施明德這個傢伙必須繩之以法，以謝國人。沈君山顯然對我的底細做了一番了解了。

妹妹等沈君山以權威人士的口吻大聲發表一大堆話之後，才開口：「沈教授，你知道我是誰嗎？」

「不知道，」院長微笑地回答。他那種江浙口音，散發著濃濃的外省人優越感，一副壟斷輿論的氣勢，他還沉迷在捉到施明德時，全社會陶醉在喜悅氣氛之中，完全不顧車內還有什麼人。沈君山大概還以為這位小姐是要大力附和他的。

妹妹說，她看著他有氣勢的笑臉，語調緩慢，一個字一個字地對沈君山說：「沈教授，我是施明德的妹妹。你堂堂理學院院長在審判期中對被告做這樣的斷言，合適嗎？公平嗎？我相信院長對我哥也不瞭解吧，你應該等我哥答辯完才做評論。這輛巴士也算是公共場所，你可以這樣影響審判嗎？」

沈君山聽到她是施明德的妹妹，才連聲說「對不起！對不起！」

台灣本來就是外來統治者的天下，幾百年來莫不如此。一個吃台灣人種的米，拿台灣人的血汗錢到美國讀學位，回來當大學院長，自認一切理所當然要聽他們的。這種統治者的傲慢，我從小就目睹再三了。對這類的人與事，我一貫的人生態度就是：

「理會會忙死，在意會氣死」。

妹妹接著說：

「但是，今天我在聯合報上看到他發表的一篇高雄事件旁聽感言：『以法制暴，以理釋惑，以德化怨』。他的態度和第一天他在巴士上講話的態度，已經判若兩人。聽說他是蔣經國指派他去旁聽的。哥，你在法庭上的表現，不但台灣人感動、稱讚，連這些外省權貴聽了以後，也會反省、自我檢討。沈君山長篇大論還算持平，雖然仍然是國民黨觀點。他們擔憂原本很多是禁忌的觀點，一下子在媒體上湧現，怕引起不良反應等等，但，重要的是他在結論時說，這次審判方面，已經做到徹底公開的『審』了，但願主其事者應秉大智大仁之心，做出公正的『判』」。

「我只是做我該做的事而已，不是表現。」我告訴妹妹：「沈君山的文章在判決前發表，也是他們研究討論後的結論。他們會選擇對他們最有利的判決的，不是對我們有利的。但是，還是要等正式判決下來。這次的判決是台灣歷史的關鍵，它會深遠地影響台灣前途和台灣命運的走向。」

「但是到現在為止，台灣人政客還沒有一個敢公開替你們說一句好話。」妹妹說。

「這就是被統治者的悲哀，不敢講真話。」我說：「外省人他們認為自己是統治階級，講話是他們的特權。」

沈君山大審前後的不同態度，是一個指標。逮捕我們之後，蔣經國的首要幕僚李煥、楚崧秋等人力主公審，他們深信可以在法庭、在輿論上擊潰我們。現在卻被我們在法庭上徹底翻盤了。但是，贏得輿論，還不等於贏得戰役。起訴八個人唯一死刑，最後連一個都不敢殺，才能算是全勝！只要有一個被殺，表示獨裁者仍然敢以鐵腕統治，被壓迫者依然會被踩在腳下，恐懼仍存，反抗依舊乏力。從沈君山的為文，主張「以德化怨」公開表態引領風向，可以預測判決的端倪。我心有稍稍緩解。坐牢人常常必須學習，以有限的元素做出正確的結論。這就是智慧，不是聰明。其實天下人都是坐牢人，都在以管窺天。

Bettine 淚眼婆娑

審判後，我的資訊仍然相當封閉，接見是唯一的管道。大哥和妹妹的話，成為我分析和判斷的新元素。抬棺、護靈，在大審前絕對不存在於台灣人心中，大審激勵了台灣人的膽識，這種事非常合乎推理，可能發生。一旦有如此激情演出，蔣經國承受得了嗎？外省人及其後代如何想在台灣存活下去？反攻大陸已經不可能，再與台灣人如此敵對，仇恨如何了？這是居於統治地位的少數外省集團必須面對並省思的。以前外省統治集團和日本總督後籐新平說的：「台灣人的民族性：愛錢、怕死、愛面子」一樣，看破台灣人沒有反抗精神，高壓就能使台灣人臣服。

大審，有人誓死如歸，不但出乎蔣經國的意料之外，也激勵了台灣人的氣概。沒有一個民族是天生低賤的，只因沒有勇者引領而已。這個新浪潮是大審捲起的，而這個浪潮不只是情緒，它更有了內涵：台灣應該獨立而且已經獨立三十年了，台灣應該廢除黨禁、報禁、戒嚴令、萬年國會……。這股浪潮已經洶湧，把我殺了，蔣經國擋得住它嗎？敢玉石俱焚嗎？現在，不是被壓迫者求他，而是像我那樣，請求判我死刑！現在，是蔣經國你敢判嗎？你敢殺嗎？殺了，你們的後人還能在台灣平靜生活下去嗎？

台灣人第一次感受到自己是有志氣的台灣人。推翻了後籐新平的評語。

沈君山審判前和在美國的丘宏達教授一樣，主張必須處決我，以謝國人。審判後，沈君山改口了，雖然我沒有看到全文，但從他的題目我就能分析出大意了。

「以法治暴」，表示他們基本上還是要確認美麗島事件是暴亂叛國事件，堅持他們起訴的主旨不變。外來統治集團永遠是對的，所以，每個被告都應依法治罪，不會有一個判無罪的。

「以理解惑」，因為我在大審中溢出法律範圍，大談政治主張，政治理念，已引起社會迴響，這些困惑、謬論、詖詞，他們必須繼續反駁，化解民間的疑惑，駁亂反正。

「以德化怨」，他們把我們堂堂正正追求自由、民主、人權的運動視為是台灣人的怨恨、怨氣，所以，他們高高在上，以德政來化解台灣人的怨與恨；也就是說，這個案件不該判任何人死刑，徒增動盪。統治者不敢殺反抗者，不承認自己的邪惡本質，卻用「德政」來掩飾其怯懦和兩害取其輕的妥協窘境。

沈君山，這個「四大公子」之一，是蔣家政權刻意安排栽培的指標人物。他奉蔣經國之命，全程九天場場觀審。這篇文章一定也是蔣經國授意他發表，引領風向的。殺我，是從第一天全面逮捕時就做成的定論。現在，如果不敢殺我，怕殺之必然引起不測的反應，他們為求自保，以施「德政」來討人情。獨裁者莫不如是：殺，是因天地不容，依法行事；不殺，則是法外施仁，德披死囚。

蔣家的統治邏輯很清楚。

待宰之人，聽到妹妹扼要的敍說，我有了一些結論：殘命可留、活罪必受。審判後十幾天，我第一次覺得我確確實實擊中了蔣經國的阿基里斯腱了，讓蔣經國不敢公然殺人了。

但是，推論仍然只是推論，還是要等到正式判決才能有定論。我仍舊努力把答辯狀全文謄寫於

《悲慘世界》的空白處，成仁的準備仍須執行。

妹妹來接見後的第二天，我完成了用隱形汁抄寫於《悲慘世界》一書中。我一生最特別的氣質就是我從來不心存僥倖。很少人會從我風雅的言談外型，探測到我內心極踏實的世界。我常常會告訴別人：理想像向上飛射的箭，現實總像朝下的靶。兩者在一個適宜的高度交會，就是歷史的座標，就是一個人最明智的選擇點。完全屈服於現實的人，面目可憎。一味懷抱理想，而不知在合宜之處和現實交會的人，只是一個不切實際的空想者。

四月十五日，星期二，接見日。

已經快接近中午了，我的牢房才被打開，今天是接見日，我相信不是要被押往法庭接受判決。但是，我仍然把已剪掉腳指部位的一雙棉襪塞進褲袋裡，以防萬一是宣判。

以往接見都是我先坐定，兄妹們才進來。今天我進接見室看到三哥、三嫂已坐在窗的另一邊。我坐下拿起話筒就聽到三哥說：

「Bettine 前天到了，她現在在候見室，哭得很慘……。他們不准她見你。我們已經交涉了一個早上了。所長請示了處長，處長還是不答應。」

我轉頭看了看一再叫我「學長」的監獄官。

「學長，很抱歉！這是規定，只有配偶、直系或旁系血親才准接見。」監獄官這樣回答。

什麼以德化怨！根本敵我意識依然分明，連接見都還是如此苛刻。

我當然很火，但，又能奈何？

「我們跟所長理論了很久，告訴所長她是你的情人，已經兩年多未見了，她遠從倫敦飛來，總要有一點人性嘛！我們要求讓她進來，就坐在旁邊，讓你們互相看看，她不講話，但他們還是不肯。我生氣地說，牛郎織女每年七夕還可以相會一次，他們兩年未見面了，連看看都不准。Bettine 一直哀求，一直哭。三嫂也哭了。他們還是不准她進來！」三哥說著，不斷搖頭嘆息。

我難過地說不出話。一生都在蔣家淫威下生存，就是這股淫威不斷成為我的反抗意志的柴薪！

「最後，他們只答應，我們接見完要出去時，門打開，讓她從門外看到你剎那。現在，美貞（張俊宏的妹妹）在外面陪她。」三哥說。

「真沒人性。」我聽到三嫂在窗的那一邊說。

我無語，但，淚眼婆娑的 Bettine 一直浮現腦中，在回美之前兩個多月她一直期盼能夠懷下我的孩子，她知道我有一天會面對死刑。現在，她就無奈地在門外等候那一剎那！

「Bettine 說，從你被捉，她就發動同學到倫敦各大學貼大字報，呼籲關心你的生命和台灣人權。她也親自跑去倫敦的國際特赦組織總部陳情，也聯絡美國的同學、朋友參與營救工作。她計畫在台灣停留十天，希望能等到判決結果。」三哥終於笑著說：

「Bettine 一定要我告訴你，她愛你，以你為榮！她看到你雙手插在褲袋中笑傲的相片，她說酷斃了，她驕傲地對教授、同學炫耀說，這個人是我的愛人。」

沒有錯，這份愛一直深存，我的初戀情人！

這次接見幾乎全繞著 Bettine，和她營救的過程。真的，好感謝海外那麼多人的呼籲營救，才使我們能獲得完全公開的審訊，我才有機會在法庭奮力一搏！否則，我個人或台灣歷史都難以見天日。

「告訴 **Bettine**，我一直愛她，一直沒忘記她。告訴她，我已盡全力好好利用審判的機會作戰了。」

「你在法庭上說的、做的，她全知道，她還把心得和感想寫成文字，投書報紙，和美國國會他們認識的議員。她幾乎很肯定，蔣經國不敢殺你了，槍斃你的後果會非常嚴重，她要我告訴你，你在法庭表現得太好了，太了不起了，不但救了你自己，也救了台灣。她要你保重自己。這幾天我們會帶她回高雄，她想去爸媽的墓祭拜，她回英國前我們會再來一次。我們已經拍了一些相片會送進去給你。她計劃在劍橋大學修完博士學位。」

「學長，時間到了，開門時請你站起來，給你的女朋友看一下。這是我們能做到的極限了。學長，抱歉！」監獄官說。他同時示意窗那邊的監獄官準備。

老三、三嫂也站起來，我聽到三嫂說：「老三，我走前面，你走慢一點。」

門開了。

Bettine！她依舊那麼修長的身材，眼已哭得紅腫，淚依舊在強忍下滴著，雙手張開，做渴望抱抱的姿態，從她的嘴形，我看到她一再說著「**I Love You, I Love You, NORI.**」

一分鐘不到，門又關了。我的淚也滴下來。

感謝天主，祢真的賜給我太多了！

Bettine 走了，激情被我帶回牢房。

文字總是最好的媒介，它能刻記我的情緒，更能把我的愛與懷念傳到遠方。坐牢十五年多了，我總是讓文字留下我的心聲和腳步，這已經成為一種寄託，一種安慰劑，一種媒介。我拿出莎士比亞的《羅蜜歐與茱麗葉》一書，用隱形汁把今天的感觸寫在空白處。就是一封熱情洋溢的情書，回憶那個初夜的纏綿和今天的離情與苦澀都宣洩其中。

坐牢的辛酸、苦楚，不是靠壓抑所能制服的。多年牢中歲月我總能找到自己的抒解方式。為人處世，我一直不接受高壓或圍堵，我喜歡疏導。漫長的苦牢，我如果只像一般人所說的：「你要忍耐，你要堅強」，我的人格一定早被高度的壓力扭曲了，折斷了。壓抑和圍堵絕對不是良策，就像佛洛伊德的學說。

任何強大的人，都該懂得：

示弱是強者的美德。示弱不只是對別人，也該對自己。

收到判決書

四月十八日下午，接近黃昏，牢門被打開，庭丁、士官長和一名監獄官在門外。

「施先生」，士官長唱名。

我看到庭丁，第一個判斷就是，要宣判了。

我從最裡面靠近馬桶的位置站了起來，把那雙襪子快速塞進褲袋中，然後拿出襪子要穿上……。

「學長，不用穿襪子，請簽收判決書就可以了。」監獄官補說一句。

沒有出庭聆聽宣判，直接拿到判決書！十幾年坐牢經驗還沒有碰到過的狀況？怎麼如此低調？和**轟轟**動動連續九天公開審判的排場完全不能相提並論，我心雖然忐忑、心跳加速，但是第一感覺是：不是判死刑！

我走上前，庭丁把判決書直接遞給我，然後要我在一張公文上簽字。我應該是手在發抖，字簽得不工整。

這是死生未卜的時刻，說我冷靜，平靜如常，絕非事實。

簽完字，他們把門關上，那卡擦之聲，是我一生聽到的最美的聲音！收到判決書，沒有叫我出去釘腳鐐，就是說，我真的沒有被判死刑！

我就地坐下，沒有回到我的鋪位，兩名同囚也爬過來半蹲在我兩側。我迫不急待地想知道判什麼刑？你怎麼輕視法庭，怎麼不承認它的合法性，但是，它就是有能耐強制你必須接受它的判決！不尊重也得承受！

英雄，在這個時刻也顯得很激動。

打開來，第一頁、第二頁、第三頁都是我們八名被告的姓名及人別資料，以及委任律師的姓名，第四頁中才出現判決主文：

「黃信介、施明德、姚嘉文、張俊宏、林義雄、林弘宣、呂秀蓮、陳菊，意圖以非法之方法顛覆政府而著手實施，黃信介處有期徒刑十四年、褫奪公權十年；施明德處無期徒刑、褫奪公權終身；姚嘉文、張俊宏、林義雄、林弘宣、呂秀蓮、陳菊各處有期徒刑十二年、褫奪公權十年。全部財產除酌留其家屬之生活費外，均沒收。

獲案之反動廣告傳單影本等物（詳如清冊），均沒收財產。」

只是又一個無期徒刑，褫奪公權終身，沒收財產！

二十三歲已經獲頒過完全同樣等級的「獎狀」了，如今三十九歲再獲頒一張！

殊榮！桂冠！

我沒有死裡逃生的感覺。死裡逃生的感覺，是被賜予的僥倖。我是戰勝了！我是真正勝利了！

我第一個清清楚楚的感覺，就是如此！

所有壓力，完全化解於無形！心中湧現的就是台灣的白色恐怖終於劃下死刑的句點了。我沒有被判死刑，台灣今後不會再有人會因為政治異議而遭到槍決了！這是恐怖時代的句點。

這，大概就是為什麼他們不公公開開地把我們押解到法庭像往例一般聆聽宣判的原因。他們無法預測，我們會有什麼反應展現於世人之前，只好偷偷摸摸地宣判。堂堂一個蔣家政權竟也畏畏縮縮了。

兩名同囚從兩側也一起唸完主文，只輕輕地喃喃自語：

「無期徒刑。」

他們不知道該對我說什麼？無期徒刑在一般人眼中，絕對是重刑。這個無期徒刑是終身監禁，不准假釋的。

這時，我才走回自己的鋪位，拿出香煙人人一根。看到我的笑容，年輕的澎湖人才說：「施先生，可以對你說恭喜嗎？」

狗腿毒蟲看我的表情，立刻說：「當然愛對施先生恭喜啦！」

記得第一天進房，這個毒蟲奉命要盯住我，「不能讓你自殺，要用國法制裁你。」

此一時，彼一時。

一時之間我什麼都不想，把判決書丟在地板上，任由兩名同囚閱讀。我只要享受片刻的空白、刷淨自己的心田。

從去年十二月十三日凌晨，特務湧入提人，我意外脫逃成功，避難，被捕。在調查局偵訊，起訴，再到大審，然後等待判決，我已經整整四個月都在死亡陰影下生活了，那種壓力舉世有多少人品嚐過？在這四個月中，沒有一刻不是在驚慌、恐懼、感恩、歉疚、焦慮、期盼、懊惱、怨恨、困惑、畏懼、狂傲、奉獻、死志、思念、斷念，多種感覺輪流在體內翻騰、發酵、盤踞？我沒有一分一秒是平靜安祥的，即使在夢中也常常不得安寧。這四個月的煎熬，絕大多數人的一生也不見得能經歷其百分之一。

現在，都沉寂了！平靜了！

這一刻，我連判決理由，他們是找到什麼理由替我減刑？用什麼藉口把起訴書中明指是「刑滿出獄後，仍不知悛悔」的我，從死刑減為無期徒刑的托詞、歪理，我都不想知道了。

我就是想片刻完全清靜，把一切倒空、騰空。

情勢已完全改變了……。

倒空、倒空、倒空沉積於我心中的一切，是我現在最想做，也正在做的。我有生第一次體驗到空白的優雅。

我抽著煙，多半只吸進一點點，吐出大多數白煙在空中裊裊上升，一根又一根，坐靠著牆，半閉著眼。

許久之後，我才意識到死神已不再糾纏我了。祂離我遠去了。

不！這不只是我個人的存活！是整個被外來統治的台灣命運的死裡逃生！

從去年（一九七九）十二月十三日蔣經國下令全面逮捕美麗島份子，今年二月二十八日刺殺林義雄母女四人，台灣進入了全面性的大恐懼時代！恐怖氣氛全台灣籠罩，遠甚於二二八大屠殺。在大恐怖氣氛中舉行了大審判……，過程改變了一切。判決了，台灣在四個月之間，歷經了從極端恐懼走到敢於說出台灣應該獨立，應該廢除黨禁、報禁、戒嚴令、萬年國會了！台灣歷史真正翻轉了！

這，不是獨裁者賞賜的！這是我（們）在大審的死生之戰中，贏得的！

雖然沒有慶功宴，我知道我們贏得歷史了，戰勝恐怖統治，結束台灣的恐怖時代了！蔣家政權不敢再公然槍決台灣異議者了！

這時我竟然想到余登發案的那個「人造匪諜」，就在這個房間，也許也就是從我現在靠坐著的這個鋪位，被拖出去槍決的神棍吳泰安。本來應該是我殿後，成為下一個政治犯死囚的。現在，竟然讓吳泰安那個荒謬的算命仙「政治犯」，成為荒謬的戒嚴恐怖統治的最後一名政治死囚！

荒謬的戒嚴統治，竟然是由那個荒謬的「神棍之死」留下句點的。歷史常常就是如此可笑。

蔣經國殺不了我，他就再也無力「依法」槍決任何政治異議者了！他們要處決異議份子只能轉入地下化，靠暗殺了。

在這種興奮的氣氛中，牢飯送來了。

我告訴同囚，我不想吃，他們也可以不吃，因為我要叫官兵替我去景美市區點幾樣菜來。我本來也想替黃信介、姚嘉文點幾樣菜，因為他們跟我同區。最後，我不敢替他們下訂單，因為我不知道他們收到判決書，看到自己被判十四年、十二年，是喜？是愁？是怒？每個人對命運的預估是不同的，他們期盼無罪釋放，判一年徒刑，可能都很不爽。

也許他們會遷怒的覺得：「你該死沒有死，你當然高興。我們卻一味地被你拉進來受罪。」「如果不是你在法庭講那麼多，激怒了猙獰的蔣經國，否則，我們都會判無罪的。」也許是我多慮，最後我還是決定今夜不替他們訂菜。

我敲門請士官長過來，我點了一頓豐盛的晚餐。心想如果有酒，當然最好。但，我不想提出要求而被拒絕，就像我不想對女人採取主動。

兩名同囚在吃晚飯時，我才把判決書拿起來從頭閱讀。沒有判死刑，我在讀這份判決書的心情就像看一份不入流的報導文一樣。判決書先陳述「事實」，再論判決「理由」，冗長的文字幾度令我搖頭而已，已沒有氣憤了。「事實」部分幾乎照抄起訴書，有時用詞全雷同。「理由」部分則一一根據調查局的調查筆錄，或採用檢察官現場的反駁，像報紙所披露的。對於我主張「台灣應該獨立，而且已經獨立三十年，它現在的名字叫中華民國」，仍然採取檢察官在法庭中的八股辯詞：我國政府反對兩個中國，反對台灣獨立，堅持反共復國拯救大陸同胞的國策。任何違反此立場的主張都是叛國的。至於我一再控訴的黨禁、報禁、戒嚴令和萬年國會，則隻字不敢提。律師們主訴的自白任意性問題則以調查局的覆函，一句就否決掉了。十五位律師庭上或答辯狀所訴，在判決書中完全被視同空氣。如我所預測的，法律辯護在軍事法庭中是輕如鴻毛，一飄即逝，不起任何作用的。它連解釋都懶得解釋。

讀完這份判決書，我對自己全力作政治辯護的大策略，再度自我肯定。如果我像其他被告和所有律師那樣全心投入法律條文，法理爭辯，這場官司不僅一樣輸了，也不可能在社會上引起軒然大波，無法抑止⋯⋯。

而我，一定會如審判前社會的預期：「判處施明德死刑，以謝國人」！起訴八個人唯一死刑之罪，最後只判施明德一人死刑，對國際社會已可交代了。

閱讀時，我最好奇的是，法官們將以什麼理由把一個在起訴書中明確又特別標示出的我的部分：「施明德服刑出獄後，仍不知悛悔」的「叛亂累犯」，從死刑減為無期。二條一唯一死刑，即使減為無期徒刑，依法仍需陳述理由的，這是法律明文所規定。這份判決書，把我「不知悛悔」、「累犯」的論罪重點完全忽視忽略了，沒有特別交代任何理由，就替我減刑了。基本上，這是違法的。

判死，判生，根本不需法理論述，全憑獨裁者意志。舉世所有的獨裁國家都如此。

這是一個極珍貴的歷史性教訓：在任何獨裁政權下的政治案件，如果把它視為法律事件，幻想以文明世界的法理喚回正義與公道，幻想乞得獨裁者的憐憫，下場必定悲慘。

政治案件必須以政治手段反擊。

擊中蔣經國的阿基里斯腱

一九六二年，我只憑著殖民地反抗子民的情懷，就被抓進蔣家的囚籠中。那時，我並不覺得我已做了罪大惡極的反抗行動。一切仍在思想、預備階段，我一點都不覺得我應該承受苦刑，最後二十餘歲就變成滿口假牙。即使這樣，我也不認為我會被判處死刑。直到我收到「二條一」唯一死刑的起訴書，直到我的同案，一位案情嚴重性列在我之後的宋景松先生被判死刑，被槍決了。我才驚覺這一切都是真的！我才仔細研究同一個時期所有被判處死刑的判決書，以及他們的辯護策略。我發現所有法律辯護在蔣家的軍事法庭是完全沒有意義的，也無效的。再好的律師也無能為力。因為一切案情在調查局和警備總部保安處的偵訊中，證據、法條都安排完備了，都綑死了，軍事法庭只是走完整個法律程序的過程而已。想要在法庭掙到公道，徹底是種幻覺，是緣木求魚，我才研究出「死中求活」的戰略：

「直擊獨裁者的阿基里斯腱」。

我，或任何被囚的政治犯，在獨裁者眼中，只是一條蟲而已。踩死你，只是他的習慣性動作。對獨裁者而言，你的死生對他都不算什麼。維持他的馬基維里統治術，也只是不必再經思考的習性。你在法庭求饒、哀求，絕對換不來獨裁者的同情的，還會失去你的族人及世人的尊敬。我二十出頭時，就跟不少政治犯死囚為伍。這是世人極少有的特殊受教經驗。老師特殊，教材特殊。那些死囚以「死亡之課」作教材教會了我，在獨裁者的法庭上法理辯護和訴諸人性的慈悲心是完全枉然的。除非你敢奮力反擊，找到機會痛擊獨裁者的阿基里斯腱，你才有可能完成職志，又博得一線生機。

獨裁者再強悍，就像無敵的阿基里斯也有他的罩門。獨裁者的罩門在哪裡？

獨裁者是不屑於和反抗者同歸於盡的。

獨裁者不敢殺個反抗者，變成在造神、在封聖。

獨裁者怕他的邪惡本質被公諸於世。

獨裁者擔心激起公憤，動搖政權。

獨裁者不願人民恥笑他惱羞成怒，勝之不武。

獨裁者怕後遺症，怕後座力。

獨裁者憂懼後代子孫遭到復仇式報復。

獨裁者，看似無敵鐵金鋼，其實他要擔憂的事，比一個死囚多的太多。

獨裁者的擔憂事，正是反抗者必須瞄準的靶心。

但是，準死囚必然怕死。這是人性的弱點。不敢再觸怒獨裁者，反而會順著本性以為認罪、求情、求饒，或許還有一線生機。百分之九十九的準死囚都是因循這條陰間通道，走進了鬼門關。敢反其道而行的準死囚，萬人中難得一見。這是獨裁者敢于妄為的依憑。大數據，可以為憑。

年輕時，我受教了，我悟道了，也力博了。

這次，我再執行起來並不特別艱難。

這，就是我呈現於法庭，如眾人所目睹，如媒體所報導的一切言行。

我盡一個反抗者，自由的追求者的天職，把法庭當講壇、當法壇，逼著獨裁者必須公然扮演殺手！

獨裁者反而膽怯了。

我不但擊中了蔣經國的阿基里斯腱，還公然擊敗了他，揭露他的真面目，讓他淪為侵犯自由、民主、人權的被告。最後，我在法庭上不只不求饒，反而再三請求判處死刑！

「我請求判我死刑！我請求！我請求！」

我一副烈士之姿公然呈現在法庭中，讓獨裁者不敢殺我。蔣經國殺了我，就是在製造烈士，在造神，在封聖！

哪個獨裁者敢如此做!?

最重要的，我是做給台灣人看的！這是我念茲在茲的要樹立台灣人的榜樣、典範。

倒空了四個月來一直蹂躪著我的所有情緒，我開始讓勝利之情充塞。

我自我分析，為什麼蔣經國集團對我恨得牙癢癢的，最後仍不敢殺我，不是因慈悲而對我放生。他們連林家老婦、幼女都敢刺殺，還是在大審前不到一個月，怎麼會不忍心殺一個早已被他們宣染、醜化成「十惡不赦」的我？

那些認為是國際壓力，蔣經國才不敢殺我的人，是十足的媚外思想。

我算什麼東西？

就在幾個月前，蔣經國才殺了「假匪諜」吳泰安。而且就在國際關注下，在起訴我們才五天，蔣經國集團特別選擇了「二二八」這一天一樣敢刺殺七歲、九歲的稚女和老婦人，以製造恐怖氣氛！連這種刺殺都敢幹了，怎麼不敢殺我？如果有人辯解「林家血案」還沒有破案，不能栽贓到國民黨特務頭上。這種人不是偽客觀者，偽公正者，就是幼稚、無知透頂的人。在蔣家特務天羅地網的監視下，連日本「忍者」都做不到的謀殺，還有誰做得到？蔣家集團在國際大量注視下，仍敢做此慘絕人寰的謀殺，就是它一直認為國際的反彈都是一時的，拖過一段日子就會船過水無痕的；或者施捨一點好處就會擺平的。但是，製造恐怖，鎮懾台灣人，則是它持續統治所必須。

至於，那些說是蔣經國的仁慈，才沒有殺我的人，如果不是蔣經國的同路人，就是極幼稚的諂媚者、走狗！蔣氏父子退居台灣，對異議者何曾仁慈過？史跡斑斑。

蔣經國最後不敢殺我，是怕殺了我，會激起台灣人的公憤！是我們在大審中喚醒的台灣民心，讓蔣經國畏縮了！

我在法庭的言論及表情，他殺我，就是在替台灣製造一位烈士。我的烈士之姿不只是擺給獨裁者看的，我更是擺給三百多年來被外來統治者壓迫的台灣人看的。做一個台灣人，當如是！

事實上，台灣絕對需要一位被公開、赤裸裸認證的勇士、烈士。沒有公認的烈士的國族，就是無脊椎動物的民族！

蔣經國如果殺了我，等於公然與台灣人為敵。這些外省統治集團，在反攻大陸已經無望，若再與台灣人為敵，少數統治者的後代將如何在台灣安身立命？為了他們及他們的子孫計，此恨不可立！此債不可舉！血債必須血還，台灣人的怒氣與勇氣已被我點燃了。蔣經國害怕的是會引燃台灣人的怒火！

我必須再強調一次，國際社會的壓力是讓美麗島事件舉行公審的主因。沒有國際關切，就不會有公開的大審。至於公審能否翻盤，則是要我們這些被告自己去努力的，絕對不是國際壓力所能左右的。

這，完全要看我們這些反抗者在法庭的表現。

如果我像吳泰安，像三〇年代莫斯科大審的被告那樣畏畏縮縮地求饒，幻想以博取同情、憐憫保命，蔣經國殺我就會像殺一條狗一樣，沒有人會看得起懦夫的。台灣人也只會眼睜睜地看著我被殺，像吳泰安被殺，像成千在白色恐怖時代被處決的政治犯一樣，台灣人幾乎全然無感。

求活，必死。

捨命為國族陳詞，正氣凜然，決志赴死，置個人生死於度外，或許還有一線生機。

台灣人是一個完全沒有自信心的民族。一直認為只有靠國際壓力，靠統治者的仁慈才得以苟活。錯了！你自己敢於奉獻生命，壓迫者反而不敢殺你。是你，救了你自己。

這是全世界被壓迫的反抗者，自由的鬥士，必須深深自勉並牢記於心的。

我，已晉級為導師，身體力行了。

美麗島軍法大審已寫進台灣歷史之中，它追求的理想、目標和展現的勇敢精神，語音、影像俱在，不容扭曲竄改。

它的種籽已種在台灣人的心田。

它會生根，它會萌芽，它會生枝，它會長葉，它會茁壯，它會成蔭，它是長在台灣大地之上的原生種。

台灣精神之樹。

仔細品嚼自己已完成了這個艱難的任務，我通體真的舒暢極了。這是一個凡人的反應。

我也只是一尊平凡的肉身。

止殺碑

美麗島軍法大審作為歷史豐碑，在九天公審結束就已經確立，不必等待判決。而它的世俗輸贏評定，對我來說，則是簡單又明確的。

如果我（們）敢在軍事法庭上公然冒死陳述蔣家政權的反自由、反民主、反人權的種種，自命為「台灣的代言人」，表達被殖民統治的台灣人追求自由、獨立的決志，即使因之被殺，在歷史上仍然是絕對的大勝！勝負不在於個人的死生，在於我們敢不敢在死刑威脅下，在世人目睹的公開審判中，替台灣人表達這種數百年來難得一聽的民族心聲！這是建立民族精神的初步。國族之靈的建構不是一蹴可幾的。

這些都是起訴書絕對不會也不願碰觸的主題。只有我們這些反抗者有意識並主動在法庭提及，否則，這些真正壓迫、凌虐台灣人的主題都不會成為辯論議題。

如果，我們提及又充分表達之後還能活命，大審就何止大勝而已！因為那還不只是個人的存活而已，而是外來的蔣家政權不敢再在台灣土地上公然槍決台灣反抗者了。

「十惡不赦的施明德」都不敢殺了，還有誰該殺？真的是不敢殺，而不是不願殺！一年前蔣經國才殺了余登發案的『人造匪諜案』的神棍吳泰安，現在卻不敢殺引起台灣滔天巨浪又在法庭跟他對抗的施明德！

美麗島軍法大審判決書的台灣歷史意義，就是它豎立起一座「止殺碑」！

這個「止殺碑」，不是外來統治者自願頒發的，是我自己孤力建造的！

從此以後，蔣家政權果然沒有再以軍事法庭，公然處死任何異議份子、台獨人士，包括親共人士了。三十八年的戒嚴統治蔣氏父子大肆槍決異議份子和無辜者，從這一刻終止了！這是台灣歷史性的時刻。

這個「止殺碑」的意義，和二二八大屠殺之後帶來的恐懼，和血流不止的有如「七殺碑」的白色恐怖時代，正好成為台灣現代史的兩座極鮮明的界碑。二二八大屠殺讓外來統治者的氣勢無限高揚，殺氣騰騰，台灣人從此在恐懼中沉默伏首臣服三十年。美麗島大審則讓台灣人的氣勢飛揚，外來統治集團的氣息向下低垂，將止於失去統治政權。

關鍵就在於公開審判！

如果沒有軍法大審，「台灣的太陽」將晚升很多很多年，或者永遠不會升起；或者又升起另一個外來統治者的太陽。

大審撐開了台灣人民，不止台灣人，還包括外省人的眼界、聽力，打開了台灣人民的腦門，激勵了台灣人的勇氣。到今天人們不管討論或陳述二二八大屠殺常常就是從「一九四七年二月二十八日，台北延平北路一名警員取締賣私煙的婦女，誤殺了一名圍觀者而引發的衝突事件」。對從一九四五年中國軍隊接管台灣管理權之後的種種惡行、暴政，如何剝削台灣人，羞辱台灣人的行為毫無描述。事件後除屠殺鎮壓使台灣人徹底驚恐臣服之外，當時沒有任何人大聲說出台灣人為何起而反抗，也沒有一次公開審判讓被捕被的反抗者做出抗辯。迄今二二八大屠殺到底是台灣人的抗暴？還是國共鬥爭中中國共產黨的先鋒？完全沒有可供採信的證詞，只有統治者，官方的說法。被殺和逃亡的領導人從未有可供考證的公開的證詞，呈現於台灣人民之前。只瀰漫著無限的悲悽和恨意，印記著外來統治者的殘酷。二二八大屠殺迄今仍然只有冤魂，沒有英靈。緬懷二二八，台灣人心中沒有英烈，全是賺人熱淚的悲哀故事，沒有供奉一位令人肅然起敬的英靈。這樣的民族，是有體無靈的民族，難怪只會迎接一個又一個的外來統治者。這是二二八大屠殺跟美麗島事件不能類比的關鍵處，雖然前者死傷慘重。

「悲慘泣聲」，永遠不會是國族的豐碑，只是恐懼的印記。

恐懼，使族人墮落。勇氣，使國族奮起。

我（們）做到了，我（們）公然在法庭之前挺著腰桿，滔滔宣揚了「台灣人的立場」，而且我們還留下生機了，台灣止殺了，民智大開了。這場公審的歷史意義已經非常清楚明確。

收到判決書之後，我一直在反芻台灣的民族過程，充滿勝戰感。

但是，我的同志們呢？他們的感受會是如何呢？

他們從事台灣民主運動只是克盡一個改革者的責任，他們也許從不想以命相搏，雖然在公開的演講台上也會慷慨激昂，但，心中並不真的願意把生命、自由奉獻給理想，奉獻給國族。

改革者和革命者的差異，就在「心」而已。改革者要進行的是一場有限抗爭，革命者則是從事無限戰爭。兩者所願支付的代價自然不同。

我被判終身監禁，我興高采烈。

他們被判十四年、十二年，他們笑得出來嗎？十四年、十二年何其漫長，依法叛亂犯又不得假釋。此刻，我猜想他們的情緒一定盪到極低點。審判過程看法官們和顏悅色，聽律師們侃侃論法，一切不是應該無罪才是？現在竟判了十二年的重刑，人生有幾個十二年？

接下來，要不要上訴？

我判斷他們都會。

我呢？從收到判決書，我已經心花怒放，知道自己完成了一樁歷史事功，完成了一件不可能的任務了，當然不會上訴！對我來說，這場歷史劇場已經落幕了。沒有乘勝追擊這樁事。

為什麼不上訴？

我拿出筆記本寫下雜記：

「第一，我如果上訴，就等於承認蔣家政權的法庭具有合法性。這跟我在九天公審中的言行、心態背道而馳。

我不可能在此刻心花怒放時，貪圖更輕之刑，或妄想無罪釋放。

第二，如果我們上訴，一樣會遭到駁回，在實證法上是無意義之舉。

這次大審已讓蔣家政權灰頭土臉，如果它們發回更審，所有被告大多都會學我的樣，笑傲法庭，全面作政治辯護。因為沒有死刑的壓力了。那時，火力之強，豈是蔣經國政權所能負擔？

明知會被駁回，又上訴，就是在做一件賠了夫人又折兵的蠢事。」

這是我的立場和判斷。

但是，我認為我的同案們都會上訴。我的判決部分根據軍事審判法，「將官案件及無期徒刑、死刑」，一審法庭應主動移請覆判。換句話說，法庭會行禮如儀地替黃信介先生和我移送覆判局，讓獨裁者再次親自批示一次。

我的戰爭暫時已告結束，而且是大勝、全勝。悲壯的氣氛已經不在，原本計畫在判處死刑後，才會提筆寫下〈正氣歌〉、〈滿江紅〉一類的詩詞，現在已沒有那種氣氛、心境下筆了，以免淪為無病呻吟，或過度囂張。

這幾天，我最想做的是撫慰被判重刑的同案們。他們的心情一定跟我很不一樣。

但是，隔房如隔山。我連傳字條的機會都沒有。

「施明德座標」

四月二十二日，判決後第一個接見日，我真盼望這次可以面對面看到 **Bettine**，我既然活命了，他們從監視器中也看到我欣然接受了，他們應該大方一點，讓我們這對情人見見面了，如七夕之會。

我走進接見室，大哥、三哥已坐在窗子的另一邊，先是喜悅的笑容，那是反映對判決的笑納。他們坐過牢，深知二條一的恐怖，這段日子的氣氛他們心中早已做最壞的準備了。無期徒刑，對他們而言，簡直是最大的喜訊，一定是天主保佑，是聖母恩寵所賜。只是三哥一開口，臉色就轉為沉重。

「**Bettine** 今天也來了，但是，他們連大門都不讓她進來了。三嫂在大門外陪著她。」三哥很遺憾的表情，透過囚窗傳遞了對這個政權的鄙視。「但是，**Bettine** 知道判決，跟我們一樣興奮，她要我告訴你：你是貧無立錐卻富可敵國的人。我們替她拍了一些相片，已經交給監方了，他們應該會給你。」

看不到 **Bettine**，跟我的預期落差太遠，又無可奈何。連抗議之聲，我都不想浪費了。

「你們看到判決書了？」我問。

「看到了，媒體也披露了。」三哥說：「老四，不要上訴啦。你應該記得，吳夢楨一審判十四年，上訴改判無期，再上訴改判死刑，槍斃了。蔡秉堃一審判十五年，上訴改判死刑，也執行了。不要上訴了。」

「我就是要告訴你們，我不會上訴。」我說：「但是，我不上訴的理由和考量跟你們不一樣。我認為我一上訴，就是表示我承認這個政權，承認這個法庭的合法性。我不會這樣做。堅持原則，是我一生的特質。」

也許，我阿Q，但必須表達。

「尤清主張要上訴，但是另一位律師鄭勝助堅決反對，鄭律師對尤清說，清仔，你上訴會把施明德搞死啦！」老三笑著說。「判決當天晚上，我們家管區那個民族派出所的所長就到家裡來，就是那個怪我們不告訴他，你躲在哪裡，讓他失去領獎金升官的那個警官。他見到我，第一句竟然說：『要判無期，當初就不必這樣全國大通緝，圍捕施明德嘛。』言下之意就是，沒有判你死刑很不對。他媽的，這個所長竟然對我說的那麼白！他還是個台灣人呢！」

我不想浪費接見時間談這類人。在這波追殺我們的時候，哪個台籍政客敢站在我們這邊？林洋港、李登輝、邱創煥、蘇南成、王玉雲、蔡鴻文、連震東……哪個不是對我們喊捉喊殺，他們說的話還能聽嗎？而且還爭先恐後，影音俱在。我們的犧牲，才能讓他們換來權勢。被統治的民族，一直有這兩類人存在，反抗者及投機份子、收割者。

「其他人都會上訴吧！」我問。

「都會上訴。」老三說。

「上訴一定會駁回的。九天審判已經讓台灣搞得翻天覆地了。發回更審，再搞一次國民黨哪裡受得了？再開一次庭，所有被告一定都會學我，把法庭當講台了，國民黨不敢發回更審的。」我說。

「你沒有判死刑，大家都跟我們恭喜。老大的診所，外省患者又都敢回來了。那些老將軍發生事情後都怕到不敢來推拿。」

老大在忠孝東路的「施明正推拿中心」是文人雅士、將軍、學者、媒體人常常喜歡到的地方。不只因為老大的推拿、接骨功夫強，還有他是詩人、畫家，藝術文學素養吸引人。

老大坐在一旁，一再點頭微笑。他們都知道無期徒刑是最佳的結果了。最主要的，他們仍然陶醉在法庭審判時，我的言論及表現。現在獲得的只是無期徒刑而不是死刑，兄弟們的感受是一致的。

這是什麼世界？判處終身監禁竟然是喜事一樁。

「民心攏變了，和審判前的恐怖氣氛完全不同了。」老三一再說著，老大不斷點頭。「審判前，沒有一個人敢替你說話，包括所謂自由派學者陶百川、胡佛、張忠棟等等，沒有一個人，一個都沒有，敢替你說話。密密麻麻的教授還聯名登半版廣告，支持政府嚴懲你們。」

「不要再談這些人與事了，在如此恐怖氣氛下，誰不顫抖？我倒是對蔣經國為什麼會改變心意不判我死刑，很有興趣瞭解。」我丟了問題卻不等回答，然後說：「**Bettine** 什麼時候回英國？」

我把話題拉回 **Bettine**。她從老遠跑來，碰巧趕上判決，雖然看不到，但是獲得定論了，她一定也很高興。對這位今生今世真正的初戀情人，永難忘懷。思念，是能夠穿透天堂與地獄的針線，常常比真正的接觸更真更細膩，更令人纏綿、觸電。

「從知道判決後，她吃得比較多了，開朗多了。」老三說。

「告訴她，我常常思念她。感謝她，給我的一切。」我是由衷的。

出獄時，我已一無所有。如今，我心滿滿的。雖然又是孑然一身，囚禁大牢之中，但是，誠如 **Bettine** 所說，貧無立錐卻富可敵國。真正的革命家一定是哲學家，立命於天地浩然大氣之中。

接見接近尾聲，老三才悄悄的掏出一張紙，幾乎是照稿宣讀地說：老四你在法庭的陳述和表現，讓台灣人津津樂道。你在法庭所做的供訴，在台灣社會已經引起非常大的迴響，海內外已有媒體說你在法庭上的論述已經是一條很完整的「施明德路線」，改變了黨外人士的選舉路線，是台灣黨外運動從未有過的完整，它一定會影響台灣民主運動的整個走向。雖然黨外人士不會用「施明德路線」這個名稱，但你在法庭指出的方向，一定會成為台灣人努力的方向：

一、你的「中華民國模式的台灣獨立」——「台灣應該獨立而且已經獨立三十年，它現在的名字叫中華民國」。會成為兩岸、國際及台灣內部關係的新定位。它讓台灣人從此敢公開討論台灣的前途，並且認為台灣已經台灣獨立了。這是海內海外從來沒有人說過，主張過的論述。台灣人從此從「追求台灣獨立，進入捍衛台灣獨立的新階段。」

二、你說美麗島雜誌是個「沒有黨名的黨」，它的精神是在追求政治人權、經濟人權和社會人權。組黨會是共同的努力目標。

三、你抨擊的「黨禁、報禁、戒嚴令、萬年國會」，會成為黨外人士持續奮鬥、追求的目標和語彙。

四、你的「合法顛覆政府」行使反抗權的論述，已鼓勵台灣人民持續反抗獨裁政權，直到台灣民主化完成。

未來黨外人士，即使不喜歡你的人，他為了當選也不得不在競選場中一再提你這些主張，也得朝你說的方向去奮鬥的。因為這些目標鏗鏘有力，而且完整，是黨外從未有過的理論。

特別是你的笑傲法庭，誓死如歸的精神，已喚醒了台灣人的勇氣。台灣人經過大審之後，恐懼感已經大大消失了。

三哥特別強調：「我們家人都以你為榮，不要上訴了。我會把外界這幾點看法寄進去給你。最要緊的是不要上訴。」我知道，三哥沒有講出來的話是：「保住命」。家人總是希望我保住命，這是很自然的。

我對三哥說：「說，施明德路線不如說美麗島路線比較適當。台灣人都近廟欺神，用我的名字會遭來妒忌，不利於運動的推展。」

我知道自己立下的是一個座標——施明德座標。一座歷史性的奉獻者座標。這是被統治久了的台灣人從來不敢想像的。

「但是，明眼人一看都看知道，這些明明就是你一個人的信仰、思想，而且在法庭上冒死陳述的嘛。」三哥說。三哥還是不懂我在說什麼。

監獄官趨近來：「學長，時間超過很多了。」

第七章

重返火燒島

激情過後

激情過後，每天都過著單調而忙碌的囚人生活，努力繼續把這段期間寫的訴狀、答辯狀以隱形汁謄抄於書本空白處，在筆記本上寫下各種感想或備忘雜記，以便保存史料外，就是每天三十分鐘的放封。牢飯依舊，百年不變。還好，我享有特權，可以偶而請阿兵哥到景美市區採買。顯然判決後，信介仙的待遇也改善了一些，一天會聽到他叫士官長開門好幾次，讓他蹲在牢房外抽根香煙了。也許他聽說我有特權可以點外買的菜，從此他就會對著我的牢房大聲吼叫：

「施總ㄟ，煎一尾虱目魚來哦！」

聽到老長官這樣爽朗的吼叫聲，我心中都會充滿喜悅。他要點什麼菜，我當然都會照辦。我真的是由衷尊敬他，他在法庭的表現一點都不影響我對他的敬愛。這是永恆的私誼。

在牢中我多次會回想起十二月十日高雄事件後，我和

Linda 第一次到他家。他把我叫上樓，塞給我二十萬現款：

「你會死，他們一定會槍殺你，你能跑就要趕快跑。這二十萬給你作路費。」

我拒絕那筆款。但我心欲淚……。

戰鬥的日子，充滿激情，腎上腺素經常飆升，讓你適應整個戰局。但是，我們的戰局長達四個月，不像真正的火砲戰場，幾小時槍砲聲隆隆，頂多幾天持續的攻防已夠累人了。像列寧格勒圍城之戰長達八百多天是少見的戰役。但是即使是列寧格勒之戰，也不是每個人天天二十四小時長達數月處於精神緊繃狀態中，總有輪防輪調。精神耗費在有形無形的戰鬥中，都是最大的壓力。

終於判決了，就像戰爭中火線上的砲聲終止了，人必須面對可預期的未來，心境自然恢復常態。常態的思想邏輯和戰時必然不同。抽著菸或獨自靠牆沉思，往事就會浮上心頭。幾次都會挑釁自己。你是個高舉信仰，堅守原則，不媚俗討好的人，你的生命有價值，但你的生活一直如此悽慘，值得嗎？

你從十六歲決定唸軍校，為台灣的自由而戰，你的生命歷程就充滿血淚、辛酸。你已坐牢超過十五年了，如今又有一個終身監禁等著你去支付。你真的深信這是值得的嗎？

幾度我會懷疑自己是不是太愚蠢了？追憶那次，土城仁愛教育訓練所劉副主任約談，**Linda** 和一位外籍記者陪我去。那個將軍轉達上層的態度：只要你不再從事美麗島的工作，你可以選擇去政治大學國際關係中心當研究員，坐領教授薪水，還可以給你一間宿舍；或者領取國民黨全額獎助學金，一次給付到國外唸書。你竟然全拒絕了，不知好歹的下場就是如此！你不後悔嗎？

這類往事紛至沓來，我承認頗令人感傷的。第一次坐牢搞到最後竟是出獄政治犯讓你家庭破碎，子然一身⋯⋯。人，再堅強，也會被種種傷心事折騰折磨。這種時候，我就讓它淹沒，不想提振自己，人不能一直硬撐。

過一陣子，自然會找回自己。想想，台灣歷史上還沒有人像我這樣幸運。我拒絕了國民黨的招安收編，我找到了歷史性的戰場。我參與了美麗島政團的籌組，我擔任美麗島事件總指揮，我是美麗島大審的旗手，這是命運安排的危險角色。但何嘗不是上天賜給我的良機，讓我可以走進台灣歷史之中；而「美麗島事件總指揮」也成為我一生最珍惜而不敢做出任何有辱於它的頭銜。

我鑄造了「施明德座標」！

這種認定足以排除一切自怨自哀。其實，人，在挫折、受傷、逆境中並不需要外來的撫慰，人都有自我療癒的能力。這是人類與生俱來的本能。沒有這種本能，人會自絕生機。

但是，走過的路不會船過水無痕。這些日子我會主動回顧奮鬥史，也仔細檢討得失。

我相信未來有很多人都會談美麗島事件。什麼是美麗島事件？如果沒有軍法大審，我在法庭做了廣泛的答辯陳述，那麼美麗島事件可能也會被後人簡化為：

「一九七九年十二月十日美麗島雜誌社在高雄舉行世界人權日紀念大會，與軍警生衝突，打傷百餘軍警。雜誌社工作人員數十人被捕判刑。」像「二二八大屠殺的詮釋：一九四七年二月二十八日警員取締一名販售私煙的婦人，擊斃一名圍觀者而引起的暴亂」一樣。前因後果都被完全省去。

這樣的回顧，我就提筆在筆記本上寫下這樣簡單的文字：

對美麗島事件的正確及全面性的研究，應該分三部分析論才算完整。

第一部分是美麗島政團的籌組。

在一九七八年以前，台灣的反對派人士都以競選公職為唯一目標。反對派人士沒有固定的橫向聯繫，更沒有上下區分，更沒有共同的理想、信仰和目標。反對國民黨，討厭獨裁者蔣介石父子卻又怕他們，是黨外人士唯一的共同點。

美麗島政團是台灣戰後真正有意義的政團。它高舉人權的理想：政治人權、經濟人權和社會人權，並把全台灣的著名反對派人士組織在一起，擬定政策與策略，最後還發行台灣戰後銷售量高、最受歡迎的美麗島雜誌。

這個政團以黃信介及五人小組：張俊宏、許信良，林義雄、姚嘉文和施明德為核心，成立了一個「沒有黨名的黨」。它有理想，有組織，有領導，有策略，有經費。它有黨的功能，沒有黨的名稱。這個團體不斷舉辦各種活動挑戰外來獨裁者蔣經國。讓蔣家政權受到第一次有感的挑戰。它讓蔣家集團坐立不安，企圖加於摧毀。

第二部分，就是「高雄事件」。

新舊勢力對峙一定是碰出火花，不發生在高雄也會出現在台北、台中，台南……

一九七九年十二月十日，世界人權日，美麗島政團在高雄市舉辦慶祝活動。國民黨政權蓄意製造壓力，引爆衝突，軍民各有受傷。國民黨政權以它絕對勢力的媒體，把這件遊行示威常會發生的衝突，形容成美麗島政團的叛亂行動。把自己形容成「罵不還口，打不還手」的一方，而美麗島政團的一方則是暴力份子。

三天後的十三日凌晨，蔣經國在全國全面逮捕美麗島成員，並刻意放掉美麗島成員中的外省成員，像曾心儀、范巽綠等，造成這是「台灣人的野心份子企圖以暴力推翻政府」的罪行，引起外省族群的敵意。

到這個階段，蔣經國的陰謀算是非常成功的達成了。接著他決定以公審方式全面鎮懾台灣民心，殲滅所有反對派人士。

第三，美麗島軍法大審。

蔣經國以叛亂罪的「第二條第一項：唯一死刑」起訴了：黃信介、施明德、姚嘉文、張俊宏、陳菊、呂秀蓮和林弘宣八人。

全部起訴書的重點就是：被告等意圖台灣獨立而引發高雄的暴力事件。起訴大部分都在描述高雄暴力事件的細節。蔣經國意圖使人們只注意到高雄的衝突而忽視它的前因後果，像對二二八大屠殺的描述一樣，讓世人只注意到當天的緝私煙的行為，而忽視中國佔領軍數年中的惡行惡狀，以欺凌台灣人的種種暴政。

大審中，檢察官、律師和多數被告都集中在起訴書的內容，做法律辯護。只有我，對前因後果做運的轉捩點。

全面性論述。

沒有美麗島軍法大審，美麗島事件將和二二八大屠殺一樣，成為台灣的悲劇，而不是改變台灣命運的轉捩點。

大審已經結束，判決也已下來，台灣命運已經走上新的方向，忝為首惡收到判決書知道自己死罪已免，但，漫漫長囚又將降臨我身。龐大的蔣家勢力，不是一朝一夕就會倒塌的。只是它的根基已經被刨鬆了，就像巨大的水壩已被挖出一個大漏洞了……。

人，是非常感性的動物，在牢房裡一下子想到大審興奮事，立刻就會盪到現實的谷底：無窮無盡的白晝和黑夜，將蹂躪著我，十年、二十年、三十年，這是什麼滋味？多少人能想像？

但是，我必須承受。這就是我作為首席主角的演出酬勞，不必繳費的終身俸苦牢。

這不是任何人可以替我承受或分攤的。

這種念頭浮現，人就會像身處在墮下無底深淵的過程中……。

審判台灣最美的心

二十四小時囚禁在斗室中，我的生活亮點，如今只剩下一周兩次的接見，每次三十分鐘左右。

四月二十五日，上午，我又有接見了。

我被押往接見室，不像以前那樣直接進入接見室，而是被引進待見室等候。我一進去，老妹陳菊已先在等候了。也許因為審判已結束，不必嚴格執行隔離了。陳菊一看到我，沒有談判決，第一句話就說：

「高俊明牧師昨天被關進來了。瑞雲、溫鷹、文珍和我常常會聊聊。」

「妳們可以見面啊？」

「我們的女管理員比較鬆。有時，管理員也會告訴我們一些消息。我們散步時，會讓我們聊聊。好家在，你逃亡的時候有她們保護你。如果你逃亡，台灣人都不敢保護一個為台灣打拼的人，百年後，我們這一代人都會被後代子孫恥笑，是無情無義、無良心的一代。他們的心，真的是台灣最美的心。」

陳菊一直稱讚他們，陳菊是心地善良、純樸的宜蘭女子。

「我逃亡時，完全沒有碰到高牧師，捉他幹什麼？」我說的是實話。我也知道，其實我也知道他們為什麼會抓高牧師。高牧師是瑞雲和長老教會女子神學院長林文珍院長最可能的媒介。特務一定認定是高牧師從中安排，林文珍院長才會收留我的。雖然實情不是這樣。

「文珍她們好嗎？」我問。

「都很好，也很喜歡甘願。有時會哭哭，是很正常的。」

「替我問候她們，說我真的很感謝她們。」

「她們知道你判無期，都很高興！沒有死刑就感謝上帝啦！」

監獄官來提陳菊進去接見。

不久，也輪到我。

「高牧師昨天被捕了。」三哥坐下來第一句話就說。

「我剛剛也聽阿菊說了。我逃亡時，完全沒有跟高牧師有任何接觸。」這是實情，也是不願將高牧師拖下水，但，法庭是不會採信的。

「大審過後，也判決了，大家聽到這個消息已經不會驚悚了。有些黨外現在竟然也會說，怎麼會沒有捉我？」老三說。

其他受難家屬也都知道我不上訴了。他們也認為我不上訴也對，以免被改判死刑，而且我不上訴使其他上訴人有層保護網。他們上訴後，即使改判也絕不會高過無期徒刑了。家屬和律師們的考慮仍然是法律層次的，不是政治思考。這些人還需要相當磨練才會達到另一個境界。

「老四，」三哥說：「判決後，大家比較敢說些內幕消息了……」

老三告訴我，一些新聞界的高層會到「施明正推拿中心」找老大推拿，並轉述一些訊息，他們消息靈通。他們認為有三個消息值得讓我知道。公審結束，判決未作最後確認，也就是小蔣還沒有批准以前，小蔣曾找了一些人去徵詢意見。媒體大老闆都被找去，聯合報王惕吾，自立晚報吳三連和中國時報余紀忠都被約見了。其他人如何回應蔣經國，他們不願講。中國時報余紀忠則很清楚地對人談起那段過程。

蔣經國約見余紀忠，開宗明義就問余紀忠：「你對施明德這個人的看法如何？」

余紀忠大致表示：

審判前，他原先認為施明德不過是個小混混，只會鬧事闖禍。但是，整個審判下來，他大大改觀。他每天不只看自己的報紙報導，還會把現場採訪記者找來詳問現場實況。余紀忠才完全改觀，也才決定中國時報要發行「美麗島大審」一書。

小蔣隨後，便直接要余紀忠對施明德下更簡單清楚的評定。畢竟，余紀忠和小蔣幾乎年紀差不了多少，又是中國國民黨中央常務委員多年共事的同志。余紀忠就對蔣經國說：

「我要用孟子說的那三句話來形容我對施明德的評價：『富貴不能淫，貧賤不能移，威武不能屈。』」

小蔣停了一會兒，才對余紀忠說：

「但是，現在軍事法庭已經判施明德死刑。」

余紀忠回答小蔣：「請總統一定要深思慎決。」

中國知識份子傳統上都重視氣節，也就是很在乎格，在乎價值，這是他們評定人的標準。余紀忠就是這類人物。不像現代的知識份子只在乎價格，趨炎附勢。

最後，蔣經國終於對余紀忠說：

「違法我也只得違法了。我要改判他無期徒刑。」

十年半之後我出獄，余紀忠先生特別邀請我到余府晚餐。余先生又親自把那天蔣經國約見的狀況，對我說了一次。我們就此成為忘年之交，私下常常有交往。他常常在我經濟困乏時，主動伸出援手。余先生到晚年對小蔣仍高度禮貌，但余先生一定不知道，就在美麗島時代，余先生也被蔣經國列為嚴密監控的對象。他被以「老黑代號」專案監控，連余家廢紙簍中的紙張都被竊去調查局分析。獨裁者總是多疑，對再親密的人也不信任。余先生天上有知，一定很懊惱被他視為「有革命情感」的蔣經國竟然也把他視為敵人般監控。

余先生臨終前，余範英小姐深夜打電話給我：「爸爸要走了，你得趕來看他最後一面。」那時我人在高雄，沒飛機了，便立即搭巴士連夜趕回台北。天亮了，我直接趕到榮民總醫院握住氣息如絲的余先生……。

老三說的第二個見證人，是沈君山。也就是審判第一天在巴士上公開斥罵我的那位清華大學的院長。他是蔣經國指定必須全程聽審的人之一。

沈君山審判後，判決公布前，也被小蔣約談。沈君山一到，就被告知，「施明德已被判死刑，你有什麼意見。」

沈君山先扼要報告觀審經過，然後對判施明德死刑，他表示有三點後果必須思考：

第一、處決施明德就是在製造一個台灣烈士。因為他一直展示烈士姿態。

第二、處決施明德，在國際觀感上非常不好。因為國際社會已看到他在法庭上的所言所行。

第三、我們，還有我們的後代，都還要在台灣生存下去，殺了施明德，我們和台灣人就結下深仇大恨了，後果不堪設想。這一點，我認為才是沈君山真正在乎的重點。

沈君山和小蔣都是江浙人，用江浙口音對話，他們有特殊溝通的感覺。接著小蔣說：

「但是，法庭已判他死刑了。」

沈君山說：

「報告總統，血滴到地上是收不回來的。」

「哼。」小蔣哼了一聲，沈君山畢竟是晚輩，立刻肅然坐直，不敢再說話。

這段經過，是沈君山幾天前故意到「施明正推拿中心」找大哥推拿，親口告訴大哥的。也許，沈君山自覺曾當著妹妹的面前辱罵過我，此時他必須來漂白一下。這三段內容，沈君山自己已留下文字紀錄。十幾年後，沈君山也親自告訴我這件事。他特別提到他說：「血滴到地下是收不回來的」，被蔣經國「哼」了一聲，他嚇到不敢再說話。

老大告訴我的第三個故事是來自一位官邸的中校侍衛軍官。他有背脊創傷，大審前已是老大的患者，判決後才又敢來診療。他告訴老大：

正式判決公布前某天，小蔣在官邸召見國防部長、參謀總長及三軍總司令及總政戰部主任，還有警備總司令汪敬熙。汪敬熙報告整個審判過程及判決主文是：「施明德判處死刑，其餘各判十四年至十二年。」

因為各軍頭是當下的激進派、好戰份子，蔣經國雖然是他們的主子，但也必須取得他們對判決的認同。

蔣經國問各軍頭有什麼看法或意見？對已經做成的判決，各軍頭自然保持沉默，不敢有建言。

蔣經國看各軍頭不敢說話，沒有意見。他才胸有成竹地對各軍頭宣示裁決，並讓他們最後無語。這裡也顯示出蔣經國的統治語術。蔣經國的話很短，十足獨裁者口吻：

「施明德想當烈士、英雄，我偏不讓他當。我要把他關在牢中，關到變狗熊。」

各軍頭一致微微點頭，仍然無語。二十多年後，郝伯村將軍到寒舍作客，我曾求證郝將軍。他只言簡意賅地：「有此事。」

人，活得夠老，常常會目睹「後人」在評論「今事」的荒謬。

獨裁者至死都是獨裁者。他們永遠只有在兩害相權下，才會讓步……。看到後人行銷是蔣經國在臨死前兩三年，解除戒嚴、黨禁、報禁，開放老兵返鄉探親，推動了台灣的民主開放，台灣才有今天的民主價值。這種論述的無知和離譜已經達到竄改歷史的程度，卻竟然還可以廣為流傳。這彷彿在說兩代獨裁者的小獨裁者蔣經國在七十五歲了，突然吃下一顆「民主仙丹」，立時開竅變成「民主先生」，才解除戒嚴，締造了民主時代！荒謬、可笑的論調！大審之後，人民覺醒了，獨裁者不得不放手，否則；蔣家將像尼古二世的下場……，才是事實，才是真相。

蔣氏父子戒嚴三十八年，槍決了多少人，囚禁了多少人，製造了多少罪惡、悲劇，讓多少家庭破碎，讓幾十萬老兵承受三十幾年連和親人通訊都不准的悽苦，哪是自己到了臨死前才解除戒嚴，就能撫平生前的一切罪惡？縱然慘事如煙，已飄逝而去，但泣聲依然會迴盪寰宇……。

在蔣經國已經病入膏肓將死之前，副總統李登輝見到他，椅子還只敢坐三分之一。總統及副總統之間，竟然譜製出這種主僕臉譜。這，哪堪被稱為民主先生、民主推動者？人會因千百種理由而說謊，影像永遠存真。獨裁者哪能體會被壓迫者的悲悽？行述這種獨夫對台灣民主有重大貢獻，實在荒謬絕倫，徹底羞侮了台灣的反抗運動，也踐踏了行述者的靈魂，輕蔑人的判斷力。

蔣經國永遠是個獨裁者，血液中沒有一滴民主、自由、人權的成分！他完全是發現懦夫般的台灣人已經被喚醒，勇敢奮起，他怕死後被鞭屍，遺族可能如俄帝尼古拉二世被誅滅，才不得不放手的……。

自由永遠是反抗者的戰利品，絕對不是掌權者的恩賜物。寫到這裡，我已不想再細論下去了。

我為什麼拒絕作證

高俊明牧師終於被捕了，在美麗島大審宣判後一個星期。

蔣家政權整肅異己是計畫縝密的，積三十幾年在台灣的統治經驗，他們攻守自如。要不要辦高俊明，在調查局偵訊時，特務已分析過。最後，他們決定抓，仍然要避開大審，以免雪球滾得太大，連世界基督教團體都介入，影響大審。現在等大審塵埃落定，他們才對高牧師下手。

高俊明牧師是位人格者，廣受尊敬。其實，我跟高牧師並不熟悉，只見過兩次面。他是台灣獨立的信仰者。他的言行影響台灣基督長老教會充滿台灣意識。以台語傳教、教學是台灣長老教會的特色。但是，高牧師和一些長老教會的牧者，遵守上帝的歸上帝，凱撒的歸凱撒，多年來只在信仰上諸如在一九七七年發布「台灣人權宣言」，主張「建立一個新而獨立的國家」，就替高俊明牧師帶來極大的危險。後來，國民黨高層認為長老教會謹守其原則，並未介入實際政治推動，才沒有對高牧師下毒手，以免引起國際宗教團體的反彈。台南神學院畢業的牧者會參與實際政治工作，是我多次造訪該院，和該院謝秀雄教授達成的結論，林弘宣、蔡有全、吳文、趙建二、黃昭輝等等才成為美麗島的工作者。謝秀雄教授還擔任台南服務處主任。

高俊明牧師被捕，代表國民黨和長老教會數年來的緊張卻維持表面包容的階段已經結束。從私人感情上，聽到高牧師被捕當然難過，如果從台灣的自由遠景看，國民黨終於要全面樹敵了，未嘗不是一種突破。國民黨在自掘墳墓。它深信外省集團的團結，以及台籍政客諸如林洋港、李登輝、邱創煥、連震東等等的忠心不二，一定可以擊毀美麗島政團的勢力。這種信心，一定是大審之前的共識。國民黨在台灣絕對是一隻巨無霸，很難靈活運轉。

「施明德已經一審判決，叛亂犯身分已確立，所以涉及庇護施明德的人都構成包庇、藏匿叛徒，觸犯懲治叛亂條例第四條、第七條之罪。」在法律上，國民黨認為已俱備條件逮捕高俊明論罪了。

回到押房，斜靠牆角，我自覺罪孽深重……。

擔任全國黨外助選團總幹事起，我就自知我終將再度入獄，只是不知何時何地會突然被抓。我既然拒絕國民黨收編去「國關中心」當研究員，又不出國避險，像許信良，被捕是躲不掉的命運。所以，每天出入我都揹個背包，內放牙刷、牙膏、一套內衣褲、一雙襪子、一本相簿、兩萬現金、兩隻原子筆、一本用新台文記事的筆記本，這些是被捕後立即用得著的東西。

死亡，從來不是我擔心的問題。美麗島事件發生前兩個多月，特務對我的跟蹤方式已經完完全全公開化。以前，他們還會躲躲藏藏、掩掩遮遮，後來已完全公開化。我會故意走下汽車，走逆向道，特務的車子照樣逆向前進，跟著我。後來，特務更加派摩托車方便小巷跟蹤。我知道，國民黨已經擬定收網計畫了。我仍然沒有要逃亡或接受被收編的念頭。

世上大概很少像我這樣執著的反抗者。不達目的，絕不鬆手。

那一天，一九七九年十二月十三日，天仍舊黑著，樓下急促的按門聲響起。**Linda** 搖醒我，「他們來抓人了。」她說。

她打電話到AIT通報，我家電話線已被切斷了。她催我跑！跑到哪裡去？根本不可能跑的，全被包圍了，「妳這個番婆！」我心中嘀咕著。

她跑到門口處，把沙發移到木門後，把能堆上去的東西全放上去，連拖鞋也放上去，她想堵住特務闖入，她在構築馬奇諾防線……。

我穿好衣服、鞋子，揹上背包，把對面房間內的陳菊、呂秀蓮叫醒，她們各自離開了。但，天羅地網已布置，插翅難飛了。

我仍然沒有一絲念頭想要逃走。因為我知道，完全不可能逃跑了。我還在門內跟門外的特務有一番對峙、對話。

「開門！開門！」對方說。

「是誰？你們是誰？」我說。

「查戶口，開門。」對方說。

「查戶口叫管區警員來。」我說。

「我就是管區警員。」另一個人接腔騙我。

「你不是，管區警員我認識。」我也騙他。

「我是新來的。」對方還想唬弄我。

「你不是，叫管區警員來，我就開。」我回答。我仍然沒有一絲想逃亡的念頭，沒有機會逃了。

對方開始粗魯的撞門！

木頭門雖然厚重，但猛撞還是會撞開的。特務撞一下，會感到門內有東西堵住，會略有反彈聲。特務撞了幾下，反彈幾下。

「我太太在門內放了炸彈，你們撞開就會爆炸。」我不知道為什麼我會臨時編這個謊言，嚇他們。特務竟然信了！

他們一定想，施明德這個萬惡暴徒，什麼事都可能做的。**Linda** 是美國 **CIA** 的特務，什麼東西都搞得進來的。

特務不再硬撞了，放低聲說：

「只是查戶口，施先生，請開門。沒有事的！」特務想騙我開門就逮。

「叫管區警員來，我就開。」

我竟然把皮鞋脫了，拿門後的一雙拖鞋換上，把背包放下，在客廳漫步，想想幾個月來在這裡工作、會客的往事。我一點都沒有逃亡的意念。不想逃跑，我在等什麼？不知道。腦子是空的。空空的腦子，可能最冷靜。也許談不上冷靜，只是沒有逃的欲望，也不知道該幹什麼，就等著下一秒不知道會發生什麼事。其實，連「等」的念頭也沒有。

我無意識地走到廚房，看到 **Linda** 在敲隔壁鄰居的後門。她可能想借電話。我則像僵屍般推開後門，看到 **Linda** 已經在哀求鄰居開門。我手放在二樓的圍牆扶手，仰頭看到新生南路的馬路燈光放射一片光亮，眼前是一層又一層黑黑的日式房屋的屋頂，一直延伸到新生南路，彷彿像迦太基的漢尼拔看到阿爾卑斯山那是進攻義大利的可能入徑，因為沒有人相信軍隊可以從群山中進入義大利。特務也不相信我能從這裡脱逃，半分鐘前，我也完全不知道後門是如此景況！

「逃！」一個不知道從哪裡發出的台語聲音。

我跨過土牆，朝下走半個階梯，數分鐘前，陳菊好像也從這裡跳下樓。但她選擇跳進林義雄住家。我選擇沿房與房之間的高牆走，然後，逃上屋頂，在屋瓦上匍匐前進……。

然後，我聽到 **Linda** 的淒厲哀嚎聲……。

然後，我展開了二十八天的逃亡。

台灣上演了一齣最驚心動魄，最感人的歷史劇。台灣最美的心，和最邪惡的人，一起參與演出這齣保護與告密的歷史劇。

國民黨的懸賞獎金，從第一天的五十萬元起跳。五十萬元足以在台灣市仁愛路三段買一戶四十坪的高級公寓了。然後獎金一路追加，到我被出賣前，中華電視公司加碼一百萬元，是我每天從新聞媒體報導中逐筆計算共兩百五十萬元，中華民國有史以來最昂貴的懸賞。但是，在調查局的偵訊時，特務常戲謔地把我形容成希臘時代的奴隸買賣的角鬥士，説我是他們用五百萬元買的角鬥士斯巴達庫士，比他們在中國大陸時期通緝周恩來的獎金還多上好多倍。不管是兩百五十萬或五百萬都是台灣史無前例的昂貴欽犯。

當他們的通緝懸賞公告，在全國各角落掀起全面張貼，窮鄉僻壤，山林小徑，海邊懸崖，處處都看得到「我」。電視幾分鐘都出現我的「尊容」，電台、報紙天天都有我出現各地的報導……。

「施明德」，成為撒旦。絕大多數人瘋著要領那筆天文數字的獎金。小孩哭了，不乖了，媽媽會對他說：「再哭，施明德聽到，就會來把你殺死！」「你再不乖，我就叫施明德來打你。」「施明德」成為台灣有史以來最恐怖邪惡之徒，令人聞之喪膽的名詞。

但是，仍然有不少台灣人在想著，「如果施明德跑來敲門，我一定要保護他」！確實真的有一小撮人在保護我。他們拒絕那垂手可得一夕致富的鉅額獎金，還得承受國民黨懸賞通緝上所說的：「藏匿、包庇叛徒施明德，將處死刑、無期徒刑、十五年以上有期徒刑」的悽慘下場。

這些保護我的義人，已不是人。這時，他們像神，接近像神的人。

他們的心，是愛做的。他們並不是因為愛我，而這樣做。他們是因為愛台灣，愛真理，寧願因愛受苦。如果這個時刻，台灣沒有這類人存在，台灣人還配被稱為人嗎？陳菊今天說得對，他們的心是台灣歷史上最美的心！

而我，則成為「一九八〇年台灣最轟動的男人」和「台灣最幸福的奮鬥者」。

在調查局的偵訊中，我對避難的過程拒絕陳述。我不可能在危急時接受保護，被捕後卻供出過程中的人與事。我只承認「從逃離住宅，就直接躲在許晴富家，直到被捕」。特務當然不採信，但，也只能接受我的道義自律。反正，其他人也被捕了，他們沒有經驗，自然會說出經過的……。

現在，高俊明牧師被捕了，應該很快就會被起訴。在他們的審判中，我一定會被押到法庭作證。這是必然的程序，我開始思考，並寫下：

「我為什麼拒絕作證」。

這篇證詞，我準備莅庭宣讀。我凡事不想措手不及。我被押到法庭，我就當庭宣讀這篇證詞，然後，拒絕再做任何陳述。

五月五日，庭丁押我出庭作證。法庭上除法官及幾名律師和家屬外，沒有一名記者和攝影師在現場。顯然他們已從美麗島大審中學到教訓，不想對外開放我出庭作證的畫面了。當審判長對我作了人別訊問後，剛要進入作證程序，我立即說：

「審判長，我不會回答你們的任何問題的，但我已準備好一份答辯狀，要在這裡陳述作為我的證詞。」

法庭沒有阻止，於是我緩緩的宣讀我早已擬好的證詞：

審判長：基於四點理由，我的道德良知拒絕我在本案作證。

第一、本案是根據一項不公正的判決所做的報復性控訴。

去年十二月十三日，國民黨政權的情治單位大肆逮捕「美麗島政團」的主要工作群時，手中全無「叛亂」罪嫌的證據。情治人員濫用「叛亂罪名」逮捕人民的習慣，在台灣已行之有年。所以，儘管情治單位反覆強調逮捕罪名是涉嫌「叛亂」，但是當時國內外可以說沒有人相信「美麗島事件」與叛亂有關。民間與各大報紙所做的討論也都是是否涉及「暴行脅迫」或「妨害公務」等刑責。在這種判斷下，對我個人的收容及保護，縱然犯法其所觸犯的法條也僅是刑法第一百六十四條。而我的朋友們，不管在當時或今天，一定都堅信我只是一個民主運動和人權運動的工作者。這項判斷，在良心上支持了他們的行為。

隨後，經過兩個月的「祕密偵訊」後，包括我在內的八名「美麗島受難人」，竟不公正地被扣上「叛亂」罪名，判處重刑。我對加諸我個人身上的任何壓力，都願意考慮到國家利益而逆來順受。我甚至已放棄在所謂「覆判」中的答辯權，希望使「美麗島事件」所帶來的強烈震憾快速平息。但是，現在國民黨政權卻要利用這項不公正的「判決」做基礎，進而以「懲治叛亂條例」和「檢肅匪諜條例」等嚴酷條文控訴並報復這些或許曾經保護過我，或許完全無辜的人士。我在無可奈何之中，只有以拒絕作證來表示我內心沉痛的抗議，和對國民黨政權的下流行徑的極端鄙視！

第二、本案起訴法條，其立法精神是不道德和反人性的。

「懲治叛亂條例」中的所謂「包庇罪」以及「檢肅匪諜條例」中的所謂「知情不報罪」等加重懲罰的特別法規，其立法精神顯然包含著破壞傳統倫理道德，鼓勵賣友求富，抹煞道義以及否定人類愛和同情心等特性。這種有瑕疵的立法意旨，與一般性的道德規範嚴重牴觸，其後果是在促成一個獸性勝於人性的社會。

面對這些不道德的、反人性的、苛酷的特別法，我服從「自然法」的指示，拒絕在此類案件中作證。即使因此必須受到任何罰，也永遠在所不惜。

但願我的拒絕作證能使國民黨當權者，恢復些許人性和對正義的敬畏。

第三、本案可能隱藏著「企圖以法律手段達成政治目的」的卑劣陰謀。日前接見家屬時，我極端意外地驚悉，在本案被告中，竟然包括了在我避難期間從未接觸過的高牧師俊明先生。高牧師不管人格、學養、道德和愛心，都足為社會的楷模。高牧師是聖人！

高牧師的意外涉案，勾引起我在調查局的回憶。高牧師是長老教會的總幹事。長老教會的領袖們因為胸懷充沛的愛心及入世精神，基於關心台灣一千七百多萬人民的幸福與安全，曾經發表了與國民黨政權立場不盡一致的「國是聲明」和「人權宣言」後，立即遭到猛烈的圍剿。調查局的特務曾多次帶著陰險的「笑容」對我表示：除了「美麗島」，「長老教會」就是他們還渴望釣上的「大魚」。而高牧師就是他們口中念念不忘的「大魚頭」。

現在，高牧師莫名其妙地涉入本案，不能不使我產生極度的懷疑。我不禁要問：如果高牧師涉嫌重大，為什麼早幾個月以前不逮捕他？反而只扣押了他那些涉嫌輕微的部屬？為什麼？為什麼扣押輕罪？放縱重罪？

——是不是要利用高牧師的部屬們在長期監禁的不正常心理下，做出不利於高牧師的不實供詞，把高牧師羅織入罪？

——是不是也希望因此使聖人般充滿自我犧牲精神的高牧師，眼看部屬們在受苦受難中，而作自我犧牲的供述，代其部屬承擔責任？

由於國民黨特務對長老教會的敵視態度，由於高牧師的意外涉案，對本案是否另有企圖，我不能不有所保留而拒絕作證。

第四、本案是件「審判義人」的案件。

假如在本案中，檢察官沒有濫事株連，那麼本案就是在審判義人。如果大家不健忘，在通緝我的時候，密告獎金合計起來，超過五百萬元。五百萬元是一筆鉅款，足夠在台北市仁愛路三段買十戶以上的高級住宅了。而本案的被告中，大部分都是沒有資產的薪水階級。如果檢察官沒有錯誤，這些被告就都曾經隨手可以拿到五百萬元。但是，他（她）們卻視這五百萬元如糞土，還要賠上自己的自由或生命來換取一個「義」！比起那兩個已領走鉅額獎金，比起社會上那些僅僅為了數萬元乃至數千元便不惜使用任何手段去掠奪或詐取的人們，這些被告的人格是何等的高尚、高貴和偉大！誰敢說，本案不是在審判義人?!

法律是國家道德的最後一道防線。法律的最高宗旨是要闡揚正義，懲戒貪、殺、淫、亂等等惡行。可是本案卻反其道而行，要審判義人！要定義人的罪！

審判長，歷史上沒有一次對義人的審判，最後不遭到人民與真理的唾棄的！

審判長，縱然軍事法庭的枷鎖可以綑綁這些義人高貴的肉軀，歷史法庭也將在他（她）們聖潔的靈魂上塗上最珍貴的香膏！至於我這個幸福的、被眷愛的證人和受惠者，只有以拒絕作證來對這些義人以及義人的家屬們，表示我最高的敬意、謝意和慰問於萬一！[20]

20 國家檔案。

我唸完全部證詞，閉嘴不再回應審判長提出的任何問題。在場的律師們一定也覺得我的證詞無懈可擊，他們只默默地看著我。

審判長終於下令：「施明德還押。」

五月二十三日，義人案判決。如預期的全部判決有罪，義人們的判決主文如下：

高俊明、林文珍共同藏匿叛徒，高俊明處有期徒刑七年，褫奪公權五年。林文珍處有期徒刑五年，褫奪公權三年。許晴富共同藏匿叛徒處有期徒刑七年，褫奪公權五年。全部財產除各酌留其家屬必需之生活費外，沒收。

吳文連續共同藏匿叛徒處有期徒刑二年，褫奪公權二年。

張溫鷹幫助藏匿叛徒，處有期徒刑二年，褫奪公權二年。獲案之整容用具物品廿一件（詳清冊）沒收。

林樹枝、趙振貳、黃昭輝、施瑞雲、許江金櫻明知為匪諜而不告密檢舉，林樹枝處有期徒刑二年。趙振貳、黃昭輝、施瑞雲、許江金櫻各處有期徒刑二年，緩刑三年。

他們每一位都有美好家庭，現在這些家人正一起為義而受盡折磨……。

重返火燒島

我的命運已定，兩個無期徒刑在我的雙肩上，我知道終身監禁是什麼滋味。我沒有幻想，這是我自己選擇的路，我自己選擇的命運。

一九八〇年六月三十日，警備總司令汪敬煦以第（69）障年字第二九三四號公文呈報國防部，「施明德不宜在中樞地區執行，擬移送綠島感訓監獄」。

如此壯大的獨裁政權恐懼我，連把我囚禁在中樞地區，囚禁在台北都會令他們坐立不安，擔心我又會做出什麼危害蔣家獨裁政權的壯舉。掌控生殺大權的的特務頭子汪敬煦上將毫不掩飾地以公函直接下令，把美麗島八個「叛亂犯」中的獨獨一個我遠囚綠島，那個孤懸在太平洋上的小島。

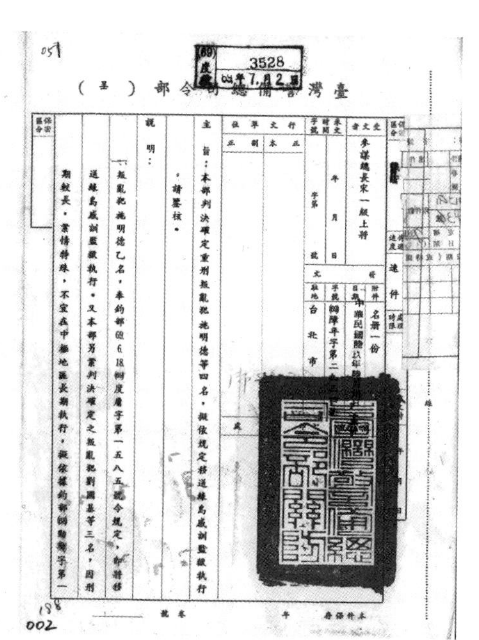

051

(69)度 3528 69年7月2日

臺灣警備總司令部（呈）

受文者：參謀總長宋一級上將

速別：速件

附件：名冊一份

發文日期：中華民國陸玖年陸月卅日

發文字號：(69)障年字第二九三四號

發文地：台北市

主旨：本部判決確定重刑叛亂犯施明德等四名，擬依規定移送綠島感訓監獄執行，請鑒核。

說明：

一、叛亂犯施明德乙名，奉鈞部69.6.18(69)度膺字第一五八五號令規定，即將移送綠島感訓監獄執行。又本部另案判決確定之叛亂犯劉國基等三名，因刑期較長，案情特殊，不宜在中樞地區長期執行，擬依據鈞部(69)勤衡字第一五四六六號令頒，對「匪諜叛亂分子」感訓教育改進計劃規定，請准併案移送綠監執行，本部當即辦理解送事宜。

二、送監運輸方式，擬仍比照往例本部解送人犯之方式，包租台灣航空公司專機一架，由台北直飛綠島，以求迅速安適。

三、附呈移送已決叛亂犯執行名冊乙份。

總司令陸軍二級上將 汪敬煦

188

002

這是一項線索：

一個真正的、有信仰的死士能與獨裁者抗衡，使其生畏！

我做到了。

七月二日，才吃過早餐，監獄官打開牢門：

「施先生，請把你個人的東西全拿出來。」

在監所接見室外小廣場，已有三個囚犯在那裡被檢查搜身。我的筆記本、雜記，他們替我用兩個大紙箱收納，說必須經過檢查，不能隨身帶走，就是可能被沒收了。但是沒有關係，重要的，值得記錄的，我都已經重新用隱形汁寫在完全沒字的空白筆記本內。他們看是空白的，就放行了。

我用隱形汁書寫著文字的書籍，顯然監方完全沒有發覺，我可以帶走。到了綠島我就可以不帶入監，直接在家人接見時領回。

這幾個外役囚人，很倒楣地被選為我的陪葬者。

我們都被釘上腳鍊。兩人一組，一人一手被銬上手銬，押上中型軍用卡車，前後有押解車，朝向台北松山機場行駛。我的一生常常出現這種場景。

我們的車隊沒有走正常的通關走道，直接開到一架中小型的飛機旁。

飛機迅速起飛。飛機在山巒上空起伏顛簸，太平洋已在遠方。我想到今年我才三十九歲，卻已被囚禁了十五年半了，三度閃過蔣介石父子的死刑刀口，生命破碎又泡滿苦汁。現在又再度要回到苦汁裡。

在亂流的搖晃中，我自問：「我到底是什麼人？」

剎那間，幾個月來的英雄氣概，烈士情懷都消逝無蹤。

「也許，死刑對我個人是比較人道的。」竟然有這樣念頭響起……。

但是我知道我是什麼樣的人。

綠島，火燒島，台灣最著名的古拉格群島，蔣介石設置的聖赫勒拿島，濛濛中已浮現在遠方。

施明德 1979 年在綠島政治犯墳前致哀。

附錄

台湾党外人士共同政見

十二大政治建設

我們認為人權是人類最神聖不可侵犯的基本權利。國家和政府的存在價值，就在於促進與保障人權。我們深信：民主、自由是我們不容剝奪的政治人權；免於剝削、免於匱乏是我們務必享有的經濟人權；而人格尊嚴、公衆福利是我們應該擁有的社會人權。我們堅信申張人權是我們救國自救的唯一方向。

為了追求我們的政治人權、經濟人權，和社會人權，我們主張聯合所有愛鄉愛國的同胞，共同致力於「十二大政治建設」。

1. 徹底遵守憲法規定：中央民意代表全面改選；省市長直接民選；軍隊國家化；司法獨立化，各級法院改隸司法院；廢除違警罰法；思想學術超然化，禁止黨派黨工控制學校，言論出版自由化，修改出版法，開放報紙雜誌；參政自由化，開放黨禁；旅行自由化，開放國外觀光旅行（註）。

2. 解除戒嚴令。

3. 尊重人格尊嚴，禁止刑求、非法逮捕和囚禁，禁止侵犯民宅和破壞隱私權。

4. 實施全民醫療及失業保險。

5. 廢除保護資本家的假保護企業政策。

6. 興建長期低利貸款的國民住宅。

7. 廢止田賦，以保證價格無限制收購稻谷，實施農業保險。

8. 制定勞動基準法，勵行勞工法，承認勞工對資方的集體談判權。

9. 補助漁民改善漁村環境，建立合理經銷制度，保障漁民的安全和生活。

10. 制定防止環境污染法和國家賠償法。

11. 反對省籍和語言歧視，反對限制電視方言節目時間。

12. 大赦政治犯；反對對出獄政治犯及其家族的法律、經濟和社會歧視。

註：本政見於十月卅一日公開散發，政府當局於兩天後的十一月二日即行接受，開放國外觀光旅行。各大報並立刻宣傳此舉對人民有多大的好處。由此可見，我們政治上的許多弊端，不是政府不能做，而是不願做！

在此我們再度呼籲全國同胞一致爭取十二大政治建設的實現，使人權之花在台灣盛開。

台灣黨外人士共同標誌的含義

圖案：一隻緊握的人拳(藍色)，兩個『人權』文字(鮮紅)，環繞一串橄欖枝(藍色)。

含義：一、人拳，國語語音和『人權』相同，一來以『人拳』的同音，象徵『人權』，二來意示『人權』都是以『人拳』爭取得來；拳頭緊握，表示黨外人士將緊密團結，並決心爲人權而奉獻。

二、『人權』兩字，是要使一般人未經解釋便能一目了然，黨外人士的追求目的。

三、橄欖枝是和平的象徵。它環繞整個圖案，顯示我們反對以暴力爭取人權，也反對權勢者以暴力統治人民。它強力說明，我們主張以和平的手段，持久不懈的爲人權而奮鬪。

四、圖案色彩爲白、藍、紅三色，它代表了古典的含義：『自由、平等、博愛』，也分別表示黨外人士對人權的新概念：『政治人權、經濟人權、社會人權』；同時，應特別表達的是：白色爲底，表示我們認爲純眞潔白是人類最美好的天性；藍色是宇宙遼濶的象徵，而在這人類世界中，如果沒有人權，就像宇宙沒有太陽一樣，勢必萬物俱滅。所以，鮮紅的人權，一如鮮紅的太陽，是人類的唯一希望。

極機密

編號：011

安和計畫執行要點

一二一〇專案行動組

中華民國六十八年十二月十二日

010

9

安和計畫執行要點

一、依據：遵照國家安全局指示及警總協調指示辦理。

二、任務：對「一二一〇」參加暴亂分子，依法拘提到案偵辦，并依法搜索其住所。

三、狀況判斷：

㈠監控時可能發生下列狀況：脫梢、隱匿、逃亡（含偷渡、出境、尋求庇護）自殺等。

㈡逮捕時可能發生下列狀況：抗拒、湮滅證據、逃亡、自殺、引發群衆事件等。

㈢押解時可能發生下列狀況：逃亡、刼持、車禍、自殺、意外死亡（如心臟病、高血壓等引起緊急性死亡）。

四、執行構想：

㈠設置行動組：地點在調查局局本部一樓急情中心，由調查局翁主任秘書文維擔任組長，警總保安處顏副處長、憲兵情報處陳處長、警政署刑事警察局曹局長、調查局第三處項處長擔任副組長，由各單位及軍法處派出幹練人員編成之。指揮所預定十二月十二日下午三時開設，并建立必要之通訊系統。

㈡任務分工：

1.警備總部：

負責1.2.9.24.（以上四人爲乙案）10.20.23.25.（全部名單爲甲案）。

2.憲兵司令部：

負責6.12.（以上二人爲乙案）14.15.（全部名單爲甲案）。

3.警政署：

負責4.7.（以上二人爲乙案）16.18.22.（全部名單爲甲案）。

4.調查局：

負責3.5.8.（以上三人爲乙案）11.13.17.19.21.（全部名單爲甲案）。

㈢執行：

1.全面監控：各單位依「任務分工」指揮所屬，即對負責執行之對象，實施監控，切實防範逃亡（含偷渡、出境、隱藏、尋求庇護）、自殺等意外事件發生。

2.待命執行：

⑴各單位應依對象之狀況及拘提、搜索、安全維護之需要，即行編組足夠之人員，攜帶必要之器材，負責依法執行拘提、搜索之任務。

⑵各單位依前述狀況判斷，即行辦理任務講習，切實辨識對象，勘察執行處所，待命執行。

⑶待命執行期間，對任務無關之人，應絕對注意保密。

3.執行方式：

(1)各單位依法拘提、搜索涉嫌對象，除黃信介由警總報請行政院函立法院同意後執行，省議員邱連輝、張俊宏、林義雄等三人，由警總研究是否照會省議會外，其餘均由軍事檢察官簽發拘票及搜索票依法執行。

(2)重要涉嫌對象：分北、中、南三區派出檢察官在各地警備分區待命隨時前往現場指導。（台北地區在專案組待命）。

(3)執行時間：預定在十二月十三日凌晨五時前抵達現場，同日上午十一時執行完畢（執行時間請依狀況作彈性運用）。

(4)執行時應注意法定手續與執行技巧，妥慎防止自殺、抗拒等意外事件，并儘快完成搜索扣押、脫離現場、避免發生群衆事件。

(5)執行時，各單位應配置醫官、負責急病救護等事宜。

4.嫌犯解送：各單位依法執行到案之嫌犯，一律解送警備總部軍法處看守所，沿途應有效執行安全戒護防止刼持、跳車、車禍等事故，并以電話與行動組保持密切聯系。（電話〇二—九一一九一五六—九一一九一五九）。

12

012

四、責任制度：各單位依「任務分工」負責執行之涉嫌對象，應週密規畫，妥慎執行，如不能達成任務及肇致事故者，報請國家安全局追究責任。

五、行政支援：各單位因執行本案所需之人員、車輛、經費，由各單位自行調配。

六、本要點經行動組第一次協調會議通過，並由調查局局長核定後，報請國家安全局核備後實施。

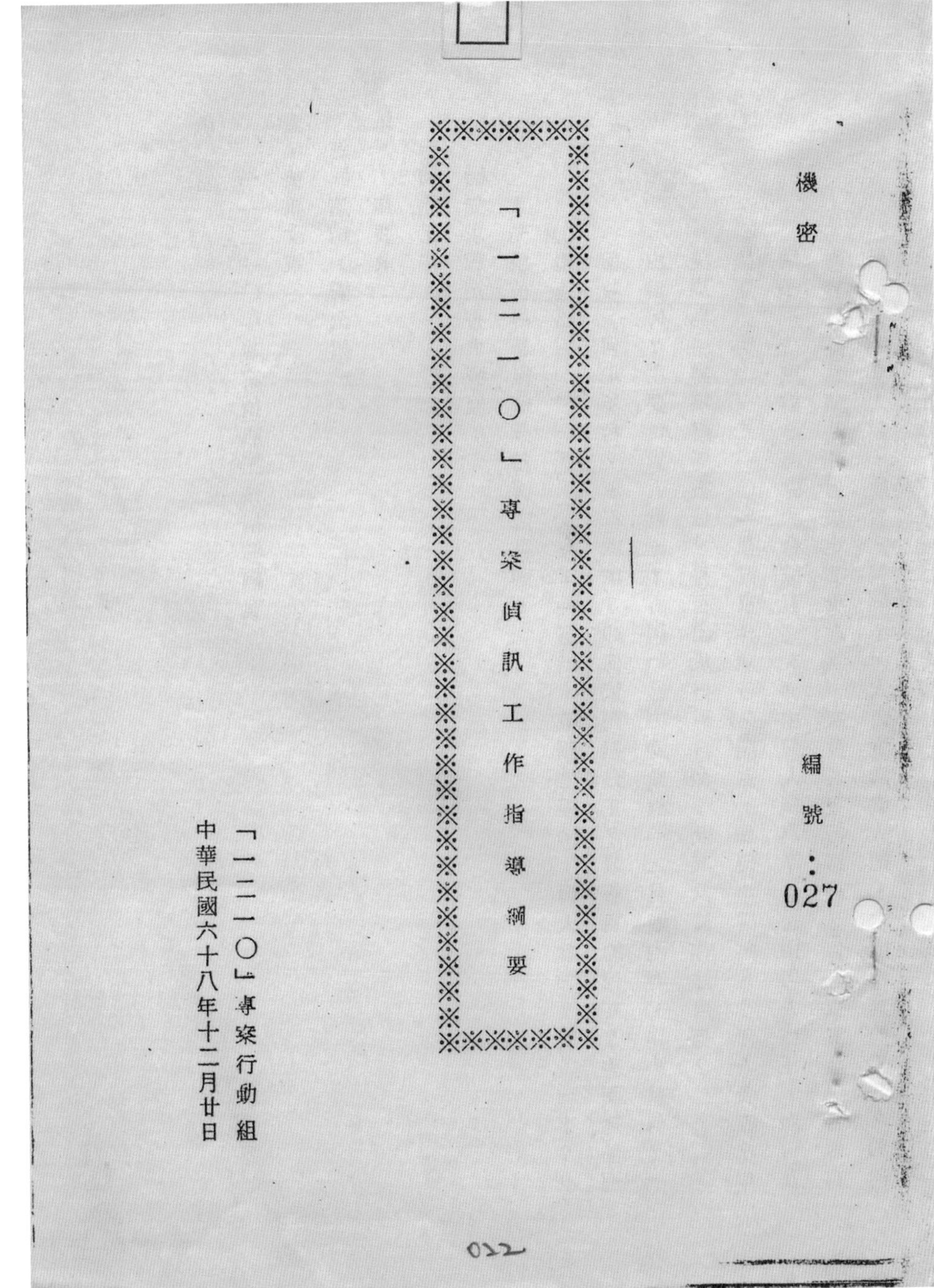

機密

編號：027

「一二一〇」專案偵訊工作指導綱要

「一二一〇」專案行動組
中華民國六十八年十二月廿日

022

機密

「一二一〇」專案偵訊工作指導綱要

壹、偵訊政策

速訊速結，安全第一。——

貳、工作要求

一、偵訊工作：

(一)先求穩定再求發展：

1.先求偵辦暴亂部分基礎之穩固：

(1)儘速訊明「一二一〇」暴亂事件謀議、策劃之經過：何人參加？討論何事？在何時、何地舉行？舉行次數？如何策劃與分工？最終目的何在？表面掩飾理由爲何？主要負責人爲誰？所謂「暴力邊緣論」之具體內容、作法爲何？「美麗島」辦事處等被搗，是否出於自導自演？及其具體作法爲何？

(2)儘速訊明「一二一〇」暴亂事件執行之經過：如何申請集會？何人負責？申請不准怎麼辦？有關大會散發之文件由何人撰寫？演說由何人擔任，題目及內容要點爲何？如何決定演說地點、次數及遊行路綫？何人負責邀集各縣市暴徒打手？人數、姓名、報酬？何人負責購置火把、木棍及其他兇器？如何藏匿、運送現場、分發使用？何人負責現場指揮及其他分工？如何鼓煽群衆情緒及其具體作法？（含現場「談判」技術之運用）如何突破憲警封鎖（如使用車輛硬衝等）攻擊鎭暴部隊？何人指揮？有無燒殺目標？俟引發群衆事件後首謀分子如何脫離現場？事後如何發表聲明文件繼續挑撥群衆情緒，諉過政府？其分工執行情形如何？一旦被捕，如何串供滅證卸責？

2.續求叛亂部分追訊落實：

(1)確定重點對象：

A共匪：以黃信介、蘇慶黎、王　拓、陳忠信爲偵訊重點。

B台獨：以姚嘉文、林義雄、陳　菊、張俊宏、呂秀蓮、張富忠、魏廷朝爲偵訊重點。

C施明德緝捕到案後，應列爲重點追訊對象。

(2)依據證據追訊：

A依「新生專案」蒐獲證據詳訊黃信介。

B依「鎭遠專案」蒐獲證據詳訊蘇慶黎、王　拓、陳忠信等人。

C依海外蒐獲證據（含多喜彥次郎部分）詳訊陳　菊、姚嘉文、呂秀蓮、張富忠等人。

(3)追訊最終目的：使共匪、台獨分子在高雄暴亂事件中扮演之角色能夠明朗正確，而使本案之偵辦對公衆更具說服力。

㈡突破與戒護並重：

1.偵訊人員要有旺盛之攻擊精神，以集體智慧與蒐獲資料，配合偵訊技巧之運用，先行消除嫌犯堅持反抗、要賴、欺騙之心理，使其由願供、少供、多供而全盤吐實，以求突破全案，絕對禁止刑求。

2.偵訊時，應以親切、關心、照顧之態度，使嫌犯始終置於目視之下，切實注意嫌犯安全之戒護，杜絕自殺、自傷及其他任何意外事故之發生。

㈢追訊與查證兼施：

1.追訊發現之重要資料，應立即查證，如發現與其他嫌犯有關之供述，應相互交換意見，適時運用追訊。特別注意嫌犯或證人故意顛倒時間，改變地點與在場人，而使重要供述內容，因人、時、地任何一項不符，變成無用。

2.資料組及查證所獲資料，儘速提供偵訊運用，重要證言及犯罪證物，應完成法定結證手續，使嫌犯無所狡賴。偵訊時，如發現有再查證之必要者，應立即辦理，務使追訊與查證交互靈活運用，而使案情大白，毋枉毋縱。

二、安全要求：

㈠設置安全組：設組長、副組長各乙人，由調查局派資深督察擔任，負責督導安全警衛，嫌犯戒護工作。另在各偵訊場所配置醫生（官）駐所，負責嫌犯健康之維護與醫療工作。其責任區分如左：

1.第一偵訊組：地點在調查局安康接待所，由調查局派出督察及醫生擔任，負責安康之警衛與嫌犯戒護健康維護工作。

2.第二偵訊組：地點在警總保安處看守所，由保安處吳世昌組長兼任，并配屬醫官一人，負責羈押保安處嫌犯之警衛戒護與健康維護工作。

3.第三偵訊組：地點在警總軍法處，由調查局鄭元超科長負責協調軍法處擔任警衛及嫌犯戒護與健康維護工作。

4.第四偵訊組：地點在土城看守所誠舍，由調查局派出督察并配置醫生，負責該地嫌犯安全戒護與健康維護工作。

上述各偵訊組，如發生嫌犯自殺、自傷或任何意外事件，依責任區分查究之。

(二)加强嫌犯戒護：

1.偵訊時：由偵訊人員負責主要戒護責任，警衛人員適時支援協助。

2.還押時：由警衛人員負責戒護，偵訊人員應於還押前安撫嫌犯情緒，并將嫌犯情緒穩定狀況，告知警衛人員，作爲戒護之參考。

3.對重要嫌犯，必要時應派臥底同志，協助監護工作。

(三)注意嫌犯健康：

1.各偵訊組醫生（官），每日應定時檢查嫌犯之血壓、心跳等，做成紀錄，提供偵訊組參考。遇有嫌犯患病，應採取適當之治療措施，如設備、藥品不足，應即申請支援，并切實健全急病救護工作之能力。

2.嫌犯親友所送之食品（含水果、飲料、佐餐食物等）最好拒收，如不便拒收，則一律向嫌犯提示，說明爲維護嫌犯健康，故不予食用，以防中毒或其他意外事件之發生。

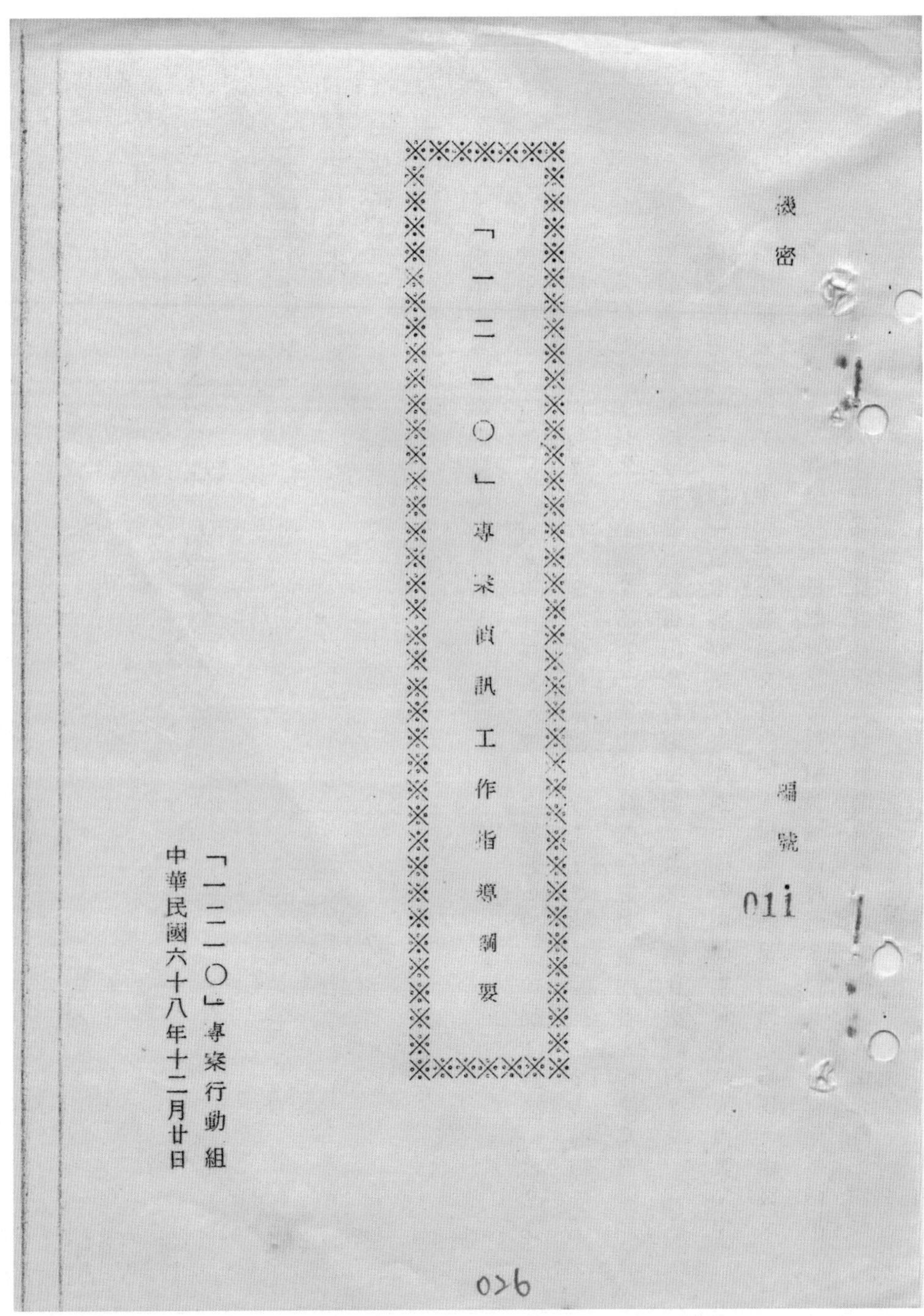

機密

編號 011

「一二一〇」專案偵訊工作指導綱要

「一二一〇」專案行動組
中華民國六十八年十二月廿日

026

機密

「一二一〇」專案偵訊工作指導綱要

壹、偵訊政策

速訊速結，安全第一。

貳、工作要求

一、偵訊工作：

㈠先求穩定再求發展：

1.先求偵辦暴亂部分基礎之穩固：

(1)儘速訊明「一二一〇」暴亂事件謀議、策劃之經過：何人參加？討論何事？在何時、何地舉行？舉行次數？如何策劃與分工？最終目的何在？表面掩飾理由為何？主要負責人為誰？所謂「暴力邊緣論」之具體內容、作法為何？「美麗島」辦事處等被搗，是否出於自導自演？及其具體作法為何？

(2)儘速訊明「一二一〇」暴亂事件執行之經過：如何申請集會？何人負責？申請不准怎麼辦？有關大會散發之文件由何人撰寫？演說由何人擔任，題目及內容要點為何？如何決定演說地點、次數及遊行路綫？何人負責邀集各縣市暴徒打手？人數、姓名、報酬？何人負責購置火把、木棍及其他兇器？如何藏匿、運送現場、分發使用？何人負責現場指揮及其他分工？如何鼓煽群衆情緒及其具體作法？（含現場「談判」技術之運用）如何突破憲警封鎖（如使用車輛硬衝等）攻擊鎮暴部隊？何人指揮？有無燒殺目標？俟引發群衆事件後首謀分子如何脫離現場？事後如何發表聲明文件繼續挑撥群衆情緒，諉過政府？其分工執行情形如何？一旦被捕，如何串供滅證卸責？

2. 續求叛亂部分追訊落實：

(1) 確定重點對象：

A 共匪：以黃信介、蘇慶黎、王　拓、陳忠信為偵訊重點。

B 台獨：以姚嘉文、林義雄、陳　菊、張俊宏、呂秀蓮、張富忠、魏廷朝為偵訊重點。

C 施明德緝捕到案後，應列為重點追訊對象。

(2) 依據證據追訊：

A 依「新生專案」蒐獲證據詳訊黃信介。

B 依「鎮遠專案」蒐獲證據詳訊蘇慶黎、王　拓、陳忠信等人。

C 依海外蒐獲證據（含多喜彥次郎部分）詳訊陳　菊、姚嘉文、呂秀蓮、張富忠等人。

(3) 追訊最終目的：使共匪及台獨分子在高雄暴亂事件中扮演之角色能夠明朗正

027

確，而使本案之偵辦對公衆更具說服力。

(二)突破與戒護並重：

1.偵訊人員要有旺盛之攻擊精神，以集體智慧與蒐獲資料，配合偵訊技巧之運用，先行消除嫌犯堅持反抗、耍賴、欺騙之心理，使其由願供、少供、多供而全盤吐實，以求突破全案，絕對禁止刑求。

2.偵訊時，應以親切、關心、照顧之態度，使嫌犯始終置於目視之下，切實注意嫌犯安全之戒護，杜絕自殺、自傷及其他任何意外事故之發生。

(三)追訊與查證兼施：

1.追訊發現之重要資料，應立即查證，如發現與其他嫌犯有關之供述，應相互交換意見，適時運用追訊。特別注意嫌犯或證人故意顛倒時間，改變地點與在場人，而使重要供述內容，因人、時、地任何一項不符，變成無用。

2.資料組及查證所獲資料，儘速提供偵訊運用，重要證言及犯罪證物，應完成法定結證手續，使嫌犯無所狡賴。偵訊時，如發現有再查證之必要者，應立即辦理，務使追訊與查證交互靈活運用，而使案情大白，毋枉毋縱。

二、安全要求：

(一)設置安全組：設組長、副組長各乙人，由調查局派資深督察擔任，負責督導安全警衛，嫌犯戒護工作。另在各偵訊場所配置醫生（官）駐所，負責嫌犯健康之維護與醫療工作。其責任區分如左：

1.第一偵訊組：地點在調查局安康接待所，由調查局派出督察及醫生擔任，負責安康之警衛與嫌犯戒護健康維護工作。

2.第二偵訊組：地點在警總保安處看守所，由保安處吳世昌組長兼任，并配屬醫官一人，負責羈押保安處嫌犯之警衛戒護與健康維護工作。

3.第三偵訊組：地點在警總軍法處，由調查局鄭元超科長負責協調軍法處擔任警衛及嫌犯戒護與健康維護工作。

4.第四偵訊組：地點在土城看守所誠舍，由調查局派出督察并配置醫生，負責該地嫌犯安全戒護與健康維護工作。

上述各偵訊組，如發生嫌犯自殺、自傷或任何意外事件，依責任區分查究之。

(二)加强嫌犯戒護：

1.偵訊時：由偵訊人員負責主要戒護責任，警衛人員適時支援協助。

2.還押時：由警衛人員負責戒護，偵訊人員應於還押前安撫嫌犯情緒，并將嫌犯情緒穩定狀況，告知警衛人員，作爲戒護之參考。

3.對重要嫌犯，必要時應派臥底同志，協助監護工作。

(三)注意嫌犯健康：

028

1. 各偵訊組醫生（官），每日應定時檢查嫌犯之血壓、心跳等，做成紀錄，提供偵訊組參考。遇有嫌犯患病，應採取適當之治療措施，如設備、葯品不足，應卽申請支援，并切實健全急病救護工作之能力。

2. 嫌犯親友所送之食品（含水果、飲料、佐餐食物等）最好拒收，如不便拒收，則一律向嫌犯提示，說明爲維護嫌犯健康，故不予食用，以防中毒或其他意外事件之發生。

台灣警備總司令部

起

訴

書

66. 2. 6,000張

003

台灣警備總司令部軍事檢察官起訴書

六十九年警檢訴字第〇〇九號

被告　黃信介　男，年五十二歲（民國十七年八月廿日出生），台北市人，業立法委員，美麗島雜誌社發行人，住台北市重慶北路三段一三七巷廿三號，（國民身分證號碼：A一〇二〇四四八七八），在押。

施明德　男，年卅九歲（民國三十年一月十五日出生），高雄市人，業美麗島雜誌社總經理，住台北市信義路三段卅一巷十六號二樓，在押。

姚嘉文　男，年四十二歲（民國廿七年六月十五日出生），台灣省彰化縣人，業律師，美麗島雜誌社發行管理人及基金會主任委員，住台北市忠孝東路二段一三六號五樓，（國民身分證號碼：N一〇〇七一四三八七），在押。

張俊宏　男，年四十二歲（民國廿七年五月十七日出生），台灣省南投縣人，業台灣省議員，美麗島雜誌社總編輯，住台北市和平東路二段十一巷九號之一，（國民身分證號碼：M一〇〇一二二五一一），在押。

林義雄　男，年卅九歲（民國卅年八月廿四日出生），台灣省宜蘭縣人，業台灣省議員，美麗島雜誌社發行管理人，住台北市信義路三段卅一巷十六號，（國民身分證號碼：G一〇〇六九七〇八二），在押。

林弘宣　男，年卅八歲（民國卅一年九月十一日出生），台北市人，業美麗島雜誌社高雄服務處總幹事，住台南市東榮街七十三號，在押。

呂秀蓮　女，年卅六歲（民國卅三年六月七日出生），台灣省桃園縣人，業美麗島雜誌社副社長，住台北市新生南路三段八十六巷七號三樓，（國民身分證號碼：H二〇一〇〇五三四四），在押。

004

陳　菊　女，年卅歲（民國卅九年六月十日出生），台灣省宜蘭縣人，業美麗島雜誌社高雄服務處副主任，住高雄市民族一路七十五號，（國民身分證號碼：G二〇〇九四四四〇八），在押。

右列被告等因叛亂等嫌疑案件，已經偵查終結，認爲應該提起公訴，茲將犯罪事實、證據幷所犯法條分述於后：

犯罪事實

黃信介於六十八年三月，指使洪誌良（洪因叛亂罪嫌案，業經本部六十八年十二月廿二日六十八年警檢訴字第〇四三號起訴在案）赴日與匪駐日使館接洽，企圖自日本轉運匪區進口鰻魚苗，獲取暴利，緣黃信介具有顛覆政府犯意，並擬以所獲利潤充實叛亂活動經費。同年三月十五日洪誌良抵達日本後按黃信介所示之方法，與匪僞「東京華僑總會」副會長黃匪文欽接洽，經其安排，於同月廿九日搭機潛赴匪區，在匪區逗留十三日，會晤匪僞政協副秘書長楊匪斯德勾搭，並接受其招待，至四月十日由匪區囘至日本，於四月十二日自日返台。五月初洪誌良爲防洩密，託吳錦洲帶信約在黃信介住宅會晤，向黃報告鰻魚苗生意已與匪談妥，并轉達楊匪斯德意思：「希望促成和平『統一』，事成後台灣將成為自治區，同意由黃信介擔任主席」云云，黃聞言後即告以「我不便出面，有關『統一』方面的事你去做，『台獨』方面我還須照顧姚嘉文等人」，約一週後開具新台幣伍拾萬元之銀行本票乙張，付洪供作經營鰻魚苗保證金，企圖二面勾搭，進行其以非法之方法顛覆政府之陰謀。施明德前於民國四十八年，因與陳三興成立「台灣聯合戰線」叛亂組織，從事叛亂活動，經本部依懲治叛亂條例判處無期徒刑確定，嗣并依中華民國六十四年罪犯減刑條例減為有期徒刑十五年，六十六年六月十六日刑滿出獄後，仍不知悛悔。姚嘉文早年受叛國分子彭明敏（本部以叛亂罪通緝有案）、張俊宏、林義雄早年受叛國分子張金策（偽「台灣獨立聯盟」主要分子）等人蠱惑，均具叛國意識，彼此於民國六十七年起，相互勾結，意圖以非法方法顛覆政府。林弘宣於民國六十六年八月、呂秀蓮於同年九月、陳菊於六十八年六月，在美期間，因均與偽「台灣獨立聯盟主席」張燦鍙或並與海外叛國分子紐約「台灣之音」負責人張富雄、張楊宜宜夫婦交往密切，受渠等鼓煽而萌叛國意念，并主張以暴力手段推翻政府。六十八年三、四月間，黃信介爲從事顚覆活動，指示施明德、姚嘉文、林義雄、張俊宏及許信良（另案辦理）等五人（即被告等自稱之五人小組），研商實施顚覆政府步驟。五人小組受命後，在姚嘉文、張俊宏、許信良住宅數度共同謀議，研擬「長程與短程奪權計劃」作爲進行顚覆之步驟。所謂「長程奪權計劃」，係以美麗島雜誌社爲中心，舉辦各種活動，拉攏各方同情人士，擴展力量，形成舉足輕重勢力，以期攫取政權；所謂「短程奪權計劃」，乃利用各地群衆，集會、遊行、示威，不惜與政府軍隊衝突流血，漸次升高暴力，迅謀推翻政府。并認無論採取何種奪權方式，均須製造聲勢，形成群衆基礎。各項「奪權計劃」實施方法，姚嘉文、施明德均告知黃信介。黃乃擬以美麗島雜誌社資爲掩護其叛國活動。同年五月，美麗島雜誌社於台北市仁愛路三段廿三號九樓正式設立，由黃信介自任發行人，許信良任社長，施明德任總經理，姚嘉文、林義雄任發行管理人，張俊宏任總編輯，計劃利用該雜誌社名義，在全省各地廣設服務處，發展組織，策劃舉辦群衆活動。同年八月，美麗島雜誌發刊，即本其既定策略，不斷在各地舉辦集會、演講、遊行、示威等群衆活動，以合法掩護非法，假借爭人權、爭民主、爭自由等口號，發表偏激言論，詆譭政府，分化團結，并故意滋事，製造衝突事件，「長程與短程奪權計劃」秉施，以遂其非法顛覆政府目的。林弘宣於六十七年十二月底，呂秀蓮於同年九月，陳　菊於六十八年十月分別返國，均本張燦鍙暴力顛覆政府之主張，與施明德、姚嘉文等人勾結，呂秀蓮於六十八年八月，林弘宣於同年九月，陳　菊於同年十月先後加入美麗島雜誌社，呂秀蓮任副社長，林弘宣任高雄服務處總幹事，陳　菊任高雄服務處副主任，共謀利用該雜誌社之群衆暴力活動之非法手段，以遂顛覆政府之目的。同年十二月六日，姚嘉文就該雜誌社歷次各項活動，歸納為工作指導五原則：㈠間接原則㈡彈性原則㈢集中原則㈣團結原則㈤實力原則。其中所謂實力原則乃準備暴力，并不惜使用暴力，使隨時有發生暴力行動之可能。在活動設計上，也必須設法暴露暴力的趨向，藉以達成目的。六十八年十二月十日為世界人權日，施明德等冀圖升高其群衆集會為暴力活動，為其進行所謂「奪權」計劃過程中之一步

縣，以期最後達成顛覆政府之目的，遂由施簽請黃信介核可，定於該日在高雄市舉辦世界人權日紀念大會，施明德自任統籌策劃工作，並指定陳 菊、林弘宣負責協辦。該項集會于同年十二月三日，由黃信介出名具函，向高雄市政府警察局新興分局自強路派出所提出申請，擬在該市扶輪公園舉行，計劃煽惑三萬群衆參加，經該派出所層轉台灣南部地區警備司令部（以下簡稱南警部）審核，因與法令規定不合，未予同意，經高雄市政府警察局六十八年十二月七日高市警保字第三一五〇一號函轉知該服務處。陳 菊獲悉後，當即電告施明德，施竟指示：「無論准駁，照常舉行」，並親抵高雄服務處指揮策劃，於七日及九日下午兩度分別召集陳 菊、林弘宣、陳福來、林信吉、陳敏雄、陳瑞慶、陳武勳（陳武勳以上五人均另案辦理）等人，在服務處舉行籌備會議，確定分工事宜，並命陳福來、林信吉、陳敏雄預購木棍、火把，決議遊行時以車輛前導，施親任大會總指揮，林弘宣任總聯絡人，負責遇有重大事故，向海外傳播，陳 菊等負責通知台北總社及桃園、台中、南投、台南、高雄縣、屏東各服務處糾集打手二百餘人前往參加，黃信介、姚嘉文、呂秀蓮、張俊宏、施明德等人負責演講。會議結束時，施復向與會人員重申釁幹到底立場，決意衝破取締，舉辦遊行。當晚，姚國建、邱勝雄（均另案辦理）等駕車沿街廣播宣傳，公然煽惑民衆參加翌日之非法集會，鼓山警察分局員警依法出面制止，姚、邱抗拒取締，毆打警員，經警以涉嫌妨害公務等，帶至分局處理，陳 菊等竟聚衆於分局前，要脅立即放人，否則將採暴力行動。翌（十）日上午，施明德等決議撰寫「爲十二・九事件告全國同胞書」，歪曲事實，誇大其詞，擬於大會中廣爲散發，鼓動民衆，造成暴亂。下午六時十分，服務處門前，已聚集暴徒約二百餘人，各持火把，準備出發。旋施明德用擴音器指揮出發，暴徒由黃信介爲首帶隊，陳 菊、張俊宏、林弘宣、呂秀蓮等，各持火把，身披三色彩帶或臂章及紅布名條，沿中山一路向新興分局前大圓環方向前進。行至新興分局前，黃信介、姚嘉文、施明德、張俊宏等人，相繼上台發表演講，煽惑民衆附合，鼓動暴徒衝破憲警封鎖線。稍後施、姚等人進入新興分局，向南警部副司令張墨林少將、高雄市政府警察局督察長黃其崑等，要求准許圍觀群衆參加聽講遊行，以

007

圖裹脅群衆，要脅警方，未能得逞。施、姚即離開分局，跳上指揮車，以火把指引暴徒開始遊行，因各街道路口均有憲警人員攔阻，施明德、姚嘉文、林弘宣等，竟一路在宣傳車上，以擴音器喊「衝！打！」，暴徒遂以手持之火把、標語牌（標語木板拆除後其固定於木棒上之長釘爲攻擊武器），或取自宣傳車上預置之木棍、拔自安全島上護欄之鐵條及地上之磚塊作爲攻擊武器，毆打憲警人員。遊行隊伍沿中正四路、瑞源路、大同一路方向移動，途中先後三度施暴，憲警人員因避免事態擴大，始終忍耐，未予反擊，以致負傷累累。遊行隊伍繞返美麗島服務處前，呂秀蓮、林義雄、張俊宏相繼登車，再作煽動性演講，暴徒再度行兇，現場憲警指揮官爲避免更大損傷，遂發令施放烟幕及催淚瓦斯，驅散暴徒。施明德、姚嘉文、張俊宏等人，見附從滋事者，僅爲該社所糾集之暴徒二百餘人，圍觀群衆雖多，但始終不受煽惑，情知事敗，遂分別離去現場。案經司法行政部調查局將黃信介、施明德、姚嘉文、張俊宏、林義雄、林弘宣、呂秀蓮、陳　菊等人，分別依法逮捕解送偵辦到部。本案奉國防部六十八年十二月十三日(68)曉昭(初)字第二九九三號令授權本部一併偵辦。

證據並所犯法條

一、訊據被告黃信介、施明德、姚嘉文、張俊宏、林義雄、林弘宣、呂秀蓮、陳　菊等八名，對於右開具有叛國意念，共謀顛覆政府，與海外叛國分子勾聯，策劃暴力奪權，黃信介指使洪誌良赴匪區洽商鰻魚苗生意，與匪進行勾搭，陰謀助匪促成「統一」，共同設立美麗島雜誌社，發展組織，以合法掩護非法，舉辦各項活動，發動高雄暴力事件，圖藉暴力遂其顛覆政府目的等犯罪事實，在本部偵查中，均供承不諱，核與各該被告在司法行政部調查局所供各節相符，相關部分，在共同被告間，亦互證一致，均記明筆錄并有被告等親撰自白書在卷可稽。

二、被告等叛亂犯意部分并有：

(一)黃信介指使洪誌良赴匪區與匪勾搭乙節，核與另案被告洪誌良所供：「六十八年初黃信介企圖自日本轉運匪區進口鰻魚苗，囑我前往日本向匪偽駐日大使舘試詢，並交我一張寫有張榮謀及陳黎陽的住址及電話號碼之紙條，要我到日本可去找他們。我於同年三月十五日抵達日本，與匪僞『東京華僑總會』副會長黃匪文欽晤談，並接受黃匪安排，於同月廿九日潛往匪區，四月十二日返台後，因恐電話連繫洩密，曾兩次請吳錦洲帶密函交黃信介，約在其住宅晤談，告以共匪希望促成『統一』，事成後，由黃信介擔任『台灣自治區』主席，黃聽後即對我說：『我不便出面，統一的事你去做，台獨方面我還要照顧姚嘉文等人』。後來，幷給我五十萬元本票一張，作爲經營鰻魚苗生意的保證金。」各等語相符，幷有卷附黃信介親書「品川區大井七七二五五一二、七七一二四五〇、源來莊張榮謀、陳黎陽」等字樣，交洪赴日居住旅館電話之立法院便條，及提供合作經營鰻魚苗生意保證金之台北第一信用合作社總社黃信介姘婦張桂花帳戶新台幣伍拾萬元出入帳紀錄影本各一份爲證，復經吳錦洲結證，確爲洪誌良帶信與黃信介屬實。

(二)「台灣獨立聯盟」係叛亂組織，主張暴力顚覆政府，幷號召進行暴亂活動，張燦鍙係主席，張金策係主要分子，因政府逮捕高雄暴亂事件叛亂分子，而於去（六十八）年十二月十五日與「台美協會」等十個叛亂組織，合組「台灣建國聯合陣線」，公然發表叛國聲明；紐約「台灣之音」，張富雄、張楊宜宜係其負責人，散佈叛國謬論，已成叛國組織之宣傳工具等情，業經國家安全局六十九年一月廿五日(69)寧安字第〇四三二號函覆證實，並有「宣言」影本附卷可稽。

(三)被告林弘宣於六十六年留美期間，經常與張燦鍙接觸，受其指示，回國與施明德、姚嘉文等相與結合，共謀叛國，並收受張燦鍙交付工作補助費美金五百元及連絡信箱地址，先後兩次寄信給張燦鍙，報告工作情形，六十八年七月，第二度赴美，復向張燦鍙、張金策等人取得美金五千元，交由張瑞雄（在美）帶交姚嘉文作為海外叛國組織支援叛亂經費各節，有查獲林弘宣所有記載張燦鍙交待通訊地址之綠色通訊簿乙本及張逆通信英文函原件兩封附卷可按；被告陳　菊收受叛國分子黃有仁交付日幣三十萬元，及軍校畢業生名冊乙本暨對台廣播頻率等情，并經日人多喜彥次郎供述屬實；施明德與叛國分子勾聯，復有查獲施明德所有海外叛國分子張楊宜宜之通訊錄乙本及海外叛國刊物五份，附案可資佐證。

(四)被告等意圖循暴力原則，策動暴亂顛覆政府乙節，亦有獲案之被告姚嘉文親筆記載：「間接原則、彈性原則、集中原則、團結原則、實力原則（即暴力邊緣）」等五大工作原則之筆記本為證。

三、關于美麗島雜誌社從事顛覆活動，所策動之高雄暴力事件部分亦有：

(一)策劃暴力，糾合暴徒乙節，據陳敏雄、陳瑞慶、陳武勳等人證稱：「六十八年十二月七、九日下午，先後由施明德在高雄服務處召集陳菊、林弘宣、林信吉、陳瑞慶、陳武勳、陳敏雄等十餘人，研商十日活動分工事宜，施明德指示陳瑞慶從屏東找四十人支援，陳福來買一百卅支木棍，陳菊負責電話通知全省各服務處人員參加，並決定如果演講不成必須衝破，如發生重大事故，由林弘宣負責向國外連絡。」陳福來證稱：：「施明德先後要我購買木棍一百卅支，在訂購木棍之前，施明德曾對我說，是於晚間遊行遇阻礙時對付治安人員用的，我在茂榮木材行採購的，每支長四尺。」證人王雅容（即茂榮木材行店員）證稱：「陳福來曾於六十八年十二月十日下午四時左右，來我們店裏購買四尺長之木棍一百廿九支。」并有該木材行估價單附卷可證。

(二)指使暴徒，毆打憲警乙節，業據證人陳敏雄、陳武勳、王進利、林信吉一致結證：「十日晚我們隨隊伍遊行至大圓環，在快車道中間進行演講，隊伍行至中正四路與南台路口，憲警阻擋，姚嘉文在車上持火把指揮喊『衝』，持火把的遊行隊伍及拿大棍的群衆，就以木棍、火把、標語牌作工具，毆打憲警，有好多憲警被打傷。」劉華明（另案辦理）證稱：「施明德告訴我，待會兒有人喊衝，你就逼着他們（指憲警），看他們會不會開槍，開始遊行後，在大圓環前的中正路口，遇到鎮暴部隊阻住去路，我聽到施明德高喊『衝啊！打開一條路。』」王　拓（另案辦理）證稱：「遊行隊伍轉到瑞源路後，我聽到呂秀蓮以麥克風高喊『衝、拼』。」余阿興證稱：「六十八年十二月十日晚，在高雄現場聽到林弘宣他們用擴音器在車上喊『衝、打』。」證人童金龍結證：「六十八年十二月十日晚九時許，在大同一路看見美麗島遊行隊伍中有三輛汽車，汽車前後週圍都是舉火把、木棍的人，衝向憲警隊伍後，都是五、六個人追打一人，憲警被打倒在地，暴徒仍不停手，且當時年輕軍人均不還手，我深感氣憤，並聽到美麗島人員在車上喊衝、打。」證人林豐三（新高豐輪業公司負責人）結證：「六十八年十二月十日晚八時多，有二名憲兵被追進我店內，暴徒在外打鐵門，並喊『不開門就要衝進去』」證人張　雪（朱茂雄醫師之妻）結證：「六十八年十二月十日晚九時許，有一位右額受傷血流滿面之憲兵，由一位警察及學生陪同來求醫，暴徒在外面大聲高喊將憲兵交出來，並把我家玻璃門打破。」憲兵潘善途結證：「當時現場一片混亂，有身披彩帶的人在演講，也有人在唱歌，大約有一、二百個類似地痞流氓的人，手持木棍、火把、石頭等物攻擊憲警人員，也有人抽起安全島的欄杆於中山路正中央阻擋車輛往來，或用欄杆攻擊憲警人員。」憲兵二二三營第三連連長吳欽裕少校結證：「六十八年十二月十日晚，美麗島雜誌社的人，遊行到我部隊的前面，即以火把攻擊我們的臉部，車上的人也以火把及木棍攻擊我們，並有人高喊：『四、五個人專找一個指揮的打，打死都沒有關係』。此時有一群暴徒用兩支火把頂住我的胸口，其他的人以木棍、火把打我的頭，我額部、鼻端被打破裂，血流滿面，肩膀、手臂及背部也多處受傷，我被打倒在地仍不停手，送醫被縫了十八針。」保安警察陳孝榮筆述結證：「六十八年十二月十日晚，我在高雄市大同路與南台路丁字路口維持秩序，被三、四個暴徒用木棍群毆，除背部、頭部遭受重擊外，下嘴唇整個被打爛，二顆牙齒打掉，八顆牙齒斜倒，經醫院用鋼絲將斜倒之牙齒固定，至今不能言語。」各等語，均記明筆錄在卷，幷有頭部被擊破裂、腦震盪，胸部、背部、手部、脚部被擊挫傷、鈎傷之憲警溥玉山、李榮華等一八三名之陸軍八〇二總醫院、海軍陸戰隊醫院、岡山空軍醫院附設民衆診療服務處及高雄市立醫院診斷證明書存卷，可資覆按。以上有關高雄暴力事件各節，並核與現場主管處理單位南警部六十九年元月廿五日(69)英嚴字第〇二三六號呈報「高雄一二一〇暴力事件之經過情形簡述」所敍內容相符。並有被告及暴徒現場遊行、演講，指揮毆擊憲響之照片共一三九幀暨現場演講、喊口號之錄音帶六捲附卷可憑。復有現場查獲木棍一一八支、竹棍廿二支、火把四三支、破碎火把六捆、鋼筋四支、柴油乙桶、石塊三七八塊，被暴徒擊壞之憲警膠盔、防護盔卅二頂、盾牌十面、擴音器八具、麥克風、喇叭十五個，寫有張俊宏、林義雄等人紅花名條、紅色布條、紅黃綠三色彩帶等共四十八條，三色布質標誌六枚，被擊碎裂鎮暴棍、電棍八支，均扣案可資佐證。

四、查被告黃信介、施明德、姚嘉文、張俊宏、林義雄、林弘宣、呂秀蓮、陳菊等均具叛亂犯意，以美麗島雜誌社爲掩護，擬定所謂「奪權計劃」，發動高雄暴力事件，企圖以逐次升高之群衆非法暴力行動，顛覆政府，已達着手實行階段。核被告等所爲，顯已觸犯懲治叛亂條例第二條第一項意圖以非法之方法顛覆政府而着手實行及陸海空軍刑法第七十二條多衆集合爲暴行脅迫、刑法第一百卅六條公然聚衆對公務員依法執行職務時施強暴脅迫、第一百五十條公然聚衆施強暴脅迫等罪嫌：惟查被告等所犯強暴脅迫各罪，爲其所犯叛亂罪之方法行爲，具有牽連關係，依法應從一重之叛亂罪處斷。被告所有財產，除各酌留其家屬必需生活費外及被告等供犯罪所用之物（如扣押清冊），均請依法沒收，再查被告黃信介等或因觀念錯誤或因受叛國分子蠱惑，致有非法顚覆政府之叛亂行爲，因而觸犯重典，到案後，尚能自承犯行，知所悔悟，併請依法酌予減處其刑，以示矜恤。

五、依懲治叛亂條例第十條後段，軍事審判法第一百四十五條第一項提起公訴。

此致

本部軍事法庭

中華民國六十九年二月十九日

軍事檢察官 蔡藤雄 印

本件證明與原本無異。

書記官 蘇聖生

中華民國六十九年二月廿日

012

黃信介等叛亂嫌疑案請依法宣告沒收物清册

名稱	單位	數量	備考
記載張燦鍙交待通訊地址之綠色通訊簿	本	一	林弘宣所有
張燦鍙通信英文函原件	封	二	〃 〃
海外叛國分子張楊宜宜之通訊錄	本	一	施明德所有
台灣民主運動海外同盟成立宣言—台灣人民要獨立等叛國刊物	份	五	〃 〃
木棍	支	一一八	
竹棍	支	廿二	
火把	支	四三	
破裂火把	捆	六	

鋼筋	支	四	
柴油	桶	一	
點火用草紙	捆	一	
擴音器	具	八	
擴音喇叭	只	十五	大型五只、中型七只、手提式三只。
麥克風	支	五	
紅花名條	條	十五	
紅色姓名布條	條	廿六	
三色布彩帶	條	七	
三色布質標誌	枚	六	

台灣警備總司令部

判決書

68. 5. 8,000張

146

台灣警備總司令部判決　　六十九年障判字第〇一四號

公訴人　本部軍事檢察官

被告　黃信介　男，年五十二歲（民國十七年八月廿日出生），台北市人，業立法委員，美麗島雜誌社發行人，住台北市重慶北路三段一三七巷廿三號，（國民身分證號碼：A一〇二〇四四八七八），在押。

選任辯護人　鄭慶隆律師

陳水扁律師

被告　施明德　男，年卅九歲（民國三十年一月十五日出生），高雄市人，業美麗島雜誌社總經理，住台北市信義路三段卅一巷十六號二樓，在押。

選任辯護人　尤清律師

鄭勝助律師

一

280

159

被告 姚嘉文 男，年四十二歲（民國廿七年六月十五日出生），台灣省彰化縣人，業律師，美麗島雜誌社發行管理人及基金會主任委員，住台北市忠孝東路二段一三六號五樓，（國民身分證號碼：N一〇〇七一四三八七），在押。

選任辯護人 謝長廷律師
蘇貞昌律師

被告 張俊宏 男，年四十二歲（民國廿七年五月十七日出生），台灣省南投縣人，業台灣省議員，美麗島雜誌社總編輯，住台北市和平東路二段十一巷九號之一，（國民身分證號碼：M一〇〇一二二五一一），在押。

選任辯護人 尤清律師
郭吉仁律師

被告 林義雄 男，年卅九歲（民國卅年八月廿四日出生），台灣省宜蘭縣人，業台灣省議員，美麗島雜誌社發行管理人

281

，住台北市信義路三段卅一巷十六號，（國民身分證號碼：G一〇〇六九七〇八二），在保。

選任辯護人　張政雄律師
　　　　　　江鵬堅律師

被　　告　林弘宣　男，年卅八歲（民國卅一年九月十一日出生），台北市人，業美麗島雜誌社高雄服務處總幹事，住台南市東榮街七十三號，（國民身分證號碼：B一〇〇六九二二一五），在押。

選任辯護人　張俊雄律師
　　　　　　李勝雄律師

被　　告　呂秀蓮　女，年卅六歲（民國卅三年六月七日出生），台灣省桃園縣人，業美麗島雜誌社副社長，住台北市新生南路三段八十六巷七號三樓，（國民身分證號碼：H二〇一〇〇五三四四），在押。

選任辯護人　呂傳勝律師
　　　　　　鄭冠禮律師

被告　陳菊　女，年卅歲（民國卅九年六月十日出生），台灣省宜蘭縣人，業美麗島雜誌社高雄服務處副主任，住高雄市民族一路七十五號，（國民身分證號碼：G二〇〇九四四四〇八），在押。

選任辯護人　高瑞錚律師
　　　　　　張火源律師

右列被告因六十九年初特字第二號叛亂案件，經軍事檢察官提起公訴，本部判決如左：

主文

黃信介、施明德、姚嘉文、張俊宏、林義雄、林弘宣、呂秀蓮、陳菊，意圖以非法之方法顛覆政府而着手實行，黃信介處有期徒刑十四年，褫奪公權十年。施明德處無期徒刑，褫奪公權終身。姚嘉文、張俊宏、林義雄、林弘

283

宣、呂秀蓮、陳　菊各處有期徒刑十二年，褫奪公權十年。全部財產除各酌留其家屬必需之生活費外，均沒收。

獲案之反動廣告傳單影本等物（詳如清册），均沒收。

事　實

黃信介蓄意顛覆政府，奪取政權，民國六十七年十二月十六日美國宣布與共匪建交，我國在外交上所受衝擊甚大，黃信介認有機可乘，益加深其台灣獨立之叛亂意圖。施明德前於民國四十八年，因與陳三興成立「台灣聯合戰線」叛亂組織，從事非法顛覆活動，經本部以叛亂罪判處無期徒刑確定。民國六十六年六月十六日，依中華民國六十四年罪犯減刑條例減刑出獄後，不知悛悔，仍從事叛亂活動，并積極與台獨叛國分子郭雨新、陳　都等聯絡，互通聲息，以為聲援。姚嘉文、林義雄、張俊宏等，分別受叛國分子彭明敏、郭雨新、張金策、黃　華等台獨思想之影響，具有叛國意圖；又姚嘉文於民國六十一年在美期間，復受海外叛國分子陳　都、石清正等感染，加深其台獨叛亂意圖，林義雄更曾公開發表「以力對力，以暴對暴」之暴力主張。林

弘宣於民國六十六年八月，在美就讀期間，經常與海外暴力叛國分子「台灣獨立聯盟」之張燦鍙及紐約「台灣之音」負責人張富雄、張楊宜宜夫婦等人交往，因有以暴力推翻政府，以達台灣獨立之意圖，並受張燦鍙指使返國，為其多方蒐集資料密寄及報告叛國工作執行情形，積極進行顛覆活動。呂秀蓮自民國五十八年至六十六年，先後三次赴美、歐等地，因受叛國分子張維嘉、張燦鍙、張金策、陳　都等人台獨思想之鼓煽，在美期間，多次參加海外「台獨」叛國分子所舉辦之示威遊行，惡意攻訐政府，嗣於民國六十七年九月返國，積極從事叛國活動。陳　菊早歲擔任郭雨新之秘書，思想即受感染，郭出國後，仍受其指使，並為其蒐集所需資料；民國六十八年六月，復以觀光名義赴美國、日本，與叛國分子張燦鍙、張金策、黃有仁、陳　都等勾結，主張以暴力推翻政府，促成台灣獨立，並於返台後，收受黃有仁託日人多喜彥次郎，轉交日幣三十萬元及我軍校畢業生名冊乙本，企圖向軍中滲透，並允調查海外對台廣播頻率收聽效果轉知黃逆，俾供國外叛國組織對國內進行宣傳。黃信介旋於民國六十七年十二月二十五日，指示施明德、姚嘉文、林義雄、張俊宏及許信良（另案辦理）等五人（卽所謂之「五人小組」），研商實施台灣獨立顛覆政府之步驟。復於民國六十八年三月，指使洪誌良（另案辦理）赴日本向共匪駐日使館試探，企圖由日本轉運匪區鰻魚苗進口，獲取暴利，以所獲利潤充實其從事「台獨」叛亂經費，同年三月十五日洪誌良抵達日本後，按黃信介所示之方法，與匪僞「東京華僑總會」副會長黃匪文欽接洽，經其安排於同月二十九日搭機潛往匪區，在匪區逗留十三日，曾兩度與匪僞政協副秘書長楊匪斯德會晤，並接受其招待，至四月十日由匪區回至日本，同月十二日自日返台。五月初洪誌良託吳錦洲帶信，約黃信介在黃宅密晤，向黃報告鰻魚苗生意已與共匪談妥，並轉達楊匪斯德之意：「希望促成和平『統一』，事成後，台灣將成為自治區，同意由黃信介擔任主席」，黃聽後卽告以：「我不便出面，有關『統一』方面的事由你去做，『台獨』方面我還須照顧姚嘉文等人」。約一週後，黃信介將面額新台幣五十萬元之台北市第一信用合作社本票乙張付給洪，供作經營鰻魚苗保證金，企圖兩面勾搭，以遂顛覆政府之目的。民國六十八年三、四月間，施明德等所謂之「五人小組」，在許信良、姚嘉文、張俊宏及黃信介住宅數度謀議，先以申請設立美麗島雜誌社為掩護，發行雜誌散播台獨思想，發展組織，并研擬「長程與短程奪權計畫」，作為進行顛覆之步驟：即以美麗島雜誌社為中心，舉辦各種活動，拉攏各方人士，擴展力量，形成舉足輕重之勢，以期攫取政權，此乃所謂「長程奪權計畫」；另利用各地群衆集會、遊行、示威，不惜與政府軍隊衝突流血，漸次升高暴力，迅謀推翻政府，即所謂「短程奪權計畫」。並認無論採取何種方式，均須造成聲勢，形成群衆基礎。各項「奪權計畫」實施方法，姚嘉文、施明德均告知黃信介。同年五月，美麗島雜誌社假台北市仁愛路三段二十三號九樓正式設立，由黃信介自任發行人、許信良任社長、施明德任總經理、姚嘉文、林義雄任發行管理人、張俊宏任總編輯。又呂秀蓮、林弘宣、陳　菊，因與施明德、姚嘉文等，同具台獨意圖而彼此勾結，相繼於同年八、九、十月加入美麗島雜誌社，呂秀蓮任副社長、林弘宣任高雄服務處總幹事、陳　菊任高雄服務處副主任。其中林弘宣在加入該社前，於民國六十八年六月赴美，為美麗島雜誌社籌募經費，自叛

國分子張富雄夫婦處，取得張燦鍙以台灣同鄉會名義交付之美金五千元，託張瑞雄帶交姚嘉文。同年八月美麗島雜誌社發刊後，遂本其既定計畫，利用該雜誌社名義，在全省各地廣設服務處，發展組織，籌劃群衆活動，并在各地不斷舉辦集會演講、遊行、示威等活動，發表偏激言論，分化團結，詆譭政府，並故意滋事，製造衝突事件。自民國六十八年九月八日在台北市中泰賓舘舉行之「美麗島雜誌社創刊酒會」、九月二十八日在高雄市舉行之「美麗島高雄服務處成立酒會」、十月二十五日在台中市舉行之「美麗島台中服務處成立酒會」、十一月十二日在南投縣舉行之「美麗島南投服務處成立酒會」、十一月二十日在台中市太平國小舉行之「吳哲朗坐監惜別會」（即美麗島台中之夜）、十二月八日在屏東縣舉行之「美麗島屏東服務處成立酒會」等，於短短四個月內，前後共十三次之多，而各次集會人數，由寡而衆，場所由室內而室外，方式亦由演講而至激烈之火把遊行、示威、抗拒取締、脅迫政府，節節升高，期以「長程與短程奪權計畫」兼施，以遂其非法顛覆政府目的。嗣姚嘉文於同年十二月六日，就該雜誌社歷次各項活動，歸納為工作指導五原則：㈠間接原則㈡彈性原則㈢集中原則㈣團結原則㈤實力原則；其中實力原則包含各被告所謂「暴力邊緣」，即指：準備暴力，並不惜使用暴力，使隨時有發生暴力行動之可能，在活動設計上，也必須設法暴露暴力的趨向，而認該雜誌社歷次活動，均符合上述原則。民國六十八年十二月十日，施明德等冀圖升高群衆集會為暴力活動，乃假借紀念「世界人權日大會」，以爭人權、爭民主、爭自由為名，實則進行其所謂「奪權」之步驟。遂由施報請黃信介核可，定於該日在高雄市舉辦「世界人權日紀念大會」，並於十一月三十日在黃信介住宅議定，以火把遊行、示威、演講方式舉行；施明德自任統籌策劃工作，並指定陳　菊、林弘宣負責協辦該項集會。於同年十二月三日，由黃信介出名具函，向高雄市政府警察局新興分局自強路派出所提出申請，擬在該市扶輪公園舉行，計畫發動三萬群衆參加。經該派出所層轉台灣南部地區警備司令部（以下簡稱南警部）審核，因與法令規定不合，未予同意，經高雄市政府警察局六十八年十二月七日以高市警保字第三一五○一號函知該服務處。陳　菊獲悉後，當即電告施明德，施竟罔顧法令，指

289

示「無論准駁，照常舉行！」並趕至高雄服務處指揮策劃。於七日、九日下午，兩度分別召集陳　菊、林弘宣及陳福來、林信吉、陳敏雄、陳瑞慶、陳武勳（已移送司法機關）等人，在服務處舉行籌備會議，確定分工事宜，並命陳福來、林信吉、陳敏雄預購木棍、火把。決議遊行時，以車輛前導，施明德自任大會總指揮，林弘宣任總聯絡人，負責遇有重大事故向海外連絡，陳　菊等負責通知台北總社及宜蘭、基隆、桃園、南投等各服務處多派人手前往參加，黃信介、姚嘉文、張俊宏、施明德等人負責演講。會議結束時，施復向與會人員重申蠻幹到底立場。九日晚姚國建、邱勝雄（已移送司法機關）等駕車沿街廣播宣傳，公然煽惑民衆參加翌（十）日之非法集會。鼓山警察分局員警依法出面制止，姚、邱兩人不僅抗拒取締，而且毆打警員，經警以涉嫌妨害公務等帶至分局處理。陳　菊等竟聚衆於分局門前，要脅立即放人，否則將採暴力行動。十日上午施明德等決議撰寫「為十二、九事件告全國同胞書」，歪曲事實，誇大其詞，擬於大會中廣為散發，鼓動民衆造成暴亂。姚嘉文於下午三時許抵達高雄服務處，與施明德研商演講地點與遊行

路線。六時十分許，服務處門前，已聚集持火把之暴徒約二百餘人。稍後，黃信介及前往疏導之南警部常司令抵達，暴徒並對常司令施暴。六時卅分許，施明德以擴音器指揮出發，暴徒由施明德、姚嘉文、黃信介、林弘宣、陳菊、呂秀蓮等人引導，各持火把、標語牌，身披三色彩帶或臂章及紅布名條，沿中山一路向新興分局前之大圓環方向前進，至大圓環由黃信介、姚嘉文先行上台演講，斯時張俊宏亦抵現場。其後，黃、姚二人前往新興分局要求開放群衆進入大圓環未果，並對疏導置之不理。施明德等人復相繼上台演講，煽惑民衆附合，鼓動暴徒衝破憲警封鎖線，稍後施明德將會場指揮交與張俊宏負責，與姚嘉文等人再度進入新興分局，向南警部副司令張墨林少將及高雄市政府警察局督察長黃其昆等，要求准許更多群衆進入參加聽講、遊行，意圖挾衆要脅，惟未能得逞。施明德、姚嘉文即離開分局跳上指揮車，以火把指引暴徒，向中正四路方面遊行，衝破憲警之封鎖，施明德、姚嘉文、林弘宣等更沿途在車上指揮、叫喊「衝、打」，暴徒遂以手持之火把、標語牌（標語木板拆除後其固定於木棒上之鐵釘為攻擊武器）、或取自車上預置之木棍、拔自安全島上護欄之鐵條及地上之磚塊作為武器，攻擊憲警人員。遊行隊伍沿中正四路、瑞源路、大同一路方向移動，途中不斷對在場執行職務之憲警施暴，憲警人員遵奉上級指示，以高度的自制，堅忍執行職務，始終忍耐，以致負傷累累。迨遊行隊伍繞返美麗島服務處，林義雄由台北專程趕至現場，登車助勢，呂秀蓮、張俊宏相繼再作：「今天是出頭的日子，我們不要再做奴才」、「今晚我們勝利了，大軍壓境也抵不過人民的反抗」等煽動性演講，暴徒再度行兇，致使憲警受傷更多，計有薄玉山、李崇華等一百八十三人之衆。現場憲警指揮官為避免事態更形擴大，遂發令施放烟幕及催淚瓦斯驅散暴徒。黃信介、施明德、姚嘉文、張俊宏等因見附從滋事者僅為該社所糾集之暴徒二百餘人，圍觀群衆雖多，始終未受煽動，乃先後離去現場。案經司法行政部調查局（以下簡稱調查局）將黃信介、施明德、姚嘉文、張俊宏、林義雄、林弘宣、呂秀蓮、陳　菊等人，分別依法逮捕，解送軍事檢察官偵查起訴。本案奉國防部六十八年十二月十三日(68)曉昭（初）字第二九九三號令授權本部一併辦理。

之木棍、拔自安全島上護欄之鐵條及地上之磚塊作為武器，攻擊憲警人員。遊行隊伍沿中正四路、瑞源路、大同一路方向移動，途中不斷對在場執行職務之憲警施暴，憲警人員遵奉上級指示，以高度的自制，堅忍執行職務，始終忍耐，以致負傷累累。迨遊行隊伍繞返美麗島服務處，林義雄由台北專程趕至現場，登車助勢，呂秀蓮、張俊宏相繼再作：「今天是出頭的日子，我們不要再做奴才」、「今晚我們勝利了，大軍壓境也抵不過人民的反抗」等煽動性演講，暴徒再度行兇，致使憲警受傷更多，計有薄玉山、李榮華等一百八十三人之衆。現場憲警指揮官為避免事態更形擴大，遂發令施放烟幕及催淚瓦斯驅散暴徒。黃信介、施明德、姚嘉文、張俊宏等因見附從滋事者僅為該社所糾集之暴徒二百餘人，圍觀群衆雖多，始終未受煽動，乃先後離去現場。案經司法行政部調查局（以下簡稱調查局）將黃信介、施明德、姚嘉文、張俊宏、林義雄、林弘宣、呂秀蓮、陳　菊等人，分別依法逮捕，解送軍事檢察官偵查起訴。本案奉國防部六十八年十二月十三日(68)曉昭（初）字第二九九三號令授權本部一併辦理。

俊宏、林義雄、許信良成立所謂「五人小組」，負責研商「長短程奪權計畫」，進行非法顛覆政府各情，覩諸被告黃信介於民國六十九年元月二十八日軍事檢察官偵查及同年二月二十一日本庭進行準備程序調查時供稱：自當選立委後發現勢力單薄，無法取得實權，以滿足政治慾望，故對政府不滿，希望能取而代之。民國六十七年底，美國宣布與匪建交後，部分民眾對政府未來前途茫然，我見此心理可大加利用，故提出台灣獨立，並於民國六十七年十二月二十五日，指定施明德、姚嘉文、張俊宏、林義雄、許信良成立五人小組，負責籌劃實行「台灣獨立」（見偵查(二)卷23 24 27 28頁，審理(一)卷30 32頁）。姚嘉文於民國六十九年元月三十日在軍事檢察官偵查及同年二月二十一日本庭調查時供稱：民國五十五年在台大讀書期間受彭明敏台獨思想影響，民國六十一年赴美期間與台獨分子石清正、陳　都交往，及看了不少海外台獨刊物，回國後，認為台灣必與中國大陸保持分離，也談過改國歌、國旗、國號，成為另一個國家。民國六十七年十二月底，黃信介指定我與施明德、張俊宏、林義雄、許信良五人，從事黨外事務的探討與策劃，五人小組在許信良、張俊宏及我家討論，認為只有台灣獨立才能解決台灣問題，五人小組的研究決議有用閒聊方式向黃信介溝通表達（見偵查㈡卷101－104頁，審理㈠卷43－45頁）。施明德在民國六十九年二月二日軍事檢察官偵查及同年二月二十三日本庭調查庭時供稱：民國五十一年我因叛亂罪判處無期徒刑，民國六十四年減刑十五年有期徒刑，民國六十六年六月出獄，與黃信介、姚嘉文等人交往，民國六十七年十二月二十五日黃信介指定我與姚嘉文、張俊宏、林義雄、許信良成立五人小組，討論籌組美麗島雜誌社，以達台灣獨立目的（見偵查㈡卷143－145頁，審理㈠卷181 182頁）。張俊宏在六十九年元月二十九日軍事檢察官偵查及同年二月二十二日本庭調查時自承：民國六十四年間，因受張金策、黃　華影響，產生台獨思想。我國退出聯合國時，許信良表示，事到如今，只有走「台獨路線」，與我的想法一致。民國六十七年十二月底，黃信介因怕選舉停止，會導致黨外勢力之喪失，乃指定我們五人商討策劃如何「奪權」（見偵查

295

㈡卷54頁，審理㈠卷54、55頁）。林義雄在六十九年元月二十八日軍事檢察官偵查及同年二月二十二日本庭調查時供稱：民國六十四年為郭雨新競選立法委員助選失敗，使我對政府產生不滿，他鼓勵我參加競選，影響我形成台獨意識。民國六十七年中美斷交後，我認為台灣應獨立才能生存。民國六十七年十二月二十五日，我們在台北市民族西路發表中美斷交國是聲明時，經黃信介指定為五人小組（見偵查㈡卷569頁，審理㈠卷115－117頁）。林弘宣在六十九年元月三十日軍事檢察官偵查及同年二月二十二日本庭調查時供稱：民國六十年受台灣基督教長老會發表「國是聲明」影響，形成台獨思想，民國六十六年八月，長老教會發表「人權宣言」再次強調使台灣成為一個新而獨立的國家，更直接影響我主張台灣獨立，同時赴美期間與台獨聯盟張燦鍙、張金策、紐約「台灣之音」負責人張富雄、張楊宜宜接觸，張燦鍙、張金策主張以暴力推翻政府，我同意，即返台希望透過實際參與工作，逐步實現台獨目標。美麗島五人小組是主張台灣獨立，與我看法相同，因此希望利用美麗島真定台獨組織，進而利用各項合法活動，擴充實力，最後達到推翻政府，台灣獨立的目標（見偵查㈡卷81 82 88頁，審理㈠卷125－127頁）。呂秀蓮在六十九年元月二十七日軍事檢察官偵查及同年二月二十二日本庭調查時供稱：民國五十九年七月間，在法國與「台獨聯盟」分子張維嘉結識，灌輸我台獨思想，其後閱讀海外台獨刊物，並參與海外台獨活動，思想漸受影響。民國六十六年九月赴美期間，又受台獨分子張金策、張燦鍙等交往及參與活動之影響，而主張台灣獨立。因美麗島雜誌社黃信介等人是主張台獨，和我想法相同，故參加該社（見偵查㈠卷101 102頁，審理㈠卷152 153頁）。陳　菊在六十九年元月二十八日軍事檢察官偵查及同年二月二十三日本庭調查時供稱：民國五十九年起擔任郭雨新秘書期間，受其台獨思想之影響而主張台灣獨立。民國六十八年六月十八日以觀光名義赴美，與海外台獨分子張燦鍙、張金策、張維嘉、彭明敏、陳　都等人接觸，提到目前台獨運動，以和平手段是無法成功的，必須要在國內執行暴力路線才有成功的希望，我認為暴力路線是可行的，由

美返國經日本時，與台獨聯盟日本本部黃有仁接觸，回國後認為要達到台灣獨立，只有以暴力推翻政府才行，美麗島雜誌社已走向運用群衆走暴力路線，因與我的看法相同，所以我參加了（見偵查㈠卷117－127頁，審理㈠卷170－173頁）。姚嘉文、張俊宏、林義雄分別在六十九年元月二十八、二十九、三十日軍事檢察官偵查及同年二月二十一、二十二日本庭調查時供稱：彼等與施明德於民國六十八年三、四月間，在許信良家商討辦理雜誌細節時，張俊宏表示，這是奪權的時候，姚嘉文表示不行動就沒有機會，林義雄說政府沒有遵守憲法是叛亂團體，乃共同商議如何奪權，推翻政府，以達台灣獨立。遂提出奪權計畫，一是長程奪權，以美麗島雜誌社為中心，散播台獨思想，舉辦各種活動，拉攏同情人士，擴展力量，形成舉足輕重勢力，參與選舉，從事議會鬥爭，以期攫取政權；一是短程奪權，以美麗島在各地區成立服務處，深入地方結合群衆，藉群衆示威、暴動方式，造成政府與人民衝突流血，迅速推翻政府，攫取政權。美麗島雜誌社所辦的各項活動，都是以奪權計畫逐步實施，所以活動都是趨向一個目標，即形成群衆力量，由室內至室外，由平和至暴力，逐步升高，向政府壓迫（見偵查㈡卷10 56 104頁，審理㈠卷45 57 117 118頁）。又姚嘉文、張俊宏分別在六十九年元月二十九、三十日軍事檢察官偵查及同年二月二十一、二十二日本庭調查時供稱：我們與施明德在黃信介家談發展各地服務處及伊朗政變時，均認群衆暴動起來，政府控制不住就會倒，此為最好奪權方式，黃信介表示：待美麗島在全省各地服務處有基礎時，即可用遊行示威與政府談判，政府不讓步，就進行暴動推翻政府，大家均表同感（見偵查㈡卷58 104 105頁，審理㈠卷46 58頁）各等語，綜上所述，被告等叛亂犯意已極明顯。復查被告等與「台灣獨立聯盟」叛亂組織早有勾結，而該聯盟於被告等被捕後，即於民國六十八年十二月十五日與「台灣協志會」等九個叛亂組織，合組「台灣建國聯合陣線」公然發表叛國聲明。又張富雄、張楊宜宜係紐約「台灣之音」負責人，散布叛國謬論，已成叛國組織之宣傳工具等情，業經國家安全局六十九年元月二十五日(69)審安字第〇四三二號函覆證實

，後有「台灣建國聯合陣線成立宣言」影本可稽，是被告等之叛亂犯意更為確鑿。至被告林弘宣於六十六年留美期間，經常與張燦鍙接觸，受其指示，回國與施明德、姚嘉文等相結合，共謀叛國，並收受張燦鍙交付工作補助費美金五百元及連絡信箱地址，先後兩次寄信給張燦鍙，報告工作情形，民國六十八年七月第二度赴美，復向張燦鍙、張金策等人，募得美金五千元，交由張瑞雄（在美）帶交姚嘉文作為海外叛國組織支援叛亂經費各節，有查獲林弘宣所有張富雄書寫張瑞雄姓名、地址之紙片乙張，記載張燦鍙交待通訊地址之綠色通訊簿乙本，及與張逆通信報告工作情形之英文函影本兩封，姚嘉文代管現金帳乙本（內第五頁登載六十八年八月二十一日「借入」新台幣十九萬一千五百元），附卷可按。被告陳　菊受叛國分子黃有仁經日人多喜彥次郎交付日幣三十萬元，及軍校畢業生名冊乙本暨對台廣播頻率表等情，并經多喜彥次郎供述屬實。施明德與叛國分子勾聯，後有查獲施明德所有海外叛國分子張楊宣宣之通訊錄乙本，及反動廣告傳單影本六張，台灣民主運動海外同盟

成立宣言影本乙張、第11.25.26.27.號快訊影本各乙份，附案可資佐證。

有關被告等意圖循暴力原則，策動顛覆政府乙節，除據被告姚嘉文在六十九年元月三十日軍事檢察官偵查及同年二月二十一日本庭調查時供述：暴力邊緣原則，是指不顧用暴力，但運用暴力準備，使隨時有發生暴力的力量與可能，以迫使對方屈服或讓步，在活動設計上，必須設法暴露暴力的趨向，藉暴力以達目的，這些原則是我們每次舉辦活動遵循目標（見偵查㈡卷105頁，審理㈠卷46 47頁）。及呂秀蓮在六十九年元月二十七日軍事檢察官偵查及同年二月二十二日本庭調查時供稱：民國六十八年十二月六日在劉峯松家中，姚嘉文歸納出活動五原則，其中實力原則就包括暴力邊緣論，就是辦各種活動，不獲允准，就擺出暴力姿態，迫使政府讓步（見偵查㈠卷106頁，審理㈠卷154 155頁）。亦有獲案之被告姚嘉文親筆記載：「間接原則、彈性原則、集中原則、團結原則、實力原則（暴力邊緣）」等五項工作原則之筆記本及林義雄發表「以力對力，以暴對暴」之潮流四十一期扣案為證。

至被告黃信介陰謀與匪勾搭乙節，幷據另案被告洪誌良在六十八年十二月十六日、六十九年二月七日軍事檢察官偵查及同年三月七日本庭調查時供述：民國六十八年初，黃信介企圖自日本轉運匪區進口鰻魚苗，囑我前往日本向匪僞駐日大使館試詢，並交我一張寫有張崇謀及陳黎陽的住址及電話號碼之紙條，要我到日本去找他們，我於同年三月抵達日本，與匪僞「東京華僑總會」副會長黃匪文欽晤談，並接受黃匪安排，於同月二十九日潛往匪區，四月十二日返台後，因恐電話連繫洩密，曾兩次請吳錦洲帶信交黃信介，約在其住宅晤談，告以僞政協副秘書長楊匪斯德希望促成「統一」，統一後台灣成為「自治區」，由黃信介擔任主席，黃聽後表示：只要換國旗、國歌、國號就成了，如果台灣獨立，天下就是他的，並稱：統一的事他不便出面，要我去辦；台獨方面他還要照顧姚嘉文等人。後來幷給我五十萬元本票一張，作為經營鰻魚苗生意的保證金（見偵查㈣卷152 155 188－190頁，審理㈡卷246－253頁）。暨卷附黃信介親書「品川區大井七七二五五一二、七七一二四五〇，源來莊、張

170

302

崇詠、陳黎陽」等字樣，交洪赴日居住旅館電話之立法院便條，及提供合作經營鰻魚苗生意保證金之台北市第一信用合作社編號二七八四二五號面額新台幣伍拾萬元本票影本各乙份為證。復經吳錦洲結證，確為洪誌良帶信與黃信介屬實（見偵查㈣卷169｜171頁）。被告等妄圖台灣獨立，而以非法之方法顛覆政府之犯意，更臻明確。

㈡關於被告黃信介等基於叛亂之犯意而着手實行部分。

查黃信介等按照既定奪權計畫，成立美麗島雜誌社，作為非法活動之掩護，擴展組織，及策動高雄暴力事件，逐步升高暴力活動，以達顛覆目的各情，依據黃信介在六十九年元月二十八日軍事檢察官偵查及同年二月二十一日本庭調查時供稱：美麗島雜誌社成立之目的，就是要假雜誌之名散布台獨意識，配合製造群衆活動，伺機顛覆政府，奪取政權。我們的計畫是要透過群衆，利用美麗島雜誌社來宣傳台獨思想，攻訐政府，因姚嘉文表示，搞群衆運動，應在政府所能忍受極限下推進，才能達到有效的刺激效果，乃不斷舉辦群衆大會，群衆情緒一次次激烈，如政

府干涉，易造成群衆暴動，可將責任推給政府，增加我們聲勢，待群衆基礎穩固，可向政府交涉，政府不妥協，只要發動示威、遊行、壓迫政府、顛覆政府，成立另一國家，達奪權目的，照既定方針，美麗島一連串的集會、示威、遊行，主要也在提昇群衆情緒。高雄暴力事件亦是為達成終極目標的連串運動之一（見偵查㈡卷2629—3140頁，審理㈠卷3334頁）。施明德在六十九年二月二、五、十三日軍事檢察官偵查及同年二月二十三日本庭調查時供稱：美麗島雜誌社，在全省各地成立服務處，發展組織，深入地方結合群衆，壯大聲勢，藉辦各種活動鼓舞群衆情緒，遊行示威，以為將來取得政權舖路；另外用雜誌宣揚台獨思想，以獲得人民支持，並參與選舉，從事議會鬥爭，藉量變達質變，利用群衆遊行、示威，擺出欲使用暴力姿態，漸次升高聲勢，取得政權，達成台灣獨立目的（見偵查㈡卷145頁、偵查㈢卷3779頁，審理㈠卷183頁）。姚嘉文在六十九年元月三十、三十一日軍事檢察官偵查及同年二月二十一日本庭調查時供稱：美麗島雜誌發行重點在宣揚台獨思想、教育群衆

、攻訐政府施政措施，擴展黨外力量，而美麗島雜誌社所辦一系列活動，即均以向政府奪取政權；推翻政府為目的，在歷次活動中，都是以形成群衆力量，用壓迫性的群衆示威暴動，壓迫政府，伺機奪取政權（見偵查㈡卷102 103 123頁，審理㈠卷44－46頁）。張俊宏在六十九年元月二十九日軍事檢察官偵查及同年二月二十二日本庭調查時供稱：美麗島雜誌社成立目的在爭取群衆，以長、短期奪權方針，奪取政權。美麗島雜誌社發行的重點，就是要教育群衆，宣揚台獨思想，以雜誌社服務處為據點，結合群衆，藉各種活動鼓動群衆情緒，遊行、示威、暴動，以達顛覆政府。雜誌社所舉辦的各項活動，自民國六十八年九月八日在中泰賓館舉行之創刊酒會，至十二月十日在高雄舉辦之「世界人權紀念日」演講會及遊行等活動，目的在集結群衆，製造聲勢，形成群衆力量，由室內而室外，由平和而暴力，逐步升高，這些都是我們奪取政權，推翻政府的手段（見偵查㈡卷53 57 60頁，審理㈠卷56－58頁）。林義雄在六十九年元月二十八日軍事檢察官偵查及同年二月二十二日本庭調查時供稱：

美麗島雜誌社成立宗旨，就是推翻政府，達到台灣獨立，成立另一個國家，我參加美麗島雜誌社的動機在藉此發表言論，煽惑民衆，仇恨政府，引發群衆暴力行為，推翻政府，達到台灣獨立，成為另一個國家。美麗島雜誌社策劃之高雄暴力事件，係藉舉辦世界人權紀念日的機會預為計畫的。也就是暴力邊緣論的升高，及具體行動的表現，達成奪權計畫之短程目標（見偵查㈡卷6 9 16頁，審理㈠卷116 118頁）。林弘宣在六十九年元月三十日軍事檢察官偵查及同年二月二十二日本庭調查時供稱：我在美國受紐約台灣之音負責人張富雄、張楊宜宜夫婦及台灣獨立聯盟張燦鍙、張金策等人影響，返台實際參與台獨工作，於結識施明德後，我們經常見面，施曾告訴我「美麗島雜誌社的一切活動，最終目標是要促成台灣獨立」。民國六十八年九月我出任高雄服務處總幹事，希望利用美麗島各地服務處與群衆接觸之機會，多吸收一些志同道合者，奠定組織基礎，進而利用各項合法活動，擴充實力，最後達到推翻政府，使台灣獨立之目標。民國六十八年十二月十日世界人權大會，我事先參與籌備工作，當天在宣傳車上喊口號（見偵查㈡卷81－85、87－93頁，審理㈠卷125－128頁）。呂秀蓮在六十九年元月二十七日軍事檢察官偵查及同年二月二十二日本庭調查時供稱：美麗島雜誌社所辦十餘次活動，均朝向爭取群衆宣揚台獨思想進行，並由室內逐漸擴展至室外，活動內容也愈趨激烈，這次高雄事件，就完全是暴力表現，最終目的，希望藉美麗島雜誌社的參與達成台獨的實現（見偵查㈠卷105頁，審理㈠卷154頁）。陳　菊在六十九年元月二十八日軍事檢察官偵查及同年二月二十三日本庭調查時供稱：美麗島雜誌社籍民主自由口號辦雜誌，實際是宣揚台獨思想，以示威、遊行、演講爭取群衆，發展組織力量，以達推翻政府目的，故美麗島所辦多次活動，其工作路線受到中壢事件啓示，以合法掩護，走向群衆及暴力，高雄暴力事件是照既定原則所實施，刺激群衆，採取暴力，以達推翻最終目的活動之一（見偵查㈠卷127頁，審理㈠卷173、176頁），各等語相符，已堪認定。證諸美麗島雜誌社從事顛覆活動，所策動之高雄暴力事件，被告黃信介、施明德、姚嘉文、張俊宏

、林義雄、林弘宣、呂秀蓮、陳　菊等，均曾參加，業經被告等在軍事檢察官偵查及本庭調查中供認不諱（見偵查㈠卷109 130頁、偵查㈡卷36 69 92 107 116 149頁，審理㈣卷34 54 70 86 115 138 159 176頁），並有現場照片及現場查獲之名條為證，當可認為實在，雖被告等所分配之任務不同，到達現場之時間有所先後，惟事前既有犯意之聯絡，復有行為之分擔，要均無解於犯罪之成立。至當日現場情形，其策劃暴力、糾合暴徒乙節，據陳敏雄、林信吉、陳瑞慶、陳武勳、邱垂貞等人分別證稱：民國六十八年十二月七日與九日下午，施明德在高雄服務處召集陳　菊、林弘宣、林信吉、陳敏雄、陳瑞慶、陳武勳等人研商十日活動分工事宜，施明德指示陳瑞慶從屏東找四十人支援，陳福來買木棍備作武器之用，陳　菊負責電話通知全省各服務處人員參加，並決定如果演講不成，必須衝破，如發生重大事故，應由林弘宣負責向海外聯絡（見偵查㈣卷41 42 47 101 109 110 117 118 178 184 223—225頁，審理㈡卷50頁）。陳福來證稱：施明德要我購買木棍一百三十支，在訂購木棍之前，施明德曾對我說，是於晚間遊行遇阻碍時對付治安人員用的，我在茂榮木材行採購的，每支長四尺（見偵查㈣卷29 30頁，審理㈡卷92頁），并有該木材行估價單附卷可證。指使暴徒毆打憲警乙節，據證人陳敏雄、陳武勳、林信吉、邱垂貞、楊豐榮分別結證：十日晚隊伍出發前，施明德曾說：「要是憲警阻碍遊行就用棍棒打出一條路」。隊伍遊行至大圓環，進行演講，其後遊行至中正四路與南台路口，憲警阻擋，姚嘉文在車上喊「衝」，施明德要大家拿起木棍、火把衝過去，在毆打憲警時，施明德就喊衝、喊打，持火把的隊伍及拿木棍的群衆，就以木棍、火把、標語牌作工具毆打憲警，有好多憲警被打傷（見偵查㈣卷76 102 111 112 120 226－229頁，審理㈡卷52 274 275頁）。劉華明（已移送司法機關）證稱：施明德告訴我，待會有人喊衝，你就逼著他們，看他們會不會開槍，開始遊行後，在大圓環前演講，後來施明德自分局出來，又對我說：如果有人喊衝你就衝，之後，施明德指揮遊行，我聽到麥克風傳出「衝」，像是施明德的聲音（見偵查㈣卷57頁，審理㈡卷148頁）。王拓（已移送司法機關）證稱：遊行隊伍轉到瑞源路後，我聽到呂秀蓮以麥克風高喊「衝、拼」。高雄市民趕快參加我們的行列，來衝，來努力爭取我們的出頭天（見偵查㈣卷213 214頁，審理㈡卷137頁）。余阿興證稱：民國六十八年十二月十日晚，在高雄現場聽到林弘宣他們用擴音器在車上喊「衝、打」（見偵查㈣卷134頁，審理㈡卷155頁）。證人童金龍結證：「民國六十八年十二月十日晚，在大同一路看見美麗島遊行隊伍中有三輛汽車前後週圍都是舉火把、木棍的人，衝向憲警隊伍後，都是五、六個人追打一人，憲警被打倒在地，暴徒仍不停手，我當時看到這些年輕人被打均不還手，內心非常氣憤，並聽到美麗島人員在車上喊衝、打。」（見偵查㈣卷52頁）。證人張　雪結證：「民國六十八年十二月十日晚九時許，有一位右額受傷血流滿面之憲兵，由一位警察及學生陪同來求醫，暴徒在外面大聲高喊將憲兵交出來，並把我家玻璃門打破。」（見偵查㈣卷62頁）。憲兵潘善途結證：「當時現場一片混亂，有身披彩帶的人在演講，也有人在唱歌，大約有一、二百個類似地痞流氓的人，手持木棍、火把、石頭等物攻擊憲警人員，也有人抽起安全島的欄杆於中山路正中央阻擋車輛往來，或用欄杆攻擊憲警人員。」（見偵查㈣卷10頁）。憲兵二二三營第三連連長吳欽裕少校結證：「民國六十八年十二月十日晚，美麗島雜誌社的人，遊行到我部隊的前面，即以火把攻擊我們的臉部，車上的人也以火把及木棍攻擊我們，並有人高喊：『四、五個人尋找一個指揮的打，打死都沒有關係』。此時有一群暴徒用兩支火把頂住我的胸口，其他的人以木棍、火把打我的頭，我額部、鼻端被打破裂，血流滿面，肩膀、手臂及背部也多處受傷，我被打倒在地仍不停手，送醫被縫了十八針。」（見偵查㈣卷34頁）。保安警察隊李榮華述結證：「民國六十八年十二月十日晚，我在高雄市大同路與南台路丁字路口維持秩序，被三、四個暴徒用木棍群毆，除背部、頭部遭受重擊外，下嘴唇整個被打爛，二顆牙齒打掉、八顆牙齒斜倒，經醫院用鋼絲將斜倒之牙齒固定，至今不能言語。」（見偵查㈣卷16頁）各等語，均記明筆錄在卷，幷有頭部被擊破裂、腦震盪、胸部、背部、手部、腳部被擊傷、鈎傷之憲警薄玉山、李榮華、吳欽裕、陳孝榮等一八三名之陸軍八〇二總醫院、海軍陸戰隊醫院、岡山空軍醫院附設民衆診療服務處及高雄市立醫院診斷證明書存卷，可資覆按。凡上各情，幷核與現場主管處理單位南警部六十九年元月二十五日(69)英嚴字第〇二三六號呈報「高雄一二一〇暴力事件之經過情形簡述」所敘內容相符。另有被告及暴徒現場遊行、演講、指揮毆擊憲警之照片共一三九幀附卷可憑。及現場查獲木棍一一八支、竹棍二十二支、火把四十三支、破碎火把六捆、鋼筋四支、柴油乙桶、石塊三七八塊。被暴徒擊壞之憲警膠盔、防護盔三十二頂、盾牌十面、擴音器八具、麥克風五個、喇叭十五個，寫有張俊宏、林義雄等人紅花名條、紅色布條、紅黃綠三色彩帶等共四十八條、三色布質標誌六枚，被擊碎裂鎮暴棍、電棍八支，均繳案可資佐證。被告等着手顚覆政府之犯罪事證，至臻明確。

二、被告及其辯護人、輔佐人辯護意旨，概可歸納於次：

(一)關於審判權及管轄權者，辯護意旨略以：被告等均非現役軍人，不受軍事審判；台灣省戒嚴令未經立法院追認，應已失效；暨高等審判庭應由國防部組織，貴部軍事法庭無權管轄等語。

經查：在戒嚴地域犯懲治叛亂條例之罪者，不論身分概由軍事機關審判，懲治叛亂條例第十條後段定有明文。台灣省戒嚴令係民國三十八年五月十九日經台灣省警備司令部公布，同月二十日零時生效。嗣行政院於民國三十八年十一月二日第九十四次行政院會議決議，全國包括海南島、台灣省一併劃為接戰地域實施戒嚴，經立法院於民國三十九年三月十四日第五會期第六次會議通過追認，同月十六日以台院議字第一一四號咨行政院有案。台灣省屬戒嚴地域暨本案應由軍事審判機關審判，均屬依法有據。又本部為高級軍事審判機關，對非軍人犯罪依法應受軍事審判之案件，有初審管轄權為軍事審判法第十條及第四十四條所明定。本案共同被告之一黃信介係立法委員，依國防部民國四十八年四月八日(48)誠效字第四十八號令規定應比照將官組織高等審判庭審判之。本案經國防部依軍事審判法第二十七條第二項於民國六十八年十二月十三日以晚昭(初)字第二九九三號令授權本部有案，本案之管轄及法庭之組織均為適法。

313

163

㈡關於訊問程序者，辯護意旨略以：被告等於二月二十一日至二十三日軍事法庭調查時，所為之供述，因無律師及家屬、記者在場，未公開行之，審理程序不合法，不得作為不利被告之證據。

經查：刑事訴訟法第二百七十三條第二項規定，辯護人得於第一次審判期日前訊問被告時在場，指已委任辯護人之情形而言，其尚未委任者，自不在此限，且軍事審判法第一百五十八條第二項與刑事訴訟法第二百七十二條，並未規定審判期日前之準備審判程序亦須有七日之就審期間，又軍事審判法第一百六十四條第二項規定，同法第七十八條第一項之案件無辯護人到庭者不得審判，並不包括同法第一百五十八條第二項之為準備審判之程序在內。本案屬強制辯護案件，於本（六十九）年二月二十日起訴後，本庭指定二月二十一日至二十三日開調查庭訊問被告，因是時被告未選任辯護人，乃指定公設辯護人，出庭執行職務，且本庭依軍事審判法第五十三條之規定，公開進行調查程序，從未宣示禁止旁聽，不得謂無家屬及記者在場，即指為不公開，審理程序洵屬合法，被告之供述，自得採為證據。

314

176

㈢關於自白之證據力者，辯護意旨略以：起訴事實完全委諸被告自白，公訴人所提出之各項證據，均無證據能力或證明力；又被告等之自白係經疲勞訊問或以脅迫、詐欺、利誘、刑求之不正方法取得，均非出於自由意志，且羈押及拘提不合法，而各別之自白內容，又與其他共同被告之自白亦不相符，不得作為判決之依據；又被告對於自白，提出刑求等之抗辯，法庭未先於其他事實而為調查，顯然違法，并請求傳訊調查人員對質。

經查：1.被告之自白依軍事審判法第一百六十八條之規定，查有其他必要證據與事實相符者，自得採為證據，本件公訴意旨所採之證據，除根據被告等之自白外，復參酌其他共同被告之供述，相關部分，互證一致，自有證據能力及證明力。2.有關被告及辯護人，主張自白出於非任意性及內容不符一節，說明如下：(1)查被告等之犯罪事實，依被告等在軍事檢察官訊問時，及本庭審判行準備程序調查時之供述，已足認定。而各該供述，既核與被告等在調查局之供述相符，被告等且在軍事檢察官及本庭調查時，

供承其在調查局之自白，係出於自由意志，且內容實在，各載明筆錄，可以覆按（見偵查(二)卷16 137 154頁、偵查(三)卷6 13 21 28 62頁，審理(一)卷38 44 54 115 116 125 131 152 175頁）。至自白之任意性，復經調查局證實，被告等在該局調查期間之供述，完全出於自由意志，絕無不正之方法取供情事，此有該局六十九年三月十八日(69)溫(二)字第三三○二○九號及六十九年三月二十日(69)溫(二)字第三三○二一九、三三○二二○、三三○二二一號函在卷可按。且被告等均受高等教育，具有豐富社會經驗，并有從事律師業務多年者，對於供承犯罪之後果當所熟知，如無叛亂犯行，豈有自誣叛亂之理，參諸被告陳菊對其審判期日當庭承認之犯行，旋於言詞辯論時，即行翻供情形以觀，反覆無常，一至於此，足見被告等所辯，均係避重就輕，事後畏罪卸責之詞。(2)被告等對於各具有「台獨」叛亂犯意，如何利用「美麗島雜誌社」各項活動，逐次升高，及參加高雄暴力事件，以遂其顛覆政府等情，均供承不諱，相關部分亦相符合，有筆錄可憑，自堪採信。(3)按被告犯罪嫌疑重大而有刑事訴訟法第七十六條之原因，自得拘提，軍事檢察官依

偵查所得認被告等涉有叛亂嫌疑，且有上述原因，簽發拘票交由軍法警察執行，有拘票附卷可稽，拘提到案後即羈押於本部軍法處看守所，亦有押票可證。至軍事檢察官偵查，係依職權為之，發交軍法警察偵查，乃職權偵查事項，均屬合法。(4)被告對於自白提出係出於不正方法及刑求之抗辯，既經本庭依職權調查，並將調查局函復並無刑求等情事之調查結果，提示被告，法定程序顯已踐履，非謂被告一經提出刑求抗辯，即不得進行調查其他事實，本庭依調查結果，已獲得明確之心證，認無另行傳訊調查人員對質之必要；至對於刑求一節，各被告於審理中，除林義雄外，均供稱並無其事，而被告林義雄關此部分雖提出刑求辯解，並未提出具體證據俾供調查，復核其在本庭調查時，尚承認出於自由意志等語參酌以觀，顯係空言主張，辯護意旨以此為言，委無可採。

(四)關於主張台獨非法顛覆之犯意者，辯護意旨略以：1.所謂「五人小組」係在民國六十七年底，中央公職人員選舉停止後，被告張俊宏等五人被推舉研究合法政治活動，並未研商實施顛覆政府步驟。2.起訴書所謂「

長程與短程奪權計畫」，純由調查人員所羅織、杜撰，不足作為罪證。

3.五項工作原則，係黨外活動之指導原則，非叛亂原則，實力原則並非暴力原則，被告等不贊成暴力，亦不贊成暴力邊緣原則，不能因主張實力原則，而推定贊成暴力手段。

經查：據被告姚嘉文、張俊宏及林義雄，在六十九年元月二十九、三十日軍事檢察官偵查及同年二月二十一、二十二日本庭調查時，均分別供認：以五人小組研究反政府活動，及研擬長短程奪權計畫，黃信介表示，要好好利用美麗島雜誌社爭取群衆，時機成熟，可利用遊行示威，脅迫政府讓步，如不讓步，就進行暴動，一舉顛覆政府（見偵查(二)卷55－58 104 105 115頁，審理(一)卷45 46 57 58 117頁）等語，互證一致，謂無研商顛覆政府步驟，不足採信。所謂「長程與短程奪權計畫」之名稱及內容，見諸被告姚嘉文、黃信介、張俊宏、林義雄、施明德之自白及調查筆錄，均供承屬實，相互印證，又相脗合，謂係羅織杜撰，顯非事實；又所謂「非法」之方法，非僅指「暴力」一途，而「暴力邊緣論」為被告等所主張，依其內容而言，是「擺出暴力的姿態，以脅迫政府讓步。」印證「美麗島雜誌社」歷次活動，即本於該暴力原則，辯護意旨謂被告等不贊成暴力，無可置信。

㈤關於高雄暴力事件者，辯護意旨略以：美麗島雜誌社及各地服務處，所辦的活動皆為合法活動，高雄暴力事件，係因憲警未暴先鎮，鎮而後暴，所引起之偶發事件，並非該雜誌社所策動，且被告等事先並未策劃，事發時未發表煽動性演講，又未喊衝喊打，並曾極力阻止，且備有滅火器，而當時暴徒使用者僅是石塊、磚頭，無人準備刀、槍、炸藥，所攻擊之對象，並非國家之政府機關，足證被告等並無藉集會引發暴亂顛覆政府之意圖，請求1.傳訊張富忠等到庭作證或對質，並調閱有關證物。2.函訊南警部，查明十二月十日處理情形等語。

經查：美麗島雜誌社以發行雜誌為名，舉辦各種與雜誌宗旨違悖之活動，期造成社會之不安，進而擴張聲勢，迫使政府讓步，以達其顛覆之目的，證諸其歷次活動，信而有徵，且為被告姚嘉文、施明德所不爭之事實（見偵查㈡卷103 145 146頁，審理㈠卷45 46 182 183頁）。例如在台中所舉辦之「吳哲

朗坐監惜別會」（後改稱台中美麗島之夜），與其雜誌之創辦，更屬毫無關聯，乃竟聚衆集會，歪曲事實，蓄意挑撥，破壞法律秩序，事實甚明；至於高雄暴力事件，乃該社假紀念「世界人權日」之名，實則遂行其顛覆手段之昇高，事前兩度由施明德、陳　菊、林弘宣籌劃，並分配任務，且安排如發生重大事故，由林弘宣負責向海外聯絡等情，復從彼等在已獲知申請不准，而仍執意蠻幹到底之情形觀之，其犯罪心態已表露無遺。按以非法之方法顛覆政府，不限暴力一途，美麗島雜誌社係本於非法顛覆政府之犯意而成立，本此犯意設計的活動，即為非法之方法，其參與者係何時到達現場、有無演講、或喊口號及所使用者，為刀槍或棍棒、石塊，均無解於犯罪之成立。又被告所攻擊者，為執行國家法律，維護社會治安之憲警，辯護意旨竟謂攻擊憲警而非政府機關，以證其無叛亂意圖，尤屬飾詞強辯，無有理由。

至請求調查事項，查：1.本案卷附現場照片，已足供法庭參酌，殊無再調閱張富忠等私人照片必要。2.受傷憲警之受傷情形，已有診斷書可以證明，日期誤

植部分，均經該院蓋有校對章，自毋庸再命軍醫官，携帶病歷到庭為證。3.高雄事件非偶發事件，前已敘明，聲請傳訊洪振輝等人自無必要。4.高雄市體育館之租用情形，與被告等策劃高雄事件，原屬二事，觀之渠等聲請不准，仍強為遊行之情形以觀甚明，請求查明該館當時之使用情形，亦非必要。5.何文振為當日在場美麗島工作人員之一，即令其證明施明德當時曾說「一動不如一靜」，其真實性已甚薄弱，證諸施明德負責指揮暴徒，煽惑群衆，並遊行施暴等情，事實俱在，無傳證必要。6.查十二月十日高雄暴力事件，係被告等早已預定之計畫，此觀諸施明德明知申請未准，仍於七日及九日積極開會籌備，分配工作並派姚國建、邱勝雄負責宣傳等情。益徵明顯，殊無調閱姚、邱二人病歷之必要。7.美麗島舉辦活動之申請核准情形，原係以合法手段掩護非法行為，前述理由已明，毋庸再敘。8.到達現場之時間，提前與否，不能證明被告即無犯意。9.暴亂之發生，既不違被告等之本意，是否阻止暴徒暴行，與其犯罪行為之成立，已不生影響。10.紀萬生進入新興分局，大喊鎮暴部隊放瓦斯，惟據被告姚嘉文在審

理期日供稱：「當時命徐春泰出去看，徐出去後進來說，未見到有放瓦斯及聞到瓦斯味」（見審理期日筆錄第121頁），由此可證，所辯係鎮暴部隊施放瓦斯，而造成之緊急避難，徒托空言，顯非事實。11.被告辯稱，當時告訴新興分局副分局長徐立人，「只要鼓山分局長辭職，演講、遊行可以不舉行」，益見其漠視法令，蠻橫惡劣之態度，調閱被告簽名之小册子，不足憑此證明被告無叛亂犯意。12.康寧祥等人，僅能證明被告林義雄，確實到達高雄之時間，不能以到達之時間，否定被告一貫之叛亂犯意。13.美麗島雜誌社各地服務處，係由陳　菊通知，已於前開事實部分述明甚詳，其亦可轉囑他人代為通知，故張錫坤等人，不能證明陳　菊並無通知該社之人員。14.錄音帶僅為現場片斷，非自始至終之錄音，已為法庭所不採，無播聽之必要。15.南警部已有公函載明，當日被告等煽惑暴徒，攻擊現場執行職務之憲警甚詳，其蓄意滋事，已甚明顯，兵力如何部署及何時施放瓦斯，均無解被告之罪責，何況施放瓦斯，事實證明已在被告等煽惑暴徒再度施暴之後，是本項聲請傳訊證人及調查等事，均無必要。16.高雄事件

本為被告等，按叛亂犯意設計之一連串活動之一，已詳在前揭理由說明。被告等或辯事前並未參與策劃，或辯係由六十八年十一月二十五日長老教會的「人權祈禱會」引起動機，均不足採。

(六)關於被告等與海外叛國分子連絡，並接受其經費支援者，辯護意旨略以：1.林弘宣、陳　菊、呂秀蓮，是否與海外叛國分子來往，並未告知施明德等人，故被告相互間，並無叛亂犯意之聯絡。2.美金五千元，係美國「台灣同鄉會」捐供黨外總部經費，該款用來支付美麗島雜誌社之事務費用，並非叛亂經費，且其來源並無不當，復提出張瑞雄來自美國電報，表示被告姚嘉文與張金策、張燦鍙及台獨組織，毫無關係，亦未由該組織收到美金五千元，請駐外單位向張瑞雄查證。

經查：1.林弘宣、呂秀蓮、陳　菊，在海外與叛國分子往來，返台後，分別與黃信介、施明德及姚嘉文等人接觸，並談及在海外活動情形，及返國之目的（見偵查(一)卷102—105 119—121 127頁、偵查(二)卷82 84頁，審理(一)卷126 127 154 172 173頁）。因被告等同具叛亂意圖，遂相互勾結，雖所擔任之工作及參

323

與之程度，容或不同，惟均以顛覆政府奪取政權為其共同目標，自難謂無叛亂犯意之聯絡。2被告林弘宣、陳菊等人，均指稱張瑞雄轉交之美金五千元，係張燦鍙以「台灣同鄉會」名義捐助（見各該被告在軍事檢察官偵查及本庭調查時筆錄），其為海外叛國分子所交付，至為顯然。而美麗島雜誌社既據被告等供認，係為圖遂台灣獨立而設，並已實際從事顛覆活動，該項捐款應屬叛亂經費無疑。張瑞雄之電報，係屬審判外之陳述，應不足採，亦無向張瑞雄查證之必要。

(七)被告黃信介部分辯護意旨略以：被告黃信介與洪誌良二人交往不深，黃信介不可能主動表示與洪經營鰻魚苗生意，新台幣五十萬元實為借款，洪誌良稱係保證金，純屬誣陷。張棠謀、陳黎陽皆為忠貞之士，足證被告黃信介並無要洪誌良通匪，亦不可能陰謀助匪促成統一，洪之證言為其個人意見之詞，不能採信，請求傳訊林榮芳、劉明月證明洪與被告有怨隙；又洪誌良調查筆錄非原本，且作證未具結，應無證據能力，不能採信。

經查：關於黃信介與洪誌良商議轉運匪區鰻魚苗圖利，指使洪到匪偽駐日使館接洽，並交付五十萬元為保證金等情，迭據被告黃信介在偵查及審理中，均供承不諱，並經洪誌良當庭對質指證歷歷。雖黃信介於審判期日翻異前供，惟事證俱在，自不容空言否認，亦無傳訊林榮芳、劉明月之必要。又卷附洪誌良調查筆錄，係自洪誌良案調查卷內有關黃信介部分節錄影印，原本自應在洪誌良案卷內；另因其與黃信介有共犯關係，依刑事訴訟法第一百八十六條規定，不得命其具結，以此辯解，顯有誤會。

(八)被告施明德、姚嘉文、張俊宏部分辯護意旨略以：被告施明德以台灣應該獨立，並認事實上台灣已獨立了三十年，且在中美斷交後，政府宣布對美關係中，曾提出「政府對政府」之原則，可見中華民國乃是獨立於台灣島上的獨立國；並認在民主政治下，每一團體都有合法顛覆政府之權利，其個人以美麗島雜誌社建立沒有黨名的黨，以推展民主運動。姚嘉文、張俊宏等人，認以合法參政進行政治改革，並非奪取政權。另張金策出國前並無叛國意識，出國後雖轉變為叛國分子，但被告張俊宏未

再與之接觸或通信，如何能受其蠱惑；而擔任美麗島雜誌社總編輯，僅對言論負法律責任，況該雜誌社為合法，不能令負刑責。

經查：1台灣為中華民國行省之一，被告主張台灣獨立，使脫離中華民國，其叛亂犯意至為明顯。至謂台灣實質上已獨立三十年，不僅否定中華民國法統，背棄民族歷史文化，抹煞全民為光復大陸。拯救同胞之努力，亦且為共匪統戰陰謀舖路，益顯其居心之險惡。關於美國中止對我外交關係後，中美在談判調整雙方關係時，我政府要求雙方建立政府與政府之關係，絕非表示我承認「兩個中國」，況中華民國為一主權國家，中華民國的存在為一國際事實，中華民國的國際地位及國際人格，絕不因美國或任何其他國家中止對其承認而有所變更。共匪為一叛亂集團，既無權亦不能代表中華民國，美國或其他國家承認共匪，絕不影響我國主權之獨立。2人民參政權固為憲法所保障，惟應依循民主法治之常規，依法從事，本案被告等藉各種活動，煽惑群衆製造暴亂，如此參政、改革，顯為法律所不許。況所謂顛覆，皆屬非法，並無合法之可言，被告等砌詞狡辯，殊無可採。3.張俊宏在六十九年元月二十九日軍事檢察官偵查及同年二月二十二日本庭調查時供稱：於民國六十四年間台灣政論創刊，受張金策、黃華等影響，而主張台灣獨立（見偵查㈡卷54頁，審理㈠卷55頁），所謂張金策出國前並無叛國意識，顯係被告諉責之詞。且被告等係以合法登記之美麗島雜誌社掩護其法非顛覆活動等情，已在前揭理由論述綦詳，辯護意旨以該社係合法登記即不負刑責等語為辯，顯屬遁詞。

㈨被告林義雄部分辯護意旨略以：1.被告林義雄與張金策相交不深，其學經歷遠不如被告，何能受其影響而具叛亂意識。2.被告林義雄所著「虎落平陽」「古坑夜談」「從蘭陽到霧峯」三書，僅在發表個人對選舉活動訴訟之意見，被告曾於民國六十八年十一月二十日，在聯合報發表黨外人士無取得政權意圖，足證被告絕無叛亂犯意。3.被告林義雄並未受黃信介指使，參與五人小組研議所謂「長短程奪權計畫」，且所謂奪權計畫，缺乏不法具體實施細則，不得採為證據。4.被告擔任美麗島雜誌社發行管理人，僅對文章內容負責，而高雄事件被告並無教唆行凶，故不負任何法律責任。

經查：1.被告林義雄在六十九年元月二十八日軍事檢察官偵查中供稱：係受郭雨新競選失敗影響，而具台獨之意識，其於訪美期間，答復外籍人士，亦舉稱不反對台灣獨立（見偵查(二)卷5 12頁），且主張「以力對力，以暴對暴」，發表於「潮流」刊物（見該刊第41期），足證其有叛國犯意。至被告所著「虎落平陽」等三書，係被告對選舉訴訟之意見，並不能據此否定被告叛亂之犯意，且本案並非以其所著「虎落平陽」等書作為罪證。2.被告林義雄對於受黃信介指使參加「五人小組」，及謀議研擬「長短程奪權計畫」之事，除據其在偵查及審理中，供證明確外，並核與姚嘉文、張俊宏等人供述一致。而美麗島雜誌社成立後一連串的活動，在在證明該計畫已付諸實行，焉能謂無具體事證。3.美麗島雜誌社設立之目的，係以合法掩護非法，已在首揭理由述明甚詳，本案係就被告等叛亂之犯意及其著手實行之行為論究，所辯謂僅對言論負責及未教唆行凶，無非避重就輕，顯不足採。

(十)關於被告林弘宣部分辯護意旨略以：1.被告林弘宣與張富雄原係同學，

由之介識張燦鍙乃屬常事，雖與之往來，但不知其為叛國分子，並未承受其叛亂意念，亦未加入其台獨組織，被告參加美麗島雜誌社純為謀生，其加入行為難謂有叛亂意圖，且不知有所謂「長短程奪權計畫」「五項原則」，及洪誌良與黃信介勾搭等事。2.寄交張燦鍙之楊青矗競選傳單係合法文件，不能據論叛亂行為。

經查：1.被告林弘宣與海外叛國分子互通聲息，並受指使擔任聯絡工作，返國後更將所指示工作情形以信函聯絡，且在偵查及本庭調查時，均承認其主張台灣獨立，信函中亦聲稱願為「此項工作」盡力，其後又加入美麗島雜誌社，並參與高雄暴力事件之策劃，其共謀叛亂至為明顯。洪、黃勾搭係被告黃信介另一叛亂行為，與被告不生關係。至謂不知有「五人小組」及「長短程奪權計畫」名稱，暨係為謀生而加入美麗島雜誌社，無非飾詞，不足採信。2.張燦鍙係叛國分子，既交付任務與被告，指示其聯絡工作，其將國內工作情形函寄張逆，不論該文件合法與否，已可證明其為叛徒工作，益證其勾謀行為，焉可謂不能據此為證。

㈩被告呂秀蓮部分辯護意旨略以：1.被告呂秀蓮與張燦鍙僅一面之緣，與紐約「台灣之音」負責人張富雄夫婦亦不相識，如何受其影響而有台獨叛亂意識。2.被告呂秀蓮於六十七年九月返國，而於六十八年八月始應聘為美麗島雜誌社擔任副社長，且非所謂「五人小組」，足見起訴書所謂與施明德、姚嘉文等勾結加入美麗島雜誌社，共謀利用該社之群衆暴力活動之非法方法顛覆政府，絕非事實。

經查：1.被告呂秀蓮在六十九年元月二十七日、二月七日軍事檢察官偵查及同年二月二十二日本庭調查時供稱：先後受張維嘉、張燦鍙、張金策等人影響，並多次參加海外台獨活動，且受張燦鍙鼓煽而回國，藉發展其參政之機會，宣揚台獨思想。我的思想與施明德等人相同，目的都是希望能達到台灣獨立，所以我才跟他們在一起，從事台獨方面活動，我是以言論的方式，用口與筆來宣揚台獨思想（見偵查㈠卷101–103頁、偵查㈢卷63 64頁，審理㈠卷153 154頁），其具叛亂犯意，洵堪認定。2.又被告呂秀蓮供稱：因美麗島雜誌社可集結一些反政府的人士，其參加之目的，無非藉此達成台灣獨立。被告既參加該社，其加入時間之先後及是否為「五人小組」，並不足以影響其犯罪之成立。

(十一)關於被告陳　菊部分辯護意旨略以：被告在旅美期間，非僅見張燦鍙等人，亦訪問其他知名人士，不能以與張某見面即有叛國意思，且被告並非美麗島雜誌社領導階層，不知有所謂「長短程奪權計畫」及「暴力邊緣原則」，當初任職美麗島雜誌社意在為選舉鋪路，並非謀叛，而日人多喜彥次郎帶交日幣三十萬元，係郭雨新給付被告之薪資，與叛國分子黃有仁無關，請求與日人多喜彥次郎對質。

經查：被告陳　菊早年即受郭雨新影響，而有台獨叛國意念，且對聯絡海外叛亂分子情事，在審判期日自承不諱，謂加入美麗島雜誌社，係為選舉鋪路，顯非事實。被告既具叛亂之意圖，復參與高雄暴力事件之策劃，益見其犯意與行為之一貫性，縱未知悉「長短程奪權計畫」、「暴力邊緣」，亦不能據此否定其叛亂之罪行。至日人多喜彥次郎，已供證係黃有仁要渠轉給陳　菊日幣三十萬元，做為活動經費（見偵查(四)卷143頁），而陳菊交其帶給黃有仁之信函等物，亦在多喜返回日本前，在機場為警查獲繳案可憑。其與海外叛國分子勾聯，事證確鑿，顯無對質必要，所辯日幣三十萬元為薪資，殊難置信。

綜上所論，各被告及其辯護人與輔佐人之辯解，均無可採。

三、我中華民國為一獨立主權國家，並由依憲法產生之政府，行使治權，台灣為中華民國行省之一，雖由於共匪稱兵作亂，竊據大陸，政府播遷來台，但中華民國政府對大陸主權從未放棄，事實上，收復大陸國土是政府與全國同胞一致之目標。因此為維護國家法益，全民福祉，凡有對我國體、國土、憲法、政府之非法侵害行為，自當依法治罪。故凡妄圖「台灣獨立」者，不論其作何解釋，均屬叛亂，自無待言。被告等既均具「台獨」叛亂犯意，復以美麗島雜誌社為掩護，擬定所謂「奪權計畫」，且一再號召突破國家戒嚴法，非法集會、遊行、示威，脅迫政府讓步，并發動高雄暴力事件，企圖以逐次升高之非法暴力活動，顛覆政府。核被告等所為，均係基於一貫之叛亂犯意，以非法方法顛覆政府，已達於着手實行之程度，應依懲治叛亂條例第二條第一項意圖以非法之方法顛覆政府而着手實行罪論。又被告等在場聚衆鼓煽暴徒毆擊憲警之行為，觸犯陸海空軍刑法第七十二條第一款多衆集合為暴行脅迫，刑法第一百三十六條第一項公然聚衆對公務員依法執行職務時，施強暴脅迫等罪，惟所犯強暴脅迫各罪，與所犯叛亂罪，具有方法與結果之牽連關係，應依較重之叛亂罪處斷。查被告黃信介等之犯行，不僅嚴重擾亂社會秩序，亦且極端危害國家安全，原無可恕。惟查被告等，或因受海外叛國分子煽惑，或因認識不清，致觸重典，到案後對渠等所發動之高雄暴力事件，深致愧歉，爰依各被告犯罪情狀，酌減處如主文之刑，以示矜恤。至被告等所有財產，除各酌留其家屬必需之生活費外，及獲案之違禁物，暨被告等所有之供犯罪所用之物（如扣押清冊），均應依法沒收。

四、據上論結，應依軍事審判法第一百七十三條前段、第四十八條，懲治叛亂條例第十條後段、第二條第一項、第八條第一項、第十二條，陸海空軍刑法第二條第六款、第七十二條第一款，刑法第一百三十六條第一項後段、

333

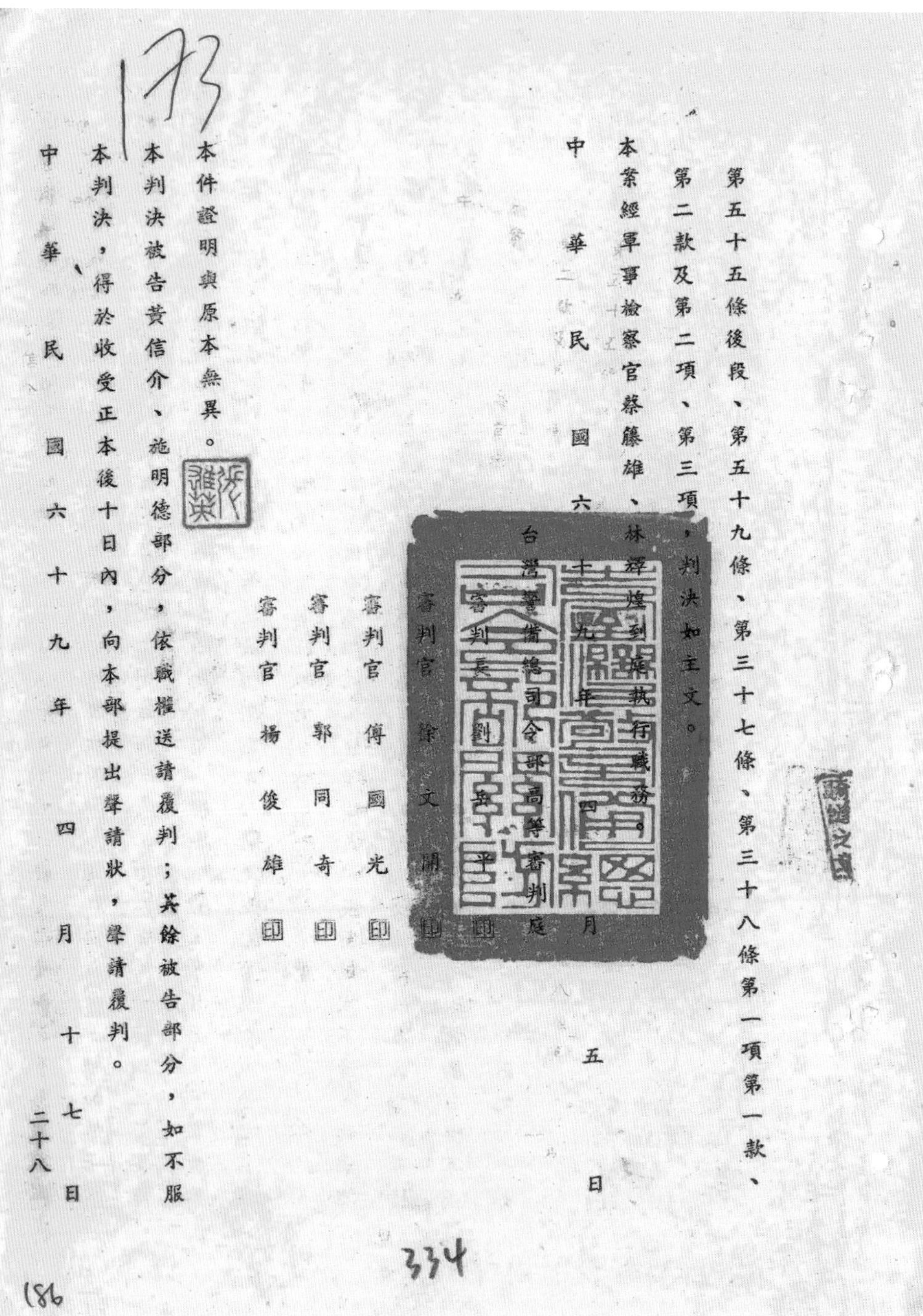

第五十五條後段、第五十九條、第三十七條、第三十八條第一項第一款、第二款及第二項、第三項，判決如主文。

本案經軍事檢察官蔡藤雄、林輝煌到庭執行職務。

中華民國六十九年四月五日

台灣警備總司令部高等審判庭

審判長 劉岳平 印

審判官 徐文開 印

審判官 傅國光 印

審判官 郭同奇 印

審判官 楊俊雄 印

本件證明與原本無異。

本判決被告黃信介、施明德部分，依職權送請覆判；其餘被告部分，如不服本判決，得於收受正本後十日內，向本部提出聲請狀，聲請覆判。

中華民國六十九年四月十七日 二十八

書記官 張雄英

本判決於　年　月　日確定
書記官

附錄本案論罪科刑主要法條全文：

懲治叛亂條例

第二條第一項：意圖以非法之方法顛覆政府而着手實行，處死刑。

第八條第一項：犯本條例第二條第一項之罪者，沒收其全部財產，但應酌留其家屬必需之生活費。

陸海空軍刑法

第七十二條第一款：多衆集合為暴行脅迫為首者，處五年以上有期徒刑。

刑法

第一百三十六條第一項後段：公然聚衆對公務員依法執行職務時，施強暴

脅迫首謀者，處一年以上七年以下有期徒刑。

第三十七條：宣告死刑或無期徒刑者，宣告褫奪公權終身。

宣告六月以上有期徒刑，依犯罪之性質，認為有褫奪公權之必要者，宣告褫奪公權一年以上，十年以下。褫奪公權，於裁判時併宣告之。

第三十八條：左列之物沒收之。

一、違禁物。

二、供犯罪所用之物。

黃信介等叛亂案件宣告沒收物清冊

名稱	單位	數量	備考
反動廣告傳單影本	份	六	施明德所有
台灣民主運動海外同盟成立宣言影本、第11.25.26.27.號快訊影本各一份	份	五	施明德所有
張燦鍙通信英文函原件影本	封	二	林弘宣所有
潮流第四十一期影本	份	一	林義雄所有
木棍	支	一一八	
竹棍	支	廿二	
火把	支	四三	
破碎火把	捆	六	

柴油	桶	一	
點大用草紙	捆	一	
擴音器	具	八	
擴音喇叭	只	十五	大型五只、中型七只、手提式三只。
麥克風	支	五	
紅花名條	條	十五	
紅色姓名布條	條	廿六	
三色布彩帶	條	七	
三色布質標誌	枚	六	

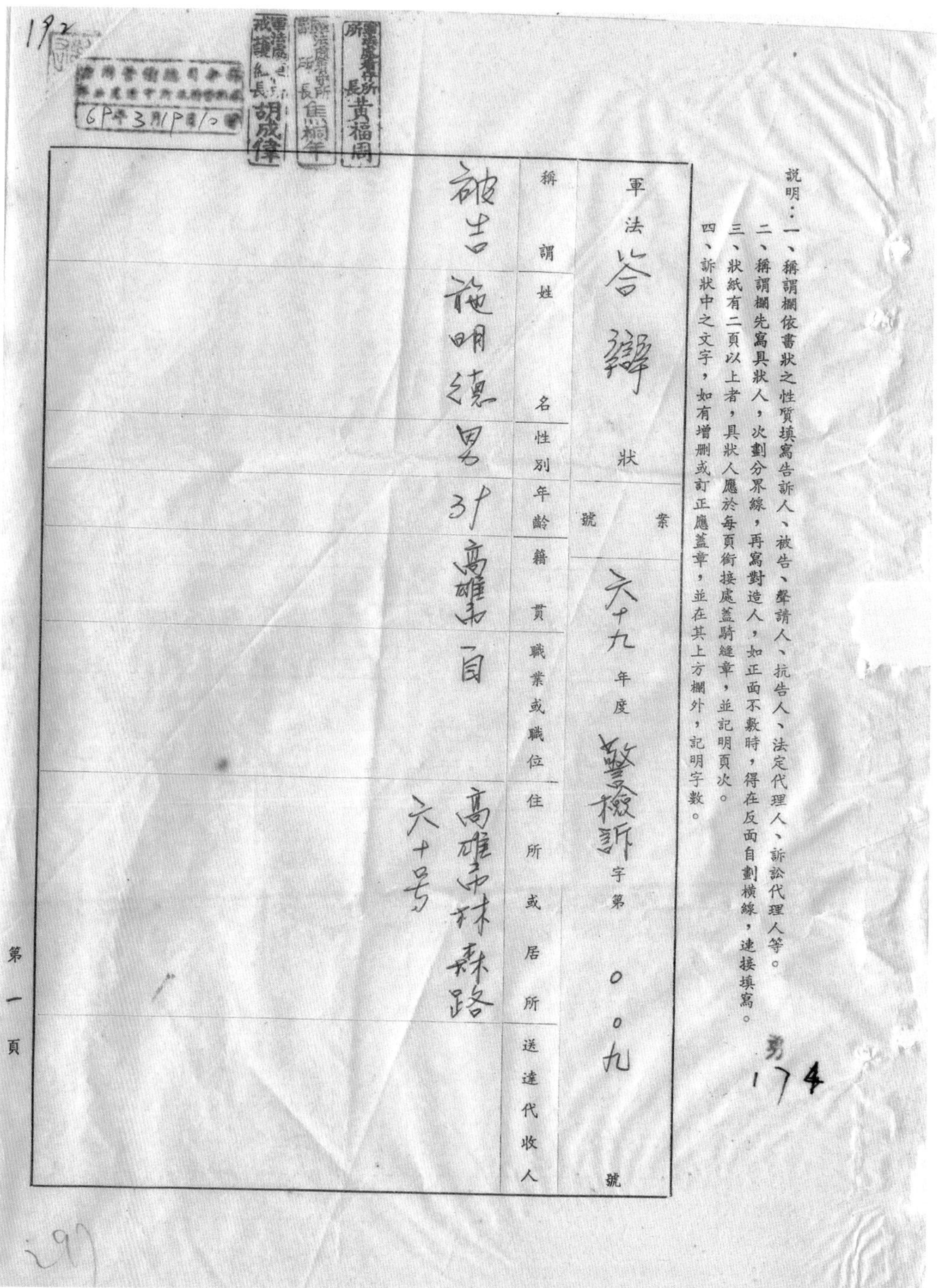

所長黃福周

所長焦桐年

長胡成偉

69年3月19日10

軍法答辯狀

案號：六十九年度警檢訴字第〇〇九號

稱謂	姓名	性別	年齡	籍貫	職業或職位	住所或居所	送達代收人
被告	施明德	男	39	高雄市	自	高雄市林森路六十號	

說明：
一、稱謂欄依書狀之性質填寫告訴人、被告、聲請人、抗告人、法定代理人、訴訟代理人等。
二、稱謂欄先寫具狀人，次劃分界線，再寫對造人，如正面不敷時，得在反面自劃橫線，連接填寫。
三、狀紙有二頁以上者，具狀人應於每頁銜接處蓋騎縫章，並記明頁次。
四、訴狀中之文字，如有增刪或訂正應蓋章，並在其上方欄外，記明字數。

174

第一頁

六十九年警檢訴字第〇〇九号起訴書，其重点顯然在于被告等有沒有「顛覆政府」之意圖上。關於這点，茲再綜合申述如下：

甲、起訴書中缺乏被告顛覆政府犯意之具体証据。

起訴書中据以推論被告等有「叛乱」意識者，只有依賴被告等之所謂「自白書」及「調查筆錄」，而該等文件中所列舉之「証据」又不外所謂「長程及短程奪权計劃」。關於自白書及調查筆錄之非法性將於下節中陳述。至於所謂「奪权計劃」則係將「美麗島」為推行「一個沒有党名的党」，所実施的步驟，扭曲為「奪权計劃」，此点，在被告三月六日之答辯書中已有詳細說明，不再贅述。

如果「美麗島」及「五人小組」具有顛覆政府之陰謀，自應

193

改字

有其他具体之証据，可是在搜過「美麗島」總社及各地服務処和被告等人之住宅後，並沒有找到任何足於証明被告等企圖顛覆政府之証据，檢察官只憑被告等人在被捕後，於調查局閉門造車之所謂「自白書」和「筆錄」，便提起公訴，顯然过於草率！

乙、被告一兩年來之言行，無不以「尊重現政府体制」、「和平方式」和「人道主義」為基本立場。

十八年前，當我二十一歲時，由於政治看法的不同，遭到逮捕與刑求，並判処無期重刑，我即深深覺得要免除這種不幸與不平事件的重演，只有力求民主化和促進人權，再鑒於过去慘痛之經驗，我又認為唯有在和平及尊重現行政府

改字

第十頁

的前提下，進行民主化和人權的運動。所以，兩年來，不管我著書、寫文章、演講或私下與人論政，無不堅守這項前提。再因為我個人對共產制度的反對，在我所能影響的政治運動範圍內，我始終反對暴力的行為，以免使中共得利。具体地說，我的基本心態和意識為：

一、在尊重現政府的原則下，從事改革運動。其証據為：

1、六十七年六月著「增設中央第四國会芻議」一書，該書是針對三十年來未改選之國会難題，提出一項尊重憲法精神又能兼顧現實的折衷方案。全書之主旨無不貫着对現行政府体制之尊重。

改字　改字

慶隆印

195

增一字

日報」、和郭雨新的「台灣民主運動海外同盟」快訊所刊該文中，漏掉「應謹防使中共得利」的字眼，而「台灣之音」的全文廣播和其他刊物所刊該文則有上述文句。郭雨新先生曾為了該文句遠從美國打電話給我，希望我去函證明原文沒有該句。我加以拒絕。為了澄清立場，在「美麗島」刊出的該文，即有該文句。換言之，我在基本心態上，始終保持着應避免過份之行動而使中共得利的主張。該文在美國引起大爭論，可以傳陳菊、林弘宣作証。

六、六十八年十一月中，我在高雄「華王飯店」的「假期俱樂部」中演講，即呼籲應發揮人道主義的精神來請求政府大赦政

第四頁

303

信犯。這點，該會會長巫義德，副會長洪照男可做証。換言之，我在公開的演講和私下的談話完全一致。從未主張推翻政府，做徹底的革命。

綜上所述，我兩年來的言行，無不以「尊重現政府体制」，「和平方式」，「人道主義」為基本立場，這些是有我公開或私下的文字演說做証據的。檢察官對我這些具体的証據未予調查，僅憑調查局中一份虛構的「奪權計劃」，便推論我有顛覆政府之企圖，豈能令人信服？而就法律觀點言，又豈能成立？

乙、自白書，調查筆錄，乃係非法取得。

在積極的陳述了我沒有顛覆政府的犯意之後，我必須對自白書，及調查筆錄的作法，提出說明如下：

我於六十九年元月八日被捕，距其他共同被告晚了二十八天。到調查後，便受到三組人員（每組三人）輪流詢問和寫自白書。他們對我所供，所寫的，始終不滿意。他們從一逮捕我後，便要我承認下列三項重點，並形之於文字：

〈一〉因為國民黨政府十八年前，對我輕罪重判，又加刑求致傷，並導致家破人亡，前途全毀，所以我對國民黨政府痛恨有加，必欲去之。

〈二〉「美麗島」及「五人小組」是叛亂團體，並訂有「長程及短程的奪權計劃」，做謀反之步驟。

第五頁

305

〈三〉「美麗島」及「五人小組」主張以暴力奪取政权，達成台灣独立的目標。

関於這三点中的第〈一〉点，我对國民党政权固然不滿，但，這種不滿，猶如在野党員对執政党之观感。至於第〈二〉，〈三〉点，則顯然和事实不符。於是，調查人員便說要对我進行「心理建設」。所謂「心理建設」便是利誘詐騙和恫嚇威脅。

他們用十餘天時间反覆騙称：「政府对此事必定採取「政治問題政治解決」之方式」，並一再宣称今年是「自强年」將「美麗島」打成一個「台独叛亂集团」，勢必在國内外造成对立，唯一得利者，只有中共。政府絕不會做令中共得利的事。並且拿其他共同

214

306

18

刪一字

被告的筆錄給我看，說他們都已「坦白」承認了。如果我不和他們一樣招認，他們將回不了家。大概在元月二十幾日，還叫黃信介、陳菊錄音來對我喊話，然後叫我按其意寫「我的檢討」，以便他們能回去過年。他們再三保証，一定放他們，我才答應。（可傳黃信介、陳菊，看他們是否做過錄音。黃信介開頭就說，我是黃信介，從事顛覆政府的台獨活動……然後，說「法統」及詆譭政府，自承死有餘辜！。我當時曾告訴調查人員，把黃信介搞得這樣太殘忍了。他們說，沒有關係，演戲嘛，演完便釋放了。）

到元月二十九日中午，他們便把寫好的「調查筆錄」拿來要我簽，我抗議筆錄怎麼不是「你們問，我答」，你們自問自答，非

第六頁

307

法的」他們說，這樣才方便，大家的筆錄都一樣。我看了，不肯簽，他們又開始輪流施压力，說不簽，其他被告不會殺，而且庇護我的人都不殺。同時，又拿了其他被告的筆錄給我看。搞了快一天，我脊椎骨又疼痛不堪，只好簽了。簽完，他們說，你既已簽了，就照筆錄抄一份「自白書」，我說自白書已寫了幾篇了，他們說，其他的自白書和別人的不一致，只有互証一致上面才肯殺其他人。我只好照抄。

二月五日下午送到軍法処前，調查人員又一再表示，除非和筆錄做一樣的供述，否則，只有增加他們解決此問題之困難。進庭後，我發現檢察官是我在調查局內看過並做过筆錄（未完）的。二月

178

改一字

十三日下午，檢察官再到看守所內作筆錄前，調查局人員又前來談話：要我合作」。

以上，是「自白書」和「筆錄」非法製做之簡單過程。再進一步証明：

改一字

(一)、我於元月八日被捕，為何呈遞之「自白書」、「筆錄」都是遲至元月二十五日、二十九日和三十一日的，前面這二十天中幹了什麼？「辦理刑事訴訟案件應行注意事項」第五十三條規定：「被告甫就逮捕，未經他人串唆，對於案情容易吐實，應立予訊問，詳加盤詰，不得稍涉輕縱」，這是偵辦人員所應知道的。所以很顯然的，我的初供和最先幾篇出於自由意志的自白，已被調查局埋沒。

第七頁

309

〈二〉我的「調查筆錄」做於元月二十九日，「自白書」反而晚於元月三十一日。調查案件，焉有先做完筆錄，再寫「自白書」之理？不必專家也了解在這種情況下的筆錄和自白書是否出於自由意志？

〈三〉「調查筆錄」從頭到尾，完全不是口語化，這豈是一問一答錄？

〈四〉我的「自白書」和「調查筆錄」幾乎完全一致！不但用詞遣句相同，即連題目的先後順序也完全一致！「自白書」中有些標題還保留了「調查筆錄」的問句方式（係我不得不照抄時，故意保持的好讓法庭看出這種自白書的真實性。該問句文字雖然最後被調查人員發現不妥，加以刪掉，但仍可看到殘留之筆劃。）試問，這種自白書和筆錄全是出於自由意志？調查筆錄係調查人員主動構思，要問什麼主動權在對方；而自白書如果出於我自由意志，主動權應該在我，但何以我的自白書能夠和對方主動的筆錄完全一致？難道我有未卜先知之能力，能知道他們要問什麼，所以寫什麼樣的自白書？

上述所提各点，法庭可以對照「自白書」和「調查筆錄」求得証實。調查局為了編造的完全「互証一致」，反而自行留下了破綻。以這種的「自白書」和「調查筆錄」能做被告謀反的唯一証据？至於偵察庭之筆錄也大致抄自調查局的原始自白書和筆錄，其過程已於前述。

「美麗島案件」無疑是台灣三十年來最轟動國內外的政

刪一字　改一字

治事件，而「美麗島」諸被告在國內外亦被視為在野派人物。就法律觀點言，如果以如此不法、不合理的「証据」，判決被告等為「叛亂集團」，如何能令國人信服？如何能不遭致國際恥笑政府[illegible]蓄意借故消滅在野勢力？就政治觀點言，在國內外由於國際情勢的劣轉，正需要舉國相互忍讓，以開創和諧新局下，竟如此鹵莽地將「美麗島」打為「叛國集團」，於國結有何助益？豈不是變相地替中共的「統一」和分化政策做宣傳？

個人的自由、生命受損事小，法律的尊嚴、國族的生機倘因此案受到羞辱和創傷，則是百年難癒的憾事，祈[illegible]法庭卓裁！

慶隆印

217　312

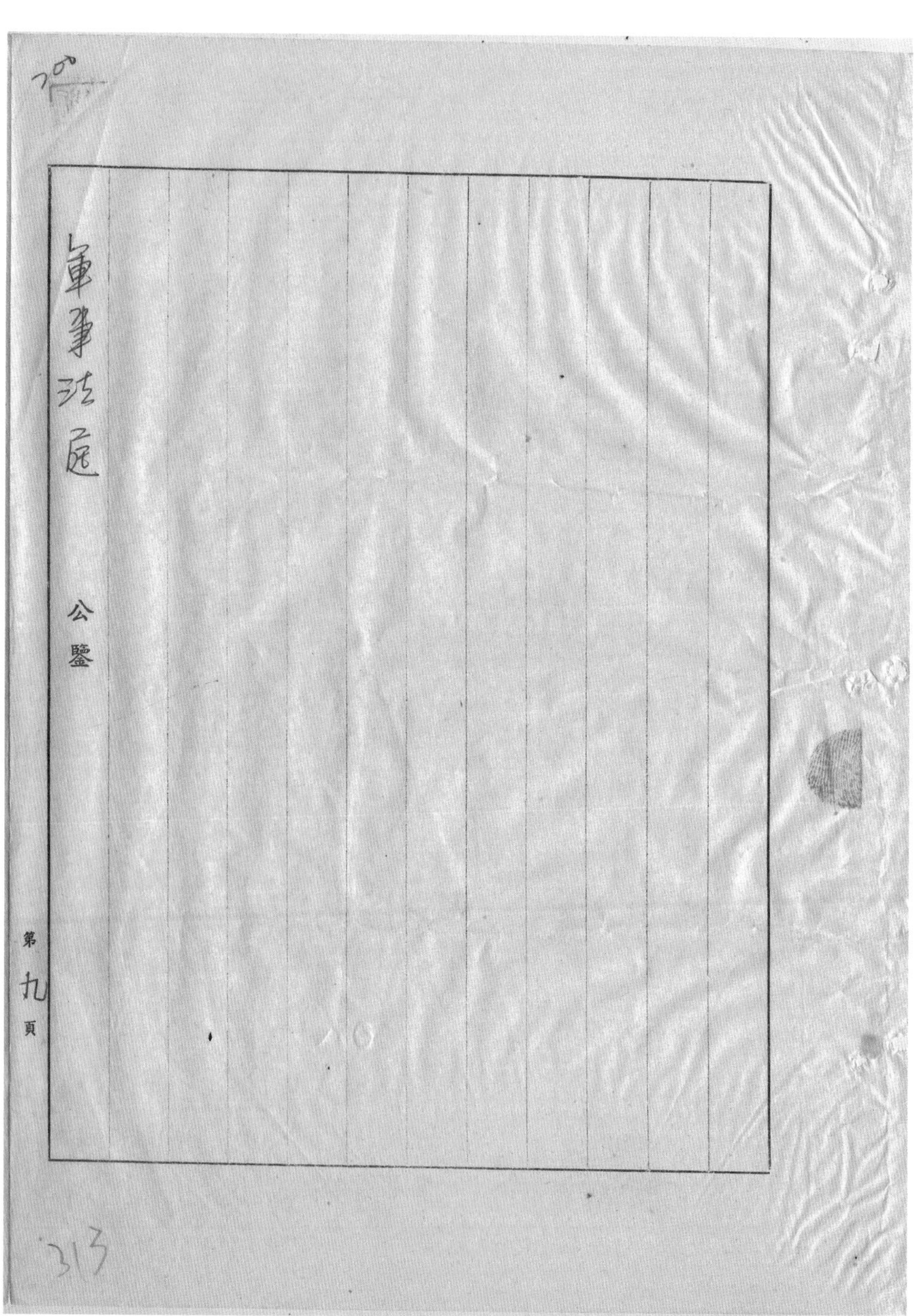

軍事法庭
公鑒
第九頁
313

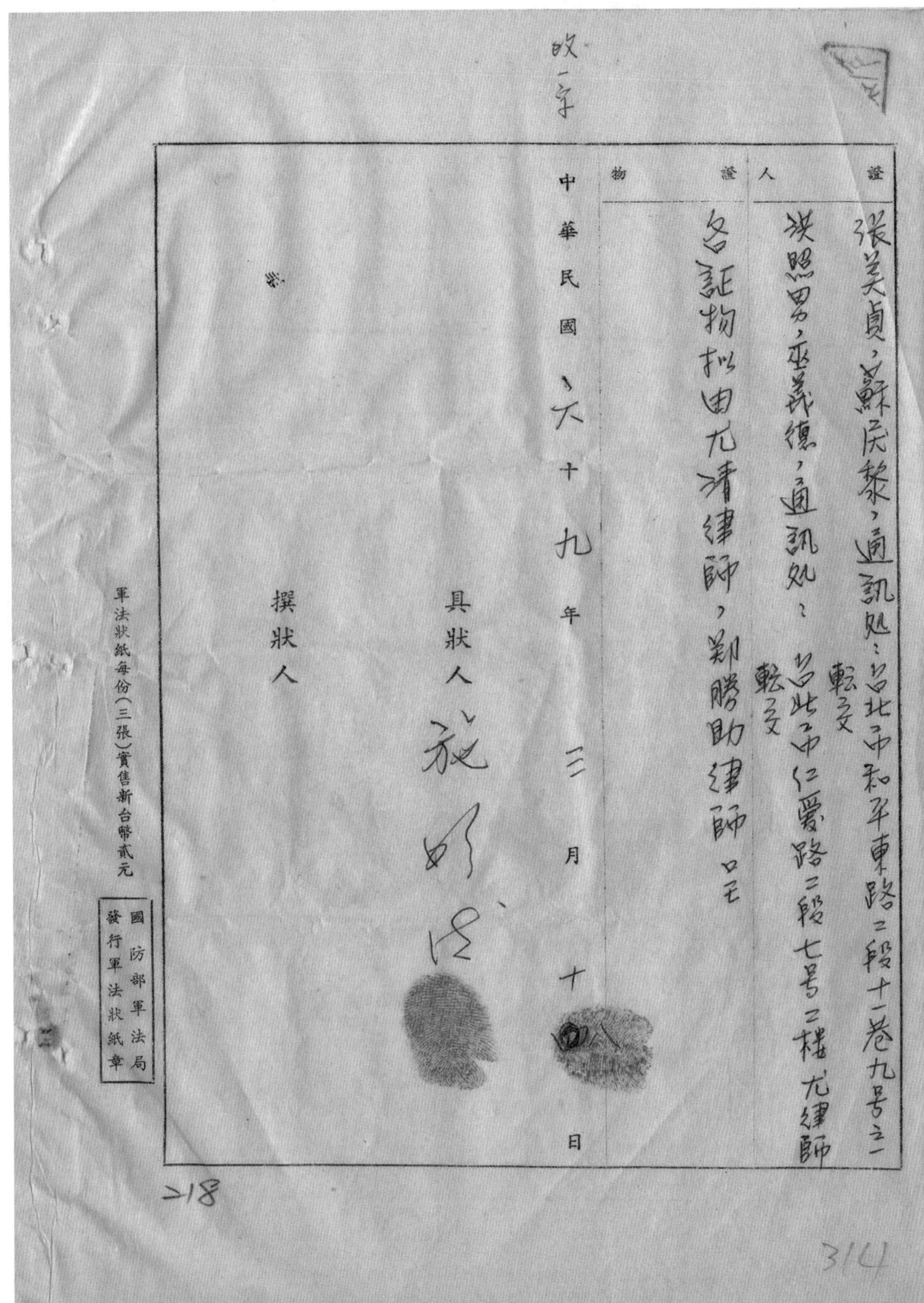

改一字

證人

張美貞，蘇慶黎，通訊處：台北市和平東路二段十一巷九號之一 轉交

洪照男，巫義德，通訊處：台北市仁愛路二段七號二樓 尤律師 轉交

證物

各証物擬由尤清律師，鄭勝助律師呈

中華民國六十九年二月十八日

具狀人 施明德

撰狀人

軍法狀紙每份(三張)實售新台幣貳元

國防部軍法局發行軍法狀紙章

218

314

說明：一、稱謂欄依書狀之性質填寫告訴人、被告、聲請人、抗告人、法定代理人、訴訟代理人等。
二、稱謂欄先寫具狀人，次劃分界線，再寫對造人，如正面不敷時，得在反面自劃橫線，連接填寫。
三、狀紙有二頁以上者，具狀人應於每頁銜接處蓋騎縫章，並記明頁次。
四、訴狀中之文字，如有增刪或訂正應蓋章，並在其上方欄外，記明字數。

軍法拒絕作證狀

案號：六十九年度檢訴字第十五號

稱謂	姓名	性別	年齡	籍貫	職業或職位	住所或居所	送達代收人
証人	施明德	男	39	高雄市		高雄市林森路六十8號	

第一頁

勇 1P7

(451)

707

2416

我為什麼拒絕作證

基于四点理由我的道德良知，拒絕我在本案中作證。

第一、本案是根據一項不公正的判決所做的報復性控訴。

去年十二月十三日，情治單位大肆逮捕「美麗島」同仁時，手中全無「叛亂罪嫌的證據。情治人員濫用「叛亂罪名」逮捕人民的習慣，在過去已經行之有年，所以儘管情治單位反覆強調逮捕罪名是「涉嫌叛亂」，但，當時國內外幾乎沒有人相信「美麗島事件」與叛亂有關。民間與各報紙所做的探討也都只是涉及「暴行脅迫」或「妨害公務」等刑責。在這种判斷下，对我個人的收容及保護縱然犯法其所觸犯的法條也僅是刑法第一百六十四條。而我的朋友們亦不管在當時乃至於在今天，一定都堅信我只是一個獻身於新民主運動和人权運動的工作者。更何況，像林文珍院長及其家屬，对於化裝过的我，自始自終都以為我是替「美麗島」寫文章的陳牧師。

隨後，經過兩個多月的秘密偵訊後，包括我在內的八名美麗島同仁竟不公正地被扣上叛亂罪名，判處重刑。我對加諸我個人身上的任何壓力，都願考慮到國家利益而逆來順受。我甚至已放棄在覆判中的答辯權，希望使「美麗島事件」所帶來的震撼快速平熄。但現在卻要利用這項不公正的判決做基礎，進而以「懲治叛亂條例」和「檢肅匪諜條例」等重罪，來控訴這些或許曾經保護過我或許完全無辜的人，我在無可奈何之中，只有以拒絕作證來表示我內心沉痛的抗議！

第二、本案起訴法條，其立法精神是不道德的。

「懲治叛亂條例」中的所謂「包庇罪」，和「檢肅匪諜條例」中的所謂「知情不報罪」等特別法規，其立法精神顯然包含著破壞傳統倫理觀念，鼓勵賣友求榮，抹殺道義以及否定人類愛和同情心等特性。這種有瑕疵的立法精神與一般性的道德規範嚴重

第二頁

抵觸，其後果是在促成一個獸性勝于人性的社会。

对於這种不道德的特别法條，我服從自然法的指示，拒絕在此類案件中作証。即使因此必須遭受任何懲罰，也在所不惜！

第三、本案可能隱藏着「企圖以法律手段達成政治目的」的陰謀。

目前接見家屬時，我極端意外地驚悉，本案被告中，竟然包括了在我艱難期間從來未接觸過的高俊明牧師！高牧師不管人格，学養，道德和愛心都足為社会的楷模，高牧師是聖人！

高牧師的意外涉案，勾引起我在調查局的回憶。高牧師是長老教会的總幹事，長老教会的領袖們因為胸懷充沛的愛心及入世精神，基于関心台灣一千七百萬人民的幸福與安全，曾經發表了與政府當局的立場不盡一致的「國是声明」和「人權宣言」後，立即遭到猛烈地圍剿，調查局的偵訊人員曾多次对我表示除「美麗島」之外，長老会是他们渴望釣上的大魚；而高俊明牧師就是他们心目中的大魚頭。

現在，高牧師莫明其妙地涉入本案，不能不使我產生極度的懷疑。我不禁要问，如果高牧師涉嫌重大，為什麼早幾個月前不逮捕他；相反地只扣押了他那些涉嫌輕微的部屬；為什麼；為什麼扣押輕罪，放縱重罪？

——是不是要利用他的部屬在長期留禁的不正常心理下，做出不利於高牧師的不實供詞？

——是不是也希望因此使聖人般的高牧師眼看自己的部屬在受難之中，為減輕部屬的痛苦，而作自我犧牲的供述，為其部屬脫罪？

由於情治人員对長老会的態度，由於高牧師的意外涉案，对本案是否另有企圖，

第三页

抵觸，其後果是在促成一個獸性勝于人性的社会。

对於這种不道德的特別法條，我服從自然法的指示，拒絕在此類案件中作証。

即使因此必須遭受任何懲罰，也在所不惜！

第三、本案可能隱藏著「企圖以法律手段達成政治目的」的陰謀。

目前接見家屬時，我極端意外地驚悉，本案被告中，竟然包括了在我短暫期間從来未接觸過的高俊明牧師！高牧師不管人格、学養、道德和愛心都足為社会的楷模，高牧師是聖人！

高牧師的意外涉案，勾引起我在調查局的回憶。高牧師是長老教会的總幹事，長老教会的領袖們因為胸懷宽容的愛心及入世精神，基于關心台灣一千七百萬人民的幸福與安全，曾經發表了與政府當局的立場不盡一致的「國是声明」和「人权宣言」後，立即

增[illegible]字

[illegible]隆印

審判長，歷史上沒有一次對義人的審判，最終不遭到人民與真理的唾棄的！

審判長，縱然軍事法庭的枷鎖可以綑綁這些義人高貴的肉軀，歷史法庭也將在他的聖潔的靈魂上奉上最珍貴的香膏！至於我這個幸運的證人和受害者，只有以拒絕作證來對這些義人以及義人的家屬們，表示我最高的敬意，謝意和慰問於萬一！

[illegible]呈

軍事法庭 公鑒

證	人	證	物

中華民國六十九年五月八日

具狀人 施明德

撰狀人

2420

軍法狀紙每份(三張)實售新台幣貳元

國防部軍法局發行軍法狀紙章

458

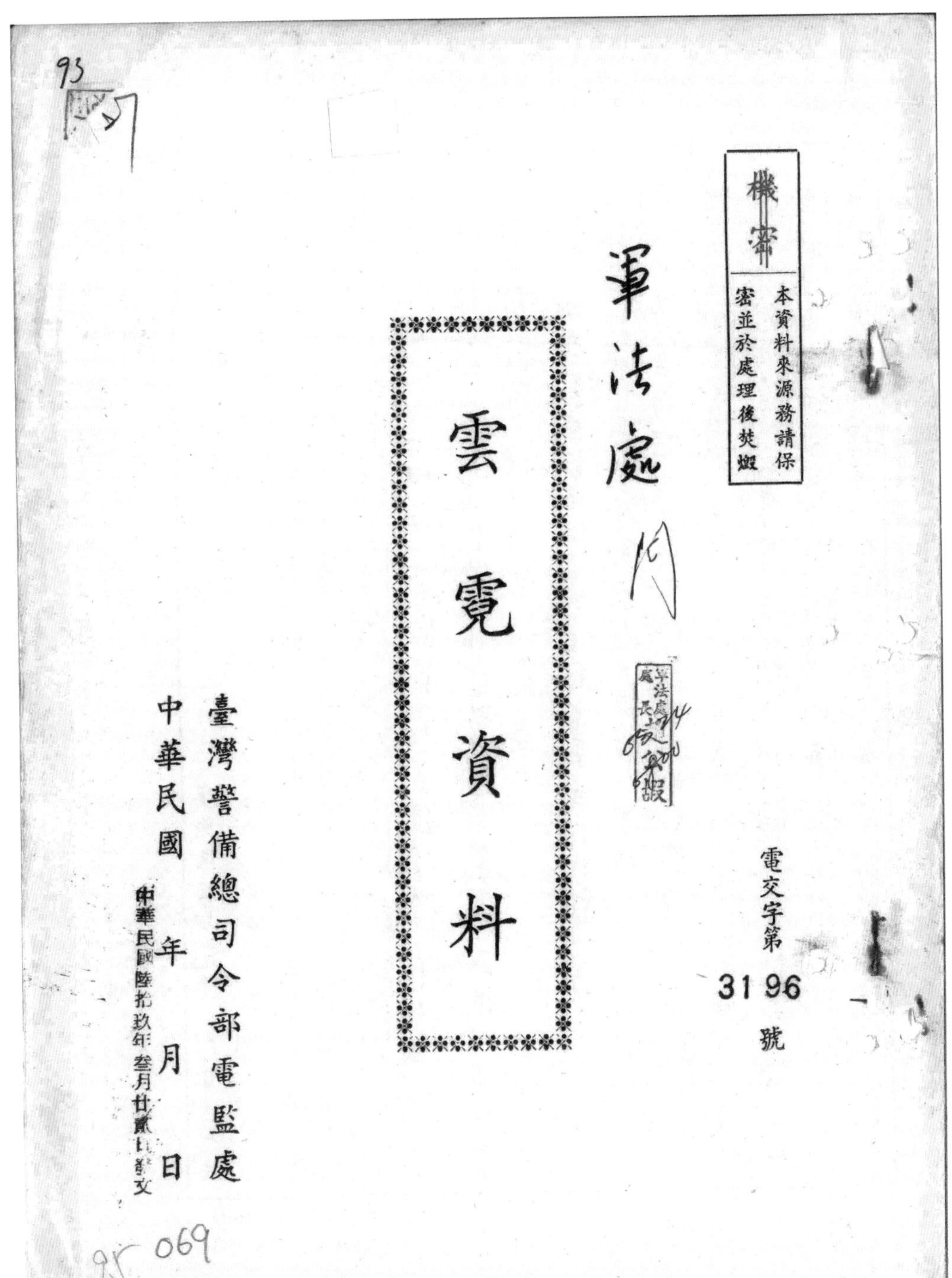
機密
本資料來源務請保密並於處理後焚燬
軍法處
雲霓資料
電交字第
3196
號
臺灣警備總司令部電監處
中華民國 年 月 日
中華民國陸拾玖年叁月廿貳日發文

94

保密區分：機密

雲霓資料

中華民國六十九年三月廿二日
電交字第三一九六號

發報人	台北統一飯店
收報人	美國時代雜誌 RICHARD BERNSTEIN
資料時間	69年3月20日
分送單位	總司令 汪上將 副總司令 于中將 參謀長 鍾中將 副參謀長 史少將 情研組、保安處 軍法處、政二處
受文者	國家安全局
摘要	時代雜誌駐台北記者伯恩斯坦寄吉美國時代雜誌就高雄事件審判針對我政府處理態度作一綜合報導。

一、台北統一飯店外籍記者伯恩斯坦致寄美國時代雜誌稱：

自從先總統蔣中正於五年前崩逝之後，在台灣執政的國民黨對於反對派的政治活動，開始採取可能範圍內的容忍，同時也繼續其舊有鎮壓傾向的獨裁主義。去年由於多方面的容忍，少數黨外的積極份子舉行了多次的集會，出版很多批評政府的雜誌，以及要求言論自由、廢除戒嚴法、准許組成一個真誠的反對黨。但是去年十二月、反對派運動的領導人所發起的一次集會，卻被台灣警備總部

附註：本資料運用時請注意來源保密並避免直接或間接洩密。

070

66.9.20,000張

96

禁止因此在台灣發生了前所未見的183名憲警人員在某些殘忍的扭打情況下受到傷害。國民黨很快的進入一個新的鎮壓時期。

本週高雄突發事件達到了最高點，對七名反對派的領導份子開了一個軍事法庭，並控以最嚴重的叛亂罪而開庭審判。這是二十年來最重要的一次審判，也是最公開的一次。很多外籍記者應邀旁聽，國際赦免組織及美國在台協會也各有一名列席觀察，另有六十個席位留與被告的家屬，七名被告一個接一個的被帶到由五名軍法官所組成的審訊小組的面前，他們自己所選擇的一群辯護律師也接著出庭，他們大部份是中國比較法律學會的年青會員，此時先前的審訊小組已經急速的宣讀罪狀起訴書接著就是犯罪事實的判決，本週的審訊過程在某些方面是生動激烈的，諸如辯護律師提出很多問題及異議，而被告也是強烈地否認對他們不利的控告。

此次公開審訊是由於 蔣總統經國先生的要求，他不理會國民黨保守派的反對，目前還不知道審判的結果如何，然而在台灣

66.9.40,000張

審訊進行中，許多人已預料原本兩、三天的匆促審期將會變成台灣史上最長的一次。

檢察官聲稱高雄暴力事件是美麗島雜誌組成份子顛覆政府的遠程計劃之一部份。

法庭裡堆聚了許多蒐來的證物—木棍、火把、磚石頭、破裂的憲警頭盔和受重創的警員照片、所有這些似在表明一次對法律尊嚴嚴重的僭越。

此外，為表明該事件是預謀的，審判官們一直強調兩件事：

1.被告人中許多均和海外台獨的擁護者有來往。

2.美麗島雜誌社裡有五人小組在每次行動之前預先協調，特別是這次高雄事件。

所有被告均否認欲藉武力顛覆政府，卻說是欲藉合法手段獲取可給予反對派運動的支援，而高雄暴亂是意外事件。

被告之一的施明德，現年39歲是美麗島雜誌的總經理，他是承認該雜誌領袖們的政策是「暴力邊緣」以表現出該領導小組的決心、縱使遭到官方反對、也要繼續採取行動、但這也是反對暴力手段的、施某也承認他支持「台獨」的思想、主張放棄收復大陸以及一些國民黨30年來堅決否定的事、施某證詞可能對他自己不利、國民黨顯然認為任何「台獨」的形式都是叛亂集團。

但如一位觀察家所說：施某好像並不在乎他最後會遭受何等待遇、他只想利用審訊來傳佈他的台獨思想。

他們當然要藉此發表在台從未公開討論過的思想、就如報紙登載的施某之證詞一樣。

關於施明德的叛亂政治意識、毫無疑問是被迫而起的、總之在政府方面可能已獲有煽動暴亂攻打警察有利的證據、不過以目前看來他們叛亂的證據似乎微弱而不重要。

在本案奇特方面之一即所謂鰻苗一項、美麗島雜誌發行人黃信介在起訴書中被控曾以一萬四千美元給與他的夥伴充作經由日本自中國大陸進口鰻苗以使所賺之錢支援叛亂之用、黃對涉及鰻苗生意曾加否認並稱他所給的錢是生意上的借貸並收取利息的、黃的這位

66.9.40,000張

神秘影件是洪誌良已於去年八月被捕至今尚未實施公開審判、反對派的同路人則認為洪是被利用來陷害黃以換取自己較輕的刑罰、不過尚無證據。

對於政府的態度仍存有一種迷疑、如果黃與洪真已曾勾搭不法的行為的話、為什麼警察不在十二月高雄事件前將彼二人逮捕呢？

由於法庭的決定經過數週無法得悉、因此有某些觀察員便對台灣空前未有的公開審判發生了懷疑、因為這種審判是基於證據而非事前的決定、至少有些控以叛亂罪的被告將被移送民事法庭與另三十七人為高雄事件較叛亂罪為輕的一起審判、那似乎完全有此可能。

同時、台灣私下對審判本身的談論、另方面該案顯然是陷入沼澤、二月廿八日一叛亂罪被告林義雄的母親及六歲的孿生女兒在他們台北的家中被殺、截至目前警方對該案沒有一點進展、雖然懸賞十四萬美元作為緝拿兇手的資料提供人。為了人道的理由、林本身已獲保釋且他的審判延期、他的家屬被無理性的謀殺已敏銳的改變台灣的氣氛、那

66.9.40,000張

就是增加了畏懼，在將來可能有較多政治性動機的暴力發生。已派警察保護許多高級官員的子女、對外籍外交人員以及非外交人員的住家安全，武力增加了一倍。有些觀察家亦認為林家謀殺案已敏銳的改變了心理上的氣氛，產生了一種不僅對林的家屬而且一般被告者新的與無從預期的同情，中國人給予受傷者無比的同情，苦肉計的解釋，也是有些可信的。為什麼政府在高雄事件後鎮壓反對派的手段，和以往一樣的強硬，去年十二月報紙刊登受到嚴重傷害警察的照片，在首版的全篇上。政府使用苦肉計，民眾倒向國民黨一邊，獲得全面支持逮捕（共65人）及關閉主要反對派的刊物，包括美麗島雜誌本身。

國民黨在高雄事件後，很快而嚴厲的採取行動，在容忍與混合著鎮壓的精神裡，即使台灣運動比以前任何運動更進一步、更快，而國民黨早先採取的行動是格外的緩慢，這美麗島雜誌很顯然是個對於所有非國民黨想要在政治分享更多力量警告的先驅；美麗島在八個市鎮有分社，其計劃建立更多的分社，從警總那得到許可，在全島各地舉行大約12次的室內集會，12月中美斷交週年紀念，對國民黨

66.9.40,000張

78

是個很敏感的時間、美麗島計劃一連串的戶外集會、以高雄集會開始正計劃在2月28日1947年殘酷對台灣人暴亂鎮壓的紀念日、於台北舉行一個更大的集會，這些都是國民黨中的溫和派所採用策略的一部分、容納非國民黨更大參與政治欲望的最大範圍，但高雄事件給與國民黨極右派有鎮壓的藉口。

同情反對派的觀點來看國民黨的集體捕捉、以及隨後的審判，是個殘忍的壓制，決心消滅反對的活動，更甚的是、許多重要分歧份子思想上是反共的、而他們的意向逐漸變成反對國民黨，這是真實的，至少他們大部份沒有革命的樣子、從國民黨的立場，使得183位憲警受傷的高雄事件後，是不夠強硬的、給予無法接受溫和的印象。在1977年中壢市發生小規模的暴亂、沒有人受到軍事法庭的起訴、一個當地的律師說：非黨派的型式，以為政府太軟弱、而無法有所行動。這個傑出的學者兼人權的擁護者說：國民黨不能讓軟弱印象持續下去、假若不做逮捕的話、那政府的威望、大受損害、贊成叛國的控告，或許是反應的太過份了。

就此一重要意義言、國民黨統治台灣的政治前景不再如過去所做的完

66.9.40,000張

074

1-4

全一樣、現在是一個將本地人利益列入攷慮的複合的組織、不僅是年老極右的大陸人無法忍受對黨意見相左者、例如在商人間，強烈的需要政府有足夠的權力以維持秩序。在此一極點上、新的極右翼份子就形成了另一疾風雜誌、它有四萬份的銷售量，專事惡毒的譭謗的攻奸那些有任何意見相左者、則無人感到該雜誌有群衆支持的基石，有些分析者認為是黨內一些保守頑固的份子在背後支持，就政治上言，此點是不容忽視的，國民黨社工會副主任陳履安，係溫和者、近年來、維持黨與政府一直對有關言論甚至反對活動均於容忍、但此使政府招致各方的失攻，許多人認為政府日益變得太軟弱」獨立的知識份子補充說：「如果你去街上詢問行人有關高雄事件的被告，五個人中有四個會說他們應該槍決、一般認為他們危害了當地的安定與繁榮」實在的在此一接近敵人的小島上，且台灣祇有這麼大、如何使安全與人權兩者相平衡是一個困難的問題。當地一雜誌編輯人辯論說：「在中國整個歷史上，從未有個地方像現在的台灣自由與繁榮、共產黨就在海峽的那邊、此地大多數人民關切安全較諸西方的人權思想為甚。」

66.9.40,000張

99

也許政府對高雄事件結果的反應過於激烈，無疑的對反對者是嚴厲懲罰，對七位叛國案的被告是不過份的。像拉門斯·克拉克（RAMSEY CLARK）與泰弟·甘乃迪（TEDDY KENNEDYs）以誤報有關殘酷鎮壓提出埋怨，則招致台灣的憤怒是可以瞭解得到的。近年來台灣人民對政府的信心已有增進，為何那些自身為正義的憤怒而對台灣人權紀錄提出譴責，却對台灣的另一邊人權問題保持緘默，在共產黨的大陸上，近年前畢竟有成打各類型的反對者被捕，是為了在民主牆上說出了他們心裡的話。去年秋天除了其中兩人被判以坐監之外，自此以後其他的人們一直是看不見了也聽不著了。

二、研處意見：請參考。

第十一頁

075

66.9.40,000張

106

—2— 星期六 自立晚報 中華民國六十九年三月二十九日

全國慶祝青年節大會通過宣言

莊嚴宣誓決反共到底 為重建新中國而努力

孫院長親頒獎青年獎章得獎人

要警政現代化 做好新的勤務

孔令晟籲發揮最大效率

省市今日舉行春祭國殤大典

國軍代表亦有公祭儀式

叛亂嫌案·聽被告最後陳述 法庭之內·飄散着一片哭聲

黃信介求還他清白 並請查筆錄真實性

林弘宣盼聖靈感動 完全寬恕所有被告

呂秀蓮讀自撰短文 表示重燃希望之火

施明德籲大家熄火 真心去愛自己國家

姚嘉文願此番災難 不要再降臨其他人

張俊宏表示恨已消 希望化戾氣為祥和

陳菊未啟口已飲泣 請發還相機給家人

林義雄盼經此審判 消除破壞團結陰影

黃信介等人涉嫌叛亂案 審理程序全部結束 軍事法庭另期宣判

洪誌良案可能先行判決

微言 青年才俊

紀念蔣公逝世 交通機構員工 萬人登山健行

大專棒隊集訓結束 下月一日啟程赴美訪問比賽

吳三連明設宴送行

賴索托國交通部長 斐特今日來華訪問

外科醫學會今召開大會

高等檢定考試 今明進行兩天

搶救永安煤礦災變 中油今往鑽井 加強救難工作

金門青年·勝利歡呼

叛亂嫌案．聽被告最後陳述 法庭之內．飄散著一片哭聲

【臺北訊】立法委員黃信介涉嫌叛亂案，昨（廿八）日是最後一天辯論庭，臨結束時包括被告、被告家屬、旁聽人士、律師、記者、女警察、檢察官在內的人，竟哭成一片。

昨天下午庭訊由兩點四十分開始，一個鐘頭後，開始「最後的陳述」。

黃信介求還他清白　並請查筆錄真實性

黃信介是首先做最後陳述的一人，他在最後陳述時，仍然在為自己的涉嫌辯護，黃信介除了請求庭上還其清白外，也請求庭上調查自白的證據力及筆錄的真實性。

被告林弘宣是第二個作最後陳述的人。他於發言時首先修正了一位辯護律師說高雄事件拿來當叛亂案是史無前例的話。

他說：「剛才有一位辯護人說古今中外再也找不出把像高雄事件當成叛亂的前例了，我要修正他的話。」

林弘宣說：「被告是基督徒，也是傳道者，我要說，在一九八〇年以前誕生在羅馬帝國殖民地的耶穌，在他卅三歲因為為傳揚「愛心、正義和寬恕」等福音的時候，就被他的同胞中的政治宗教領袖們以涉嫌叛亂抓了起來，並提起公訴，控告耶穌意圖領導猶太群眾推翻羅馬帝國。當時官派的猶太省主席鼻拉多，公開的審判耶穌，但查不出任何犯罪的事實和證據。於是把耶穌又交還給那些控告耶穌的人自行處理，結果近乎

二千年來被世界基督徒所尊為人類救主的耶穌就被他的同胞以莫須有的叛亂罪名處於十字架的死刑。」

林弘宣說：我引這件影響人類歷史最深遠的判例，其目的是要引出耶穌臨死前所說的一句千古名言：耶穌活生生的被釘在十字架上，他的鮮血一滴滴的在流著，他非但沒有仇恨，懷恨任何人，他大聲疾呼的說：「我的父，我的上帝，原諒他們，因為他們不知他們所做的」。

林弘宣盼聖靈感動　完全寬恕所有被告

林弘宣說到此庭內已隱約的可聽到飲泣聲，林弘宣繼續說：「被告此刻的心情，跟我主臨死前很接近。我不懷恨非法抓我，侮辱我，折磨我的治安人員，以及背後指使他們如此去做的任何人。我懇求我的上帝原諒他們，因為他們不知他們所做的。我也懇求上帝安慰一切因本案而正在受苦受難的共同被告及其家人親屬、朋友、以及海內外同胞。」

林弘宣說到此庭內哭聲更多，似有不能自已的悲痛。

「最後我懇切的求上主賜給代表國家執法的庭上，在你們判決的關鍵剎那，能夠有聖靈感動，完全寬恕一切共同被告，並釋放所有因本案而正在被羈押的人。於是我們的政府最高首長蔣經國在高雄事件發生後所一再聲明「決心實行民主，決定不走軍事統治」的國策得以彰顯。於是全國百姓將會耳目一新，從前只是風聞政府一再決心實行民主，如今是親眼從此時此地本案看到了事實。這是我日以繼夜所求所思的夢。而我相信我的夢會很快的實現，藉此機會向我的辯護人員，庭上，所有工作人員，貴庭所有服務人員，以及所有旁聽人員，這些日子來如此的辛苦，努力服務和關懷，表示由衷的感激謝意。」

林弘宣說完了他「最後的陳述」庭上一位女警員已淚流滿面，哭著走出法庭。

呂秀蓮讀自撰短文　表示重燃希望之火

第三個最後陳述的被告是呂秀蓮，呂秀蓮說她在昨日清晨四點寫了一篇短文：這篇短文呂秀蓮以抑揚頓挫的聲音念完它。

「這是一個具有空前歷史意義與高度政治性的法律案件，悲劇主角之一的呂秀蓮是新女性主義倡導者，也是前年遠從美國乘著牙刷主義的逆風回臺共赴國難者，想不到共赴國難尚未實現，呂秀蓮竟一夜之間成為「眾目所視，十手所指的叛國分子？」

「但我相信的家人，相信我的朋友都會寬恕我、信賴我。我常說：光風霽月以待人，頂天立地以成事的話。」……

「現在，我就要將我的生命、我的自由、我的健康、我後生的命運以及我個人的名譽與幸福交給坐在我面前代表國家執行法律的諸位審判官手上了。現在被告對於我面前的審判官先生們，已因二星期的觀察，而重燃希望之火。這希望之火將繼續點燃到宣判的那天。那時火光也許會突然熄滅，那時，也許不再需要火光，因為天已大亮了。」

施明德籲大家熄火　真心去愛自己國家

呂秀蓮說完話，審判長說這是一篇文情並茂的文章。接著由高雄事件主角施明德做最後陳述。

施明德一反先前幾天嘻嘻哈哈態度，說：「我剛才從座位上起來走到這裡發言，感覺上似乎走進了比四十年還要長的路途。我在這裡也有一份遺書。昨天晚上聽到姚嘉文太太說出來林義雄家的遭遇，中午我回去才問清楚是怎麼一回事。這種情況使我做了一決定。在審訊期間審判長可以看到我到法庭來都面露笑容，但是現在我卻一點都笑不出來。而當我決定要說出這句話時，事實上我是要有比死更大的勇氣。」

施明德說：「根據我廿年來的經驗，以及我這幾天來的審理過程，我只希望傳播媒介不要把我的用心再度扭曲。我懇求並不是出於對生命、個人榮譽的追求，而是基於對我們熱愛的國家，這塊土地和人民一份執著的愛。美麗島事件發生後，我並沒有想到在這個意外事件發生後，我們被逮捕而與外界隔離的階段，外面世界竟有如此重大的變化。」

「我的好友林義雄，家裡竟然會遭到這樣慘禍，使我感到創痛深鉅，基於個人熱愛國家、土地、人民的心意，在諸位審判官的審判下，以及剛才我從座位上走到這種的感受，我要審判官作代表，讓我向美麗島事件受傷的同胞，及那些怨恨過我的反對者致歉意。」

施明德向庭上深深的一鞠躬又表示：

「同時我也深切的希望能夠平息國人的怒火及報復的心理。如果大家也都是真心的熱愛我們自己的國家，土地和人民，我希望他們並且請全世界關心我們的人請你們收起你們的拳頭，把對我們的愛護之心意轉為對台灣的熱愛。把對我的愛化為振動和平及和諧的力量。」

「對於我的辯護人尤清為我辯護時所說的，鈞庭不應屈服於社會輿論的壓力，而把我拿來祭神或祭鬼。我從不會為個人的私利低頭，我也不是怕死的人，我只有為了理想、正義、國家、人民利益，我才會低頭。因此我只懇切的希望大家不要再扭曲我。」

施明德開始哭泣起來，庭上的律師好多人都跟著哭，施明德又說：

「我在此不是為了表演，而是聽了林義雄的不幸遭遇，使我知道這些都是因為我而惹起的，我不是要藉此要求審判長的減刑。我接下來所要說的是：如果能夠平服國人的怨氣，能夠有助於國家的團結和社會的和諧，那麼我願意，我請求審判長判我死刑。請不要減刑，我請求，我請求！」

施明德說到此已泣不成聲，庭內也一片哭聲，所有律師個個都在飲泣，尤清站了起來也泣不成聲地請正義的法官，請不要接受任何人淆惑，乃請您做出睿智的判決。

在審判台的檢察官大家已隱約的可以看到他們也在流淚，林檢察官站了起來拿掉眼鏡沉痛的表示：他是根據調查局所調查的資料，以自己訊問被告才將被告起訴的，不過如果被告不服的話，他也請庭上重做調查。

這真是一場感人的庭訊，審判長在聽了施明德的最後陳述後表示：「剛才是施明德的肺腑之言吧！」審判長也承認庭上壓力很重，要對被告負責，並對公訴人負責，要對全國同胞負責。」

施明德之後接著是姚嘉文，昨天，他竟也不能自已在他的最後陳述中悲痛的說不出話來。

姚嘉文願此番災難　不要再降臨其他人

姚嘉文的最後陳述共有六大項：他說：

1、被告想利用這個機會感謝審判長、四位審判官及兩位檢察官調查及審判期間的辛勞，被告對這次公開、詳盡審判的感激，已足抵消以前對調查人員不誠不正取供的不滿。謝謝審判長及四位審判官。特別還要感謝兩位不幸擔任本案公訴人的檢察官在審判中公開澄清高雄暴力事件不是被告等作為推翻政府的方式，以及證明「長短期奪權計畫」的名詞原來是辦案人員發明的。謝謝兩位檢察官的勇氣。

2、本案審判期間新聞界朋友詳實報導本案審判的經過，使全國甚至全世界關心臺灣民主政治的人都能了解本案進行的情形、辯論的經過，以及被告答辯的內容，澄清了也表白了許多誤會。我們感謝新聞界朋友，並請向讀者聽眾轉達我們的謝意。

3、被告也要感謝為我們辯護的所有傑出律師，他們不但是我的同道，也是我的至好朋友，我們曾經在臺北律師公會、中國比較法學會、臺北法律服務中心、青年律師會、律師午餐會、亞洲法學會、世界法治和平會議、青年商會、獅子會、扶輪社等地，共同為推展法治精神及法律大眾教育而共同努力過。我希望我還有機會跟大家穿起法袍執行這個工作，但不論如何，在這幾天的審判中，我在各位的神色及雄辯中找到我的影像，我覺得我的精神與希望仍然將活躍在你們所蒞臨的每一個審判法庭上，我謝謝你們，也為各位感到驕傲。

4、調查及審判期間被告等一再對調查人員不誠實不正當的取供方式提出責備。今天被告也要向那幾位調查局的朋友表示我的謝意。他們很多時間的友善與照顧使我能夠平靜的渡過我那一生中最難渡過的五十天。他們陪我聊天照顧我起居，我在責備之餘也想表示我的謝意。我希望代表國家法律的辦案人員能善守法律所給予的職權分寸。我請求調查局主管官員下令調查專案小組的全部紀錄，防止以後同樣情形的發生。我願上帝保佑我敬愛的同胞，使降臨在我們身上的災難，不要再降臨其他任何人身上。

5、最後被告想再講幾句話。十二月十日「世界人權日」是全世界除了共產國家及獨裁國家以外都在慶祝的節日，被告等人舉辦及參加這國際性節日活動，絲毫沒有叛亂的意圖。被告願意在此向全國同胞作一次見證：請求我曾經跟他們穿同樣法袍的律師同道支持我的見證：「美麗島沒有從事叛亂活動；被告等人只是熱心參加黨外政治活動而已」。

張俊宏表示恨已消　希望化戾氣為祥和

6、這一次美麗島事件，對黨外人士是一場災難，我本來在調查局曾經因為心灰意懶而同意接受他們的安排，希望我們幾個人能夠逃出這場災難，就像一千九百多年前基督教徒遭受羅馬人的迫害時，使徒彼得想逃出羅馬逃避迫害一樣的心情。彼得途中遇到要進入羅馬共同受難的耶穌聖靈，說出那一句一千多年來令人深省的那一句話：「**Que Ve-dia Pomine?**」主呀，你往何處去？然後決定要回羅馬與教徒大家一起殉教。調查局的所謂「安排」證明是一場「騙局」，本案起訴後有人來對我表示，只要審判中合作，就可以像余登發一樣保外就醫。我現在向庭上及各位朋友，以及我親愛的家人表示，我已決定像彼得回到羅馬一樣，回到美麗島與我的朋友們一起承受這場災難。我問自己：「你往何處去？」（**Quo Vedis**），我回答自己：「回美麗島」。我願向我的妻子表示我的歉意，我已決定把自己奉獻給妳命名的「美麗島」三字上。審判長及各位審判官，被告請求庭上在我們的判決書上記載被告並不承認檢察官所指控的犯罪，只承認我們願為臺灣民主運動及「美麗島」獻身，被告只要求判無罪，並不要求因為認罪而減刑，謝謝。

7、謝謝庭上九天來仔細耐心的聽證，尤其審判長辛勞的指揮訴訟。我們感謝審判長及四位審判官已做及將要做的努力，我對各位的努力有很大的信心，就像我對我的信念有信心一樣，我相信臺灣民主運動的推展不是任何人可以阻止的。謝謝。

姚嘉文的話，除了使律師們頻頻擦淚外，在場的許多記者、社會人士也都淚流滿面，尤其最傷心的姚太太，在旁聽席中幾近昏厥狀態。

審判長要大家不要太激動，要維持法庭秩序。

接著張俊宏陳述，張俊宏一向聲音低沉，昨日他做最後陳述時，他說他先前不平痛恨的情緒已消失，他深深了解到包括兩位公訴人在內所有辦案人員都不是惡意的，但他希望這次的審判不要使老百姓趨向兩極化，那對國家、社會都不是福，張俊宏並說他的好友林義雄是為大家背十字架的人。

陳菊未啟口已飲泣　請發還相機給家人

陳菊未陳述前就已痛哭，並希望庭上把扣留她的一架照相機發還給她的家人當作紀念品。

陳菊並哭著說：她被捕時是從林義雄家兩位已被殺害的雙胞胎姊妹臥房中出來的，她請求林義雄親吻唯一生還的奐均說：「阿姨愛她！」

陳菊的陳述，使得林義雄的妻子嚎啕大哭起來。最後，陳菊說……

林義雄是最後陳述的一位被告，這時庭上已一片飲泣聲，林義雄的沙啞聲音說他相信所熱愛的同胞間存在的一些猜忌、暴戾的心理和行為，是由於誤會和偏見所造成，而不是有人蓄意指使所造成。

他說他不希望他家中的變故影響到這個案子的公平審判，他也祈求上蒼不要再發生類似的事，也祈望他家中的不幸不要發生在任何人家中。

林義雄盼經此審判　消除破壞團結陰影

最後林義雄說「我懇切的希望這次的審判，將會消除這些破壞全民團結、社會祥和的陰影，使我家所奉獻的自由、血淚、生命以及身心的慘痛，獲得生者安寧，死者安息。」

律師呂傳勝悲從中來，擦著眼淚站起來最後請求審判長懷著「哀矜勿喜」的態度處理本案，他也求上帝讓「高雄事件而帶來的災難」儘快過去。

呂律師的發言，雖不合程序，但審判長還是讓他講完這些話，最後在大家兩眼通紅的情景下結束了九天漫長而感人的庭訊。

原件呈

159侍秘丙第152號

核

高總長本斎為呈報泰源監獄犯刼械逃獄案處理經過恭請

鑒核一案謹摘陳大要如次：

一、泰源監獄係國防部於50年在台東泰源山區設立監押已決叛亂犯施行感化教育現押人犯335名由陸軍第十九師五十五旅第一連(欠一排)担任警衛

二、本(五十九)年8/2十一時四十分衛兵交接之際突遭叛亂犯江炳興等五犯襲擊被刼去步槍三枝刺刀一把子彈109發人犯六名脫逃(謹查逃犯江炳興鄭金河鄭正成陳良詹天增等六人內鄭正成未参與襲擊衛兵行動惟事先參與同謀)經追緝至3/2六名逃犯先後捕獲所失械彈全部追回案正依法處理中

三、逃犯江炳興等六名均為叛亂罪犯(年籍資料如附件二)刼械逃獄目的圖陰謀擴大叛亂曾事先草擬「台灣獨立宣言」及「文告」文件惟經多方訊證幕後尚無主使外界亦無接應僅警衛部隊中有台籍士兵賴在張金隆李

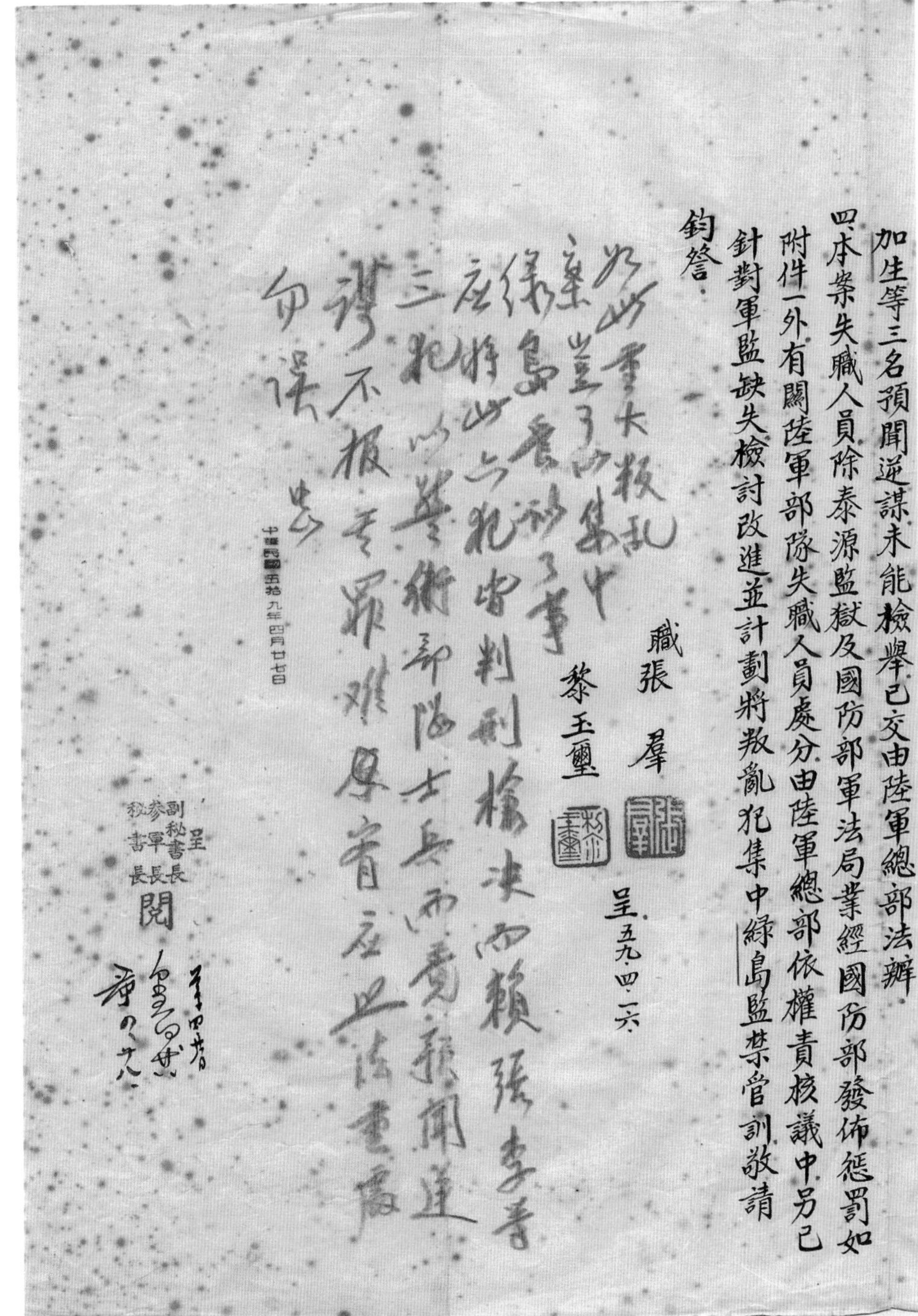

加生等三名預聞逆謀未能檢舉已交由陸軍總部法辦

四本案失職人員除泰源監獄及國防部軍法局業經國防部發佈懲罰如附件一外有關陸軍部隊失職人員處分由陸軍總部依權責核議中另已針對軍監缺失檢討改進並計劃將叛亂犯集中綠島監禁管訓敬請

鈞詧

職張羣

黎玉璽

呈五九、四、一六

如此重大叛亂案豈可以集中綠島虛渺了事應將此六犯審判判刑槍決而賴張李等三犯以警衛部隊士兵而竟預聞逆謀不報其罪難原宥應從重處

勿誤

中華民國五十九年四月廿七日

呈

副秘書長
參軍長
秘書長

閱

歷史與現場 320

軍法大審：施明德回憶錄Ⅲ一九八〇

作　者—施明德
照片提供—施明德
校　對—王永順
主　編—謝翠鈺
企　劃—陳玟利、鄭家謙
封面設計—陳文德
美術編輯—趙小芳

董 事 長—趙政岷
出 版 者—時報文化出版企業股份有限公司
108019台北市和平西路三段二四〇號七樓
發行專線—（〇二）二三〇六六八四二
讀者服務專線—〇八〇〇二三一七〇五
（〇二）二三〇四七一〇三
讀者服務傳真—（〇二）二三〇四六八五八
郵撥—一九三四四七二四時報文化出版公司
信箱—一〇八九九　台北華江橋郵局第九九信箱

時報悅讀網—http://www.readingtimes.com.tw
法律顧問—理律法律事務所　陳長文律師、李念祖律師
印　刷—和楹印刷有限公司
初版一刷—二〇二二年五月二十七日
平裝本定價—新台幣八八〇元
精裝本定價—新台幣一二〇〇元
（缺頁或破損的書，請寄回更換）

時報文化出版公司成立於一九七五年，
並於一九九九年股票上櫃公開發行，於二〇〇八年脫離中時集團非屬旺中，
以「尊重智慧與創意的文化事業」為信念。

軍法大審：施明德回憶錄 . III, 一九八〇 / 施明德作 . -- 一版 . --
臺北市：時報文化 , 2022.05
面；　公分 . --（歷史與現場；320）

ISBN 978-626-335-376-3(平裝). --
ISBN 978-626-335-408-1(精裝)

1.CST: 施明德 2.CST: 回憶錄 3.CST: 臺灣

783.3886　　　111006275

ISBN 978-626-335-376-3(平裝)
ISBN 978-626-335-408-1(精裝)
Printed in Taiwan